중동의 역사

# 중동의 역사

버나드 루이스 | 이희수 옮김

까치

# THE MIDDLE EAST

## by Bernard Lewis

Korean translation copyright © 1998 by Kachi Publishing Co., Ltd. This Korean
edition is published by arrangement with the Orion Publishing Group Ltd.,
London through Korea Copyright Center, Seoul.
이 책의 한국어판 저작권은 한국저작권센터(KCC)를 통한 저작권자와의 독
점 계약에 의해서 (주)까치글방에 있습니다. 신저작권법에 의하여 한국 내에
서 보호를 받는 저작물이므로 무단전재 및 무단복제를 금합니다.

역자 이희수(李熙秀)

한국외국어대학교를 졸업하고 정부 장학생으로 튀르키예 국립 이
스탄불 대학교에서 중동 역사와 이슬람 문화로 역사학 박사학위를
받았다. 이스탄불 마르마라 대학교 중세사학과에서 조교수로 2년
간 유목문화론과 극동사를 강의했다. 사우디아라비아, 말레이시아,
튀니지, 우즈베키스탄, 이란 등 아랍-이슬람권 여러 나라에서 오랜
현장 연구를 수행했다. 현재 한양대학교 문화인류학과 명예교수 겸
성공회대학교 석좌교수로 재직 중이다.

# 중동의 역사

저자 / 버나드 루이스
역자 / 이희수
발행처 / 까치글방
발행인 / 박후영
주소 / 서울시 용산구 서빙고로 67, 파크타워 103동 1003호
전화 / 02 · 735 · 8998, 736 · 7768
팩시밀리 / 02 · 723 · 4591
홈페이지 / www.kachibooks.co.kr
전자우편 / kachibooks@gmail.com
등록번호 / 1-528
등록일 / 1977. 8. 5
초판 1쇄 발행일 / 1998. 4. 25
제2판 1쇄 발행일 / 2025. 12. 12
값 / 뒤표지에 쓰여 있음
ISBN 978-89-7291-885-1 93910

# 차례

# 역자 서문

인류 역사는 동양과 서양만으로 이루어진 것이 아니다. 아프리카와 남아메리카는 물론 동남아시아와 오세아니아에도 나름의 찬란한 역사와 인류 공동체에 적지 않은 영향을 끼친 문명과 사상, 영성적 성취가 있었다. 무엇보다 중동의 역사를 동서양 모두에서 주변부, 변방으로 몰아낸 것은 너무 지나치며, 서구 중심주의와 중화 사상의 전형적인 결과이다. 중동은 세계 4대 문명 중에 3개(이집트−메소포타미아−인더스)가 발아되어 성장했고, 유대교−기독교−이슬람교라는 인류의 영적 삶에 가장 큰 영향을 끼친 3대 일신교가 발생한 종교 중심지이다. 그리고 오늘날까지 한 치의 빈틈없는 정교한 역사와 수준 높은 문화가 이어져왔다. 기원전 2300년경 최초의 통일왕국인 아카드를 시작으로 바빌로니아, 히타이트, 페니키아, 헤브라이, 아시리아, 메디아, 우라르트, 아케메네스 페르시아, 파르티아, 사산조 페르시아, 압바스 제국, 오스만 제국으로 이어지는 숨막히는 중동의 역사적 흐름을 빼고, 그리스−로마와 르네상스, 실크로드를 통한 중앙아시아와 인도−동남아시아 문화를 이해하는 것은 의미가 없을 정도이다. 2014년 이후 최근에는 튀르키예 아나톨리아 동남부 괴베클리 테페에서 1만2,000년 전으로 추정되는 초고대 구조물 20여 개가 동시에 발굴되어 수렵−채집 시대 말기에도 농경 정주 시대 못지않은 문명이 실제했다는 사실이 확인되면서 인류사는 전혀 다른 해석에 직면하고 있다. 중동이야말로 진정한 인류 문명의 뿌리이고 성장의 산실이었다는 확연한 역사적 사실이 새롭게 부각되고 있다(이희수,『인류본사』, 2022).

이런 인류 역사의 공백을 메꾸고 중동 역사와 문화의 실제적 모습을 가장 잘 정리한 책이 바로 버나드 루이스의『중동의 역사』이다. 통상 이슬람 시기부터 시작하던 중동 역사 서술에서 벗어나, 기독교 탄생에서부터 20세기 말에 이르는 2,000년을 헬레니즘-로마-기독교-페르시아-이슬람이라는 키워드를 중심으로 상호 유기적으로 통찰력 있게 다루는 명저이다. 중동을 서양과 동양을 잇는 진정한 의미의 중간 문명으로 설정한 그의 역사관도 높이 살만하다.

버나드 루이스(1916-2018)가 누구인가? 그는 20-21세기를 두루 섭렵한 명실공히 최고의 중동학 석학이었다. 그가 미국 프린스턴 대학교의 교수로 102세로 타계할 때까지 중동-이슬람 관련 주요 저서만 46권, 국내에 번역, 소개된 책만 해도 6권 이상이니, 그의 학문적 역량과 영향력을 충분히 가늠할 수 있다. 중동의 역사와 문명, 제도와 사회를 두루 다룬 그의 대표작인 이 책은 수천 년간 축적된 중동의 고대사가 이슬람의 발전에 끼쳤던 관계의 역사를 중층적이고 다원적인 변화의 과정으로 서술하고 있다.『중동의 역사』를 더욱 가치 있게 하는 것은 종래 왕조사 중심의 서술에서 벗어나서 사회-경제적 측면, 역사를 통해서 구축된 문화적 하부구조를 논리적이고 실증적으로 규명해내는 놀라운 학문적 깊이이다. 나아가 이슬람 문명이 화려했던 중세 시기의 번영에 이어 18세기 이후 초라한 유럽의 "병든 거인"으로 몰락해가는 과정을 매우 대중적인 필치로 그려내고 있다는 점도 탁월하다.

물론 유대인이었던 버나드 루이스는 서구를 대표하는 전형적인 오리엔탈리스트로 비판받아왔다. 그가 이슬람의 문화적 열등성과 지하드jihād(성전)의 위험성을 강조하는 발언을 하면서 부시 행정부를 포함한 미국의 신보수주의 정책 입안자들에게 달콤한 유혹의 미끼를 던져준 인물로 자주 비판받은 것이다. 2003년 이라크 전쟁 당시 조지 W. 부시 정부에 이라크 침공을 강력하게 권고했던 행위가 대표적이다. 특히 역사적 인식을 둘러싼 가장 첨예한 논쟁은 루이스가 제1차 세계대전 당시 아르메니아 대량학살을 부인한 데에서 비롯되었다. 오스만 제국이 아르메니아인들을 대상으로 고의적인 대량학살을 저질렀다는 증거는 없다는 그의 주장은 다른 역사가들에게서 거부받았고, 오스만 제국과 아르메니아 독립 민족 세력 사이의 상호 갈등에서 비롯되었다고 주장하는 그의 견해는 많은 유럽 역사가들과 아르메니아 국민들에게 "비역사적"이라는 강한 비판을 받아왔다.

『중동의 역사』에서 그는 이슬람의 전근대성과 낙후성의 원인을 서구와의 관계나 제국주의적 지배 개념에서 찾기보다는 이슬람 내부에서 찾고자 했다. 물론 정교한 논지와 풍부한 자료는 그의 주장에 상당한 신빙성을 주지만, 루이스는 중동이 화려한 중세의 문명을 지켜내지 못하고 현재 쇠퇴나 후진성을 면치 못하고 있는 것이 문화와 종교 모두에서 비롯된 내부적인 현상이라고 주장한다. 19세기 유럽 식민지화로 인한 경제적, 정치적 탈취가 중동 지역 낙후성의 한 문제였다는 탈식민주의적 관점과는 아주 대조적인 입장이다. 이 점이 팔레스타인 출신으로 20세기 최고의 석학으로 잘 알려진 『오리엔탈리즘Orientalism』의 저자 에드워드 사이드와 버나드 루이스가 치열한 지적 논쟁과 담론을 벌이게 된 입장 차이이다.

이 책을 먼저 구해서 검토해보고 번역을 의뢰한 사람은 지금은 고인이 되신 출판계의 거장 까치글방의 박종만 사장이었다. 중동학에 대한 관심과 관련 서적이 절대적으로 부족한 당시 상황에서 중동학의 대가인 버나드 루이스의 최신간이었던 이 책의 번역은 의미 있는 작업이었다. 내가 중동학을 더 공부하고자 하는 데에 큰 도움이 될 뿐만 아니라, 중동 역사를 통사적으로 관통하는 데 이만한 책이 없었기 때문이었다. 꼬박 2년이 걸린 고된 작업이었고, 영어 원서 해석과 번역 전문가이기도 한 박종만 사장의 깨알 같은 지적과 조언 덕분에 이 책이 출간되었다. 그리고 30년 가까이 지난 시점 다시 번역을 손질하고 보완하여 새로 출간을 하게 되니 그동안 연구자들과 독자들이 보여준 사랑과 관심에 무한히 감사할 뿐이다. 고민도 없지 않았다. 버나드 루이스의 생애나 저작들이 이슬람 문화나 사회 체제에 지나치게 비판적이고, 서구의 지배적 담론을 정당화한다는 반증에 대한 전공자로서의 불편함 때문이었다. 그러나 다양한 학문적 입장과 서로 다른 관점들이 소개된다는 것은 국내학계의 건강한 담론 형성에 도움이 된다는 믿음을 강하게 가지고 있다. 아무쪼록 이 책이 중동의 심층적 변화와 역사적 과정을 오늘의 시선으로 바라보는 데에 유용한 길잡이가 되기를 기대한다.

2025년 여름
역자 이희수

# 서문

⚜

지금까지 중동의 역사에 관해서는 많은 단행본이 출간되었다. 그 내용의 대부분은 기독교의 등장과 함께 끝을 맺거나, 이슬람의 출현으로부터 시작하고 있다. 기독교 시대로부터 역사 서술을 시작하는 나의 목적은 두 가지이다. 첫 번째는 제대로 평가받지 못하고 있는 페르시아와 비잔틴이라는 두 거대 제국과 함께, 예언자 무함마드의 성장 배경이자 이슬람 국가의 기초가 되었던 이슬람 이전의 아라비아를 복원해보는 것이다. 수 세기 동안 중동을 분할하고 차지해왔던 이러한 경쟁적인 세력들에는 단순한 호기심 이상의 가치가 있다.

두 번째는 우리가 알고 있는 오늘날의 중동과, 고대 자료나 기념물을 통해서 배워왔던 중동의 고대 문명을 연결해보는 것이다. 기독교 초기 시대, 말하자면 예수에서 무함마드에 이르는 기간 동안 페르시아 제국의 서쪽에서는 헬레니즘화, 로마화, 기독교화가 연속적으로 진행되어 변형을 거듭하면서, (전부는 아니라도) 고대 문명의 흔적들이 심각하게 훼손되었다. 이러한 흔적들은 거의 최근까지도 고고학자나 동양학자에 의해서 복원되지 못하고 있다. 따라서 고대 문명을 중세를 거쳐서 현재의 중동과 직접 연결하는 작업에는 그만큼의 가치가 있다.

초기의 중동사 서술은 일련의 정치적, 군사적 사건에 초점을 두었는데, 그 이유는 이것이 심층적인 역사를 이해하는 데에 필수적이었기 때문이다. 그러나 나는 선학들의 그러한 작업 덕분에 정치적인 서술은 최소화하고 사회적, 경제적, 무엇보다도 문화적 변화에 보다 많은 비중을 둘 수 있었다. 이러한 관점에서 나는 연대기, 여행기, 문헌 기록, 비문, 심지어는 산문과 일화 같은 광범위한 동시대 자료들을 직접 인용했다. 영어 번역이 가능한 자료는 그것을 직접 이용하고 인용했지만, 그러지 못한 경우에는 나 나름대로 해석했다. 도판이 이러한 목적을 이루는 데에 도움이 될 수 있을 것이다. 독자는 도판을 통해서 서술이나 분석이 결여된 사실에 대한 통찰력을 얻게 될 것이기 때문이다.

풍부히고 다양하면서도 변화무쌍한 한 지역의 2,000년 역사를 단행본으로 엮으려다 보면 필연적으로 다수의 중요한 사실이 간과되기 마련이다. 이 지역을 전공하는 학생들은 서술 내용을 선택하면서 그들 나름의 판단을 하게 될 것이다. 나 또한 내 나름으로 선택했기 때문에 그 결과는 어쩔 수 없이 개인적이다. 나는 나의 기준으로 가장 특징적이고 교훈적인 내용, 사건, 경향, 업적들에 비중을 두려고 했다. 내가 얼마나 성공적이었는가는 독자들이 판단할 것이다.

마지막으로 나는 즐거운 마음으로 프린스턴 대학교의 4명의 소장학자인 데이비드 마머, 마이클 도런, 케이트 엘리엇 그리고 제인 본에게 심심한 감사를 전한다. 그들 모두는 이 책의 준비 및 출판 과정에서 다방면의 도움을 주었다. 제인 본에게 특히 감사하고 싶은데, 그녀의 높은 학식과 예리한 비평은 시종일관 최고의 가치를 발휘했다. 또한 나의 조교인 애너매리 커미나로에게도 감사를 전한다. 그녀는 이 책의 처음부터 끝까지 세심하고 끈기 있게 일을 처리해주었다. 그리고 이 책의 편집 측면에서, 도판과 출판은 인내와 뛰어난 재능을 보여준 벤저민 버건과 톰 그레이브스에게, 색인은 더글러스 매슈스에게 그 공을 돌린다. 그들은 이 책을 빨리 내는 일뿐만 아니라 책의 품질 향상에도 크게 기여했다.

그리고 여러 가지 제안을 해준 사람들 중에서 그 제안을 내가 받아들인 모든 사람들에게 감사 인사를 보내는 한편, 제안을 받아들이지 못한 사람들에게는 정중한 사과를 드린다. 이 책과 관련된 모든 잘못은 전적으로 나의 책임이다.

1995년 4월, 프린스턴에서

버나드 루이스

# 서론

하루 어느 때 가보아도 커피하우스나 찻집에는 탁자에 앉아서 커피 또는 차를 마시거나 담배를 피우거나 신문을 읽거나 주사위 놀이를 하면서 한편으로는 구석에 설치된 텔레비전이나 라디오에서 흘러나오는 소리에 반쯤 귀를 기울이는 남자들이 있다. 이것은 중동 도시 대부분의 일반적인 모습이다.

중동 도시의 카페 손님들은 외견상 유럽, 특히 지중해 연안 도시의 카페 손님들과 크게 다르지 않다. 그러나 그들의 모습은 50년 전 같은 장소에 앉아 있었던 윗 세대의 모습, 더욱이 100년 전 선조들의 모습과는 판이할 것이다. 물론 이러한 변화는 유럽의 카페에 앉아 있는 사람들에게도 마찬가지일 테지만, 두 경우는 매우 다르다. 그 시기에 유럽 사람들에게 일어났던 외견상의 모습과 태도, 복장과 행위의 변화는 전적으로 유럽적인 뿌리를 가지고 있다. 몇몇 예외를 제외하고 이러한 변화의 큰 흐름은 유럽 사회 내부에서 일어났고, 최근의 예외적인 변화도 미국 사회와 밀접하게 연관되어 있다.

반면 중동에서 이러한 변화는 거의 대부분 중동 사람들의 토착적인 전통과는 아주 다른 외부 사회나 문화의 영향에서 기인한다. 커피하우스에서 커피를 마시거나 탁자에 앉아서 신문을 읽는 사람들은—자신이 어떻게 보이고, 무엇을 하며, 어떤 옷을 입고, 나아가 자신의 존재가 무엇인지에 대한—그들의 변화를 잘 보여준다. 또한 그들은 서구에서 파생된 엄청나고 위력적인 변화가 오늘날의 중동에 얼마나 큰 영향을 끼치고 있는가를 상징한다.

첫째, 눈에 띄는 가장 뚜렷한 변화는 그들이 입은 복장에 있다. 아직도 전통적인 차림인 사람들이 더러 있지만, 그들의 수는 적어도 도시에서는 소수이고 그나마도 점점 줄어들고 있다. 그들 대부분이 바지와 셔츠, 최근 들어서는 청바지와 티셔츠 같은 서구식 복장을 입을 것이다. 의복은 추위와 습기를 막아주고 예의를 지키는 것은 물론, 특히 중동 사회에서는 자신의 정체성에 대한 확인, 자신의 근원에 대한 확신, 같은 옷을 입는 사람들과의 인지적 상징으로서 엄청나게 중요한 의미가 있다. 이미 기원전 7세기의 구약「스바냐」서(1:8)에는 "여호와의 희생의 날" 하느님이 "이방의 의복을 입은 자들을 벌할 것"이라고 언급되어 있다. 유대인과 후일 무슬림의 기록에도 신자들은 비신자들과 같은 옷을 입지 말며, 자기 고유의 복장을 유지하라고 요구하고 있다. "너희가 불신자들의 무리에 들고 싶지 않으면 그들처럼 입지 말지어다"라는 구절은 통상적인 계율이었다. 예언자 무함마드의 전승에 따르면, "터번은 비신자와 신자를 구별하는 경계"이다. 또다른 전승에 따르면, "그가 다른 사람을 닮으려고 노력할 때 비로소 그 일원이 될 수 있다." 최근까지 중동에서는(일부 지역에서는 오늘날까지) 종족 집단, 종단, 부족, 심지어는 직업에 따라서 그들 나름의 고유한 복장을 입었다.

커피하우스에 앉아 있는 사람들은 아직도 일정한 형태의 머리덮개를 쓰고 있다. 튀르키예를 제외하고는 대부분 전통적으로 천을 머리에 휘감는다. 오스만 제국 시대의 묘지를 가본 사람은 누구나 무덤의 묘석 꼭대기에 생전에 고인이 사용했던 터번이 그 모양대로 조각되어 있음을 보게 된다. 그가 카디(판관)였다면 카디의 터번이, 그가 예니체리(오스만 제국의 병사)였다면 예니체리가 머리에 썼던 주름진 소매자락 같은 터번이 묘석 꼭대기를 장식하고 있다. 고인이 생전에 어떤 생활을 했든, 독특한 머리덮개의 형태가 그에게 걸맞은 직업의 상징으로 묘지에 남는 것이다. 무덤에서의 그러한 구분은 생전의 머리덮개 형태가 얼마나 중요했는지를 보여준다. 얼마 전까지만 해도 터키에서 "모자를 쓰다Şapka giymek"라는 용어는 영어의 "배반하다to turn one's coat"라는 뜻의 용어와 동일시되었다.* 그것은 변절자나 개종자 또는 다른 편으로 넘어가는 것을 의미했다. 물론 오늘날 모자를 쓰는 대부분의 터키인들은 서양식 모자나 중절모, 종교적인 사람은 베레모 같은 것을 쓰기 때문에 이 표현도 의미를 잃고 더 이상 사용되지 않는다. 그러나 아직도 아랍에서는 서구식 모자가 흔하지 않고, 이란에서는 더욱 그러하다. 이러한 점에서 중동의 근대화는 복장의 서구화, 더욱 구체적으로는 모자의 서구화 과정을 통해서 그 단계를 증명해볼 수 있다.

근대화의 여러 다른 측면과 마찬가지로 의복의 근대화도 군복에서 시작되었다. 개혁론자들에게 서구식 군복은 일종의 마법 같은 것이었다. 이슬람 군대가 그들의 악마와 같은 적들에게 거듭 패배하자, 이슬람 통치자들은 마지못해서 무기와 서구식 군복을 포함한 그들의 조직과 장비를 받아들이고자 했다. 18세기 말 최초의 오스만 개혁군대가 조직되었을 때, 필연적으로 서구식 훈련과 무기가 채택되었다. 서구식 군복은 반드시 채택될 필요는 없었지만, 군사적이기보다는 사회적인 의미에서 채택되었다. 심지어 리비아와 이란을 포함한 모든 이슬람 국가의 근대 군대에서도 이 현상은 마찬가지였다. 그들은 최고의 효율성 때문에 서구식 무기와 전략을 사용했지만, 몸에 꼭 맞는 군복과 앞챙이 달린 모자는 꼭 착용할 필요는 없었음에도 아직도 그렇게 하고 있다. 이러한 스타일의 변화는 서구화를 명백하고 격렬하게 반대하는 사람들 사이에서도 서구 문화가 권위와 매력을 가지고 있음을 지속적으로 반증해준다.

---

*  2022년 터키(Turkey)는 UN 총회를 거쳐 국호를 튀르키예(Türkiye)로 변경했다. "칠면조(Turkey)"를 뜻하는 영어 단어의 의미가 서구에서 매우 부정적으로 받아들여지기 때문이다. 그러나 이 책에서는 중앙아시아나 중동에서의 역사상 터키계 국가들이나 민족들에게는 계속 튀르크(Türk)라는 용어를 사용한다(역주. 이후 모든 각주는 역자 주이다).

군복에서도 모자는 가장 마지막으로 바뀌었다. 그리고 오늘날까지도 대부분의 아랍 국가 커피하우스에 있는 남자들은 자신의 부족이나 지역적인 소속감을 나타내는 디자인이나 색깔의 "케피야kefiya"라는 전통적인 머리덮개를 쓴다. 이처럼 머리와 머리덮개의 상징성은 명백하다. 게다가 무슬림에게 앞챙과 둘레가 있는 대부분의 유럽식 모자는 그들의 예배에 장애가 되기도 한다. 기독교도와 달리 무슬림은 유대인처럼 존경의 표시로 머리를 가린 채 예배를 드린다. 이때 예배자의 이마가 땅에 닿는 이슬람 종교 의례의 경배 자세 때문에 앞챙이나 둘레는 불편하다. 따라서 그들은 중동의 이슬람 군대가 다소 서구식 복장을 착용한 후에도 오랫동안 서구식 모자를 쓰지 않고 전통적인 머리덮개를 유지했다. 19세기 초 주요 개혁론자의 한 사람이었던 오스만 제국의 술탄 마흐무드 2세(재위 1808-1839)가 페즈fez(아랍어로는 타르부쉬tarbush)라고 불리는 새로운 모자를 도입했다. 처음에 이 모자는 이교도들의 혁신이라며 분노와 증오를 불러일으켰으나, 결국에는 수용되어 무슬림의 상징이 되었다. 그리하여 1925년 터키 공화국의 초대 대통령인 케말 아타튀르크가 페즈 착용을 폐지했을 때에는 그것이 도입될 때와 똑같은 명분으로 격렬한 반대가 따랐다. 사회적 상징주의의 대가답게, 아타튀르크는 페즈를 비롯한 일체의 전통적인 머리덮개의 착용을 금하는 대신 유럽식 모자와 중절모를 채택하면서도 전제군주의 태만하고 우유부단한 정책을 답습하지 않았다. 그것은 중요한 사회적 결정이었다. 그와 그 주변 인물들은 그가 하는 일이 무엇인지 정확히 알고 있었다. 물론 그의 반대자들도 마찬가지였다.

그러한 변화가 처음 일어난 것은 아니었다. 13세기에 대몽골이 중동의 이슬람 심장부인 바그다드를 정복했을 때, 그들은 예언자 무함마드 시대 이후 최초로 비무슬림 정복자의 통치를 받으면서 적어도 군사적인 면에서는 몽골의 방식들을 채택하기 시작했다. 위대한 이슬람 통치자들은 몽골에 결코 정복당한 적이 없는 이집트에서조차 몽골식 복장을 입고, 몽골 마구를 착용한 말을 타고, 머리 모양도 무슬림의 관습에 따라 짧게 깎는 대신 몽골의 유행을 따라 뒤로 길게 늘어뜨렸다. 이슬람 군대도 같은 이유로 몽골 복장과 군장과 마구를 사용했고, 오늘날에도 몸에 꼭 맞는 군복과 앞챙이 달린 군모를 착용한다. 이것은 그 당시 세계 최강 군대의 출현과 그 방식을 대변하는 승리의 복장이었다. 이슬람 군대의 몽골식 머리 모양과 군장은 1315년까지 계속된 것으로 알려져 있다. 그해에 중동의 몽골 통치자들의 개종과 동화가 있은 후, 이집트의 술탄은 군대에 명령을 내려 길게 늘어뜨린 머리를 자르고, 몽골식 스타일과 마구를 금하고, 다시 전통적인 무슬림 복장과 군장으로 돌아가도록 했다. 그러나 근대 이슬람 군대에서는 그러한 복원이 일어나지 않았다.

군대를 이은 곳은 궁성이었다. 술탄 스스로가 서구식 복장을 입고 등장했다. 약간 개량하여 서구인들 복장과는 다르게 보였지만, 큰 차이는 없었다. 이스탄불의 톱카피 궁전에는 군복 개혁을 전후해서 그려진 술탄 마흐무드 2세의 멋진 초상화 두 점이 걸려 있다. 같은 화가가 그린 것이 분명한 두 점의 초상화는 정확히 같은 각도에서 달리고 있는 동일한 말 위의 술탄을 묘사하고 있다. 그중 한 그림에서는 술탄이 전통적인 오스만 복장을 하고 있고, 다른 한 그림에서는 단추가 달린 외투와 바지를 입고 있다. 말도 장식에서 비슷한 변화를 보인다. 아타튀르크는 늘 그랬듯이 문제의 본질에 곧바로 접근했다. 그는 말했다. "우리는 문명화된 옷을 입고 싶다." 그러나 이 말은 무엇을 의미하는가? 왜 좀더 오래된 문명의 옷이 비문명적이어야 하는가? 아타튀르크에게 문명이란 근대적이고 서구적인 문명을 의미했다.

술탄에 이어 궁성의 다른 사람들도 서구식 복장을 입기 시작했다. 궁성은 통치자가 백성들에게 명령을 내리고 복장과 관련하여 복종을 명할 수 있는 첫 번째 장소였다. 그리하여 오스만 제국의 궁 관리들이 먼저 프록코트와 바지를 입기 시작했다. 새로운 스타일은 궁성에서부터 일반 관료들에게로 퍼졌고, 19세기 말에 이르자 오스만 제국의 모든 관료들이 다양한 양식의 외투와 바지를 입게 되었다. 이것은 사회적 가치관의 중요한 변화를 상징했다. 새로운 복장은 사회의 중요 구성원인 관료들로부터 서서히 다른 계층으로 퍼져나갔고, 결국 적어도 도시 시민들에게까지 보급되었다. 이란에서는 이러한 흐름이 비교적 늦게 퍼져나갔는데, 노동계층과 시골 사람의 의복의 서구화는 훨씬 오랜 시간을 필요로 했고, 완결되지도 않았다는 점에서는 이란과 오스만 모두 마찬가지였다. 1979년 이슬람 혁명 이후에도 이란 공화국의 국회의원들은 양복을 입으면서도 서구식 관습과 구속에 대한 거부의 표시로 넥타이만은 매지 않았다.

인구의 반을 차지하는 여성의 복장 근대화와 서구화 과정에는 훨씬 큰 저항이 따랐다. 여성의 복장 변화는 상당히 늦게까지 이루어지지 않았고, 오늘날까지도 남성만큼 확산되지도 않았다. 여성의 정숙함에 대한 이슬람의 원칙 때문에 여성의 복장 문제는 아주 민감한 요소이고, 논쟁이 되풀이되고 있다. 페즈를 비롯한 모든 비서구적 남성용 머리덮개를 금지한 아타튀르크조차 여성의 베일만은 금지하지 못했다. 드물기는 해도, 터키 공화국 내에서도 여성의 베일에 대한 지방자치 단위의 일부 지역적 규정이 있기는 했다. 그러나 베일의 금지는 남성들의 전통적인 머리덮개 금지를 가져왔던 법적 강제와 같은 조치 없이 일종의 사회적 압력과 분위기에 의해서 이루어졌다. 다른 점과 마찬가지로, 복장의 변화는 상이한 여성상을 보여준다. 커피하우스나 찻집에는 여성이 거의 없다. 모습을 드러낸다고 해도 전통적인 방식으로 완전히 가린 상태일 것이다. 그러나 일부 국가에서는 부유층이 드나드는 고급 호텔이나 카페에서 첨단 패션의 양장을 차려입은 우아한 여성을 볼 수 있다.

복장의 변화는 급진적이고 반反서구적인 성향의 국가에서도 커다란 변화를 상징한다. 국민 개개인이 적어도 부분적으로는 서구식 복장을 입는 것처럼, 국가도 성문법이나 의회 또는 선거의 형태로 서구식 복장과 모자를 쓰고 있다. 고대 이란이나 이슬람의 과거 전통에서 그 선례를 찾을 수 없음에도 불구하고, 이러한 모든 것들이 이란에서 잘 유지되고 있다.

카페의 손님들은 탁자 앞의 의자에 앉아 있는데, 탁자와 의자는 모두 서구의 영향으로 개발된 것이다. 로마 시대는 물론 고대 중동에도 탁자와 의자가 있었지만, 그것들은 아랍의 정복 이후에 사라져버렸다. 아랍인들은 나무가 없어서 목재가 귀하고 비싼 지역 출신이었다. 대신 그들은 풍부한 울과 가죽으로 가정과 공공장소를 꾸미고 옷을 지어 입었다. 그들은 다양한 종류의 쿠션이나 긴 방석 그리고 카펫이나 두터운 직물로 덮은 디반(소파)이나 오토만(긴 의자) 위에 비스듬히 눕거나 앉아서 정교하게 장식된 금속 그릇에 담은 음식을 먹고 마셨다. 18세기 초 오스만 제국 시대의 세밀화는 오스만의 궁정 의례에 참석한 유럽인 방문객을 묘사하고 있다. 몸에 꼭 맞는 재킷과 궁정 의례용 짧은 바지에 모자를 쓰고 홀로 의자에 앉아 있는 그들은 한눈에 구분이 된다. 오스만인들은 친절한 주인으로서 유럽 손님들을 위해서 의자를 준비했다. 단, 그들 스스로는 의자에 앉지 않았다.

카페의 남자들은 아마도 아메리카산일 수입 담배를 피우고 있다. 우리가 알기로 담배는 17세기 초 영국 상인들에 의해서 처음으로 중동에 소개되어 곧 만연해졌다. 커피는 좀더 이른 시기인 16세기에 소개되었다. 에티오피아에서 유래한 커피는 처음에 남부 아라비아에 소개되었고, 이어 이집트, 시리아, 오스만 튀르크로 퍼졌다. 오스만의 연대기에 따르면, 커피는 술탄 술레이만 1세(재위 1520-1566)의 시대에 알레포와 다마스쿠스에서 온 두 사람의 시리아인이 도입했다. 이 사람들은 처음으로 오스만 튀르크의 수도에 카페를 열었다. 이 새 음료는 선풍적인 인기를 끌어, 알레포에서 온 카페 주인이 3년 후 자기 고향으로 돌아갈 때에는 재산이 5,000금화였다고 한다. 그러나 카페 사회의 발전은 선동을 두려워하는 정치 지도자와, 흥분제에 대한 이슬람 율법의 합법성에 관심이 있는 종교계 모두에게 일종의 불안을 안겨주었다. 그리하여 1633년 술탄 무라드 4세는 커피와 담배를 금지했고, 일부 흡연자와 커피 음용자를 처형했다. 반대자와 옹호자 간의 오랜 논쟁 끝에 결국 담배는 당시 최고 무프티(종교 지도자)였던 메흐메드 바하이 에펜디의 파트와(종교적 유권해석)으로 합법임이 인정되었지만, 스스로 지독한 애연가였던 메흐메드 바하이 에펜디는 결국 1634년 담배 문제로 직위에서 파면되어 유배지에 보내졌다. 그러나 동시대 오스만 제국의 작가였던 카티프 첼레비는 담배의 합법성을 인정한 그의 결정은 개인적인 탐닉에 의한 것이라기보다는, 금지하지 않은 것은 모두 허용된다는 율법 원칙에 대한 믿음과, "국민들의 처지에 가장 적합한 것"에 대한 배려였다고 말하고 있다.[1]

　마찬가지로 카페에 모인 사람들은 신문을 읽었거나, 신문을 읽는 어떤 집단의 구성원이 될 것이다. 이것은 확실히 개인과 사회 모두에게 영향을 끼치는 가장 획기적이고 강력한 변화이다. 대부분의 지역에서 신문은 중동 전역에서 광범위하게 통용되는 언어인 아랍어로 발간될 것이다. 비옥한 초승달 지역, 이집트, 북아프리카 등지에서 고대에 사용되었던 언어는 이미 사라졌거나, 남아 있다고 해도 종교적인 의례나 소수 집단의 사용에 국한되고 있다. 예외가 있다면 히브리어인데, 이 언어는 유대인에 의해서 종교적이고 문학적인 언어로 보존되다가 정치 언어로 살아나서 오늘날 근대 이스라엘 국가의 일상어가 되었다. 페르시아에서는 고대어가 아랍어로 대체되지는 않았지만 변형되었다. 이슬람의 도래와 함께 아랍 문자로 표기되고 아랍 어휘가 무수히 유입된 것이다. 페르시아어에서 일어났던 현상은 터키어에서도 일어났다. 그러나 케말 아타튀르크라는 개혁적인 대통령이 터키어를 표기하던 아랍 문자를 폐지하는 획기적인 문화적 변혁을 시도하면서 아랍 문자를 라틴 문자로 대체했다는 차이가 있다. 터키어의 사례는 튀르크계 언어를 사용하는 일부 중앙아시아 튀르크 공화국에서도 수용되고 있다.

　서체 예술은 아주 오래 전부터 중동에서 발달되어왔다. 알파벳은 그 이전의 다양한 상징 체계와 그림을 발전시켜 중동(페니키아)에서 최초로 창안되었고, 전 세계 일부 지역에서 아직도 사용되고 있다. 라틴어, 그리스어, 히브리어, 아랍어의 알파벳 등은 모두 레반트* 해안가의 상인들이 고안한 최초의 알파벳 변형들이다. 이와 같은 알파벳이 문서의 작성과 해독을 쉽게 만들었다면, 8세기 중국 종이의 도입은 기록물의 대량생산과 확산에 크게 기여했다. 동아시아의 또다른 발명인 인쇄술도 중동을 거쳐 유럽에 전해졌다. 인쇄술은 사실 전혀 새로운 기술은 아니었다. 중세에도 목판인쇄가 이루어졌다는 흔적이 발견되기 때문이다. 13세기 말 페르시아의 몽골 통치자들이 한때 은행 지폐를 발행했던 것이다. 이 시도는 성공하지 못했다. 고용자들에게 임금을 지폐로 지불하고는 세금은 금으로 받기를 고집함으로써 통화에 대한 신용을 상실한 탓이었다. 그러한 시도는 실패로 끝난 뒤 다시는 반복되지 않았다. 결국 인쇄술은 중국이 아닌 서구를 통해서 중동에 도입되었다. 서구의 인쇄술은 오스만 튀르크에서 잘 알려져 있었다. 오스만 제국의 역사가들은 이교도 세계에서 일어나는 사실들에 대한 통상적인 침묵과는 달리 인쇄술의 발명, 나아가 구텐베르크의 최초의 인쇄기를 간략하게 언급하고 있다. 중동에 인쇄술이 도입된 것은 1492년 스페인에서의 유대인 축출 이후 중동으로 넘어온 스페인계 유대인 이주민에 의해서였다. 서구의 가공품과 기술, 이념들 중에서 그들은 인쇄된 책과 책 출판에 관한 지식을 전해주었다. 유대인의 이러한 역할은 다른 비무슬림 공동체에 의해서도 이루어졌다. 소수 민족들의 이러한 활동은 다수 문화에 직접적인 영향을 주지는 못했지만, 적어도 기술을 축적하는 데에는 도움을 주었다. 무슬림들은 유럽에서 아랍어 활자로 인쇄되어 수입된 책들을 구입했다. 이러한 사실은 오스만 고문서국에 보존되어 있는 죽은 자들의 재산 명세서에서 확인된다. 마침내 18세기 초에 이스

---

* 시리아, 레바논, 이스라엘을 중심으로 하는 동부 지중해 지역.

탄불에서 최초의 무슬림 인쇄소가 설립되었을 때, 필요한 숙련 기술과 노동력을 제공한 사람들은 대부분 유대인과 기독교도 식자공들이었다.

무슬림 지식인들이 신문 발행의 가능성과 그 위험성을 일찍부터 인지하고 있었다는 증거는 있지만, 실질적으로 신문은 훨씬 늦은 시기에 출현했다. 이미 1690년경에 스페인 주재 모로코 대사였던 무함마드 이븐 압둘-와하브(일명 알-와지르 알-가사니)는 보고서에서 "완전히 흥미 위주의 풍문에 다를 바 없는 소식을 담은 보고서를 발행하는 신문 공장"을 언급했으며,[2] 18세기에도 오스만이 유럽의 신문을 인지하고 있었다는 증거가 있다. 오스만인들은 때때로 그 신문에 실린 자신들에 대한 기사에 관심을 표명하기도 했다. 그러나 그 관심은 제한적이었고 별다른 파급력도 없었다. 중동에 신문이 도입된 것은 프랑스 혁명의 직접적인 결과였다. 1795년 이스탄불의 프랑스 대사관이 발행한 「콘스탄티노플 프랑스어 신문Gazette Française de Constantinople」은 중동 최초의 신문으로 간주된다. 이 신문은 본래 프랑스 시민들을 위해서 발행되었으나, 다른 사람들도 구독했다. 이런 현상은 보나파르트 장군의 군대에 의해서 프랑스 혁명이 이집트에 상륙한 직후 프랑스어 신문과 관보가 카이로에서 간행되면서 더욱 확산되었다. 한 프랑스 사람이 카이로에서 아랍어 신문의 발행을 계획했다는 보고가 있지만, 아직까지 그 사본이 입수되고 있지 않는 점으로 미루어 보아 그 계획이 실천에 옮겨지지는 않은 것 같다.

전통적인 이슬람 사회에는 통치자가 대중에게 중요한 변화의 사실을 전달하는 여러 가지 창구가 있었다. 그중에서 통치자의 특권이라고 할 만한 두 방식은 주화의 발행과 모스크에서의 금요 설교였는데, 두 경우 모두 통치자와, 만약 있다면 그의 후계자를 지명하는 것이었다. 기도에서 통치자의 이름이 생략되거나 새 이름이 추가되는 경우, 이는 승계나 반란 혹은 충성심의 이동으로 인한 통치자의 교체를 의미했다. 금요 설교의 나머지 부분은 새로운 조치와 정책을 발표하는 장으로 활용되었다. 새로운 세금의 부과와는 달리 세금의 폐지에 관한 것도 공공장소에서의 공포를 통해서 전달되었다. 통치자를 향한 칭송은 궁정시인에 의해서 노래로 만들어져 쉽게 불리면서 광범위하게 알려졌다. 궁중에서 발표하는 공식 문서도 중요한 사건에 대한 소식을 전달하는 매체였다. 그러한 예로는 오스만 제국의 술탄이 자신의 군대의 승리를 알린 "승리 문서fathname"가 대표적이다. 이슬람 통치자들은 오랫동안 정부의 부속물로서 문서나 구술을 활용하는 데에 익숙했다. 그리하여 그들은 외국의 새로운 아이디어인 신문을 활용하는 법을 알게 되었다.

중동에서 토착 국어 신문의 창간은 동시대에 경쟁관계였던 두 개혁 성향의 통치자인 이집트의 무함마드 알리 파샤와, 오스만의 술탄 마흐무드 2세의 업적이었다. 다른 분야와 마찬가지로 신문 창간도 무함마드 알리 파샤가 먼저 시도하고 술탄 마흐무드가 그를 답습하는 식으로 이루어졌는데, 여기에는 파샤가 할 수 있는 일은 술탄이 더 잘할 수 있다는 원칙이 작용하고 있었다. 무함마드 알리는 프랑스어 관보로 출발하여 나중에는 아랍어로도 발행했다. 한편 마흐무드 2세는 한꺼번에 프랑스어와 튀르크어로 출발했다. 꽤 오랫동안 중동 지역에서 발행된 신문의 유일한 형태는 공식적인 정부지였다. 그 목적은 당시 한 오스만 튀르크 신문의 사설에 잘 나타나 있다. "신문의 목적은 국민에게 정부의 의도와 관심을 잘 알리는 것이다."[3] 신문의 본질과 기능에 대한 이러한 개념은 아직까지도 이 지역에서 완전히 사라지지 않았다.

중동 신문의 역사를 서술하기란 쉽지 않다. 대부분의 신문들이 단명했고, 창간되었다가 고작 몇 호만에 폐간되었다. 게다가 부분부분이 여러 곳에 불완전한 형태로 산재해 있을 뿐, 온전한 형태로 전체가 보존된 경우가 없다. 근거가 확실한 최초의 비공식 신문은 1840년 이스탄불에서 오스만 튀르크어로 발간된 「사건지Jeride-i Havadis」였다. 이 신문의 사주 겸 편집인은 윌리엄 처칠이라는 영국인이었는데, 이 회사를 인가받기 위해서 무척 노력했다. 이 신문은 간간이 비정기적으로 발행되며 존속해갔다.

「사건지」의 역사뿐만 아니라 중동 신문의 역사에서 가장 획기적인 전환점은 크림 전쟁이었다. 이때 최초로 전신이 이 지역에 도입되어 미증유의 통신 수단으로 자리를 잡았다. 크림 전쟁은 영국과 프랑스의 수많은 종군기자들을 불러들였고, 처칠은 한 종군기자와 계약을 체결하여 영국에 있는 자신의 신문사에 급보를 송고하도록 했다. 처칠이 발행하는 「사건지」는 이제 완전히 새로운 신문으로 거듭나 주 5회 발행되었다. 이런 식으로 처음에는 터키인이, 그리고 이어서 나머지 중동 사람들이 커피나 담배하고는 비교도 되지 않는, 일부에서는 매우 유해하다고까지 하는 일종의 새로운 중독에 빠져들었다. 그것은 신문 뉴스에 대한 일상의 탐닉이었다. 크림 전쟁의 소식을 담은 신문 발간은 곧이어 오스만 제국 내 아랍어 사용 지역에서의 아랍어 신문을 출현시켰다. 전쟁이 끝난 후 아랍어 신문은 폐간되었지만, 오스만 튀르크어 신문은 지속되었고 다른 새로운 신문들도 뒤따랐다.

1860년 오스만 당국은 이스탄불의 아랍어 일간지를 후원했다. 그 신문은 공공정책이나 그와 유사한 것을 위한 수단으로서가 아닌 제국 내외의 소식, 사설, 특집 기사 등을 다루는 순수한 신문이었다. 거의 비슷한 시기에 베이루트의 예수회 신부들이 아랍 지역 최초의 일간지라고 할 수 있는 신문을 발행했다. 제국주의자와 선교사라는 두 커다란 위험에 대해서 무슬림들이 불만을 털어놓을 때, 적어도 신문에 관한 한 그들의 주장은 옳았다. 그들에게 신문을 제공한 자가 제국주의자와 선교사들이었기 때문이다. 게다가 신문의 발전과 함께 편집자나 기자, 그리고 독자는 선전과 검열이라는 두 문제에 직면했다.

19세기 말과 20세기 초에 일간, 주간, 월간 등의 신문이 광범위하고 급속하게 발전했다. 특히 신문 발간에 유리한 조건이 조성되어 있던 영국 점령하의 이집트에서 그런 경향이 두드러졌다. 이집트의 출판물은 다른 아랍어 사용 국가로 폭넓게 보급되어, 모든 아랍 국가가 자체 신문과 잡지를 발전시키게 했다. 신문 발전의 효과는 지대했다. 국내외의 정기적인 뉴스는 신문을 읽을 줄 아는 사람은 물론, 다른 사람이 읽는 것을 경청한 모두에게 그들이 살고 있는 세계(도시, 국가, 대륙)에 대한 인식을 심어주었다. 이는 그전까지 전혀 불가능한 일이었다. 신문은 새로운 형태의 사회화와 정치화를 포함했다. 크림 전쟁은 신문의 발행 이외에 또다른 일을 초래했다. 바로 서구식 지방자치제의 실시와 서구식 국가재정, 즉 차관의 도입으로, 이 역시 신물을 통해서 일어났다.

근원적으로 중요한 또다른 변화는 언어에서 발생했다. 오스만 튀르크어나 아랍어, 후일에는 페르시아어에서도 종래 궁정 연대기나 공식 포고령을 읽는 것 같은 고답적인 문체가 최근 수십 년간 보다 역동적이고 대중적인 문체로 급속하게 변화한 것이다(이러한 경향은 오늘날까지 계속되고 있다). 중동의 언론인들은 근대 세계의 제반 문제를 논의하기 위한 새로운 전달 매체를 고안해야 했다. 19세기 신문들은 러시아에 대항한 폴란드의 반란, 미국의 시민 전쟁, 런던 의회의 개막식에서 빅토리아 여왕이 행한 연설, 그리고 이와 유사한 특정 주제들을 알리고 논평하기 시작했다. 이러한 사실들을 전달하고 설명하기 위한 필요성이 중동에서 근대적 신문 언어와 정치 언어의 탄생에 크게 일조했다.

신문 언어보다 더욱 획기적인 발전을 겪은 것은 언론인 자신들이었다. 그들은 중동 사회에서 전례가 없었던 완전히 새로운 직업인으로서 엄청난 중요성을 획득하게 되었다.

오늘날에는 신문이 커피하우스에서 읽히는 유일한 대중매체가 아니다. 라디오도 있고, 아마 텔레비전도 있을 것이다. 중동에서 라디오 방송은 영국보다 단 3년 늦은 1925년 터키에서 처음 시작되었다. 그러나 외국 세력이 통신을 장악하고 있던 대부분의 중동 국가에서 방송의 도입은 상당 기간 지연되었다. 이집트에서 방송은 1934년에야 실시되었고, 그나마 대규모의 방송은

1952년 혁명 이후에야 본격적으로 발전했다. 터키는 1964년 정부의 직접 통제에서 벗어난 독자적인 방송의 확립이라는 면에서도 선구적이었다. 일반적으로 방송인들의 독립 정도는 그 나라 정권의 태도와 성격에 따라 좌우되었다. 외국의 직접적인 선동 방송은 이탈리아 파시스트 정부가 1935년 이탈리아의 바리에서 정규 아랍어 방송을 송출함으로써 시작되었다. 이것은 영국과 독일 그리고 후일 미국과 소련도 가담한 선전 전쟁의 시발점이었다. 중동 국가들도 정보나 안내, 때로는 전복을 위해서 방송을 여기저기로 확장해나갔다. 텔레비전의 도입은 높은 가격 때문에 약간의 어려움이 따랐지만, 오늘날에는 중동 전역에 텔레비진이 보급되어 있다.

구어체로 말하는 매체의 도입은 특히 문맹률이 높은 지역에서 혁명적인 영향을 끼쳤다. 실제로 1979년의 이란 혁명은 아야톨라 호메이니의 육성 녹음이 카세트테이프로 배포되고 그의 지시가 전화로 전달된, 세계 최초의 전자 장비에 의한 혁명이었다. 이것은 그전 시대에는 불가능했던, 대중을 향한 연설 전달 방식의 새로운 차원이었다.

라디오나 텔레비전에서 파생되는 효과는 그 나라의 정부 형태나 그것을 운용하는 국가원수, 정부수반에 크게 좌우되었다. 커피하우스의 벽에는 아마 통치자의 사진이 걸려 있을 것이다. 현재 중동에서 서구식 민주주의가 성공적으로 도입되어 운용되고, 지도자(때로는 여성)가 민주적으로 선출되며, 언론이 정부의 입장뿐만 아니라 광범위한 반대 의견까지 대변하는 나라는 극소수에 불과하다. 대부분의 나라에서는 통치자가 다소 전제적인 형태의 정부를 이끌고 있다. 전통적이고 온건한 권위주의가 지배하는 일부 국가에서는 전통적인 관대함이 지켜지고, 다양한 견해가 받아들여진다. 한편 일부 국가에서는 군부나 독재적인 하나의 당이 전체주의 정권을 수립하고 신문이나 라디오 혹은 텔레비전 같은 언론 매체는 획일적인 목소리만 낸다.

정부의 형태나 통치자가 행사하는 권위의 종류에 상관없이 초상화가 벽에 걸린다는 단순한 사실은 그 자체로 하나의 혁신이며, 전통으로부터의 급속한 이탈을 의미한다. 1721년 프랑스 주재 오스만 튀르크 대사는 보고서에서 외국 대사들에게 왕의 초상화를 선물하는 것이 프랑스의 관례라고 설명하고 있다. 그러나 "인물화는 교리상 무슬림들에게 허용되지 않기 때문에", 그의 요청에 따라 다른 선물을 받았다.[4] 그렇다고 초상화가 전혀 생소한 것은 아니었다. 정복자 술탄 메흐메드 2세는 이탈리아 화가 벨리니에게 그의 초상화를 그리도록 허용했고, 유럽 화가의 그림을 수집하기도 했다. 신앙심이 깊었던 그의 아들이 그 수집품들을 처분해버렸지만, 비교적 덜 까다로웠던 후대 술탄들 덕분에 이스탄불에 있는 톱카피 왕궁 박물관에는 역대 술탄들과 주변 인물들의 초상화가 많이 소장되어 있다. 근대에는 이슬람 도상학이 발달했는데, 시아파 국가에서는 신비감을 주는 알리와 후세인의 초상화가, 수니파 국가에서는 정도는 미미하지만 특정 인물의 초상화를 볼 수 있다. 드물기는 하지만 고대 그리스와 로마 이래로 유럽의 관행이 된 동전 인물화의 전통도 보인다. 압바스조 칼리프로 추정되는 인물이 새겨진 한 동전에는 (종교적 전통에 대한) 의도적인 도발이 담겨 있다. 통치자의 초상뿐만 아니라 컵을 들어 음료를 마시는 그의 모습까지 표현한 것이다.* 많지는 않으나 아나톨리아 지방의 셀주크와 소규모 공국들의 동전에서도 통치자의 초상이 발견된다. 이것은 전적으로 지역적인 특징인데, 그 지역의 비잔틴 통치자들의 전통을 모방한 것이다.

벽에는 또다른 형태의 그림이 걸려 있다. 그것은 거의 대부분 코란 구절이나 예언자의 말씀을 적은 액자이다. 이슬람은 약 14세기 동안 이 지역의 지배적인 종교였다. 모스크의 장식은 코란 몇 구절로 꾸며진 극히 단순하고 절제된 모양이다. 규칙에 따라 행동하게 하는 공공예배는 창조주이며 초월적

---

* 인물이 동전에 새겨진 것도 우상 숭배로 여겨져 이슬람 전통에 위배되는데, 컵을 들고 마시는 것은 음주를 의미할 수 있기 때문에 매우 도발적인 시도라고 할 수 있다.

이고 영적인 신에 대한 복종의 집단 행위이다. 예배에는 어떤 연극이나 신비적인 요소도 허용되지 않는다. 전례를 위한 음악이나 찬시도 없으며, 이슬람 전통에서 우상 숭배로 간주하는 상징적인 그림이나 조각은 더더욱 허용되지 않는다. 따라서 이슬람 예술가들은 추상적이고 기하학적인 문양을 사용했는데, 그들의 장식적인 기본 구도는 광범위하고 체계적인 새김 기법의 사용에 근거한 것이었다. 코란의 일부 구절, 심지어는 코란 전체 구절이 모스크의 벽이나 천장, 가정이나 공공장소를 장식하는 데에 사용되었다.

아마 이 서체 예술에서 서구 문화의 방법론과 가치가 유입된 가장 이른 시기의 흔적을 엿볼 수 있을 것이다. 서구에서 멀리 떨어져 그 영향을 비교적 적게 받은 이란에서조차 이미 16세기 미술에서 명암이나 원근투시법, 인물묘사 변형법의 사용 등 서구의 영향이 엿보인다. 페르시아와 오스만 미술에서는 이슬람의 우상 숭배 금지에 대항해서 오랫동안 인물상이 존재해왔으나, 지금은 보다 개별적이고 개인적이며 덜 정형화되었다. 심지어 통치자의 초상화도 있었는데, 동전이나 우표 또는 벽면에 통치자의 용모가 공공연히 표현되는 것은 극히 최근의 일이다. 아직도 많은 보수적인 국가에서는 초상화를 우상 숭배에 버금가는 신에 대한 모독으로 간주하고 있다.

예술의 형태로서 연극은 중동에서 큰 반향을 일으키지 못했던 반면, 영화는 대단히 성공적이었다. 1897년에 이미 무성영화가 이탈리아에서 이집트로 수입되었다는 증거가 있다. 제1차 세계대전 중에 연합국 군인들을 위해서 상영되었던 영화는 많은 중동 사람들이 이 새로운 매체를 접하는 계기가 되었다. 1917년 이집트에서 최초로 국산 영화가 제작되었고, 1927년에는 장편 영화가 최초로 제작되어 상영되었다. 그후 영화는 이집트를 필두로 이 지역의 많은 국가들에서 주요 산업으로 성장했다. 이집트의 영화 산업은 미국, 인도에 이어 세계 3위의 규모에 이른다.

서구에서 유래된 대부분의 혁신들은 지금까지 꽤 오랫동안 잘 정착되어 더 이상 외래 요소로 여겨지지 않는다. 커피하우스에 앉아 있는 한 남자가 식자층에 속하고 독서로 시력이 나빠졌다면 그는 안경을 끼고 있을 것이다. 이 안경은 이미 15세기부터 중동에서 사용된 유럽의 발명품이다. 커피하우스에는 벽시계가 걸려 있고, 손님들은 손목시계를 차고 있을 것이다. 이것들도 모두 유럽의 발명품이고, 아마 오늘날에도 그들은 여전히 유럽제나 아시아제 제품을 사용하고 있을 것이다. 시간의 흐름에 대한 정확한 측정은 사회관습을 변화시켰고, 그 변화는 현재도 진행 중이다.

커피를 마시는 사람이 만약 친구들과 함께 있다면, 굳이 시계를 볼 필요 없이 시간을 보내고 있을 것이다. 이 지역 고유의 오랜 놀이인 보드게임*을 소일거리 삼으면서 말이다. 대중 놀이에는 두 종류가 있는데, 하나는 서양 주사위 놀이이고, 다른 하나는 교육 수준이 약간 높은 사람들이 즐기는 체스이다. 두 놀이 모두 중동에서 서양으로 전래되었으나, 체스는 원래 인도에서 유래되었다. 그리고 두 놀이 모두 이미 이슬람 시대 이전의 페르시아에서 확인된다. 예정설과 자유의지에 관한 중세 이슬람 신학자들 사이의 대논쟁에서 이 두 놀이는 종종 그 상징과 원형으로 예시되기도 했다. 인생은 체스 게임인가? 두는 사람이 매 순간 선택을 해야 되고, 기술과 예지가 그를 승리로 이끌 수 있는 체스 게임? 혹은 약간의 기술이 결과를 촉진시키기도 지연시키기도 하지만, 마지막 승부는 연속적인 주사위 던지기로 결정되는 주사위 놀이인가? 일부 사람들은 그것을 맹목적인 기회로 보고, 일부 사람들은 신이 이미 정해놓은 결정으로 보는 주사위 놀이? 어쨌든 두 놀이는, 체스보다는 특히 주사위 놀이가, 승리는 숙명적이라는 이슬람 신학 논쟁에 흥미로운 비유를 제공한다.

뉴스나 설교 사이사이에는 음악이 흐른다. 대부분의 커피하우스에서 손님

---

\* 체스처럼 판 위에서 말을 움직여 노는 중동 지방의 게임.

들은 전통음악 아니면 서양의 팝송을 동양식으로 반쯤 편곡해놓은 듯한 중동의 대중음악을 듣는다. 그러나 어느 곳에서도 서양 고전음악을 들을 수는 없다. 사회적으로, 문화적으로 가장 서구화된 곳에서도 서양 고전음악의 감상은 극히 제한되어 있다. 이 점은 서양풍 고전음악이 광범위하게 감상되고, 연주되고, 심지어 작곡까지 되는 일본이나 중국 그리고 다른 비서구 사회와 뚜렷하게 대비된다. 레바논의 기독교도나 이스라엘의 유대인처럼 서구화된 사람들 사이에는 서양 고전음악을 위한 모임도 조성되어 있다. 음악계에까지 서구화가 진행된 튀르키예에도 현재 튀르키예 오케스트라, 오페라, 작곡가 단체가 구성되어 있나. 음악 중에서도 죄소한 기악은 미술과 마찬가지로 독립된 언어가 있어서 다른 문화에 보다 쉽게 접근할 수 있다. 그러나 대부분의 중동 국가에서는 아마 부분적으로는 노래의 구심성 때문에 그렇지 못하고, 서양 고전음악의 애청자들도 상대적으로 적은 편이다. 이 점은 미술이나 건축과 같은 다른 예술 장르와 현저한 대조를 이룬다. 미술과 건축 분야는 서구의 영향을 받은 초기 단계에 이미 변화가 마무리되었다. 문학에서도 종래의 전통적인 예술적 표현은 이미 소멸되고, 소설, 드라마, 심지어 시까지도 현대 세계의 일반적인 경향을 따른다. 예술의 서구화 과정에서 미술이 최초로 그리고 가장 광범위하게 변화했다면, 음악은 가장 나중에 그리고 가장 미미하게 변화했다. 이 사실이 우리에게 시사하는 바는 문명세계의 예술 가운데 음악은 외부세계의 초입자들이 이해하고, 받아들이고, 행할 수 있는 가장 마지막 요소라는 것이다.

서양 방문객들이 대부분의 중동 국가 커피하우스에서 느끼는 특별한 인상은 어디를 가나 남자들만이 우글거리고, 여자는 거의 찾아볼 수 없다는 점이다. 여자가 있다고 해도 극소수이고, 외국인이 눈에 띄는 것과 같은 정도일 것이다. 테이블에는 혼자 또는 삼삼오오 남자들만 앉아 있고, 저녁 시간에는 젊은 남자들이 떼를 지어 놀거리를 찾아 거리를 방황한다. 여성 해방은 남성의 지위 변화에 비하면 훨씬 뒤처져 있고, 오늘날에도 많은 지역에서 거꾸로 가고 있다.

이런 모습들은 오랜, 그리고 깊은 뿌리의 문화와 전통이 있는 한 지역의 모습이다. 이 지역은 이념과 상품, 때로는 군인들이 온 사방으로 퍼져가는 중심부였다. 어떤 때는 외부인들을 끌어들이는 자석의 역할도 했는데, 그들은 사도나 순례자, 포로나 노예, 때로는 정복자나 주인으로서 몰려들었다. 이곳은 또한 유서 깊고 먼 지역으로부터 지식과 상품이 몰려들고, 훨씬 발전된 형태로 다시 여행을 계속하게 하는 교차지이자, 시장이었다.

오늘날 중동인들의 의식 속에 있는 지배적인 요소는 유럽의 영향(후일 더욱 일반화된 용어로 서구의 영향)과 그리고 그 영향이 안겨준 변형(변위)이다. 이 지역의 근대사는 급속하고도 강력한 변화의 역사였으며, 이질적인 세계로부터의 도전의 역사였고, 대항과 거부, 다양한 단계의 반응과 양상의 역사였다. 어떤 면에서 그 변화는 돌이킬 수 없을 정도로 절대적이었으며, 그러한 변화가 더욱더 진행되기를 바라는 사람들이 많다. 한편 다른 면에서 변화는 제한적이고 피상적이었으며, 일부 지역에서는 아직도 거꾸로 가고 있기도 하다. 보수적이고 급진적인 계층 모두에서 이러한 반전이 지속되고 확산되기를 바라는 사람이 많은 것도 사실이다. 그들은 서구 문명의 영향을 이 지역에 닥친 최대의 재앙으로, 심지어 13세기 몽골의 침략으로 이 지역이 유린되었을 때보다 훨씬 더 큰 재앙으로 보고 있다. 한때는 "제국주의"라는 단어가 서구의 영향을 표현하는 일반적인 용어로 사용되었을 정도이다. 그러나 이러한 입장은 점차 받아들이기 어려워졌다. 왜냐하면 유럽의 짧은 직접 지배는 과거 속으로 묻혀가고 있고, 미국은 지리적으로 멀 뿐만 아니라 개입하지도 않고 있기 때문이다. 서구의 영향이 그것을 반대하는 사람들에게 어떻게 인식되고 있는지는 호메이니가 미국을 "거대한 사탄"이라고 말함으로써 보다 정확히 표현했다. 사탄은 제국주의자가 아니고 유혹자이다. 사탄은 정복하지 않고 부추긴다. 유혹자를 증오하고 두려워하거나 그것을 유해하다고 생각하여 서구식 생활방식의 힘을 증오하고 두려워하는 사람들과, 서구화를 문화와 문명의 지속적이고 유익한 상호 교류를 위한 진보와 새로운 기회로 파악하는 사람들 사이의 투쟁은 아직도 계속되고 있다.

중동에서 이러한 투쟁의 결과는 아직 오리무중이다. 그것의 진로를 결정하는 원천이나 전개 과정, 문제 등은 중동의 역사와 문명을 대비해서 비추어봄으로써 더욱 잘 이해될 것이다.

# 제1부

# 고대 문화

## 1. 기독교 발생 이전의 중동

기독교가 발생할 즈음, 오늘날 우리가 중동이라고 부르는 지역은 역사시대의 수천 년 동안 두 거대 제국 사이에서 처음도 마지막도 아닌 끊임없는 쟁패 상태에 있었다. 보스포루스 해협에서 나일 강 삼각주에 이르는 동지중해 주변의 나라들로 구성된 서쪽 반경은 로마 제국의 영역이었다. 고대 문명은 쇠퇴했고, 고대 도시들은 로마의 총독이나 허수아비 토착 토후들의 통치 아래에 있었다. 반면 동쪽 반경은 그리스와 로마 사람들은 "페르시아"라고 부르고 그곳의 현지인들은 "이란"이라고 부르던 또다른 거대 제국의 지배 아래에 있었다.

당시 이 지역의 정치 지도는 외관으로나 실제로나 오늘날과는 매우 달랐다. 나라의 이름은 물론, 그들이 표시한 영토도 실제와 같지 않았다. 그곳에 거주하던 사람들의 대부분은 지금과 다른 언어를 사용했고, 그들의 종교 역시 지금과는 달랐다. 심지어 몇몇 예외마저 고대의 전통을 그대로 재현했다기보다는 재발견된 고대의 것을 의식적으로 환기시키려는 겉치레인 경우가 많았다.

페르시아-로마의 지배와 쟁패의 시대에는 서남아시아와 북동아프리카의 지도 역시 보다 오래된 고대 중동 제국들과 그 문화들이 그리는 지도와는 아주 판이했다. 대부분의 고대 중동 국가들은 마케도니아의 방진方陣*이나 로마 군단, 그리고 페르시아의 군대가 그들의 지배를 확립하기 훨씬 전에 이미 강력한 주변 세력에 정복되고 동화된 상태였다. 기독교 시대 초기까지 그들의 정체성과 언어가 어느 정도 유지되면서 존속해온 고대 문화 중 가장 오래된 것은 의심의 여지없이 이집트 문명이었다. 지리와 역사적인 면에서 엄격히 규정한다면, 이집트는 남쪽 계곡과 나일 강 삼각주로 구성되고, 동서 양쪽의 사막과 북쪽의 바다에 둘러싸여 있다. 이집트 문명은 정복자가 도달했을 때 이미 수천 년의 연륜을 가지고 있었다. 그후 페르시아, 그리스, 로마 등에 연속적으로 정복당했음에도, 이집드 문명은 아직도 그 뚜렷한 특질을 잘 보존하고 있다.

고대 이집트의 언어와 문자는 1,000년간 몇 차례의 변화를 거쳤음에도 현저한 지속성을 보여준다. 고대 상형문자와, 그것에 이어서 사용된 보다 흘림체로 쓰는 소위 민용문자民用文字는 기독교 초기에 콥트 문자로 대체될 때까지 존속되었다. 고대 이집트어의 마지막 형태라고 할 수 있는 콥트 문자는 그리스어로부터 차용한 문자를 변형시키고 민용문자로부터 몇 개의 문자를 보태어 고안되었다. 콥트 문자는 기원전 2세기경에 처음 나타나서 기원전 1세기경에 보편화되었다. 이집트인이 기독교로 개종하면서 콥트어는 로마와 그후의 비잔틴 제국 치하의 기독교 이집트에서 국민적인 문화어가 되었다. 그러다가 아랍−이슬람 세력의 침입에 뒤이은 이집트의 이슬람화, 그리고 아랍화가 진행되자 기독교도로 남아 있던 이집트인들조차 아랍어를 받아들었다. 그들은 여전히 콥트인으로 불리지만, 콥트어는 점차 사멸되어 오늘날에는 교회의 전례에만 남아 있다. 이렇게 하여 이집트는 새로운 정체성을 획득하게 되었다.

---

* 고대 그리스의 방패와 창을 가진 중장비 보병 밀집군.

이집트는 많은 이름으로 불려왔다. 그리스인과 로마인이 불렀고 오늘날 현대인도 부르는 "이집트Egypt"라는 이름은, 이집트인들은 스스로를 그렇게 부르지 않지만, 고대 이집트어에 연원을 둔 그리스어의 차용이다. 이 단어의 두 번째 음절은 아마 "콥트Copt"라는 이름과 어근이 같을 것이다. 아랍어 이름은 "미스르Miṣr"인데, 아랍 정복자에 의해서 붙여진 뒤 오늘날까지 사용되고 있다. 이 단어는 히브리어 성서나 다른 고대 문서에서 발견되는, 이집트를 칭하는 고대 셈어와 관련이 있다.

중동의 또다른 강 유역 문명인 티그리스 유프라테스 문명은 이집트 문명보다 더 오래된 것 같지만, 이집트 국가나 사회가 가졌던 통일성과 지속성을 보여주지 못했다. 중심부를 비롯하여 남부와 북부 지역은 수메르와 아카드, 아시리아와 바빌로니아 등 수많은 이름으로 알려진 다른 언어를 사용하는 다양한 종족들의 보금자리였다. 히브리어 성서에서 그 지역은 "두 강의 아람 Aram Naharayim"으로 불렸다. 그리스-로마 세계에서는 그 지역을 메소포타미아로 불렸는데, 그 의미는 히브리어 성서의 명칭과 매우 흡사하다.* 초기 기독교 시대에 그 중심부와 남부는 페르시아의 확고한 수중에 있었고, 제국의 수도는 현재의 바그다드에서 멀지 않은 크테시폰이었다. 바그다드라는 이름 자체는 페르시아어로 "신이 부여했다"라는 의미이다. 바그다드는 바로 몇 세기 후에 아랍인이 새로운 제국의 수도로 건설할 곳에 있던 한 마을의 이름이었다. 한편 중세 아랍어로 이라크는 현재 이라크 남부 영토 절반을 구성하던 타크리트에서 남쪽으로 바다에 이르는 한 주를 칭하는 말이었다. 이 지역은 종종 "이라크 아자미'Irāq 'Ajamī"라고 불리던 이웃 남서부 이란 지역과 구분하기 위해서 "이라크 아라비'Irāq 'Arabī"라고 불렸다.

북부 메소포타미아는 영토 패권 다툼이 치열하여, 때로는 로마, 때로는 페

---

* 메소포타미아는 그리스어로 "두 강 사이에 있는 땅"이라는 뜻이다.

르시아, 때로는 토착 왕조에 지배당했다. 심지어 그 지역은 보다 보편적인 용어인 시리아의 일부로 간주되기도 했다. 시리아는 북으로 타우루스 산맥, 남으로 시나이 사막, 동으로 아라비아 사막, 서로는 지중해로 둘러싸인 지역을 지칭했다. "시리아"라는 지명의 출처는 불확실하다. 헤로도토스는 그 출처가 "아시리아"의 축약형이라고 설명한다. 반면 현대 학자들은 다양한 토착 지명에서 유래된 것으로 본다. 그 단어는 그리스에서 처음 나타나는데, 형태나 용어에서 헬레니즘 이전 시대의 문헌에서 사용되었다는 선례는 아직 확인되지 않았다. 로마와 비잔틴 공식 용어집에 확연히 자리 잡았던 이 그리스 용어는 7세기 아랍의 정복으로 점차 자취를 감추었다. 그후 시리아라는 용어는 르네상스 시대에 고전 지식과 그리스-로마 용어가 부활한 뒤 유럽에서 간간이 사용되었다. 아랍, 보다 일반적으로 이슬람 세계에서 과거 시리아로 알려졌던 지역은 "샴Shām"으로 불렸는데, 이는 그 지역의 주된 도시인 다마스쿠스를 칭하는 이름이기도 했다. 아랍어로는 "수리야Sūriya"인 시리아라는 이름은 지리적인 표기에서는 거의 나타나지 않고, 19세기 후반에 유럽의 영향으로 다시 살아날 때까지 거의 알려지지 않았다. 그러다 1865년 오스만 제국의 통치하에서 다마스쿠스 주 지역의 이름으로 공식적으로 채택되었고, 제1차 세계대전 후 프랑스 신탁통치가 실시되면서 국가의 이름으로 공식 명명되었다. 지금까지 우리에게 전해져온 비교적 오래된 토착적인 나라 이름 가운데 가장 광범위하게 사용된 것은 시리아와 메소포타미아 지방에 정착해서 살던 아람인에게서 따온 "아람Aram"이었다. 메소포타미아가 "두 강의 아람"으로 알려진 것처럼, 남부와 북부 시리아는 "다마스쿠스의 아람"과 "조바의 아람 (알레포)"으로 알려졌다(『사무엘』 후서 8:6, 10:8 참조).

　그러나 보다 보편적으로 비옥한 초승달 지역의 서편을 형성하는 나라들은 그곳을 지배했던 수많은 왕국들과 민족들의 이름으로 다양하게 불렀다. 그중에서 가장 친근하고, 적어도 전거가 가장 정확한 곳은 남쪽으로, 바로 초기 히브리어 성서와 다른 고대 문헌에서 가나안으로 알려진 지역이다. 이스라엘의 정복과 정착으로 이 지역은 "이스라엘 자손의 땅"(「여호수아」서 11:22), 혹은 간단히 "이스라엘의 땅"(「사무엘」전서 13:19)이라고 묘사되었다. 기원전 10세기경 다윗과 솔로몬의 왕국이 분열된 후, 예루살렘을 수도로 한 남부는 유다로 알려졌고, 북부는 이스라엘로 불리다가 후일에는 사마리아로 불렸다. 북쪽과 남쪽의 해안지대는 그곳에 사는 사람들의 이름을 따서 페니키아와 필리스티아로 불렸다. 필리스티아인은 바빌로니아의 정복으로 사라진 후 다시는 등장하지 않았다. 페니키아인들은 로마 시대와 초기 기독교 시대까지 현재의 이스라엘 북부와 레바논 남부에 해당하는 해안 평지에서 잔존했다. 기원전 6세기에 페르시아의 정복으로 귀환한 포로들이 다시 정착한 뒤 이 지역은 "예후드Yehud"라고 불렸다(「다니엘」서 2:25, 5:13과 「에스라」서 5:1, 5:8). 로마 시대의 용어집과 신약은 그 나라의 남부, 중심부, 북부 지역을 각각 유대, 사마리아, 갈릴리로 지칭하고 있다. 여기에 어떤 사람들은 성서의 에돔에서부터 남쪽 사막지대까지를 덧붙이는데, 이곳은 로마인들이 "이두메아Idumea"라고 불렀고, 오늘날에는 요르단 강 동쪽 지대에 있는 네게브와 페레아로 알려진 지역이다.

메소포타미아와 시리아의 지배적인 언어는 셈어였다. 셈어는 다시 몇 개의 방계언어로 나뉘었는데, 가장 오래된 언어인 아카드어계에는 메소포타미아에서 일반적으로 통용되었던 아시리아어와 바빌로니아어가 속했다. 또다른 언어는 가나안어계로, 성서의 고대 히브리어와 북아프리카의 식민지어인 카르타고어를 포함한 페니키아어, 그리고 북부와 남부 시리아의 비문에서 알려진 또다른 관련 언어들이 여기에 속했다. 그러나 이런 언어들 대부분은 기독교 시대가 도래하면서 점차 소멸했다. 대신 또다른 셈어계 언어에 속하면서 서로 밀접한 관련을 가진 한 언어로 대치되었는데, 바로 아람어였다. 가나안어 중에서는 페니키아어가 레반트 해안의 항구 도시와 북아프리카의 식민지에서 여전히 사용되었고, 히브리어는 더 이상 유대인들의 공용어는 아니었지만, 종교와 문학, 학문 언어로 살아남았다. 아시리아어와 바빌로니아어는 완전히 종적을 감추었다. 반면 아람어는 상업과 외교를 위한 국제적인 통용어가 되었고, 비옥한 초승달 지역은 물론 페르시아와 이집트, 오늘날 튀르키예 남부로 알려진 지역에서 광범위하게 사용되었다.

역사적으로 중동 지역에서 마지막으로 나타난 언어인 아랍어는 기독교 시대 초기에는 주로 아라비아 반도의 중심부와 북부 지역에 한정되었다. 오늘날 예멘에 해당하는 남서부의 보다 진보된 도시문화 지대에서는 남아라비아어로 알려진 또다른 언어를 사용하고 있었던 것이다. 에티오피아어와 밀접한 관련이 있는 이 언어는 남아라비아의 식민지 개척자들에 의해서 아프리카의 갑지대岬地帶로 전달되었다. 한편 북부에는 아랍어 사용자들이 7세기 아랍의 대정복 이전부터 시리아와 이라크 접경지대에 잠입해와서 정착했다는 증거가 있다. 아랍어 사용자의 정착은 이 지역 전역에 아랍어를 성공적으로 퍼뜨렸다. 비옥한 초승달 지역에서는 아람어가 아랍어에게 자리를 내주었다. 현재 아람어는 일부 동부 교회의 의례 용어로 살아남아 있고, 몇몇 시골 마을에서만 여전히 사용된다.

현재 튀르키예라고 불리는 나라는 튀르크로 알려진 민족이 먼 동쪽에서 진출하기 시작한 중세까지 유럽에 알려져 있지 않았다. 초기 기독교 시대에 이 지역에 붙은 이름은 아시아 혹은 소아시아 그리고 아나톨리아였다. 이러한 이름들은 원래 에게 해 동쪽 연안을 지칭했는데, 점차 모호하고 다양한 형태로 동쪽으로 확장되었다. 이 나라는 그 지역을 분할하고 있는 주나 도시, 왕국의 이름으로 언급되는 것이 보다 일반적이었다. 그리스어가 지배적인 언어였고, 주된 소통수단이었다.

"아나톨리아Anatolia"는 "해가 뜨는 곳"이라는 의미의 그리스어에서 파생되었다. 라틴어의 "오리엔트Orient", 이탈리아어의 "레반트Levant"라는 단어와 같은 뜻이다. 이러한 명칭들은 동지중해 지역이 알려진 세계의 끝이라고 생각하던 사람들의 견해를 보여준다. 그리고 지중해 사람들이 서서히 보다 먼 곳의, 보다 광대한 아시아의 동쪽을 인식하면서 "소아시아Asia Minor"라는 익숙한 새 명칭이 만들어졌다. 같은 방식으로 몇 세기가 흐른 뒤 서방의 지평선에 먼 동방의 여명이 밝아오자, 고대의 "동방East"은 "근동Near East", 더 나아가 "중동Middle East"으로 바뀌었다. 보다 멀리 떨어진 동방 중에서 가장 중요하고 가장 두려운 중동은 서구에서 페르시아로 알려진 이란이었다.

엄밀히 말해 "페르시아Persia"나 "페르시스Persis"는 한 국가나 민족의 이름이 아니라 걸프 해의 동쪽 해안의 남서부 지역에 있는 파르스Fārs/Pārs라는 한 주의 이름에서 유래된 명칭이었다. 페르시아인들은 한 번도 나라명으로 그 단어를 사용해본 적이 없었다. 다만 그들은 페르시아를 자신들의 언어를 가리키는 말로 사용했다. 파르스 지방 방언이 나라 전체의 지배적인 문화적, 정치적 언어가 되었기 때문이다. 이는 토스카나어가 이탈리아어, 카스티아어가 스페인어, 런던을 중심으로 한 여러 주의 방언이 영어가 된 것과 같은 맥락이다. 페르시아인들에 의해서 항상 사용되었고, 1935년 세계의 다른 지역으로부터 그들에게 주어진 이름은 이란이었다. 이 용어는 "아리아인의 [땅]"을 의미하는 단어의 소유격 복수형인 "아리야 남aryānam"이라는 고대 페르시아어에서 파생되었다. 그 시기는 인도 아리아족의 초기 이주 시대로 소급된다.

중동의 종교 지도는 종족이나 언어 지도보다 더 복잡하고 혼란스럽다. 고대 신들 중의 일부는 죽고 잊혔지만, 많은 신들이 여전히 기이하고 변화된 형태로 살아 있다. 헬레니즘 문화와 로마 통치의 엄청난 영향에 이어서, 중동 사람들의 정복과 이주에 대한 오랜 경험은 새롭고 혼합주의 형태의 신앙과 숭배 사상을 가져다주었다. 일부 동방의 숭배 사상은 로마인들, 심지어는 로마 내에서까지 추종자를 얻었다. 이집트의 이시스, 시리아의 아도니스, 소아시아 프리기아의 키벨레를 비롯해서 모든 신이 중동의 새로운 지배자들 사이에서 신자를 얻었다.

그러나 이러한 모든 고대 신과 종교는 1,000년이 되지 않는 비교적 짧은 기간 내에 자취를 감추고 지위를 상실했다. 그리고 그것들은 이 지역에서 연이어 발생한 2개의 새롭고 경쟁적인 일신교들인 기독교와 이슬람이라는 세계 종교로 대치되었다. 7세기 이슬람의 출현과 승리는 어떤 면에서는 기독교의 발생과 전파에서 덕을 보았다. 이슬람의 출현 자체가 종교적이고 철학적인 선행자 기독교로부터 깊은 영향을 받은 것이다. 기독교나 이슬람 문명은 모두 접촉과 상호 작용에서 유대, 페르시아, 그리스라는 3개의 범세계적 전통을 가진 고대 중동에 공통의 뿌리를 내리고 있다.

일신교의 개념이 전혀 새로운 것은 아니었다. 예를 들면 그것은 기원전 14세기 이집트의 파라오였던 이크나톤의 찬가에서도 나타난다. 그러나 그 개념은 산발적이고 고립적이었으며, 그 영향 또한 일시적이고 지엽적이었다. 자신들의 종교적 핵심으로 윤리적인 일신 사상을 확립한 최초의 사람들은 유대인이었다. 히브리어 성서의 후속서는 그들이 원초적인 종족 종교에서 우주적이고 윤리적인 일신교로 신앙 체계를 진전시켰음을 보여준다. 이 책들은 우상 숭배자들과 다신교 이웃들로부터 자신들을 분리할 방법에 대한 유대인들의 고양된 인식을 반영하고 있다. 오늘날 자신들만이 유일한 진실을 소유하고 있다고 믿는 사람들은 이 진실의 발견이 자신들의 성과라고 쉽게 확신한다. 고대에는 한 열성 신자가 그러한 확신을 가진다는 것은 거의 주제넘는 일이었다. 유일신에 대한 진실을 알아가면서, 그들의 유일성과 비범한 사실에 직면한 고대 유대인들은 그들이 신을 선택했다는 개념을 받아들일 수 없었고, 신이 그들을 선택했다는 보다 겸허한 신앙을 채택했다. 이것은 특권보다는 의무를 더 많이 부과하는 선택이었고, 때로는 견디기 어려운 고통스러운 짐이 될 수도 있었다. "내가 땅의 모든 족속 중에 너희만 알았나니 그러므로 내가 너희 모든 죄악을 너희에게 보응하리라 하셨나니."(「아모스」서 3:2)

그러나 유대인만이 우주적이고 윤리적인 하나의 신을 인식하고 숭배한 것은 아니었다. 훨씬 동쪽의 이란 고원지대에는 역사상 메디아인과 페르시아인으로 알려진 두 인종이 살았는데, 그들은 고대의 이교 사상에서 악신과 끊임없이 투쟁하는 유일하고 최고의 신인 선신 개념을 발전시켰다. 이 종교의 출현은 예언자 조로아스터의 이름과 관련이 있는데, 그의 가르침은 아주 오래된 페르시아어로 쓰인 고대 조로아스터교 경전에 보존되어 있다. 이 페르시아 예언자가 언제 살았고 언제 가르침을 주었는지는 알려져 있지 않고, 학자들의 추정도 1,000년 또는 그 이상으로 다양하다. 그러나 기원전 6-기원전 5세기경이 조로아스터교의 주요한 활동기였다는 사실은 명백하다. 수 세기 동안, 하느님을 찾는 이 두 종족은 아마도 서로가 모르는 상태로 각자의 분리된 길로 나아갔다. 결국 기원전 6세기의 대사건이 두 종족의 접촉을 초래했고, 그 결과는 시대의 흐름에 따라 전 세계로 퍼졌다.

기원전 586년 바빌론의 왕 네부카드네자르 2세가 정복 전쟁의 과정에서 예루살렘을 점령하고 유다 왕국과 유대 사원을 멸망시켰다. 그는 당시의 관습에 따라서 피정복민을 포로로 잡아 바빌로니아로 압송했다. 몇십 년이 흐른 후, 또다른 정복자인 키루스 2세가 바빌로니아를 점령했다. 그는 당시 시리아와 그 너머까지 영토를 확장하고 있던 새로운 페르시아의 창건자였다. 두 집단, 즉 정복자 페르시아와 광대하고 다양한 언어를 사용하는 피정복민 중의 한 소집단이었던 유대인은 외관과 신앙에서 어떤 기본적인 동질성을 인식한 것 같다. 그리하여 키루스는 바빌로니아에 포로로 잡혀 있던 유대인들이 이스라엘 땅으로 귀환할 수 있게 해주었고, 나아가 국가 예산으로 예루살렘에 성전을 재건축하도록 명령했다. 히브리어 성서는 키루스(고레스)에게 비유대인 통치자는 물론 유대인 통치자에게도 좀처럼 부여하지 않았던 각별한 존경을 표하고 있다. 바빌론 유수 직후에 쓰인 「이사야」서의 마지막 장은 매우 감동적이다. "그[고레스]는 나의 목자라, 나의 모든 기쁨을 성취하리라 하며 예루살렘에 대하여는 이르기를 중건되리라 하며 성전에 대하여는 이르기를 네 기초가 세움이 되리라 하는 자니라."(『이사야』서 44:28) 바로 다음 장에는 더 존경을 표하여, "나 여호와는 나의 기름 받은 고레스의 오른손을 잡고 열국으로 그 앞에 항복하게 하며 열왕의 허리를 풀며 성문을 그 앞에 열어서 닫지 못하게 하리라."(『이사야』서 45:1)

각각 바빌론 유수 이전과 예루살렘으로의 귀환 이후에 기술된 히브리어 성서의 전후서 사이에는 신앙과 외관에 현저한 차이가 있다. 그중 일부는 페르시아 세계의 종교인 조로아스터교의 영향을 받은 것으로 보인다. 특히 잘 알려진 것은 인간의 역할과 관련된 선과 악, 신과 악마 사이의 우주적 투쟁 개념이다. 나아가 사후심판의 개념의 명확한 발전과, 천국의 보상과 지옥의 응징의 개념, 성스러운 자손으로 태어나 말세에 재림하여 악에 대한 선의 궁극적 승리를 확신시켜줄 기름 부음 받은 구세주의 개념 등이 있다. 이러한 개념들은 후기 유대교와 초기 기독교에서 더욱 명백해질 것이다.

유대-페르시아 연계에는 정치적 함축성도 있었다. 키루스는 유대인에게 호의를 베풀었고, 그 대가로 유대인들은 키루스에게 충성했다. 그리하여 유대인들은 로마의 지배를 받던 수 세기 동안 로마의 적인 페르시아에 동정적이고 심지어 그들과 내통한다는 의심을 받았다.

독일의 철학자이자 역사학자인 카를 야스퍼스는 겉보기에 서로 관련이 없는 먼 곳의 사람들이 영적이고 지적인 면에서 획기적인 발전을 성취했던 기원전 600-기원전 300년 사이의 시기를 인간 역사의 "축의 시대"라고 불렀다. 이때는 바로 중국의 공자와 노자, 인도의 석가모니, 이란의 조로아스터와 그의 사제들, 이스라엘의 예언자들 그리고 그리스의 철학자들이 활동했던 시기였다. 이들은 서로에게 잘 알려져 있지 않았다. 물론 인도의 불교 승려들이 중동에서 활동했던 것으로 보이지만, 그 내용은 거의 알려지지 않았고 영향력도 미미했던 것 같다. 유대인과 페르시아인 사이의 결실은 키루스와 그의 후계자 시대에 맺어졌다. 그 후계자들이 지배 영역을 서쪽의 소아시아를 가로질러 에게 해로 확장하면서 그리스인들과 접촉하거나 충돌했는데, 이에 따라 번성하던 그리스 문명과 페르시아 제국의 많은 사람들 사이에 통신망이 구축된 것이다. 그리스의 사조는 종교적이라기보다는 철학적이고 과학적이었다. 그러나 그리스의 철학자나 과학자가 이룩한 통찰은 연이어 일어난 중동의 종교 문명, 나아가 세계의 종교 문명에 심대한 영향을 끼쳤다.

그리스 상인들과 그 고용인들은 일찍부터 중동의 여러 지역을 조사한 후, 그 이상한 나라에 대한 정보를 전해주었다. 이는 그리스의 철학자와 과학자의 지적 호기심을 자극했다. 페르시아 제국의 확장은 새로운 기회를 제공했다. 여행과 통신이 손쉬워지고, 언어에 관한 지식이 확장되었으며, 페르시아 제국 정부가 여러 분야에서의 그리스 기술을 채택한 것이다. 새로운 시대는 마케도니아의 왕 알렉산드로스(기원전 356-기원전 323)의 동방 원정으로 시작되었다. 알렉산드로스는 마케도니아의 통치와 그리스 문화의 영향을 이란을 지나 중앙아시아와 인도 변경지대, 남쪽으로는 시리아를 거쳐 이집트까지 확산시켰다. 알렉산드로스가 죽은 후 그의 정복지는 그의 후계자들에 의해서 이란, 시리아, 이집트에 각각 근거를 둔 세 왕국으로 분할되었다.

그리스인들은 알렉산드로스의 정복 이전부터 페르시아에 대해서 어느 정도 알고 있었다. 이제 그들은 신비에 싸여 있던 메소포타미아와 시리아, 그리고 이집트의 땅에 친숙해졌고, 그곳에 정치적인 패권을 확립하여 궁극적으로 로마의 정치적 통치에 대한 길을 마련했으며, 문화적 우월성을 확보하여 로마 통치하에서도 그것을 유지시켜나갔다. 기원전 64년 로마 장군 폼페이우스가 시리아를 정복하고 이어서 유대를 멸했다. 기원전 31년에는 악티움 해전에서 안토니우스와 클레오파트라가 패배하면서 이집트의 그리스-마케도니아계(프톨레마이오스 왕조) 통치자 역시 로마의 지배에 종속되었다. 세계적인 승리를 차지한 헬레니즘 문화와 로마의 지배에 과감하게 도전한 두 민족은 페르시아와 유대 민족이었다. 그러나 그 결과는 아주 달랐다.

기원전 247년경 아르사케스는 그리스의 통치에 대항해서 성공적인 반란을 이끌었다. 그는 그의 종족과 연고지의 이름을 따서 역사상 파르티아로 알려진 독립 왕조를 세웠다. 마케도니아의 패권을 회복하고자 한 일련의 시도에도 불구하고 파르티아는 존속되었고, 심지어 그들의 정치적 독립을 더욱 확대해나감으로써 당시의 주요한 정치 세력이자 로마의 위험한 경쟁자로 부상했다. 그러나 그들은 그리스 문화로부터 크게 영향을 받고 있었다. 이러한 경향은 사산 왕조의 창건자이자 조로아스터교 신앙을 부활시킨 아르다시르 1세(재위 226-240)가 파르티아를 멸망시기면서 큰 변화를 맞이했다. 조로아스터교는 이제 이란의 국교로서 통치권이나 사회, 정부기관의 한 부분이 되었다. 이것은 국가가 규정한 정통 교리와 성직의 계층화, 이단자의 색출과 탄압이라는 면에서 국가 종교사에서 최초의 훌륭한 예가 될 것이다. 이러한 측면에서 사산 왕조의 행위는 광범위한 관용과 절충주의를 받아들인 그들의 파르티아 선조들과 로마 제국의 태도와는 뚜렷하게 대비되었다.

조로아스터교 신앙과 성직자 계층은 국가와의 그러한 연계 덕분에 막강한 권력을 누렸지만, 동시에 국가 자체가 멸망했을 때에는 국가와의 관계 때문에 고통을 당했다. 조로아스터교의 성직자 조직은 페르시아 제국과 함께 소멸되었다. 그리하여 아랍의 정복으로 페르시아 제국이 와해된 후, 조로아스터교는 심지어 이슬람 시대에 이란의 정치적, 문화적 생활이 부활했을 때조차 약간의 부흥과 역할에도 불구하고 기나긴 쇠퇴기로 접어들었다. 이란에서 이슬람의 진출에 대항하여 종교적인 저항을 시도한 것은 권위를 행사하는 데에만 익숙하던 정통 조로아스터교 성직자들이 아니라, 저항과 탄압에 단련되어 있던 조로아스터교 이단자들이었다.

이러한 조로아스터교 이단 종파들 일부는 중동의 역사뿐만 아니라 일반 역사에서도 상당히 중요하다. 그중에서 가장 잘 알려진 것이 미트라교이다.

미트라는 로마 제국 내에서, 특히 군인들 사이에서 많은 추종자를 얻었고, 심지어 영국까지 전래되어 그곳에서 미트라 사원의 흔적이 발견되기도 했다. 잘 알려진 또다른 것은 마니의 신조를 근거로 한 마니교이다. 216년에서 277년까지 살았던 마니는 기독교와 조로아스터교 사상을 혼합한 종교를 창시했다. 그는 277년에 순교했지만, 그의 종교는 놀라운 역동성으로 중동과 유럽에서 무슬림과 기독교도 양자로부터 받은 극심한 박해에도 불구하고 살아남았다. 성격상 보다 지역적이기는 하지만 커다란 중요성을 지닌 세 번째 이단 종파는 마즈다크교이다. 6세기 초 이란에서 번성한 마즈다크교는 일종의 종교적 공산주의를 확립했다. 이 종교는 후일 이슬람의 분파인 시아파 운동의 자극제가 되었다.

조로아스터교는 제국 단위의 고유한 정통성을 지닌 최초의 종교였다. 그러나 어디까지나 이란의 종교였고, 이란 제국과 문화권 바깥의 이민 인종에게는 심도 있는 메시지를 제공하지 못했던 것 같다. 문명세계의 모든 고대 종교들이 처음에는 윤리적이었다가 점차 도시화, 정치화되고, 그 과정에서 종교적 의식을 유지시켜주던 정치 체제를 따라 소멸해버렸다는 측면에서 조로아스터교도 예외는 아니었다. 그러나 이 법칙에서 벗어난 유일한 고대 종교가 있었다. 그 종교는 정치적이고 영토적인 근거가 소멸된 후에도 살아남아 급격한 자기 변신의 과정을 통해서 삶을 영위해갔다. 바로 이스라엘의 자손이고, 후일 유대의 백성이었다가 유대인이 된 사람들의 종교였다.

유대인들은 그리스와 로마를 향한 정치적 저항에 실패했다. 마카베오 가家의 영도 아래 처음에 유대인들은 그들에 대한 통치권을 주장하는 시리아의 마케도니아 지배자에 대항하여 독립을 주장할 수 있었고, 잠시나마 유대 왕국의 독립을 회복하기도 했다. 그러나 강력한 로마의 힘 앞에서 그들은 열세일 수밖에 없었다. 유대인 중 일부는 아마도 페르시아의 선동과 도움을 받아 반란에 반란을 거듭했지만, 결국 진압되어 노예로 전락했다. 로마 총독이 유대를 통치했고, 유대의 왕들과 고위 사제들은 로마의 꼭두각시가 되었다. 가장 중요한 반란은 66년에 시작되었다. 장기간에 걸친 치열한 투쟁에도 불구하고 반란 세력은 압도당했다. 70년, 결국 로마가 예루살렘을 점령했고, 바빌론 유수로부터 귀환한 망명포로들이 건립했던 두 번째 성전은 파괴되었다. 그렇지만 유대인의 저항은 끝나지 않았다. 135년 바르 코크바의 반란 이후 로마는 이 골칫덩어리 민족으로부터 벗어나기로 결심했다. 그리하여 이전에 바빌로니아인들이 그랬듯이 그들은 대부분의 유대인들을 포로로 잡아서 유배시켰다. 이번에는 유대인들을 구원해줄 키루스도 없었다. 유대인의 역사적 명칭마저 말살되었다. 예루살렘은 "아엘리아 카피톨리나Aelia Capitolina"로 개명되었고, 파괴된 유대 성전의 터에는 유피테르 신전이 세워졌다. "유대"와 "사마리아" 같은 이름은 사라지고, 나라의 이름도 오랫동안 잊혔던 이름 "필리스티아"를 따서 "팔레스타인"으로 바뀌었다.

고대 유대 서적의 한 구절은 로마 제국 통치의 이익과 불이익이 유대인을 비롯한 다른 중동인 피정복민들에게 어떻게 비쳤는지를 생생하게 기술하고 있다. 그 구절은 2세기경의 세 랍비 사이의 대화로 이루어져 있다.[1]

랍비 유다가 말을 시작했다. "이 사람[로마인]들의 일솜씨가 얼마나 훌륭한가. 시장과 다리는 물론 목욕탕까지 건설했다." 랍비 요세가 침묵을 지키고, 랍비 시메온 바르-요하이가 대답하기를, "그들이 지은 모든 것은 단지 그들 자신이 필요해서 지은 것뿐이다. 매춘부를 두려고 시장을 건설했고, 자신들의 몸을 씻으려고 목욕탕을 지었으며, 통행세를 걷으려고 다리를 놓았다." 유대 개종자의 아들인 유다는 관청에 가서 그들의 말을 일러바쳤다. 그러자 그 관리들은 "우리를 찬양한 자 유다를 찬양받게 하고, 침묵을 지킨 요세를 세포리스로 유배하고, 우리를 비난한 시메온을 처형하라"라고 말했다.

한 중요한 측면에서 유대인, 그리스인, 로마인은 서로 유사하고 고대의 다른 민족들과는 달랐다. 그 유사성과 차이점이 세 민족 모두의 문명 형성 과정에서 결정적인 역할을 했다. 세계의 다른 지역과 마찬가지로 중동에서도 자신과 다른 사람 사이에 명확하게 선을 긋고, 집단을 규정하고, 외부인을 거부했다. 이러한 관습의 최초의 근원적인 필요성은 인간의 시초로 거슬러올라가고, 나아가 인간이 아닌 대부분의 동물세계에서도 나타난다. 내부자와 외부자 사이의 구분은 항상 혈통, 즉 친족이나 오늘날 우리가 사용하는 용어인 종족성에 따라서 결정되었다. 지중해의 가장 뚜렷한 두 고대 인종인 그리스인과 유대인은 그리스인이 아닌 사람을 야만인으로, 유대인이 아닌 사람을 이교도로 간주하는 타자에 대한 두 고전적 정의를 남겼다. 이러한 용어로 표현되는 경계는 절대적이었지만, 중대한 혁신이 이루어지는 한 그 경계를 극복할 수 없는 것은 아니었다. 이 점에서 그 경계는 보다 원초적이고, 출생과 혈통에 근거한 보다 보편적인 차이에 대한 정의와는 달랐다. 그러한 경계는 한편으로는 그리스인의 언어와 문화를 받아들이고, 다른 한편으로는 유대인의 종교와 법률을 받아들임으로써 서로 섞이고 때로는 제거되기도 했다. 집단 자체가 새로운 구성원을 찾아 나서지는 않았지만, 유대나 그리스 양 집단 모두가 그들을 받아들였다. 그리하여 기독교 시대가 시작될 때까지 그리스화된 야만인과 유대화된 이교도들은 중동의 많은 도시에 흔했다.

또다른 측면에서 고대 그리스인과 유대인의 독특함은 적을 향한 그들의 사랑에 있다. 그 자신이 페르시아 전쟁의 영웅으로서 페르시아 침략자들의 고통을 그린 그리스 극작가 아이스킬로스의 동정적 묘사나, 「요나」 서에 표현된 아시리아 니네베 사람들에 대한 배려 등의 비슷한 예는 어떤 다른 곳에서도 찾을 수 없다.

로마인은 포용의 원칙으로 공동의 제국 시민권을 점차 확대해나감으로써 중요한 진전을 이룩했다. 그리스인들은 시민권 개념을 발전시켜 시민을 정치의 구성원으로서 정부의 구성과 운영에 참가할 권리를 가진 자로 보았다. 그러나 그리스 도시의 구성원은 토착 시민과 그 자손들에 한정되었고, 외국인이 갈망하는 최상의 지위는 외국인 거주 신분이었다. 로마의 시민권도 근본적으로 같은 개념이었지만, 로마 시민의 권리와 의무는 단계적으로 제국 내의 모든 지방에까지 확대되었다.

그리스 문화의 접근 가능성, 유대의 종교, 로마의 정치 모두가 전도傳道 종교인 기독교의 발생과 확산을 위한 길을 마련하는 데 도움이 되었다. 기독교 추종자들은 자신들이 신의 마지막 계시를 소유했다고 믿었고, 그 계시를 전 인류에게 전달하는 것이 자신들의 신성한 의무라고 여겼다. 비록 내용과 방법은 달랐지만, 수 세기 후에 두 번째 보편적인 세계 종교인 이슬람이 발생하여 추종자들에게 (기독교와) 비슷한 확신과 임무를 불어넣었다. 이 두 세계 종교는 똑같은 확신에 의해서 유지되고, 똑같은 야심을 가지고 돌진하면서 한 지역에서 나란히 살아갔다. 따라서 조만간 그들이 서로 격돌하는 일은 불가피했다.

# 2. 이슬람 이전의 중동
## 기독교 시대의 종말

기독교의 발생에서 이슬람의 발생에 이르는 기원후의 처음 6세기는 사건의 과정이나 문명의 이동이라는 두 측면에서 일련의 중요한 발전을 이룩한 시기였다.

이러한 발전 가운데 최초이자 여러 측면에서 가장 중요한 것은 기독교의 발생 그 자체는 물론, 기독교의 점진적인 전파와 수용, 그리고 결과적으로 유대교와 페르시아 종교를 제외한 모든 기독교 이전 종교의 소멸 또는 최소한 수면 밑으로의 침잠이었다. 고전적인 그리스-로마의 이교도가 일시적으로 남아 있었고, 기독교 역사에서 "배교자 율리아누스"로 알려진 율리아누스 황제(재위 361-363) 시대에 이교도의 마지막 부흥이 빛을 발하기도 했다. 기독교 시대의 전반부에 해당하는 4세기 초까지 기독교는 로마의 질서에 대항하는 저항 세력으로 성장하고 전파되었다. 로마는 때때로 관용을 베풀었지만, 많은 경우에 이들을 박해했다. 기독교는 부득이 국가로부터 분리되었고, 고유한 구조와 조직, 자신들만의 지도력과 위계질서를 가진, 교회라는 독자적인 제도를 발전시켰다. 교회는 서서히 로마 세계 전체를 포용해갔다.

콘스탄티누스 황제(재위 306-337)의 개종으로 기독교는 로마를 사로잡았다. 어떤 의미에서는 로마가 기독교에 사로잡힌 셈이었다. 콘스탄티누스 황제의 개종은 로마 국가의 단계적인 기독교화로 이어졌다. 이제 새로운 신앙을 증진시키고자 하는 신념에 권위가 더해졌고, 위대한 기독교 황제 유스티니아누스(재위 527-565) 시대에 이르기까지 다른 종교에 대한 기독교의 우위를 확립하기 위해서뿐만 아니라, 기독교 분파를 초래한 여러 교파 가운데 유일하게 국가가 공인한 교의의 우월성을 강화하기 위해서 로마의 모든 힘이 사용되었다. 그럼에도 지금까지 기독교에는 주로 신학적인 교의를 달리하는 여러 개의 교회가 있고, 때때로 개인적, 율법적, 지역적 이유, 심지어는 국가의 충성심에 의해서도 서로 분리되어 있다.

두 번째 주요한 변화는 로마 제국의 중심부가 서쪽에서 동쪽, 즉 로마에서 콘스탄티노플로 옮겨간 것이었다. 이곳은 콘스탄티누스가 그의 동쪽 수도로 건립한 도시였다. 이 변화는 결국 395년 테오도시우스 황제가 죽은 후 로마 제국이 로마의 통치를 받는 서부 제국과 콘스탄티노플의 통치를 받는 동부 제국으로 분열되는 상황을 초래했다. 서부 제국은 비교적 짧은 기간 내에 계속된 야만족의 침입으로 멸하여 사라져버렸고, 동부 제국은 난관을 극복하고 살아남아 그후 1,000년을 더 유지했다.

오늘날 우리가 동부 제국을 칭하는 비잔틴 제국이라는 이름은 근대 학자들이 붙인 용어로, 콘스탄티노플의 원래 거주지 명칭에서 유래했다.* 비잔틴 사람들은 그들 스스로를 결코 비잔틴이라고 부르지 않았다. 그들은 자신들을 로마인이라고 불렀고, 로마 법을 따른다는 취지에서 로마 황제의 통치를 받았다. 그러나 다른 점도 있었다. 황제와 신하들 모두가 이교도가 아닌 기독교도였고, 비잔틴 시민들이 스스로를 칭한 로마인이라는 말은 라틴어 "로마니romani"가 아닌 그리스어 "로마이오이rhomaioi"였다. 이것은 변경 지방에까지 영향을 주었다. 여러 곳에서 "로마의 지배"를 기원하는 비문이 그리스어 "hēgēmonia tōn Rhomaiōn"으로 쓰인 것이다. 페르시아에 의해서 축출되었다가 로마에 의해서 회복된 변경 지방인 에데사의 한 영주는 당당하게 그리스어로 "로마의 친구philorhomaios"라는 칭호를 사용했다. 로마의 전성기에도 그리스어는 로마 제국의 제2언어로서 지위를 누렸다. 그러나 동로마 제국에서는 그리스어가 주된 언어였다. 라틴어는 일시적으로 잔존했고, 라틴 용어는 비잔틴의 그리스어와 또 수 세기 후 칼리프 치하의 아랍어에서 그 흔적을 찾아볼 수 있다. 그러나 그리스어는 오래 명맥을 유지했고, 정부의 공식 용어일 뿐만 아니라 문화 언어가 되었다. 심지어는 콥트어, 아랍어 그리고 후일의 아람어처럼 동부 지방에 잔존하는 비非그리스계 언어나 문학조차도 그리스의 철학과 과학적 전통의 영향을 강하게 받았다.

수 세기 일찍 시작된 세 번째 주요한 변화는 알렉산드로스의 제국과 그의 후계자들이 시리아와 이집트에서 건립한 제국들에 의한 중동의 그리스화였다. 로마 국가와 기독교 교회도 그리스 문화로부터 심대한 영향을 받았고, 양쪽 모두 기독교의 광범위한 전파에 기여했다. 동로마 국가의 정부 제도는 알렉산드로스 및 그 후계자들의 그리스 왕권의 전통에서 영향을 받았는데,

---

\* 비잔틴이라는 명칭은 기원전 7세기경 비자스 왕이 델포이 신전의 신탁을 받아 보스포루스 해협 입구 언덕에 식민 도시를 건설하면서 그의 이름에서 유래되었다.

그 왕권의 개념은 많은 면에서 로마의 황제와는 중대한 차이가 있었다. 종교 측면에서도 초기 기독교도들은 오랫동안 그리스인들을 사로잡았던 철학적 묘미에 관심을 가졌지만, 로마인이나 유대인과도 결코 지나친 말썽을 부리지 않았다. 비록 더 이상 아테네 극작가나 철학자의 작품은 아닐지라도, 기독교 경전인 신약은 훌륭한 그리스어로 쓰였다. 수 세기 전 알렉산드리아에서 그리스어를 사용하던 유대인 공동체가 편찬한 그리스어판 구약도 있었다.

부분적으로는 이전으로부터 영향을 받은 또다른 주요 변화는 오늘날 흔히 명령경제로 불리는 것의 점진적인 성장이었다. 그것은 국가가 권위를 행사해서 경제를 기획하고 지시하는 시도였다. 이집트와 같은 강 유역 사회에서 그러한 정책이 발달하는 것은 당연했다. 이집트의 명령경제는 알렉산드로스의 부하 장군이 세운 프톨레마이오스 왕조하에서 진보를 이루었다. 초기 기독교 시대, 특히 3세기 이후 국가는 산업이나 무역, 제조업은 물론 농업에까지 개입을 확대해나갔다. 이에 더해 민간기업의 경제 활동을 통제하고, 국가 경제정책을 계통화하고 강제하는 데에 노력을 기울였다. 많은 면에서 국가는 개인 무역업자를 무시하고 국가의 업무를 조직화해나갔다. 가령 군대는 무기나 군사 장비, 때때로 군복의 제조까지 국가기업에 절대적으로 의존했다. 군대를 위한 식량은 일반적으로 세금의 형태로 거두어져 배급의 형태로 군대에 제공되었다. 국가의 경제 활동이 증가할수록 기업주, 조달업자, 생산자 등의 입지는 점점 좁아졌다.

농업에서도 국가의 개입이 따랐다. 경작지 면적이 지속적으로 감소했다는 증거가 있다. 토지의 가격을 적정하게 유지하고자 했던 제국입법은 방기되어 황폐화된 경작지가 증가하는 데에 관심을 기울이고 다양한 국고 지원과 혜택 제공을 통해서 농부와 지주들을 유도하고 토지를 재배치하고자 했다. 이것이 주된 문제가 된 것은 특히 3-6세기, 다시 말하면 경제개입주의의 대표적 전형이었던 디오클레티아누스 황제(재위 284-305) 시대부터 이슬람의 정복과 그 결과로 나타난 경제적 기능과 경제력의 제한기까지였다.

비잔틴과 페르시아 제국 모두는 7세기 초 이슬람의 새로운 기운에 압도당했는데, 그들의 운명에는 중요한 차이점이 있었다. 비잔틴 군대는 몰려드는 패배로 고통당하고 아랍에 많은 영토를 빼앗겼지만, 소아시아의 핵심 지역은 여전히 그리스와 기독교도들의 수중에 있었고, 제국의 수도 콘스탄티노플 역시 수많은 공격에도 불구하고 육지와 해안 성벽의 뒤안에서 침략을 면했다. 비잔틴 제국은 약화되었지만 700년이나 더 유지되었고, 그 언어와 문화, 제도 등도 나름의 리듬을 유지하며 계속 발전해나갔다. 그리고 1453년 그리스 기독교 제국의 마지막 잔재가 소멸되었을 때도 비잔틴 사람들에게는 그들의 기억과 이전의 기록을 남겨둘 기독교 세계가 있었다.

반면 페르시아의 운명은 사뭇 달랐다. 변경 지방은 물론 수도와 전 영토가 정복되어 새로운 아랍-이슬람 제국에 병합된 것이다. 시리아와 이집트의 비잔틴 고관들은 콘스탄티노플로 도피할 수 있었지만, 페르시아의 조로아스터교도들은 무슬림의 통치하에 남거나 유일한 출구인 인도에서 망명지를 구하는 도리밖에 없었다. 이란에서는 무슬림의 지배 초기에 소수의 소규모 집단의 경우를 제외하고는 고대 언어와 고대 문자가 서서히 소멸되었다. 앵글로-색슨어가 영어로 바뀐 것처럼, 그 언어조차 정복자들의 영향으로 변형되었다. 비교적 최근에 와서야 고대 페르시아의 기록과 비문에 대한 회복과 판독이 이루어지면서 이슬람 이전 이란의 역사에 대한 탐구가 시작되었다.

기독교 시대 처음 6세기 동안 이란 제국의 역사는 2개의 주요한 국면을 맞이했다. 첫 번째는 파르티아였고, 두 번째는 사산 왕조였다. 사산 왕조의 첫 통치자인 아르다시르 1세는 로마에 대항한 새로운 전쟁을 개시했고, 그의 후계자인 샤푸르 1세(재위 240-270)는 전쟁 중에 로마 황제 발레리아누스를 사로잡기도 했다. 이 업적은 그를 대단히 열광시켜 몇몇 이란의 산 위의 바위에다 그것을 새겨놓게 했는데, 지금도 그 흔적을 볼 수 있다. 말을 탄 페르시아

샤의 발밑에 로마 황제가 짓밟혀 있는데, 샤의 발은 로마 황제의 목을 누르고 있다. 발레리아누스는 사로잡혔다가 최후를 맞았다.

페르시아-로마, 후일의 페르시아-비잔틴 간의 쟁패는 이슬람 칼리프 국가가 등장할 때까지 이 지역 역사의 지배적인 정치적 사건이었다. 이 이슬람 국가의 등장은 한 경쟁자를 멸망시키고, 다른 경쟁자를 심각하게 약화시켰다. 평화가 유지되었던 기간을 제외하면, 오랜 기간의 끝없는 전쟁은 그러한 결과에 중대하게 기여했음이 분명하다.

예외적으로 긴 평화는 1세기 이상 계속되었다. 383년에 샤푸르 3세(재위 383-388)가 로마와 평화적 관계를 이루었다. 421-422년의 일시적인 국경 충돌을 제외하면, 전쟁은 6세기 초까지 재개되지 않았다. 그리고 다시 시작된 전쟁은 일시적인 휴전에도 불구하고 628년까지 계속되었다. 그때는 이미 새로운 세력이 성장하여 곧 두 교전 당사자들을 무력화할 것이었다.

당대나 중세의 역사가들은 이러한 전쟁의 주된 원인을, 누구나 예측하듯이, 영토 문제로 보았다. 로마는 당시 오랫동안 페르시아의 통치를 받던 아르메니아와 메소포타미아를 요구했다. 로마가 그 땅을 요구하는 명분은 트라야누스 황제가 그곳을 점령하여 영구적인 권리를 확립했다는 것이었다. 이 주장은 로마와 페르시아, 후일의 무슬림에 의해서도 반복되었다. 비잔틴은 더 나아가 아르메니아와 메소포타미아의 주민이 대부분 기독교도이기 때문에 기독교 황제에 충성을 빚지고 있다고 주장했다. 페르시아는 키루스 2세의 아들 캄비세스 2세가 기원전 525년에 정복한 시리아, 팔레스타인, 이집트를 요구했다. 전쟁 과정에서 그들은 수시로 이 땅들을 침략하고 유린했으며, 심지어 짧은 기간 동안 그곳을 점령하기도 했다. 그곳에는 페르시아인이나 조로아스터교도가 남아 있지 않고 다른 비기독교도 집단이 있었는데, 페르시아는 그들 중에서 동조자를 얻기도 했다.

근대사가들은 영토 요구 이외의 다른 이유들을 발견하고 이를 증명해보였다. 그중에서 가장 중요한 것은 동서 무역로의 통제였다. 지중해 세계에서 극도로 중요한 2개의 동방 수입품은 중국의 비단과 인도 및 동남아시아의 향료였다. 이러한 물자의 거래 규모가 너무나 광대해지자, 로마의 법률 규정은 이것이 방해받지 않고 보호되는 데 지속적인 관심을 표명했다. 이 무역으로 로마와 비잔틴 세계는 아시아 저편, 즉 중국과 인도의 문명을 접하게 되었다. 정기적인 관계도 없었고, 방문자들의 교류도 거의 기록에 보이지 않는다. 그러나 양국으로부터의 수입품이 있었고, 그 대가로 로마나 후일의 비잔틴은 주로 금화를 지불한 것으로 보인다. 중국 비단이나 인도 향료와의 교환에서 지중해 세계가 제공할 수 있었던 것은 거의 없었다. 금은 항상 통용되었기 때문에 대량의 로마 금화가 지중해 분지에 도착한 수입품의 지불수단으로 동아시아로 흘러갔다. 동아시아뿐만이 아니었다. 왜냐하면 페르시아가 중국과의 비단 무역에서 중개인으로서 엄청난 이득을 얻고 있었기 때문이었다. 페르시아는 특히 그들의 통치를 동쪽의 중앙아시아 내륙으로 확대하면서 일정 기간 동안 비단 무역의 출발지로서 군림했다. 동방으로 유출되는 금괴의 고갈에 대해서 간간이 불평이 따랐지만, 전반적으로 로마는 그러한 고갈로부터 놀랄 만큼 잘 버텼다.

지중해에서 동방의 저편으로 향하는 가장 직접적인 경로는 페르시아 통치 영역을 통과하는 길이었다. 따라서 페르시아의 손길이 미치지 않는 경로의 개발에는 경제적으로나 전략적으로 명백한 이점이 있었다. 그 대안은 중국에서 출발하여 유라시아 스텝 지역의 튀르크 영토를 관통해 흑해와 비잔틴 영역으로 향하는 북쪽의 육상로, 혹은 인도양을 통하는 남쪽의 해상로였다. 이러한 경로는 육로와 연결되어 이집트와 수에즈 지협을 통해서, 혹은 예멘과 시리아 접경에 이르는 서부 아라비아의 대상大商 경로를 통해서 걸프 해와 아라비아 혹은 홍해로 이른다. 로마와 비잔틴의 관심은 중국과 인도와의 외곽 교역로를 설립하고 보존해서 페르시아의 지배 중심부를 우회하는 것이었다.

페르시아 제국은 비잔틴 무역을 통제하는 통과로의 입지를 활용하려고 했다. 즉 평화 시에는 그곳을 미끼로 이용하고, 전쟁 시에는 그곳을 봉쇄해버리는 것이었다. 이는 두 제국의 경계 밖의 나라에서 두 세력이 각자의 영향력을 두고 싸우고 있음을 의미했다. 이러한 상업적, 외교적 그리고 드물기는 하지만 군사적 형태의 개입의 영향은 양 지역 모두에서 매우 컸다. 일차적으로 영향을 받은 세력은 북부의 튀르크계 부족과 공국들, 그리고 남부의 아랍계 부족과 공국들이었다. 튀르크인이나 아랍인이 이 지역의 고대 문명에 지대한 영향을 미쳤다는 기록은 없다. 그러나 연속된 침략의 물결을 따라서 양 부족은 후일 중세 이슬람의 심장부에서 주도적인 역할을 하게 된다.

기독교 시대의 처음 6세기 동안 튀르크인과 아랍인은 모두 유목이 가능한 제국의 경계 바깥의 스텝 지역과 사막 지역에 머물러 있었다. 페르시아나 로마는 심지어 제국 팽창기에도 스텝이나 사막 부족을 점령하는 데에 별다른 관심을 보이지 않았고, 그들과 밀접하게 연루되는 것을 피했다. 시리아 출신의 4세기 로마 역사가 암미아누스 마르켈리누스는 두 부족을 언급했는데, 그가 스텝 민족들을 관찰한 내용은 다음과 같다.[1]

모든 지역의 주민들이 야만적이고 호전적이며, 전쟁과 충돌에서 즐거움을 얻는다. 전쟁에서 목숨을 잃은 자는 다른 사람보다 행복하게 여겨진다. 자연사로 세상을 하직한 사람에게 그들은 변절자나 겁쟁이라고 모욕을 준다. (XXIII, 6.44)

한편 남쪽의 사막 거주자들에 대해서 그는 "……우리가 친구로서나 혹은 적으로서 어떤 바람직한 사실을 결코 발견할 수 없었던 사라센"(XIV, 4. 1)이라고 묘사하고 있다. 그러한 이웃을 무력으로 점령하기란 값비싼 대가를 치러야 하는 것은 물론 어렵고 위험한 일이었고, 그 결과가 확실하지도 유용하지도 않았다. 따라서 페르시아와 로마는 모두 고전적인 제국정책을 추종했는데, 그것은 여러 가지 방법으로 부족민을 설득하고, 재정적, 군사적, 기술적 원조와 칭호와 명예 그리고 그와 유사한 것들을 통해서 그들의 우호를 확보하고 가능한 한 그것을 존속시키는 것이었다. 초기부터 그리스 용어로 "필라르크phylarch"라고 불려온 남북의 부족장들은 이쪽이나 저쪽, 때로는 양쪽에 의지하거나 또는 어느 편에도 의지하지 않으면서 그들의 입장을 유리하게 이용하는 법을 체득했다. 때로는 대상 무역으로 벌어들인 부를 바탕으로 제국의 위성 세력으로, 심지어는 우방으로서 직접 정치적인 역할을 하는 독자적인 도시와 왕국을 수립하기도 했다. 제국 세력들은 안전하다고 판단했을 때 접경지대의 공국들을 정복하여 직접 통치에 복속시키기도 했지만, 대부분의 경우 일종의 간접 통치나 피보호국 형태를 더 선호했다.

이러한 형태의 통치는 아주 오래된 것으로, 의심의 여지없이 먼 고대로 거슬러올라간다. 로마는 폼페이우스가 지금의 요르단의 하심 가家 왕국에 있었던 고대 페트라의 나바테아에 진군한 기원전 65년에 이미 사막정책을 시도했다. 당시 나바테아인은 비록 문화와 문자는 아람적이었을지언정 아랍인이었던 것으로 보인다. 그들은 페트라의 오아시스에 번성하는 대상 도시를 건설했는데, 이곳은 로마가 그들과 우호관계를 수립하는 것을 적절한 방편으로 생각할 정도의 도시였다. 페트라는 로마 영토와 사막의 완충 국가이자 남부 아라비아와 인도 무역로로 향하는 귀중한 보급 기지로서 기능했다. 기원전 25년, 아우구스투스 황제는 정책을 전환해 예멘을 정복하기 위한 원정대를 파견했다. 그 의도는 홍해 남단에 로마의 교두보를 확보해서 인도 항로를 로마가 직접 지배하는 길을 여는 것이었다. 그 원정은 참담하게 실패했고, 로마는 두 번 다시 이런 작전을 시도하지 않았다. 이것은 로마가 아라비아 본토에 대한 군사적 침공을 중단했음을 의미한다. 대신 로마는 평화 시에는 무역을 위해서, 전쟁 시에는 전략적인 필요를 위해서 대상 도시와 사막 접경 국가에 의존하는 방식을 선호했다.

이러한 로마의 정책은 일련의 아라비아 접경 공국들의 융성기를 가능하게 했다. 페트라가 로마 시대에 들어서 그 첫 번째 국가였다. 다른 예로는 오늘날 남동부 시리아의 타드모르인 유명한 팔미라가 있었다. 팔미라는 시리아 사막의 샘 주변에서 번성했는데, 고대 지역으로서 이른 시기부터 거주와 무역의 중심지였음이 분명하다. 유프라테스 강변의 두라에 중앙시장을 형성한 팔미라인들은 지중해에서 메소포타미아와 걸프 해로 향하는 사막 횡단 무역을 주도하는 위치에 있었다. 이것은 그들에게 상업적으로나 전략적으로 중요한 입지를 제공했다.

두 제국의 북쪽과 흑해 및 카스피 해의 북부에는 중앙아시아를 가로질러 중국으로 통하는 육로가 있었는데, 그곳에서도 역시 여러 면에서 비슷한 상황이 전개되었다. 1세기 후반에 이 지역에서 중국의 막연한 종주권 요구에 대항한 중앙아시아 부족들의 반란이 있었던 것으로 보인다. 이 반란을 주도한 민족은 중국 역사서에서 "흉노"로 불렸는데, 유럽 역사에 등장하는 훈족과 동일한 민족으로 보인다. 중앙아시아 원정을 단행하여 반란을 평정하고 흉노를 실크로드 저편으로 몰아낸 것은 반초라는 중국 장군이었다. 이후 중국은 더욱 서쪽으로 진출하여 후일 투르키스탄으로 알려진, 현재의 우즈베키스탄과 그 서부 지역을 정복했다. 반초는 그곳으로부터 내륙 아시아로 향하는 실크로드를 확보하여 중국의 통제하에 두고, 감영을 사절로 보내 서쪽의 로마 사람들과 접촉하게 했다. 이 사절은 97년에 걸프 해에 도착한 것으로 보인다.

이와 같은 동방의 군사적, 외교적 활동은 중동 지역에서 적극적이고 야심만만한 팽창 계획을 실시했던 로마 황제 트라야누스의 정책을 설명하는 데 도움을 준다. 106년, 트라야누스는 페트라와의 전통적인 관계를 끊고 그곳을 침략하여 정복해버렸다. 그리하여 나바테아 지역은 "아라비아 주"로 불리는 로마의 한 주로 전락해 보스라에 주둔하던 로마 군단 총독의 통치하에 놓였다. 또한 트라야누스는 운하와 나일 강 지류를 연결하는 수로망을 정비하여 로마의 배가 지중해에서 홍해로 항해할 수 있게 했다. 107년에는 로마의 사절이 인도에 파견되었고, 시리아 동부 접경에서 홍해로 이르는 도로가 개통되었다.

트라야누스의 이러한 정책들은 당연히 당시 페르시아와 로마의 전쟁에서 독립적인 지위를 유지하고 있던 파르티아를 긴장시켰다. 114년에 시작된 원정에서 트라야누스는 양 제국 간 핵심 분쟁지대 중의 하나였던 아르메니아를 정복하고, 독립 기독교 공국인 에데사의 지배자와 협정을 체결했다. 이어 티그리스 강을 건너 동진을 계속한 그는 116년 여름, 오늘날의 바그다드에서 그리 멀지 않은 곳에 위치하고 있던 페르시아의 대도시 크테시폰을 점령했다. 그리고 결국, 걸프 해까지 다다랐다. 그 시기에 유대에서 반란이 일어난 것은 우연의 일치가 아니었다. 117년 트라야누스가 죽고 난 후, 그의 후계자인 하드리아누스 황제는 아라비아 주만 남겨두고 동방의 모든 점령지로부터 철수했다.

트라야누스의 정복 계획이 개시되기 전인 100년경, 아라비아 반도의 개략적인 상황은 다음과 같았다. 반도의 중앙부는 완전히 권력의 공백 상태였고, 주변의 지방이나 외곽은 공국의 성격을 띠는 군소 국가들이 둘러싸고 있었다. 그들은 동쪽의 파르티아나 서쪽의 로마 제국과 다양한 형태로 관계를 맺고 있었고, 아라비아를 가로질러 예멘으로 향하는 대상 무역이나, 동아프리카나 인도로 향하는 해상 교역을 통해서 생계를 꾸려나갔다.

이러한 상태에서 로마의 페트라 합병은 심각한 정책 변화를 초래하여, 당시 유지되고 있던 힘의 균형을 깨트리는 결과를 가져왔다. 후일 로마는 팔미라에 대해서도 유사한 정책을 펴나가다가 결국, 시기는 정확하게 알려져 있지 않지만, 팔미라를 합병해버렸다. 기록에 따르면 로마 군대는 2세기까지 팔미라에 주둔했다.

상황은 페르시아에 등장한 사산 왕조가 중앙집권적이고 훨씬 군사적인 정권을 수립하면서 다시 반전되었다. 이번에는 아라비아의 북동쪽 접경에 위치한 페르시아가 접경지대의 공국들을 합병하고 복속해나갔다. 3세기 중엽에 페르시아는 고대 아라비아의 중심지인 하트라를 파괴하고, 걸프 해안에 면해 있는 동아라비아 일대를 차지했다.

로마 역사가들은 3세기 말에 일어난 흥미로운 사건 하나를 기록하고 있다. 제노비아(아마도 아랍어로는 자이나브)라는 여군주가 팔미라를 독립시키기 위해서 마지막 노력을 기울인 이야기이다. 그러나 이 투쟁은 아우렐리아누스 황제가 파견한 로마 군대에 제노비아가 패퇴함으로써 무위로 돌아갔고, 팔미라는 또다시 로마의 완전한 속령이 되었다.

한편, 아라비아 반도의 남쪽 끝에서도 또다른 변화가 일어나고 있었다. 본디 경작지 및 군주가 통치하는 도시들로 구성된 남아라비아는 반半사막의 북부와는 판이했다. 이곳에서 전제군주들이 도태되고 힘야르족Himyar이 새 왕권을 수립하면서, 이곳은 동쪽의 페르시아와 서쪽의 에티오피아를 축으로 하는 외부 세력의 격전장이 되었다. 에티오피아에서 흥기한 호전적인 기독교 전제군주는 홍해 저편에서 일어나는 사건들로부터 자연적으로 이점을 취하고 있었다. 물론 페르시아도 로마나 기독교 세력에 대항하는 문제에 항상 관심을 기울였다. 그들에게 로마와 기독교는 거의 같은 존재로 비쳤다.

이 시기에 이러한 지중해 문명의 변방 중심지들은 고대의 일반적인 경제적 퇴조 현상, 특히 3세기 이후의 교역 감소에 크게 영향을 받고 있었다. 이러한 경기 침체는 이 시기를 기점으로 로마 동전이 갈수록 적게 발견된다는 사실에서 엿볼 수 있다. 217년에 사망한 카라칼라의 통치 이후에는 인도에서 로마 동전이 전혀 발견되지 않는다. 4-6세기에 아라비아는 일종의 암흑기를 맞았다. 이 시기는 궁핍과 베두인화(사막 유목화), 기존의 경작과 정주의 쇠락, 낙타 유목의 확장 시대였다. 이슬람이 도래하기 직전이었던 이 시기의 장면들은 초기 무슬림들의 전승에 생생하게 재현되어 있다.

아라비아의 퇴조에 대한 부분적인 이유는 최소한 경쟁적인 양 제국의 무관심에서 찾아야 한다. 384년에서 502년에 이르는 긴 세월 동안 로마와 페르시아는 평화를 유지했다. 그들은 아라비아에 관심을 두지 않았고, 길고 비용이 많이 들며 위험이 도사리고 있는 사막과 오아시스의 대상 무역로에서 흥미를 잃었다. 교역로는 다른 곳으로 바뀌었고, 지원금은 중단되었다. 대상 교통도 끊어지고, 도시들은 버려졌다. 오아시스의 정주민들조차 다른 곳으로 이주하거나 유목생활로 전환했다. 교역의 퇴조와 유목생활로의 전환으로 아라비아는 종래보다 더욱 문명세계에서 고립되었고, 전반적인 생활과 문화수준이 하락했다. 심지어는 훨씬 잘살던 아라비아 남부 지역도 피해를 입었다. 남부의 많은 유목민들이 보다 나은 목초지를 찾아 북으로 이동한 것이다. 과거에도 아라비아 사회에서 유목은 항상 중요한 요소였다. 그러나 이제 유목은 거의 절대적이 되었다. 이 시기를 무슬림들은 "무지의 시대Jāhiliyya"라고 부른다. 물론 이 용어는 "여명의 시대"인 이슬람 시대에 대비된 개념을 가리킨다. 이 시기는 그후에 새롭게 맞은 시기나 과거의 시기와 비교할 때 암흑기였다. 이런 면에서 이슬람의 도래는 일종의 회복이라고 할 수 있고, 코란에 명시된 대로 아브라함 종교의 회복이라고 할 수 있었다.

무함마드가 탄생한 6세기는 모든 것이 다시 한 번 급변하는 시기였다. 이 시기의 가장 우선하는 변화는 1세기 이상의 긴 평화 상태를 깬 페르시아−비잔틴의 재격돌과 끊임없는 전쟁의 재개였다. 두 제국 간의 전쟁과 경쟁의 상태에서 아라비아는 다시 한 번 투쟁의 변수로 떠올랐고, 아라비아의 거주민들은 관심과 명예, 때때로 양측의 지원을 받는 경험을 만끽하게 되었다. 평화시에 지중해 세계에서 동방으로 진출하는 가장 편리한 교역로는 나일 강 계곡을 통해서 걸프 해로 나아가는 경로였다. 이 경로는 짧은 몇몇 구간이 육로였지만 대부분 수로였고, 다른 경로보다 훨씬 경제적이고 안정적이었다. 이제 비잔틴과 페르시아가 전쟁에 재돌입함으로써 상황은 완전히 바뀌었다. 비잔틴으로서는 메소포타미아와 걸프 해 경로는 공격받을 염려가 너무 컸다. 그 경로는 전시에 페르시아의 군사 행동으로 언제든 차단당할 수 있었고, 평화 시라고 해도 쉽게 경제적 봉쇄를 당할 수 있었다. 따라서 비잔틴은 페르시아의 군사적 행동이 미치지 않는 대체로를 확보하고자 했다.

여기에는 기존 교역로로써 두 가지의 가능성이 있었다. 하나는 북쪽의 스텝이었고, 다른 하나는 남쪽의 사막과 해로였다. 아시아 육로 횡단 경로의 재개는 비잔틴 황제와 중앙아시아 스텝의 칸 사이에 일련의 흥미로운 협상을 가져다주었다. 그리하여 중앙아시아 튀르크계 칸의 사절들이 콘스탄티노플에 당도하기 시작했다. 비잔틴 연대기에는 다른 칸들과는 달리 현명하게 페르시아와 비잔틴 양측 모두에 사절을 보냈던 일부 칸들의 기이한 이야기가 적혀 있다. 그러나 통상적으로 칸들은 비잔틴의 배신을 비난하는 입장이었다. 비잔틴 역사가 메난드로스는 576년의 한 사건을 전하고 있다. 한 비잔틴 사절이 칸에게 신임장을 제출하자, 칸이 자신은 물론 자신의 적들과도 동시에 거래한 그 사절을 격렬히 비난했다는 내용이다. 칸은 자신의 입속에 손가락을 집어넣은 채 다음과 같이 큰 소리로 말했다.[2]

네가 바로 10개의 혀로 속임수를 쓰던 로마 놈이 아니더냐?⋯⋯내 입속에 10개의 손가락이 있는 것처럼 너는 10개의 혀를 가졌구나. 하나로는 나를 속이고, 다른 하나로는 아바르인들을 속이고⋯⋯너는 교활한 언변과 사술로 아첨하고 사기를 치면서 무고한 사람들을 불행에 빠트리고, 네 잇속만 챙기는구나⋯⋯튀르크인에게 거짓은 기이하고 부자연스러운 행위로다.

그러나 일반적으로 서로 간에는 보호와 종속, 남과 북의 관계로 비교적 이해가 잘 맞아떨어졌다.

6세기까지 남쪽 경로는 북쪽 경로보다 중요시되었다. 남쪽 경로에서는 페르시아의 영향에서 벗어날 수 있었고, 몇 가지 대안이 가능했기 때문이었다. 초기 사료들은 세 관련 당사자들의 정책과 활동을 잘 보여준다. 비잔틴은 페르시아의 간섭을 받지 않는 인도로의 통로를 개통해서 유지하려고 했고, 페르시아는 그러한 인도로의 통로를 방해하거나 봉쇄하려고 했다. 한편 그 통로상에 있는 여러 민족들은 당시 상황으로부터 이점을 취하려고 했는데, 그들의 목표는 확실한 이점이 있는 이 통로의 개통을 유지하되, 비잔틴이 그것을 독점하거나 통제하지 못하게 하는 것, 즉 비잔틴의 독자적인 역할을 감소시키는 것이었다.

이 시기 대부분의 발전은 이러한 경향을 크게 벗어나지 않았다. 그 하나는 비잔틴과 페르시아 양 제국의 변방에 접경 국가와 피보호 공국들이 재등장한 것이었다. 비잔틴의 사막 접경지대, 대략 오늘날의 요르단에 해당하는 지역에는 가산이라는 아랍 공국이 있었고, 페르시아 쪽에는 히라 공국이 있었다. 두 공국은 모두 기독교를 신봉하는 아랍 국가였고 아랍 문화로부터 영향을 받았으나, 한쪽은 비잔틴에, 그리고 다른 한쪽은 페르시아에 복속되어 있었다.

527년경 비잔틴 황제 유스티니아누스는 가산 공국을 부추겨 히라 공국을 공격하게 했다. 그 결과는 고전적인 방식대로 비잔틴과 페르시아의 대리전 성격을 띠었다. 가산의 지배자에게는 커다란 영예가 주어졌다. 그는 로마 제국의 귀족으로 선언되었고, 콘스탄티노플로 초대되었다. 로마의 무기와 교관, 그리고 상당량의 로마 금화가 제공되었다. 같은 시기의 페르시아 측 공국들에 관한 내용은 잘 알려져 있지 않지만, 거의 같은 형태를 취했던 것으로 보인다.

이 시기의 두 번째 중요한 발전은 티란 해협 중부에 있는 시나이 반도의 남쪽 끝에 요타베라고도 불린 티란 도서 국가가 잠시 역사 무대에 재등장했다는 것이다. 그곳에는 일찍부터 중개 무역에 종사하던 작은 정착 집단이 있었던 것으로 보인다. 기록에 의하면 473년에 그 섬의 부족장이 콘스탄티노플을 방문했고, 이어 여러 사람의 방문이 뒤따랐는데, 일부는 로마 제국에 우호적이었으나 일부는 적대적이었다. 그 섬의 정착 집단은 유대인이었음이 분명히 알려져 있으나, 그들이 토착 고대 유대인이었는지, 유대교로 개종한 집단이었는지, 아니면 유대로부터 새로 도착한 정착민이었는지는 확실하지 않다. 주로 홍해 하류의 남쪽 교역에 종사하던 그들은 처음에 독립을 유지하며 비잔틴에 우호적이지 않은 태도를 취했다. 그러다가 홍해 무역이 주요 관심사가 되는 6세기부터 이 섬은 비잔틴의 통제하에 들어갔다가, 다시 편의상의 문제로 가산 공국으로 넘어갔다.

525년에는 여러 가지 흥미로운 사태의 진전이 있었다. 티란 도서 국가의 유대인들이 비잔틴에 복속된 한편, 홍해의 남쪽 끝에 또다른 유대인 집단이 등장했는데, 바로 그곳 힘야르족의 왕이 유대교로 개종한 것이었다. 그리하여 수 세기 만에 처음으로 아라비아의 남서쪽 모서리에 유대 군주국이 탄생하게 되었다. 홍해의 양 끝에서 거의 동시에 유대인 집단이 갑자기 등장한 데에는 필시 어떤 관련이 있을 것이다. 양 집단은 모두 홍해 무역에 종사했고, 친페르시아—반비잔틴 정책을 표방했던 것으로 보인다.

비잔틴의 기본 정책은 물론 직접적인 반페르시아 정책이었다. 그러나 비잔틴의 정책은 반페르시아뿐만 아니라 반중립도 추구했다. 이는 지방 세력들을 제거하거나 복속시켜 비잔틴의 우위를 다지고 홍해 전역에서 독점적인 교역권을 확립하기 위함이었다. 홍해 북쪽에서 비잔틴은 아랍 자원부대의 협조를 받아 스스로 문제를 해결해갔으나, 남쪽 끝에서는 이것이 불가능하자 에티오피아를 개입시켜 도전에 대처해갔다. 기독교 국가인 에티오피아는 예멘의 유대인과 그들 배후에 있는 동쪽의 페르시아에 대항해서 비잔틴과 유대관계를 맺고 있었다. 이때쯤 에티오피아는 이미 동쪽으로 인도까지 항해하는 배와 아라비아 본토에 군대를 가진 국제 무역 세력으로 부상한 상태였다. 새로 개종한 에티오피아인들은 기독교에 열정적이었기 때문에, 비잔틴 사절에게 적극적으로 반응했다.

그러나 불행히도 에티오피아는 그들에게 부과된 임무를 완수할 수 없었다. 초기에 그들은 남부 아라비아의 마지막 독립 국가를 공격하여 멸망시키고, 그곳이 기독교와 다른 외부세계의 영향을 받아들이도록 하는 데 성공했다. 그러나 그들에게는 그 상태를 유지할 힘이 충분하지 않았다. 그들은 예멘에서부디 북쪽으로 진출을 시도했고, 507년에는 북쪽으로 향하는 대상로에 있는 예멘인들의 교역 거점인 메카를 공격하기도 했다. 그러나 오히려 에티오피아의 공격은 실패하고 패퇴당했다. 그 결과, 얼마 되지 않아서 그들을 대신하여 페르시아가 예멘에 진입하게 되었다.

예언자 무함마드의 생애 초기와 그후 일시적으로 예멘은 페르시아 태수의 통치를 받았고, 나라 전체는 페르시아의 통제하에 있었다. 홍해 남쪽에 페르시아 세력이 확립된 것은 동방으로 향하는 독자적이고 개방적인 무역로를 확보하려고 했던 비잔틴의 정책이 실패했음을 의미했다. 그러나 역설적이게도 이 시기에 당시의 모든 관심사를 제쳐두게 만든 중요한 발전이 이루어졌다. 수 세기 동안 중국은 비단의 제조법을 철저한 비밀에 부쳤고, 누에의 수출은 사형으로 다스렸다. 그런데 552년 두 사람의 네스토리우스파 승려들이 중국에서 누에 알을 몰래 비잔틴 제국으로 밀반출하는 데 성공했다. 그리하여 7세기 초까지 양잠업이 소아시아에서 착실하게 자리를 잡게 되었다. 중국의 비단은 여전히 그 아름다움과 품질의 우수성 덕분에 높은 가치를 지니고 있었지만, 이로써 적어도 중국의 비단 독점 체계는 끝이 난 것이었다.

6세기는 비잔틴과 페르시아 모두의 위축이나 약화로 막을 내렸다. 에티오피아인들은 아라비아에서 물러났고, 그들의 정권은 에티오피아 내에서조차 크게 약화되었다. 페르시아는 잠시 명맥을 유지했지만, 그들 역시 내부의 권력 투쟁과 조로아스터교 내에서의 갈등으로 야기된 심각한 종교적 문제 때문에 극도로 약화되었다. 유스티니아누스의 통치가 끝난 후, 비잔틴 제국은 자체 문제에 봉착했다. 비잔틴 기독교를 소용돌이로 몰고 간 동서 교회 논쟁이 그것이었다. 아라비아 반도의 독립된 중심 세력이었던 남부의 공국들은 소멸되고, 외세의 지배를 받게 되었다.

이러한 일련의 변화는 아라비아 반도에 상당한 영향을 끼쳤다. 이러한 사건들 이후 아라비아에는 식민지 개척자들과 난민, 변방의 집단 등 외국인들이 몰려들었다. 그들과 함께 새로운 방법과 물품, 이념 등도 유입되었다. 계속되는 페르시아—비잔틴 전쟁의 결과, 아라비아를 관통하는 무역로가 확고히 수립되었고, 상인과 교역품의 이동도 상당해졌다. 북쪽에서는 일부 변경 국가가 다시 흥기하여 그들의 보호 제국들과 관계를 맺었지만, 나머지 지역은 여전히 아라비아인들의 차지였다.

이러한 모든 변화는 아랍인들에게 상당한 영향을 미쳤다. 그 반응의 일부는 물질적인 것이었다. 그들은 각종 무기와 갑옷의 사용 그리고 당시의 전술을 배웠는데, 이는 앞으로 닥칠 사태를 위한 귀중한 수업이었다. 또한 그들은 무역상들로부터 전에는 몰랐던 물품들을 소개받음으로써 보다 선진화된 사회를 맛보게 되었다. 아랍인들은 재빨리 그것들을 즐기는 법을 배웠다. 나아가 보다 잘 정비된 이웃으로부터 종교와 문화의 일부를 접하면서 지적이고 영적인 반응도 나타났다. 글을 배우고 문자를 창제하면서 그들 자신의 언어를 기록하기 시작한 것이다. 특히 그들은 외부세계로부터 새로운 이념을 받아들였다. 아마 가장 중요한 반응은 그들이 그들의 종교, 즉 그때까지 지켜왔던 원시적인 우상 숭배에 만족하지 못하고 보다 나은 이념을 추구하기 시작했다는 점일 것이다.

그들이 인식하는 범위 내에는 여러 종교가 있었다. 기독교는 이미 상당한 발전을 거두고 있었다. 접경지대나 페르시아 영토, 비잔틴 영역 내에 있는 대부분의 아랍인들이 기독교도들이었다. 멀리 남쪽의 나지란과 예멘 지역에도 기독교 정착민들이 있었다. 물론 유대인들도 있었다. 특히 예멘과 히자즈의 여러 지역에 유대인들이 살았는데, 그중 일부는 필경 유대 난민들의 후손이었고, 나머지는 유대교 개종자들이었을 것이다. 7세기까지 이들 기독교도와 유대인 모두는 철저히 아랍화되었고 아랍 공동체의 일부가 되었다. 일부 개종자가 있기는 했지만, 페르시아의 종교가 거의 성공을 거두지 못했다는 사실은 놀랄 일이 아니다. 왜냐하면 페르시아의 종교는 비페르시아인들을 매료시키기에는 지나치게 민족적인 색채를 띠었기 때문이다.

초기 이슬람 사료에는 아랍어로 "하니프Ḥanīf"라고 불리는 집단에 대한 언급이 있다. 그들은 우상 숭배를 포기하면서도 당시에 팽배했던 어떠한 종교적 교의도 받아들이지 않았다. 그들이 바로 후일 이슬람이라고 하는 새로운 종교를 받아들인 최초의 개종자 집단이었다.

## ❖ 제2부 ❖

# 이슬람의 태동과 성장

## 1. 기원

이슬람교의 등장과 그 창시자, 그리고 그의 초기 교우들과 추종자들에 대한 이야기는 무슬림들의 경전과 전승, 역사적인 기억을 통해서만 알려져 있다. 일정한 시간이 지난 후에야 이 사건은 비로소 외부세계의 관심을 유도하고 독자적인 외부 관찰자들의 증언을 끌어내게 되었다. 이러한 점에서 이슬람 교는 기독교나 유대교, 나아가 인간이 창시한 다른 대종교와 비슷하고, 역사 가들에게도 비슷한 문제를 던져준다. 이미 중세에 일부 완고하고 독실한 이슬람 학자들은 종교적인 메시지의 정당성과 완벽성은 조금도 주저하지 않고 받아들이면서도, 개인의 전기적이고 역사적인 전승의 정확성과 정통성에는 의문을 품었다. 근대 비평가들은 그러한 한계에 구애받지 않고 훨씬 많은 의문을 제기했다. 그리하여 성서의 형태로 된 독자적인 증거나 다른 문서, 그리고 기록들이 알려질 때까지 초기 이슬람 역사의 구전 전승은 문제점을 안고 있었으며, 비평적인 역사는 기껏해야 일시적인 것에 불과했다.

그러나 무슬림들에게 그 이야기의 본질은 명쾌하고도 분명했다. 예언자 무함마드의 사명과 투쟁 그리고 궁극적인 승리, 이슬람 공동체의 설립, 예언자의 추종자들과 후계자들의 변천 등은 경전이나 이슬람 공동체 구성원들이 전달한 재수집 자료를 통해서 알려졌다. 이러한 모든 것들은 무슬림들의 역사적 인식의 핵심을 이루었다. 전승에 따르면, 예언의 신호는 압둘라의 아들 무함마드에게 그의 나이가 마흔에 가까웠을 때 나타났다. 라마단 달(이슬람력 9월)의 어느 날 밤, 무함마드가 히라 동굴에서 홀로 잠들어 있을 때, 천사 가브리엘이 그에게 다가와 "읽으라!"라고 말했다. 무함마드가 주저하자, 천사는 세 차례나 그에게 세차게 요구했다. 문맹이었던 무함마드는 "내가 어찌 읽을 수 있으리오?"라고 반문했다. 그러자 천사가 말했다. "당신 주의 이름으로 읽으라. 그분은 만물의 창조자이시고, 한 줌 응혈로 인간을 만드셨도다. 읽으라! 가장 자비로우신 당신 주를 위하여. 그분은 펜으로 가르치시고, 인간이 몰랐던 것을 가르치시도다." 이 구절이 바로 코란으로 알려진 이슬람 경전 제96장의 처음 다섯 구절이다. 코란Koran은 "읽기"와 "낭송"이라는 뜻이 함께 어우러진 아랍어 단어로, 무슬림들의 신앙에 따르면 신이 무함마드에게 내려준 계시를 담고 있는 책을 의미한다. 최초의 메시지가 내려진 후, 그가 태어난 곳의 사람들에게 우상 숭배를 중단하고 한 분뿐인 범우주적 신을 숭배하라고 요청하는 수많은 메시지가 전달되었다.

전승에 따르면, 무함마드는 571년경 서부 아라비아의 히자즈라는 지역의 조그마한 오아시스 도시 메카에서 쿠라이시Quraysh라는 아랍 부족 가문의 일원으로 태어났다. 당시 아라비아 반도의 많은 부분은 사람이 살지 않는 사막이었고, 군데군데 산재해 있는 약간의 오아시스와 대상로가 사막을 가르고 있었다. 대부분의 원주민들은 유목을 하면서 양, 염소, 낙타 등을 사육하거나, 간간이 경쟁관계에 있는 오아시스나 변경지대의 주민들을 습격하면서 생계를 꾸려갔다. 일부는 경작이 가능한 곳에서 땅을 일구며 살았고, 또 일부는 외부세계에서 상인들이 사막 횡단로까지 찾아올 때 교역을 하기도 했다. 6세기 로마와 페르시아 간의 전쟁이 재개된 때가 바로 이러한 시기로, 지중해에서 동방으로 향하는 대상로를 따라서 조그마한 도시들이 일시적으로 번영을 누릴 수 있었다. 메카는 그러한 도시들 중의 하나였다.

초기 예언자 시절, 무함마드는 자신의 가족에서 시작해 보다 넓은 주변에서 많은 개종자를 얻었다. 그러나 당시 그들이 주도했던 새로운 이념과 운동은 메카 지배 가문의 의혹과 반대를 불러일으켰다. 그들은 예언자와 그의 가르침을 종교적이고 물질적인 기존 질서와 그들 자신의 특권에 대한 위협으로 보았다. 전승된 전기에 따르면, 압력과 박해가 심하여 일부 개종자들은 고향을 떠나 홍해 맞은편의 에티오피아에 피난처를 구하기도 했다. 첫 계시 이후 13년이 지난 622년, 예언자는 메카에서 북쪽으로 약 350킬로미터 떨어진 또다른 자그마한 오아시스 도시 야스리브에서 온 사절들과 협정을 맺었다. 야스리브의 주민들은 무함마드와 그 추종자들이 자신들의 도시에 온 것을 환영하고, 무함마드에게 그들의 분쟁을 해결할 조정자 역할을 제의했다. 또한 그들은 그와 그를 따라서 메카에서 이주해온 추종자들을 보호할 뜻을 분명히 했다. 그에 따라서 예언자는 먼저 60여 가족을 보내고, 마지막으로 자신도 그해 가을에 합류했다. 예언자와 그 추종자들이 메카에서 야스리브로 이주한 일을 아랍어로 "히즈라Hijra" 또는 "헤지라Hejira"라고 일컫는데, 문자 그대로 "이주"를 의미한다. 이 사건을 무슬림들은 예언자로서 무함마드의 생애에서 가장 극적인 순간으로 간주한다. 후일 이슬람력이 정립되었을 때에도 히즈라가 일어났던 해가 그 시작으로 정해졌다. 한편 야스리브는 이슬람 신앙과 공동체의 중심이 되어서 어느 시점부터는 단순히 도시를 의미하는 "알–마디나Al-Madīna"(메디나)로 불리게 되었다. 또한 그 공동체는 "움마Umma"라고 불렸는데, 그 의미는 그 이전의 공동체가 발전했듯 발전된 공동체를 뜻한다.

메카에서 무함마드는 주로 사적이고 개인적인 투쟁을 하게 되었다. 처음에는 무관심과, 그런 다음에는 지배계급의 적대감과 직면했다. 메디나에서 그는 통치자가 되어 정치적이고 군사적인 것은 물론 종교적인 권위까지도 행사했다. 얼마 가지 않아 메디나의 새로운 이슬람 체제는 우상을 숭배하는 메카의 통치자들과 전쟁에 돌입했다. 8년간 지속된 투쟁 끝에, 예언자는 메카를 점령함으로써 노력의 결실을 맺었다. 그는 동료 메카 시민들이 섬기다가 포기한 우상 숭배의 장소에 굳건한 이슬람 신앙의 터전을 닦았다.

무함마드의 업적과 전대前代 사도들인 모세와 예수의 업적 사이에는 그들의 추종자들이 묘사한 대로 엄청난 차이가 있다. 모세는 그의 백성들이 행군하는 동안 숨을 거두어 약속된 땅에 들어가지 못했다. 예수는 십자가 처형을 당하여, 로마 황제 콘스탄티누스가 기독교를 받아들여 기독교도들이 힘을 얻을 때까지 수 세기 동안 기독교가 박해받는 소수 종교로 머물게 했다. 그에 비해서 무함마드는 약속된 땅을 정복하고 살아생전에 이미 정치적, 예언자적 권위를 활용하여 지상에서 승리와 힘을 거머쥐었다. 신의 사도로서 그는 종교적인 계시를 전달하고 가르쳤다. 동시에 그는 무슬림 움마의 지도자로서 법령을 공포하고, 정의를 다루고, 세금을 징수하고, 외교를 행하고, 전쟁을 하고, 평화를 이루기도 했다. 공동체로 출발한 움마는 국가가 되었고, 곧 제국으로 발전했다.

전승에 따르면 632년 6월 8일 예언자가 숨을 거둠으로써 그의 예언자적 임무가 완성되었다. 무슬림들에게 사도로서 그의 임무는, 앞선 예언자들에 의해서 가르쳐졌으나 포기되고 왜곡되어온 진정한 유일신 신앙을 회복하고, 우상을 타파하며, 신의 마지막 계시를 전달하고, 참신앙과 성법을 공고히 하는 것이었다. 무슬림들의 신앙에 따르면, 그는 마지막 예언자, 즉 예언자의 봉인이었다. 그의 죽음으로 인류를 위하여 신이 의도한 계시는 충족되었다. 그 이후로는 어떤 예언자나 더 이상의 계시도 없을 것이었다.

그리하여 영적 목표는 달성되고, 영적 기능은 끝을 맺었다. 다만 성법聖法을 보호하고 유지하여 전 세계로 전파하는 종교적 기능은 살아남았다. 그러한 기능의 효율적인 이행을 위해서는 국가 내에서의 지속적인 정치력과 군사력의 사용—즉 주권—이 필요했다.

무함마드 스스로는 자신이 자연인 이상의 존재임을 주장한 적이 결코 없었다. 그는 신의 사도요 신의 백성들을 위한 지도자였지만, 성스러운 존재도 불멸의 존재도 아니었다. 코란에는 다음과 같은 구절이 있다. "무함마드는 다만 사도일 뿐이다. 그 이전의 모든 사도들은 지나가버렸도다. 그러므로 그가 죽거나 죽임을 당한다면, 너희가 스스로 등을 돌리려느냐?"(3:138)

마지막 예언자의 사망함으로써 더 이상의 예언자는 출현하지 않을 것이었다. 이슬람 공동체와 국가 수뇌의 사망은 새로운 지도자의 선출을 필요로 했다. 이러한 긴급 상황에서 무함마드 추종자들의 내부 집단은 그들 중에서 가장 초기의 개종자이며 가장 존경받던 아부 바크르라는 인물을 그들의 지도자로 선출했다. 역사적 전승에 따라서 그가 지도자로서 사용한 칭호는 "칼리파Khalīfa"였다. 다소 애매하게도, 아랍어 단어인 칼리파(칼리프)는 후계자와 대리자라는 개념을 함께 가지고 있다. 따라서 어떤 전승에서는 그가 하느님이 보낸 예언자인 "칼리파투 라술 알라Khalīfatu Rasūl Allāh"인 반면, 또다른 전승에서는 하느님의 대리인인 "칼리파트 알라Khalīfat Allāh"이다. 후자가 훨씬 영향력 있는 암시를 담고 있는 것이다. 아부 바크르가 등극했을 당시, 그 자신이나 그를 선출한 사람들 모두가 칼리파에 관해 어떤 개념을 가지고 있었던 것 같지는 않다. 그러나 그들은 즉흥적인 조치로 칼리프 제도라는 위대한 기구를 마련했고, 그것은 이슬람 세계 최고의 통치기관이 되었다.

예언자 자신이나 이슬람 칼리프 제도의 초기 역사는 주로 이슬람 자료에 의해서 알려져 있다. 다른 지역의 역사가들이 이 새로운 국가와 새로운 신앙의 등장과 발전을 보고하기 시작한 것은 상당한 시간이 흐른 후였다. 무슬림들의 자료는 그것이 기록되기 전까지 수 세대 동안 구전으로만 전승되었다. 그 자료들은 지금과는 달리 문자 이전의 사회에서는 거의 문제가 되지 않았지만, 인간의 기억력은 정확하지 않았고, 더욱 중요하게는 초기 무슬림들을 분열시킨 수많은 개인이나 가문, 부족, 종파, 집단 등이 그것을 훼손하고 말

앉다. 그 결과 서로 다른 다양한 역사적 기록이 우리에게 전해진다. 심지어 전투의 전개 과정과 결과와 같은 가장 근원적인 사실의 일부마저 경쟁적인 판본들에서 서로 판이하다.

이슬람 역사가들에 의하면, 예언자가 사망했을 당시 그가 창시한 종교는 여전히 아라비아 반도를 벗어나지 못했다. 그가 그 종교를 전해준 아랍인들도 거의 그 지역에 한정되어 있었고, 퍼졌다고 한들 아마 비옥한 초승달 지역의 변경으로 일부 확대된 정도였을 것이다. 서남아시아와 북아프리카 그리고 주변의 광대한 지역, 후일 이슬람을 구성하게 된 지역, 칼리프의 통치권역, 오늘날 아랍 세계로 불리는 지역은 당시 서로 다른 언어를 사용하고 있었고, 다른 종교를 믿었으며, 다른 통치자에게 복속되어 있었다. 그러다 무함마드가 죽은 지 거의 1세기 만에 지역 전체가 개조되었고, 인류 역사상 가장 급격하고 가장 극적인 대변화를 맞이했다. 7세기 후반에 이르러 외부세계는 한 새로운 종교와 새로운 세력의 성장을 확인하게 되었다. 칼리프의 이슬람 제국은 동쪽으로는 아시아의 인도와 중국의 경계를 지나갔고, 서쪽으로는 지중해 남부 해안선을 따라서 대서양에 다다랐으며, 남쪽으로는 아프리카 흑인의 땅으로, 북쪽으로는 유럽 백인의 땅으로 확장되었다. 이 제국 내에서 이슬람은 국교가 되었고, 아랍어는 급격히 다른 언어를 대체하여 공공생활의 주된 언어가 되었다.

이슬람 시대가 개막된 후 14세기 이상이 지난 오늘날, 칼리프가 통치하던 아랍 제국은 오래 전에 소멸되었다. 그러나 서쪽의 유럽과 동쪽의 이란과 중앙아시아를 제외하면, 아랍인이 정복했던 모든 지역에 형태는 다를지언정 구어체 아랍어가 일반인들이 사용하는 언어로 남아 있고, 문어체 아랍어도 상업, 문화, 정부의 주된 소통의 도구로 쓰인다. 경전과 신학, 성법의 종교 언어로서 아랍어는 아랍어 상용 영역을 훨씬 넘어서, 아랍의 지배를 결코 경험하지 않은 아시아와 아프리카의 많은 지역에까지 전파되었다.

이슬람 신앙과 아랍 제국의 확장은 피정복지 주민들의 도움을 크게 받았다. 그들은 급속하게 대규모로 이슬람으로 개종했고, 아랍 제국의 확장에 일조했다. 서쪽에서는 북아프리카의 베르베르인이 처음에 아랍 정복자에게 강력하게 저항했다가, 나중에는 그들과 함께 스페인 정복과 식민화에 참여했다. 그런 다음에는 베르베르인 자신들이 사하라 남부의 많은 흑인들을 식민화하고 이슬람화했다. 동쪽에서는 페르시아인들이 자신들의 제국이 와해되고 성직자의 위계질서가 무력화되자, 이슬람에서 새로운 조직과 의미를 발견했다. 또한 그들은 새로운 신앙을 중앙아시아의 이란계와 튀르크계 혼합 민족들에게 전하는 데 기여했다. 한편 중앙에서는 아람어를 사용하는 기독교도들이 절대적 위치를 차지하고 있던 비옥한 초승달 지역과 콥트어를 사용하는 이집트의 기독교도들이 오랫동안 페르시아와 비잔틴 제국의 복속을 받아왔으나, 이제 한 제국의 통치에서 다른 통치로 바뀜에 따라서 덜 간섭하고, 보다 관용적이고, 무엇보다도 과거보다 훨씬 환영할 만한 새로운 통치자를 맞이했다.

이들 지역에서 이슬람화와 아랍화는 상대적으로 어렵지 않았다. 아랍의 세금은 특히 무슬림들에게, 나아가 일반 주민들에게도 비잔틴 치하의 세금에 비하면 훨씬 가벼웠다. 아랍 국가는 제도적으로 정비된 관용을 모든 기독교 종파에 똑같이 보여주었다. 즉 기독교 정교에 대한 혜택을 없앰으로써 콘스탄티노플 통치하에서 비정교도 기독교도와 그들의 교회들이 겪은 수많은 어려움을 불식시킨 것이다. 파르티아와 무신론적인 로마 황제들의 통치하에서 상당한 종교적 관용을 누렸던 유대인들은 덜 관용적인 사산 왕조와 기독교 비잔틴 제국하에서 고통을 받았지만, 아랍-이슬람 국가 체제하에서는 보다 향상된 지위를 차지했다.

아랍 국가의 통치자들과 아랍 군대의 사령관들은 대개가 메카나 메디나의 오아시스 출신의 도시민들이었다. 그렇다고 그들이 사막 원주민들과 동떨어진 것은 아니었고, 정복을 달성한 아랍 군대의 주축은 사막 출신들이었다. 따라서 정복 전쟁에서 아랍인들이 크게 의존한 전략은 사막의 힘을 효율적으로 사용하는 것이었는데, 이는 후일 서양의 항해인들이 건설한 제국들이 해상력을 사용한 사실을 연상시킨다. 아랍인들이 사막에 익숙했던 반면에, 그 적들은 정반대였다. 아랍인들에게 사막은 친근하고, 익숙하고, 다가가기 쉬운 대상이었지만, 그 적들에게 사막은 멀고, 지독한 황량함과 고통, 어려움이 가득 찬 곳으로, 육지인의 바다와 같은 두려운 대상이었다. 아랍인은 사막을 메시지를 전달하고 물자를 공급하는 연결망이나 세력의 거점으로 사용하기도 하고, 비상시의 퇴각 장소, 박해니 추적으로부터의 피난처 그리고 성공적인 경우에는 승리의 길로 사용했다. 또한 아랍 제국에는 수에즈 운하가 있어서, 사막은 아시아와 아프리카를 잇는 수에즈 지협으로도 연결되었다.

아랍인들은 그들이 정복한 모든 나라에서 사막의 가장자리에 위치한 도시에 주요 군사 기지와 행정기구를 설치했다. 다마스쿠스와 같이 적당한 곳에 기존 도시가 위치한 경우에는 그곳을 수도로 삼았지만, 대부분의 경우에 새로운 중심지를 건설해야 했다. 그리하여 전략적이면서도 제국의 필요를 충족시킬 수 있는 신도시들이 생겼다. 이라크의 쿠파와 바스라, 이란의 쿰, 이집트의 푸스타트, 튀니지의 카이르완이 그러한 필요에 따라 건설된 가장 대표적인 병영 도시들이다.

초기 아랍 제국 시대의 지브롤터, 싱가포르, 봄베이, 캘커타 등도 그런 류의 도시들이었다. 아랍어로 "미스르mīsr"—복수형은 "암사르amsār"—라고 하는 고대 셈계 용어는 "변경, 경계"에서 파생된 "변경 지역이나 변경 지방"을 뜻한다. 이 용어는 우연히 히브리어, 아람어, 아랍어 성서에서 이집트를 가리키는 용어가 되기도 했다. 암사르는 정부를 위해서나 그 지방의 아랍화에서 중심적이었다. 초기에 아랍인들은 그들이 건설한 제국 내에 고립된 작은 규모의 소수 지배 집단에 불과했다. 암사르에서는 아랍 변방민들과 그들의 언어가 지배적이었기 때문이다. 아랍 식민지 전사들은 병영으로 구성된 각 암사르의 핵심 지역에서 부족을 형성하여 머물렀다. 핵심 지역 주변에는 기능인이나 상점 주인 등이 사는 외곽 도시가 생겼다. 토착 주민들 중에서 뽑혀 온 이들은 아랍 통치자나 군인, 그 가족들의 다양한 요구를 관장했다. 이러한 외곽 도시들은 그 규모나 부, 중요성이 점차 증대되어, 아랍의 국가 업무에 종사하던 많은 토착 관리들을 포함하게 되었다. 이 사람들 모두는 필연적으로 아랍어를 익히고, 아랍인의 취향과 태도, 사상 등에 영향을 받았다.

이슬람은 종종 정복을 통해서 전파되었다고 말해진다. 그러나 비록 이슬람의 전파가 상당 부분 정복과 식민화의 과정을 통해서 가능했다고 해도, 이러한 표현은 잘못된 것이다. 정복자들에 의한 전쟁의 주된 목적은 이슬람 신앙을 무력으로 강요하는 것이 아니었다. 이 점에 대해서 코란의 입장은 명백하다. "종교에는 강요가 없나니라."(2:256) 이 구절은 일반적으로, 일신교를 믿고 앞선 시대의 성스러운 계시로 이슬람에서 인정받은 성서들을 따르는 사람들은 이슬람 국가와 그 법률이 정한 조건하에서 자신들의 종교적 행위를 인정받을 수 있다는 의미로 해석되었다. 일신교도가 아니고 공인된 성서를 가지지 못한 자들에게는 선택의 폭이 훨씬 좁았다. 그러나 초기 아랍 정복자들이 지배한 지역에서 그러한 사람들은 극소수였다. 피정복민들은 이슬람으로 개종할 경우 얻을 수 있는 낮은 세율 등 여러 가지 혜택을 포기해야 했지만, 개종을 강요당하지는 않았다. 아랍 국가가 피지배 민족을 동화시키고 아랍인화하고자 하는 시도는 여전히 미미했다. 오히려 초기 아랍 정복자들은 비아랍인들이 이슬람으로 개종하고 아랍어를 채택했음에도, 아랍인과 비아랍인 사이에 엄격한 사회적 장벽을 유지했다. 그들은 아랍 여성과 비아랍 남성의 결혼을 탐탁지 않게 여겼고(반대의 경우는 가능했다), 새로운 무슬림들에게 자신들과 완전히 동등한 사회적, 경제적, 정치적 지위를 인정해주지 않았다. 따라서 혁명적인 변화로 아랍인의 특권이 소멸된 히즈라 제2세기에 이르러서야 비로소 아랍화의 과정이 크게 가속화되었다.

아랍 제국의 진정한 기적은 군사적 정복이라기보다는 피정복지 주민들의 아랍화와 이슬람화였다. 아랍의 정치적, 군사적 우위의 시대는 극히 짧았다. 아랍인들은 곧 제국의 통치는 물론 그들이 이룩했던 문명의 주도권조차 다른 민족에게 양도하도록 강요받았다. 그러나 그들의 언어와 신앙, 법은 살아남았고, 아직까지도 아랍 통치의 영원한 기념비로 남아 있다.

대부분 동시에 진행되는 정복과 동화의 과정에서 커다란 변화가 일어났다. 일반적으로 수용되는 견해에 따르면, 아랍 정복자들의 추진력의 배경은 척박한 아라비아 반도에서의 인구 과잉이 주는 압박에 있었다. 아랍 왕국 초기에 많은 아랍인들이 고대 제국들의 무너진 방어선을 지나 그들이 정복하고 있던 비옥한 땅으로 이주해갔다. 처음에 그들은 단지 직업군인, 고위 관리, 지주 등과 같은 소수의 지배 집단으로 이주해왔다. 아랍 국가는 과거 정권의 국가 토지는 물론 새 정권에 대한 적들의 땅, 정복이 있기 전에 이미 도망쳐버린 자들의 땅을 모두 몰수했다. 그러고 나서 그러한 광활한 소유지를 처분했는데, 많은 부분을 아랍인들에게 배분하거나 좋은 조건으로 임대했다. 이들은 잔존하던 토착 지주들에게 내는 것보다는 훨씬 저율의 세금을 납부했다. 아랍의 대지주들은 일반적으로 토착 노동력을 이용해서 그들의 토지를 경작하며 병영 도시에 거주했다.

아랍의 영향력은 이러한 병영 도시에서 직접적으로, 또는 대부분이 군인인 도착 개종자들의 급격한 증대를 통해서 주변의 시골로 번져갔다. 비록 순수 아랍 혈통을 주장하는 자들은 경제적, 사회적 동등권에 대한 토착 개종자들의 요구를 오만하게 거절했지만, 정복자들의 신앙과 그들의 언어를 받아들이는 개종자들의 수는 점점 증대되었다.

지배계층인 귀족의 언어로서의 특권, 통치나 교역어로서의 실제적인 가치, 제국 문명의 풍족함과 다양성, 무엇보다도 새로운 계시가 기록된 성스러운 언어에 대한 무한한 존중 등은 아랍인들에 의한 피지배 주민들의 동화를 촉진했다.

이슬람 통치 첫 세기의 광범위한 군사적, 정치적 변화는 중요한 경제적, 사회적 변화로 이어졌다. 으레 정복이 그러하듯이 아랍의 정복은 개인 및 공공 재산, 그리고 교회 재산으로부터 축적된 거대한 부의 유통을 활성화했다. 초기 아랍 역사가들은 당시의 풍부한 전리품과 엄청난 낭비벽에 대한 많은 이야기를 들려준다. 10세기의 아랍 작가인 마수디도 정복자들이 축적했던 엄청난 재산을 묘사한다. 마수디에 의하면, 3대 칼리프 오스만이 살해되던 날, 그의 개인 재산은 회계인의 수중에 있던 현금 자산만도 10만 디나르dinar(로마와 비잔틴의 금화)와 100만 디르함dirham(페르시아의 은화)에 달했다고 한다. 그의 별도 재산 평가액도 10만 디나르에 이르렀고, 남긴 말과 낙타도 많았다. 최초의 이슬람 개종자 중의 한 사람이자 초기 이슬람 역사의 중요한 인물인 알-주바이르 이븐 알-아왐은 이라크의 바스라와 쿠파, 이집트의 푸스타트와 알렉산드리아에 각각 저택을 소유하고 있었다. 마수디에 의하면, 바스라에 있는 그의 저택은 당시(943-944)까지도 상인과 해상 무역상 등을 위한 숙소로 제공되고 있었다. 그가 죽었을 때 "그의 재산은 현금 자산이 5만 디나르였고, 그외에 1,000필의 말과 1,000명의 남녀 노예 그리고 여러 도시의 토지가 있었다." 역시 마수디에 의하면, 무함마드의 또다른 교우였던 탈라 이븐 우바이드 알라 알-타이미는 쿠파에 저택이 있었고, 이라크에 있는 그의 토지에서 나오는 수입은 "매일 1,000디나르에 달했다. 어떤 사람은 그 이상으로 주장하기도 하는데, 샤라흐에 있는 그의 토지에서만도 그 이상의 수입을 올렸으며, 메디나에서는 회반죽과 벽돌, 티크재를 사용한 집을 지었다고 한다." 또다른 초기 무슬림인 압둘-라흐만 이븐 아우프는 "100필의 말을 매어둘 수 있는 마구간을 가지고 있었고, 1,000마리의 낙타와 1만 마리의 양을 소유하고 있었다. 그가 죽었을 때, 그의 재산의 4분의 1이 8만4,000디나르의 가치에 달했다." 그 외에 자이드 이븐 타비트는 "도끼로 분쇄한 금괴와 은 덩어리를 남겼으며, 그의 재산과 토지의 가치는 10만 디나르에 달했다.…… 야알라 이븐 무니야는 사후에 50만 디나르를 남겼는데, 백성들에게서 받을 빚과 토지, 기타 자산이 30만 디나르 정도였다."[1]

정복자들이 취득한 엄청난 부에 대한 이러한 기록들은 분명히 과장되었겠지만, 지배계층 귀족의 막대한 재산, 그들이 정복한 선진국에서 누린 기회와 즐거움, 그리고 부의 무분별한 탕진 등을 설득력 있게 그려낸다.

새 정권에서 혜택을 받고 번영을 누렸던 비아랍인도 분명히 많았다. 그러나 아랍인을 포함하여 그렇지 못한 사람들도 많았다. 번영을 누리기는 했으나, 그 발전이 그들의 요구와 기대에 항상 부응하지는 못한 경우도 있었다. 역사의 기록과 문학, 특히 동시대의 시문은 그 시대의 사회적, 정치적 그리고 간접적인 경제 위기, 나아가 개인과 사회계층의 불만을 보여준다. 정복과 새 정권의 수립은 필연적으로 과거의 부와 권력의 독점을 향유했던 핵심적인 기존 세력을 제거하게 된다. 이러한 변화의 영향은 과거 비잔틴의 영역이었던 서부에서보다 과거 페르시아의 영토였던 동부에서 훨씬 강하게 나타났다. 비잔틴의 영역이었던 이집트와 시리아로부터 패배당하고 빈털터리가 된 비잔틴 고관들은 그들에게 속했던 영토와 주민들을 새 주인에게 넘겨주고 비잔틴의 수도인 콘스탄티노플과 중심지로 철수할 수 있었다. 반면 페르시아 고관들은 그렇게 쉽게 탈출할 수 없었다. 제국의 수도가 아랍인의 수중에 들어간 상황에서 몇몇 예외를 제외한 대부분은 과거의 영토에 그대로 머물면서 새 정권하에서 그들의 새로운 입지를 확보해야 했기 때문이었다. 따라서 과거 페르시아의 특권층과 지배층은 제국 통치의 생생한 기억과 제국 행정의 오랜 경험을 바탕으로 이슬람 정부와 문화의 발전에 크게 기여했다. 그들의 기여는 비잔틴의 오랜 지배하에 있던 도시의 잔존 세력이 끼친 영향보다 훨씬 컸다.

처음에 페르시아의 지배층은 새 정권에 적응해서 그들의 역할과 특권의 일부분을 유지하는 듯했다. 그러나 아랍 세력의 공고화, 아랍 부족의 집단적인 이란 정착, 아랍인과 동등한 권리를 요구하는 이란 무슬림 인구의 증가, 무엇보다도 도시의 성장으로 새로운 질서와 그에 따른 새로운 갈등이 나타났다. 도시생활에 오랫동안 익숙해진 과거 비잔틴 영토에서의 변화는 상대적으로 미미했지만, 덜 도시화된 과거 페르시아 제국에서 무슬림 도시들의 급격한 성장은 긴장과 투쟁을 야기했다.

이슬람 초기, 아랍 국가의 안정과 이슬람 공동체의 결속을 가장 심각하게 해칠 수 있는 가장 위험한 갈등은 아랍인과 비아랍인 무슬림 간의, 그리고 드물기는 하지만 무슬림과 비무슬림 간의 차별에서 야기된 것이 아니었다. 그것은 아랍인과 아랍인 간의 분쟁, 즉 북부 아라비아와 남부 아라비아 출신 부족들 간의, 먼저 온 사람과 나중에 온 사람 간의, 잘난 사람과 덜 잘난 사람 간의, 아랍 자유인 아버지와 어머니를 둔 아들과 아랍 자유인 아버지와 외국인 첩 어머니를 둔 아들 간의 분쟁에서 야기되었다. 피정복자에 대한 승리자의 오랜 권리의 행사는 이러한 반쪽짜리 아랍인들을 속히 양산했다.*

아랍 역사 서술의 전통은 이러한 분쟁을 대부분 부족적, 개인적, 때때로 종교적 배경으로 묘사한다. 이러한 모든 배경은 의심의 여지없이 중요하지만, 여기에는 다른 문제도 명백히 개입되어 있다. 이질적인 아랍 집단 간의 끊임없는 냉혹한 적대관계는 일련의 내전으로 이어졌다. 그 과정에서 증가하고 있던 비아랍 무슬림 세력이 개입되었고, 다른 분파들이 그들의 불만과 요구를 종교적으로 표출했다.

아랍 제국의 성립은 궁극적으로 중동 무역로를 가로지르는 로마와 페르시아 간의 오랜 전쟁을 종식시켰다. 나아가 알렉산드로스 이후 처음으로 중앙

---

* 피정복지에서의 전리품의 획득과 약탈은 승자의 당연한 권리라는 오랜 유목적 관습에 따라서 아랍인들에게 일정 기간 약탈이 허용되었다.

아시아에서 지중해에 이르는 중동 전 지역을 하나의 제국과 하나의 무역 체계 속으로 받아들였다. 상당 기간 동안 비잔틴의 금화와 페르시아의 은화가 지속적으로 통용되었다. 그 결과 두 통화 사이의 교환율이 초기 이슬람 법령의 중요한 문제로 부상했고, 이슬람 시장에서는 환전상들의 존재가 두드러졌다. 새로운 통합과 막대한 양의 현금 자산을 운용하려는 신흥 지배계급의 출현은 산업과 무역의 발달을 촉진했다. 중세 유럽의 바이킹들처럼 중동의 아랍 정복자들은 궁정과 귀족들이 각별한 관심을 보였던 고품질의 옷감을 소비했다. 왕궁과 호화로운 개인 저택은 물론 모스크와 다른 공공건물의 신축, 그 외에 경제력이 좋은 군인들과 거주민들의 다양한 소비 욕구가 사실상 경제 발전에 크게 기여했다. 이렇듯 급속히 성장하는 도시에서의 불만은 실제적인 어려움보다는 분노에서 기인했던 듯하다. 상당한 비율을 차지한, 능력과 돈, 심지어 권력을 가진 사람들을 포함해서 반쪽짜리 아랍인들은 최상층부의 사회와 정부로부터 소외당한 데에 분노를 터뜨렸다. 비아랍 개종자, 특히 페르시아인들은 그들에게 부여된 열등한 지위에 마음이 상했고, 그들이 새롭게 선택한 종교의 우주적 메시지에 따라서 그들이 기대했던 평등을 요구했다. 이전에도 그리고 이후에도 그랬지만, 인구가 부양 수단 이상으로 급속히 증가하면, 도망 온 농민, 비숙련 노동자, 부랑자, 빈민, 준범죄자 등 생존 자체가 안정적이지 못한 인구가 생기게 마련이다. 아랍어 자료는 도시 사회의 주변부에 있는 그러한 세상의 생생한 모습을 그리고 있다.

이러한 차별과 갈등은 무슬림 지배의 광대하고도 급속한 확장이 초래하는 자연스러운 긴장과 함께, 국가와 제국을 유지하고 통치하는 임무의 수행을 매우 복잡하게 만들었다. 그리하여 초기 칼리프들은 어려움과 급기야는 극복할 수 없는 문제에 봉착했다.

초대 4명의 칼리프는 세습이 아니라 수니파의 율법적 선거방식인 승계에 의해서 등극했다. 그들은 "바르게 인도된 자들Rāshidūn"이었고, 그들의 연속적인 통치 기간은 수니파 무슬림들에게서 황금기로 평가되었다. 또한 존엄성과 도덕적, 종교적 인도의 측면에서도 무함마드가 생존하던 시대에 견주어졌다. 그러나 네 사람의 바르게 인도된 칼리프들은 초대를 제외하고는 모두 암살자의 손에 목숨을 잃었다. 2대 칼리프인 우마르 이븐 알-카타브는 불만을 품은 한 기독교도 노예에게 살해되었다. 3대 칼리프인 우스만과 4대 칼리프인 알리를 살해한 이들은 훨씬 불길한 자들이었다. 두 사람을 살해한 자 모두 무슬림 아랍 반란자들이었기 때문이다. 무함마드가 죽은 지 4반세기가 조금 지난 후 그의 공동체는 극심한 분열로 치달았고, 그의 국가는 정복자와 피정복자, 신구 무슬림 간이 아닌 아랍인과 아랍인 간의 반란과 내전으로 침몰했다.

아부 바크르의 짧은 통치가 그의 죽음으로 끝나고, 634년 우마르 이븐 알-카타브가 그 뒤를 계승했다. 10년간 이어진 그의 통치기는 이슬람 국가의 형성에, 더욱이 무슬림 국민의 역사적인 기억을 집대성하는 데 결정적으로 중요한 시기였다. 광범위하게 받아들여지는 역사적 전승에 따르면, 우마르는 아부 바크르가 임종 시에 후계자로 지명했다고 한다. 그는 대부분의 교우들에게서 즉각 인정을 받고 심각한 반대 없이 통치를 해나갔다. 유일한 반대자들은 무함마드의 사촌이며 사위인 알리의 기치를 지지하는 자들이었다. 일부는 칼리프 후보자로서 알리가 갖춘 개인적 자질을 강조했고, 또다른 일부는 예언자의 승계권에 대한 정통성 때문에 그를 지지했다. 그러나 우마르의 통치는 아랍인의 절대다수에게서 인정을 받았고, 그는 통합을 유지했을 뿐만 아니라 후일 제국 정부의 기능적, 제도적 바탕을 마련했다. 권위의 변화는 새로운 칭호의 도입으로 상징되었다. 대리자라는 의미를 지닌 "칼리파"라는 칭호와 함께, 우마르는 자신을 "신자들의 우두머리Amīr al-Muʾminīn"라고 칭했다. 정치적, 군사적, 종교적 권위에 대한 보다 명백한 함축을 담고 있었던 이 칭호는 이후 가장 보편적인 칼리프의 칭호로서 계속 유지되었고, 사실 그 지위가 효과적인 존재 가치를 가지는 한 그 지위에 오른 자만이 사용할 수 있는 특권이 되었다.

전승에 따르면 우마르는 생전에 승계권자에 대한 규정을 만들지 않은 채 53세에 살해당했다. 죽기 전에 그는 6명의 원로 교우들로 구성된 최고위원회 "슈라Shūrā"를 지명하여 그 구성원 중의 1명을 칼리프로 선출하도록 했다고 전해진다. 최고위원회는 메카 대부족인 우마이야 가문의 일원이자 초기 개종자의 내부 조직에서 메카 귀족의 유일한 대표자였던 우스만을 선택했다.

초기 칼리프들은 자신들의 휘하에 군대를 거의 가지지 못했다. 친위대는커녕 실제적인 정규군도 없었다. 유일한 군대는 아랍 부족의 징집병들이었다. 따라서 칼리프들은 군대보다는 개인의 명성과 권위, 예언자의 승계권자인 자신을 향한 충성, 개인적 자질로 얻은 신망을 바탕으로 통치했다.

우스만의 성격은 그의 두 전임자가 받았던 신망을 자아내지 못했다. 예언자의 사후 10년이 조금 지나자 종교적인 연대감은 약화되기 시작했고, 더욱이 메카 출신이 칼리프에 등극하면서 메카 귀족들이 자신들에게 주어진 기회를 남용하자 긴장이 팽배해졌다. 유목 부족민들에게 항상 성가신 문제였던 권위를 이용한 압력은 더 이상 참을 수 없는 지경에 이르렀다.

우스만은 644년에 칼리프가 되었다. 7세기 중반인 이 시기에 서쪽의 시리아와 이집트, 동쪽의 이라크와 이란의 대부분이 이미 무슬림의 수중에 들어와 있었다. 돛대 전쟁(654-655)*에서 새로 창설된 무슬림 함대는 비잔틴에 맞선 전쟁에서도 승리를 거둘 수 있었다. 페르시아 제국은 이미 멸망했다. 전쟁이 일시적으로 중단되자, 부족민들은 자신들의 불만을 반추할 여유가 생겼다. 그리고 그에 따른 행동은 참화를 가져다주는 끊임없는 아랍 내전이었다.

---

* 압둘라 빈 사드가 지휘하는 무슬림 함대가 지중해 남쪽의 알렉산드리아 근해에서 비잔틴 제국의 콘스탄티누스 함대를 격파한 전쟁. 아랍 군이 최초로 승리한 해전으로, 약 2,000척의 배가 동원되었다고 전해진다.

첫 번째 내전은 656년 우스만이 암살당함으로써 시작되었다. 암살단은 우스만에게 불만을 털어놓기 위해서 메디나에 왔던, 이집트 주둔 아랍 군대를 이탈한 항명 집단이었다. 이 항명자들은 656년 6월 17일 칼리프의 숙소로 돌격하여 그에게 치명상을 입혔다. 그들의 행동과 이어서 전개된 일련의 투쟁은 이슬람 역사에서 한 전환점이 되었다. 처음으로(하지만 그렇다고 이것이 결코 마지막도 아니었다) 이슬람 칼리프가 그의 무슬림 추종자에게 살해되었고, 이슬람 군대가 서로 처절한 전쟁을 벌이게 된 것이었다. 항명자들은 결국 알리를 칼리프로 옹립했다.

복합적이고 다면적인 성격을 띤 첫 번째 이슬람 내전에서 예언자 무함마드의 사촌이며 사위인 알리 이븐 아비 탈리브가 핵심적인 지위를 확보했다. 예언자의 딸인 파티마의 남편으로서 알리는 관심을 끌 만한 특별한 요구를 하지 않았다. 그러한 관계는 일부다처제 사회에서 크게 고려의 대상이 되지 않았다. 그러나 그는 예언자의 혈통으로서 이슬람 이전 사회에서 통용되던 관습에 따라서, 최소한 예언자의 정치적, 종교적 권위의 일부에 대한 승계권의 후보자로 스스로를 제의할 수 있었다. 그의 개인적인 자질과 공동체 내에서의 입지는 그를 강력한 후보자로 부각했다. 더구나 그는 선출된 칼리프들과 그 측근들의 행위에 불만을 품어온, 그리고 예언자의 혈통에 의해서 통치되는 새 정권이 이슬람의 진정하고 고유한 메시지를 다시 회복시켜주리라고 고대해온 많은 무슬림들의 지지를 끌어낼 수 있었다. 그들은 "알리의 추종자 shī'atu Alī"로 알려졌고, 후일에는 단순히 시아파로 불렸다.

661년 1월, 5년 동안 거의 끊임없이 계속된 투쟁 끝에 칼리프 알리도 살해되었다. 이번에는 군인들의 항명 집단에 의해서가 아니라, 극단적인 종교 분파에서 밀파한 단독 암살범에 의해서였다. 이는 엄청난 중요성을 지닌 두 번째 선례가 되었다.

제1차 이슬람 내전에 개입했던 여러 적대적인 파벌 중 승리를 거둔 세력은 시리아 지방의 주지사였던 무아위야 이븐 아비 수프얀이 이끄는 집단이었다. 무아위야는 여러 측면에서 강력한 지위를 점하고 있었다. 메카의 우마이야 가문 출신이자, 살해된 칼리프 우스만의 사촌으로서 그에게는 혈족 살해범에 대해서 똑같은 방식의 보복을 요구하고 실행할 권리(이는 고대 아랍 관습이나 이슬람에서 허용되었고, 사실상 의무였다)가 있었다. 무아위야는 칼리프 우마르에 의해서 시리아 주지사에 임명되었기 때문에 서로 경쟁관계였던 마지막 두 칼리프(우스만과 알리)에게서 도전을 받고 있었다. 그럼에도 이슬람 세계와 비잔틴 기독교 세계의 군사적 경계선상에 있는 시리아의 주지사로서 그는 숙련되고 정비된 군시를 지휘하고 있었다. 그의 군대는 성전聖戰으로 명성을 쌓았고, 성전을 수행하면서 얻은 경험으로 강력해졌다.

알리가 살해된 이후 그의 아들 하산은 일부 사람들이 그를 새 지도자로 보고 있었음에도 칼리프직을 포기하고, 시리아에서 칼리프로 대환영을 받고 그때 이미 제국 전역에서 공인받고 있던 무아위야를 인정했다. 무아위야의 등극은 이슬람 역사에서 우마이야 칼리프조로 알려진 하나의 새로운 막을 올렸다. 비록 원칙이 있었던 것은 아니지만 이 칼리프조는 사실상 왕조였고, 우마이야 가문 내에서만 승계되었다. 당시에는 승계에 관한 어떤 원칙이나 권리가 정립되어 있지 않았고, 실제로 후대 이슬람 왕조들은 코란에서 언급하는 비군주제에 대한 강력한 입장을 토대로 장자상속권을 비롯한 고정된 승계 원칙을 받아들이지 않았다. 그러나 무아위야는 생전에 자신의 아들인 야지드를 후계자로 임명함으로써 대부분의 후대 칼리프들이 답습하게 되는 선례를 만들었다. 이러한 행동의 중요성은 9세기 작가들의 글 속에 생생히 나타나 있다.

사람들이 무아위야의 면전에 모였고, 웅변가들은 야지드를 칼리프의 후계자로 선언했다. 일부 사람들이 이에 동의하지 않자, 우드라족 출신의 한 사

람이 벌떡 일어나 칼집에서 손칼을 뽑고는 무아위야를 가리키며 외쳤다. "신
앙의 최고 통치자는 오직 한 분이다." 그리고 "그분의 사후에는 이분"이라며
야지드를 가리켰다. "만약 누구든 이에 반대하는 자는 바로 이것"이라며 그
의 칼을 가리켰다. 무아위야가 그에게 말하기를, "당신이야말로 웅변가들의
왕자요"라고 했다.[2]

우마이야 칼리프조는 1세기도 채 가지 못했다. 대부분 이 왕조가 멸망한
후에 기술된 아랍 이슬람의 역사 기술은 그들을 가혹하게 다룬다. 특히 시아
파에게 우마이야 칼리프들은 공동체의 정당한 지도자인 알리와 그의 아들로
부터 칼리프직을 빼앗아간 찬탈자이자, 그의 후손들을 살해하고 박해하며
이슬람의 정통 가르침을 거부하고 타락시킨 폭군이었다. 그들이 멸망한 후
에 기록을 남긴 수니파 역사학자들의 입장에서도 우마이야 1세는 찬탈자였
고, 폭군은 아니었을지 몰라도 그 목적과 방법이 세속적이고 비종교적이었
다. 고전 역사에서 그들의 통치는 전대의 바르게 인도된 통치자에 의한 칼리
프제와, 그들 후대의 신성하게 동의를 받은 칼리프에 의한 칼리프제 사이의
일종의 중간적인 군왕제mulk로 묘사된다. 일반적으로 우마이야 왕조에 적대
적인 아랍 역사 서술의 전통은 무아위야의 정치적, 외교 능력에는 일종의 찬
사를 보내지만, 그마저도 다소 모호한 면이 있다.

오늘날의 학자들은 전반적으로 우마이야 왕조의 업적에 비교적 온건한 입
장을 취한다. 그들은 위험하고 분파적인 내부 투쟁의 시기에 이슬람 국가 및
사회의 안정과 지속성을 유지해온 뛰어난 통치자들의 승계에 특히 높은 점
수를 주고 있다.

우마이야 왕조의 칼리프들은 절충과 내부 조율을 통해서 임무를 수행했
다. 이러한 방식으로 그들은 일정한 통합을 유지하고, 정복을 지속적으로 확
장하여 한 제국의 행정과 사회와 문화의 토대를 세울 수 있었다. 한편 이 과

정에서 그들은 이슬람의 본래 메시지가 어느 정도 희석되는 대가를 치렀다. 종교적인 권위의 특권과 종교적인 연대는 군주 살해와 내전으로 약화되었다. 우마이야 칼리프들은 소위 "아랍 왕국"의 건설, 더 정확히는 아랍의 지배로써 대안을 찾았다. 양친이 모두 순수 아랍의 후손인 진정한 아랍인만이 권력과 특권의 최고 위치에 오를 수 있었다. 아랍인 아버지와 통상적으로 노예 신분이었던 비아랍인 어머니 사이에서 태어난 반쪽짜리 아랍인들은 일정한 단계까지는 진출할지 몰라도 최고위직에서는 제외되었다. 심지어 마슬라마 같은 우마이야 왕자는 가장 위대한 칼리프의 아들로서 그 자신이 걸출하고 싱공직인 군사령관이었음에도 불구하고, 어머니가 노예였기 때문에 왕위 승계에서 고려조차 되지 못했다.

사회계층에는 반쪽짜리 아랍인 밑에 비아랍인 이슬람 개종자들이 있었고, 그 밑에 당시까지 인구의 절대다수를 차지하던 비무슬림 대중이 있었다. 그러나 개종자건 비개종자건 비아랍인 계층은 비록 정치적, 군사적 지배권에서는 제외되었을지언정 우마이야 정부에서 중요한 역할을 담당했다. 이는 후대 역사 서술 전통에서 비난받은 또다른 절충으로, 행정과 조세 제도 분야에서 일부 이슬람의 가르침을 암묵적으로 배제하고, 중앙과 지방 양쪽에서 갈수록 제국의 구조와 방식, 무엇보다 관리들에 의존하는 정부 제도를 수립한 것이었다. 이것은 이슬람 칼리프조가 이미 무너뜨리고 대체한 바 있는 제도였다.

이러한 과정은 묵과되지 않았으며, 도덕적이고 군사적인 저항을 불러일으켰다. 그러한 저항은 특히 두 집단에서 두드러졌다. 우마이야 칼리프조에 대한 그들의 비판은 종교적인 용어로 표출되었으며, 따라서 그들의 조직은 종파의 형태를 띠었다. 한 집단은 아랍어로 "이탈자"라는 뜻을 지닌 "카리지파 Khārijī"였다. 카리지파는 제1차 내전 기간 중에 알리의 군대에서 이탈하여 그에게 대항한, 알리 지지자들의 이탈자들이 주도했다. 알리의 살해자도 그 집단의 일원이었는데, 이후에도 그들은 계속해서 우마이야와 그 후계자들에게 반대 입장을 취했다. 카리지파는 가장 극단적인 부족 독립의 형식을 대표했고, 그들이 자유롭게 선택하고 언제든 동의를 철회할 수 없다면 그 어떤 권위도 받아들이기를 거부했다. 그리고 그들은 출신과 태생을 가리지 않고 어떤 신자라도 신자들에게 선택받는다면 칼리프가 될 수 있다고 주장했다. 시아파는 이 견해에 정확히 반대 입장을 취했다. 그들은 칼리프직은 예언자 무함마드의 직계 후손에게 속한 신성한 권리라고 주장했다. 두 집단 모두 기존 질서를 무너뜨렸고, 그 자리에 새롭고 보다 정통인 이슬람 질서를 확립하려는 일련의 위험한 반란에 책임이 있었다.

제2차 내전은 즉각적인 정치적, 군사적 영향 면에서는 그 영향이 상대적으로 미미했지만, 엄청나게 종교적인, 따라서 역사적으로 중요성을 지닌 한 봉기로부터 시작되었다. 680년 알리의 아들이자 무함마드의 손자인 후사인이 이라크에서 반란을 주도했다. 무하람 달(이슬람력 1월) 10일, 카르발라라는 곳에서 후사인과 그의 가족, 그 추종자들이 우마이야 군과 맞붙어 패퇴했다. 전승에 따르면, 전투 도중과 그 이후에 약 70여 명이 죽었고, 유일한 생존자는 후사인의 병든 어린 아들 알리였다. 천막 안에 누워 있던 알리는 살아서 모든 사실을 전했다. 카르발라의 대참사는 시아파의 이슬람 역사 인식에서 중심에 자리했고, 무하람 달 10일은 시아파 종교력에서 중요한 날이 되었다. 시아파는 어디에 있든지 이날이면 희생과 범죄, 속죄를 주제로 한 종교 의례를 거행해 예언자 가족의 순교와 그들을 구하지 못한 자들의 참회, 그리고 그들을 살해한 자들의 간교함을 기념한다. 수니파와 시아파 무슬림 간의 교리적인 차이는 기독교 교회를 분열시켰던 교리에 비하면 무게가 훨씬 덜하다. 그러나 순교와 박해에 대한 시아파의 감정은 그들이 찬탈자로 간주한 통치자 밑에서 수 세기 동안 소수 집단으로 살아오면서 강화되었으며, 그들과 수니파 국가 및 다수 집단 사이의 심리적인 장벽, 경험과 외관, 나아가 종교적이고 정치적인 태도와 행위의 차이를 증대시켰다.

카르발라의 대참사는 시아파가 정치적 집단에서 종교적 분파로 변환하는 과정을 가속화하고, 제2차 내전에 새로운 고통과 격렬함을 안겨주었다. 칼리프의 영토는 수년간 계속된 전쟁으로 다시 분리되었다. 불길한 변화는 이 전쟁에 아랍 주변세력이 개입하게 된 것이었다. 장기적인 관점에서 보면, 알리파의 반란은 가장 강력하기는 했어도 실질적으로 가장 위협적인 것은 아니었다. 685년 우마이야 칼리프 압둘-말리크(재위 685-705)가 등극했을 때, 그가 직면한 많은 봉기와 반대 운동 가운데, 가장 위협적인 것은 분명 무사브와 입둘라 이븐 알-주비이르 형제의 반란이었다. 압둘라는 683년 히자즈에서 스스로를 칼리프로 선언하고, 한동안 그의 세력을 이라크에까지 확대했으며, 제국의 일부 지방에서 인정을 받아낼 수 있었다. 692년 그가 죽고 나서야 압둘-말리크는 모든 반대 세력을 평정하고 군왕 국가로 가고 있던 그의 세력을 회복하고 강화할 수 있었다.

압둘-말리크와 그의 후계자들 중에서 가장 유명한 히샴(재위 724-743) 치하에서 아랍 역사학자들이 "조직과 정비"라고 부른 과정이 더욱 의미 있게 진행되었다. 비잔틴과 페르시아 시대부터 존속해왔던 구시대의 행정 체계는 아랍어가 행정과 회계의 공식 용어로서 그리스어와 페르시아어를 대체한 새로운 제국 질서로 바뀌었다. 아랍의 역사적 전승은 이 개혁을 압둘-말리크의 공으로 돌리고 있는데, 이는 비중 있는 증거로 뒷받침되고 있다. 694년 압둘-말리크는 광범위한 의미와 영향을 지닌 새로운 칼리프 금화를 발행했다. 금화의 주조는 로마 황제들로부터 계승된 비잔틴의 특권이었고, 전 세계에 다른 금화는 없었다. 당시까지 아랍인들은 은화만을 만들었는데, 그것들은 과거 비잔틴과 페르시아 지방에 있던 조폐소에서 발행되었다. 주화들은 통치자의 변화를 알려주기 위해서 요금 과중만 달라졌을 뿐, 과거의 것과 거의 같았다. 아랍인들은 비잔틴으로부터 계속해서 금화를 수입했다. 이름을 로마의 은화 데나리우스denarius에서 따온 압둘-말리크의 금화 디나르는 로마 황제에 대한 도전으로 보인다. 로마 황제가 이에 항의하기 위해서 전쟁까지 감행했으니 말이다. 압둘-말리크의 도전은 코란 구절에서 따온 교리의 내용을 금화에 새김으로써 강조되고 분명해졌다.

> 하느님은 한 분이시고 어떤 동반자도 없으시다. 무함마드는 신의 사도이고, 신은 모든 종교의 우위에 서도록 바른 길과 진리의 종교를 주어 그를 보내셨다. (9:33)

> 하느님은 한 분이시고 영원하사, 낳지도 낳아지지도 않으셨다. (112:1-3)

기독교 교리에 정면으로 도전하는 이러한 코란 구절은 압둘-말리크가 히즈라 72년(691-692) 예루살렘의 성전의 산에 건립한 성소인 "바위의 돔 Qubbat aṣ-Ṣakhra"에 새긴 명문이기도 하다. 이 건물과 명문은 종교적인 목적을 나타낸다. 칼리프의 이름을 새긴 표석이 있는 새로운 고속도로는 제국의 목적을 설명한다. 그리고 주화는 두 가지 모두를 나타낸다. 이때 새로운 세계 국가와 새로운 세계 종교가 비잔틴 제국과 기독교 복음의 주창에 대항하기 위해서 생겼다는 점은 명백했다.

바위의 돔은 주변 알-아크사 모스크al-Aqsā Mosque와 함께 이슬람 역사상 최초의 거대한 복합 종교 건축물이었다. 그것은 새 시대의 시작을 표상했다. 차용과 변용, 즉흥의 시대는 지나갔다. 우마이야 칼리프조는 더 이상 로마와 페르시아의 계승 국가가 아니라 하나의 새로운 세계 정권이었다. 이슬람은 단순한 기독교의 계승이 아니라 하나의 새로운 세계 종교였다. 바위의 돔의 입지와 양식, 무엇보다도 장식품들이 그 목적을 밝혀주었다. 그 양식과 규모는 기독교적인 경건함보다는 무슬림들의 필요에 의한 미묘한 변화를 통해서 기독교의 성묘(예수의 묘) 교회에 맞서고 그를 무색하게 하고자 하는 의도를 분명히 담고 있었다. 그 장소로는 이전의 두 종교, 즉 유대교와 기독교에서 가장 신성한 도시로 여겨지는 예루살렘이 선택되었다.

그 선택에는 중요한 의미가 있다. 예루살렘은 코란에서 결코 언급된 적이 없다. 초기 무슬림들의 작품에서도 "예루살렘"이라는 이름은 등장하지 않는다. 그 도시의 이름은 압둘-말리크의 표석에 전격적으로 사용되었을 때조차 "이엘리아Ilyā"였다. 이 이름은 로마가 예루살렘에서 신성성을 벗기고 그곳의 유대교와 기독교 집회를 말살하기 위해서 강제한 이름이었다. 최초의 거대한 이슬람 성소로 예루살렘을 선택한 것은 보다 주목할 만하다. 그 장소는 유대교와 기독교의 종교사에서 주요한 사건의 무대였던 "성전의 산"이었다. 유대 랍비의 전승에 따르면, 그 구체적인 현장은 아브라함이 그의 아들을 희생시키려고 했고, 후일 방주 신전이 자리했던 바위 위였다. 압둘-말리크는 이곳이 최종적인 율법의 성소라고 말하고자 했던 듯하다. 새 신전은 유대인과 기독교도들에게 내려진 계시를 계속하는 한편 그들이 빠져들었던 잘못을 시정하면서, 솔로몬 성전을 대신하여 아브라함의 종교에 헌정된 것이라고 말이다.

이 성소의 논쟁적인 목적은 실내를 장식하기 위해 선택된 코란 구절과 다른 명문으로도 강조되고 있다. 특히 반복해서 나타나는 구절은 "하느님은 한 분이시고, 동반자도 배우자도 없다"는 것이다. 이것은 기독교 교리의 삼위일체설에 대한 분명한 거부로, 다른 명문도 이를 명백히 하고 있다.

> 하느님을 찬미할지니, 그에게는 자식도 동반자도 없느니라. 굴욕으로부터 그를 보호할 필요도 없느니라. 그의 위대함과 영광을 위해서 그를 찬미할지라.

반복되는 또다른 명문은 완전성을 다룬 유명한 코란 112장이다. "하느님은 한 분이시고 영원하사, 낳지도 낳아지지도 않으셨다. 그리고 그에 필적할 자도 없다." 아래 인용한 코란의 또다른 구절(3:18-19)은 앞서 계시를 받은 사람들에 대한 분명한 경고를 담고 있다.

성서의 백성들이여! 너희 종교에 지나침을 범하지 말라. 그리고 하느님에 대해서 진실 이외에는 말하지 말라. 마리아의 아들 예수 그리스도는 신의 사도이다.……그러므로 신과 신의 사도들을 믿되, "셋"이라고 말하지 말라. [이를] 단념하라, 그것이 너희에게 이로울 것이다. 왜냐하면 하느님은 한 분이시고 고양되셨으나, 아들 하나를 가진 이상으로……

그리고 코란의 또다른 명문은 잘못된 길로 들어선 유대인과 기독교들에 대한 경고를 강조하고 있다. (3:18-19)

하느님께서 증언하시기를 그분 외에 신은 없으며, 천사들과 학자들도 전지전능하신 그분 외에는 신이 없음을 확증하노라. 하느님의 종교는 이슬람뿐이며……하느님의 말씀을 분신하는 자 하느님의 심판을 곧 받으리라.

이러한 의미는 정치적인 동시에 종교적이다. 종교는 제국을 정당화할 수 있고, 제국은 종교를 떠받칠 수 있다. 신은 그의 사도인 무함마드와 그의 대리인인 칼리프를 통해서 세상에 새로운 율법과 새로운 질서를 주었다. 새로운 종교에 헌정된 최초의 거대한 종교 축조물에서, 세속의 우두머리인 칼리프 압둘-말리크는 이슬람의 앞선 종교들과의 연관을 확신시키는 동시에 새로운 율법이 그들의 잘못을 바로잡고 대신하기 위하여 보내졌다는 사실을 분명히 했다.

이와 유사한 동기에서 비롯된 것이 압둘-말리크의 아들이자 후계자인 칼리프 알−왈리드가 건립한 다마스쿠스의 대모스크이다. 10세기 지리학자 알−무카다시는 흥미로운 대화를 기록하고 있다.[3]

어느 날 내가 삼촌에게 말했다. "그[칼리프 알−왈리드]는 무슬림들의 재산을 다마스쿠스 모스크에 탕진했으니 잘못을 저질렀습니다. 만약 그가 그 돈을 도로와 지하 저수지를 유지하고 성채를 복원하는 데 썼다면, 훨씬 적절하고 유용했을 것입니다." 이에 삼촌이 대답하기를, "애야, 알−왈리드가 중요한 일을 위해서 올바르게 인도되었다고 믿지 않느냐, 그는 기독교의 땅 시리아가 리다나 에데사의 성묘와 같은 매혹적인 외관과 큰 명성을 얻은 수많은 아름다운 교회들로 가득 차 있다는 사실을 알았다. 그래서 그는 교회로부터 그들의 관심을 돌리려고, 지상의 불가사의의 하나로 무슬림들에게 모스크를 지어주었다. 똑같은 방식으로 압둘−말리크도 거대하고 압도하는 부활 교회의 돔을 바라보았을 때 그것이 무슬림들의 마음을 압도하리라는 두려움 때문에, 우리가 지금 보고 있는 바위의 돔을 건립했던 것이다."

그 거대한 모스크와 그것이 연상시키는 솔로몬 성전 때문에, 예루살렘은 잠시 바이트 알−마크디스Bayt al-Maqdis(성전)로 알려졌다. 이것은 성서상의 성전 이름인 히브리어 바이트 하−미크다시Bayt ha-Miqdash와 밀접히 관련되어 있다. 이 명칭과 이엘리아는 한때 "성스러운 [도시]al-Quds"(「이사야」 서 52:1, 「느헤미야」 서 11:1, 11:8 참조)로 바뀌었다. 코란 구절(17:1)은 하느님이 어떻게 밤중에 예언자 무함마드를 메카에 있는 성 모스크에서 "가장 먼 곳의 모스크 al-Masjid al-Aqṣā"로 여행하게 했는지를 말해준다. 한 초기 전승의 주해는 "가장 먼 곳의 모스크"가 하늘에 있는 것으로 보는 반면에, 또다른 전승은 예루살렘에 있다고 보고 있다. 무슬림들에게 보편적으로 받아들여진 해석은 후자였다. 바위의 돔에 있는 명문 중에는 이러한 대목이 없다. 이에 대조되는 초기의 한 전승은 이슬람에서의 예루살렘의 신성성을 부정한다. 이 전승에 따르면, 메카와 메디나만이 성지이고 성전의 산에 대한 숭앙은 유대화된 오류이다. 이 논쟁은 수 세기 동안 계속되었고, 비교적 최근에 와서야 예루살렘의 신성성 쪽으로 일단락되었다.

요르단의 수도 암만의 동쪽으로 약 80킬로미터 떨어진 요르단 사막에 있는 사냥 막사인, 아므라'Amra 성벽 벽화에는 보다 직설적인 정치적 메시지가 담겨 있다. 8세기 초의 것으로 추정되는 그 벽화에는 좌정하고 있는 칼리프와 그에게 경의를 표하는 6명의 이교도 통치자들이 묘사되어 있다. 그들의 이름은 그리스어와 아랍어, 두 언어로 기술되어 있다. 그들 중 네 사람의 이름은 비잔틴의 황제 카이사르, 711년 아랍에 패퇴한 스페인의 마지막 서고트 왕 로데리크, 페르시아 황제 호스로, 에티오피아의 네구스로 명확하다. 나머지 두 사람은 얼굴을 돌려 확인할 길이 없으나, 중국 황제와 튀르크 혹은 인도 왕자로 보인다. 이 왕들은 모욕적인 포로나 정복당한 적들이라는 통상적인 고대적 모습이 아닌, 오히려 복속된 통치자로서 경의를 표하는 모습으로 표현되어 있다. 이 당시의 메시지는 정복이나 복종이라기보다는(중국과 에티오피아는 복속되지 않았다) 전 세계의 통치자들로부터 이슬람의 우월성과 그들 일부의 수장으로서, 또 모든 사람의 대군주로서 무슬림 칼리프의 지상권至上權을 인정받는 것이었다.

우마이야 왕조 말기에 칼리프와 관료들은 그들이 새로운 제도, 특히 이슬람 조세 제도에 도입했던 다양한 회계 제도를 합리화하려고 애썼다. 후대 역사편찬상의 전승은 "신실한 칼리프"로 알려진 우마르 이븐 압둘-아지즈에게 핵심적인 역할을 부여하고 있는데, 유일하게 그만을 칼리프로 인정하고, 다른 모든 우마이야 통치자는 "왕"으로 표현하고 있다.

그러나 불만은 여전히 남아 있었다. 불만을 품은 자들은 급증하는 반쪽짜리 아랍인과 비아랍인 무슬림들에 의해서 힘을 얻어갔다. 심지어 무력 저항을 하지도, 새로운 교리를 주창하지도 않았던 사람들 사이에서도, (종종 문학으로 표현되었듯이) 이슬람 역사의 진행이 방향을 잘못 잡고, 공동체의 지도자들이 죄악으로 인도되고 있다는 감정이 싹트고 있었다. 그것은 진실되고 신앙심 깊은 무슬림들이 공무와 국가의 일에 개입하는 것을 무의미하고 무가치한 것으로 보면서 멀리하는 일종의 소극적인 움츠림이었다.

혁명적인 변화의 시기였다. 심층적인 의미에서 이슬람의 도래 자체가 일종의 혁명이었다. 새로운 종교는 앞의 두 성서를 가미한 제3의 성서가 아닌, 그것들을 대체하는 새로운 경전을 가져옴으로써 기존의 교의와 교회를 압도해 버렸다. 정복을 통해서 등극한 새 통치자들은 정치, 교회, 사회의 구질서를 뒤엎고 그 자리에 새로운 질서를 마련했다. 이슬람에서는 처음부터 이상적으로 고안된 원래의 의미 그대로, 성직자도 교회도 왕도 귀족도, 특권층이나 카스트, 어떤 형태의 신분도 존재하지 않았다. 다만 진정한 신앙을 받아들인 사람이 그것을 거부한 사람보다 명백히 우월했고, 물론 여성보다는 남성이, 노예보다는 주인이 우위를 점하는 등 명백히 자연적이고 사회적인 실체는 존재했다. 그러나 이러한 차등조차 새로운 율법에 의해서 완화되고 인도적으로 변모되었다. 이슬람에서 노예는 고대 세계와는 달리 더 이상 재물이 아니고 법적, 도덕적 지위가 인정되는 한 인간이었다. 여성은 비록 여전히 일부다처제와 축첩제에 종속되어 있었지만, 근대까지 서구에 못지않은 재산권을 부여받았다. 비무슬림조차 약간의 재정적, 사회적 무력감에도 불구하고, 중세는 물론 때때로 오늘날 기독교 세계의 많은 비기독교도들과 엄밀히 대조해보아도 뒤지지 않는 관용과 안전의 혜택을 누렸다.

원칙적으로 모든 아랍 전사들은 똑같지는 않을지언정 정복으로 얻은 전리품과 공물을 나누어 가졌다. 또한 그들 대부분은 때로는 충돌을 하면서도 그이상의 이권을 찾아서 차지했다. 목초지를 찾아 헤매는 부족민과 크고 좋은 토지를 찾아 나서는 오아시스 정주민, 그리고 대도시의 풍부한 교역을 개척하기 위해서 노력하는 메카의 상인들도 있었다. 칼리프 정부, 특히 3대 칼리프 우스만을 향한 불평의 대부분은 국가가 이슬람의 요구보다는 이러한 집단의 요구에 더 많이 반응한다는 데에서 비롯되었다.

유목적인 자유분방함에 익숙한 사람에게 권위란 성가시고 낯선 개념이었다. 국가 권력의 증대와 그것을 통제하는 사람의 존재는 전통적인 이슬람의 가르침에 대한 모욕이고 배반이었다.

신실하건 배교적이건 모두가 보기에 칼리프직은 이슬람의 메시지를 고양하고 전파하기 위해서 존재했다. 그 목적은 이슬람에 대한 봉사이고, 그 권위는 자유의사에 따라서 주어지고 무슬림들의 되돌릴 수 있는 합의에서 비롯되었다. 반면 국가는 그들 대부분이 보기에 이슬람보다는 부유하고 힘 있는 자들이 속한 소수 집단의 이익에 봉사하는 것에 불과했다. 그리고 그들은 정부나 다른 분야에서 이슬람이 철폐하고 대체했던 고대 제국들의 그것들과 상당히, 그리고 우려될 정도로 유사한 방식으로 일을 처리했다. 이 점은 우스만 살해에 대한 논쟁에서 투명해졌다. 일부에 의하면, 그것은 합법적인 권위에 대한 반란으로, 가혹한 법 집행으로 응징되어야 할 의도적인 살해였다. 또 다른 사람들에 의하면, 그것은 살해가 아니라 이슬람 공동체의 최고위직을 남용해서(시아파는 그것을 찬탈했다고 말한다) 진정한 길로부터 벗어나게 한 자에 대한 정당한 심판이며, 임무 수행이었다. 이 논쟁은 여러 가지 형태로 무슬림들의 정치 이론에 계속 영향을 미쳤고, 수 세기 동안 지속되었다.

이처럼 초기의 공공연한 화제는 칼리프직에 관한 것이었다. 즉 누가 통치해야 하고, 어떻게 정통 이슬람을 회복하고 규정해야 하는가의 문제였다.

비극적인 역설이지만, 강력한 국가만이 공동체의 결속을 유지할 수 있었고, 갈수록 강성해진 이슬람 국가는 이슬람의 사회적, 윤리적 이념과 수많은 절충을 하지 않을 수 없었다. 이러한 과정에 대한 저항은 지속적이고 활발했다. 그 결과 반란 세력이 권력을 잡을 수 있었다는 점에서는 성공적인 때도 있었지만, 반란 세력이든 방어 세력이든, 그러한 모든 투쟁의 승리는 궁극적으로 국가 권력의 강화와 고대 중동식의 중앙집권적 전제 정치로의 전진, 그리고 이슬람의 이상적 정부로부터의 일탈로 이어졌다는 점에서는 무익했다. 그러한 저항의 과정에서 일련의 종교 분파가 생겼다. 각각의 교의의 본질과 지지 성격은 달랐지만, 이슬람 창시자들의 급진적인 역동성을 회복하고자 하는 열망은 엇비슷했다. 처음 "아랍인"과 "무슬림"이 사실상 동의어로 사용되었을 때의 종교적 투쟁은 일종의 아랍 내전이었다. 후일 이슬람이 피정복민 사이에 급속히 퍼졌을 때에는 그런 운동에서 개종자들의 역할이 증대되고, 때로는 지배적인 역할을 하기도 했다. 보편론자들의 호소와 이슬람적 개념의 영속적이고 혁명적인 힘에 대한 놀라운 증거는, 이슬람 제국에서 일어난 거대한 급진 운동이 모두 이슬람의 테두리 내에서 일어났으며 이슬람 자체에 반대한 것은 아니었다는 점이다.

743년에 히샴이 죽은 후, 네 사람의 짧은 통치는 우마이야 칼리프조의 종말을 재촉했다. 부족 간 반목의 재연, 카리지파와 시아파 사이 분파주의의 심화, 동부 이란의 호라산 지역에서 새롭고 강력한 반대 세력의 등장 등으로 칼리프조는 시리아는 물론 무시해왔던 여타 지방에서조차 도전받는 지경이 되었다. 우마이야 왕조의 마지막 칼리프였던 마르완 2세(재위 744-750)는 유능한 통치자였으나, 왕조를 구할 시기는 이미 지나친 뒤였다. 이슬람 역사의 새로운 세력, 새로운 왕조, 새로운 시대가 동부에서 흥기하고 있었다.


# 2. 압바스 칼리프조


747년 6월 9일에 해당하는 히즈라 라마단 달(9월) 25일, 해방된 페르시아 노예 출신으로 호전적인 분파의 지도자로 있던 아부 무슬림이 동부 이란의 호라산 지방에서 반란의 검은 깃발을 휘날렸다. 그와 전임자들은 거의 30년 동안 타락한 우마이야 왕조를 비난하고, 자신들이 예언자 무함마드의 혈족, 특히 예언자의 삼촌인 알 압바스의 후손이라는 주장을 펼쳐왔다. 그는 청중이 이미 준비되어 있음을 알았다. 이란 무슬림들은 우마이야 통치가 강요한 불평등에 화가 나 있었다. 오랜 정착으로 반쯤 페르시아화된 아랍 군대와 정착민들은 심각하게 분열되어 있었고, 심지어 반군들이 승리를 목전에 두고 있을 때조차 부족적 불화에 휩싸였다. 비아랍인 주력 부대와 일부 아랍인의 영향력 있는 지원으로 아부 무슬림은 곧 호라산 전역을 차지할 수 있었고, 그곳으로부터 이란을 가로질러 서쪽으로 이라크의 과거 수도권 지역으로 진격했다. 749년 그의 군대는 유프라테스 강을 건너 또다른 우마이야 군대를 패퇴시키고, 같은 해 분파의 지도자 아부 알—압바스는 쿠파에서 그의 군대에 의해서 "알—사파"라는 칭호로 칼리프에 추대되었다. 749—750년 이라크와 시리아에서의 아부 알—압바스의 계속된 승리로 우마이야의 운명은 끝이 났고, 얼마 되지 않아서 곧 이슬람 제국 전역에 새로운 칼리프의 권위가 확보되었다.

우마이야 왕조가 압바스 칼리프조로 대체된 이번 전쟁은 단순히 왕조의 교체라는 의미 이상이었다. 그것은 이슬람 역사에서 하나의 혁명이었다.

무슬림과 서구 역사학자 모두 압바스 승리의 성격을 오랫동안 주목해왔으며, 그 성격을 설명하기 위해서 헌신적인 노력을 기울여왔다. 민족적이고 진보적인 역사 이론에 영향을 받은 일부는 압바스의 등극을 아랍인에 대한 페르시아인의 승리로 해석했다. 소위 우마이야의 "아랍 왕국"의 멸망과 페르시아화된 이슬람이 접목된 새로운 이란계 제국의 성립이라는 것이다.

얼핏 보기에는 이러한 견해를 지지하는 일부 증거가 있어 보인다. 반란의 주도자들은 물론 새 정권의 대신이나 궁정 관료직에서 페르시아인의 우세, 그리고 압바스 정치문화에서 강력한 페르시아적 요소들 때문이다. 그러나 후대 연구에서 역사가들은 몇 가지 중요한 면에서 압바스 왕조의 등장을 페르시아의 승리와 아랍의 패배로 보는 이론을 수정하지 않을 수 없었다. 19세기 서구 학자들과 20세기 이란 학자들이 "이란의 민족적 자각"으로 본 시아파 교의는 사실 아랍적 기원을 가지고 있기 때문이다. 시아파는 남부 이라크의 혼합 민족들과 오랫동안 시아파의 주된 지지자였던 이란의 아랍 식민주의자들 사이에서 가장 강력했다. 따라서 아부 무슬림의 반란은 아랍인에 대항했다기보다는 우마이야 왕조와 시리아의 우월권에 반대한 것이었다. 페르시아인과 마찬가지로, 친親압바스 운동에는 지도자와 군사령관들을 포함하여 많은 아랍 지지자들이 있었다. 비록 부족적인 적대감이 부분적으로 작용했다는 데에는 의심의 여지가 없고, 승자들의 대열에 페르시아인들이 압도적으로 많기는 했지만, 이 운동은 한 아랍인을 도와서 아랍 왕조를 성립시킨 것이다. 승리 이후 정부의 많은 고위직이 아랍인들에게 돌아갔고, 아랍어는 정부와 문화 분야의 유일한 언어로 살아남았다. 아라비아 영토는 재정적인 특권을 유지했으며, 적어도 사회적으로는 아랍 우월주의가 지속되었다. 아랍인이 진정으로 잃어버린 것은 한때 생각되었던 것처럼 권력 그 자체가 아니라(이것은 후일 찾아왔다), 권력의 열매에 대한 독점권이었다. 아랍인들은 이제 다른 사람들, 특히 그들의 반쪽짜리 형제들과 권력을 공유해야 했다. 우마이야 왕조에서는 부모 모두가 완전한 아랍인인 사람들만이 국가의 최고 위직에 오를 수 있었다. 압바스 왕조에서는 반쪽짜리 아랍인뿐만 아니라 페르시아인과 다른 종족들도 칼리프의 궁정에서 출세할 수 있었다. 고귀한 출신보다는 통치자의 신임이 권력과 특권적 지위의 보증수표였다. 특권적 지위로부터 아랍 전사들의 쇠퇴, 수도에서 튀르크계 근위병들과 자치적 지방 왕조의 성장이 이루어지면서 후일 아랍 왕조는 종말을 맞이하게 된다.

수많은 혁명이 그러했듯 심층적인 변화는 점진적이었고, 먼저 정치적인 변화가 이어졌다. 우마이야 왕조의 마지막 칼리프 마르완 2세는 쿠르드족 여

자 노예의 아들이었다. 압바스 왕조의 초대 칼리프인 알-사파는 처음에 해
방된 아랍 여인의 자식인 자신의 친동생을 선호했다고 알려져 있다. 그러나
베르베르족 여자 노예의 아들인 이복동생이 자신의 뒤를 이어서 알-만수르
(재위 754-775)라는 칭호로 2대 칼리프에 등극했다.* 그는 여러 면에서 압바
스 왕조의 실제적인 창건자였다. 몇몇 예외는 있지만, 그의 후계자들과 거의
모든 후대 무슬림 군주는 명망 있거나 왕족인 아버지와 무명의, 그리고 통상
적으로 외국인 여자 노예 출신의 어머니 사이의 자식이었다.

압바스 가가 거둔 승리의 커다란 중요성은 왕조를 성립시킨 운동 자체보
다는 그후에 일어났던 변화에서 더 잘 확인된다. 최초의 가장 큰 변화는 천
도였다. 우마이야 왕조가 지난 1세기 동안 통치했던 시리아에서 고대 중동의
대大세계 제국의 무게중심이었던 이라크로 수도를 옮긴 것이다. 압바스 가의
초대 칼리프 알-사파는 유프라테스 강변에 임시 수도를 정했다. 그의 후계
자인 알-만수르는 티그리스 강 서안의 신도시를 영원한 수도로 삼았다. 그
신도시는 과거 사산 왕조 페르시아의 수도였던 크테시폰에 인접한 무역로의
교차지에 자리하고 있었다. 한 중세 아랍 작가는 문화적 상징성이 큰 전승에
서 바그다드에 장대한 칼리프의 거처를 지을 때 칼리프의 명을 받은 건축가
가 크테시폰의 폐허가 된 호스로의 궁전 벽돌 일부를 사용했다고 전한다.

새 수도의 공식 명칭은 "평화의 도시"를 뜻하는 마디나트 알-살람Madīnat
al-Salām이었지만, 일반적으로 그전부터 그곳에 자리하고 있었던 자그마한 마
을의 이름인 바그다드로 알려졌다. 이 도시와 인접 지역으로부터 압바스 가
의 칼리프는 5세기 동안, 처음에는 제국의 실제적인 군주로서, 후일 급격한

---

* 알-사파는 친동생을 칼리프로 앉히고 싶어했지만, 새로운 제국의 안정과 번영을 위해
  우마이야 왕조와의 전쟁이나 여러 면에서 탁월한 통치 역량을 입증한 만수르를 당시 조
  정 중론에 따라서 칼리프로 선택하게 된다. 이 선택으로 후일 압바스 왕조는 인물과 능
  력 중심의 정치 체제가 확립되면서 대제국의 기틀을 다졌다.

정치적 쇠퇴기 이후에는 명목상의 통치자로서(이때 실질적인 권력은 대부분 군인들의 수중에 있었다) 이슬람 세계의 거의 전 지역을 통치했다.

혁명적인 운동을 통해서 권력을 쟁취한 다른 사람들과 마찬가지로, 압바스 왕조도 한편으로는 지지자들의 주장과 목적, 그리고 다른 한편으로는 제국과 정부의 필요성이라는 두 축 사이에서 선택을 강요받았다. 그들은 합의와 영속성을 선택하고, 당장 끝장을 보고야 말겠다는 일부 추종자들의 분노를 가라앉혀야 했다. 그리하여 압바스 왕조 승리의 설계자였던 아부 무슬림은 그의 건국 공신들과 함께 처형을 당했다. 이러한 선택은 급진주의자와 극단주의자들을 소외시켰고, 이후 그들은 다른 곳에서 새로운 돌파구를 찾았다. 동시에 이는 주류 무슬림들에게 확신을 심어주었고, 알-만수르가 외적의 침입과 국내의 반란에 대처하고 그것을 극복하여, 오랜 기간 훌륭한 통치를 통해서 압바스 정부의 기틀을 다지는 데 도움을 주었다.

이러한 과업을 수행하는 과정에서 알-만수르는 초기 압바스 통치 반세기 동안 뛰어난 역할을 해준 한 가문의 도움을 받았다. 종종 페르시아계로 묘사되는 바르마크 家였다. 그들은 더 정확하게는 발흐 지방의 불교 성직자 가문의 후손으로, 중앙아시아계 이란인들이었다. 바그다드 건립 직후 칼리드 알-바르마키가 알-만수르의 와지르wazīr(수상)가 되었다. 이후 그와 그의 후손들은 와지르로서 803년 칼리프 하룬 알-라시드(재위 786-809) 통치하에서 몰락할 때까지 제국의 행정을 주도하고 발전시켰다.

수도는 고대 이란 문명의 중심지에 보다 가까운 동쪽으로 옮겨갔다. 아랍의 권력 독점은 종식되고, 이슬람화된 이란인들이 지배 엘리트로 등용되었다. 정치적 경험이 보다 풍부한 이란인들이 행정의 전 분야에 진출했고, 와지르는 칼리프의 절대 권위에만 복종하는 모든 국가기관의 장으로서 확고히 자리를 잡았다. 당연한 결과이지만, 이란의 영향은 갈수록 증대되었다. 사산 왕조의 문헌들은 아랍어로 번역되거나 개작되었고, 사산 왕조의 전통이 부활했다. 궁정의 의례나 정부의 행정에서 사산 왕조 페르시아의 모델이 답습되었다. 이런 현상은 각 분야에서 뚜렷한 영향을 보이지 못했던 아랍의 부족적 전통으로부터의 이탈을 의미했다. 이슬람 국가에서 처음으로 페르시아를 모델로 한 상비군이 편성되자 아랍 부족군에 대한 압바스 왕조의 의존도가 감소했고, 나아가 수도에서 아랍의 영향력도 줄어들었다.

여러 측면에서 초기 압바스 칼리프들은 생각보다 훨씬 그 틀을 덜 깨뜨리면서 전임자들의 정책을 유지하고 발전시켰다. 후기 우마이야 왕조하에서 뚜렷한 조짐을 보였던 변화는 이때 가속화되었다. 칼리프는 더 이상 아랍 부족장들의 내부 합의를 도모하던 아랍의 대부족장이 아니었다. 그는 권위의 신성함을 주장하고, 자신의 군대와 광범위하고 확대된 행정 조직을 통해서 통치하는 중동식 절대군주였다. 그런 점에서 압바스 왕조(칼리프)는 우마이야 왕조 시대보다는 더욱 강했지만, 그래도 고대의 전제군주보다는 위약했다. 그들은 확립된 봉건 계급 제도와 성직자 계층의 지지를 받지 못했고, 그들 신앙의 기본 계율에 따라서 결코 폐기하거나 수정조차 할 수 없는 성법에 예속되어 있었다.

약화되어가는 아랍의 종족적 결속력을 대체하고 보충하기 위해서 칼리프들은 이슬람의 정체성과 일체성을 강조했고, 거대하고 다양한 제국에서 단일 신앙과 문화의 통합을 이루기 위해서 노력했다. 이에 더해 사산 왕조의 전례를 따라서 공인받고 고분고분한 신학자들을 후견하고 지원함으로써 칼리프의 권위와 기능에서 종교적 요소를 강조했다. 그리고 사제로서보다는 사회적인 의미를 띤 성직자 계층을 공식적으로 둠으로써 정권을 보강하려고 했다. 이러한 목적을 위해서 칼리프들은 메카와 메디나의 성지를 재건설하고, 정기적으로 이라크로부터 그곳에 이르는 순례를 조직화했다. 그리고 여러 이질적인 무슬림 이단 분파, 특히 당시 많은 추종자를 얻고 있던 마니교에 대한 종교 박해를 시작했다. 칼리프 알-마문(재위 813-833)과 그의 후계자들은 국가 이데올로기로서 무타질라Mu'tazila로 알려진 하나의 통일된 신학적 교의를 강제하면서, 다른 교리의 추종자들을 박해했다. 그러나 그러한 시도는 알−무타와킬(재위 847−861) 대에 실패했다. 다루기 힘든 튀르크계 군인들에 대항하기 위해서 대중적 지지를 필요로 했던 무타질라를 버리거나 심지어 탄압하면서까지 수니파의 주류를 받아들이지 않을 수 없었기 때문이다. 수니파와 수니파 울라마ulama(종교학자)들은 이미 교리와 관련하여 자신의 의지를 관철시키려는 통치자의 시도를 막아낼 만큼 충분히 강해져 있었다. 이는 통치자가 정통 수니파 칼리프인 경우에도 마찬가지였다. 이슬람에 대한 국가 우위적 시도는 실패하고 다시는 되풀이되지 않았다. 알−무타와킬 이후, 압바스 왕조는 최소한 공식적으로는 가장 엄격한 정통 교리를 철저히 신봉했고, 어떤 왕조도 공개적으로 이슬람 종교기관에 이단 교리를 강요하지 않았다.

하룬 알−라시드의 치세는 일반적으로 압바스 왕조 권력의 최고 절정기로 간주된다. 그러나 이 시기는 쇠퇴의 첫 조짐이 나타난 때이기도 하다. 그 조짐 중 하나는 그의 후계자 통치 시기에 지방에서 칼리프의 정치적 권위가 급속하게 붕괴한 것이었다. 서부 지역에서는 스페인과 북아프리카(756−800)가 독자적인 군주 아래 실질적인 독립을 이루었다. 여기에서 압바스의 종주권은 명목상으로만 인정되었다. 868년에는 이집트마저 넘어갔다. 바그다드 출신의 튀르크인 집정관인 아흐마드 이븐 툴룬 지사가 스스로 독립을 선포하고, 통치 영역을 시리아까지 확대했던 것이다. 이집트의 봉쇄에 이어 비슷한 튀르크 왕조의 등장이 뒤따랐다. 이후 이집트는 극히 짧은 공백기를 제외하면, 다시는 바그다드의 지배를 받지 않았다. 이집트에서의 독자적인 정치 권력의 등장과 (일시적이기는 하지만) 시리아의 통치로, 시리아와 이라크 사이에는 새로운 "무인의 영토"가 생겼다. 그리고 이는 사막 가장자리의 베두인 아랍 부족이 잃어버렸던 독립을 회복하는 것을 허용했다. 시간이 흐를수록 그들은 시리아와 메소포타미아의 정착지까지 활동 영역을 넓혀 도시를 장악하고 과도 왕조를 세우기도 했다.

동부에서는 붕괴의 과정이 약간 달랐다. 압바스 칼리프와 이란인 지지자 간의 동맹이 하룬의 통치기에 일어난 한 모호한 내부 격변으로 심각하게 훼손되었다. 그것은 바르마크 가의 권력 박탈과 몰락, 그리고 하룬 스스로가 권력의 고삐를 장악함으로써 정점에 달했다. 하룬이 죽은 후, 누적된 갈등은 그의 아들인 알–아민과 알–마문 사이의 내전으로 폭발했다. 알–아민의 세력은 수도와 이라크를 중심으로 했고, 알–마문은 이란을 기반으로 삼았다. 내전은 아랍인과 페르시아인들 사이의 일종의 민족적 갈등으로 해석되었고, 페르시아인의 승리로 끝이 났다. 이것은 보다 더 정확히는 이란과 이라크 사이에 민족적 갈등보다는 지역적 경쟁으로, 얽히고설킨 바로 앞 시기의 사회적 투쟁의 계속이었다. 동부의 지원에 의존하던 알–마문은 한동안 수도를 바그다드에서 메르프로 옮기는 일에 착수했다. 그러나 바그다드 시민, 나아가 이라크인의 강력한 반대에 부딪혀 제국의 수도로 되돌아오지 않을 수 없었다. 이후 이란인들의 야심은 지방자치 왕조에서 그 출구를 찾았다. 820년 알–마문의 이란인 장군이었던 타히르는 호라산에 실질적인 독립 왕조를 세움으로써 칼리프들이 지배하던 지역에서 모든 실질적인 권위를 빼앗는 선례를 남겼다. 반면 대부분은 수니파 이슬람의 최고 지도자로서 칼리프의 명목상 종주권을 여전히 인정하고 있었다.

동서부 양 지방에서 칼리프의 세력은 실질적인 통치자들에게 고작 포상을 수여하는 정도로 약화되었고, 그들의 권위는 이라크의 수도권에서조차 급격히 실추되어갔다. 바그다드가 그곳을 통과하는 중요한 무역로를 통제하는 한, 제국의 정치적 분산은 교역과 문화의 확산을 방해하기는커녕 오히려 어떤 점에서는 실질적으로 도움이 되었다. 그러나 정작 다른 위험이 커지고 있었다. 낭비벽이 심한 조정과 비대한 관료 조직이 반복되는 재정 위기를 초래한 것이다. 이는 지방의 조세 손실, 그리고 침입자들에 의한 금은광의 손실과 고갈로 악화되었다. 칼리프들은 결국 세금 징수관인 지방 총독들에게 국가 조세의 징수와 현금 유통 문제를 의존하게 되었다. 조세 징수관이자 총독인 이들은 곧 제국의 실질적인 통치자가 되었고, 여기에 복종을 강요할 수 있는 군대를 가진 군사령관이 세금 징수와 총독직을 장악하자 그런 추세는 더욱 심화되었다. 칼리프 알−무타심(833−842)과 알−와티크(842−847) 시대부터 칼리프들은 자신들의 군사령관의 꼭두각시가 되었다. 그들은 종종 자신들의 뜻대로 칼리프를 등극시키거나 폐위시킬 수 있었다.

10세기 초에 이브러 칼리프의 권위는 완전히 무너졌다. 이라크의 총독 이븐 라이크에게 "총사령관"이라는 의미의 "아미르 알−우마라amīr al−umarā'"라는 칭호를 수여한 사건은 이 과정을 함축적으로 보여주었다. 이 칭호와 직책의 목적은 의심의 여지없이 다른 지역의 동료들에 대한 바그다드 군사령관의 우선권을 확인시켜주는 것이었다. 동시에 그것은 칼리프 이외에도 효과적으로 정치적, 군사적 권한을 행사하는 또다른 절대적인 통치권이 존재함을 공식적으로 인정해준 사건이었다. 칼리프는 이제 국가와 신앙의 형식적인 수장이자 이슬람 종교 공동체의 대표자에 불과했다. 946년 1월 17일, 이미 서부 이란에서 실질적인 독립 왕조 국가를 통치하던 시아파 페르시아 가문인 부이 가家가 수도를 침략해서 점령해버리자, 칼리프는 궁극적인 종말을 맞았다. 칼리프는 더 이상 자신이 머무는 도시의 주인이 아니었다. 더구나 수니파 이슬람의 최고 수장은 한 시아파에 의해서 통제되었다. 시아파는 칼리프가 유용했기 때문에 존속시켰다. 후일 이 시아파는 수니파 통치자들로 대체되었지만, 칼리프의 복종은 여전했다.

이때부터 몽골이 바그다드를 정복한 1258년까지, 칼리프제는 수니파 이슬람 통합의 형식적인 표현이자 나아가 실제적인 주권을 행사하는 군사 통치자의 권위를 합법화하는 명목상의 제도에 불과했다. 칼리프들은 12세기 말과 13세기 초의 짧은 기간을 제외하고는 그러한 통치자들에게 좌우되었다.

부이 왕조의 바그다드 점령은 칼리프제의 정치적 전개에서 하나의 의미심장한 전환점이 되었을 뿐만 아니라, 중동 역사에서 "이란인의 막간"이라고 불린 중요한 계기를 마련했다. 9세기 아랍 세력의 약화로부터 11세기 튀르크계 세력의 확고한 성립에 이르는 기간은 이란의 회복기였다. 이때 이란 왕조는 이란인의 지지에 의존하며, 이란 영토에서, 무엇보다 중요하게는 새로운 이슬람의 형식 내에서 이란인의 민족 정신과 문화의 회복 강화에 근거를 두면서 명백한 민족적 형태를 띠었다. 최초의 이란계 독립 무슬림 왕조는 동부 이란의 타히르 왕조(821-873)였고, 동부의 사파르 왕조(867-903)와 사만 왕조(875-999), 북부와 서부의 부이 왕조(932-1055)와 다른 소국가들이 뒤를 이었다. 이 왕조들은 모두 무슬림이었다. 그들 중 일부는 여전히 아랍 이슬람의 이상에 영향을 받고 있었고, 페르시아 문화에 무관심했다. 그러나 그들의 지지 기반인 이란인은 그들이 원하든 원하지 않든 "이란 르네상스"의 후원자가 되게 했다. 가장 적극적인 왕조는 사만 왕조였고, 수도 부하라는 이란 문화 회복의 중심지가 되었다. 대부분의 사만 왕조 통치하에서 공식 용어는 페르시아어였다. 사만 왕조는 페르시아 시인과 학자들을 후원했다. 그리하여 10세기와 11세기에는 아랍 문자로 기술되고 이슬람 신앙과 전승에 깊게 영향을 받기는 했지만, 본질적으로는 명백히 페르시아적인 새로운 페르시아 문학이 탄생했다.

부이 왕조 시기는 시아파뿐만 아니라 이란의 회복기이기도 했다. 시아파와 이란은 종종 잘못 동일시되었다. 압바스 칼리프조의 성립은 시아파의 주장과 지도력에 주요한 변화를 가져다주었다. 우마이야 왕조하에서 시아파 추종자들은 이슬람 공동체와 국가의 대표권은 무함마드의 남계 혈통에 근거해야 한다고 주장했다. 이것은 예언자 무함마드에서 그의 딸인 파티마가 아니라 예언자의 사촌인 알리로의 승계를 의미했다. 이는 알리의 승계권이 파티마보다는 알리의 다른 부인들이나 예언자의 가문을 대표하는 혈족으로 이어져야 한다는 주장으로 발전했다. 그러나 시아파를 기반으로 권력을 쟁취한 압바스 왕조에서는 알리파(시아파)가 압바스의 사촌 가문이라는 주장이 충족되면서, 무함마드의 혈족 승계가 파티마로부터 시작된다는 점이 강조되었다. 이러한 주장은 곧 지배적인 견해가 되었고, 후일 시아파의 고유한 주장이 되었다. 알리와 파티마의 아들과 손자, 그 직계 후손들은 시아파에서 "이맘 imām"으로 알려졌다. 그러다 765년, 파티마 가문의 6대 이맘 자파르 알-사디크가 죽고 난 후, 그의 추종자들은 두 아들 무사와 이스마일의 승계를 각각 주상하면서 양분되있다. 첫 번째 집단은 무사와 그의 후손 중 알리 이후 12대 이맘까지에 해당하는 후손까지를 이슬람 세계의 정당한 이맘이라고 보았다. 소위 12이맘파는 불분명한 상황에서 사라진 12대 이맘의 메시아적 재림을 오늘날까지 기다리고 있다. 12이맘파는 일반적으로 교의가 온건하고, 수니파 이슬람의 교리와 큰 차이를 보이지 않는다.

이스마일을 지지하는 두 번째 집단은 이스마일파로 알려졌다. 그들은 극단적인 교리와 우마이야 초기 시아파의 폭동적인 방법을 새롭게 변화하는 현실에 적응시켰다. 교역의 확산, 산업의 등장, 도시의 성장, 그와 동시에 일어나는 정부의 분열과 군국화, 점증하는 사회의 복합성과 다양성 등은 흐트러진 제국의 사회구조를 심각한 긴장감으로 몰고 갔고, 불화을 확산시켰다. 지성계의 지적 변질과 문화와 이념 충돌의 증가는 분파 운동의 발생과 확산을 조장했다. 그것은 신학적인 사회에서 볼 수 있는 기존 질서에 대한 자연스러운 불만의 표출이었다. 그러한 긴장감은 9세기 말-10세기 초에 폭발점에 도달했다. 이슬람의 통치자들은 동부 아라비아와 시리아-메소포타미아의 카르마티아인 무장 폭동과 이스마일파의 선동적인 포교에서부터 바그다드 내부의 평화적인 도덕론자나 신비주의자들의 보다 교묘하고 결과적으로 보다 효과적인 비판에 이르기까지 일련의 도전에 직면하게 되었다. 칼리프는 시리아와 메소포타미아의 카르마티아인 폭동을 겨우 진압했고, 동부 아라비아의 반란 세력을 격리시켰다. 그러나 예멘에서 이스마일파는 보다 지속적인 승리를 확보했고, 스스로 세력을 구축하는 데에 성공했다.

그들은 예멘으로부터 북아프리카에 전도 사절을 파견하여, 마침내 908년 이스마일파 추종자 우바이드 알라가 초대 파티마 왕조의 칼리프가 되게 하는 데 성공했다. 소위 파티마 왕조는 예언자의 딸 파티마의 후손이라는 그의 주장에서 연유한다. 파티마 왕조 처음 세 칼리프들은 북아프리카에서만 통치했으나, 969년 4대 칼리프 알-무이즈가 이집트를 정복하면서 카이로가 새로운 수도로 건설되었다.

처음으로 압바스 왕조의 명목상의 권위마저 인정하지 않고, 스스로 칼리프조를 세운 강력한 독립 왕조가 중동을 통치했다. 이 왕조는 전체 이슬람 세계에 대한 수장권을 두고 압바스 왕조에 도전하면서, 수니파 칼리프제의 신학적 근거마저 부정했다. 파티마 왕조는 정치적, 군사적, 종교적 행동에 이어서 동방 무역을 걸프 해에서 홍해 쪽으로 전환하고, 동시에 이집트를 강화하고 이라크를 약화하는 정교한 경제정책을 추구했다.

파티마 왕조의 통치권은 팔레스타인, 시리아 그리고 아라비아로 급속히 확대되었고, 한동안 그 세력과 영향력 면에서 바그다드의 수니파 칼리프를 크게 능가했다. 이집트 파티마 왕조의 전성기였던 칼리프 알-무스탄시르 (1036-1094) 통치기에 파티마 왕조의 영토는 북아프리카 전역, 시칠리아, 이집트, 시리아, 서부 아라비아를 아울렀다. 1056-1057년 친親파티마 왕조의 한 장군이 바그다드마저 점령하는 데 성공하고, 압바스 왕조 수도의 설교대에서 파티마 왕조 칼리프의 주권을 선언해버렸다. 그러나 다음 해에 그가 축출되자 이후 파티마 왕조의 세력은 내리막길을 걸었다. 그 와해는 국가 행정에서 인지되었고, 카이로에서 권위를 행사하는 일련의 군부 독재자의 출현으로 이어졌다. 그들은 한동안 바그다드를 주무르던 그의 동료들과 같은 유형이었다. 실질적인 권력을 박탈당하고, 아미르(군부 통치자)들의 힘없는 허수 아비 신세로 전락한 파티마 왕조 칼리프는 서서히 분파주의자들(시아파)의 지지마저 잃게 되었다. 결국 정권은 무너졌고, 이집트에는 다시 수니파 정통 이 회복되었다.

절정기의 이집트 파티마 왕조 정권은 여러 측면에서 앞선 정권들과는 달랐 다. 파티마 왕조 정권의 정점에는 절대군주로서 칼리프가 있었다. 그는 추종 자들의 믿음에 따르는, 과오를 범하지 않는 이맘이었고, 신성한 가문을 통해 서 신의 의지로 전달된 세습권을 근거로 통치하는 자였다. 중앙집권과 위계 질서가 잡힌 정부는 종교, 군사, 행정의 세 조직으로 분할되었다. 군사와 행 정은 칼리프 아래의 민간인 와지르의 소관이었다. 종교기구는 막강한 정치 적 영향력을 지닌 최고 종교 지도자 아래 몇 단계의 선교사 연계망으로 구성 되어 있었다. 이 기구는 고등 교육기관과 이스마일파 선전 조직을 책임지고 있었는데, 그 역할은 오늘날 일당제 국가에서 보이는 정당과 비슷했다. 선전 조직은 아직도 바그다드 압바스 왕조의 명목상 통치하에 있는 동부 지방에 서 대규모의 군대 조직을 관리했다. 이러한 선전의 효과는 여러 곳에서 보인 다. 이라크에서부터 인도 접경에 이르는 지역에서는 이스마일파 요원의 활약 에 의한 반란이 되풀이되었다. 한편 이슬람의 지적 삶에서도 이스마일파 가 르침에 매혹된 많은 예를 볼 수 있다.

또한 파티마 왕조의 통치기는 이집트의 교역과 산업의 개화를 가져온 위 대한 시기였다. 나일 강의 관리 소홀로 야기된 기근과 군부 갈등의 짧은 기 간을 제외하면, 이 시기는 대번영의 시대였다. 파티마 정부는 제국의 번영이 나 그 영향력의 확대를 위해서 무역이 중요하다는 사실을 최초로 인식했다. 와지르인 야쿠브 이븐 킬리스가 교역을 주도했고, 후대 통치자들도 이를 답 습했다. 파티마 왕조 이전의 이집트 교역은 미미하고 제한적이었다. 파티마 왕조는 이집트의 플랜테이션과 산업을 발전시키고, 이집트 산물을 수출하기 시작했다. 그 외에도 그들은 특히 유럽 및 인도와 광범위한 교역 연계망을 구축했는데, 페니키아 식민지에 그랬듯 서구에서는 일부 이탈리아 도시 공화국들과도 관계를 수립했다. 이집트와 서구 사이에서는 상당한 양의 해상 무역이 이루어졌고, 파티마 왕조 함대가 지중해 동부를 통제했다. 동쪽으로는 인도와의 중요한 관계를 구축하고, 남쪽의 홍해 양안에 대한 통치권을 넓혀나갔다. 대부분의 인도 무역이 수단 해안의 파티마 왕조 항구 아이다브를 거쳐갔다. 이집트 상인이 가는 곳마다 이스마일파 선교사들이 함께했다. 그 결과 스페인과 인도에서도 곧 무슬림들 사이에 이념의 동요가 일어났다.

그럼에도, 파티마 왕조가 압바스 왕조에 궁극적인 승리를 거두지는 못했다. 1094년 파티마 왕조 칼리프 알–무스탄시르가 죽은 후 세력이 축소되었고, 다시는 압바스 왕조의 우위에 강력하게 도전할 수 없었다. 실패의 한 원인은 이스마일파와 12이맘파 간의 충돌로 인한 시아파의 세력 쇠진이었다. 12이맘파 역시 이란의 몇몇 지방 왕조를 포함하여 나름대로 지지 세력을 가지고 있었다. 역설적이기는 하지만, 파티마 왕조가 압바스 왕조에 대규모 공세를 취하고 있을 때, 압바스 왕조는 12이맘파인 부이 왕조 아미르의 지배 아래에 있었다. 시아파임에도 불구하고 부이 왕조는 알리의 후손으로 칼리프를 옹립하려고 하지 않았다. 12이맘파의 12번째 이맘은 70년 전에 사라져 버렸다. 그들은 자신들의 권력을 위해서 수니파의 껍질을 유지하고, 수니파 세계에 대한 정책으로 압바스 왕조에 외견상 충성했다.

# 3. 스텝 부족의 등장

11세기까지 이슬람 국가와 사회는 많은 내적 약화의 조짐을 보여주었다. 그 징후는 이미 그전부터 뚜렷했다. 제국은 수많은 자치적 지방군주국으로 분열되었고, 칼리프의 권력과 권위는 본거지에서조차 약화되었다. 게다가 비잔틴 제국과 이란의 사산 왕조로부터 물려받은 기초 위에서 이슬람 제국이 정성 들여 다듬어놓은 모든 정치적, 행정적 구조가 붕괴되었다. 한편 칼리프와 이슬람 국가의 실제적인 권력은 군대를 배경으로 통치하는 군부 독재자들에게 빼앗겼고, 수니파 이슬람의 수장으로서 칼리프의 종교적 지위는 밑바닥으로 떨어졌다. 인구의 대부분이 이단 종파를 따르고, 심지어 칼리프가 거주하는 도시를 포함하여 이라크에서 이집트에 이르는 제국의 대부분 지역은 시아파 장군들이나 군주들의 수중에 있었기 때문이었다.

경제생활에서 타락의 조짐은 다소 늦게 나타났다. 부이 왕조는 잠시 중앙의 질서와 번영을 회복했다. 파티마 왕조는 중세 이집트 역사에서 가장 화려한 시기를 맞았다. 그러나 동부 지방과 뒤이어 이집트에서도 어려움이 누적되고 있었다. 부분적인 내부 사정에 의하여, 한때 수익성이 좋았던 중국과의 무역이 감소되다가 결국 중단된 것이다. 8–10세기에 번성했던 러시아와 발트 해 연안 국가들과의 무역도 11세기에 들어 쇠퇴를 거듭하다가 중단되었다. 한편 점점 심화되는 귀금속의 부족 문제는 제국 내의 교역조차 압박했으며, 준봉건경제의 발전을 촉진했다.

문화생활에서는 8–10세기에 거대한 지적 확산이 이루어졌다. 당시의 경제적 번영은 도시는 물론 여가와 취미, 호기심을 가진 도시 인구의 성장을 촉진시켰고, 이는 소위 "이슬람의 르네상스"로 이어졌다. 그리스의 과학과 철학 서적이 아랍어로 번역되기 시작했고, 그리스의 학문과 페르시아의 세속적인 지식에 반대하여 전통적인 수니파 이슬람이 고대 아랍 인문주의를 재생시키고 풍부하게 했다. 아랍의 정체성도 배가되었다. 그러나 이런 문화적 개화는 불안정하고 지속적이지 못했다. 그것은 도시 문화였고, 여유가 있는 도시계층의 일부에 국한되었다. 그리고 이슬람 종교생활과 밀접히 관련된 전통과의 관계도 여전히 미미하고 불확실했다.

11세기와 12세기 초에 내외의 적들이 사방에서 거의 동시다발적으로 일련의 공격을 가하면서 제국의 약점이 노출되었다. 유럽에서는 십자군의 중동 진격으로 정점에 오른 재정복의 물결을 타고 기독교 군대가 이슬람 통치하의 광대한 영토를 강점하며 시칠리아와 스페인 양 진영으로 진군했다. 아프리카에서는 베르베르족에 의한 새 종교 운동이 스페인과 북아프리카의 새 베르베르 제국의 등장으로 이어졌다. 동쪽에서는 두 거대 베두인 아랍 부족인 힐랄Hilāl과 술라임Sulaym이 그들이 살아왔던 상이집트를 석권하고, 북아프리카에서 완전 복구가 어려울 정도로 대파괴와 참화를 일으키며 리비아와 튀니지를 쓸어내렸다. 칼리프조의 북부 변경은 이미 이전 세기에 비잔틴의 공격과 하자르 왕조의 침입으로 약화되었는데, 이 틈을 타서 조지아 기독교도들이 흑해에서 다게스탄 지역에 이르는 지역에 조지아 제국을 재건할 수 있었다. 그런 다음 그들은 이슬람 영토로 진출해왔다.

영구적인 영향이라는 면에서 무엇보다 중요한 것은 동쪽, 특히 아시아 대초원의 알타이어족 사람들의 침략이었다. 무슬림이 처음 튀르크인과 접촉한 것은 제국의 동쪽 변경에서였다. 한동안 그들은 노예로 수입되었다. 특히 어린 시절부터 군인으로 훈련받은 튀르크인들은 집안일이나 경제적인 목적으로 부리는 일반 노예와 구분하기 위해서 후일 맘루크Mamlūk라고 불렸는데, 이는 아랍어로 "소유된 자"라는 뜻이다. 튀르크인 노예들은 초기 압바스 왕조와 그 이전 시기에도 제국에 종종 나타났지만, 그들을 본격적으로 이용한 사람은 알−무타심이었다. 그는 권좌에 오르기 전부터 대규모로 튀르크인 노예 군인들을 모아들였고, 그후 동부 지방으로부터 공물의 일부로 매년 대규모의 군인들을 받아들였다. 그리하여 그의 후계자 칼리프들은 아랍인과 페르시아인을 몰아내고 군사적, 정치적 헤게모니를 장악한 튀르크인 군인과 사령관들에게 더욱 크게 의존하게 되었다. 군부계층이 압도적으로 튀르크화하고, 이슬람 정권에서 군부가 압도적인 세력이 되어가면서 튀르크인들은 1,000년을 지속하게 되는 지배권을 확립했다. 868년에 이미 튀르크인 노예 군인이 무슬림 이집트의 최초의 독립 왕조를 설립했고, 바로 뒤를 이은 이집트의 정권도 같은 계통이었다. 이란에서도 민족적 왕조가 잠시 지속되었는데, 가장 중요하고 오래 지속된 왕조인 사만 왕조는 튀르크인 군인들에게 의존했다. 이 왕조는 가장 괄목할 만한 튀르크계 왕조인 가즈니 왕조(962-1186)에 밀려났는데, 가즈니 왕조는 사만 왕조에 봉사하던 한 튀르크인 노예에 의해서 건국되었다.

그러나 이들은 노예나 용병으로 이슬람 국가에 봉사하다가 정권을 인수한 개별 군인이나 군인 집단이있다. 960년 아주 특이한 사건이 일어났다. 그것은 이슬람권 밖에 있던 튀르크계 왕조인 카라한 왕조가 백성들과 함께 (이슬람으로) 개종한 사건이었다. 그때까지 이슬람으로의 개종은 개인적으로 또는 개별적인 집단 형태로 이루어졌다. 아랍 연대기에 따르면 이때 처음으로 20만 호에 달하는 전체 자유 튀르크인이 한꺼번에 이슬람으로 개종하면서, 시르 강 건너편 영토에 최초의 이슬람 튀르크 왕조가 형성되었다. 개종 후에 카라한 왕조는 이슬람 이전의 튀르크적 과거를 버리고, 스스로 중동의 이슬람 문명 속에서 완전한 일체감을 찾았다.

튀르크식 이슬람의 뚜렷한 특징은 처음부터 튀르크인 스스로가 새로운 종교에 복종하는 완전성이었다. 이슬람의 변방과 이교도 세계에서 그들이 접했던 신앙에 대한 단순한 집중 그리고 이슬람으로 개종한 후 한때 그들이 이교도 동족들에 대항하여 성전聖戰에 참여했다는 부분적인 이유 때문에, 튀르크인들은 그들의 민족적 정체성을 이슬람 속에 묻어버렸다. 아랍인과 페르시아인에게는 결코 일어나지 않았던 일이었다. 튀르크인들에게는 이교도 아라비아의 영웅시대에 대한 아랍인의 회상이나 고대 이란의 화려한 영광에 대한 페르시아인의 긍지에 필적할 것이 없었다. 몇몇 민속시 구절이나 가계 전승을 제외하고는, 이슬람 이전 튀르크의 문명, 국가, 종교, 문학 등은 흐려지거나 잊혔다. "튀르크"라는 용어 자체는 튀르크인 자신이나 서구인들에게 무슬림과 동의어로 간주되었다. 이슬람에 대한 충실함이나 진지함에서 튀르크인들은 어떤 다른 민족과도 견줄 수 없었다. 따라서 수니파의 대부활이 튀르크 왕조의 보호 아래서 시작되어 확산된 것은 결코 놀랄 일이 아니다.

11세기 초 파티마 칼리프조는 여전히 강력한 국가였고, 이집트에서 서부 아라비아와 시리아에 이르는 지역을 통치하고 있었다. 그러나 파티마 칼리프조는 사막을 근거지로 한 지방 베두인 왕조들과 권력을 분점하지 않을 수 없었다. 이라크와 서부 이란에서는 이란계 왕조가 통치하고 있었는데, 가장 중요한 왕조는 중부 지방의 부이 왕조였다. 한편 동쪽에는 사만 왕조의 유산을 이어받은 두 왕조가 있었다. 아무 강 남쪽의 가즈니 왕조와 아무 강 북쪽의 카라한 왕조였다. 가즈니 왕조는 튀르크 용병부대를 지휘하는 튀르크 사령관이 통솔하는 고전적인 이슬람 국가였고, 카라한 왕조는 자유 튀르크인 동족을 거느린 칸의 통치를 받는 튀르크계 국가였다.

이때쯤 두 번에 걸친 튀르크계 민족의 대이주가 중동은 물론 동유럽의 모습을 잠시 바꿔놓았다. 북쪽 끝으로 시르 강 저편 영토에는 오구즈(튀르크명은 오우즈) 튀르크족이, 그들 저편 이르티슈 강 주변에는 유라시아 부족 연합체인 킵차크가 살고 있었다. 이들 중 킵차크는 이르티슈 강에서 시르 강으로 진출해서 오구즈족을 몰아낸 다음, 러시아 남부를 가로질러 서진하여 동유럽으로 이동했다. 그들은 그곳에서 "폴로프치Polovtsi"나 "쿠만Kuman" 등 다양한 이름으로 알려졌다. 오구즈족은 고향에서 쫓겨나서 이슬람 영토로 이주해갔다. 몇몇 이주의 물결이 있었다. 그중에서 가장 중요한 것이 셀주크의 이주로 알려져 있는데, 셀주크는 이주를 주도한 가문의 이름이다. 셀주크와 그의 가문은 10세기 말경 이슬람 영토로 진입하여 부하라 지방에 정착하면서 이슬람을 받아들인 것으로 보인다. 셀주크 가문의 후손들은 군대를 이끌고 여러 이슬람 왕조에서 봉사했다. 그 마지막 왕조가 가즈니 왕조였다. 그러한 여러 왕조로부터 이탈한 그들은 투쟁 끝에 재빨리 권력을 장악했다. 셀주크의 손자인 투그룰과 차그리의 인도로 튀르크 군대는 호라산에 진입하여, 가즈니 왕조를 멸하고 주요 도시들을 차지했다.

얼마 지나지 않아서 셀주크는 그들 자신을 위한 행동을 개시했다. 1037년에는 메르브와 네이샤부르의 모스크에서 예배 때 그들의 이름이 언급되었다. 그들은 곧 동부 이란의 나머지 지역을 공략하고, 서부 이란을 정복하기 위해서 더욱 증대된 튀르크 군대를 이끌고 서진했다. 1055년, 결국 투그룰은 군대를 바그다드로 진입시켜 부이 왕조의 마지막 통치자로부터 그 도시를 빼앗았다. 그는 1079년끼지 지방 군주들과 몰락해가는 파티마 왕조로부터 시리아와 팔레스타인을 빼앗았다. 그곳은 아랍과 페르시아도 차지하는 데 실패한 지역이었다. 나아가 그들은 비잔틴으로부터 아나톨리아의 대부분을 차지함으로써, 아나톨리아는 무슬림 튀르크의 영토로 남게 되었다.

셀주크의 정복은 새로운 중동 질서를 창출했다. 가장 중요한 것은 중동이 압바스 칼리프조 이래 처음으로 하나의 권위 아래 통일되었다는 점이었다. 셀주크는 수니파 무슬림들이었고, 명목상의 통치자로서 칼리프를 인정했다. 더욱이 두 가지 중요한 측면에서 칼리프의 지위를 강화시켰는데, 첫째는 칼리프의 영향력이 미치는 영역을 확대한 것이었고, 둘째는 이슬람의 명목상 종주권조차 부정했던 분파 정권을 일소한 것이었다. 그러나 사실상 제국의 주권은 난립해 있던 군소 주권국들을 소탕하고, 서쪽의 두 적대 세력인 비잔틴과 파티마 왕조를 패퇴시킨 셀주크의 대술탄에게 속했다. 1055년 바그다드 정복 이후, 투그룰이 채택한 "술탄sultan"이라는 칭호는 연대기에 따르면 때때로 비칼리프제를 채택했던 이전의 부이 왕조나 가즈니 왕조의 통치자들이 사용하던 명칭이었다. 셀주크의 술탄은 이 명칭을 공식적으로 사용하고 동전에 새겨넣은 최초의 사례였다. 이후 술탄이라는 칭호는 절대권력을 소유한 자를 위해서 사용되었다.

11세기 후반에 셀주크의 대술탄은 서남아시아의 칼리프조 전 영토와 아나톨리아를 포함한 통일된 제국을 통치하게 되었다. 1092년 3대 대술탄인 말리크샤가 사망하자, 그의 아들들 사이에 내전이 발발했다. 정복으로 중단되었던 정치 분열이 이번에는 셀주크 가문의 다양한 무리와 장교들 사이에서 재개되었다. 가장 핵심적인 인물들은 호라산에 거주하는 대술탄에게 미미한 충성을 보이던 케르만, 이라크, 시리아의 셀주크 통치자들이었다.

이러한 약화와 불화의 시기인 1096년 십자군이 레반트에 도착했다. 처음 30년 동안은 이슬람 세계가 통일되지 못해 침략자들이 쉽게 밀려왔다. 그들은 시리아 해안을 따라서 팔레스타인으로 급속히 진격했고, 안티오크, 에데사, 트리폴리, 예루살렘에 일련의 라틴 봉건공국을 건설했다. 그러나 승승장구하던 초기에도 십자군 세력은 주로 지중해와 서구 사회로 향하는 해안 지방에 한정되었다. 사막지대와 이라크로 향하는 내륙에서는 반격이 준비되고 있었다. 알레포와 다마스쿠스를 지키고 있던 셀주크 군주들은 임무를 제대로 수행할 수 없었지만, 동부에서 실제적인 강력한 저항이 있었다. 셀주크조에 봉직하고 있던 튀르크 군 장교 장기가 1127년 모술을 점령하고, 그후 서서히 메소포타미아 북부와 시리아에 강력한 이슬람 국가를 건설했다. 그의 아들 누르 알-딘은 1154년 다마스쿠스를 점령하고 시리아에서 유일한 이슬람 세력을 일으킴으로써, 십자군은 처음으로 정말 강력한 적과 대치하게 되었다.

양측의 당면 과제는 마지막 붕괴를 향해서 비틀거리고 있는 파티마 칼리프조 치하 이집트의 통제였다. 서구에서 살라딘으로 더 잘 알려진 쿠르드인 장교 살라흐 알-딘이 이집트에 파견되어, 파티마 왕조의 와지르이자, 셀주크의 대술탄 누르 알-딘의 대리인으로 봉직하게 되었다. 1172년 그는 파티마 왕조를 폐하고, 이집트에 압바스 칼리프의 명목상의 최고 지위를 회복했다. 나아가 누르 알-딘에게 모호한 충성을 표하며, 그 자신이 사실상의 통치자로 자리를 굳혔다. 1174년 누르 알−딘이 죽은 후, 살라딘은 그의 후계자들로부터 무슬림 시리아를 차지함으로써 1187년에 십자군에 대한 지하드jihād를 시작하기 위한 준비를 마쳤다. 1193년 사망할 때까지 그는 예루살렘을 재탈환하고, 좁은 해안가로부터 십자군을 축출했다. 십자군이 세운 국가들이 그후 1세기 동안이나 가느다란 명맥을 유지할 수 있었던 것은 살라딘의 시리아−이집트 제국이 그의 후계자들에 의해서 많은 군소국가로 분할되었기 때문이었다. 십자군이 세운 국가들은 13세기 맘루크가 시리아−이집트 국가를 재건함으로써 다른 국가들과 함께 종말을 맞았다.

튀르크의 아나톨리아 점령은 대셀주크 왕조의 어떤 계산된 행위라기보다는 부족민들의 이주에 따라서 이루어졌다. 그러나 정복 후에 셀주크 왕자 술레이만 이븐 쿠틀루무쉬가 새 지방을 조직하기 위해서 파견되었고, 12세기 말까지 그의 후계자들이 아나톨리아에 코냐(고대의 이코니움)를 수도로 하는 강력한 튀르크 군주국을 건설했다. 다양한 형태로 14세기 초까지 지속된 아나톨리아 셀주크 왕조의 통치하에서 중부 및 동부 아나톨리아는 서서히 튀르크의 영토가 되어갔다. 동쪽으로부터 대규모 튀르크인 이주민이 유입되면서 튀르크적인 이슬람 문명이 그리스적인 기독교 문명을 대신했다.

한편 동부의 셀주크 국가들은 끊임없는 불화와 갈등으로 약화되었고, 내외의 새로운 적들과 대치하게 되었다. 북동쪽에서는 또다른 스텝 민족인 카라키타이(서요西遼)가 이슬람의 변경지대에 등장했다. 중국에서 이주해온 그들은 몽골계였고, 그때까지 나타난 가장 위협적인 적대 세력의 선봉이었다. 12세기 중엽까지 그들은 카라한 왕조 치하의 트란스옥시아나 지방을 정복하고, 아무 강에서 예니세이 강과 중국 접경에 이르는 광대한 제국을 세웠다. 이 이교도 침략자에 대항하는 지하드가 선포되었음에도, 1141년 카트완 스텝 전투에서 셀주크는 패배했고, 술탄 산자르는 패주했다. 이슬람 군대의 참화에 대한 반향은 멀리 기독교 유럽에까지 전해져서, 꺼져가는 십자군 정신

118

을 북돋았다. 튀르크 유목 부족들의 반란은 셀주크의 세력 약화를 가속화했고, 1157년 산자르가 사망하자 그의 망해가는 영역은 수많은 소국가로 쪼개졌다. 이 국가들의 대부분은 전직 셀주크 장교들이 통치했는데, 심지어 바그다드의 칼리프조차 한때 독립과 종교적 권위의 회복을 주장하면서 수니파 이슬람의 과거 수도에서 일종의 하루살이 칼리프 국가를 유지하는 데 성공했다. 동쪽 저편에서는 아랄 해의 남쪽 지방 하레즘(일명 호레즘)의 튀르크계 총독이 일시적으로 대셀주크 왕조의 세력과 영토를 계승한 듯한 새로운 단명 국가를 세웠다. 또한 튀르크의 이주와 튀르크의 정치적, 군사적 우위가 공고해진 이 시기에는 정부와 경제적 및 사회적 생활, 문화와 종교에서 분명하고 중요한 변화가 있었다.

행정에서 셀주크 왕조는 페르시아인과 잘 정비된 페르시아 관료 조직에 크게 의존했다. 이 시기에 가장 뛰어난 인물은 대재상 니잠 알-물크였다. 그는 바로 이전 시기의 조세 제도에 익숙했던 봉건주의 경향을 발전시키고 제도화했다. 이로써 현금 대신에 토지에 기초하던 이전 시기의 잘못이 새로운 사회, 행정 질서의 규범이 되었다. 관리들은 토지를 하사받고, 그 대가로 일정한 수의 군인들을 공급해야 했다. 이러한 토지 양도는 세금 납부의 임무뿐만 아니라, 실질적인 소득도 보장해주었다. 국가는 이슬람 성법이 정한 토지세와 인두세는 물론 증가하는 수수료와 징집의 부과를 통해서 수입을 유지했다.

이러한 변화의 시기에 사회적 격변은 불가피했다. 이란 귀족층은 재배치되고, 튀르크는 새로운 군벌 세력의 등장으로 궁핍해졌다. 특히 지주들은 새로운 외지 거주 영주들의 출현으로 심한 타격을 받았다. 주조된 화폐는 통용이 잘되지 않아서 상인과 기술자들이 고통을 받았다.

주요한 반대 세력은 역시 시아파의 이스마일파였다. 그러나 그들은 새롭고 급진적으로 변형되어 있었다. 1094년 파티마 왕조 칼리프 알-무 스탄시르가 죽자, 이스마일파는 두 무리로 나뉘었다. 한 무리는 카이로에서 등극한 알-

무스탄시르의 어린 아들을 후계자로 인정했고, 다른 무리는 권좌에서 밀려나 알렉산드리아에서 피살당한 그의 큰아들에게 충성을 맹세했다. 하산—이 사바흐가 주도하는 페르시아의 이스마일파는 새로운 파티마 왕조 칼리프를 부정하고, 카이로와 연계했다. 동시에 그들은 신앙의 수정된 형태를 바로 세우고, 셀주크 지배에 대항하여 급진적이고 폭력적인 투쟁을 새로 시작했다. 하산—이 사바흐의 개혁 성향의 이스마일파로 알려진, 이 "새로운 가르침"의 추종자들은 일반적으로 "아사신Assassins", 즉 "암살단"으로 불리게 되었다. 이 명칭은 아랍어 "하쉬시hashish"에서 유래되었는데, 아마도 기이한 그들의 행동과 관련이 있는 듯하다. 유럽에서 사용된 이 단어의 현대적 의미는 그들의 정치적 술책에서 유래했다.

1090년 하산—이 사바흐는 북부 페르시아의 근접할 수 없는 알라무트 산악 요새를 장악했다. 이곳과 다음 세기 시리아에 수립된 유사한 요새를 근거지로 한 이 분파의 총수는 헌신적이고 광신적인 추종자 집단에게 명령하여 신비스러운 은둔자 이맘의 이름으로 이슬람 국가의 왕과 왕자들에 대한 테러와 암살을 수행하도록 했다. 총수의 밀사들은 1092년 니잠 알—물크를 살해한 것을 포함하여 뛰어난 무슬림 고위관료들과 사령관들을 대담하게 살해했다. 암살단의 테러는 13세기 몽골이 침략할 때까지 완전히 근절되지 않았다. 몽골 침략 이후 이스마일파는 미미한 이단 종파로 침체에 빠졌다.

암살단의 활동은 수니파 칼리프조와 그 기반을 전복하기 위해서 시아파가 행한 마지막 결정적 시도였다. 수니파의 대부활은 무슬림의 일상과 사상, 문학의 모든 면에 영향을 끼쳤다. 그 근원은 아마 훨씬 과거로 거슬러올라갈 것이다. 종교기관은 오래 전에 국가로부터 떨어져나왔고, 교의, 율법, 교육, 사회 제도 등의 분야에서 그 특권을 철저히 보호해나갔다. 종교기관은 스스로의 내부 논리에 따르면서, 국가와 정부의 필요와 압력에만 간접적인 영향을 받았다. 여기에는 약간의 이점도 있었지만, 또한 협력의 실패라는 위험성도 있었다. 종교와 국가 사이의 긴장은 우월권을 다투는 집단 간의 투쟁에서 군사령관들이 승리하자 더욱 악화되었다. 이는 국가와 백성 간의 연계를 약화시켜 오로지 군대와 조세 문제에만 관심을 가지게 했다. 군부 특권층이 더 이상 일반 백성과 같은 종족 출신이 아니고 백성들로부터 유리되고 차별화되었을 때, 그리고 최고 정치 권력이 근본적으로 정통파에 대한 정치적 인식을 부정하는 분파주의자들이 장악했을 때 그 간격은 더욱 벌어졌다. 신권적 사회에서 통치자와 백성들 사이의 마지막 도덕적, 개인적 연계의 제거는 이슬람 종교에서 심각한 위기로 치달았다. 정부는 군인들과 분파주의자들이, 행정은 대부분 이슬람 이전의 문화적, 직업적 형태에서 유래한 문관계층이 맡았다. 심지어는 종교 분야에서도, 이단 종파들은 수니파의 가르침에 대한 매력적인 대체 교의를 제공하여, 특히 도시에서 광범위한 지지를 얻었다.

수니파의 부활은 11세기 초에 호라산에서 시작되었다. 당시 호라산은 수니파에 속한 튀르크 가즈니 왕조 통치하에 이슬람 세계에서 시아파의 지배를 받지 않는 가장 중요한 지역이었다. 시아파는 자신들이 아니라 카라미타파Qarāmita를 지원하는 가즈니 왕조의 마흐무드(재위 999-1030)를 제압하기 위해서 몇 차례 시도했지만 실패했다. 비록 본인들은 이단 혐의를 썼지만, 이는 반反시아파, 수니파 부활의 선봉이 되었다. 수니파 부활의 임무는 가즈니 왕조에서 셀주크 왕조로 넘어갔다. 셀주크 왕조는 수니파 부활을 서쪽으로 바그다드와 그 너머까지 확산시켰다. 그들의 바그다드 점령은 수니파 교도들에게 시아파 부이 왕조로부터의 해방으로 간주되었다.

수니파 부활의 목적은 의식적이건 의식적이지 않건 세 가지로 간단하게 요약된다. 첫째, 시아파 정권을 타도하고 칼리프조를 회복하는 것, 둘째, 시아파의 이념적 도전에 대한 수니파의 반응을 공식화하고 확산시키는 것, 셋째는 가장 어려운 것으로, 종교적 조직을 이슬람의 정치생활 속에 통합하는 것이었다.

첫 번째 목적은 거의 완수되었다. 동부에서 부이 왕조와 다른 시아파 왕조가 무너지고, 수니파 이슬람의 정치적 통합이 복원된 것이다. 1171년 파티마 칼리프조의 붕괴 이후, 중앙아시아에서 아프리카에 이르는 전 이슬람 영토에서 예배 시 기도는 다시 바그다드의 수니파 칼리프의 이름으로 낭송되었다. 심지어 호전적인 암살단도 완전히 소탕되지는 않았을지언정 그들의 산악 요새를 벗어나지 못했고, 수니파 질서를 와해하려는 시도도 무위로 끝났다. 튀르크인의 군사력, 불굴의 정치력 그리고 종교적 진지함이 이를 가능하게 했다. 또한 이는 이슬람 세계에 이교도를 제압하는 힘을 주어, 아나톨리아를 정복하여 이슬림화하고 서구 기독교의 공격을 격퇴했다.

시아파에 대항한 투쟁은 괄목할 만한 성공을 거두었다. 그것은 수니파의 정치적 재생이라는 날개 아래 호라산에서 시작되었다. 11세기 초, 수니파 성직자와 율법학자들은 마드라사madrasa라고 불리는 정통 신학교를 조직하기 시작했다. 이는 파티마 왕조가 그들의 이념을 위해서 종교적인 선전 요원을 양성했던 카이로와 주요 도시의 이스마일파 신학교를 모방한 것이었다. 셀주크의 정복 직후, 니잠 알−물크는 바그다드에 마드라사를 설립했고, 이후 제국의 모든 도시에 마드라사가 생겼다. 살라딘과 그 후계자들도 마드라사 제도를 이집트에 도입했다. 이러한 신학교에서 수니파 학자들은 처음 파티마 왕조가 지배하는 이집트의 신학교와 선교회에 의해서, 그리고 후일 보다 과격한 형태를 띤 암살단에 의해서 체계화된 시아파 교의에 대한 수니파의 대응 논리를 공론화하고 확산시켰다.

수니파의 승리는 거의 완성되었다. 시아파의 두 분파는 모두 부이 왕조와 파티마 왕조의 약화와 실정으로 신뢰가 떨어졌다. 교리신학 측면에서는 아쉬아리Ashʿarī와 마투리디Māturīdī 학파의 최종적이고 공인된 수니파 체계가 시아파 교리론을 압도하여, 시아파를 소수 종파로 전락시켰다. 대중신앙의 측면에서도 시아파의 많은 감정적인 요소들이 수피즘(신비주의)으로 전환되었다. 수피즘은 수니파 정통주의 국가와 성직자 계층의 경직된 교리주의에 대한 대항으로서 일반 대중의 직관적이고 신비적인 종교적 표현으로 시작되었지만, 수니파의 테두리 내에 있었다.

시간이 흐르면서 종교기관은 단순히 회복되는 데에서 그치지 않고 초기 이슬람 국가에서 누렸던 지위로 크게 개선되었다. 마드라사에서 양성된 새로운 수니파 관료가 앞선 시기의 문관계층을 대체했다. 종교인들은 스스로 공인된 계층으로서 철저히 확보된 나름의 영역을 가지고, 사회적, 정치적 질서의 한 축으로 처음으로 확립되고 공인된 지위를 획득했다. 종교와 정치, 신앙과 권력, 법과 편의주의라는 고대의 이분법적인 대치는 칼리프와 술탄의 양분처럼 여전히 유지되고 사실상 제도화되었다. 그러나 종교 조직은 전보다 훨씬 많은 것을 얻었다.

튀르크 이슬람은 시작부터 이슬람의 신앙과 힘을 보호하고 진전시키는 데 공헌했고, 결코 군사적인 자질을 잃지 않았다. 튀르크 이슬람은 처음 이교도에 대항하기 위해서 동부 전선에서 탄생되어, 기독교에 대항하기 위해서 서부 전선으로 옮겨갔고, 이슬람 자체가 동부의 이교도, 서부의 기독교, 내부 종파로부터 3중의 공격을 받고 있을 때 그 보호를 위해서 칼리프조를 통제했다. 오랜 고통을 딛고 최종적인 승리를 거둔 이러한 투쟁은 튀르크 지배 시대에 들어 이슬람 사회와 조직에 큰 영향을 끼쳤다. 셀주크 왕조의 통치하에서 깊은 종교성이 정부와 행정의 모든 분야에 영향을 주었다. 이것은 수니파 성직 제도가 보다 잘 정비되고 그들의 권위와 특권의 증대 그리고 종교 교육은 물론 심지어 관료를 포함하여 개인의 신앙이 점차 강조되었던 사실에서 분명히 드러난다. 종교기관은 교리를 성문화하고, 종교적 결속을 강화하는 동시에 백성과 국가 모두에게 영향력을 확대해나갔다. 그리하여 오스만 술탄의 통치하에서 종교 조직이 정치구조 속에 완전히 통합되었다.

그러는 동안 이슬람에 대하여 지금까지의 어떤 것보다 더욱 치명적인 외적 위협이 준비되고 있었다. 멀리 아시아의 동북 방면에서 테무친이라는 한 몽골 군주가 처절한 투쟁 끝에 적대적인 유목 부족들을 통합하고 스스로 칭기즈 칸이라는 칭호로 몽골의 대군주가 된 것이다. 1206년 봄, 칭기즈 칸은 모든 몽골 부족들을 오논 강변에서 열린 대집회에 소집했다. 그곳에서 그는 9개의 말꼬리가 달린 백색 깃발을 펄럭였고, 참석자들은 그들의 칸으로서 그에게 충성을 재다짐했다. 막강한 몽골 제국이 막을 연 것이다.

그리고 몇 해 만에, 잔존 몽골 부족과 무종교 튀르크인, 심지어 남부 시베리아의 삼림 부족들까지 강제로 혹은 두려움에 떨며 복속되었고, 칭기즈 칸은 스텝 부족들을 대규모의 정복에 내보낼 준비를 하고 있었다. 1218년까지 동북아시아를 장악한 그는 서쪽으로 관심을 돌렸다. 제베 노얀 장군의 지휘 하에 몽골 군대는 카라키타이를 침입하여 시르 강에 이르는 모든 영토를 차지했다. 이로써 하레즘의 무슬림 튀르크인 샤Shah와 이웃하게 되었다. 그런데 다음 해에 시르 강변에 있는 변경 도시 오트라르에서 하레즘 총독의 명에 의해서 몽골 대상단이 강탈당하는 사건이 일어났다. 이로써 대부분이 무슬림들로 구성된 약 450명의 상인들이 목숨을 잃었다.

칭기즈 칸의 복수는 신속하고도 엄청났다. 1219년 그는 군대를 이끌고 시르 강을 가로질러 이슬람의 영토에 도달했다. 1220년까지 부하라와 사마르칸트는 물론 트란스옥시아나의 모든 도시가 그의 수중에 들어왔다. 다음 해에 몽골은 다음 단계를 준비했고, 별 어려움 없이 아무 강을 건너, 메르브와 네이샤부르를 점령하고 동부 이란을 정복했다.

1227년 칭기즈 칸이 세상을 떠나자 짧은 휴지기가 찾아왔지만, 곧 새로운 칸이 공격을 재개했다. 1230년 하레즘 주의 잔존 세력을 소탕하기 위한 새로운 공격이 시작되었다. 1240년까지 몽골은 서부 이란을 정복하고, 조지아와 아르메니아, 그리고 북부 메소포타미아를 공략했다. 1243년 몽골은 아나톨리아의 셀주크 군을 제압했다.

13세기 중반에 새로운 서진이 계획되어 실행에 옮겨졌다. 칭기즈 칸의 손자인 몽골 왕자 훌라구가 북경에 도읍한 대大칸의 명령을 받고 멀리 이집트에 이르는 이슬람의 전 영토를 정복하기 위해서 아무 강을 건넜다. 몇 달의 짧은 기간 동안, 긴 머리를 휘날리는 몽골 기마병은 이란으로 질주해가서, 모든 저항을 뚫고 심지어는 자신들의 요새에서 지금까지 어떤 공격에도 잘 버텨왔던 암살단마저 섬멸해버렸다.

1258년 1월 마침내 몽골 군은 바그다드에 집결했다. 마지막 칼리프 알-무스타심은 무력한 저항 끝에 먹히지도 않을 조건을 내걸고 자비를 구했다. 도시는 약탈되고 유린되고 불질러졌다. 1258년 2월 20일 이슬람 신앙의 총수는 발견된 모든 가족들과 함께 처형되었다. 거의 5세기 동안 명목상 수니파 이슬람의 수장이었던 압바스 가문의 통치는 그렇게 막을 내렸다.

비록 쇠진한 상태였더라도 이슬람의 법적인 중심이자 이슬람 통일의 상징으로서 엄청난 역사적 의미를 지녔던 칼리프제의 와해는 정부와 통치권 같은 외적인 형태에서뿐만 아니라, 이슬람 문명 그 자체로 보아서도 이슬람 역사에서 한 시대의 종말을 의미했다. 칼리프제는 스텝 민족들의 마지막 대침략 때문에 변형된 후, 앞선 세기와는 전혀 다르게 새롭게 흘러갔다. 그러나 칼리프제의 폐지가 초래한 정신적인 영향은 흔히 이야기되는 만큼 심각하지는 않았던 것 같다. 칼리프제는 이미 오래 전에 그 실질적인 효력을 상실한 상태였고, 따라서 몽골은 이미 죽은 것이나 다름없는 유령을 살짝 건드린 정도였다. 정치적, 군사적 실세 조직들에게도 칼리프제의 소멸은 거의 변화를 주지 못했다. 모든 이슬람 국가에서는 술탄제가 율법학자나 종교 조직으로부터 공인을 받았고, 술탄이 전에 칼리프가 보유했던 종교적 칭호와 특권을 가로채기 시작했다.

또다른 측면에서는 몽골 침략의 영향이 그 피해의 범위와 정도에서 다소 과장되었다. 한동안 몽골의 파괴는 고전적인 이슬람 문명뿐만 아니라, 사실상 중동의 모든 경제적, 사회적, 문화적, 정치적 쇠퇴의 원인으로 비난받았다. 그러나 이러한 견해는 과거에 대한 보다 정밀한 연구가 대부분의 근대 역사학자들에 의해서 포기되거나 본질적으로 수정되었고, 현대에 들어 겪은 전쟁과 파괴에 대한 직접적인 경험은 과거 무지시대의 판단을 다소 누그러뜨렸다. 따라서 지금은 몰골 침략에 따른 파괴의 여파가 이전에 생각했던 것만큼 크지도, 지속적이지도, 광범위하지도 않았다는 데에 동의하게 되었다. 그럼에도 오늘날의 기준으로 보면 의심할 바 없이 하찮은 것이라고 해도, 몽골에 의한 직접적인 타격은 분명히 분쇄적이었다. 전 지역이 파괴되어 황폐화되어있고 인구가 감소했다. 그러나 아랍 문화의 주요 중심지로 남아 있던 이집트는 몽골에 결코 점령되지 않았고, 간접적인 영향만 받았다. 시리아는 습격을 당했지만, 1260년 아인 잘루트'Ayn Jālūt* 전투에서 몽골이 이집트의 맘루크 군대에 결정적으로 패배한 후 이집트 술탄국에 통합됨으로써 몽골의 공격을 벗어났다. 아나톨리아는 몽골의 이란 출현으로 오랫동안 가려지고 여러 면에서 변모되었지만, 여전히 최후의, 그리고 가장 위대한 이슬람 제국을 키워갈 수 있었다. 사실 이란은 많은 타격을 입었지만, 그런 가운데서도 결코 전 국가가 영향을 받은 것은 아니었다. 남쪽에서는 지방 왕조가 자발적으로 몽골에 복속했기 때문에, 그 도시들은 침략자들에게 유린당하지 않고 번영을 계속했다. 고대 페르시스인 파르스는 다시 한번 페르시아 민족 생활의 핵심적인 중심지가 되었고, 고대 도시 페르세폴리스에서 48킬로미터 정도 떨어진 시라즈에서는 몽골 시대 이후 페르시아 문화가 풍성하게 개화했다. 이 시대의 뛰어난 인물로는 시인 사디(1184-1291)와 하피즈(1320-1389), 천문학자 쿠트브 알-딘(1236-1311), 이란 건축의 최고 걸작으로 간주되는 마슈하드의 가우하르 샤드 모스크를 건립한 건축가 카 알-딘(?-1439) 등이 있다.

---

* 골리앗의 샘물이라는 뜻이다.

실제로 공격을 받은 이란 지역에서도 회복은 빠르게 진행되었다. 정복의 초기 충격이 있은 후, 몽골 칸들은 이란의 정치 안정을 도모하고, 도시와 산업, 무역의 재건을 후원했다. 또한 그들이 유익하다고 판단한 과학, 나아가 1295년 이슬람으로 개종한 후에는 이슬람 문학과 지식까지도 육성했다. 14세기에는 이미 무슬림 칸들이 이슬람 신앙을 위한 장대한 건축물들을 세우고 있었다. 어떤 면에서는 몽골의 정복이 비틀거리는 중동의 문명에 새로운 기운을 주입해준 셈이다. 초기 아랍 정복자들이 처음으로 동부 지중해와 이란의 문명을 한 국가 내로 통합함으로써 풍성한 사회적, 문화적 접촉의 새로운 시대를 열었듯이, 이제 몽골은 처음으로 한 왕조 내에서 무역과 문화 분야에서 즉각적이고 유익한 효력을 발휘하면서 중동과 동아시아의 문명을 통합했다. 동시에 그들은 유럽에 새롭고 유리한 교류의 문호를 개방했는데, 이로써 많은 유럽인들이 비무슬림 통치자의 출현으로 중동에 형성된 기회를 중국으로 향하는 육상 교역로를 탐색하기 위한 계기로 활용할 수 있었다. 다양한 문명 간의 이러한 교류가 열매를 맺은 좋은 예가 페르시아인 역사가 라시드 알−딘(1247-1318)이 저술한 『종합사*Jāmiʻ al-Tawārīkh*』*이다. 라시드 알−딘은 이슬람으로 개종한 유대인으로서, 가잔 칸과 올제이투 칸의 신임을 받아 세계사를 집필할 임무를 부여받은 의사이며 학자, 그리고 와지르였다. 그는 사료를 수집할 팀을 구성했다. 두 사람의 중국학자, 카슈미르에서 온 불교 수도승, 몽골인 부족 전통 전문가, 프랑크인 수사, 일부 페르시아인 학자들을 포함한 그들의 도움으로 영국에서 중국에 이르는 방대한 세계사를 집필했다. 우연히도, 자신의 문명권 밖의 세계사 집필을 시도한 측면에서 라시드 알−딘과 그의 후원자들은 유럽을 500년이나 앞질렀다.

몽골의 침입으로 실제 영구적인 손상을 입은 지역인 바그다드와 이라크는

* 라시드 알−딘의 중세 이슬람 시대의 가장 뛰어난 역사서인 『종합사』에는 고구려와 고려에 관한 간략한 정보가 수록되어 있다.

이슬람 세계의 중심적인 역할을 다시는 회복하지 못했다. 침공의 즉각적인 효과는 민간정부의 와해와 국가의 번영과 생존이 달려 있는 공들인 관개사업의 붕괴로 나타났다. 이란에서는 질서와 번영이 회복되고 새 정권은 확고한 자리를 잡았던 반면에, 이라크에서는 폐허가 방치되었다. 이란의 몽골 통치자는 아제르바이잔에 수도를 건설했고, 그들의 거주지가 된 수도 타브리즈는 거대한 부의 도시로 성장했다. 그러나 이라크는 이제 중심을 벗어난 변경 지방이자, 몽골이 버린 폐허지로 전락하여, 몽골족처럼 그냥 통과하지 않고 그곳에 머물던 베두인들의 파괴적인 약탈에 방치되었다. 티그리스와 유프라테스 계곡은 서쪽에서는 모래와 칼이 난무하는 변경 때문에 지중해 국가들과 단절되고, 동쪽에서는 페르시아 중심부가 성장하여 포위함으로써 더 이상 동서 교역의 통로 역할을 할 수 없게 되었다. 그 통로는 북으로는 아나톨리아로, 동으로는 이란으로, 서로는 이집트로, 남으로는 홍해로 옮겨졌다. 이로써 이라크와 멸망한 칼리프의 도시 바그다드는 수 세기 동안 침체와 무관심에 빠져들었다.

칼리프조가 와해된 이후, 중동에서는 2개의 대문화권 사이에 구분이 명료해졌다. 북쪽은 이란 고원을 중심으로 한 페르시아 문명권이었다. 이 문명권은 서쪽으로는 아나톨리아와 그 너머의 오스만 제국에 정복된 유럽 영토, 동쪽으로는 중앙아시아와 인도의 새 이슬람 제국까지 이어졌다. 이들 국가에서는 아랍어가 종교와 종교학, 법률, 전승, 신학의 언어로 남았지만, 아랍 문학은 거의 알려지지 않았다. 문학과 예술은 이슬람화된 이란의 전통이 지배했는데, 이미 "이란의 막간" 시대에 시작되어 튀르크 왕조하에서 지속되다가 몽골과 그 후계자들 시대에 들어서 새로운 르네상스를 이룩했다. 이란 내부에서는 페르시아어가 구어로서뿐만 아니라 문화어로서도 사용되었다. 동서부 이란과 중앙아시아와 아나톨리아에서 새로운 언어와 문학이 튀르크인들 사이에 나타났는데, 이는 페르시아 고전에 의해서 풍성해지고 크게 영향을 받았다.

이란의 남쪽에는 고대 아랍어 사용 문명권이 있었다. 이라크의 방치된 지방과 서쪽과 남쪽으로 아프리카 대륙으로 연결되는 이집트의 신중심지가 바로 그곳이었다. 이곳에서는 예술과 특히 건축에서 일부 페르시아의 영향에도 불구하고 페르시아어와 문학은 거의 알려지지 않았고, 문학과 문화는 고대 아랍어 인본주의의 흐름을 따라서 지속되었다.

정치적으로는 튀르크인과 몽골인이 어느 곳에서건 지배적이었다. 튀르크인과 몽골 왕조는 지중해에서 중앙아시아와 인도에 이르는 모든 국가를 통치했다. 그리고 맘루크가 지배한 시리아—이집트 제국도 주로 흑해 북쪽의 킵차크한국에서 유입된 튀르크인 맘루크로 구성된 통치계층에 의해서 유지되고 보호되었다. 후일 그들은 캅카스인들과 다른 캅카스 부족들로 보충되었고, 어떤 면에서는 대치되기도 했다.

문화적 다양성의 증대와 두 문화권 사이의 정치 갈등의 시대에 주된 통합요소는 종교였는데, 특히 셀주크 시대 알—가잘리(1056-1111)라는 학자가 신비주의(수피즘)와 정통주의(수니파)를 훌륭하게 절충한 이후 확산되어가던 새로운 형태의 수피즘 종교가 큰 역할을 했다. 11세기 수니파의 회복은 이슬람의 부활과 재통합에 기여했지만, 그 임무는 완성되지 못했다. 시골 사람들과 유목민들은 여전히 외곽에 머물러 있었는데, 유목민들은 민간정부가 와해되고 전체 국민이 이동하게 되었을 때 중요한 역할을 했다. 튀르크 부족들이 특히 수피즘에 깊은 영향을 받았다. 그들은 처음에 방랑 수도승과 신비주의자들에 의해서 이슬람으로 개종했다. 대부분 튀르크인들의 신앙은 정통학파들의 복잡한 교리중심주의와는 맞지 않았기 때문이다. 알—가잘리의 절충은 신비주의와 정통 신학의 상호 접목이라는 길을 제시해주었다. 이교도의 정복과 통치라는 충격은 신학자들과 일반 국민들이 상부상조하게 해주었다. 그리하여 수피교도들과 교리론자들은 예배와 신앙에서 상당한 차이를 보이고 종종 충돌하기도 했지만, 다함께 정통 수니파 교리를 신봉했다.

13세기 이래, 대중의 종교생활은 수피교도 형제애로 특징지어졌다. 수피즘은 이슬람을 통합하는 결속력을 가지고 있었고, 종교적인 정서와 신앙심의 주된 표현수단이기도 했다. 또한 수피즘은 한때 지적 문화, 나아가 정치 권력의 원천이 되었다. 튀르크와 이란을 통치했던 왕조들, 즉 근세 초기 중동의 이슬람 종주권을 놓고 다투었던 두 경쟁 세력 모두가 근원적으로 수피교도의 이상과 조직에서 깊은 영향을 받았다.

# 4. 몽골 침입 이후의 변화
## 티무르와 오스만 제국의 등장

몽골의 정복과 칼리프제의 와해 이후, 중동 이슬람 세계에는 이란, 튀르크, 이집트의 세 주된 세력권이 생성되었다. 그중에서 이란은 몽골의 한 가문의 통치하에 있었다. 이란의 몽골 왕조는 처음에 무신론자였다가 후일 이슬람으로 개종했음에도, 몽골적인 정체성과 주요한 몽골 전통이 여전히 남아 있었다. 튀르크는 튀르크인 무슬림 군주들이 통치했는데, 한동안 몽골의 지배를 감내했고, 몽골-이란 문화에서 크게 영향을 받았다. 마지막으로 맘루크가 통치한 이집트는 튀르크 술탄이 몽골의 침략을 잘 막아냈음에도, 여러 면에서 당시 세계를 주름잡던 몽골의 영향으로부터 자유로울 수는 없었다. 중동의 변두리인 중앙아시아와 러시아에 자리 잡은 다른 두 몽골 한국들도 몽골 세계의 정치에 일정한 역할을 했고, 특히 이슬람으로 개종한 후에는 중동의 정치에도 관여했다.

이때 권력의 주된 중심지는 이란이었다. 바그다드의 정복 이후 훌라구는 북서 방면으로 물러나서, 그후 80여 년간 그와 그의 후계자들이 이란과 그 주변 국가들을 지배했다. 이란의 몽골 왕조는 일한조로 불렸다. "지방 통치자"라는 의미의 이 명칭은 몽골에 있는 대大칸의 우월권을 인정하고 그에 대한 복속을 표현했다. 전반적으로 이란은 일한조 아래에서 조용하고 평화적으로 통치되었다. 일한조는 개종하기 전에도 다른 모든 종교에 똑같은 관용과 기회를 부여했다. 일한조의 주요 외부 활동은 서쪽으로 정복지의 확장을 시도하는 것이었다. 아나톨리아에서는 셀주크 술탄의 콧대를 꺾고, 점령지와 아나톨리아 공국들의 복속에 만족했다. 맘루크 술탄국과의 투쟁은 훨씬 중요했다. 1259년 일한조의 통치자 훌라구는 타브리즈에서 출정했다. 그리고 아르메니아와 북부 메소포타미아를 거쳐 남쪽의 시리아로 선회하여 알레포와 다마스쿠스를 정복했다. 그러나 1260년 9월 팔레스타인의 아인 잘루트에서 몽골의 선봉군은 바이바르스라는 킵차크 튀르크 장군이 지휘하는 이집트의 맘루크 군을 맞아 참패했다. 이집트 군은 한때 모든 시리아 지역을 재정복했다. 이후에도 몽골 군은 여러 차례 시리아를 공략했으나, 맘루크 군에 격퇴되었다.

결실을 거두지는 못했지만, 이 시기에 몽골과 기독교 유럽 사이에 그들 공통의 적인 이슬람에 대항하는 전쟁 준비를 위한 흥미로운 외교 사절의 교환이 있었다. 그러나 아무런 소득이 없었다. 오히려 이집트의 술탄이 된 바이바르스는 러시아에 있는 몽골 승계 국가의 베르케 칸과 동맹을 맺고, 몽골과 유럽의 연대 계획을 무산시켜버렸다. 스스로 독립을 선포한 베르케는 이슬람으로 개종하고, 후일 금장한국金帳汗國(킵차크한국)으로 불리게 된 그의 통치 영역은 점차 킵차크 튀르크인이 절대다수를 점하는 이슬람 국가가 되어 갔다.

이란과 이집트의 충돌은 일한조의 가잔 칸이 이슬람으로 개종한 후에도 몇십 년간 계속되었다. 최종적인 평화는 1323년에 조인되었다. 이때까지 일한조는 전임자들이 겪었던 것과 같은 파괴적인 요인들에 직면했다. 1336년

일한조의 아부 사이드가 죽고 난 후, 이란은 다시 지방 왕조가 지배하는 여러 소국가로 쪼개졌다. 짧은 기간 동안이었다. 곧 유럽에서 "탬벌레인"으로 알려진 절름발이라는 별명을 가진 티무르가 스스로 중앙아시아 몽골 영지의 지배자가 되었다. 1380년 이미 트란스옥시아나와 하레즘의 주인이 된 그는 이란에 침입하여 향후 7년간 국가 전체를 지배했다. 그는 금장한국을 두 번이나 패퇴시키고, 인도를 습격했으며, 지방 왕조가 통치하던 이라크를 병합했다. 그리고 시리아를 유린하고, 맘루크 술탄에게 충성을 요구했다. 1394년과 1400년 그는 아나톨리아를 침공하고, 1402년 앙카라 전투에서 오스만 제국의 술탄 바예지드 1세(재위 1389 1402)를 생포하면서 오스만 군을 참패시켰다. 티무르는 1405년 중국 공략을 준비하는 중에 사망했다.

절름발이 티무르는 튀르크화되고 이슬람화된 몽골계 가문에서 태어났다. 사마르칸트에 있는 그의 무덤에 새겨진 당당하고 위대함으로 가득 찬 주장에 의하면, 그는 평범한 사회적 신분으로 칭기즈 칸 가문의 공주와 결혼했다. 그는 몽골인과 튀르크인으로 구성된 혼성군을 이끌었는데, 지배적인 세력은 몽골인이었고, 수적인 주력은 튀르크인이었다. 비록 수많은 파괴 행위 때문에 이슬람 신앙인의 위치에 올려 존경을 표하기는 조심스러워도, 전대 몽골 통치자들과는 달리 티무르는 독실한 무슬림이었다고 전해진다. 그의 정복은 훌라구보다 훨씬 파괴적이었으며, 알타이어족에 의한 침략의 마지막 격변을 대표한다. 그의 죽음으로, 10세기에 시작되어 중동을 변모시켰던 스텝 민족들의 대이동은, 부분적인 부족 유입이 계속되었다고는 해도 끝이 난 것처럼 보인다. 더욱 중요한 것은 유목 민족의 침투가 이미 중동에서 도시생활과 문명의 질서 속으로 스며들었다는 점이다.

티무르는 위대한 정복자였지만, 제국의 건설자는 아니었다. 그가 죽은 후, 거대한 소유물은 산산조각이 나버렸다. 아나톨리아와 시리아에서 오스만은 그들의 통치를 재개했다. 서부 이란과 메소포타미아 그리고 동부 아나톨리아에서는 두 투르크멘 부족 흑양조Black Sheep와 백양조White Sheep가 통제력을 행사하는 데 성공했다. 동부 이란과 트란스옥시아나에서만 티무르 계열이 통치를 계속했다. 티무르 왕조의 수도였던 부하라와 사마르칸트 그리고 특히 헤라트는 찬연한 문명의 중심지였다. 티무르 왕조 시대는 예술, 건축, 과학 그리고 페르시아와 동부 튀르크 문학에서 대번성을 이루었다. 더욱이 튀르크 문학은 위대한 고전기를 맞아 중앙아시아에서 동아시아, 인도에 이르는 모든 튀르크 민족들의 문화 발전에 지속적인 영향을 끼친 작품들을 낳았다.

아랍어 사용 국가의 무게중심은 결국 이라크에서 이집트로 옮겨갔다. 이라크의 비조직화와 약화 그리고 침략자들과 교역상들이 오가는 지중해로부터 멀리 떨어진 입지적 조건들은, 십자군 시대에는 가능했던 무슬림 권력의 기반으로서의 이라크를 불가능하게 만들었다. 대안으로 떠오른 것은 이집트였다. 또다른 무역로의 개발, 나일 강을 이용하여 관개가 가능해진 계곡은 그 본질상 단일화된 중앙정부를 요구했다. 이집트는 한때 중동으로부터 십자군을 몰아내기 위한 재정복 전쟁의 기반이 되었다. 나아가 이집트는 일한조 군대를 격퇴하기 위해서 맘루크를 위한 보급품을 제공했고, 그리하여 몽골의 침략으로부터 대부분의 아랍 세계를 구출했다.

13세기 중반 즈음에 살라딘이 건국한 아이유브 왕조는 통제력을 상실해 가고 있었고, 실제적인 힘은 튀르크 맘루크들의 수중에 있었다. 아이유브 술탄조의 마지막 위기는 1250년에 찾아왔다. 이때 술탄이 프랑스의 루이 9세의 십자군 원정 도중에 사망했기 때문이다. 이 위기에서 이슬람 국가와 군대의 안정은 죽은 술탄의 첩인 샤자르 알−두르(진주나무라는 의미)의 섭정으로 유지되었다. 그녀는 술탄의 죽음을 비밀로 하고 그의 아들인 투란−샤가 메소포타미아에서 돌아올 때까지 술탄의 이름으로 명령을 내렸다. 그러나 투란−샤는 십자군에 포위되어 패배했고, 체포되었다. 루이 왕은 투란−샤가 정복한 땅을 양도하고 상당한 양의 전쟁 배상금을 지불하는 조건으로 그와 일부 추종자들을 살려두었다. 한편 바이바르스가 지휘하는 맘루크 군은 이제 방향을 투란-샤에게로 돌려 그를 살해했다. 아이유브 왕조의 합법성이 계속 유지되도록 노력하면서, 맘루크는 샤자르 알-두르를 술탄으로 선언했다. 그러나 이러한 움직임으로는 이집트의 아유브 왕조의 전복에 대해서 시리아의 아유브 왕조의 왕자들을 회유할 수 없었다. 그리하여 새 여성 술탄은 곧 그녀의 제거를 요구하는 왕자들의 연대에 직면했다. 비록 직접 이 문제에 개입하지는 않았지만, 바그다드의 칼리프조차 한때 자신의 궁녀였고, 이집트 술탄에게 선물로 준 이 여성의 즉위에 반대했다. 칼리프는 시리아의 아이유브 왕조 왕자들에게 지지를 보내고, 이집트의 맘루크에게 새 술탄의 선출을 명했다. 이집트 연대기 작가에 의하면, 칼리프는 다음과 같은 서한을 보냈다. "만약 당신들에게 술탄으로 임명할 만한 사람이 없다면, 우리가 한 사람을 보낼 것이오."[1]

1260년 아이유브 왕조 마지막 술탄의 죽음으로 혼란의 시기가 지난 후에, 맘루크 장군 바이바르스는 몽골에게 거둔 승리를 바탕으로 스스로 술탄이 되었다. 살라딘처럼 그도 이번에는 보다 영구적으로 이슬람권의 이집트와 시리아를 한 국가로 통합했다. 그는 동서 양 진영에 걸쳐 나라 밖의 적들을 소탕하고, 새로운 사회 질서를 정비했다. 살라딘은 바그다드에 있는 압바스 왕조 칼리프의 종주권을 공식적으로 인정함으로써 이집트가 수니파로 회귀했음을 상징화했었다. 반면에 바이바르스는 바그다드의 몽골 침략자로부터 도망온 한 압바스 왕조 망명자를 환영하면서, 칼리프조를 카이로로 옮겨 그를 초대 망명 칼리프로 내세웠다. 이 망명 칼리프는 반응을 거의 불러일으키지 못했다. 소위 카이로의 칼리프들은 완전히 유명무실했고, 새 술탄의 즉위식에서 순전히 의례적인 역할만 하고 연금이나 받는 하급 궁정관리와 같은 존재에 불과했다. 그러한 칼리프제는 1517년 오스만 제국이 이집트를 정복함으로써 끝이 났다. 그리고 조용히 잊혀갔다.

바이바르스와 그 후계자들의 맘루크 제도는 준봉건적이었고, 아유브 왕조가 시리아와 이집트에 도입했던 셀주크식 제도를 원용한 것이었다. 또한 몽골식 제도나 동쪽에서 직업을 찾아 이집트에 온 몽골 이주민들에게서 큰 영향을 받았다. 이슬람 저항의 거점이었던 이곳에서도 몽골의 명성은 높았고, 맘루크들은 한동안 몽골 군대와 전술, 심지어 몽골의 의상과 풍습까지 모방했다.

맘루크 장교는 평생 혹은 짧은 기간 동안 토지를 하사받았다. 일반적으로 이들은 자신의 토지에 머물지 않고, 카이로나 자신의 영지가 속해 있는 지방의 주도에 거주했다. 이들은 토지의 소유보다는 세금에 더 관심이 많았다. 따라서 이 제도는 서구식 봉건주의처럼 대지택이나 장원, 강력한 지방 권력 같은 것은 발전시키지 못했다. 영지 재분배도 없었다. 심지어 이집트에서는 영지를 위한 토지분할은 영구적이지 않았으며, 시대에 따른 영토의 필요에 의해서 정해졌다.

맘루크 자신들은 노예로 이집트에 와서 훈련과 교육을 받았다. 처음에 그들 중 주류를 이룬 것은 흑해 북부 해안 출신의 킵차크 튀르크인들이었다. 그러다가 몽골의 사막인들, 시르카스인을 중심으로 한 다른 부족 남자들, 때때로 그리스인, 쿠르드인, 심지어는 일부 유럽인들도 포함되었다. 튀르크어와 시르카스어가 지배계층의 언어가 되었고, 일부 술탄을 포함한 많은 사람들이 거의 아랍어를 몰랐다. 바이바르스와 그의 후계자들이 거듭 발전시킨 맘루크조는 군부와 민간인 관료들이 통제하는 민간과 군대라는 고도로 정비된 이원행정 체제에 근거하고 있었다. 1383년까지 맘루크 술탄들은 다소 세습적 승계를 지켜갔다. 그후 제2맘루크조 혹은 시르카스 맘루크 술탄조에서 왕위는 가장 강력한 사령관의 차지가 되었다. 술탄의 사후에는 그의 아들이 사실상의 승계권자가 결정될 때까지의 공백기 동안 공식적인 통수권자로 취임했다.

　유럽과의 무역, 특히 중동을 경유한 유럽과 동쪽과의 무역은 무역 그 자체뿐만 아니라 관세 수입 때문에 이집트에 절대적으로 중요했다. 강성할 때는 맘루크 정부가 이집트에 일정한 번영을 가져다준 그러한 무역을 보호하고 장려했다. 그러나 바이바르스가 격퇴한 몽골의 위협이 아직 사라진 것은 아니었다. 1400-1401년에 티무르의 튀르크-몽골 군이 시리아를 파괴하고 다마스쿠스를 약탈했다. 고삐 풀린 베두인족이 남긴 재앙과 탐욕, 약탈이 떠나간 몽골인들의 못다한 파괴를 마무리했다. 그리하여 맘루크 술탄조는 다시는 회복될 수 없을 정도로 심한 경제적, 군사적 타격을 입었다.

　15세기에 이르러 경제와 재정적 어려움이 겹치자 통과 무역으로부터 얻는 수익을 극대화하고자 새로운 재정정책이 도입되었다. 새로 채택된 이 방식은 주요한 지방산물과 통과 무역품의 전매 제도였다. 그 결과로 나타난 물가의 인상은 유럽의 반발을 자아냈고, 이집트의 경제 활동에도 심대한 영향을 끼쳤다.


아나톨리아의 중심부와 동부는 코냐의 셀주크 술탄(일명 룸 셀주크) 통치하에서 점차 이슬람 국가로 변모되어 중근동 이슬람 문명에 통합되었다. 그리하여 그곳을 점령해서 식민화하고 있던 변경 민족과 부족민들의 정치적 독립은 중앙집권화된 셀주크 통치자들의 성장으로 제동이 걸렸다. 그들의 신앙은 신학자 계층의 엄격한 통제에 예속되었다. 무슬림 관료들과 지식인, 율법학자, 성직자, 상인, 기능공 등은 새로 식민화된 영토로 이동해갔다. 그들은 오래되고 수준 높은 고전 이슬람의 도시 문명을 함께 가져가서, 그곳에 전통적인 이슬람의 생활방식과 정치 체제를 도입했다.

　몽골 침략의 충격은 셀주크 국가를 복원이 어려울 정도로 무너뜨렸다. 그리하여 셀주크조는 약 반세기 동안 미미한 명맥을 유지하다가 14세기 초에 사라져버렸다. 중앙정부의 권위 붕괴와 몽골 군을 피해서 도망온 튀르크인 유목 이주민들의 아나톨리아 난입으로, 변경지대에서 전쟁이 재개되었다. 종교에서는 탁발승들이, 군사 및 정치 면에서는 변경 지방의 전사들이 13세기 후반과 14세기에 서부 아나톨리아의 지배적인 위치를 점유했다. 비잔틴에 대항한 새로운 정복의 물결이 서부 아나톨리아 전체에 튀르크와 무슬림 지배의 통치를 확대했다.

새로운 정복에 참여한 공국들 중의 하나가 거대하고 강력한 제국으로 성장했다. 그 제국의 명칭은 창건자인 오스만의 이름에서 따왔다. 전승에 따르면, 오스만의 경륜은 14세기의 첫 수십 년에 뚜렷이 드러났다. 그들이 통치했던 왕조나 제국의 이름으로 우리에게 통상적으로 알려진 오스만이라는 용어는 그의 업적을 기리기 위해서 붙여졌다. 비잔틴의 비티니아 접경에, 그리고 콘스탄티노플의 방어선상의 서쪽 끝에 위치한 입지적 조건은 오스만 공국에 더 큰 역할과 기회를 제공했고, 주위의 지원을 이끌어낼 기반이 되었다. 오스만과 그의 후계자들은 비잔틴에 대항해서 끊임없는 변경 전쟁을 치렀다. 1326년 그들은 부르사를 점령하여 급속히 성장하는 국가의 수도로 삼았다. 1354년에는 오스만 군대가 다르다넬스 해협을 건너 유럽에 상륙했다. 그들은 몇 년 지나지 않아서 갈리폴리와 나아가 아드리아노플을 정복하여 그곳을 거의 1세기 동안 유럽의 주요 기지로 만들었다. 세르비아와 불가리아에 거둔 연속적인 승리(특히 유명한 마리차 강 전투[1371]와 코소보 전투[1389])로 발칸 반도의 대부분이 오스만의 통치권으로 들어왔고, 나머지 대부분의 지역은 조공국으로 전락했다. 이로써 마케도니아, 불가리아, 세르비아에서 더욱 급속한 승리의 길이 열렸다. 유럽에서의 정복 전쟁은 오스만 세력의 국내 기반을 강화해준, 두 차례에 걸친 아나톨리아의 평화로운 확장에 이은 것이었다.

오스만의 유럽 무대 등장은 단지 군사적인 것만은 아니었다. 오스만이 자리를 잡자마자, 교역 경쟁국인 베네치아와 전쟁 중이던 제노바가 접촉해와서 군사 협조와 재정 지원을 요청했다. 당시의 비잔틴 역사학자 칸타쿠제노스는 "……약속된 막대한 돈과 이 고마운 행위는 제노바의 원로원과 국민들 가슴에 영원히 새겨져야 한다"는 "제노바인들"의 말을 전하고 있다.[2] 1352년 최초의 오스만—제노바 무역협정의 체결로, 유럽과 중동 역사의 근본 관심사 중의 하나가 재확인되었다.

오스만의 4대 통치자 바예지드 1세는 유럽과 아시아 양쪽에 상당한 영토를 물려받았다. 매우 야심만만한 인물이었던 그는 자신의 영역에 새로운 성격을 부여하려고 했다. 관심을 동부로 돌린 그는 튀르크 공국들을 차례로 정복하고, 아나톨리아 전역을 자신의 통치 영역으로 복속시켰다. 오스만 통치자들은 처음부터 일반적인 의미로 "술탄"이라는 칭호를 사용해왔다. 바예지드는 이 칭호를 보다 구체화하여, 카이로에 있는 "칼리프"에게 자신을 "룸 술탄Sultan of Rūm"으로 인정해달라고 요청했다. 이처럼 아나톨리아의 셀주크 술탄이라는 과거 칭호를 복원한 것은 아나톨리아의 고대 이슬람 군주제, 나아가 중동의 이슬람 제국에 대한 주장을 의미했다. 1396년 니코폴리스에서 발칸을 해방하러 온 서유럽 기사에게서 거둔 압도적인 승리는 바예지드의 야심을 더욱 부추겼다. 그러나 그는 자신보다 더욱 강력한 정복자와 마주치게 되었다. 1402년 앙카라 대전투에서 티무르에게 참패한 후 생포된 것이다. 결국 바예지드는 스스로 목숨을 끊었다. 오스만의 영토는 그가 물려준 것에 국한되었고, 더욱이 사회적인 문제로 비화된, 신비주의 수도승들이 주도하고 부추긴 위험한 반란과 그의 아들들 사이의 소모적인 내전으로 위협받았다. 이런 상황은 1413년 메흐메드 1세가 그의 형제들을 제압할 때까지 계속되었고, 그후 몇 년간도 그와 그의 계승자는 여러 곳에서 분출된 반란에 직면해야 했다.

따라서 메흐메드의 통치는 오스만 제국을 회복하고 견고히 하는 데에 주된 관심을 보였다. 그러다 그의 아들 무라드 2세(재위 1421-1444, 1446-1451) 하에서 중요하고 커다란 변화가 일어났다. 영토 확장이 재개되고, 유럽에서 그리스, 세르비아, 헝가리 그리고 십자군에 대항해서 오스만 군이 크게 승리한 것이다. 아나톨리아에서도 바예지드가 차지했던 옛 영토의 대부분이 회복되었다. 이후 평화와 안정의 시기가 도래했고, 이 기간 중에 오스만 술탄들은 진정한 이슬람 궁전을 유지하면서 시인, 작가, 무슬림학자들을 후원했다. 특히 흥미로운 것은 이 시기의 문학에서 튀르크의 민족적 자각이 싹텄다는 점이다. 무라드는 튀르크 문학을 장려하고 스스로도 시를 지었다. 그의 재위기에 오구즈의 역사와 구전이 연구되고* 역사 전통에 통합되었다. 그리고 오구즈 이야기는 처음으로 오스만 지배 가문과 튀르크의 부족적 전통과 연계되었고, 오스만 가문이 오구즈 칸의 후손이라고 했다. 궁전과 왕조의 이러한 새로운 발상은 이슬람 왕조 국가의 원칙에 헌신하고, 오스만 가문에 충성하는 신뢰받는 핵심 장군들이 출현하면서 유지되었다.

오스만 왕조는 14세기 말경, 본격적으로는 1430년경부터 시행된 "데브쉬르메devshirme"** 제도를 토대로 크게 강화되었다. 데브쉬르메 제도는 기독교 소년들을 징집하여 오스만 군대와 국가기관에 충원하는 제도였다. 이 제도는 16세기 오스만 역사가 사데딘(일명 호자 에펜디)이 잘 기술하고 있다. 여기에서는 17세기 영국의 학자 윌리엄 시먼의 번역으로 소개한다.[3]

---

* 오구즈는 중앙아시아 튀르크족의 일파로 아나톨리아 반도로 서진하여 셀주크 왕조를 세운 주력 민족이었다. 오스만이 셀주크를 이어받음으로써 오스만 제국 초기에 오구즈의 전설과 민족 이동사를 밝히는 작업이 가속화되었다.

** 데브쉬르메 제도는 오스만 제국 내의 비이슬람교도, 주로 기독교 소년들을 징집하여 엄격한 훈련과 튀르크화 교육을 통해서 이슬람으로 개종시키고, 술탄의 전위부대인 예니체리에 배속시키는 제도였다. 그러나 16세기 중반에 들어서 데브쉬르메 출신 장교들이 정통 튀르크인 관료들을 완전히 제압하고 정치적, 경제적 실권을 장악했다. 나아가 술탄을 위협하면서 자신들의 이권을 극대화하는 정치 문란을 초래했다.

가장 유명한 왕······. 그는 장관들과 숙의를 하고 있었다. 그 결과는 미래를 위해서 이교도의 자녀들 중에서 국가에 봉사할 수 있는 용감하고 부지런한 젊은이를 뽑는 것, 그리고 그들이 이슬람 신앙을 받아들이게 함으로써 그들을 고귀하게 만든다는 것이었다. 이것은 그들을 부유하고 종교적으로 만들어주며, 이교도를 복속시키는 강력한 기반이 될 터였다. 이를 실행하기 위해서 왕이 지명한 몇몇 사람들이 명을 받고 여러 나라로 가서 1,000명에 달하는 이교도 소년들을 모았다. 그들은 외인부대 방식으로 교육과 훈련을 받아야 했다. 그들은 그렇게 하여 종교인들과 교분을 쌓고, 유일신 신앙을 계속 지킬 것이었다. 이슬람의 빛이 그들의 가슴에 파고들어 그들을 잘못된 믿음의 오염으로부터 정화시킬 것이었다. 그들의 욕망은 가치 있는 것에 고정되고, 그들의 희망은 진전된 단계로 나아갈 것이었다. 그들은 신앙심으로 임무와 직책을 수행할 것이다. 그들의 급료는 처음에는 일당으로 1아스퍼가 책정되었으나, 능력과 자질에 따라서 늘어났다. 그들은 통상 "예니체리"[신군인]라는 이름으로 알려졌다. 전쟁에서 용맹성과 뛰어난 기량을 보였기 때문에, 그들의 도움으로 대부분의 유명한 왕들이 큰 명성을 얻었다. 한편 세속적인 직무에서도 그들은 뛰어난 성취를 이루었다. 따라서 진심으로 이를 원하는 사람들은 그들의 자식을 받아달라고 간청했다. 그리하여 이런 방식으로 짧은 기간에 수천 명의 이교도들이 이슬람 신앙의 영광을 안았다.

오스만 왕조는 이런 방식으로 기독교 백성들의 에너지와 변경 지방 전사들의 정신 모두를 자신들을 위해서 봉사하는 일에 묶어두었다. 이로써 셀주크 시대와 그후의 정치적, 종교적 변화가 일어났음에도 여전히 변방의 전통을 따르는 군대와, 정통 이슬람의 방식에 따라서 발전하고 있는 국가를 조화롭게 연합해야 하는 절실한 문제에 대한 해결책이 마련되었다.

오스만 국가에서 이슬람 종교 제도는 원숙기에 다다랐고, 수니파 정치 체제에 궁극적으로 통합되었다. 이제 이슬람은 실제적인 제도적 조직으로 대표되었다. 이슬람법의 최고 단계로 인정된 종교적 최고위직의 통수권 아래에 지방 재판권과 세분화된 기능과 권한을 가진 직업적이고 학문적으로 훈련된 종교인들의 서열화된 성직자 계층이 있었다. 오스만 왕조는 이슬람의 성법을 국가의 실정법으로 확립하기 위해서 고도의 물질 문명을 가진 이슬람 국가 중 아마도 유일하게 대담한 시도를 행했다. 바로 이슬람 학자와 판관들에게 지위나 권위 그리고 권한을 부여한 것으로, 이는 과거에 전혀 알지 못했던 것들이었다.

1451년 무라드의 뒤를 그의 아들 메흐메드 2세가 계승했다. 새 술탄은 여전히 두 부분으로 나뉘어 있는 영토를 물려받았다. 아나톨리아는 이제 오랜 이슬람의 영토가 되었고, 중동 이슬람 문명 속에 흡수되고 변형되었다. 반면 새로 정복된 유럽 쪽 변경 지방인 루멜리아는 변경 부족민들의 이상과 관습, 신비주의 수도승들의 절충적이고 신비적인 신앙에 크게 영향을 받았다. 신구 수도인 부르사와 에디르네(아드리아노플) 사이에 새로운 연결이 필요했다. 드디어 1453년 5월 29일, 술탄이 즉위한 지 2년 후이자 포위를 시작한 지 7주일 후, 예니체리 병사들이 콘스탄티노플의 무너지는 성벽 위로 마지막 공격을 감행했다. 마지막 황제 콘스탄티누스는 병사들과 싸우다 전사하고, 하기아 소피아Hagīa Sophīa 돔*에는 초승달이 걸렸다. 그리고 술탄은 이 제국의 도시에 새로운 거처를 정했다.

---

* 이스탄불에 있는 성 소피아 사원을 말한다. 그리스 정교회의 총본산이었다. 536년 유스티니아누스 황제 때 세 번째로 건립되었다. 첫 번째 건물은 404년에 불탔고, 두 번째 건물은 415년에 건립되었으나 532년 니카 반란 때에 폐허가 되었다. 중앙 돔에 여러 돔을 갖춘 전형적인 비잔틴 건축물이다. 1453년 오스만 제국이 이슬람 사원으로 개조하여 사용했고, 현재는 박물관으로 동서문화의 살아 있는 유적으로 보존되고 있다.

# 5. 오스만 제국의 위용

수 세기 동안 이슬람 군이 갈망해오던 목표였던 콘스탄티노플의 정복으로 마지막 부분이 수중에 떨어졌다. 이로써 정복자라는 의미의 "파티Fatih"로 알려진 술탄 메흐메드 2세는 그가 물려받았던 아시아와 아프리카의 두 대륙과 이슬람과 변경의 두 전통을 접목했다. 이 승리로 오스만 술탄조는 유럽으로 향하는 이슬람의 선봉이 되었고, 이슬람 세계 내에서 엄청난 특권을 누리게 되었다.

메흐메드는 남은 재위 기간 동안 유럽과 아시아의 양 전선에서 연속적인 군사 정벌에 자신을 바쳤다. 유럽에서 오스만 군대는 모레아스에 있는 마지막 그리스 전제군주국을 복속시키고, 세르비아와 보스니아를 오스만의 한 주로 편입했으며, 몇몇 그리스 섬들을 정복했다. 아시아에서 그들은 제노바로부터 아마스라를, 그곳의 이슬람 군주로부터 시노프를, 그리스 황제로부터 트레비존드(튀르크 명은 트라브존)를 각각 얻었다. 중요한 점은 술탄 메흐메드가 동쪽으로 향하는 더 이상의 진격과 이슬람 군주들에 대한 전쟁을 중지했다는 점이다. 동부 아나톨리아와 메소포타미아의 투르크멘 통치자인 우준 하산이 도발했을 때 술탄은 1473년 전쟁에서 그를 격퇴했지만, 최종 승리를 위한 더 이상의 시도는 하지 않았다. 16세기 역사가 이븐 케말이 인용한 한 대화에서 술탄은 그 이유를 설명한다. 우준 하산의 무모한 도발에 대한 응징은 적절했지만, 그의 일당을 말살하는 데에는 이점이 없었다. "이슬람 백성들의 위대한 술탄이 다스리는 고대 왕조의 파괴를 꾀하는 것은 좋은 행위가 아니기 때문이다."[1] 또한 그런 행위는 유럽에서 지하드라는 중요한 사업을 펼치고 있는 술탄을 혼란에 빠뜨릴 수 있었다.

그렇다고 오스만 술탄이 남부와 동부 경계를 벗어난 이슬람 영토에 관심을 가지지 않을 수는 없었다. 그곳에서는 중대한 변화가 일어나고 있었다. 그

중 하나가 13세기 중반 이래 이집트와 시리아를 통치했던 맘루크 술탄의 뚜렷한 쇠퇴였다. 어떤 면에서 말년의 이집트 술탄조는 아랍 지역 비잔틴 제국의 신세가 되었다. 북쪽과 동쪽에 있는 아나톨리아 고원과 이란에서 이슬람의 정치적, 문화적 지도력을 차지한 튀르크인과 페르시아인 사이에서 새로운 국가와 사회가 출현하고, 주로 페르시아어와 튀르크어로 표현된 새로운 문명이 발전되고 있었다. 이집트와 시리아에서는 동쪽의 막강한 영향에도 불구하고, 옛 질서가 살아남았다. 아랍어 형태를 취했던 초기 이슬람 문화는 기나긴 준황금기로 들어갔다. 맘루크 군인들은 그들의 영역을 고수하고 나일 계곡을 침략으로부터 지켰다. 대부분이 맘루크들의 후손인 이집트와 시리아의 문관과 학자들이 국가를 유지하고 운영했으며, 동시에 고전적 이슬람의 유산을 보존하고 해석함으로써 더욱 풍성하게 가꾸었다.

시리아-이집트 술탄조는 티무르에 대항한 파괴적인 전쟁, 재정적 실패와 경제적 혼란이 야기한 자원의 고갈, 질병, 가뭄, 기근의 영향, 맘루크의 질서와 사회의 붕괴 등과 같은 내외의 복합적인 이유로 이미 약화되었다.

마지막 타격은 서쪽과 북쪽의 외부로부터 왔다. 첫 번째 타격은 포르투갈의 동방 진출로 야기된 경제적인 문제였다. 유럽과 인도를 잇는 직접적인 해상로의 개통은 이집트 교역의 허를 찔렀다. 장기적인 영향은 생각만큼 크지 않았고, 16세기에는 레반트 지역을 통한 무역이 상당히 되살아났다. 그러나 당장의 영향은 매우 심각했고, 맘루크 술탄 칸수 알-가우리(재위 1500-1516)에게 무역의 쇠퇴와 세금 감소의 위기를 안겨주었다. 베네치아에 자극을 받은 그는 이집트 함대를 인도로 보냈다. 처음 몇 번 승리를 거둔 후, 그들은 당시 인도양에 있는 무슬림 선박들을 조직적으로 파괴하던 포르투갈에 패했다. 일부 포르투갈 선박들은 걸프 해와 홍해까지 진출했다.

결정타였던 두 번째 타격은 군사적인 문제였다. 맘루크와 오스만 술탄의 관계는 한동안 꽤 우호적이었다가 15세기 후반부에 틀어지기 시작했다.

1485-1490년 사이에 두 국가는 결론 없는 전쟁을 치렀고, 이 전쟁에서 맘루크는 전반적으로 오스만보다 덕을 많이 보았다. 그러나 군사적 균형은 급격히 변화하여 오스만에 유리하게 전개되었다. 핵심적인 새 변수는 오스만이 이미 도입한, 폭넓고 강력한 영향력을 가진 소총과 대포 등의 화기였다. 반면 맘루크는 그러한 신무기 도입에 소극적이었다. 오스만의 영토와는 달리 맘루크 영토에는 금속 자원이 빈약하여 수입에 의존해야 했다. 그러나 이런 현실적인 어려움보다 더 심각한 것은 맘루크 지배층의 사회적, 심리적 태도였다. 그들은 "합법적"이고 "명예로운" 재래식 무기에 집착하여, 화기 사용자를 비열하고 비기사적이라고 비난했다. 맘루크는 거의 말기에 와서야 화기 도입에 단편적인 노력을 기울였다. 그들은 흑인 노예, 현지 출생의 맘루크 자제, 지방에서 충원된 장인과 기타 외국인 용병이 포함된 의용군 등으로 특별군을 편성했다. 그러나 그들은 거의 영향력이 없었고, 맘루크 군의 꽃인 창기병, 검객, 궁수 등은 소총으로 무장한 오스만 보병과 포병 앞에 무력하게 압도되었다.

맘루크를 향한 마지막 공격을 시작하기 전에 오스만은 또다른, 그러나 훨씬 위협적인 무슬림 적대세력을 만났다. 콘스탄티노플 정복 후 반세기가 지났을 무렵, 기독교 세력이 아니라 이란에서 새로 등장한 사파비 왕조라는 무슬림 경쟁자의 도전을 받은 것이다. 사파비 왕조의 샤는 급진적인 시아파 운동으로 권력을 잡았으며, 수 세기 만에 처음으로 지중해와 중앙아시아와 인도로 향하는 전체 지역을 포함하는 강력한 통일 국가를 건설한 터였다. 이란에서 등장한 이 군사 세력은 급진적인 시아파 교리에 의해서 자극을 받았고, 오스만 경계에 인접한 북서쪽에 근거를 두고 있었다. 오스만에 위협적이고 도전적이었으며, 아나톨리아와 이란 고원의 통치자들 사이에 해묵은 종교 논쟁의 재연을 야기했다. 이란에는 아직도 다수를 점하는 수백만의 수니파 무슬림들이 있었다. 오스만 영토 내에도 동쪽의 새 시아파 정권에 동정적이지 않을까 하는 의심을 받는 최소 수십만의 시아파 교도들이 있었다. 오스만 술탄과 사파비 왕조의 샤 사이는 관용의 한계를 넘어 서로가 서로에게 이단자이고 찬탈자인 관계였다. 오스만을 향한 사파비의 위협은 튀르크인 태생의 사파비 가문과 터키 아나톨리아에서의 그들의 지지를 바탕으로 더욱 날카롭고 정교하게 전개되었다.

이렇게 표면화된 위협에 대한 오스만의 반응은 일찌감치 시작되었다. 1502년 술탄 바예지드는 시아파 교도들을 아나톨리아에서 그리스로 추방하도록 명령하고, 이란과의 접경선을 따라서 군대를 배치했다. 1511년에 오스만은 아나톨리아 중앙에서 위험한 시아파 반란에 직면했다. 다음 해에 연로한 술탄은 "야우즈 셀림Yavuz Selim(냉혹한 셀림)"으로 알려진 자신의 아들 셀림 1세(재위 1512–1520)에게 자리를 물려주었다. 얼마 가지 않아서, 오스만의 술탄 셀림과 이란의 샤 이스마일 사이의 경쟁과 적대감이 전면전으로 나타났다. 여기서 역설적인 점은 적대감이 전쟁으로 폭발하기에 앞서 두 군주 사이에 교환된 분노로 가득 찬 서신에서, 술탄은 샤에게 도시인과 교양 있는 상류층의 언어인 페르시아어로 편지를 보냈고, 샤는 술탄에게 시골말이며 그의 부족 언어인 튀르크어로 편지를 보냈다는 점이다.

전쟁은 오스만의 결정적인 승리로 일단락되었지만, 이는 종결이 아니었다. 1514년 8월 23일, 두 제국의 접경지대에 있는 찰디란 평원에서 오스만의 예니체리 군과 포병대가 이란 군에 참혹한 패배를 안겨주었다. 이어서 9월 7일에는 술탄이 이란의 수도인 타브리즈를 점령했다. 그러나 그의 선대 술탄인 메흐메드 2세처럼 술탄 셀림도 그의 승리를 동쪽으로 계속 추구해가지 않고, 패배하고 약화된 샤를 이란 시아파 정권의 통치자로 남겨둔 채 오스만으로 철수했다. 두 제국 사이에 장기적이고 치열한 전투가 이어졌다. 이러한 과정에서 오스만의 시아파와 이란의 수니파에 대한 무참한 탄압이 각각 있었고, 상호 증오와 공포가 순교의 피로 이어졌다.

전쟁의 원인은 이슬람의 지도권과 중동의 패권이었다. 투쟁은 전장에서 그치지 않고 오스만 왕조 술탄과 사파비 왕조 샤가 각각 수장으로 있는 수니파와 시아파 간의 선전전으로 이어졌다. 그리고 이 투쟁은 오스만조의 부분적인 승리로 끝났다. 그들은 이란 제국을 차지할 수 있었지만, 파괴할 수는 없었다. 다만 이 승리는 다음 단계로의 길을 열어주었는데, 남쪽의 아랍어 사용 국가들이 오스만 영향권 내로 들어온 것이다. 한마디로, 1516–1517년의 치열한 전쟁으로 오스만은 2세기 반 동안 이집트, 시리아, 아라비아 서부를 지배하고 있던 비틀거리는 맘루크조를 전복시키고, 그 영토를 자신의 통치하에 두었다. 새로 사지한 영토로부터 오스만의 주권과 통치권은 여러 방면으로 확대되어갔다. 북아프리카를 건너 서쪽으로 모로코와의 접경지대까지, 남쪽으로는 아프리카와 아라비아의 홍해 양안까지, 동쪽으로는 인도양까지 그리고 16세기에는 이라크까지 뻗어나갔다. 오스만은 끈질긴 전쟁 끝에 이란 통치자로부터 이라크를 빼앗았고, 이로써 오스만 군대를 걸프 해까지 파견했다. 이제 오스만 술탄은 메카와 메디나의 두 성지와 이슬람의 아랍 심장부를 통치하게 되었다. 이는 오스만에 커다란 영광과 책임을 안겨주었다.

페르시아를 약화시키고 맘루크를 정복한 오스만은 이제 그들의 주된 과업인 유럽과의 전쟁을 준비했다. "대제Magnificent"라는 칭호를 가진 술탄 술레이만의 통치기에 제국은 절정에 달했다. 1526년 모하치 전투에서 오스만은 헝가리 왕국의 군대를 박살내버렸다. 이븐 케말은 준서사시 운율을 지닌 산문에서 오스만의 승리를 기념하고 있다.[2]

화염처럼 번뜩이는 무기를 들고, 그들은 흩날리는 튤립이 흩뿌려진 산과 같은 영광스러운 기병대대를 이루어 불운하고도 용맹한 이교도를 향해 돌격했다. 전투 축제에서 그들은 포도주 잔같이 붉게 물들었고, 그들의 머리는 박태기나무의 꽃송이 같았고, 그들의 눈매는 빛나는 홍옥이요, 그들의 손은 산호를 닮았다. [전투는] 하늘에 있는 히포드롬*의 테두리가 석양의 핏빛으로 물들 때까지 계속되었다.……악행을 일삼던 [헝가리] 왕은 먼지구름이 동서를 뒤덮고 있는 전장으로 진격했다.……총탄과 소총의 발사에도 아랑곳하지 않고 두려움 앞에서도 당당한 용맹함으로, 그는 그의 무모한 기병들의 공격을 지휘하고 용맹스러운 군인들 중에서도 가장 용맹스러운 군인인 예니체리에 대항해서 돌격했다.……그가 포병대에 도착했을 때, 소총수들은 빗발치는 죽음의 총탄으로 그를 맞이했다. 그리하여 악행을 일삼던 적의 무의미한 정원에 피어 있던 꽃들은 시들어버렸다.

오랫동안 무모한 전쟁을 벌인 후에, 그 왕은 끝내 패배했다.

술탄의 명으로 예니체리 소총수들은 적들을 향해서 총탄을 퍼부었다. 그들 중 수백, 아니 수천이 지옥으로 직행했다. 그 왕의 연대기는 접히고, 그의 통치는 종말을 맞았다. 그의 덧없는 인생은 현세뿐만 아니라 내세까지도 잃음으로써 봉인되었다.

이 승리 이후, 술레이만의 군대는 헝가리를 가로질러 진군했고, 1529년 처음으로 빈 공략을 시도했다. 동쪽에서는 오스만 함대가 인도양의 포르투갈과 쟁패를 겨루었고, 서쪽에서는 북아프리카를 통제함으로써 이슬람의 해상 세력이 지중해 서부, 나아가 대서양과 서유럽 해안에까지 출몰했다. 이슬람의 진격은 다시 한번 기독교 세계에 치명적인 위협이 되었다. 십자군 전쟁은 끝나고, 지하드가 시작되었다. 엘리자베스 시대 튀르크 전문 역사가인 리처드 놀레스는 유럽인의 보편적인 감정을 다음과 같이 표현했다. "오스만 제국

---

* 그리스 고대 경기장.

은 오늘날 지구상의 공포이다."

16세기는 오스만 밀물의 파고가 최고조에 달했을 때였을 뿐만 아니라, 썰물이 시작되는 시기이기도 했다. 중부 유럽에서 빈을 점령하기 위한 최초의 시도는 실패하고, 이는 1세기 반이나 지속되는 피비린내 나고 결론 없는 전쟁의 시작이 되었다. 결국 이 전쟁은 1683년 제2차 빈 포위전의 실패로 끝이 났다. 이때의 오스만의 패배는 총체적이고 최종적이었다. 동쪽에서 오스만은 이집트의 기지와, 곧이어 이라크의 기지로부터 걸프 해와 홍해 두 곳 모두에 해군력을 강화시키고, 잠시 예멘과 아프리카의 뿔(지역)에 오스만 총독을 두었다. 한편 유럽 기독교 적대 세력에 대항하는 현지 이슬람 통치자들을 돕기 위해서 오스만 포병단을 동남아시아에 파견하기도 했다. 그러나 그것은 별다른 소용이 없었다. 오스만 함대는 포르투갈이나 다른 유럽 전함의 상대가 될 수 없었고, 이슬람 통치자들이 현지에서 지원했음에도 불구하고, 오스만은 남아시아와 동남아시아를 떠오르는 서유럽 해상 세력에 넘겨주지 않을 수 없었다.

지중해에서는 1571년 레판토 해전에서 오스만이 처음으로 커다란 패배를 맛보았다. 재상 시절 뤼트피 파샤는 해군력에 의문을 제기하면서 술탄 술레이만과 나눈 대화를 다음과 같이 기록했다. "전대 술탄 중 땅을 통치한 분은 많았지만, 바다를 통치한 분은 거의 없었습니다. 해전에서 이교도들은 우리보다 우수합니다. 우리는 그들을 뛰어넘어야만 합니다."[3] 그러나 튀르크인들은 뛰어넘을 수 없었고, 곧 그 결과가 명백해졌다. 레판토 해전은 전 유럽 기독교 세계에서 대승리로 기념되었다. 사실 이 해전은 아시아 근해에서 벌어진 오스만 함대의 패배와 파괴에 비하면 그다지 중요하지도 않았다. 얼마 지나지 않아서, 오스만은 지중해에서 해군력을 되찾아 유럽의 정복지를 공격으로부터 지킬 수 있었다. 튀르크의 한 연대기는 재상 소콜루 메흐메드 파샤와 술탄 셀림 2세(재위 1566-1574)가 레판토 해전에서 파괴된 오스만 선단을 대신할 새 함대의 창설을 두고 나눈 대화를 기록하고 있다. 술탄이 그 비용에 대해서 묻자, 재상은 대답했다. "우리 제국의 힘은 필요하다면 모든 함대를 은제 닻, 비단 장식, 공단 돛으로 꾸밀 수도 있습니다."[4]

함대는 그렇게 사치스럽게 꾸며지지는 않았지만, 사실상 재건되었다. 그리하여 이슬람 해군력은 중동과 북아프리카 기지로부터 지중해를 계속 지배했고, 17세기에는 대서양으로의 진출도 시도했다. 그러나 이슬람 세계의 실질적인 힘은 유럽 기독교 세계와 비교해서 이미 상당한 정도로 약화되어 있었다. 그러한 쇠퇴가 오스만 군사력의 멋진 외관 때문에 기독교도나 무슬림 모두의 시야에서 가려져 있을 뿐이었다.

16세기 중반, 신성 로마 제국의 대사인 부스베크는 술레이만 대제의 궁정에서 월등한 오스만의 힘의 위협 아래에 있는 기독교 유럽의 생존에 대해서 깊은 우려를 표명하며 다음과 같이 썼다.[5]

> 적과의 관계에서 오직 페르시아만이 우리에게 우호적으로 개입한다. (적이) 공격을 재촉할 때, 그들은 배후에 있는 위협에도 한쪽 눈을 돌려야 하기 때문이다. …… 페르시아만이 유일하게 우리의 운명을 연장시킬 수 있다. 그렇지만 우리를 구원해줄 수는 없다. 오스만이 페르시아와 잘 지낸다면, 곧바로 동방의 모든 세력의 지원을 받으며 우리의 목을 죄러 달려올 것이다. 우리가 얼마나 준비가 안 되어 있는지는 감히 말할 수도 없다.

그러나 오스만은 페르시아와 잘 지내지 못했다. 오스만은 동쪽의 이웃인 경쟁자 페르시아와 19세기 초까지 전쟁을 계속하여, 오스만과 페르시아 어느 한쪽도 유럽을 위협하는 위치에 있지 못했다.

이집트의 맘루크 술탄들과 마찬가지로 이란 통치자들도 화기에 별로 흥미를 느끼지 못했고, 처음에는 군대에 화기를 도입하려고 거의 시도하지 않았다. 맘루크조처럼 이란도 전투에서 오스만의 소총수들과 포병들의 방식에서 그들의 잘못을 깨달았다. 그러나 맘루크조와는 달리 그들은 곧 다음 전쟁을 위해서 그들이 배운 것을 적용했다. 16세기 내내 그리고 17세기에 들어 더욱 강도 높게 이란의 샤는 총과 대포를 구입하고 군대를 신무기로 무장시켰다. 이런 전후 시기에 이슬람 군주들은 군대에 무기와 물자를 공급하고 훈련시키는 기독교 유럽의 제조업자, 상인 그리고 전문가들을 항상 구할 수 있었다. 심지어는 용병이나 돈을 받고 팔려오는 유럽 군인들도 있었다. 주된 공급처는 베네치아, 포르투갈, 영국 등이었다.

초기의 소극적인 태도에도 불구하고, 페르시아는 총을 만들고 사용하는 기술을 굉장히 빨리 습득했다. 베네치아 사절인 빈첸초 디 알레산드리가 1572년 9월 24일 "10인 협의회Council of Ten"에 제출한 한 보고서를 보자.[6]

모든 군인들이 무기로 칼, 창, 화승총 등을 사용한다. 그들의 무기는 어떤 다른 나라 것보다 우수하고 잘 단련되어 있다. 화승총의 총열은 일반적으로 여섯 길이이고, 85그램이 채 되지 않는 총알을 사용한다. 병사들은 활을 당기거나 무기 사용이 방해받지 않는 조건에서 화승총을 사용한다. 필요한 상황이 될 때까지 재래식 무기들은 안장 앞쪽에 걸어놓는다. 그런 다음 화승총을 뒤로 옮겨, 한 무기가 다른 무기의 사용을 방해하지 않게 한다.

활과 칼, 화기를 거의 동시에 사용할 수 있도록 무장된 페르시아 기병의 그림은 당시 일어났던 변화의 복합성을 상징적으로 보여준다. 16-17세기 동안 페르시아 통치자들은 주저하면서도 소총의 사용을 늘려서 많은 수의 군사들에게 지급했다. 비록 같은 정도는 아니었지만, 오스만처럼 그들도 포병 공격대를 배치했다. 그러나 그들의 지상 포병대는 제한된 규모였고, 전반적으로 실효성이 없었다.

샤 이스마일의 후계자들 중에서 가장 걸출한 인물은 샤 압바스(재위 1587－1629)였다. 그의 첫 번째 주요 과제는 오스만의 모델을 좇아 새로운 보병과 포병을 조직하는 것이었다. 이 과정에서 그는 앤서니와 로버트 셜리라는 두 영국인 형제의 도움을 크게 받았다. 그들은 1598년 26명의 추종자들과 함께 이란에 와서 몇 년간 그곳에서 복무했다. 압바스 1세의 첫 번째 과업은 이란 동부 지방의 몇몇 도시들을 침략해서 점령한 중앙아시아의 우즈베크를 제지하는 일이었다. 이 목표에 전념하기 위해서 그는 사파비 왕조의 옛 수도였던 타브리즈를 포함하여 조지아와 아제르바이잔을 포기하는 조건으로 오스만과 평화협정을 체결했다. 우즈베크를 정복하는 데에 성공하고 동부 지방의 빼앗긴 영토를 수복한 후에 그는 다시 관심을 서쪽으로 돌렸다. 그리하여 1603년 타브리즈를 재탈환하고, 승승장구하여 전에 오스만에 빼앗겼던 이라크의 대부분을 포함하여 새 영토를 정복했다. 그의 재위기에 일어난 또다른 주요 사건은 1616년 영국의 동인도회사가 인도의 수라트에서 활동을 개시한 것이었다. 그때까지 이란에서 서구 무역을 실질적으로 독점하고 있던 포르투갈은 영국의 침투를 막는 데 실패했다. 나아가 1622년 영국 상인들은 페르시아 군을 도와 그들이 1514년 이래 포르투갈이 관장하고 있던 걸프 해의 호르무즈 항을 되찾도록 했다. 페르시아 군의 이 성취는 서사시를 통해서도 기념되었다.

샤 압바스 1세의 통치는 여러 면에서 "최상"이자, 사파비 왕조의 전성기였다고 평가받는다. 걸프 해와 인도양에서 서로 경쟁하는 서구 해상 세력의 존재가 샤가 급속히 앞을 내다보고 개척해나가는 데에 이점이 되었다. 1597년 샤 압바스는 수도를 다시 옮겼다. 그전에 수도는 타브리즈에서 카즈빈으로 옮겨졌는데, 이번에 그는 보다 중심부에 위치한 이스파한으로 수도를 옮겼다. 이곳에서 그는 오스만과 우즈베크라는 동서의 적 모두에 대항해서 국가를 운영해갈 수 있었다. 그의 재위기에 이스파한에 신축되고 재건된 많은 건물들은 영원한 도시의 아름다움과 "이스파한은 세계의 절반Isfahānnisf-i jehān"
이라는 거주민들의 자긍심 어린 주장에 색깔을 더해주었다.

그의 사후, 사파비 왕조는 급속히 쇠퇴했다. 오스만은 샤 압바스가 점령했
던 바그다드와 다른 영토를 되찾았다. 이란 동부의 이웃 나라들과 아프가니
스탄, 우즈베크는 약탈을 재개했다. 아마 장래로 보아 가장 불길한 사건은
카자크가 캅카스 변경지대를 급습하기 시작하면서 1664년에 최초의 러시아
사절단이 이스파한에 도착한 일이었다.

한편 엄청나게 중요한 변화가 북쪽에서 일어나고 있었다. 1480년 모스크
바의 차르 이빈이 역사가들이 "디티르의 멍에"라고 부른 상태를 타파하고,
모든 조공과 예속에 종지부를 찍었다. 서쪽의 스페인과 포르투갈처럼, 그러
나 훨씬 성공적으로 러시아는 자신들의 영토에서 무슬림들의 지배를 몰아내
고 옛 주인의 땅으로 진격해들어갔다. 1552년 러시아는 장기간의 치열한 전
투 끝에 볼가 타타르의 수도인 카잔을 점령해 통치 영역으로 복속시켰다. 그
곳으로부터 러시아는 볼가 남쪽으로 진출하여, 1556년 카스피 해의 아스트
라한 항을 점령했다. 볼가 강 전역을 통제하고, 카스피 해에 거점을 확보하
게 된 것이다. 러시아는 남쪽으로 향하는 길목에 있는 모든 적대적 무슬림 세
력을 제압하고, 오스만과 크림 타타르 영토를 잠식해 들어갔다. 오스만은 이
러한 위험을 잘 인식하고 있었지만, 그 위험을 격퇴하기 위한 시도는 소용이
없었다. 아스트라한을 탈환하기 위한 정벌이나 돈 강과 볼가 강 사이에 운하
를 파고자 하는 계획, 그리고 오스만 함대를 흑해에서 카스피 해로 이동하는
것 등은 무위로 끝났다. 한동안 크림의 타타르 칸들은 러시아의 침투를 막아
내고, 복속국으로서 오스만의 술탄을 향한 충성을 유지했다. 이로써 흑해는
당분간 터키와 타타르의 통제하에 놓였고, 크림과 이스탄불 사이에, 특히 식
량과 동유럽의 노예를 중심으로 중요한 교역이 이루어졌다.

그러나 러시아의 진출은 계속되었다. 17세기 동안 아스트라한은 북부 캅

카스의 독립 이슬람 국가들의 비용으로, 러시아의 계속적인 확장 기지 역할을 했다. 시간이 흐르자, 아스트라한은 돈 강 입구와 볼가 강 사이의 전 지역을 지배하는 러시아 제국의 지방 행정 중심지가 되었다. 1637년 돈 강의 카자크는 독자적인 행동을 통해서 흑해 인근에 있는 아조프의 오스만 해군 요새를 점령했다. 그들은 몇 년간 오스만의 육해상 공격을 막아낸 후, 그곳을 러시아 차르에게 바쳤다. 그러나 차르는 심사숙고 끝에 오스만 제국과의 전면전보다는 이 선물을 거절하는 쪽을 택했다. 흑해로 향하는 러시아의 길은 아직 열리지 않았지만, 그럴듯한 명백한 조짐이 보였다.

1606년 신성 로마 제국 황제와 오스만 술탄 사이에 체결된 지트바토로크 조약은 또 하나의 중대한 변화의 표시였다. 합스부르크 왕가와 오스만 제국의 경계를 이루는 강에 있는 한 섬에 관한 것이었던 이 조약은 과거처럼 정복자의 독선에 따라서 그의 수도에서 강요된 정전협정이 아니라 동등한 입장에서 접경에 관해서 절충한 협정이었다. 이 변화는 튀르크어 협정문에 합스부르크 제국의 군주를 위해서 처음으로 오스만 술탄의 칭호인 "파디샤 padishah"라는 용어가 사용됨으로써 상징화되었다(그전까지 튀르크어 문서에 합스부르크 군주는 "빈의 왕"으로 표기되었다). 오스만이 유럽으로 진출한 초기에는 협상다운 협상도 해보지 못한 상태였고, 엄밀한 의미에서 조약이라고 할 것도 없었다. 이슬람의 세력과 이교도 적들과의 전쟁 상태는 오스만에게는 영구적인 종교적 의무로 인식되었고, 이는 승리한 술탄이 패배한 적들에게 이스탄불에서 정전협정을 강요하면서 종식되고는 했다. 따라서 지트바토로크 조약은 현실적 변화의 실체를 보여주는 것으로, 그 개념과 절차에서 중요한 변화를 특징지었다.

17세기는 동등권에 대한 마지못한 양보로 시작되었고, 패배를 분명히 받아들임으로써 끝이 났다. 이슬람과 기독교 세계 간의 정치적, 군사적 힘의 균형의 변화는 느리고 점진적으로 진행되었고, 그 교훈은 머지않아 인지되고,

이해되고, 적용되었다. 경제적인 불균형은 즉각적으로 표면화되지는 않았지만, 그 효과는 매우 크고 결정적이었다. 유럽의 대항해 시대 이후, 유럽의 교역 중심지—결국 세력의 중심지—는 지중해에서 대서양으로, 중부 및 남부 유럽에서 서구 해양 국가로 옮겨갔다.

중동과 기타 다른 이슬람 국가들과의 관계에서 서구인들은 상당한 이점을 누렸다. 대서양의 폭풍을 뚫고 항해하도록 건조된 그들의 선박은 지중해와 인도양의 무슬림 선박들보다 크고 톤 수가 컸다. 대서양에 도전하기 위해서 조선 기술자들이 설계하고, 훈련된 항해사들이 운행하는 그들의 선박은 이슬람 함대들보다 모험적이었다. 또한 유럽의 선박들에는 이중의 이점이 있었다. 전시에는 보다 많은 무기를 수송할 수 있었고, 평시에는 엄청난 물량을 먼 거리까지 저렴한 가격으로 운송할 수 있었던 것이다. 서유럽의 해상 세력은 중앙아메리카와 남아시아 그리고 동남아시아의 열대 아열대 지역을 식민화하기 시작했다. 그리하여 그들은 과거의 유럽에서는 알려지지도, 사용이 용이하지도 않았던 다양한 종류의 작물을 거두어들였다. 이와 함께 아메리카 대륙에서 유입된 금괴와 종전의 중동식 경험을 훨씬 앞지르는 새로운 신용 거래의 가능성 등을 바탕으로 고양된 내적 경제 발전으로, 그들은 이제 중동 시장에 다양하고 광범위한 상품을 공급할 수 있게 되었다.

무역의 변화에 못지않게 중요한 것은 경제문화의 차이가 커졌다는 것이었다. 16세기와 그 이후, 생산자 중심의 경제와 중상주의 정책으로 유럽 무역회사와 그 회사를 보호하고 지원하는 정부 모두가 경제 에너지를 집중해서 교역 활동을 확장할 수 있었다. 이것은 오스만 제국이나 다른 이슬람 국가처럼 소비자 중심의 사회에는 알려지지 않은 방식이었다. 서구 유럽이 인도와 인도네시아에서 상인으로서보다는 통치자로서 기반을 다지자, 교역 활동의 양과 범위는 엄청나게 증대되었다. 그들은 해상력을 이용하여 아시아와 유럽의 양극단 사이에서 향료 및 다른 필수 작물의 무역을 통제할 수 있었다.

그러나 두 세계 사이의 경제력 균형의 변화가 전적으로 서구의 부흥에 기인하는 것은 아니다. 최소한 이슬람 세력의 쇠퇴에 대한 일부 원인은 내부 변화에서 찾아야 한다.

16세기 전반, 전통적인 오스만 제도는 최고로 번성했는데, 당연하게도 당시 유럽인들은 그 제도에서 효율적이고 중앙집권화된 절대주의의 모델과 예를 찾았다. 기존 유럽 질서의 정형화된 특권에 익숙한 일부 사람들이 오스만의 술탄제를 전횡적이고 변화무쌍한 권력의 끔찍한 전형으로 보았다면, 또 다른 사람들, 즉 국민 국가 내에서 개명된 전제군주제를 가진 새로운 유럽을 고대하는 사람들은 오스만에서 정비된 근대 군주제의 한 모델을 보았다.

역사의 역설이라고 할까, 마키아벨리를 비롯한 유럽 정치 사상가들이 프랑스 왕권의 약체를 오스만 술탄의 막강한 권력과 대비하고 있을 때, 조만간 두 군주의 역할을 뒤바꿀 과정이 두 나라에서 이미 진행되고 있었다. 프랑스에서는 자치 행정지구의 통치자들이 조신朝臣이 되고 모든 신하와 통치 영역에 대한 왕의 권력과 권위는 점차 성장하여, 결국 루이 14세의 "짐이 곧 국가이다L'état c'est moi"라는 말이 나오게 되었다. 이슬람 제국에서도 아랍어 "술탄"은 국가와 주권을 동시에 의미했다. 그러나 이슬람 제국에서는 조신이 지방공국의 통치자가 되고, 왕가의 노예가 그 주인이 되며, "지상의 주인"이 그의 군대와 신하 그리고 가문의 허수아비가 되었다.

1520년 "술레이만 대제"가 오스만의 검을 부여받자, 그는 헝가리에서 페르시아 접경 그리고 흑해에서 인도양에 이르는 하나의 제국을 통치하는 절대주의 정권을 완벽히 장악하는 군주가 되었다. 사실 그는 결코 변형될 수 없는 이슬람 성법 규정에 예속되어 있었지만, 성법 자체가 그에게 거의 절대적인 권한을 부여했고, 성법의 공인된 해설자들은 국민에게 그의 권위를 확고히 해주는 버팀목이었다. 정부와 군대, 즉 다스리는 사람과 전쟁하는 사람들 모두는 술탄의 개인 종복에 불과했다. 그들은 일반 대중 앞에서는 특권과 면제를 받았지만, 그들의 통치권자의 의지 앞에서는 거의 아무런 권리도 없었다. 술탄은 비천한 출신의 새로운 노예를 계속 받아들여 기존 관료들을 정기적으로 재배치함으로써, 권력 중심부에서 세습귀족 세력이 성장하는 것을 예방했다. 그러나 봉건유지들은 취소 가능한 직무상의 봉토로 술탄에게 속박되어 있음에도 불구하고 농업의 번영과 농촌의 복지를 보장하기 위한 자신들의 지분을 충분히 확보하고 있었다.

유럽을 경제적, 정치적 발전의 새로운 길로 들어서게 한 16세기의 대변화는 오스만 제국에 어떤 어려움이나 자극을 주지 못했다. 유럽 국가 중에서 유일하게 오스만은 이미 새로운 전쟁 장치를 조직하고 지원할 수 있는 영토와 인력, 자원 그리고 중앙집권화된 통제력을 가지고 있었다. 유럽인들이 열광적인 노력과 진보의 시대에 돌입하고 있을 때, 오스만인들은 긴장을 풀고, 정체된 상태 그리고 종국에는 쇠퇴하고 말 시점에 있었다.

오스만 역사가들은 제국의 쇠퇴 시점을 술레이만의 사망으로 보았다. 실제로 오스만의 조직구조에서 쇠퇴의 첫 조짐이 나타난 것은 16세기 후반이었다. 쇠퇴기는 이때부터 오스만 제국의 마지막 날까지 이어지면서, 오스만의 정치가와 관리들이 남긴 괄목할 만한 일련의 회고록에서 논의되었다.

회고록 집필자들이 자주 암시하고 있는 쇠퇴 조짐의 하나는 초기에 오스만 제국의 근간을 이루었고, 그후에도 오랫동안 중요한 요소로 남아 있던 봉건적 유력자인 "시파히sipahi" 계급의 부패였다. 그들이 쇠퇴에 기여했던 요인으로는 몇 가지가 있다. 그중 하나는 술탄이 종래의 봉건적 징집병보다는 당시 보다 유능하고 덜 독립적인 전문 "노예" 군대를 선호한 것이다. 또다른 요인은 전쟁에서 기술의 진보로 소총수, 포병, 공병, 군속으로서 광부 등으로 구성된 훨씬 전문화되고 장기 근무를 할 수 있는 부대의 형성이 요구되었던 반면에, 봉건적 기병의 중요성은 비록 완전히 없어지지는 않았다고 하더라도 현저히 감소되었다는 데에 있었다.

오스만의 군사 봉토인 "티마르timar"는 취소와 이전이 가능한 병역 의무에 대한 조건부 토지였다. 비록 실제 시행에서는 아버지가 소유한 봉토가 시파히의 후계자에게 상속되는 것이 일반적이기는 했지만, 그것은 권리가 아니라 병역 의무를 수행하는 개인의 능력에 전적으로 달려 있었다. 시파히는 빈번하게 봉토를 이전할 수 있었고, 한 지방에서 다른 지방으로 옮겨가기도 했다. 16세기가 끝날 무렵에는 사망 시에 봉토권이 소멸되었고, 그 소유권이 이전되거나 술탄의 영토로 편입되는 일이 더욱 보편화되었다. 16세기 이후부터는 토지 등재인은 봉토에서는 감소한 반면, 일반 토지에서는 늘어났다. 이런 현상은 유럽 쪽 지방에서보다는 특히 아시아 쪽 지방에서 뚜렷했다.

중세 기병이 쇠퇴하면서 상비군이 급속히 늘어났고, 그 유지 비용도 커졌다. 이것이 주인을 잃은 봉토를 확보해야 하는 주된 이유 중의 하나였다. 빠르고 손쉬운 자금 회전을 위해 술탄은 이 토지의 수익을 직접 관리하지 않고, 여러 형태의 임대와 허가를 통해서 경작시켰다. 이는 군사적이기보다는 금융적인 성격을 띠었다. 일부는 세금 징수 토지이고, 다른 것은 용익권用益權 할당 토지였다. 처음에는 양도 기간이 짧았으나, 후일 이 제도는 세금 징수 청부인에게 평생 이익을 부여하는 쪽으로 확산되어 그 남용으로 상속과 양도가 가능해졌다. 이 제도는 급속히 유럽 전역으로 퍼져나갔다. 왕실 소유지에만 영향을 끼친 것은 아니었다. 많은 봉토가 왕실 녹봉으로 궁정의 고위 성직자나 총애하는 신하에게 주어졌다. 그들은 같은 방식으로 그 토지를 활용했고, 결국에는 많은 시파히들도 그들 티마르의 수익을 임대해주었다.

세금 징수 토지와 임대지에 대한 영구적인 지방 통제에서 파생된 경제, 사회적 권력은 지방에서 새로운 부와 유력계층을 형성시켰다. 이것이 조만간 지방 문제의 핵심이 되었다. 이 계층은 스스로 정부와 농민들 사이에 개입하여 수익의 많은 부분을 가로챘다. 이론적으로 그들은 임차인이나 세금 징수 청부인에 불과했으나, 정부가 갈수록 약화되어 지방에 대한 통제권을 상실하자 지분의 범위는 물론 토지보유권의 안정을 확대해갈 수 있었다. 17세기에 이르자 이들이 정부 기능의 일부마저 빼앗기 시작했다.

오스만 역사에서 "아얀ay̒ān"이라는 불리는 이들은 통상 "귀족"으로 번역된다. 아얀이라는 용어는 일찍부터 지방의 토착 제후, 통상적으로 상인을 가리키는 말로 사용되었다. 지금은 중요한 정치 기능을 수행하는 특정한 사회 무리나 신구 지주계층을 의미한다. 처음 그들은 횡령으로 배척되었으나, 18세기의 재정적, 행정적 긴장 속에서 중앙정부는 지방 도시의 운영부터 지방 문제의 많은 부분의 수행을 아얀에게 위임하는 것이 보다 유리하다는 것을 깨달았다. 아얀들은 자유 토지를 보유한 토후를 닮아가기 시작했다.

한편 이러한 발전이 봉건적 기사의 지위에서 그리고 그들의 주요 거주지인 농촌에서 일어나고 있을 때, 노예 조직도 급격한 변화를 맞이했다. 이러한 변화의 시발은 일반적으로 16세기 후반부로 거슬러올라간다. 첫 번째 분명한 변화의 암시는 군사 충원에서 나타났다. 예니체리 군대는 막강한 권력을 누리고, 강력한 집단 연대로 뭉친 폐쇄적이고 특권적인 조직이었다. 처음에 그들은 주로 데브쉬르메 제도에 따라서 기독교 포로나 노예 중에서만 모집되었다. 이러한 충원방식은 예니체리 군대가 설립 당시부터 관련을 맺어왔던 벡타시Bektashi*라는 신비주의 교단에 참여하면서 헌신적이고 결혼하지 않는 군인을 양성했다. 그들에게는 군 막사가 곧 가정이고, 동료들 이외에는 가족도 없었다. 다만 예니체리 장교와 은퇴했거나 수비대에 근무하는 늙은 군인들에게는 결혼이 허용되었다. 예니체리 군대 규정인 "카와니니 예니체리얀Kavānīn-i Yenicheriyān"의 구절을 보자.[7]

---

* 13세기경 이슬람 신비주의 종단의 칼렌데리파 계통으로 출발하여, 15세기 말경 하지 벡타시 왈리를 중심으로 아나톨리아 지방에서 형성된 신비주의 분파의 하나. 이슬람의 기본적 원리인 예배나 단식 의무를 강요하지 않고 샤머니즘, 불교, 힌두교 등 주변 종교 요소를 합성한 "제종교혼합주의적" 성격을 보인다.

오래 전부터 예니체리들의 결혼은 불법이었다. 다만 장교나 나이가 들어 군복무에 부적합한 군인들이 술탄에게 신청하여 결혼할 수 있었다. 예니체리 상태란 총각임를 의미한다. 그래서 그들을 위해서 병영 막사를 지었다.

예니체리 군대는 상속이나 매매로 충원되기 시작하면서 점차 쇠퇴했다. 처음에 이 새로운 방식은 데브쉬르메 제도를 보완하기 위해서 도입되었는데, 결국은 데브쉬르메를 대신해버리고 말았다. 첫 번째 변질은 예니체리의 결혼이 증가한 결과였다. 술레이만 1세의 재위기에 이미 보편화되었던 예니체리의 결혼은 셀림 2세의 등극과 함께 합법화되었다. 그후 예니체리의 절대적인 비중은 일개 병사나 장교를 막론하고 가족과 함께 기거하는 기혼자들이 차지했다.

결혼은 자식을 의미했고, 특권 계층에 속한 아버지가 똑같은 특권을 자식에게 주고 싶어하는 것은 자연스러운 일이었다. 1568년 셀림 2세는 예니체리의 거듭된 요구를 받아들여, 그들의 자식들이 사관생도로서 병적부에 오르는 것을 허용했다. 소년으로서 그들은 배급과 소액의 수당을 받다가, 때가 되면 군대의 완전한 구성원으로 등록되었다. 이 새 예니체리들은 원래의 "노예" 군인들과 구분하기 위해서 "노예의 아들"로 불렸으며, 선발의 신중함도, 데브쉬르메가 거쳤던 혹독한 훈련도 겪지 않았다. 1592년까지 이들이 군대의 주류를 형성했다.

노예 징집이라는 엄격한 제도에 생긴 틈은 전반적인 붕괴로 이어졌다. 16세기 말 이란과의 전쟁 중에, 예니체리 군대는 사실상 출신이나 지위에 관계없이 병적부에 등록되는 길을 돈으로 살 수 있는 모든 사람들, 잡인들에게 개방되었다. "술탄 무라드 3세의 시대"(1574-1595)에 역사가 무스타파 셀라니키는 이렇게 말했다.[8]

……하찮은 방해꾼들인 형편없는 패거리들이 지체 높은 가문에 들어가고, 뇌물을 주면 예니체리 연대, 병기공, 포병 등의 자리는 농민들과 농토를 버린 이작농, 타트인, 체프닌인, 집시, 유대인, 라즈인, 러시아인, 도시민 등 누구에게나 개방되었다……이런 사람들이 지위에 오르게 되면서 전통과 존경은 완전히 사라져버렸다. 정부가 가진 위엄의 장막은 찢어졌고, 이런 식으로 업무에 적성도 경험도 없는 사람들이 권좌에 앉게 되었다.

이에 대한 불만은 통상화되었고, 모든 어중이떠중이들이 예니체리가 되는 17세기 초 딩시의 상황을 한탄한 연대기 작가 코취 베이에 의해서 반복되었다. "종교와 신앙이 불확실한 도시민, 투르크멘, 집시, 타트인, 쿠르드인, 외국인, 라즈인, 유목민, 노새몰이꾼, 낙타몰이꾼, 짐꾼, 시럽 제조업자, 노상강도, 소매치기, 각종 불량배들이 예니체리가 되니, 질서와 규율은 엉망진창이 되고 법과 전통은 사라지고……."**9**

자신이 마케도니아의 고리트사 지방에서 데브쉬르메에 따라 충원되었던 코취 베이는 예니체리의 타락에 크게 실망하고, 술탄에게 군대를 그러한 불량배들로 채울 필요가 있겠느냐고 되새겨주었다. "보스니아와 알바니아에는 용감하고 용맹한 사람들이 아직도 많습니다."

그러나 때는 너무 늦었다. 16세기 말의 군사적, 재정적 압박이 야기한 조급하고 제멋대로의 충원은 매우 짧은 기간 내에 예니체리 군대의 전체적 성격을 변형시키는 급변의 과정을 야기했다. 데브쉬르메 제도의 폐지와 일반 무슬림들의 입대로, 그 군대는 개인적으로나 집단적으로 광범위한 특권을 지닌 세습조직이 되어버렸다. 그 직의 취득은 우선적으로 상속과 매매로 이루어졌다. 따라서 자신과 후손들을 위해서 예니체리의 자리를 구입하는 상인이나 장인들의 수가 적지 않았다. 명목상으로는 여전히 술탄의 노예에 불과했지만, 예니체리들은 종종 술탄의 위에 있었다. 명목상으로는 군인이었지만,

그들은 일종의 무장된 불량배에 다름 아니었다. 집단의 이익을 위해서나 종교적인 혹은 궁전의 선동에 대응하여 길거리에서는 싸울 준비가 되어 있었지만 전장에서 훈련된 적들에 대항하기에는 쓸모가 없었다.

데브쉬르메 제도의 포기는 왕실 자제와 고위 관료를 배출하던 왕립 학교에도 즉각 영향을 미쳤다. 유럽으로부터 포로나 이교도들의 공급 감소는 캅카스로부터 노예를 수입함으로써 어느 정도 보충되었다. 캅카스 여인들은 항상 중동의 하렘harem*에서 선호되었고, 캅카스 남자 노예들도 특히 이집트의 맘루크 술탄조 말기에 중요한 역할을 수행했다. 그러나 오스만 제국에서 그들의 역할은 미미했고, 노예 조직이나 군대에서 발칸이나 다른 유럽 지역에서 온 그들 동료들에 가려져 있었다. 그러나 16세기 말에 이르러 변화가 일어나기 시작했고, 캅카스 출신의 남성들—조지아인, 체르케스인, 체첸인, 아바자인—이 제국의 지배계층에서 두각을 나타내기 시작했다. 캅카스 노예 태생으로 최초로 재상이 된 사람은 하딤 메흐메드 파샤였던 것으로 보인다. 그는 조지아에서 출생한 궁정관으로 1622–1623년 사이의 4개월간 그 직책을 역임했다. 그후 캅카스인들의 수는 보다 많이 늘어났고, 17–18세기에는 그들 중 많은 사람들이 제국의 장군, 총독, 장관직에 올랐다.

수도에서 파벌 간의 싸움은 여러 형태를 띠었고, 제휴관계는 끊임없이 바뀌었다. 그러나 그 투쟁은 주로 양극 세력을 중심으로 되풀이되었다. 한쪽은 일반 자유 무슬림과 행정관료, 특히 종교 성직자들의 지지를 받는 재상이고, 다른 한쪽은 왕실과 하렘으로서 막강한 영향력의 연결망은 물론 제국 행정의 전 분야에 걸쳐서 그들 출신자들과 자유민, 노예들을 거느리고 있었던 왕실과 하렘이었다.

기독교 유럽과 이슬람 오스만 간의 충돌은 흔히 현대의 자유세계와 소련

---

\* 금지된 곳, 즉 궁녀들의 처소.

연방과의 대결에 비교된다. 이 비교는 무의미하지 않다. 두 대결 모두에서 서구는 군사적이고 팽창적인 정치 체제와 사회 체제의 위협을 받았는데, 이것은 야욕과 사명감이라는 제국주의의 두 가지 속성에서 촉진되었고, 필연적인 승리로 귀결되는 끊임없는 투쟁에 대한 교조적 믿음 때문에 고양되었다. 그렇지만 이 비교가 너무 강조되어서는 안 된다. 처음의 대결에서는 양측 모두에게 의기양양함과 교조주의가 있었지만, 오스만 측이 훨씬 커다란 관용을 보여주었다. 15-16세기에 피난민들의 이동, 레닌의 생생한 표현을 빌리자면, "발을 가진 투표자들"의 이동은 서에서 동으로 이루어졌다. 오늘날에는 동에서 서로 이동이 일어나고 있다. 1492년 스페인에서 축출된 유대인이 오스만으로 이동해갔다는 사실은 잘 알려져 있지만, 이것이 유일한 경우는 결코 아니었다. 유대인은 물론, 자신의 나라에서 지배 교회의 박해를 피한 비국교도 기독교도와 같은 다른 난민 무리들도 오스만 영토에서 피난처를 찾았다. 유럽에서 오스만의 지배가 끝이 났을 때, 유럽이 수 세기 동안 통치했던 기독교 민족들은 그들의 언어, 문화, 종교, 심지어 어느 정도까지의 제도를 유지하며 독자적인 민족적 존재를 그대로 재개할 수 있는 상태였다. 그렇지만 발칸에서 튀르크의 지배와 스페인에서 무어인의 지배가 끝났을 때, 그곳의 무슬림들도 같은 상황에 있었다고는 결코 말할 수 없다.

오스만 통치하에서 혜택을 입은 사람들은 유럽인 난민들만이 아니었다. 피정복 지방의 소작농들도 여러 면에서 형편이 나아졌다. 오스만 제국 정부는 갈등과 무질서의 자리에 단합과 안전을 가져다주었다. 중요한 사회적, 경제적 결과가 따랐다. 정복 전쟁 중에 구시대의 세습적 지주계층은 거의 몰락했고, 주인 없는 토지가 오스만 군인들에게 봉토로 제공되었다. 그러나 오스만의 제도에서 봉토는 근본적으로 세금을 징수하는 권리를 의미했다. 최소한 이론적으로 봉토는 평생 혹은 더 짧은 기간 동안 소유되었지만, 소유자가 병역의 의무를 수행하지 않으면 몰수되었다. 그리고 세습권과 영지 재판권은 주어지지 않았다. 반면 농민들은 사실상 세습적인 경작권을 누렸고, 그것은 소유권이 집중되거나 분산되는 등 어떤 경우에도 오스만 관습법의 보호를 받았다. 따라서 그들은 농토에 관한 한, 이전의 기독교 통치자들 치하에서보다 훨씬 큰 자유를 누렸다. 그들이 지불하는 세금도 이전 정권이나 이웃 정권들에 비해서 가볍게 부과되었고, 인간적으로 거두어졌다. 이런 안전과 번영 덕분에 그들은 오스만 통치의 마음에 들지 않는 분야에서도 조화를 잘 이루었고, 서구에서 민족주의 이념이 폭발적으로 난입할 때까지 오스만 제국의 지방 통치는 오랫동안 평정을 유지할 수 있었다.

발칸을 방문한 유럽인들은 19세기에도 오스만 치하의 발칸 농민들의 복지와 만족도를 기독교 유럽 지역의 상황과 비교했다. 이 대비는 유럽에서 농민 대폭동이 일어나던 15-16세기에는 더욱 뚜렷이 나타났다. 크게 비난받던 데브쉬르메 용병 제도조차 긍정적인 측면이 있었다. 이 제도를 통해서 가장 비천한 시골 사람도 국가의 가장 고위직의 권력 상층부에 진출할 수 있었다. 많은 사람들이 그렇게 되었고, 가족들도 함께 데려갔다. 이것은 당시 기독교 세계의 귀족 사회에서는 불가능했던 사회적 이동이었다.

오스만 제국은 여러 측면에서 유럽에 영향을 끼쳤다. 오랫동안 오스만 제국은 유럽에게 위험한 적으로서 두려움의 대상이었다. 상인, 제조업자, 후일의 금융업자들에게 그곳은 풍부하고 발전하는 열린 시장이었고, 또한 많은 사람들에게 강력한 매혹이었다. 물론 여기에도 오늘날의 대결과 상응하는 것이 있었다. 불평분자들과 야심가들은 오스만이 주는 기회에 매료되어, 많은 사람들이 유럽인의 표현으로 "배교자", 무슬림들의 표현으로는 "진정한 길을 찾은 자"라는 뜻의 "무흐타디muhtadī"가 되었고 오스만에 봉직하여 뛰어난 능력을 발휘했다. 유럽의 짓밟힌 농민들은 그들 주인의 적들을 희망을 가지고 바라보았다. 마르틴 루터는 1541년에 발행된 그의 저서 『튀르크인에 대항한 기도 훈계Vermahnung zum Gebet wider den Türken』에서 탐욕한 왕자와 지주, 자치 도시의 공민들에게 탄압받는 가난한 자들이 기독교도 치하보다 튀르크인 치하에서 살기를 선호하고 있음을 경고한다. 물론 기존 질서의 옹호자들조차도 전성기 오스만 제국의 정치적, 군사적 효율성에 감명을 받았다. 유럽에서 튀르크의 위협에 관해서 쓴 문학 작품의 주요 부분들이 오스만 제도의 장점과 그것을 모방하는 지혜를 다루고 있다.

1566년 9월 5-6일 밤, 술탄 술레이만은 헝가리의 시게트바르를 공격하던 도중에 그의 막사에서 사망했다. 이것은 위기의 순간이었다. 전투는 진행 중이었고, 상황은 불투명했으며, 왕위 승계권자는 멀리 떨어져 있었다. 재상은 술탄의 사망을 비밀에 부치기로 결정했다. 술레이만의 시신은 부분적으로 밀랍 처리되어, 새 술탄 셀림 2세가 이스탄불에서 안전하게 등극할 때까지 3주일 동안이나 숨겨졌다. 그런 다음 술레이만의 사망이 공표되었다. 침상의 휘장 뒤에서 군사들을 지휘하던 죽은 술탄은 하나의 상징이었다. 새 술탄은 오스만 연대기에서 "주정뱅이 셀림"으로 알려질 정도로 술에 취해 있는 무능력한 인물로, 국가와 제국의 운명이 쇠락하는 전조가 되었다. 오스만 군대는 빈에서, 오스만 함대는 인도양에서 철수했다. 오스만 군대의 위풍당당한 외관이 오스만 세력의 실제적인 약화를 당분간 덮어주었다. 이스탄불에서는 유능하지만 무자비한 술탄 무라드 4세(재위 1623-1640)와 그후 1656-1678년에 두 사람의 탁월한 대재상, 알바니아인 메흐메드 쾨프륄뤼와 그의 아들 아흐메드의 조치로 국내의 부패가 중지되고, 나아가 전장에서 승리를 거두기도 했다. 더욱이 1683년에는 아흐메드 쾨프륄뤼의 처남인 새 재상 카라무스타파 파샤의 지도 아래 오스만은 빈 점령을 두 번째로 시도할 수 있었다.

그러나 너무 늦었고, 이번에는 오스만의 패배가 치명적이고 종국적이었다. 이제 오스만 제국의 그 권세 대신에 오스만 국가의 약화가 유럽에 문제를 안겨주었다. 그 문제는 "동방문제Eastern question"로 알려졌다.

# 제3부

# 중동 사회와 문화

## 1. 국가

이슬람의 전승에 따르면, 예언자 무함마드는 아라비아에 있는 그의 집에서 이교도 왕과 왕자들에게 자신이 사도임을 알리고, 이슬람을 받아들이도록 요청하는 서신을 보냈다. 많은 통치자와 총독 그리고 사제들이 그런 서신을 받은 것으로 알려졌다. 그들 중 가장 중요한 인물은 중동을 서로 양분하고 있던 비잔틴 제국과 페르시아 제국의 황제들인 카이사르와 호스로였다.

물론 카이사르는 콘스탄티노플의 황제로서, 기독교 제국의 지배자인 콘스탄티누스 황제 이래 로마 황제들의 계승자이기도 했다. 새로운 통치 질서하에서 인식되는 것처럼 제국적 존엄성의 본질은 "신성한 지혜의 교회Church of Holy Wisdom"*—그리스어로 하기아 소피아Hagía Sophía, 서구에서는 주로 이탈리아어 이름으로 알려진 산타 소피아Santa Sophia—의 집사인 아가페투스에 의해서 설명되었다. 530년경 황제 유스티니아누스를 상대로 한 연설에서 그는 다음과 같이 말했다.[1]

다른 모든 명예보다 우선되는 존엄을 가지려면, 폐하, 무엇보다도 당신에게

---

\* 이스탄불에 있는 성 소피아 사원을 말한다. 이 책 141쪽 각주를 참조하라.

그 존엄을 부여한 신에게 영예를 돌려야 합니다. 그분이 폐하에게 천국을 본 뜬 지상의 왕권과, 정의로운 뜻을 단단히 유지하도록 사람들에게 지시하고 그 뜻을 위반하는 자를 벌하는 권력을 주셨기 때문입니다. 폐하께서는 정의의 법을 관장하는 왕권 아래 있으며, 폐하께 복속된 사람들의 합법적인 왕이십니다.

이교도 로마에서 황제는 왕이고 사제였으며, 심지어 어떤 의미에서는 신이었다. 기독교로 개종한 후에 통치권은 더 이상 신성성을 요구하지 않았고 기독교 황세들은 비록 완진히 분리되지는 않았다고 할지라도 제국적인 기능과 성직적인 기능, 즉 황제권imperium과 성직권sacerdotium 사이의 경계를 인정하게 되었다. 정치와 종교 혹은 현대적 용어로 국가와 교회 사이의 구별은 심지어 기독교의 창시자가 그의 추종자들에게 "가이사(카이사르)의 것은 가이사(카이사르)에게, 하느님의 것은 하느님께"(「마태복음」 22:21)라고 명하고 있는 복음서에서도 암시되고 있다. 이 둘 사이에 명확한 구별을 지은 것은 유스티니아누스 황제였다. 그의 여섯 번째 소품집novella의 서두는 황제가 콘스탄티노플의 대주교에게 연설한 것과, 주교 및 다른 성직자의 서품식을 다루고 있는데, 황제는 다음과 같이 말하고 있다.[2]

인류의 가장 큰 축복은 고귀한 성직자와 제국적 권위에 대한 자비를 우리에게 허락해주신 신의 선물이다. 성직자는 신성한 것을 모신다. 제국적 권위는 양도되며, 인간적인 것에 성실함을 보인다. 그러나 둘 다 한 뿌리로부터 진행되며, 둘 다 인간의 삶을 장식한다.

초기 비잔틴의 통치자들은 여전히 황제로서 "카이사르"와 "아우구스투스" 같은 로마식 칭호를 사용했다. 후일 황제들은 주로 두 그리스 용어인 "바실

레우스basileus"와 "군주monarch" 또는 "아우토크라토르autokratōr"로 명시되었다. 자신들의 통치권의 본질을 강조하기 위해서 황제들은 "예수 그리스도의 이름으로" 그들의 칙령을 공포했다. 비잔티움에서 황제는 보통 국사뿐만 아니라 교회에 대해서도 궁극적인 책임을 졌으며, "정론正論"을 부과하고 승인하는 것도 그의 의무였다. 이 정론은 그리스 용어로는 플라톤으로부터 받아들인 "오르테 독사orthē doxa"이며 교회 당국에 의해서 정의되었다.

초기 수 세기 동안 콘스탄티노플의 황제들은 그 임무들을 보편적인 것으로 보았다. 단일 제국의 통치자로서, 그리고 신이 계시한 유일한 진리 종교의 수장으로서 제국에 평화를 가져오고 온 세상에 그리스도의 믿음을 전하는 것은 황제의 임무였다. 비잔틴 의식은 황제에게 "세계의 지배자Kosmokratōr", 심지어 "시대의 지배자Khronokratōr"라는 칭호를 주었다. 보편적인 제국의 통치권을 나타내는 상징 중에서 황금 주화보다 더 유력한 것은 없다. 그것은 수 세기 동안 로마의 카이사르 혹은 비잔틴 군주의 이름으로만 주조되어 전세계에 알려져 인정된 것이었다.

3세기의 갈등과 혼란은 비잔틴 황제들에게 허약하고 빈약한 군사력과 행정기구를 통해서 보다 작은 영역을 통치하도록 했다. 콘스탄티누스 황제의 개혁은 후계자들에 의해서 계속되어 제국정부의 힘과 효율성 모두를 회복했으며, 이것은 야기될 수 있는 위험과 패배를 극복하게 했다. 새로운 조직이 수도와 지방 양쪽에 영향을 끼쳤다. 중앙정부의 행정은 전문 관리들로 구성된 여러 부서들로 세분화되어 국방과 국가 안전, 재판과 외교정책, 재정과 같은 문제들을 처리했다. 제국의 지방정부는 규모가 축소되면서 그 수가 증가했고, 4개의 주요 주州로 묶여 각각 1명의 집정관에 의해서 관장되었다. 이들은 재정과 군사 측면에서 상당한 권력과 독자적인 재량을 가지고 있었으나, 개인적으로는 황제에게 예속되어 있었다.

새로운 제도의 효과는 전적으로 군사기구에 달려 있었다. 이 새로운 제도는 기동력이 뛰어나고 고도로 훈련된 정규 군대를 황제 개인에게 귀속시켜 황제는 그 군대를 국내 반란이나 외세에 자유롭게 이용할 수 있었다. 물론 가장 위험한 적은 제국의 권위에 대항하는 유일한 경쟁자인 페르시아 통치 자였다. 로마 제국에 대해서 승리를 선언한 260년의 한 비문에서, 페르시아 의 통치자 샤푸르 1세는 그 자신을 다음과 같이 묘사하고 있다.[3]

나, 샤푸르는 마즈다Mazda를 숭배하며, 이란과 비이란 모두의 왕 중의 왕이 며 그 신들의 자손이며 마즈다이신 아르다시르Ardashir를 숭배하는 자의 아 들이며, 이란의 왕 중의 왕이며, 그 신들의 자손이며, 파파크Papak의 손자이 다.…… 나는 이란의 통치자이다.

샤푸르는 실제로 로마 제국을 상대로 큰 승리를 거두었다. 그러나 그 이후 수 세기 동안 로마 제국은 재조직되고 강성해진 반면, 이란 지역의 국가는 점 차 쇠약해졌다.

"위대한 영혼"으로 알려진 호스로 1세(재위 531-579)의 통치기는 혁명적인 투쟁과 변화의 절정기를 구가했다. 그의 선친이자 선임자였던 카바드(재위 448-496, 499-531) 치하에서 아마도 마니교 계통이던 "마즈다크Mazdak"의 종교 반란으로 일종의 공산주의적 운동이 일어났다. 이 운동은 봉건귀족들 에 대항하는 무기로서 한동안 왕의 보호를 받았다. 호스로는 질서와 상대적 인 평온을 회복했다. 조로아스터교도들을 진압함으로써 그는 국가, 정부 그 리고 군대를 재건하려고 힘썼다. 여기서 그는 약간의 성공을 거두어 군사력 을 증강할 수 있었다.

그러나 제국은 기본적으로 약했다. 봉건구조가 무너진 제국은 영구적인 급료 군대를 가진 군사 독재국으로 바뀌었다. 특권계층은 세금에서 자유로 웠으나 점차 왕에게 기대었고, 그들의 목숨은 이전 어느 때보다도 법에 의존하게 되었다. 그러나 변화의 과정은 여전히 불분명했다. 독자적인 고대의 정신은 지속되었으며, 호스로 이후 귀족들은 다시 왕위를 위협했다. 심지어 군사적 관할지역도 6세기의 외국과의 전쟁이나 국내 분쟁 기간에 봉토가 되어가는 경향이 있었다. 장군들이 지배하는 새로운 종류의 군사봉건 제도가 이러한 투쟁기 동안 출현했으나 통합될 시간적 여유는 없었다.

7세기 초에 아랍 무슬림들이 이란을 침입했을 때, 중앙정부는 이미 붕괴되고 있었다. 세습영주들이 지방을 통치하고 있었지만 사산 제국의 군대가 처음 패배한 후 그들은 하나둘씩 정복당했고, 그들의 영토는 칼리프의 세력권으로 흡수되었다. 마지막 사산 왕조 시기의 사회, 정치적 위기는 종교적 폭동과 병행되었다. 일련의 조로아스터교 이단 중에서 유명한 마니교와 그 다양한 분파들이 성직과 왕족 체제에 도전했다. 완전히 성공하지는 못했지만, 이러한 운동들은 조로아스터교 조직의 권위와 응집력을 약화시켰다.

무슬림들이 목격한 사산 왕조의 제도는 압바스 칼리프조의 일부 정치기구의 기초가 되었다. 사산 왕조 제도의 특징은 파면과 암살에 숙달되고, 아랍 정복자들을 매혹시킨 훌륭한 의식과 의례를 통해서 유지된 전제주의였다. 그것은 또한 관료적이고 성직자 중심적인 또다른 유산을 남겼다. 과거 페르시아 봉건귀족의 잔류들은 군사적으로 무능력하고 심지어 중요성마저 상실했다. 그러나 귀족 가문들은 관료 정치를 통하여 권력과 영향력을 보유했다. 페르시아인 귀족 문관계층의 능력과 태도는 이슬람 시대에 다시 등장하게 되었다.

페르시아의 왕위 이론은 기본적으로 종교적이었다. 파르티아인과 대조해서 사산 왕조는 일종의 국교회를 도입했는데, 이것은 왕권을 신성하게 만들었고 정치 및 사회 생활을 활발성화했다. 국교회는 최고위 성직자의 최고 권위 아래 세밀하게 규정된 성직자 계층에 의해서 운영되었고, 정신적인 권위뿐만 아니라 토지와 십일조 그리고 특권을 가진 세속적 권위도 행사했다. 또한 고위 성직자 계층은 귀족에 속해 있어서, 일종의 귀족층을 형성했다.

사산 왕조 페르시아는 그 지위가 전적으로 폐쇄된 상류층에서 파생된 뛰어난 귀족 사회였다. 사산 왕조 페르시아는 사회적인 결점뿐만 아니라, 그리스-로마 세계가 가지지 못했던 기사도의 전통과 정중함이라는 사회적인 장점도 가지고 있었다.

페르시아 정치 제도의 귀족적인 기반은 이미 6세기의 소요로 서서히 약화되고 있었다. 그것은 이슬람이 가져온 민주화에 의한 필연적인 약화였다. 아랍에 패배한 비잔틴과 페르시아를 비교해보면 교훈을 얻을 수 있다. 지리적으로 두 국가 사이에는 매우 닮은 점이 있었디. 두 제국은 각각 지배적인 제국 국민의 지배적인 언어와 문화를 가진 고원지대, 즉 그리스어와 기독교의 아나톨리아 그리고 페르시아어와 조로아스터교의 이란 고원에 영토적 기반을 가지고 있었다. 이 두 나라는 모두 그들과 다른 언어와 종교적 믿음을 가진 민족들이 거주하는 인접 영토를 통치했다. 시리아에 있는 비잔틴 국민과 이라크에 있는 페르시아 국민은 주로 아람어를 말하는 기독교도들이었다. 시리아에서 비잔틴은 또한 교회 내의 이교도 집단의 반대에 부딪혔다. 이 집단은 점차 그들 자신의 독자적인 성직 체계와 정체성 그리고 예배의식을 만들어갔다.

가장 극적인 차이는 두 제국 수도의 위치이다. 콘스탄티노플은 아나톨리아 고원으로부터 충분히 안전한 거리에 멀리 떨어져 높은 성벽으로 둘러싸여 있었다. 모든 아랍 국가들이 이 도시를 점령하려고 했으나 실패했고, 비잔틴 제국은 국력을 재결집함으로써 수 세기 이상 지탱될 수 있었다. 사산 왕조의 수도는 이란 고원에 가까운 이라크의 크테시폰에 있었다. 637년 첫 아랍 공격의 물결에 패배한 후, 독립 군대를 가진 페르시아 지방 통치자들은 군대를 규합하고, 재기할 구심점을 가지지 못했다.

팽창 과정에서 아랍 국가들은 로마와 페르시아적인 아주 상이한 두 제국의 국가 전통을 경험하면서, 두 제국으로부터 각각 깊은 영향을 받았다. 또한 아랍 무슬림 침입자들과 그 이전과 이후에 대제국을 삼켜버린 다른 침략자들 사이에는 중요한 차이가 있었다. 서로마 제국의 영토를 침입한 게르만족은 고유한 제도와 성직자 계층 그리고 법을 가진 로마 제국과 기독교 교회라는 정치체와 종교와 마주쳤다. 침략자들은 최소한 원칙적으로 양자를 수용했고, 로마와 기독교라는 정치체의 이중구조 내에서 그들 자신의 목적을 이루려고 했다. 서로마의 황제는 야만적인 새 주인의 허수아비가 되었으나 꼭두각시 놀음의 가치를 발견했고, 심지어 서로마 제국이 결국 붕괴하는 과정에서는 새로운 "신성 로마 제국"을 지금의 독일 지역에 창건했다. 페르시아와 비잔틴에 대한 아랍 침입자들의 행동은 아주 달랐다. 그들은 구질서를 타파하고 그들 자신의 통치기구를 창안했다. 그러나 동쪽에서 침입해와서 이슬람 세력권에 침입하여 정복한 훗날의 스텝 침략자들은 유럽 게르만족의 패턴을 보다 가깝게 따랐다. 개종한 튀르크인들과 심지어 몽골족들은 이슬람 신앙과 칼리프제와 술탄제의 구조를 보존했고, 그것들을 그들 자신의 용도로 바꾸었다. 서구의 라틴어와 마찬가지로 동부의 아랍어와 페르시아어도 보존되고 심지어 새로운 군주들에 의해서 소중히 간직되었다.

무슬림들 역시 통치하면서 세금을 걷고 전쟁을 일으켰다. 무엇보다도 그들은 그들의 종교를 이러한 모든 활동에 포함시켰다. 특히 기독교도와 무슬림의 경험 사이에는 상당한 차이가 있었다. 콘스탄티누스가 개종할 때까지 3세기 동안 기독교도는 소수에 불과했고, 국가로부터 항상 의심을 받으며 종종 박해를 당했다. 이 기간 동안에 그들은 자신들만의 기구를 만들었는데, 그것이 교회가 되었다. 이슬람의 창시자 무함마드는 그 자신이 바로 콘스탄티누스였다. 그의 생애 동안 이슬람은 종교적으로뿐만 아니라 정치적인 신앙이 되었으며, 메디나의 예언자 공동체는 무함마드가 지역과 국민을 통치하는 통수권자인 하나의 국가였다. 통치자로서의 그의 활동에 대한 기억은 코란과 전 세계 무슬림의 역사적인 자각의 핵심을 구성하는 오랜 고대 구술 전승들에 잘 간직되어 있다.

그러므로 예언자 무함마드와 그의 교우들에게 예수를 제외한 수많은 기독교도들을 함정에 빠지게 했던 "신과 카이사르 둘 중의 선택"은 일어나지 않았다. 이슬람의 가르침과 경험에서 카이사르는 존재하지 않았다. 신은 국가의 수장이었으며 그의 예언자 무함마드가 그를 대신해서 가르치고 통치했다. 예언자로서 그는 후계자를 가지지도 않았고, 가질 수도 없었다. 이슬람의 종교직, 정치적 공동체의 최고 주권자로서 그는 오랫동안 칼리프들에 의해서 계승되었다.

때때로 칼리프는 교황과 황제가 하나인 국가와 교회의 수장으로 생각되었다. 서구와 기독교에서의 이런 설명에는 오해의 소지가 있다. 분명히 이슬람에는 기독교 제국에서처럼 황제권과 성직권 사이에는 차이가 없었고, 최고 성직자와 성직자 계급을 가진 별도의 성직기구, 즉 교회도 없었다. 칼리프제는 항상 종교기구로 규정되었고, 칼리프의 최고 임무는 예언자의 유지를 받들고, 성법을 집행하는 것이었다. 그러나 칼리프는 교황 혹은 성직의 기능을 수행하지 않았으며, 교육이나 전문 과정을 거친 이슬람 학자에 속하지도 않았다. 그의 직무는 신앙을 설명하거나 해석하는 것이 아니라, 그의 백성들이 이 세상에서 훌륭한 이슬람 생활을 영위하고, 나아가 내세를 준비할 수 있는 환경을 유지하고 보호하는 것이었다. 그렇게 하기 위해서 그는 이슬람 국가의 영토 안에서 신이 준 신성한 법을 유지해야 했고, 전 세계가 이슬람의 빛을 받아들이는 시기가 올 때까지 가능한 한 이들 국경선을 확장하고 보호해야 했다. 무슬림의 역사 민족지에서는 초기의 정복을 아랍어로 "푸투흐futūh"라고 명명했는데, 이는 글자 그대로 "개방"이라는 뜻이다.

칼리프들은 상이한 관점과 업무 개념으로 상징화되는 다양한 명칭으로 불렸다. 신학자들과 법학자들은 흔히 그들을 무슬림의 예배를 인도하는 사람이라는 뜻을 가진 "이맘imam"이라고 불렀다. 그의 정치적, 군사적 권위는 "아미르 알–무미닌amīr al-mu'minīn"이라는 용어로 표현되었는데, 이는 보통 "믿음의 사령관"으로 번역된다. 이것이 가장 빈번히 사용되는 칭호였다. "칼리프khalīfa"라는 용어는 주로 역사가들이 사용했으며, 종종 주화에서도 발견된다. 이론적으로, 예언자 무함마드 시대 이후 처음 몇 세기 동안 하나의 국가에 의해서 통합되는 하나의 이슬람 공동체가 있었고, 칼리프는 그곳의 수장이었다. 이슬람에서 최고 통치자의 직함은 기독교와는 달리 보통 영토적 혹은 종족적 명칭을 사용하지 않는다. 영국, 프랑스, 스페인이나 서구의 다른 왕국의 왕들과 동등한 개념도 아니다. 16세기 오스만 술탄과 이란 샤의 대전쟁 기간 동안에 각자가 상대를 얕잡아보기 위해서 이러한 명칭을 사용했지만, 자신들에게는 결코 쓰지 않았다. 자신의 국가에서 각자는 지상에서의 신의 대표자요, 무슬림의 통치자였다. 그의 적대자들은 이단이고 반란자이고, 기껏해야 지역 군주에 불과했다.

칼리프제 형성기에 초기 무슬림들이 부딪힌 중요한 의문은 누가 칼리프가 되어야 하는가? 그는 어떻게 선발되어야 하는가? 그의 의무는 무엇인가? 그의 권력의 범위와 한계는 어느 정도인가? 그의 자리는 찬탈당할 수 있는가? 누가 그를 계승해야 하는가? 하는 것들이었다. 이런 모든 질문들은 강도 높게 논의되었으며, 한때 종교적 법과 교리의 원칙을 주장하고 초기 칼리프제의 실천적 경험을 인용하는 법학자와 신학자들 사이에서 격렬한 논쟁을 불러일으켰다. 시아파는 칼리프는 예언자의 혈연적인 후손이어야 하기 때문에 짧은 기간 통치한 알리와 그의 아들 하산을 제외한 모든 칼리프는 찬탈자라고 주장했다. 보다 일반적으로 받아들여지고 있던 수니파 무슬림들의 관점은 칼리프제는 선출에 의한 것이며, 예언자 무함마드의 부족, 즉 쿠라이시족의 어떤 구성원에게도 자격이 있다는 것이었다. 수니파 법학자들은 고대 아라비아 부족에서 새로운 족장을 선출하는 방식에 기초한 선거 형태를 구상했다. 구성원과 선거인단의 인원수 그리고 선거 절차도 권위주의적으로 규정되지 않았다. 어떤 법학자들은 모든 유능한 선거인단의 만장일치를 요구했으나, 그들의 능력에 대해서는 규정하지 않았다. 어떤 법학자는 정족수에 대해서 이야기했는데 5명, 3명, 혹은 1명의 선거인이 거론되었다. 다음 단계는 1명의 선거인이 통치 칼리프가 되어야 하고, 그가 후계자를 지명할 수 있다는 점을 받아들이는 것이었다.

그러나 이러한 가르침과 논의는 경건한 법학자들이 마지못해서 정치 현실을 수용했다는 사실을 말해준다. 한 제도로서 칼리프제의 발전은 네 시기로 나눌 수 있다. 그 첫째는 근대 역사가들에게는 족장제로, 수니파 무슬림들에게는 "바르게 인도된" 칼리프제로 알려진 시기였다. 이 시기의 4명의 칼리프들은 모두 그들의 전임자 혹은 동료들에 의해서 일정한 방식으로 선출되었다. 즉 아무도 혈연적인 정당성으로 계승되지 않았다. 그러나 족장적 칼리프제는 시해, 내전 그리고 선출에 의한 통치권을 거치면서 끝을 맺었다. 그후 칼리프제는 이론이 아닌 실제에서 후계 왕조인 우마이야와 압바스 왕조 때 세습제로 바뀌었다. 그러나 선출제 원칙은 유럽 군주제의 장자 계승처럼 어떤 정형화된 계승 방법이 출현하거나 용인되는 것을 충분히 막을 수 있기 때문에 존속되었다. 대부분의 다른 관점에서 정부의 제도와 형태는 점점 무슬림이 정복했던 고대 제국들을 닮아갔고, 메디나 시대의 예언자 공동체와는 점차 멀어졌다.

초기 칼리프들이 행사했던 권력은 전임자와 후계자들의 독재와는 전혀 다른 것이었다. 그것은 이슬람의 정치 윤리와 고대 아라비아의 반反권위주의적인 관습과 전통에 의해서 제한되었다. 이슬람 이전의 아랍 시인인 아비드 이븐 알-아브라스는 산문에서 그의 부족을 "라카laqāh"라고 불렀는데, 그 단어는 고대 해설가나 사전 편찬자에 따르면 왕에게 결코 복종하지 않는 부족을

의미했다. 알-아브라스가 그의 부족에 대해 자신만만하게 묘사한 글은 그의 뜻을 분명하게 전해준다.[4]

그들은 왕의 신하가 되기를 거절했고, 어느 누구에 의해서도 결코 지배되지 않았다. 그러나 전쟁에서 도움을 요청했을 때, 그들은 즐겁게 수락했다.

성서의 「사사기」서나 「사무엘」서에 묘사되어 있는 고대 이스라엘인과 마찬가지로, 고대 아랍인들도 왕과 왕위제에 의문을 품고 있었다. 그들은 실제 주변 국가의 군주제에 익숙해서 일부는 그것을 채택하기도 했다. 남부 아라비아 국가들에는 왕이 있었고, 북부의 국경 공국들에도 왕이 있었다. 그러나 그런 국가들 모두는 아라비아에서 어느 정도 주변적인 나라였다. 남부의 정착 왕조들은 다른 언어를 사용했고, 다른 문화에 속했다. 비록 북부의 국경 공국들은 전통적으로 아랍국이었지만, 페르시아와 비잔틴의 제국적 관습에 깊은 영향을 받았고 고대 아랍 세계에서는 다소 이질적이었다. 더욱이 부족들 사이에서도 왕의 칭호가 완전히 새로운 것은 아니었다. 시리아 접경지대의 나마라에서 발견된 아랍어로 된 현존하는 최초의 비석인 328년의 묘비명에는 "모든 아랍의 왕인 이므룰-카이스 이븐 아므르가 왕관을 쓰고 아사드와 니자르 및 그들의 왕을 정복했다"고 칭송되어 있다. 이 비문은 "지금까지 그가 이룩한 업적에 필적할 만한 왕은 없었다"라는 주장으로 끝맺는다.[5] 이 비문에서 칭송되고 있는 왕은 아마도 국경 공국 중의 한 나라를 지배했던 것 같다.

이슬람 이전의 아라비아 역사는 거의 알려지지 않은 채 온갖 신비와 전설로 아로새겨져 있다. 아라비아의 역사 전통에는 5세기 말과 6세기 초에 잠깐 융성했던 킨다 왕국이 군주제를 건설하고자 노력했던 바를 전한다. 킨다의 세력권은 분열되었고, 유목민이건 정주민이건 아랍인들의 일반적인 태도는 군주제에 적대적이었다. 심지어 오아시스 도시인 메카에서도 아랍인들은 군주의 명령보다는 합의를 통해서 선출된 추장의 영도를 선호했다. 군주제에 대한 이러한 불신은 일반적으로 코란과 전승에 잘 반영되어 있다. 아랍어로 "말리크malik(왕)"는 신성한 칭호들 중의 하나로 등장했으며, 그렇기 때문에 신성함을 부여받았다. 그러나 인간에게 적용되었을 때 말리크는 보통 부정적인 의미이다. 예를 들면 그것은 코란에서 주로 부당하고 독재적인 통치자의 원형인 파라오로 언급된다(18:70, 18:79). 또다른 코란 구절에서 솔로몬과의 대화 중 시바 여왕은 "왕들이 도시로 들어왔을 때, 그들은 도시를 약탈하여 귀족들을 궁핍하게 만들었다"고 말한다(28:34). 초기 무슬림들은 당시 비잔티움과 페르시아에서 실시되었던 제국적 군주제의 본성을 잘 인식하고 있었고, 무함마드가 건설하여 그의 사후 후계자들인 칼리프들이 통치한 국가는 새롭고 다르다고 믿었다. 그들은 이슬람의 종교 지도력을 새로운 제국으로 변형시키려는 시도에 매우 분개했다. 9세기 초의 작가 알-자히즈(776–868)는 압바스 왕조가 우마이야 왕조를 교체하는 것을 정당화하는 작품에서 우마이야 왕조의 창시자인 무아위야 1세를 비난한다.[6]

> 그때 무아위야는 자신에게 스스로 권력을 부여하고, 그 자신을 다른 조언자와 무슬림 공동체, 즉 [메디나의] 조력자들과 [메카의] 이주자들에 대해서 자신을 유일한 통치자로 만들었다. 그해를 그들은 "재통합의 해"로 불렀다. 그러나 그것은 화합의 해가 아니라, 오히려 분열과 억압, 폭력의 시대였고, 그해에 이맘의 직위는 페르시아의 호스로의 왕국처럼 그리고 칼리프제는 독재자 카이사르처럼 되고 말았다.

알-자히즈가 이러한 변화를 무아위야의 탓으로 돌리는 것은 약간 조급하다. 그러나 그는 후기 우마이야 왕조에서 발생해서, 역설적이게도 압바스 왕조 칼리프가 완성한 그 과정을 정확하게 기술하고 있다. 여기서 그가 옹호하는 것이 압바스 왕조 칼리프의 입장임에도 말이다.

슈라shūrā(최고위원회), 문자 그대로 "조언자들"의 구성원들에 대한 자료는 중요하다. 이는 초기 이슬람은 물론, 실제로는 이슬람 이전의 전통들을 연상시킨다. 이슬람 이전의 아랍 부족에서 셰이크(아랍어로는 샤이크shaykh) 혹은 사이드sayyid, 토후, 주인 등으로 알려진 부족장은 "그를 묶고 풀 수 있는 사람들", 예를 들면 부족장을 임명하고 축출할 수 있는 연장자들과 존경받는 부족 대표들의 동의를 얻고 있는 한 업무를 계속할 수 있었다. 그는 분쟁에서 일종의 중재자 역할을 했고, 전쟁 때에는 진정한 지휘권을 행사할 수 있도록 허락되었다. 전시든 평시든, 그의 임무를 행하는 일에는 부족의 전통적인 관습을 적용하도록 되어 있었다.

비록 실제로는 한 가문의 구성원으로 제한되기도 했지만, 새 부족장의 선출은 특별한 승계 원칙의 적용을 받지 않았다. 부족장은 보통 귀족으로 보이는 한 가문의 구성원 중에서 선출되었다. 이 가문은 귀족적일 뿐만 아니라 성스러웠고, 셰이크 가문의 후손들은 지방 성지 혹은 성물에 대한 세습적인 관리 업무를 맡았던 것으로 보인다. 선출은 개인에 관한 것이었으며 충성심을 보이고 지켜갈 수 있는 개인의 자질이 중시되었다. 부족장은 권위보다는 명예로써 스스로를 지탱했다. 이슬람의 도래와 함께 이미 존재하고 있던 반군주적, 반왕조적 태도는 형제애와 신자의 평등이라는 이슬람 신앙의 반귀족적 정서 때문에, 그리고 종교적이고 개인적인 덕성을 제외한 어떤 우월권도 거부하는 태도 때문에 강화되었다. 칼리프제에서 실제로 일어났던 많은 연속적인 변화는 선출 승계 원리가 수니파 이론과 법률 체계 가운데 신성하게 간직되도록 했다. 한편 통치자가 직접 자신의 후계자를 지명하는 방식을 취하는 허구적 선출은 후대 칼리프조를 통해서 존속되었다.

초기 무슬림들은 분명히 칼리프제를 과거 대부족장과 같은 종류의 권위가 확장되고 확대된 것으로 간주했다. 즉 칼리프제는 단일 부족을 넘어 이슬람의 정치 공동체를 통합한 부족의 대부족장제와 같은 것이었고, 이러한 제도에서는 이슬람 신앙과 법이 부족적 관습을 지속적으로 보충하고, 채택하고, 통합하고 대신했다. 그러나 영토 확장과 끊임없는 전쟁의 시기에 구舊제도에 이미 존재했던 지휘권의 기능은 새로운 중요성을 띠게 되었다.

부족장의 역할 중 하나는 부족귀족 대표회의인 마즐리스majlis(자마jamā'a로도 알려져 있다)를 주재하는 것이었다. "마즐리스"의 원래 의미는 "앉는 장소"이고 "자마"는 "모임" 또는 "회중"을 의미했다. 고대 아라비아에서 마즐리스는 귀족 내표의 도움을 받은 부족장이 정의를 집행하고, 정치적 결단을 내리고, 방문객을 예방하고, 시인들의 이야기를 들으며, 당면 문제에 대한 토론을 주재하는 일종의 과두정치적 회의의 기능을 한 것으로 보인다. 이러한 관행은 그것이 예절과 의례로 보다 정교하게 규범화된 초기 칼리프 시대까지 살아남았다. 그러나 칼리프 제국의 규모가 커지고 칼리프의 정치 영역이 복잡해지면서 낡은 형태의 마즐리스는 더 이상 적절하지 않게 되었다. 무아위야 칼리프는 그의 아들인 야지드를 그의 후계자로 지명하는 데 필요한 지지를 얻기 위해서 유력한 아랍 부족 지도자들에게 대표단(아랍어로는 와프드wafd)을 보내고 또 방문을 받기도 했다. 그는 야지드의 승계 보장에 충분한 성공을 거두기는 했지만, 그것을 확인받기 위한 내전에서 승리하여 그를 구해줄 정도는 아니었다. 협의의 형식에 의한 계승자의 선택이라는 고전적인 예는 칼리프 우마르가 그의 임종 시에 소집한 유명한 슈라이다. 이 절차는 고전적인 방식이었지만, 그후 반복되지는 않았다.

코란 3장 153절과 42장 36절은 통치자에 대한 협의의 의무를 부과하는 내용으로 종종 인용된다. 무슬림 작가들은 협의를 독단적인 개인 통치와 비교하면서, 협의는 격찬하고 독단은 개탄했다. 협의의 경우 상당한 자료에 의해서 그 정당성이 입증되고 있다. 예언자의 언행과 교훈을 기록하는 전통주의

자들이나 코란의 협의에 관한 내용을 정리한 코란 주석학자들, 그리고 전승의 법률적 측면과 기록을 담당하던 수많은 후대 아랍어, 페르시아어, 튀르크어 작가들이 이를 뒷받침하고 있다. 일반적으로 울라마들은 자신들과의 협의를 촉구했고, 관료들 역시 자신들과 공무를 협의하는 것이 중요하다고 주장했다. 그러나 협의가 권장되고 독단적인 통치가 비난받았음에도 불구하고, 협의는 강제되지 않았고, 독단적인 통치가 금지되지도 않았다. 추세는 통치권이나 그 대리인에 대한 개인의 권위가 점점 커지는 방향으로 나아갔다. 점점 증대되는 정부의 권위주의적인 특성과 성공한 혁명가의 실망감은 몇몇 고전 작가의 문장 속에 생생하게 표현되었다. 압바스 왕조의 지지자였던 수다이프라는 사람은 우마이야 왕조의 붕괴와 압바스 왕조의 등장에서 생긴 변화에 대해서 다음과 같이 불평을 터트렸다.

> 신이여, 공유했던 우리의 전리품이 부자들의 수입이 되고 말았습니다. 협의적이었던 우리의 지도력은 독단적으로 변했습니다. 공동체의 선택에 의하던 우리의 왕위 계승은 이제 상속되게 되고 말았습니다.[7]

일부 공공집회는 가장 권위적인 통치자 아래서도 계속되었다. 다양한 이슬람 왕조의 칼리프들은 공적인 회합을 열었는데, 그곳에서는 상이한 사회 계층의 대표자들이 통치자나 고위 관리들을 만나고 탄원서를 제출할 수 있도록 허락되었다. 후견인을 찾는 시인과 학자들도 참석해서 그들의 일을 추진할 수 있었다. 이러한 과정은 출입을 통제하는 시종관과 다른 사람에게 영향력이나, 심지어 권력을 가져다주었다. 오스만 시대에 제국 각의閣議는 하나의 제도로 정착했다. 늦어도 15세기 초에 술탄은 장관들의 각의를 주기적으로 주재했다. 술탄의 죽음과 후계자의 등극 사이에만 예외적으로 장관들이 각의를 소집할 수 있었다. 메흐메드 2세는 개인적인 각의 주재 관행을 포기하고 그것을 재상에게 맡긴 최초의 술탄으로 보인다. 오스만 역사가, 그리고 관련된 일화에 의하면, 이러한 변화는 다음과 같은 일에서 연유했다. 어느 날 불만을 가진 한 농부가 각의에 와서 모여 있는 고관들에게 말했다. "당신들 중에 누가 술탄입니까? 나는 불만이 있습니다." 술탄은 공격을 받았고, 재상은 술탄에게 각의에 몸소 나오지 않음으로써 이러한 난처한 상황을 피하라고 제안했다. 그 대신 술탄은 창문이나 장막 뒤에서 각의 과정을 지켜볼 수 있었다.[8]

이 일화가 사실이든 아니든, 술탄의 불참은 메흐메드 2세가 공포한 절차법에 의해서 확인되있다. 이 절차법은 술탄이 장막 뒤에 앉게 된다는 것을 명백히 기술하고 있다. 이러한 관행을 중단한 것은 술탄 술레이만이었다. 16세기에 각의는 정기적으로 1주일에 네 번 아침에 개최되어 정부의 제반 업무를 처리했다. 오전에는 보통 공적인 회의가 열렸는데, 특히 탄원과 불만을 경청하여 관련 장관들이나 재상이 직접 판결을 내렸다. 정오에 많은 탄원자들과 외부자들이 물러난 뒤, 남은 업무를 토의할 장관들에게 점심이 제공되었다. 각의는 순전히 협의체적인 것이었고, 최종 책임은 재상에게 있었으며, 그를 넘어서면 술탄에게 있었다고 당시의 기록은 분명하게 전한다. 특별한 문제를 다룰 때에 재상은 가능하면 관련 장관들로부터 정보와 의견을 구했지만, 전적으로 의존하지는 않았다. 군사 문제는 왕실 근위병인 예니체리 사령관에게, 해군 문제는 해군 사령관인 카푸단 파샤에게 그리고 법적인 문제는 대법원장에게 맡겨졌다.

오스만 각의 제도의 정교하고 제도적인 측면은 한편으로는 오스만 시대에 가능했던 풍부하고 훌륭한 정보를 잘 반영한 결과였을 것이다. 그러나 다른 한편으로 이것은 또한 일반적인 변화를 대변하고 있다. 튀르크족에 이어 몽골족 등 유목 민족이 중동으로 진출한 이후에 우리는 처음으로 이슬람 역사에서 정기적이고 영구적인 협의체에 관한 자료를 발견하게 된다. 페르시아의 몽골 통치자는 고관들로 구성된 대각료 회의를 소집해왔고, 이를 재상이 주재했다고 전해진다. 페르시아어로 "디반이 부주르그dīvān-i buzurg"로 알려진 이 기구는 몽골의 부족 회의인 쿠릴타이khuriltai에 기초하고 있었다. 페르시아의 몽골 지배 이후 몽골 통치자도 이러한 협의회를 계속해서 유지했으며, 그 기능은 페르시아와 외부 자료로도 증명되고 있다. 이집트의 맘루크 왕조 역시 고위층 왕족으로 이루어진 "최고 회의"가 있었던 것으로 보이는데, 맘루크 왕조 후기에는 이에 대한 자료가 극히 드물다.

오스만 제국에는 정해진 참석자, 정해진 회의 시간, 정해진 업무 순서를 가진 제국 각의dīvān-i humayun 외에도 슈라와 아랍어 어원에서 유래한 메슈베레트meshveret(협의회)가 있었다. 메슈베레트는 각의로 사용되지 않았고, 특별한 문제를 검토하기 위해서 술탄이나 재상이 소집하는 군인이나 고위관료들의 특별 회합이었다. 15세기 발칸 전쟁 과정에서 메슈베레트가 자주 언급된다. 이런 모임들은 16–17세기에도 계속되었고, 18세기 말의 위기 상황에서는 더욱 자주 열렸다. 초기 오스만 역사 편찬의 전통에서는 심지어 오스만 왕조의 건국도 이 메슈베레트의 덕택으로 본다. 이 기록에 의하면, 고위 관리들이 지도자를 선택하기 위해서 메슈베레트에 모여 "많은 토론을 거친 후에, 오스만 베이*를 선출하고 그에게 지도자가 되어달라고 요청하자, 오스만 베이가 이를 수락했다"고 한다.[9] 이것은 오스만 국가 탄생에 대한 정통성 있는 설명이 아닐 수도 있다. 그러나 이것이 신화일지라도, 초기 오스만 연대기 작가들이 그러한 신화를 채택해야 했고, 왕조 편찬에서 그것을 소중하게 간직하고 있다는 것 자체가 중요하다.

압바스 왕조 칼리프제의 전제적 권한이 강화되면서, 바그다드 칼리프의 개인 세력은 점차 약해졌다. 그리하여 10세기 이후부터는 한때 모든 이슬람의

---

* 부르사 지방에 근거하고 있던 오스만 가문의 지도자, 오스만 제국의 창설자. 오스만 제국의 명칭은 그의 이름에서 따온 것이다.

절대적 통치자였던 "신자들의 사령관"은 자신들의 주, 수도, 결국에는 궁전에서조차 명령이 효율적으로 먹히지 않는다는 사실을 깨달았다.

이러한 과정은 광대한 이슬람 제국의 보다 먼 주변부에서 시작되어, 수도 인근 지역을 제외한 거의 모든 지역에 영향을 미쳤다. 한동안 칼리프들은 정무, 재정, 통신 등을 각각 다른 책임자의 수중에 두고 직접 바그다드로 보고하게 하는 일종의 권력 분리를 통해, 지방에서도 중앙정부의 권위를 유지할 수 있었다. 지방 총독은 무장된 군대와 국경 및 도시의 질서 유지의 책임을 졌다. 재정 감독관들은 세금과 공물을 징수하고 수익금을 바그다드의 재부무에 보내는 책임을 지고 있었다. 지방 우체국장은 제국의 정보 서비스에 대한 책임을 졌으며, 수도의 우체국장과 정보 책임자에게 정기적으로 사건을 보고할 의무가 있었다. 중앙의 통제가 약해지자 그들 중 한 사람(지방 총독인 경우가 많았다)이 다른 두 책임자를 설득해서 자신의 직위를 자치적이거나 심지어 지방을 세습 공국으로 바꾸는 데에 성공했다.

10세기가 되자 대부분의 이슬람 제국은 그러한 세습적인 독립 공국으로 구성되었다. 그들은 바그다드에 있는 칼리프에게 금요 예배에서 바그다드에 있는 칼리프의 이름을 언급한다든지, 때때로 동전에 그의 이름을 새기면서 칼리프를 상징적으로만 인정하고, 다른 모든 중요한 측면에서는 독자적으로 행동했다. 칼리프라고 자칭하면서 이슬람 세계의 지도력을 노리며 압바스 왕조에 도전했던 파티마 왕조가 출현하자, 바그다드 칼리프의 종주권은 그 허구마저 잃어버렸다. 그 종주권은 파티마 왕조의 붕괴로 다시 회복되었다가, 1258년 몽골이 잔존하던 압바스 칼리프제를 와해시키자, 그나마 유지되던 별로 중요하지 않던 명목상의 권위까지 모두 잃어버렸다. 한동안 이집트의 맘루크 술탄에 의해서 일련의 칼리프제 잔재가 유지되었으나, 이것 역시 1517년 오스만 제국의 정복과 함께 끝이 났다.

진정한 통치자는 이제 칼리프가 아니라 "아미르"로 불리는 군사령관이었다. 10세기 초부터 그들은 아미르의 아미르amir al-umarā'로 불렸다. 이러한 칭호의 형식은 중요한데, 이슬람 이전의 이란에서 사용되던 것이 분명하다. 그곳의 총사령관은 "사령관 중의 사령관"이었으며, 고위 성직자는 "성직자 중의 성직자"였고 황제 자신은 "왕 중의 왕", 즉 샤한샤shāhanshāh였다. 말리크라는 칭호는 10세기 중반까지 통치자가 자신들을 묘사하기 위해서 사용하던 동전이나 묘비에 나타났다. 이러한 칭호를 최초로 사용한 나라는 당시에 세력을 떨치고 있던 새로운 이란계 왕조들이었다. 뒤이어 셀주크, 살라딘의 후예들 그리고 소왕조들도 이 칭호를 썼는데, 칼리프나 술탄과 거의 동등한 의미에서 사용한 것은 아니었다. 이때 이 칭호는 제국의 최고 통치자의 느슨한 종주권을 틈탄 지방 통치권의 성장을 보여주는 것이었다. 이것은 당시 신성로마 제국의 명목상의 최고 통치권에 예속되어 있던 유럽의 여러 군주들이 사용하던 "왕"이라는 칭호와 비슷했다.

아랍어의 풍부한 어휘들 가운데서 이러한 왕위 칭호를 선택한 이유를 추측해내기란 어렵지 않다. 이러한 칭호를 최초로 사용한 사람들은 이란 문화지역을 통치했는데 그곳에는 고대 이란의 군주적 전통이 아직 많이 남아 있었다. 이란 출신 고위 공직자들과 궁궐 예절과 의례에 관한 고대 이란 기록들의 번역물들은 압바스 왕조 칼리프의 궁정에 이란식 궁궐 예절과 직함에 관해 강한 영향을 주었다. 이러한 영향은 과거 이란 영토에서 새롭게 등장했던 공국들의 수도 주변에서 훨씬 강력했다. 고대 이란 칭호인 "샤"는 무슬림 통치자들에게는 너무나 낯설고 이교도적이어서 채택되지 않았으나, 샤에 해당하는 아랍어 "말리크"가 그 대용으로 사용되었다. 조금 뒤에 나타난 말리크 알−물루크malik al-mulūk도 고대 페르시아의 샤한샤와 똑같은 "왕 중의 왕"을 뜻한다. 무함마드에 의하면 유일신만이 "왕 중의 왕"으로 불릴 수 있었기 때문에 이 칭호는 초기 전승에서 특히 비난을 받았다. 그럼에도 불구하고 이 칭호는 부이 왕조, 아유브 왕조 그리고 후속 왕조들에서도 사용되었다. 그 의미는 매우 분명했다. 지방정부의 지배자가 왕이라면 수도의 지배자는 왕 중의 왕이었다.

이처럼 지방에서 중앙에 이르기까지 제국적 권위의 새로운 체제가 등장하고 있었는데, 이것은 정치적, 군사적 업무에서 대부분의 권위를 빼앗긴 칼리프의 위상 변화와도 관련이 있었다. 이러한 과정은 서남아시아 전역에 대한 셀주크 제국의 지배 확립과 소위 "대술탄제Great Sultanate"의 창설로 11세기 중반에 완성되었다.

아랍어로 "술탄"은 추상명사로서 "권위"와 "지배"를 의미하며, 처음에는 "정부" 혹은 "권위체"를 나타냈다. 국가와 통치자가 종종 동의어로 사용되는 사회에서는 정치적 권위의 기능뿐만 아니라 그 소유자에게 적용되기도 했고, 비공식적으로는 장관, 총독, 심지어 파티마 왕조나 압바스 왕조에서는 칼리프 자신들을 지칭하기도 했다. 10세기에 이르러 독립적인 지배자를 지칭하는 것이 일반화되면서 상부에 의해서 임명되고 해임되는 사람들과 술탄을 구별했다. 그러나 술탄이라는 칭호의 사용은 아직 비공식적이었다. 그러나 11세기경 셀주크가 그들의 최고 통치자에게 이 칭호를 사용하면서 처음으로 공식화되었다. 셀주크 가문에서 사용된 이 단어는 새로운 의미를 가지고 새로운 주장을 구체화하면서, 이슬람에 대한 최고 정치적 통치자와 같은 위상을 가진, 그리고 적어도 칼리프의 종교적 우월권과 동등한 개념이 되었다. 그 위상에 관한 셀주크인의 견해는 셀주크 술탄 산자르가 칼리프의 재상에게 보낸 1133년의 편지에서 명확하게 표현되어 있다.[10]

우리는 세상의 군주로부터 세상의 왕위를 부여받았고, 우리는 이것을 권리와 상속으로서 그리고 신앙의 지휘관인 조부와 아버지로부터 부여받았다.……우리는 규준과 서약을 가지고 있다.

말하자면 신이 부여한 주권은 셀주크 가문에 속해·있으며, 종교적 권위는 칼리프에게 비준받았다는 말이었다. 칼리프제처럼 술탄제도 독특하고 그 영향력이 광범위했다. 이슬람의 종교 수장으로서 1명의 칼리프가 있듯이, 오직 1명의 술탄이 질서, 안정 그리고 이슬람 제국의 정부에 책임을 졌다. 이처럼 칼리프제와 술탄제 사이에 권위를 분배하는 개념은 셀주크 쇠퇴기에 상당히 확고해졌다. 이때 칼리프는 독자적인 정치 권력을 행사하려고 했으며, 이에 술탄과 그의 대변인은 술탄의 특권을 침해하는 데에 저항했다. 그들은 칼리프는 최고의 영광스러운 임무인 예배의 인도자인 이맘으로서 전 세계의 통치자들을 보호하는 임무에 매진해야 하며, 정부의 일은 술탄에게 위임해야 한다고 주장했다.[11]

치국책이나 정치에 관계하는 무슬림 작가들은 이러한 이중적 통치권(술탄제와 칼리프제)의 출현을 인식하고 있었다. 이러한 인식은 실제로 정치를 경험했던 사람들의 글 속에 명확하게 나타나 있으며, 심지어 신학자와 법학자들의 글에서도 등장한다. 고대 기독교—로마식 구분인 황제권과 성직권 사이에서나, 현대적 구분인 종교와 세속 사이에서도 이와 같은 이분법은 찾아볼 수가 없다. 칼리프제 못지 않게 술탄제도 종교적인 제도로 간주되었고, 성법에 의해서 유지되었으며, 성법을 유지해나갔다. 그리고 국가와 울라마 사이의 관계는 지금까지의 어떤 칼리프들의 치하에서보다 셀주크 술탄과 후계자들 시대에 더욱 가까워졌다. 칼리프와 그의 추종자들은 어떤 의미에서든 성직자로 묘사되지는 않았다. 중세 무슬림 학자, 특히 페르시아인 학자들이 제시하고 있듯이, 두 권위 사이의 실제적인 차이는 하나는 예언자적이고 다른 하나는 군주적이라는 것이었지만, 둘 다 종교적이라는 점은 같았다. 예언자는 신법神法을 확립하고 선포하는 임무를 띠워서 신이 보낸다. 따라서 예언자가 확립한 정치 제도는 신성하다. 그러나 인간의 정치 제도는 정치적, 군사적 수단으로서, 권위를 획득하고 유지하고 행사하는 군주에 의해서 통치되어야 한다. 이러한 권위는 그가 신법과는 별개로(비록 서로 대립되지는 않지만) 죄인들을 처벌할 수 있게 한다. 모든 시대에 예언자가 필요한 것은 아니었는데, 실제로 무함마드 이후에는 없었으며 앞으로도 없을 것이다. 그러나 군주는 항상 존재해야 한다. 왜냐하면 군주 없이는 혼란만이 있을 것이기 때문이다.

종교적 정통성과 정치적 안정성의 관계는 잘 이해되고 자주 표현되었다. 이것은 무슬림 작가들이 종종 인용하는 격언에서, 때때로 현자들의 작품에서 그리고 심지어 "이슬람 종교와 정부는 쌍둥이 형제이다"라고 하는 예언자 무함마드의 말에서 잘 요약되어 있다. 하나는 다른 하나가 없이는 번성할 수 없다. 이슬람은 기초이고 정부는 보호자이다. 기초가 없으면 붕괴하고 보호자가 없으면 멸망한다. 술탄은 스스로 칼리프를 선택하고 임명하여 그를 공동체의 수장으로서, 수니파 단일체 원칙의 요체로서 그에게 충성을 맹세하게 했다. 이 두 직무 간의 차이는 월터 배젓이 묘사했듯이 정부의 "위엄성" 부분과 실제적 "효율성" 사이의 그것이다. 그의 말로는, "국민의 존엄성이 고무되고 보존되는 것"과 "사실상 기능하고 통치하는 것" 사이로 묘사될 수 있다. 배젓은 영국 헌법과 군주와 의회의 관계를 말한 것이지만, 그의 구분은 중세 이슬람의 상황에 아주 잘 적용된다. 칼리프는 권위를, 술탄은 권력을 대변한다. 술탄은 칼리프에게 힘을 부여하고 칼리프는 술탄에게 권위를 준다. 칼리프는 군림하지만 지배하지는 못한다. 그러나 술탄은 둘 다 한다.

한동안 셀주크 술탄제는 유일하고 보편적인 수니파 제도로서 유지되고 존경받았다. 셀주크 술탄제가 해체되면서 술탄이라는 칭호는 보다 폭넓고 일반적으로 사용되다가, 언제부터인가 국가의 수반이라고 주장하며 어떤 예속도 인정하지 않는 사람들을 위한 전형적인 수니파 칭호가 되어버렸다. 16세기가 시작될 때까지 중동에는 3개의 주요 국가가 있었다. 오스만과 이집트는 술탄이 통치했고, 이란은 샤가 통치했다. 1517년 오스만 제국의 이집트 정복 이후 허수아비에 불과한 마지막 압바스 왕조 칼리프는 카이로에서 이스탄불로 옮겨왔고, 그로부터 몇 년 후 그는 한 평범한 시민이라는 개인 신분으로 돌아갔다. 그후에 칼리프는 사라졌으며, 오스만 술탄은 물론 여러 곳에서 그를 모방하는 군소 군주들은 자신들의 영역 내에서 독자적인 최고의 통치권을 가지고 스스로 술탄 겸 칼리프가 되어 지배를 계속했다. 칼리프라는 단어는 술탄이 그들 자신의 직함에 추가하는 무수히 많은 칭호 중의 하나가 되었다. 그것은 18세기 말에 전혀 다른 환경에서 다시 그 의미가 되살아날 때까지 과거의 중요성을 거의 보유할 수가 없었다.

초기부터 칼리프와 술탄 정부는 거대해진 규모와 복잡해진 관료 조직에 의해서 뒷받침되었다. 초기 칼리프제에 관한 현존하는 자료들은 적어도 지방 행정의 대부분은 여전히 정복 이전의 과거 관료제에 입각해서 처리되었다는 점을 명확히 보여준다. 즉 이라크와 이란에서는 페르시아인이, 시리아와 이집트에서는 기독교도가 그 직책에 머물면서 과거처럼 기록하고 세금을 징수하는 일을 계속했다. 주된 차이는 그들이 수입을 새로운 아랍 정부에 송금한다는 것뿐이었다. 아랍화와 정부 업무의 표준화 그리고 중앙과 제국적 행정의 창안은 대개 후기 우마이야 칼리프들의 업적으로 여겨진다. 아랍의 역사 편찬 전승에 따르면, 중앙등록제 혹은 재정적인 주목적을 가진 디반diwan을 창설한 사람은 칼리프 우마르라고 한다. 디반은 수입을 기재하고, 봉급을 받을 사람을 등재하며, 나아가 신속하고 공정한 분배를 책임지는 업무를 관장했다. 우마이야 칼리프 우마르 2세는 관료주의의 성장을 지연시키려고 했다고 알려져 있다. 초기에 행정에 관여한 한 역사가에 따르면, 어느 날 칼리프의 비서가 더 많은 파피루스를 요구했을 때, 우마르가 대답했다.[12]

"너의 펜을 더 가늘게 하고 더 적게 써라. 그러면 훨씬 빨리 이해될 것이다."

칼리프는 파피루스가 없다고 불평하면서 파피루스를 요구하는 편지를 써서 보낸 또다른 관료에게 답했다. "네 펜을 가늘게 깎고 글을 짧게 써라, 그러면 네가 가지고 있는 파피루스로도 일할 수 있을 것이다."

그러한 정책은 기껏해야 관료주의의 성장을 지연시킬 수 있을 뿐이었고, 종이가 파피루스를 대신하게 되자 관료주의의 번성은 가속화되었다. 자세한 기록 문서는 오스만 시대의 것만 남아 있지만, 연대기나 관료주의 문학 작품 그리고 상당수 남아 있는 문서들을 통해서 이전 시기에 대한 충분한 지식을 얻을 수 있다. 그 자료들은 관료주의가 어떻게 기능했는지에 대해서 꽤 훌륭한 정보를 주고 있다.

압바스 왕조 시대에 디반으로 알려진 행정은 근대 국가에서처럼 부처별로 나누어져 각각의 고유 직무를 맡았다. 가장 중요한 두 부서는 문서를 다루는 총무부와 세금의 부과와 징수에 관련된 재정부였다. 다른 중요 부서로는 군대, 공공사업, 국내 치안, 영토 관할, 왕족의 노예와 자유인, 첩보 기능을 포함한 궁정 업무, 종교재단 그리고 자선사업과 관련된 것들이 있었다. 이런 부서들은 정권과 시대에 따라서 각각 달리 조직되었다. 일반적으로 이 부서들은 문서, 돈 그리고 군대라는 주요한 세 요소에 따라서 크게 묶였다. 여기에는 디반 감독자가 있었는데, 그의 역할은 다른 부서들을 통제하는 것이었다. "불평 감찰" 부서는 성법으로는 완전히 해결되지 않는 문제들에 대해서 중세 영국의 형평법 재판소와 다소 비슷한 일종의 상소법원 역할을 했다.

칼리프나 후일 술탄 치하에서 전체 정부 조직을 관장하는 행정수반은 재상 와지르wazīr였다. 이 단어는 "책임과 의무를 위임받은 자"라는 뜻으로, 아랍어에 기원을 둔 것으로 보인다. 또한 그것은 초기 페르시아어 용어에서 파생되었고, 영향을 받은 것일지도 모른다. 이 직책은 사산 왕조 용례에서 모방하고 채택한 수많은 요소들 중의 하나로 압바스 왕조의 기구혁신에서 나타난다. 칼리프하에서 재상은 총무와 재정에서 전체 행정의 수반이었다. 초기와는 달리 재상이 동부 이란 출신의 단일 명문가에서 임명되었을 때에는 문관계층 출신이 많았고, 관직 서열을 통해서 성장했다. 행정수반으로서 와지르는 보통 디반의 장 중에서 선출되었다. 그 직무는 본질적으로 민간에 관한 것이었고, 군사 작전에는 거의 참여하지 않았다.

군사령관 아미르의 출현은 재상의 중요성을 약화시켰다. 부이 왕조는 그들의 재상을 비서실장과 재정 감독자로서 계속 유지했다. 그러나 그 역시 군주처럼 군장교였다. 와지르 제도는 술탄 치하에서 새로운 형태로 다시 나타나, 새로운 중요성을 획득했다. 술탄은 종종 문맹인 무관 출신으로서 정부행정의 수행에 필요한 아랍어와 페르시아어에 무지했다. 이러한 사실은 와지르의 직무가 확대될 수 있는 새로운 담보가 되었으나, 셀주크 술탄제와 더불어 끝나버렸다. 셀주크 후계자들 시대의 다른 모든 분야와 마찬가지로, 관료제에 대한 통제는 군부의 수중에 들어갔다. 맘루크 이집트에서 관료의 장은 다와다르dawādār로, 문자 그대로 "잉크를 보유한 자", 또는 "고도의 군사적인 역할을 하는 자"였다. 그의 지시하에서 거대하고 중요한 관료제가 등장했는데, 관료는 맘루크 술탄 아래서 정부 업무의 수행과 장기적인 존속을 다지는 책임을 맡았다.

오스만 술탄은 군사령관 중에서 많은 재상들을 지명했는데, 이들 중 막강한 힘을 가졌던 일부는 "대재상vazîr-i a'zam"으로 불렸다. 재상은 시민, 군사, 심지어 재판에 이르기까지 아주 광범위한 권력을 행사했다. 오스만 재상의 봉급은 그의 권력과 책임에 비례했다. 술레이만 밑에서 재상으로 봉직한 뤼트피 파샤는 재임 당시 연간 수입이 약 250만 아스퍼*에 달했다고 하는데, 그

---

\* 라틴어로 아스프로(aspro)에서 온 화폐 단위로, 오스만 제국에서는 아크체(akçe)로 불렸다. 1327-1687년에 오스만 제국 내에서 광범위하게 사용되었다. 은 기준으로 처음에는 5.75캐럿, 술탄 메흐메드 2세 때(1453년경)는 5.25-4캐럿, 술탄 술레이만 때는 3.75-2.5 캐럿으로 시간이 흐를수록 가치가 하락했다.

것은 신에게 감사할 정도로 충분한 돈이었다.[13] 또한 뤼트피 파샤는 그가 재상이었을 때 주방이나 수행원에 대한 비용이 150만 아스퍼, 희사금喜捨金이 50만 아스퍼였고, 개인 금고에 50만 아스퍼를 남겨두었다고 한다. 이란의 사파비 왕조의 샤 역시 지위와 역할이 비슷한 수석 관료를 고용했다.

국가 행정에서 중요한 부분은 수입과 지출에 관한 것이었다. 오스만 시대, 특히 16세기 이후부터는 중앙과 지방에서 광범위한 문서들이 보관되었는데, 이를 통해서 오스만 제국 재정 제도의 상세한 윤곽을 그릴 수 있다. 그러나 초기 이슬람 제국의 기록 문서는 분명히 존재했지만 현존하지는 않는다. 따라서 역사가는 중동의 오스만 제국이나 중세 서구의 자료에 상응하는 상세한 일상의 기록들을 가지지 못했지만, 자료는 많이 남아 있다. 그중 일부는 소규모 문서집이고, 다른 것들은 우연히 보존되었거나 손상을 당했음에도 상당수가 남아 있는 문헌 자료들이다. 이러한 자료와 역사, 지리, 법학, 무엇보다도 관료주의 문학 등이 제공하는 방대한 양의 정보 덕택에 역사가들은 중세 이슬람 재정기관의 역할을 비교적 상세히 관찰할 수 있다.

행정의 다른 모든 분야와 마찬가지로, 초기 압바스 왕조 시대에 재정의 직접적인 책임은 재상에게 있었다. 그러다 후일 재정 문제만을 특수하게 다루는 보다 전문화된 직책이 등장했다. 페르시아와 오스만 정권하에서, 그는 "데프테르다르defterdār"로 알려졌는데, 이 칭호는 문자 그대로 "등록부의 보관자"라는 뜻으로, 대개 재정관으로 번역된다.

이슬람 법의 규정과 대부분의 이슬람 정부의 실제 집행 사이에는 2개의 분리된 각각의 국고가 유지될 수밖에 없었다. 하나는 일반적인 것으로, 다른 하나는 "특별한khāṣṣa" 것으로 간주되었는데, 2개 모두 재정관의 권위에 맡겨졌다. 이 두 국고에 대한 구분은 종종 불명확했으며, 후자는 때때로 전자의 부족액을 메꾸기도 한 것으로 보인다. 일반 회계의 주된 두 가지 용도는 수도에 주둔한 군대의 유지와 통치자의 궁정 비용이었다. 칼리프 알 마문 시대의 어떤 자료에 의하면 그 비용이 하루에 6,000디나르였다.

일반 회계는 군대의 통수권자이자 정치적 수장으로서 통치자가 지불하는 비용과 관련되어 있었던 반면, 특별 회계는 주로 무슬림 공동체의 종교적 수장으로서 자신의 능력으로 지불되는 비용으로 구성되어 있었다. 따라서 특별 회계의 항목에는 메카 순례 경비, 지하드에 필요한 국경 요새 유지비, 판관인 카디와 성법을 유지하고 강화하는 다른 종교 업무 종사자의 월급, 특사 제도 운영비, 나아가 포로들의 몸값, 대사들의 접견, 시인들과 다른 연금 수혜자들에 대한 선물 수여 등이 포함되었다.

원칙적으로 국가 재정은 이슬람 세금, 즉 성법에 명시된 세금으로 꾸려졌다. 이런 세금에는 비무슬림들이 지불하는 토지세인 카라지kharāj, 인두세인 지즈야jizya 그리고 무슬림들이 납부하는 의무적인 회사금 자카트zakāt나 우쉬르ʿushr가 있었다. 이렇게 세금으로 거두어들인 수입은 일반 회계에 할당되었다. 세수는 점차 관세와 통행세, 통틀어 무쿠스mukūs로 알려진 다른 부과세 등 여러 다양한 방법을 통해서 보충되었다. 이런 방식은 법학자들에게서 비난받았으나, 이슬람 통치자들은 이 방식을 흔히 채택했다. 특별 회계의 재원은 개인 재산과 칼리프의 수입으로 구성되었는데, 이것은 벌금, 몰수, 상속인이 없어 국가에 귀속된 재산 등으로 보충되었다.

세입은 현금이나 물품으로 배당되고 징수되었다. 과거 사산 왕조 페르시아 영토인 이라크와 이란, 중앙아시아로 연결되는 사산 왕조의 동부 접경지대, 북서 인도 등지의 통화 단위는 은화인 디르함이었다. 과거 비잔틴 제국의 영토인 레반트와 이집트, 서부와 남서아라비아 등지의 통화 단위는 금화인 디나르였다. 디르함과 디나르의 교환 비율은 금과 은의 가격에 따라서 자연히 변동적이었다. 이론적으로 1디나르는 10디르함과 같았다. 그러나 공식적인 회계 기록은 환율이 상당히 변동적이었으며, 디나르에 대한 디르함의 가치가 때때로 20이나 그 이하로 떨어지기도 했음을 보여준다.

지방정부에서 필요한 비용을 제하고 난 후에, 제국의 수도에서 거둔 순수입에 대한 몇몇 도표 자료가 보존되어 있다. 이러한 최초의 자료는 알—하디(재위 785–786)의 통치기로 거슬러올라간다. 바로 얼마 후인 하룬 알—라시드(재위 786–809) 통치기에도 또다른 자료가 있다. 후대 칼리프 시대의 것으로 보이는 몇몇 다른 목록들도 수입에 대한 지속성과 변화를 설명하고 있다. 이 도표들은 이웃 동부 지방으로부터 4억 디르함 그리고 서부 지방으로부터 약 500만 디나르의 수입이 있었다는 사실을 보여준다.

남아 있는 기록에 의하면, 현금 수입 외에 세금 혹은 공물들도 평가되어 물품으로 징수되었다. 예를 들면 신드 지방으로부터 코끼리 3마리, 허리띠 4,000개, 샌들 1,000켤레, 알로에 400몬드maund* 등의 수입이 있었고, 쿠미스로부터는 2,000잉곳ingot의 은과 4만 그루의 석류나무가 수입되었고, 파르스로부터는 15만 래틀ratl의 석류와 마르멜로 열매, 3만 병의 장미수 그리고 1만 5,000래틀의 말린 과일이 재원으로 징수되었다. 이스파한으로부터는 각각 2만 래틀의 꿀과 밀랍이, 시지스탄으로부터는 300벌의 체크무늬 의류와 2만 래틀의 설탕, 아르메니아로부터는 20장의 수놓은 카펫과 58래틀의 염색한 옷감, 각각 2만 래틀과 1만 래틀에 달하는 두 종류의 소금에 절인 생선 등이 징수되었다. 오랫동안 로마와 비잔틴의 세금 착취에 익숙했던 시리아와 이집트로부터의 공물 공급은 훨씬 수월했다. 일반적으로 공급되는 물품은 주로 먹을 것을 중심으로 옷감이나 다른 종류의 직물들로 구성되었다. 살아 있는 운송수단으로는 말, 노새, 매 그리고 노예들이 있었다.

후대 기록들은 수입의 감소를 보여준다. 공물 지불은 점차 사라지고, 현금 지불로 대체되었다. 현금 지불 또한 감소했는데, 이것은 어느 정도 경제적인 변화 때문이기도 했지만, 지방 통치자나 군사령관 그리고 세금 징수인 등이

---

* 고대 인도, 튀르크, 이란 등지의 무게 단위로, 9.5–36.3킬로그램 사이이다.

최초의 기독교도 로마 황제이자 콘스탄티노플의 창건자인 콘스탄티누스 황제(재위 306-337).

▲ 콘스탄티노플 성벽.

▼ 페르시아 황제 샤푸르 1세의 승리와, 로마 황제 발레리아누스의 패배 및 생포를 묘사하고 있는 페르세폴리스 근교의 바위 부조. 259–260년경.

▲ 요르단의 마다바에 있는 초기 기독교 모자이크. 성지 예루살렘과 그 주변을 묘사하고 있다.

▲ 로마 황제 유스티니아누스의 승리를 기념하는 메달. 530년경.

▶ 시리아의 두라 유로포스에서 발굴된 3세기경의 시나고그(유대 성전).

▲ 아브라함이 그의 아들을 번제 지내는 모습. 이슬람에서는 그의 아들이 이삭이 아니라 이스마일로 되어 있다.

◀ 메카 방향을 가리키는 나침반 지도. 이슬람 문화에서는 기도 방향인 메카가 있는 방향을 정확하게 측정하는 과학이 매우 발달했다. (Wikimedia Commons)

▶ 691–692년 압둘–말리크가 예루살렘의 성전의 산 위에 건립한 "바위의 돔" 정경. 이슬람 역사에서 최초의 대규모 종교 건축물이다.

▶ "바위의 돔" 내부의 코란 서체 장식.

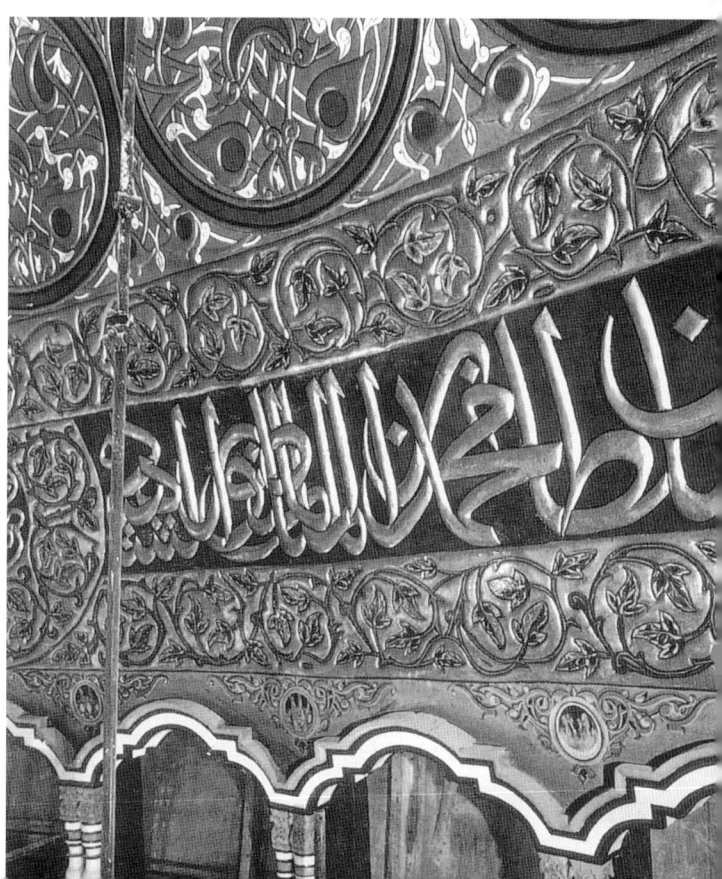

◀ 예루살렘에 있는 지혜의 교회.
최초의 건축은 콘스탄티누스 시대로 거
슬러올라가지만, 여러 차례 파괴되어 복
원과 재건축을 반복했다. 현재의 모습
은 1099년 십자군이 예루살렘을 정복한
후 확장한 건축물이다.

▼ 암만 동쪽 80킬로미터 지점의 요르단 사막에 있는 우마이야 시대의 사냥 막사인 아므라 성채.

왼쪽 위부터 시계 방향으로 비잔틴 황
제 헤라클리우스 동전(610–641), 우마
이야 칼리프 무아위야 동전(661–680),
696년에 최초로 아랍 동전을 도입한 우
마이야 칼리프 압둘–말리크 동전(685–
705), 칼리프 하룬 알–라쉬드를 새긴
압바스 왕조 동전(786–809), 압바스 시
대의 동전.

◀ 오늘날 아프가니스탄의 가즈니에 있는 "승리의 탑" 기념비. 마수디 3세가 힌두 통치자 카나우즈를 격퇴한 기념으로 건립되었다.

▼ 셀주크 술탄의 명재상이었던 니잠 알-물크 암살 장면. 그는 순니파 이슬람에 대항하는 급진적이고 호전적인 종파인 아사신(암살단)의 한 단원의 손에 살해되었다. 아사신은 11세기 말에 이란에서 창설되어 12세기 초에는 시리아로 확산되었다.

▲ 1099년 십자군에 점령된 크라크 데 슈발리에 성채. 지진으로 파괴된 후 1201-1202년 재건축되었다가 결국 1271년 무슬림에게 정복되었다.

▶ 알레포에 있던 살라딘의 민바르(설교대). 지금은 예루살렘의 알-아크사 모스크에 있다. 살라딘은 1193년 그가 죽을 때까지 십자군으로부터 예루살렘을 재정복했다.

◀ 몽골 기마병.

◀ 칭기즈 칸이 부하라에서 그 자신이 신의 응징자로서 보내졌음을 설파하고 있다. 1227년 그가 죽을 때까지 동부 이란의 대부분이 몽골의 수중에 들어갔다.

▲ 1258년 몽골 군은 바그다드를 공격해서 철저히 약탈했을 뿐만 아니라 압바스 왕조 최후의 칼리 프를 처형했다. 그후 바그다드는 이슬람 세계에서 다시는 예전의 위치를 회복하지 못했다.

▼ 유럽에서 탬벌레인으로 알려진 티무르의 사마르칸트에 위치한 묘당. 광대한 티무르 제국은 1405 년 그가 죽은 후 분열되고 말았다.

▲ 오스만 역사에서 "천둥"이라는 칭호로 알려진 술탄 바에지드 1세(재위 1389–1402).

▶ 오스만 제국의 술탄 무라드 2세(재위 1421–1444, 1446–1451).

▼ 콘스탄티노플의 마지막 공략을 위해서 1452년 술탄 메흐메드 2세가 축조한 룸엘리 히사르 성채.

콘스탄티노플의 정복으로 "정복자"로 알려진 술탄 메흐메드 2세(재위 1444-1446, 1451-1481). 벨리니가 그린 초상화이다.

▲ 지금은 박물관인 이스탄불의 성 소피아 사원. 원래는 "지혜의 교회(하기아 소피아)"라는 명칭의 비잔틴 교회였으나, 후일 메흐메드 2세가 4개의 미나레트를 세우며 모스크로 개조했다.

▼ 성 소피아 사원과 마주하고 있는 이스탄불의 술탄 아흐메드 모스크. 1609–1617년에 건립되었으며, 내부의 화려한 청색 타일 장식 때문에 "블루 모스크"로 더 잘 알려져 있다.

사파비 왕조의 전성기를 이룬 샤 압바스(재위 1587−1629)의 투구.

헝가리의 드라바 강을 건너는 오스만 제국의 술탄 술레이만(재위 1520−1566)의 군대. 1526년 모하치 전투에서 술탄 술레이만은 헝가리 군을 궤멸했다.

17세기 초 흑해의 오스만 갤리 선. 포로나 죄수를 동원하여 젓게 했던 일종의 군함이었다.

16세기 스페인의 갈레온 선. 3층 갑판이 특징이며, 군함이나 상선으로 사용되었다.

Le Lieutenant de l'Aga des Janiſſaires.

Le Bach-Tchaouch.

7

8

▲ 오스만 군대의 사열. 오른쪽의 말을 탄 두 사람은 예니체리 부대의 중대장과 "바쉬차우쉬"라고 불린 궁정 관료이다.

▼ 예니체리 소총부대. 뒤로 늘어뜨린 모자와 장총이 이 부대의 특징이다.

Les Fuzeliers.

9

▲ 예루살렘의 알−아크사 모스크에 있는 초기 이슬람 시대의 목각 장식. 중동에서는 목재가 귀하고 값이 비싸기 때문에 예술적 가치가 크다.

▶ 18세기 초 화가 레브니의 앨범에 수록된 오스만 궁전의 축제. 손님들 중에는 유럽 대사들의 모습도 보이는데, 이들의 의상뿐만 아니라 앉아 있는 의자를 통해서도 구분할 수 있다(오스만인들은 일상에서 의자를 사용하지 않았다).

"성 루이의 세례용 물통"으로 알려진 14세기 이집트 맘루크 시대의 주발. 거대한 청동 받침에 은장식이 상감되어 있다.

"성 루이의 세례용 물통"에 새겨진 도안의 일부.

타브리즈에서 실크로 제작된 예배용 깔개.

▲ 1236년 카이로에서 제작된 천체관측의. 청동으로 조각하고 은이나 구리로 상감했다. 이 관측의는 이슬람 세계 전역에서 천문학사나 점성가들이 광범위하게 사용했다.

▲ 오스만 궁정의 천문학자 타키 알—딘. 1577년부터는 새로 건립된 천문대 소장을 역임했다. 중세 이슬람 과학자들은 특히 천문학의 발달에 크게 공헌했다.

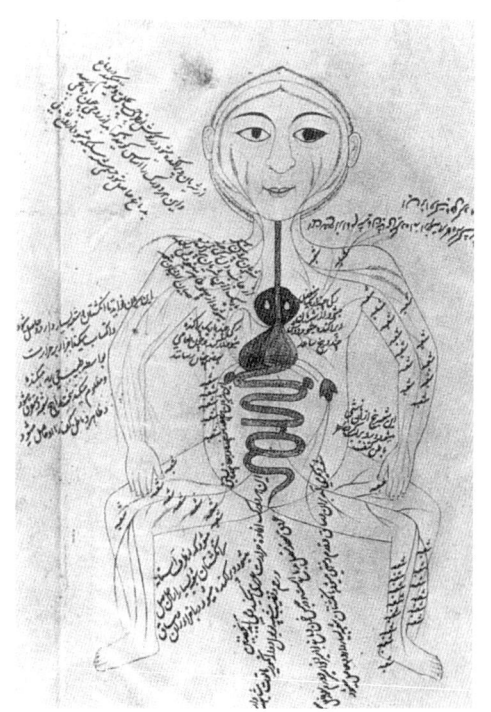

▶ 17세기 페르시아 의학서의 해설도.

이란의 이스파한에 있는 샤 모스크. 16세기 말에서 17세기 초 사파비 왕조의 샤 압바스(재위 1588–
1629) 시대 수도였던 이스파한을 대표하는 건축물이다.

▲ 이스파한에 있는 체하르 바그 마드라사의 현관. 신학 교인 마드라사는 중세 이슬 람 고등 교육의 구심체가 되 었다.

▶ 샤 압바스가 대사를 접견 하는 모습. 16세기 후반에 세 워졌다가 1706년에 재건된 이스파한의 치힐 수툰 궁에 있는 벽화.

◀ 16세기 후반 오스만에서 남자들이 커피를 마시고 있는 파티 장면. 최초의 커피하우스가 1555년 이스탄불에서 두 사람의 시리아인에 의해서 문을 열었다.

▼ 17세기 터키 상인. 세 사람의 모습은 아나톨리아인, 비옷을 입고 있는 사람, 터키 상인을 각각 묘사하고 있다.

◀ 하산 아아로 알려진 영국인 샘슨 롤리. 16세기 오스만 제국의 해군 사령관인 울루츠 하산 제독 밑에서 재무관과 보좌관으로 봉직했다. 많은 기독교 유럽인들이 오스만 제국에서 이슬람으로 개종했다. 기독교에서는 그들을 배교자로 부르지만, 오스만에서는 "올바른 길을 찾은 자"로 부른다.

▶ 1574년 한 무명 화가가 그린 유대인 의사(오른쪽)와 상인(왼쪽). 기독교 유럽의 박해를 피한 수많은 유대인들이 16세기에 오스만 제국에 정착했다.

수피 수도승인 데르비쉬. 17세기 베네치아 대사를 위해서 터키 화가들이 그린 책에서 발췌했다.

18세기 오스만 제국의 통역관. 통역관은
오스만 정부나 외국 대사관에서 고용했다.
오스만 정부의 통역 책임자는 제국의 대외
관계에서 중요한 역할을 수행했다.

페르시아의 사냥 장면. 페르시아와 터키에서 사냥은
중요한 사회적, 문화적, 군사적 기능을 충족했다.

1850년대 터키 커피하우스에서 담배를 피우는 모습. 담배는 17세기 초 영국 상인에 의해서 아메리
카에서 수입되었다. 그 사용과 경작은 오스만 영토 전역에 급속히 확산되었다.

중간에서 세금을 가로채는 일이 증가한 탓이었다. 알−무크타디르의 통치기인 918−919년의 수입을 요약해놓은 것을 보면, 국영 토지에서 나오는 176만 8,000디나르를 포함하여 모든 지방으로부터 1,450만1,904디나르가 순수입으로 계산되었다. 이 목록은 이전 회계에서는 명시되지 않았던 몰수 재산과 통행료를 포함하여 실제로 거둔 모든 세금을 열거하고 있다.

압바스 칼리프제의 쇠퇴와 그 행정부의 붕괴 이후, 세금 계산은 불규칙해지고 신뢰할 수 없는 상태가 되었고, 오스만 시대에 이르러서야 비로소 오스만 토지의 모든 재정에 관한 정보가 확인된다. 1669−1670년 회계연도의 예산을 한 예로 들 수 있다. 수치는 아스퍼 단위로 되어 있는데, 원래 아스퍼는 보통 고전적인 디르함 단위에 해당하는 작은 은화였다. 나중에는 경화로서 변동가를 가진 계산 화폐가 되었다. 해당 연도의 예산에 의하면, 오스만 국가의 전체 세입은 토지세, 인두세, 기타 통행세, 요금과 징수액, 주인이 없어 국가에 귀속된 재산, 조세 토지 수입 등을 포함해서 6억1,252만8,960아스퍼였다. 또한 같은 해의 세출은 6억3,720만6,348아스퍼였는데, 이중 3억9,839만2,602아스퍼는 군대와 전쟁물자에 할당되었고, 1억8,020만8,403아스퍼는 궁전을 위해서, 503만2,512아스퍼는 술탄의 비용과 중앙정부 부서를 위해서, 나머지 4,457만2,831아스퍼는 기타 다른 비용으로 쓰였다. 이전 시대의 목록과 같이, 이 목록도 세금과 지역에 따라서 나뉘어 있다. 이전 목록과는 달리, 이 목록에는 세입으로 물품 공급이 상세하게 열거되어 있지 않다. 그러나 왕실 주방에 공급되었던 음식물이나 현금 대신 제국의 공장에 제공된 물자에 대해서는 종류와 양 등이 극히 세세하게 목록화되어 있다.

국가에 대한 무슬림들의 태도는 모순적이었다. 한편으로 국가는 종교적인 교의를 따라서 신의 목적을 충족시키고 질서를 유지하는, 신이 정해준 하나의 제도였다. 다른 한편으로 국가는 국가 업무에 참여하는 사람들을 오염시키고, 그 일에 관련된 사람들에게 어떤 식으로든 위험스러운 일종의 해악으로 간주되었다. 비교적 전거가 불확실한 무함마드의 말에 따르면, 정부와 천국은 결합될 수 없었다. 정부 업무는 반드시 악마적인 관행과 죄를 수반하기 때문이다. 때때로 정부에 소속된 사람도 같은 의견을 가졌다. 9세기 바그다드의 한 재상은 다음과 같이 말했다. "정부의 기초는 사기이다. 그 사기가 기능하고 지속되면 정책이 된다."**14** 칼리프 알—만수르의 궁정에서 진정한 행복의 본질에 관해서 벌어진 논쟁을 전하는 이야기가 있다. "어떻게 진정으로 행복한 사람을 규정할 것인가?"라는 물음에 칼리프는 "내가 그를 모르고, 그는 나를 모른다"라고 대답했다. 그 의미는 분명하다. 정부와 관계가 없으면 없을수록 더 행복해질 수 있다는 것이다. 이와 같은 이중성은 이슬람이 다른 종교와 공유하고 있는 정부의 목가적인 이미지에서도 볼 수 있다. 한편에서 칼리프나 술탄은 백성들의 목동이고, 백성들은 그의 양 떼이다. 많은 종교 책자에서 칼리프나 술탄은 그들을 위해서 신에게 응답할 수 있는 사람으로 묘사된다. 이런 목가적인 이미지에 반대되는 내용은 이집트의 아랍 정복자였던 아므르 이븐 알—아스가 한 말에 잘 표현되어 있다. 칼리프 오스만이 그에게 수입을 징수하는 책임과 함께 이집트의 군총독직을 계속 맡아달라고 제안했을 때, 아므르는 "그것은 마치 소가 젖을 짤 때, 내가 소의 뿔을 잡고 있는 것과 같다"**15**고 말하면서 거절했다.

정부의 본질과 목적에 대한 중세 무슬림들의 모순된 인식은 9세기 초 아랍 순수문학 작가가 수집한 치국책에 관한 몇몇 격언에 잘 나타나 있다.**16**

이슬람은 정부에 네 가지를 부과한다. 정의, 전리품, 금요 예배 그리고 지하드.

이슬람과 정부 그리고 국민은 천막과 장대, 밧줄 그리고 말뚝과 같다. 천막은 이슬람이고, 장대는 정부, 밧줄과 말뚝은 국민이다. 다른 하나가 없이는 아무것도 있을 수 없다.

페르시아의 통치자 호스로는 말했다. "다음 다섯 가지가 부족한 나라에서는 머물지 말라. 강력한 규칙, 정의로운 판결, 상설 시장, 훌륭한 내과 의사 그리고 흐르는 강."

우마르 이븐 알-카타브는 말했다. "그분만이 적합한 통치자이고, 그분은 약하지 않고 온화하며, 거칠지 않고 강하다."

아마 치국책에 대한 고전적인 이슬람의 개념을 가장 훌륭하게 설명한 것은 그의 백성에게 관심을 가졌던 이름 없는 한 왕의 언급일 것이다. "나는 그들의 가슴에 증오로 더럽혀지지 않은 존경과, 불경으로 더럽혀지지 않은 사랑을 심었다."

# 2. 경제생활

근대 이전 중동의 경제사, 사회사는 거의 연구가 되지 않아서 그에 대한 지식이나 이해는 턱없이 부족하다. 이 분야에 대한 역사 연구가 다른 분야, 특히 중세 유럽의 역사와 비교해볼 때 상대적으로 낙후된 주된 이유는 문헌 자료의 문제에서 기인한다. 중세 서유럽 국가들은 근대 국가로 발전했고, 그 문서들은 종종 현실적인 목적으로 오늘날까지 보존되어 역사가들의 귀중한 사료가 되었다. 반면 중세 중동 국가들은 오스만 제국을 제외하면 내부 폭동과 외부 침략을 받아서 전복되거나 와해되었다. 그들의 문서도 더 이상 현실적 필요에 부응하지 못하고, 무시되고 분산되고 망실되었다.

20세기에 들어 유럽의 영향과 행정방식이 퍼질 때까지, 오스만 제국은 중세 후기부터 20세기 초까지 돌연한 정치적, 행정적 중단 없이 계속되어온 유일한 국가였다. 따라서 그 기록은 거의 완전한 편이다. 오스만의 공문서들은 많은 유럽 국가와 공국의 문서들처럼, 현실적인 필요에 의해서만 보존되던 시대에서 역사 연구를 위해서 보존되던 새로운 시대로 넘어가는 위험한 고비를 넘기며 살아남았다. 이 문서들에 대한 연구는 이미 오스만 시대 중동의 역사를 밝게 비춰주었을 뿐만 아니라, 앞선 세기의 일부 불분명했던 부분들을 밝혀주고 있다. 오스만 공문서들은 엄두가 나지 않을 정도로 어렵고 방대하며, 중동사, 특히 사회경제사를 연구하기 위해서는 엄청난 사전작업이 선행되어야 한다. 그런 후에야 비로소 운 좋게도 다른 분야에서 이미 이룩해놓은 성숙된 수준에 도달할 수 있을 것이다.

그럼에도 불구하고, 이미 이용 가능한 정보를 바탕으로 중동의 사회와 경제 발전의 일시적인 윤곽은 파악할 수 있다. 나아가 이것은 사회 및 경제가 받쳐주었던 정치구조의 변화를 밝히는 데에도 도움을 줄 것이다.

고대 이래 농업은 항상 압도적으로 가장 중요한 경제 활동이었고, 많은 지역에서 아직도 그렇다. 주민의 절대다수가 농업으로 생계를 꾸리고, 국가는 비교적 최근까지 세금의 많은 부분을 농민들의 노동을 통해서 거두었다.

## ❖ 농작물

중동의 농업에는 전통적으로 두 가지 형태가 있다. 첫 번째 형태가 더욱 중요한데, 나일 강 유역, 티그리스-유프라테스 강 유역, 중앙아시아의 두 강인 시르 강과 아무 강 유역 등을 중심으로 한 강 유역 경제이다. 두 번째 형태는 여타 중동 지역에서 보이는 강우량에 의존하는 농업이다. 시리아-팔레스타인 해안가를 따라서 형성된 시리아 계곡, 이란 지역, 현재의 튀르키예에 속하는 많은 지역이 여기에 해당된다. 이 형태의 농업은 훨씬 척박해서 강 유역 농업보다 생산성이 낮다. 중동에서 이 지역은 강우 농업에 의존하는 세계의 다른 지역, 예를 들면 서유럽과 중국 등과 비교해도 가난하고 개발이 덜 되었다. 이 지역의 가장 큰 특징은 전반적으로 숲이 부족하고, 그 결과 목재가 부족하다는 점이다. 성서 시대에는 레바논의 백향목이 예루살렘 성전의 건축자재로 공급되었다. 그러나 이슬람 시대에 이미 중동은 아프리카로부터 목재를 수입했는데, 무엇보다 건축에 아주 소중한 열대 경목들이 아프리카나 인도, 동남아시아 등지에서 공급되었다.

무엇보다 중요한 수확은 물론 곡물이었다. 가장 오래된 곡물은 보리, 기장 그리고 일부 초기형 밀 등이었다. 중세 초기까지 밀의 재배가 압도적이었고, 오늘날에도 마찬가지이다. 정확한 연대는 알려져 있지 않지만, 벼는 인도에서 전래되어 이란과 이라크로부터 시리아와 이집트에 이르기까지 경작이 이루어졌다. 전해지는 바에 따르면 7세기 아랍 정복기에 정복자들이 이라크에서 쌀을 처음 보았다고 한다. 쌀은 그들에게 완전히 새로운 것이었다. 바스라 지방의 정복에 참여한 한 아랍인은 다음과 같은 기이한 이야기를 전한다.[1]

초지草地에 있는 아랍 군대를 보고 놀란 페르시아 경비병들이 도망가면서 두 바구니를 남겨놓았는데, 한 바구니에는 대추야자가 들어 있었고, 다른 한 바구니에는 뒤에 탈곡하지 않은 벼가 들어 있었다(그들은 나중에야 그것이 벼임을 알았다). 아랍 사령관이 부하들에게 명하기를, "대추야자는 먹되, 다른 것은 그냥 두어라. 적들이 독을 준비해놓았음에 틀림없도다." 따라서 병사들은 대추야자만 먹고, 다른 바구니에 있는 것은 피했다. 그러나 그들이 먹는 동안 고삐 풀린 말 한 마리가 벼를 먹기 시작했다. 그래서 그들은 말의 몸속에 독이 퍼지기 전에 말을 도살하여 고기를 먹으려고 했다. 이때 말 주인이 그들을 말리고, 잠시 지켜보았다. 다음 날 아침 그 말이 아직도 건강하게 살아 있는 것을 보고, 그들은 불을 지펴 벼 껍질을 태워버렸다. 그러자 사령관이 말하기를, "알라의 이름으로 그것을 먹어라." 병사들이 그것을 먹어보고, 가장 맛있는 음식임을 알았다.

아랍 통치하에서 쌀의 경작과 소비는 서쪽으로 더욱 확산되었다. 특히 중요한 다른 곡물은 수수였다. 그외 식용 작물은 강낭콩, 완두콩, 편두, 병아리콩 등과 같은 콩과류이고, 중동의 많은 지역, 특히 이집트에서 오늘날까지 주요 산물로 남아 있다.

기름을 함유한 작물도 물론 매우 중요하다. 이 작물들은 식용유, 조명용, 다양한 종류의 방향용, 특히 비누로 사용되었다. 대표적인 기름 함유 식물은 올리브로, 중동 일부 지역과 북아프리카가 주산지였다. 또한 기름은 여러 종류의 다양한 깨에서도 추출되었다. 아랍 이슬람 시대에 멀리 동쪽에서 서쪽으로 전래된 작물 중 하나는 설탕, 즉 사탕수수였다. 페르시아에서 설딩은 "셰케르sheker"와 "칸드qand"로 불렸는데, 두 단어 모두 현대 영어에 남아 있다. 설탕은 그리스-로마 시대에는 거의 알려지지 않았고, 의료용 외의 용도로는 사용되지 않았다. 음식과 음료에 단맛이 필요할 때에는 꿀을 썼다. 이슬람 중세 동안 설탕의 경작과 정제방식이 이집트와 북아프리카로 전해졌고, 설탕은 기독교 유럽으로 수출되는 중동-이슬람 세계의 주요 상품이 되었다. 설탕의 재배와 플랜테이션 제도는 북아프리카에서 무슬림 스페인으로, 그곳에서 다시 대서양, 결국 신대륙으로 전해졌다.

향료는 중동의 여러 곳에서 재배되었지만, 많은 양이 남아시아와 동남아시아에서 수입되었다. 향료 역시 중동의 서유럽 수출에서 주요한 몫을 차지했다. 향료 무역은 서유럽 해상 세력이 중동을 우회하여 아시아로 향하는 직접적인 해상로를 열어 그것을 지배할 때까지 계속되었다. 오늘날처럼 냉장고가 발명되기 이전에는 더운 날씨에 음식이 빨리 부패했다. 음식, 특히 육류를 보존하기 위해서 여러 가지 방식으로 그것을 염제나 피클로 만들었다. 이때 맛을 내기 위해서 많은 향료나 조미료가 필요했다.

사료 작물은 동물 수송이나 육류에 크게 의존하는 사회에서 필수적인 요소이다. 산업 작물은 모직과 가죽이 적합하지 않은 지역(물론 추운 기후에서는 가장 보편적인 옷감이지만)에서 가벼운 옷감이 필요하여 발전했다. 세 가지가 특히 중요했다. 먼저 아마는 아주 먼 고대부터 중동, 특히 이집트에서 재배되었는데, 이는 미라를 싸는 아마포에 의해서 증명되었다. 면화는 멀리 동방에서 전래된 많은 작물들 중의 하나로, 동아시아에서 전래된 것으로 보인다. 중동 지역 내에서는 페르시아에서 처음 기록되었는데, 서서히 서쪽으로 전해졌다. 뽕나무는 누에의 양식을 제공해주는데, 6세기 이후 중동에서 재배되었다. 페르시아와 시리아의 실크가 특히 호평을 받았다. 다양한 염료 작물과 방향식물은 잘 차려입는 사람들의 의상을 완성하는 데 도움을 주었다. 또 다른 산업 작물로 가장 중요한 것은 나일 강둑에서 자라는 갈대인 파피루스였다. 파피루스는 양피지와 종이가 등장할 때까지 동부 지중해 세계의 주된 필기 재료였다.

과일과 채소도 풍부하게 자랐다. 고대에 가장 중요한 과일은 포도, 무화과, 대추야자였다. 과일로 먹을 뿐만 아니라 포도주를 빚는 데에 쓰이기도 하는 포도는 이슬람이 성립되기 이전부터 굉장히 넓은 지역에서 재배되었다. 대추야자는 오아시스와 준사막지대의 주요 작물이었다. 그외에 복숭아나 살구와 같이 중동에서 재배되는 대부분의 과일은 페르시아와 그 너머 같은 동쪽으로부터 전래되었다. 시금치, 가지, 아티초크 등과 같은 채소류는 서구에서 여전히 페르시아어와 아랍어 이름으로 불리고 있다. 중동으로부터 전파되었기 때문이다.

감귤 재배는 기이하고 약간 모호한 역사를 가지고 있다. 오늘날 대부분의 중동에서 오렌지는 "포르투갈portugal"이라고 불린다. 아랍어로는 "보르타칼bortaqal", 튀르크어로는 "포르타칼portakal"인데, 아프가니스탄에까지 이르는 거의 모든 동부 지역에서 비슷한 이름으로 통용된다. 사실 당도가 높은 오렌지는 인도와 중국에서 오래 전부터 알려지다가 16세기 초에 포르투갈 상인들에 의해서 중동에 소개되었다. 그러나 감귤 열매는 이슬람이 성립하기 훨씬 전인 페르시아 제국에서 이미 알려져 있었다. 페르시아어와 탈무드어 자료에서도 식용 시트론(레몬류)인 "투룬지turunj"(히브리어로는 "에트로그ethrōg", 아랍어로는 "우트루자utrūja")와 아름다운 꽃을 가진 작고 쓴맛의 과일을 언급하고 있다. 이 과일은 페르시아어로 "나랑nārang", 아랍어로 "나란지nāranj"로 알려졌고, 장식용이나 화장용, 그리고 요리에 쓰이는 과즙이나 양념으로 사용되었다. 포르투갈과 서구 여러 지역에서 먹을 수 있는 단 과일이 이 이름의 변형으로 불렸다. "나랑"은 이미 9세기 아랍 시인 이븐 알-무타즈가 이 과일을 어린 소녀의 볼에 비유하면서 언급했다. 이 시인은 또한 이 시기에 인도에서 소개된 레몬도 언급하고 있다. 레몬과 라임의 재배는 **중동**에서 급속히 유럽으로 전해졌는데, 유럽인들은 이 두 과일을 여전히 페르시아-인도식 이름으로 불렀다. 이 두 과일은 분명히 무슬림 대상들에 의해서 동아시아에서 중동으로, 다시 십자군 및 그들과 동행한 무역상들에 의해서 유럽으로 넘어갔다.

## ❖ 차

포르투갈과 서유럽인들은 전에는 알려지지 않았던 아메리카산 작물들을 중동에 소개하는 데 일조했다. 담배, 옥수수, 감자, 토마토 등이 그것이다. 오스만 역사가 이브라힘 페체비가 1635년에 쓴 기록은 매우 구체적이다.[2]

고약한 냄새와 메스꺼운 연기를 내는 담배는 히즈라 1009년[1600-1601년] 영국인 이교도들이 들여왔다. 그들은 담배를 습기로 인한 질병의 치료제로 판매했다. 일부 호사가와 호색가들이 담배에 빠졌고, 얼마 지나지 않아서 호사가가 아닌 사람도 담배를 사용하기 시작했다. 심지어는 많은 훌륭한 울라마나 권력을 가진 사람들도 그것에 빠져들었다.

거의 근대기에 도입되어 당시의 경제는 물론, 아직도 중동 사회생활에 커다란 영향을 미치는 비중동계 식물이 두 가지 있다. 중세 초기의 한 아랍 여행가는 신비로 가득 찬 중국의 불가사의를 묘사하면서, 다음과 같은 기이한 이야기를 전한다.[3]

왕은 소금과 뜨거운 물에 타서 마시는 찻잎에 대한 수입의 독점권을 가지고 있다. 그것은 사크sakh라고 불리는데, 모든 도시에서 비싼 값에 판매된다. 클로버보다 잎이 더 많고 향이 약간 더 있지만, 맛은 좀 쓰다. 물을 끓여 잎에 붓는다. 공공재정의 총수입은 인두세, 소금 그리고 이 찻잎에서 생긴다.

그후 알-비루니라는 유명한 학자가 11세기 초의 한 작품에서 중국과 티베트에서의 차의 재배와 사용에 대해서 보다 풍부한 묘사와 정보를 제공한다. 차를 마시는 것은 13세기 몽골 정복자들에게서 이란에 전해진 것으로 보인다. 그러나 그것은 확산되지 않았고, 그 습관이 서쪽으로 전해졌다는 증거도 없다. 이란에서 음차가 널리 퍼진 것은 19세기 초 러시아에서 차가 재도입되었을 때였다. 본격적인 차 재배는 이란과 오스만의 통치자들이 차 재배를 장려한 20세기에야 시작되었다. 차 재배를 장려한 이유는 틀림없이 자국에서 재배할 수 없었던 커피에 대한 의존을 줄이기 위해서였을 것이다. 차 재배는 상대적으로 덜 중요했고, 주로 현지 조달이나 소량의 수출용으로 이루어졌다. 차를 즐기는 주요 지역은 1700년경에 처음 차가 언급된 마그레브 서부(북서아프리카)였다. 그곳의 차는 북서아프리카를 유럽 시장의 유용한 연장으로 생각했던 프랑스와 영국 상인들이 동방에서 차를 들여오면서 소개되고 판매되었다. 박하 잎과 함께 마시는 북서아프리카의 차는 모로코의 대중음료가 되었다.

## ❖ 커피

중동 전 지역에서 매우 중요한 음료는 커피이다. 대부분의 증거에 의하면, 커피의 원산지는 에티오피아이다. 그리고 그 이름은 아마 지금도 야생의 커피 식물이 자라고 있을 에티오피아의 카파 지방에서 유래되었다. 커피는 14-15세기경 카파에서 예멘으로 전래되었다. 한 이집트 작가는, "16세기 초에 '카흐와qahwa'라고 불리는 음료가 예멘에 소개되어, 수피(신비주의자) 수도승들과 일부 사람들이 몰아의 명상 중에 잠을 쫓는 데 사용한다는 소식이 우리에게 전해졌다"고 기록했다. 그 작가는 커피가 통상적으로 음용되고 있는 에티오피아를 방문했던 한 여행가가 커피를 다시 예멘에 소개했다고 계속해서 설명했다.[4]

> 그는 아덴으로 돌아온 후 앓아누웠을 때, 그가 마시고 나서 덕을 보았던 "카흐와"를 기억했다. 그것의 성질 중에 피로와 무력감을 쫓아주고, 신체에 상쾌함과 활력을 주는 것이 있다는 사실을 알았다. 따라서 그가 수피가 되었을 때에는 아덴의 다른 수피들과 함께 이 음료를 마시기 시작했다. 그러고 나서 식자층이나 일반인들이 학문이나 기술, 또다른 직업 활동에 도움이 되기를 바라면서 모든 사람들이 커피 마시는 예를 따랐다. 그리하여 카흐와는 계속해서 확산되었다.

커피는 계속 전파되었다. 1511년까지 이미 메카 성지에서 커피를 마시고 있었음이 확인되었고, 의심의 여지없이 메카 순례객이나 상인들을 통해서 서쪽의 이집트, 시리아로, 오스만 제국의 중심지로, 그리고 동쪽의 이란으로 퍼져갔다. 그리하여 19세기 초까지 커피는 이 지역의 주요 음료가 되었다. 서구 세계는 양질의 값이 싼 차를 직접 접할 수 있었고, 인도와 중국에서 풍부한 공급처를 구할 수 있었다. 그런 차와는 달리, 커피는 상당 기간 동안 중동의 독점물이었다.

커피와 커피 음용가 그리고 커피하우스에 대한 최초의 유럽 기록은 약간 모멸적인 내용을 담고 있다. 이스탄불의 베네치아 사절이었던 잔 프란체스코 모로시니는 1585년 본인이 직접 방문했던 커피하우스를 다음과 같이 기록했다.

사람들 모두 상스럽고, 형편없는 옷가지를 걸치고 있다. 근면한 구석이라고는 없어서 대부분의 시간을 그냥 빈둥빈둥 보낸다. 그냥 퍼져 앉아서 공공장소에서나 가게에서나 길에서나 습관적으로 최대한 뜨겁게 끓인 검은 액체를 놀이 삼아 마신다. 그 액체는 "카베Cavee"라는 열매 씨에서 추출한 것이다.

1610년 오스만을 방문했던 영국인 조지 샌디스의 묘사는 더욱 경멸적이다. "그들은 종일 커피하우스에서 잡담을 하며, '코파Coffa'라는 아주 뜨겁게 끓인 음료를 홀짝거린다.………검정처럼 시커멓고 맛도 그저 그런……." 그럼에도 유럽은 커피뿐만 아니라, 커피하우스의 양식까지 받아들였다. 예멘에서 생산된 커피는 빠른 속도로 중동의 주요 유럽 수출 품목이 되었다. 특히 한때 고수익을 올리던 향료 무역을 빼앗긴 이집트 상인에게 커피는 유용한 대용품이었다. 유럽 최초의 커피하우스가 오스만의 제2차 빈 포위전 이후 빈에 문을 열었다. 커피하우스는 아르메니아인이 독점적으로 소유했는데, 이는 오스만 전선에서 오스트리아를 위해 첩보 활동을 벌인 대가로 주어진 특권이었다.

차와 커피가 중동에서 왜 그렇게 인기를 누렸고, 다방이나 커피하우스가 중요한 사회적 중심지 역할을 하게 되었는지는 쉽게 이해할 수 있다. 기독교나 유대교와는 달리, 이슬람교는 알코올 음료를 금한다. 일반적으로 이 금지는 전체적인 준수 여부와는 별개의 문제이다. 광범위한 음주와 심지어 만

취에 대한 시나 산문들의 묘사도 매우 풍부하다. 그러나 음주는 최소한 개인 가정의 높은 벽 뒤에 점잖게 숨겨진, 또는 음주 금지가 적용되지 않는 이슬람 국가의 비무슬림 관료들 사이의 은밀한 필수품이었다. 아랍어와 페르시아어의 고전 시가에서는 기독교 수도원이나 신참 신부, 조로아스터교 마구스들이 선술집이나 선술집 주인의 시적 상징으로 묘사된다. 관용되었던 경우에도 이 습관은 신중을 요했고, 중세 이슬람 도시생활에서 서구 선술집류의 문화는 결코 찾아볼 수 없었다. 커피하우스와 다방이 그 공백을 메꾸어주었다. 그리고 오래지 않아서 커피하우스가 비방과 선동, 무엇보다 도박의 장소로 전락했다는 불평이 쏟아졌다.

### ❖ 농업 기술

중동 지역의 경작 기술은 초보적인 상태에 머물렀다. 단순하게 나무로 다듬어 바퀴도 달지 않은 고대의 쟁기가 아주 오래 전부터 사용되어왔는데, 일부 지역에서는 이 책을 쓰는 지금까지도 사용되고 있다. 쟁기는 종종 보습 없이, 소나 노새, 때때로 물소에 멍에를 지워서 사용했고, 일반적으로 말에는 사용하지 않았다. 연간 2–3모작을 하는 비옥한 하천 유역 사회에서는 풍부한 수확을 얻기 위해서 특별한 노력을 기울이지 않아도 되었다. 이에 따라 척박한 땅에서 가난과 악천후에 시달리는 사람들을 기술적 발명으로 이끌 동기가 없었다.

이런 사회에서 기술혁신이 일어나지 못했던 또다른 이유는 수도원과 교육받은 농민층이라는 2개의 유럽적 특징의 부재에서 기인한다. 수도원은 교육받고 헌신적인 사람들이 수확의 증대를 위해서 봉사하던 곳이었다. 예를 들면 대학에서 수학한 후, 농업 문제에 훈련된 지식을 자신의 농장에 적용하여 일하는 영국 농촌 경영자의 전형이 중동에는 없었다. 중동의 교육받은 지식인들은 극히 일부를 제외하고는 농업에 관심이 없었다. 농민들은 교육받지 못했고, 지적인 훈련과 기술적인 기능의 조화 그리고 기술향상을 가져다줄 만한 농업에의 실질적인 몰두가 일반적으로 부족했다.

이처럼 관개를 제외하고는 이슬람 고전기의 농업 기술 역량은 보잘것없었지만, 이슬람 중세의 농민과 상인들은 작물, 특히 식용 작물의 확산과 다양화에 크게 기여했다. 동아시아와 남아시아 생산물의 서진西進은 이슬람 이전 제국시대에 이미 시작되었다. 중세 페르시아어나 탈무드어 기록에 의하면, 동아시아 작물은 고대 페르시아와 이라크에서도 재배되었다. 서쪽 저편에서는 그러한 작물들이 매우 비싸고, 색다른 사치품이었다. 예를 들면 복숭아는 이미 고대 로마에 알려졌는데, 오늘날 그 용어 피치peach는 "페르시아 사과"를 뜻하는 로마 용어 "페르시쿰 말룸persicum malum"에서 유래되었다. 이슬람의 정복은 서쪽의 유럽으로부터 동쪽의 인도와 중국 접경지대에 이르는 하나의 정치적, 경제적 단위를 처음으로 성립시켰다. 무슬림 군인과 중앙아시아의 여행가, 걸프 해에서 인도와 그 동쪽으로 항해한 무슬림 선원과 상인들이 이러한 새로운 작물의 발견과 전래에 중요한 역할을 했음이 분명하다. 이슬람 시대에 이란으로부터 비옥한 초승달 지역이나 북아프리카, 그리고 유럽으로 서진한 작물은 쌀, 수수, 사탕수수, 면화, 수박, 가지, 아티초크, 오렌지, 바나나 등 다양한 식품, 사료, 섬유 식물, 향료와 양념 그리고 의료용이나 화장용 식물 등이다. 중세 무슬림 여행가들은 놀랄 만큼 광범위하고 다양한 작물과 그 변종들을 언급하고 있다. 1400년경에 기록된 북아프리카 해안에 관한 한 글에서는 65종의 포도, 36종의 배, 28종의 무화과 그리고 16종의 살구가 언급된다.

중동 사람들이 그들의 기술을 제대로 발휘한 분야는 큰 강의 강수를 모아 공급하기 위해서 수로와 저수지 그리고 운하의 정교한 체계를 만들고 운영했던 관개 분야였다. 이 관개 시설은 농민들만이 아니라, 기술자, 관료들의 공동 사업이었다. 일부 역사가들은 강 유역 사회의 중앙화된 관개 사업에서 근대적 관료 국가와 명령경제의 원형을 찾는다.

추수는 알곡의 손실을 막기 위해서 주로 낫을 사용했다. 낟알을 빻거나 갈 때에는 절구나 작은 맷돌을 이용하거나, 노예나 가축이 끄는 큰 맷돌을 이용했다. 이런 방식은 아직도 일부 지방에서 발견된다.

이집트에서는 비료가 불필요했다. 나일 강의 충적토가 매년 토양을 비옥하게 해주었기 때문이다. 그러나 대부분의 다른 지역에서는 비료가 필요했고, 이는 결과적으로 심각한 토양 황폐화를 초래했다. 이라크에서 이런 현상은 강물에 실려온 소금 침전물 때문에 더욱 두드러졌다. 이런 침전물은 평화롭고 질서가 잡혀 있을 시기에는 대규모의 조지저인 작업을 통해서 배출되었지만, 혼란의 시기에는 계속 축적되었다. 일반적으로 농민들은 물이 충분히 공급되는 강 유역을 제외하고는 한 해는 땅을 갈고, 다른 해에는 땅을 묵히는 격년 방식으로 농사를 지었다.

토양 침식은 오랜 옛날부터 문제였다. 그것은 중세 동안 그리고 오늘날 다시 문제가 되었다. 시민 사회의 질서가 붕괴될 때마다 유목민들은 사막을 떠나 경작지로 몰려왔고, 그 결과는 파종 대신 사막의 확대로 나타났다.

이것은 여러 가지 형태로 나타날 수 있었다. 사막을 그대로 유지하기 위해서는 보호가 필요했다. 시민 사회의 질서가 무너지면, 그 보호 또한 무너지게 된다. 폐허를 더욱 두드러지게 만드는 요소는 염소였다. 풀을 뜯어먹는 양과는 달리, 염소는 풀을 뽑아버린다. 그리하여 종종 표토가 제거되거나 약화되어 결국 유실된다. 염소는 또한 나무껍질을 먹어치워서 결국에는 나무가 없어지게 만들고 평원을 바람에 노출시키며 표토층의 유실을 초래한다. 이런저런 이유로 많은 지역에서 토양의 침식이 확대되었다. 고고학적 증거로 드러난 과거의 경작지와 오늘날의 경작지를 비교해보면, 그 차이가 확연하게 두드러진다. 14세기의 글에서 이븐 할둔은 건물과 조각상의 유적지와 도시와 마을의 흔적들이 증명해주듯이 과거에 화려한 문명을 자랑했던 북아프리카가 그가 살던 당시에 이미 얼마나 "척박하고 황폐해졌는지"를 잘 묘사하고 있다.[5]

재정적인 증거와 기타 다른 요소들이 로마 후기 이후의 농업 생산과 농업 소득의 전반적인 퇴조를 잘 보여준다. 이 과정은 아랍 침공 때 꽤 진전되었던 것으로 보인다. 그러나 잠시 회복되었다가 후기 이슬람 중세에는 다시 퇴조를 계속했다. 중동과 북아프리카 여러 지역에 산재한 폐기된 우물과 농토, 무너진 계단식 논, 버려진 마을 등과 같은 고고학적 증거는 생산 감소와 그에 따른 소득 감소를 보여주는 문헌과 여타 증거에서도 확인된다. 이러한 변화는 인구의 감소와 농촌에서 도시로의 인구이동을 수반했는데, 통상적으로 조세 부담과 고리대금업자들의 갈취, 기타 유사한 횡포를 견디다 못해 일어났다.

농업 생산의 전반적인 감소에 가장 중요한 요소는 정부나 상층부 그리고 어느 정도 종교가 땅의 경작과 이에 종사하는 사람들을 천시하는 풍조에서 기인했다. 이슬람은 대상 도시를 중심으로 생겼고, 예언자 무함마드도 상인 귀족층에 속해 있었다. 무함마드의 사후, 추종자들은 거대한 제국을 정복하고, 모든 지방을 일종의 병영 도시 연계망을 통하여 통치하고 개발해나갔다. 이 병영 도시들이 이슬람 문화와 지식의 중심지가 되었다. 반면에 농촌 지방은 오랫동안 이슬람 이전의 낡은 종교에 매달려 있었다. 더욱이 농민들이 이슬람으로 개종하고 동화된 이후에도 과거의 오류는 계속되었다. 인도와 발칸 반도에 새 이슬람 제국이 형성되자 무슬림 도시민이 비무슬림 농민을 지배하는 같은 유형이 되살아났다. 무함마드의 전승에 상업에 대한 구절이 많은 반면, 농업을 중시하는 구절은 거의 찾아볼 수가 없다. 같은 맥락에서 이슬람 성법인 샤리아sharī'a는 주로 도시민들의 삶과 문제에 관심을 가지고 그것들을 아주 세세하게 논의하고 규정하고 있다. 그러나 놀랍게도 샤리아는 농민들에게 세금 징수 이외에는 별다른 관심을 표명하지 않는다. 이런 상황은 국가의 농촌 경제 방향과, 농업에 별로 지식이 없고, 장기적인 번영이라는 측면에서 보면 토지 소유에서 그다지 큰 이익을 얻지 못하는 군장교들이 농토를 장악하면서 더욱 악화되었다.

## ❖ 가축 사육

중동 지역의 대부분은 반半사막지대이고 농사를 짓거나 심지어 소를 방목하기에도 척박한 땅이지만, 양이나 염소를 기르기에는 충분하다. 양이나 염소는 고기나 털, 가죽 이외에도 중동 음식의 필수 불가결한 요소인 요거트와 치즈를 공급해준다. 중동의 유목민 문화는 수천 년간 지속되어왔고, 최초의 원시 농업과 함께 이곳에서 문명이 시작되었다. 낙타 유목도 선사시대로 거슬러올라간다. 낙타 유목은 베두인 경제와 생활방식의 중심이며, 낙타는 평시는 물론 전시에도 주요한 수송수단이다. 고대 아라비아에서 말은 비록 그 수가 얼마 되지 않았지만, 그 이름과 혈통을 따지며 매우 귀하게 취급받았다. 이슬람의 성립 이후, 아랍의 말 사육가들은 페르시아와 비잔틴, 그후 베르베르산 말을 이용하여 그 개체수를 크게 늘렸고, 초원 목초지를 광범위하게 이용했다. 말과 조랑말은 유라시아 스텝의 유목민들에게 매우 중요했다. 식용이나 작업용 그리고 애완용으로 기르는 가축은 드물었다. 다른 문화권에서 매우 중요한 사육 동물인 돼지는 유대교와 함께 이슬람교에서도 금기로 배척되었다. 일부 역사학자들은 이슬람 정복자들이 스페인과 발칸 반도, 중국 서부에 도착했을 때, 돼지고기 금기가 이슬람 팽창의 지리적 경계를 가져다주었다고 주장하기도 했다. 실제로 수 세기 동안의 이슬람의 지배에도 불구하고 이 지역에서는 이슬람 신앙은 돼지를 사육하고 돼지고기를 식용하는 민족들 사이에 뿌리내리지 못했다. 가금류는 주로 고기와 알을 취하기 위해서 사육되었다. 특히 이집트 양계 농장에서는 달걀을 얻기 위한 새로운 방법을 개발했는데, 그것을 처음 본 유럽인들은 깜짝 놀랐다. 1655년 이집트를 방문했던 프랑스 여행가 장 드 테브노는 다음과 같은 관찰문을 남겼다.[6]

내가 카이로에서 최초로 목격한 기이한 일은 병아리의 인공 부화였다. 사람들은 처음에 어미 닭이 달걀을 품지도 않았는데 병아리가 부화되고, 더욱이 부화된 병아리가 대량으로 판매된다는 것을 꾸며낸 이야기로 생각했다. 이일은 모두 사실이었다. 그들은 달걀을 화덕에 넣어 어미 닭의 체온처럼 따뜻하게 두어 병아리가 부화되도록 한다…… 그들은 소나 낙타 똥을 태운 재나 유사한 재료로 온도를 높이는데, 각 화덕 입구에 그것을 놓아두고 매일 새것으로 갈아준다. 많은 사람들이 기후 조건 때문에 이집트 이외 지역에서는 인공 부화가 불가능하다고 생각했다. 그러나 피렌체의 영주는 인공 부화 사육 농민들 중 한 사람을 데려와서 이집트에서와 똑같이 인공 부화를 실시했다. 또한 폴란드에서도 인공 부화가 이루어졌다는 이야기도 들린다.

테브노가 언급한 대로, 인공 부화로 알려진 이 방식은 유럽에 소개되었고, 후일 폭넓게 실시되었다.

서유럽에서 농업과 축산은 서로 밀접하게 관련되어 있고, 종종 동일시되기도 한다. 그러나 중동에서는 농민과 유목민들 사이에 오랜 분리와 갈등이 존재해왔다. 농업과 축산은 분리되었을 뿐만 아니라 서로 적대적이었다. 농민들은 가정용으로 몇 마리의 가축을 소유하는 것이 고작이었고, 주된 가축 사육은 수송을 위함이건 고기를 얻기 위함이건 유목민들의 몫이었다. 이러한 노동의 분화는 종종 양측 모두에게 이롭지 못한 이해의 충돌을 야기했다. 이런 충돌은 중동의 가장 오래된 전승인 카인과 아벨의 이야기에서도 나타난다. 형제 중 한 명은 동물 번제를 들고 왔다. 그는 가축 사육민이었다. 다른 형제는 땅에서 수확한 과일을 들고 왔다. 그는 경작민이었다. 모세 오경의 신은 유목민을 선호했는지, 번제를 취하고 지상의 과일을 거절했다. 그리하여 농민인 카인은 유목민인 아벨을 살해했다. 중동 역사에서 이러한 일은 빈번하게 일어났고, 농민은 유목민의 약탈 때문에 고통받았다. 중동의 경작지는 거의 대부분이 유목민이 사는 사막에서 쉽게 도달할 수 있는 거리에 있었기 때문에, 민간 정권이 방어에 허점을 보일 때 유목민이 언제든지 이득을 취할 수 있었다. 그리고 문명화된 지역의 남북 경계 밖인 유라시아 초원과 아라비아 사막에는 제국을 꿈꾸는 유목 공국들과 왕국들이 성장하고 있었다.

농업과 축산은 특히 중세의 주산업인 직물의 원자재 공급을 가능하게 했다. 직물의 대對유럽 수출의 중요성은 중동에 연원을 둔 직물들 이름에서도 증명된다. 지역 이름을 딴 것으로는 모술에서 유래한 무슬린muslin(옥양목), 다마스쿠스에서 따온 다마스크damask(능직) 등이 있고, 기술 용어로는 카즈qazz에서 따온 거즈gauze(얇은 천), 무카야르mukhayyar에서 나온 모헤어mohair(모헤어직), 페르시아어 타프타tāftah에서 유래한 태피타taffeta(호박단) 등이 있다. 수출된 직조물로는 태피스트리 직물, 쿠션, 장식천, 옷감 등이 있었다. 농민들은 주로 아마와 면화를 공급했고, 유목민들은 울과 가죽을 제공했다. 또다른 중요한 원자재인 원목은 공급 부족으로 값이 비싸서 대부분 수입에 의존했다.


### ❖ 광물

광물도 매우 중요했다. 광물에는 채집할 수 있는 돌과 찰흙 같은 종류와 채굴해야 하는 금속류가 있었다. 금, 은, 동 등은 이미 선사시대부터 중동에서 채굴되었다. 청동은 이미 기원전 3000년대부터 메소포타미아 동부에서, 그리고 기원전 2000년대에는 이집트에서 제련되었다. 주석은 멀리 "주석 섬"이라고 불렸던 영국 남서부 콘월에서 수입되었고, 철은 북부의 아르메니아, 남캅카스(자카프카지예) 그리고 오늘날의 튀르키예 동부 등 여러 곳에서 가져왔다. 중동의 광산은 대부분 이미 고대에 고갈되어, 이슬람 국가들은 먼 곳으로부터의 수입에 크게 의존했다.

일부 광산들은 아르메니아, 이집트 북부, 수단 같은 외곽지대에 주로 잔존했고, 중동의 중심부인 소위 비옥한 초승달 지역과 이집트에는 거의 남아 있지 않았다. 금과 은은 여러 곳에서 공급되었다. 이러한 귀금속에 대한 탐구와 이동 경로는 종종 어떤 사건의 진행에 중요한 영향을 끼치게 된다. 이슬람 세계를 위한 가장 풍부한 금 산지의 하나는 아프리카 광산이었는데, 이집트와 수단의 경계에 있는 아스완 남부의 알라키ʿAllāqī 지방이 특히 유명했다. 이슬람이 사하라 이남으로 팽창해들어간 주된 동기는 의심의 여지 없이 금과 노예를 얻기 위함이었다. 은은 여러 곳에서 발견되었는데, 주된 산지는 과거 사산 왕조 영토였다.

### ❖ 산업 기술과 에너지

산업 기술은 초보적인 상태였다. 거의 예외 없이 인간과 동물의 힘이 유일한 에너지였다. 일부 자동장치가 고안되어 사용되었으나, 주로 장난감이었다. 이외에 기계라고는 고작 방아와 무기 발사기 정도였다. 바람과 물을 이용한 방아는 아주 고대부터 현재까지 사용되고 있다. 그러나 방아의 수는 초기 중세의 서구에 비하면 매우 적었고, 산업적 목적보다는 관개나 옥수수를 가는 데 사용되었다. 또다른 기계는 전쟁용으로 고안된 투석기 종류였다. 이 기계를 이용해서 발화성 액체를 담은 항아리를 적의 도시와 배를 향해서 발사했다. 중세 후반에 유럽으로부터 소총과 대포가 수입될 때까지 이러한 기계들은 팽창력이나 비틀림을 이용하여, 또는 고도의 정교함을 요구할 때에는 중량과 평형력의 균형을 이용하여 작동되었다. 이런 기계는 종전의 방식보다 훨씬 먼 거리에 훨씬 큰 힘을 가진 발사체를 쏘아올릴 수 있게 해주었다. 그외에 칼, 단검, 방패, 갑옷 그리고 대포(돌을 쏘는 큰 투석기를 의미한다) 등과 같은 다른 무기들도 산업 생산과 국제 무역의 상품으로서 중요한 위치를 차지했다.

중동에서 에너지 생산이 진보를 이루지 못했던 명백한 이유는 적절한 원자재의 부재였다. 중동에는 서유럽에서처럼 땔감, 목탄, 석탄이나 강과 폭포를 이용한 수력 자원이 부재했다. 물론 석유가 있었지만, 채유의 이용은 훨씬 후대의 일이었다. 고대와 중세에는 단지 자연적으로 표면에 스며나온 것을 취했을 뿐이었다. 조로아스터교를 믿는 페르시아에서 석유는 사원에서 신성한 불을 밝히는 데 사용되었다. 비잔틴과 이슬람 제국에서 석유는 주로 그것을 혼합하여 폭발성 있는 전쟁 무기를 만드는 데 사용되었다.

## ❖ 직물과 국제 무역

의생활 다음으로 세계적으로 가장 시급한 것은 집 문제였다. 따라서 건축이나 가구는 물론 가정집이나 공공건물의 장식에 이르기까지 자재를 공급하기 위한 산업이 크게 발달했다. 거기에다가 도시 거주자들은 항아리, 냄비, 기타 식기류, 비누, 향수, 연고, 나아가 잉크, 양피지, 파피루스 그리고 후일의 종이 같은 필기도구를 필요로 했다.

다른 문화권에서 산업 생산의 매우 중요한 견인 역할을 했던 수송이 이슬람 영역에서는 크게 중요성을 띠지 못했다. 아마 목재와 금속의 부족에서 연유된 것 같은데, 바퀴 운송수단이 거의 사용되지 않았고, 운송로도 거의 건설되지 않았다. 물론 수레가 종종 언급되고 묘사되기는 하지만, 보편화된 것은 아니었다. 14세기에 그의 고향인 모로코에서 중동을 거쳐 중앙아시아를 여행했던 이븐 바투타는 스텝의 튀르크인 사회에서 바퀴 달린 수레를 발견하고, 특별히 언급하고 묘사해야 할 중요한 일이라고 생각했다. 18세기에 와서도 프랑스 여행가 불레는 그의 관찰에서 다음과 같은 기록을 남겼다.[7]

시리아 전역에서 사륜 짐마차나 수레가 보이지 않음은 매우 특이하다. 이는 관리들에게 적발되면 큰 손해를 본다는 두려움 때문으로 보인다.

수송은 일반적으로 동물이나 수로에 의존했다. 기원전 2000년대부터 사육된 낙타는 540킬로그램의 짐을 싣고 하루에 322킬로미터를 갈 수 있다. 그리고 물 없이 17일을 여행할 수 있다. 그러나 낙타는 어느 곳에서나 이용될 수 있는 동물이 아니다. 발칸의 습윤한 풍토에서 아나톨리아와 시리아로부터 오스만 제국의 물자와 군수품을 실어 나른 수많은 낙타가 병들어 죽었다. 이는 오스만이 더 이상 진격할 수 없게 방해했다. 그러나 중동의 건조 기후에서 낙타는 어떤 수레나 도로보다도 훨씬 비용 효율이 높았다. 더욱이 노새나 당나귀도 짧은 구간의 물자와 사람의 수송에 매우 적절히 기여했다. 수로 수송은 별개의 문제였다. 이른 시기부터 내륙 수로는 물론, 지중해와 동부해를 이용하기 위한 대규모의 조선업이 발달했다. 로마 역사가들의 계산에 의하면, 해로로 지중해의 한 끝에서 다른 끝으로 배로 수송하는 것보다 로마 제국 내에서 수레로 120킬로미터를 운반하는 것이 훨씬 비용이 많이 들었다. 이와 같은 현상은 이슬람 시대에도 마찬가지였다.

직물과 같은 제조는 통상 내수용이었고, 제조업자들은 가족과 함께 자신의 집이나 자그마한 작업장에서 일했다. 제조품은 주로 공동체나 가족, 그 지방의 필요를 충족시키기 위함이었고, 국제 무역을 위한 것은 아니었다. 카펫으로 대표되는 일부 품목만이 국제 무역을 위해서 제조되어 산업 조직이 대규모로 발전하기도 했다. 예를 들면 중세 이집트의 자료는 아마포 제조 노동자들이 한 기업에 일당으로 고용되었다는 사실을 전해준다. 비슷한 상황이 이집트의 또다른 주요 산업인 설탕 정제 분야에서도 일어났다. 국가는 보호와 장려를 통해서, 통치자에 의한 직접적인 재정 투자를 통해서 혹은 국가 전매 산업의 설립을 통해서 다양한 방식으로 산업에 개입했다.

가장 중요한 직물 산업은 "티라즈tirāz"였다. 티라즈는 고전 아랍어로 무늬 직물이나 자수를 의미했는데, 그것을 입거나 선물하는 것은 왕실의 특권이 었다. 그 옷감은 통치자 자신이나 영광의 표시로 통치자가 수여한 사람만이 입을 수 있었으므로, 티라즈는 명예와 장식의 상징이 되었다. 이러한 특별한 의미 때문에 티라즈의 제조는 초기에 철저히 보호받는 국가 전매 산업이 되었다. 티라즈 작업장은 국가 소유였고, 그 공장장은 국가 관리였다. 후일 이 산업은 크게 확산되었다. 전함의 건조나 무기의 제조 같은 군수 산업도 때때로 국가의 통제하에 있었다.

국가는 종종 가격 통제를 위해서 경제생활에도 개입했다. 이러한 시행은 고대, 특히 대규모의 가격 통제를 처음으로 시도한 것으로 보이는 로마 황제 디오클레티아누스 시대로 거슬러올라간다. 예언자 무함마드의 말로 전해오는 "오직 신만이 가격을 정할 수 있다"는 자유방임주의적 경제학에 대한 뛰어난 하디스Hadīth*의 언급에도 불구하고, 무슬림 권력층은 빈번하게 가격 통제를 시도했고, 중세 경제학자들은 이를 "공정한 가격"이라고 불렀다. 그러나 이러한 정책은 거의 실패하고 말았다. 일부 집권자들은 독점을 통해서 정찰 가격을 무시하기 일쑤였다. 특히 이집트의 맘루크 왕조 후기에 정부는 후추 무역에 매년 세금을 부과하여 수입을 올릴 수 있다면 아예 후추 무역 전체를 장악하여 더 큰 수입을 올릴 수 있다고 판단했다. 그리하여 후추 무역업자들로부터 세금을 거두는 대신에 모든 이익을 통째로 취하려고 했다. 더욱이 맘루크 술탄 바르스바이(재위 1422-1438)는 국가의 전매정책을 극단으로 몰고 갔다. 결과적으로 통과 무역의 붕괴는 포르투갈인들이 아프리카를 돌아 새로운 무역로를 찾아 나서게 하는 주요한 동기가 되었다.

다른 분야에서와 마찬가지로 이슬람 시대의 산업에서 가장 주요한 발전의

---

\* 무함마드의 언행록.

하나는 다양한 지역, 즉 동부 지중해와 이란 세계의 고대 문명에서 흘러들어온 전통과 기술을 조화롭게 융합시킨 데에서 비롯되었다. 이것은 이슬람 도자기의 새로운 아름다움으로 나타났다. 13세기 몽골의 대침입은 처음으로 동서아시아를 단일 통치권으로 묶어주었고, 중동, 특히 페르시아가 동아시아의 취향과 양식을 접할 수 있게 해주었다.

귀금속의 추구와 채취는 광범위한 분배와 교환 체계의 발전을 촉진시켰다. 과거 비잔틴 영토의 금화와 사산 왕조 영토의 은화를 동시에 사용함으로써 사실상 복본위제複本位制 경제와 화폐교환 제도가 발전했다. 광대한 영역에 걸쳐 대규모 무역을 행하면서 주요 상업도시에서 활동하는 환전상 계층이 출현했고, 이는 궁극적으로 분화되어 정교한 금융 제도의 발전을 가져다주었다.

중세 이슬람 세계는 장거리의 대규모 무역에 상당히 유리했다. 사상 처음으로 모로코에서 북아프리카를 거쳐 중동, 훨씬 더 나아가 인도와 중국 접경에 이르는 거대한 고대 문명권이 하나의 정치-문화 질서 속에 통합되었다. 최소한 지역 간, 국제 간 교신에서 범세계적으로 통용되는 아랍어는 이슬람세계 전역에서 구사되었고, 정교하고 풍부한 교신수단이 되었다.

코란에는 다음과 같은 구절이 있다. "하느님께서 장사는 허락하였으되 고리대금은 금지하셨노라.……고리업을 행하는 자는 영원한 불지옥에 떨어지리라."(2:275) 코란에서 강력히 표현된 고리대금의 금지는 예언자의 전승과 주해서를 통해서도 더욱 강조되었다. 심지어 단 한 번의 고리대금 행위는 33번의 간통 행위보다 더 나쁜 것으로 간주되었다. 이러한 금지는 무슬림들에게 항상 진지하게 받아들여졌고, 오늘날 신앙이 투철한 무슬림들이 금융이나 투자를 하기 어렵게 만들어버렸다. 오늘날 신학자들과 율법학자들의 절대다수는 이러한 금지를 과도한 이자만이 아닌 모든 이자로 재해석함으로써, 신용 거래나 대규모 교역의 발전을 저해했다. 그리하여 다른 분야와 마찬가지로 이 금지에서도 상인들과 율법학자들은 적절한 대안을 궁리하여 "합법적 대안ḥīla sharʿiyya"을 만들어냈다. 이는 형식적으로는 율법을 준수하면서, 신용, 투자, 동업, 심지어 금융 등을 조직할 수 있는 방안이었다.

이슬람교의 기본 의무 중의 하나는 "하즈ḥajj"라고 불리는 메카 순례이다. 모든 무슬림들이 평생에 최소 한 번은 지켜야 하는 순례 의무는 장거리 교역의 발전에 크게 공헌했다. 매년 열리는 하즈는 이슬람 세계 전역으로부터 수많은 무슬림들을 한 곳의 성지에 모이게 하여 똑같은 종교적 의례를 행하게 함으로써 공동의 정체성을 창출하고 유지하는 데 도움을 준다.

이슬람 세계에는 지역마다 토착 전통이 있고, 이는 때때로 매우 강한 역동성을 띠기도 한다. 그렇지만 거의 처음부터 가치와 기준, 사회 관습 등과 같은 도시 문명에서 중세 기독교 세계와는 비교가 되지 않을 수준의 통합이 유지되었다. 14세기 대학자인 라시드 알-딘은 "프랑크는 25가지 언어를 사용한다. 서로 다른 사람의 말을 이해하지 못한다"라고 했다.[8] 이런 언급은 이슬람 세계의 언어 통합에 익숙했던 무슬림들에게 매우 당연한 것이었다. 이슬람 세계에서는 2-3개의 주요 언어가 서유럽의 라틴어처럼 일부 성직자 계층의 좁은 통용어로서뿐만 아니라, 지방 언어와 방언을 하류로 몰아내면서 범세계적이고 효과적인 교신수단으로 사용되고 있었다. 고대와 중세와는 비교가 되지 않을 정도의 물질적, 사회적, 지적 역동성으로 이슬람 세계는 육로와 해로를 통해서 광범위한 교신 연계망을 발전시켰다.

육해상 여행에는 양쪽 모두에서 위험이 도사리고 있었다. 한쪽은 산적과 강도의 위협이고, 다른 쪽은 해적의 출현이었다. 두 여행 모두 느리고 끈기를 필요로 했다. 해로나 수로를 통한 여행이 훨씬 경제적이기는 했지만, 양쪽 모두 비용이 많이 들기는 마찬가지였다. 이런 이유로 장거리 교역은 그러한 위험 부담을 상쇄할 정도로 높은 가격을 보장해주는 일부 품목에 국한될 수밖에 없었다.

따라서 현대 무역에서 보다 중요한 식품 교역은 예전에는 거의 중요성을 가지지 못했다. 식품은 일반적으로 저렴하고 대량 수송을 필요로 했기 때문에 그 가치가 떨어졌다. 비용은 매우 높고 수익은 매우 낮은 반면에, 위험 부담이 너무 컸다. 그러므로 소비를 위한 식품 생산은 거의 전적으로 그 지방에 국한되었다. 장거리 교역은 주로 세 종류의 품목에 관심을 기울였다. 희귀성과 높은 가격 때문에 배나 대상을 통한 장거리 여행의 위험과 혹독함을 보충하고도 남을 품목들로, 바로 필수 광물질, 노예 그리고 사치품이었다. 식품은 극히 일부 품목만 수입에 의존하고 거의 대부분은 그 지방에서 생산되었다. 금, 은, 철 등은 가격이 얼마든 수입해야 했다.

## ❖ 노예 무역

대규모의 장거리 노예 무역은 이슬람 시대에 와서 주로 발전했는데, 슬픈 역사의 역설인지 이슬람 법의 인도적인 영향에서 비롯되었다. 초기 기독교 시대를 포함하여 고대 제국에서 거대한 노예 인구는 대부분 지역 단위로 충원되었다. 이 시기 노예의 공급은 범죄자나 채무자의 노예화, 부모에게 버림받은 아이들의 노예 입양, 자식이나 스스로의 몸을 판 이들의 노예 신분으로의 귀속 등 여러 가지 방식으로 충당되었다. 이러한 모든 방식은 이슬람의 정복으로 서서히 이슬람법이 적용되면서 근절되었다. 이슬람 율법학자들이 규정하고 무슬림 통치자들이 일반적으로 존중했던 원칙에 따르면, 인간의 자연 상태는 자유였다. 이슬람 국가에서 자유롭게 태어난 시민들은 무슬림이든 다른 허용된 종교에 속하는 사람이든 간에 채무나 범죄 때문에 노예가 되지는 않았다. 무장반란을 꾀한 자만이 예외였다. 버려진 아이들도 그들이 노예였다는 사실이 증명되기 전에는 자유민으로 취급되었다. 노예 부모로부터 태어난 자식들은 그들이 자유롭게 해방될 때까지는 노예 신분이었다. 자유민이 노예가 되는 경우는 지하드에서 포로로 잡힌 이교도들뿐이었다. 그런 경우에 그들과 가족들은 합법적인 전리품이었고, 그들의 재산은 정복자에게 귀속되었다. 그러나 제국 내에서 성인 노예들의 자연적 증가에 의한 충원은 중동 사회의 극단적인 욕구를 결코 충족시킬 수 없었다. 따라서 제국의 경계를 넘어 새롭게 노예화된 이교도를 공급하기 위한 거대한 교통로가 개발되었다. 노예의 가격, 특히 젊은 여자 노예의 가격은 매우 높았다. 따라서 소모성 상품임에도 불구하고 그 무역은 위험 부담을 안을 가치가 있었다. 거세한 젊은 남자 노예의 가격은 크게 상승했는데, 궁정이나 부유한 집안 그리고 일부 종교기관에서 시중을 들 내시의 수요가 증대했기 때문이다. 이슬람 법은 신체 훼손을 금했기 때문에, 내시들은 이슬람 영역으로 들어오기 전에 이미 변경에서 "제조되었다."

노예는 주로 세 지역에서 유입되었다. 유럽과 유라시아 스텝 그리고 아프리카였다. 간간이 인도나 중국과 같은 다른 지역에서 온 노예들이 언급되고는 있지만, 그들은 미미하고 예외적인 경우였다. 중세에서 현대에 이르기까지 노예의 정기적인 공급 창구는 앞의 세 지역이었다. 영어 단어 "slave(노예)"의 어원이 된 중동부 유럽의 슬라브족Slav이 무슬림 스페인과 북아프리카 노예 인구의 중요한 부분을 차지했다. 중세에 그들은 주로 서유럽 노예 상인이나 중개상을 통해서 공급되었다. 동유럽에서는 발칸으로 진출한 오스만 제국이 중간 상인들을 차단하고 직접 슬라브 노예들을 획득했다. 규모는 작지만 결코 무시할 수 없는 것은 17세기까지 지중해에서 노략질을 일삼고 대서양 연안까지 왕래하던 바르바리(북아프리카 이슬람 지역) 해적에 의한 서유럽 노예의 공급이었다. 1627년 그들은 아이슬란드에 침략하여 242명의 포로를 알제리의 노예 시장에 내다 팔았다. 1631년 6월 20일에는 바르바리 해적이 아일랜드의 볼티모어에 있는 어촌을 습격했다. 당시 런던에 보내진 보고서에는 그들의 아내, 아이들, 하인들과 함께 침략자들에게 납치된 총 107명의 발티모어 사람들의 명단이 들어 있다. 그리고 "다른 방식으로" 납치된 47명의 명단이 추가되어 있다. 당대의 목격자였던 프랑스 신부들은 그들이 목적지에 도달한 광경을 다음과 같이 묘사하고 있다.[9]

> 알제리 시장에 팔려나온 그들의 모습은 처참했다. 남편과 아내, 아버지와 아들이 서로 떨어졌다. 남편은 이곳으로, 아내는 저곳으로 팔려갔다. 다시는 보지 못할 딸을 그녀 팔에서 억지로 떼어놓았다.

같은 시기 동유럽의 타타르족 지배자들은 러시아, 폴란드, 우크라이나 등지를 습격해서 매년 수천 명의 젊은 노예들을 배에 태워 이스탄불로 실어 오스만 제국의 여러 도시에서 팔았다. "스텝의 수확"이었다. 이 교통로는 1783년 크림 반도가 러시아에 병합될 때까지 지속되었다.

두 번째 주요한 노예 집단은 유라시아 스텝의 튀르크인들이었다. 그들은 이슬람 초기부터 흑해 북부에서 중국과 몽골 접경에 이르는 지역에서 포로나 매매에 의해서 이슬람 세계로 공급되었다. 이들은 중세 이슬람 동부 지방에서 백인 노예의 주축을 이루었고, 특히 군사적인 목적으로 사용되었다. 튀르크인 스텝 지역의 이슬람화로 튀르크인 노예 공급이 불가능해지자, 조지아와 캅카스 노예를 공급할 수 있는 캅카스 지역이 새롭게 떠올랐다. 그리하여 많은 수의 남녀 노예가 다양한 서비스를 위해서 오스만과 페르시아 영토로 수입되었다. 이곳도 결국 19세기 초에 러시아의 캅카스 정복으로 폐쇄되었다.

세 번째 노예 집단으로서 가장 오래 지속된 노예 무역은 사하라 남쪽의 아프리카 흑인 노예의 공급이었다. 흑인 노예는 로마 시대, 특히 이집트에서 간간이 등장했는데, 이집트에서 흑인 노예는 아주 고대부터 알려져 있었다. 그러나 이런 현상은 일반적이기보다는 하나의 예외였다. 흑인 노예가 대량으로 수입된 것은 이슬람 군대가 아프리카 대륙으로 진출하는 시기로 거슬러올라간다. 노예는 3개의 주된 경로로 유입되었다. 첫째는 동아프리카에서 해로를 통해 홍해나 걸프 해를 거쳐 아라비아나 이란 그리고 그 동쪽으로 향하는 경로이고, 둘째는 수단에서 대상을 통해 나일 강 하류를 따라서 이집트에 이르는 경로이며, 셋째는 서부 아프리카에서 북쪽으로 사하라를 가로질러 모로코에서 이집트에 이르는 지중해 연안 국가로 향하는 길이었다. 이러한 공급 경로도 열대 아프리카 전역에 유럽의 식민 통치가 들어서면서 한동안 봉쇄되었다. 흑인 노예들은 농업, 산업, 교역, 특히 가사 등 여러 목적으로 이용되었다. 흑인 노예들은 이라크의 관개 공사 같은 농업, 누비아나 사하라의 소금 광산과 금광 같은 광산, 또는 일부 제조업 분야에 종사했다. 그러나 중세 이슬람 경제는 고대 세계와 달리 노예 노동력에 주로 의존하지는 않았다.

## ❖ 실크와 향료

마지막으로 가볍고 양은 많지 않았지만 고부가 상품인 사치품 교역이 있었다. 그중 가장 중요한 품목은 직물, 특히 실크와 비단 문직과 같은 고가 직물이었다. 로마 후기, 비잔틴, 페르시아 시대 및 이슬람 초기에 실크는 교역의 중요성뿐만 아니라 정치적 중요성도 지녔다. 이 때문에 실크의 수입과 함께 실크 제조는 후일 왕실의 독점사업이 되었다. 실크 예복은 종종 주변 국가의 어린 군주들에게 명예의 상징으로 제공되었기 때문에, 실크 교역은 외교적 의미를 지니기도 했다. 동방으로부터의 실크 수입은 이처럼 실크가 통과하던 지역의 정치적, 군사적 역사에서 주를 이루었다.

다른 주요 상품은 향이었다. 향은 여러 가지 향료와 함께 아라비아 남부와 동방 여러 곳에서 공급되었다. 그리스-로마 시대의 신전이나 그후 기독교 교회에서 폭넓게 사용되었기 때문에 향은 매우 중요한 교역품이었다. 말 그대로가 아니라, 근대 역사가들은 향 무역을 수레를 잘 굴러가게 하는 고대 세계의 윤활유 무역으로 비유하기도 한다.

이슬람은 예배와 의례에서 향을 사용하지 않는다. 새로운 신앙인 이슬람이 발생하여 퍼진 후에도 기독교 유럽에서는 향의 수요가 여전했지만, 이슬람 세계에서는 그 중요성이 훨씬 약화되었다. 향 무역이 쇠퇴한 후, 보다 중요하게 된 것은 말라바르 해안에서 공급되는 향료, 특히 후추 무역이었다. 이슬람 지역뿐만 아니라 그외 지역에서도 실질적으로 후추, 향료, 조미료 시장이 형성되었고, 이 품목들을 취급하는 상인들은 부유하고 극히 존경받는 계층이 되었다.

보석도 가벼운 무게로 고부가를 올릴 수 있는 이점이 있었다. 그와 같은 품목으로는 상아, 희귀 목재, 희귀 동물 등이 있었다. 희귀 동물들은 로마 시대에 서커스를 위해서 상당한 수가 수입되었다.

## ❖ 중동 경제의 쇠퇴

중세 전성기의 이슬람 중동 지역의 무역은 부, 규모, 조직 등 어느 면에서 보나 유럽을 앞질렀다. 판매할 상품이나 구입할 자금력은 물론, 정교하게 조직된 거대한 무역 연계망에서도 유럽보다 우위에 있었다. 그러나 중세 말이 되자 이러한 지위가 뒤바뀌었다. 한때 생각된 것처럼 중동 무역이 대항해 시대의 도래와 포르투갈인들의 아시아 진출로 종식된 것은 아니다. 오늘날에는 바스쿠 다 가마가 인도에 상륙한 이후로도 1세기 이상이나 중동 무역이 지속되었다는 사실이 잘 알려져 있다. 중동 무역의 쇠퇴는 대양 횡단의 발견에 기인한 것은 아니었고, 그 경제적 영향으로 인한 중동에서의 변화 때문만은 더더욱 아니었다. 서유럽의 조그마한 국가인 포르투갈이 해군력과 교역에서 두각을 나타내고, 한동안 동방을 장악했다는 사실은 놀랄 만하다. 그러나 더욱 놀라운 것은 이집트의 맘루크, 오스만 제국, 이란의 사파비 등과 같은 중동의 강국들이 포르투갈인들과 경쟁해서 경제력을 키우지 못하고 그들을 패퇴시킬 해군력을 갖추지 못했다는 사실이다. 대발견은 분명히 중동 무역의 퇴조를 가속화했다. 그러나 그것은 이유가 되지 못한다. 역사가들은 다른 곳에서 그 원인을 찾아야 한다.

이러한 쇠퇴는 비단 이슬람 지역에 국한된 것이 아니었다. 비슷한 현상이 비잔틴의 잔존 영역, 심지어 규모는 작지만 한때 강력한 교역 도시로서 북서유럽의 성장하는 경제에 힘입어 기량을 발휘했던 이탈리아 같은 지중해 유럽에서도 목격되었다. 이러한 쇠퇴의 원인을 단순히 이슬람의 종교적인 문제나 성법의 적용으로 돌릴 수도 없다. 이슬람 종교의 대두가 그 이전의 번성하던 무역을 방해하지도 않았고, 그렇다고 이슬람과 관련 없는 비잔틴이나 이탈리아가 쇠퇴에서 구제된 것도 아니기 때문이다.

일부 물질적인 요인이 확인된다. 정확히 유럽의 경쟁자들이 아메리카에서 금과 은의 새로운 원광原鑛을 찾고 있을 때, 이슬람 국가는 광산과 귀금속의 고갈과 침략자들의 약탈로 재정 부족에 직면해 있었다. 흑사병 및 다른 자연재해는 기독교와 이슬람 세계 모두에 영향을 끼쳤지만, 이슬람 지역은 특히 북아프리카를 유린한 힐랄리 베두인족과 동쪽 몽골의 파괴적인 침략으로 크게 고통을 받았다.

아마 장기적인 측면에서 외부의 침략보다 더욱 파괴적이었던 것은 국내 정치의 변혁과, 교역과 생산에 거의 관심이 없었던 군부에 의한 국가의 장악이었을 것이다. 중동은 심지어 지중해 해상 무역마저 정복이나 어떤 압박도 없이 보다 활동적이고 보다 효율적인 교역방식을 가진 이탈리아 도시들에게 넘겨주고 말았다. 설탕과 커피와 같은 몇몇 품목을 제외하면 중동의 농업과 공업은 더 이상 잉여 수출품을 공급할 수 없었고, 중동의 무역상은 점차 유럽과 동방을 잇는 통과 무역에 크게 의존하게 되었다. 이와 같은 무역의 전환은 훨씬 큰 타격이었다. 한편 서유럽의 기술, 재정, 무역의 성장은 서구 무역상들에게 중동 시장을 장악할 수 있는 수단과 재료, 기능을 제공했다. 그리고 그들의 중동 시장으로의 접근은 오스만 제국이 이룩한 통합과 안정에 의해서 촉진되었다. 오스만 군대는 영토를 다스리고 오스만 함대는 한동안 바다를 지배했지만, 유럽 상인들은 아주 조용하고 평화롭게 그 시장을 장악했다.

## 3. 엘리트 지배계층

모든 역사가 그러하듯이, 이슬람 문명에서도 일부에 국한된 특권계층과 다수 대중 사이에 구분이 있었고, 그 구분은 인정되었다. 고전 아랍어로 그들은 "카사khāṣṣa"와 "암마āmma"로 표현되었는데, 그 의미는 각각 "특수층"과 "일반층"이었다. 이슬람은 평등의 원칙을 강조한다. 출생이나 가문, 종족이나 국적, 나아가 사회적 신분에 의한 특정 신자의 우위를 인정하지 않는다. 단 형제 종교들인 유대교, 기독교와 마찬가지로, 정통 이슬람도 남녀, 자유민과 노예, 이슬람 신도와 이교도 사이의 근본적인 차별은 인정한다. 그리고 성법의 규정에서도 후자의 열등한 지위를 강제하고 있다. 이처럼 관용적으로 인정되는 차별 이외에는 이슬람 법과 교의 신도들 간의 어떠한 구별도 인정하지 않는다. 오로지 신앙심과 선행만이 영광을 안겨줄 수 있고, 부와 권력 그리고 고귀한 출신과 같은 요소는 뛰어넘을 수 있다.

그러나 현실적으로 충분한 부와 권력, 나아가 지식을 가진 사람들은 대개 자산을 자식들에게 물려주고 싶어한다. 따라서 모든 인간 세상에는 필연적으로 상속되는 특권계층이 형성되고는 한다. 오스만 제국이 등장할 때까지는 귀족계층의 기득권을 확립하고 유지할 만한 정치 세력이 오래 지속된 적이 거의 없었다. 대부분의 중세 이슬람 정권은 내부의 폭동이나 외부의 빈번한 침공으로 전복되기 일쑤였다. 새 통치자는 그의 가문과 측근, 지지자들과 함께 부와 권력을 가진 새로운 귀족계층을 형성했다. 이런 점에서 정복은 정복자의 동족들에게 명백한 이점을 가져다주었다. 물론 그러한 특권이 아주 잠깐 동안이었던 두 예외가 있었다. 이 두 예외는 바로 이슬람 정권을 창출하고 한동안 통치권을 행사했던 아랍인과, 중세 말부터 오늘날까지 정치적 주권과 군지휘권을 거의 독점한 튀르크인이었다. 두 종족은 모두 각각 다른 방식으로 원래의 종족적 정체성을 변형시켰는데, 아랍인은 아랍화된 토착 대중으로, 튀르크인은 오스만 제국의 다국적 통치 행정의 지배 엘리트층으로 변모되어갔다.

사회적 지위와 관련하여 성법학자들이 논의한 대목이 있는데, 그것은 "결혼에시의 출생이나 사회적 신분의 평등" 정도로 대충 번역될 수 있는 "카파 kafāʾa" 원칙과 밀접하게 관련되어 있다. 이 원칙은 어떤 종류의 귀족적 특권을 인정하지 않는다. 불평등한 결혼을 금지하지도 않고, 율법학자들도 불평등을 구성하는 요건에 대해서 일치된 견해를 보이지 않는다. 그러나 이 원칙의 목적은 가족이 원할 경우에 적절하지 못한 결혼을 막아 존경받는 가문의 명예를 보호한다는 것이다. 따라서 "카파"의 원칙에 따르면 한 여성이 허락 없이 결혼 계약을 체결하거나, 자식이 있거나 임신 상태가 아니면서 허락 없이, 혹은 부당한 방법으로 맺은 결혼 계약에 대해 아버지나 그 여성의 법적 보호자가 취소를 제기할 수 있다. 이 원칙은 여자가 사회적 신분이 열등한 남자와 결혼하여 여자 가문의 명예를 추락시키는 것을 막기 위해서 제기되었다. 그러나 남자가 자신보다 열등한 지위에 있는 여자와 결혼하는 것은 허용되었다. 율법학자들의 견해에 따르면 그 이유는 어쨌든 여자는 열등한 존재라서 결혼에서 입을 사회적 손상이 거의 없다는 것이었다.

동등한 지위에 대한 개념 정리에 관한 율법학자들의 견해는 상당히 다양하다. 일부 학자는 이 원칙을 종교에 국한하여, 신앙심이 깊은 여자가 그녀의 의사에 반해서 그렇지 못한 남자와 결혼하는 것을 막으려는 의도로 보고 있다. 그외 모든 다른 측면에서는 대율법학자 말리크 이븐 아나스의 표현대로

"모든 이슬람 신자들은 신의 계시에 따라서 서로가 평등하다."[1] 그러나 다른 학파의 율법학자들은 이슬람 이전 페르시아의 위계질서 개념과 적용의 영향을 받아서인지, 카파를 신앙심 이외의 다른 문제와 결부시키고 있다. 이러한 문제들에는 혈통, 직업, 재산 그리고 그 가문이 무슬림으로 개종하거나 자유민이 된 시점 등이 포함된다.

카사와 암마 사이의 구분이 가진 자와 가지지 못한 자 사이의 구분과 같은 경제적인 문제만이 아니라는 점은 분명하다. 가난한 귀족층과 비천한 벼락부자는 다른 문학에서와 마찬가지로 이슬람 문학에서도 친근하다. 그러나 몇 세대를 거쳐 거듭된 가난은 카사 계층에 어울리지 못했다. 출신 성분, 지위 등이 그 개념 속에 자리하고 있던 것은 사실이지만, 구분의 주된 요소는 아니었다. 카사의 아버지에게서 태어나 카사 가정에서 성장한 사람의 사회적 구분은 여느 시대나 장소와 마찬가지로 그의 성장을 뒷받침해준 경제적, 정치적 실체보다 훨씬 오래 지속될 수 있었다. 권력과 부가 사라지고 나면, 사회적 우위의 감정이 살아나게 마련이다. 직업은 분명히 중요했다. 사실 중세 무슬림 작가들은 사회 질서에서 직업들의 위상을 표시하면서 무역업, 장인업 등 다양한 전문직종의 분류에 상당한 관심을 보였다.

교육 또한 결정적인 요소가 될 수 있었다. 이는 성서가 강조되고, 성서를 기록한 언어를 숭상하며, 그 언어를 사용하는 사람들을 존경하는 사회에서 특별한 의미를 지니고 있었다. 세 언어—아랍어, 페르시아어, 튀르크어—가 중동 이슬람의 주요 지역에서 문화적 정체성을 결정해주었고, 식자층에게 상당한 정도의 문화적, 도덕적 통합을 가져다주었다. 일반 대중은 토착어와 방언 등 다양한 언어를 사용한 반면, 카사 계층은 공통의 문어와 공통의 고전과 성서적 전통, 나아가 그러한 과정을 통해서 만들어지는 공통의 행위 규범과 예의범절에 의해서 통합되었다. 그 이전 시기, 특히 압바스 제국의 바그다드와 파티마 왕조의 카이로에서의 지배적인 신앙(이슬람)에 대한 집착은 엘리트 계층의 필요조건이 아니었다. 기독교도와 유대인 시인이나 과학자, 학자들도 무슬림 엘리트층과 단순히 동료로서뿐만 아니라, 친구나 동업자, 사제로서 같은 분야에서 활동하고 있었다. 후일 국가 안팎에서 야기된 부분적인 종교 갈등 때문에 이교도에 대한 태도가 경직되었고, 비무슬림 공동체는 이슬람법이 규정한 관용의 혜택을 여전히 누렸더라도 무슬림 공동체로부터 서서히 분리되고 고립되어갔다. 그리하여 중세 후반에서 근세 초반까지는 비무슬림 의사와 전문가들이 계속해서 고용되고 때때로 최상의 지위에 오르기도 했지만, 서로 다른 종교를 믿는 사람들 사이의 사회적, 지적 대화는 현저히 감소했디.

이른 시기부터 전해져 내려오는 문학이나 문서상의 사료들은 거의 전적으로 카사 계층에 속한 내용이기 때문에, 과거의 기록과 그 기록에 근거한 근대 역사 서술은 필연적으로 카사 계층의 이익과 활동, 관심을 보여준다. 최근에 와서야 학자들이 농민이나 장인 그리고 도시 빈민 등과 같은 비특권층의 생활을 연구하기 시작했다. 일부 획기적인 중세 사료가 잔존하고는 있지만, 이 연구는 주로 세세한 문서상의 기록이 남아 있는 오스만 시기에 국한된 경우가 많다.

### ❖ 관료계층

서적과 서한, 문서 등 이슬람 역사 연구를 위한 사료들의 절대다수는 관료와 종교인이라는 2개의 주된 사회계층에서 유래한다. 관료 제도의 등장은 아주 고대로 거슬러올라가는데, 아마 그 기원은 중동에 있을 것이다. 관료 제도는 어떤 실제적인 필요성 때문에 생겼다. 하천을 중심으로 하는 사회에서 관개 체계를 조직하고 유지하는 목적이 특히 컸다. 이미 기원전 3,000년대 후반에 이집트 고왕국의 파라오들은 늪지를 개간하여 관개를 확충했으며, 도시를 건설하고 이집트가 필요로 하는 원목이나 광물을 공급하기 위해서 육로와

해로를 이용하여 대외 교역을 행했다. 정부와 행정의 발전 그리고 왕궁과 신전의 건설은 어느 정도의 회계와 기록을 필요로 했다. 이러한 새로운 필요에 부응하기 위해서 서기라는 특수한 "직업"이 등장했고, 그와 함께 사무원과 서기라는 새로운 사회계층이 형성되었다. 이로써 지식의 기록과 축적, 전달이라는 획기적인 혁명이 가능해졌다. 관료 제도는 파라오, 그리스 시대의 왕들, 로마인, 기독교 비잔틴 제국인과 아랍인 그리고 다양한 무슬림 후계자들과 같은 끊임없는 정권과 문명의 교체를 통해서 이집트에서 번성했다. 이와 유사한 진전이 이라크와 이란에서도 목격된다. 바빌로니아와 고대 페르시아 왕국으로 거슬러올라가는 그곳의 관료 제도 전통은 사산 왕조 페르시아 시대는 물론, 그후 이슬람 칼리프와 술탄제하에서도 존속했다. 그 전형은 서기 에즈라로, 그의 능력과 역할은 그의 이름을 딴 히브리어 성서 「에즈라」 서에 잘 묘사되어 있다.

관료제에는 그것을 아울러 특징지어주는 어떤 불변의 양상이 있다. 그중에서 가장 중요하고 끈질긴 것은 정부의 관료제로, 지속성이 강하고 문서로 처리된다는 특징이 있다. 문서와 회계는 행정의 핵심이다. 따라서 문서 작성과 계산은 행정 분야 종사자들의 필수적인 능력이다. 이슬람 고전문학의 상당 부분은 서기들이 기록한 것으로, 그들은 여기에 자신들의 민족정신과 함께 직업적 이해와 관심을 투영했다. 이러한 문학은 기능적으로 한정되고 위계질서에 따라서 명령되는 관료제를 그대로 묘사한다. 각 관료는 자신보다 높은 직위를 가진 사람에게서 주어진 권한을 수행해야 한다. 그의 역할에는 한계가 있고, 그의 권한은 제한되어 있다. 그러한 제도 내에는 소위 명령 체계가 있고, 그것은 동시에 출세의 사다리이기도 하다. 각자는 자신 앞에 놓여 있는 상황이나 출세의 갈망을 충족시키기 위해서 무엇을 해야 하는지를 대충 알고 있다. 이러한 위계질서는 감독이나 통제에 개입하고, 책무라는 중요한 원칙을 가동시키기도 한다.

관료제의 여러 특징들 중의 하나는 충원과 급료의 방식이다. 서기의 특징은 월급을 받는 피고용인이라는 점이다. 그의 급료는 상속에 의한 것도, 조세 수익 재산의 소유나 운영에 의한 것도 아니고, 직위 수당으로 지급되는 것도 아니다. 그는 수입원을 소유하지도, 보조금을 수혜받지도 않는다. 그는 단지 업무에 대한 급료를 지급받을 뿐이다. 보다 잘 정비되고 성공적인 관료제하에서 그는 급료를 현금으로 받지만, 재정이 고갈되었을 경우에 통치자는 때때로 관료들에게 행정력 와해에 대한 확실한 대비책으로 이것을 보조금의 형태로 지불하기도 한다.

중동의 관료제는 약 1,000년간 정권, 종교, 문화, 심지어 문자와 언어의 수많은 교체에도 불구하고 뚜렷한 영속성과 지속성을 보여주었다. 기독교가 등장하고 이슬람이 성립되는 사이의 약 600년간 행정 체계는 서쪽 반경에서는 헬레니즘적이었고, 동쪽 반경에서는 페르시아적이었다. 이라크의 서쪽, 즉 로마와 후일 비잔틴의 통치 영역에서는 행정 업무가 라틴어가 아닌 그리스어로 이루어졌고, 헬레니즘 왕국의 전통이 유지되었다. 역사가들에게는 매우 다행스럽게도, 중앙집권적인 행정, 상당한 수준의 안정성과 지속성, 건조한 기후라는 이집트의 특수한 상황 덕분에 엄청난 양의 행정 문서가 오늘날까지 보존되었다. 이 문서들을 통해서 역사가는 다른 지역에서는 불가능할 정도로 세세하게 로마와 비잔틴 그리고 이슬람 이집트의 행정 과정을 추적하고, 관료제가 어떻게 작용하고 변화되었는지를 살펴볼 수 있었다. 반면에 시리아 지역에서는 그곳에서도 이집트와 마찬가지의 상황이 전개되었을 것이라는 가정을 확인할 만한 문서적 증거가 없다. 로마와 비잔틴의 관료제하에서도 정부의 일상 업무는 그리스어로 수행되었고, 회계와 교신도 그리스어로 진행되었다. 대다수는 아니더라도 많은 피고용인들이 그리스인보다는 그리스화된 토착민들이었다. 그리고 이슬람이 정복할 때쯤, 그들의 절대다수는 기독교도들이었다.

페르시아 제국에서는 기후 조건과 정치적 단절이라는 복합적인 배경 때문에 문서가 보존되지 못했다. 그러나 히브리어 성서나 그리스 작가들에 의한 외부 문건들은 고대 페르시아 제국에서 실시되었던 활발하고 직업적인 대법관청을 묘사하고 있고, 후일의 이슬람 사료들도 국고 및 재정 문제에 대한 정교한 등록부의 존재를 확인해준다. 기록을 책의 형태로 제본하여 미래의 참조를 위해서 복사해두고 보존하는 전통은 페르시아 행정에서 유래되었다. 로마와 비잔틴 관청에서 통용되었던 파피루스는 그 자체로는 책의 형태로 편찬될 수가 없었고, 파피루스 등록부와 장부는 일반적으로 두루마리의 형태로 보관되었다. 양피지와 송아지 가죽은 보다 편리하고 보다 내구성이 강했기 때문에 초기 기독교 시대에 책을 만들기 위해서 광범위하게 사용되었으며, 오늘날 책 모양의 시발점이 되었다. 양피지와 송아지 가죽은 페르시아 제국에서도 종종 새 통치자에게 참조가 될 기록부를 만드는 데에 사용되어 아랍 시대까지 전해졌다. 종이의 도입은 이슬람 영토에서 등록부의 보관을 일반화시켜주었다.

관료제의 영속성에 관한 가장 적절한 예는 아마 7세기 아랍 무슬림들이 정복을 한 이후의 상황일 것이다. 페르시아 제국은 종식되고, 비잔틴 제국의 광대한 영토는 새로운 아랍 이슬람 제국에 편입되었다. 그러나 이러한 변화에도 불구하고 이집트 파피루스의 기록은 정부의 일상 업무에 관한 한 별다른 변화가 없었다는 사실을 명백히 보여준다. 이집트의 기독교 관리들은 그전부터 해왔던 방식으로 계속해서 법령에 따라 세금을 거두고, 행정 문서를 기록하고, 심지어 고대 이집트 기독교 책력에 따라서 날짜를 표시했다. 세금의 궁극적인 귀속지가 바뀌었을 뿐, 모든 것이 그대로였다. 그러나 1세기 이상 시간이 흐르는 동안, 문서에서 관료제의 실질적인 변화가 서서히 이루어졌다. 오래지 않아서 그리스어와 아랍어로 쓰인 이중 언어의 파피루스가 나타났다. 그런 다음 점차 아랍어 문서가 증가하고 그리스어 문서가 감소하더니,

8세기 후반에 이르면 그리스어가 완전히 사라지고 아랍어 파피루스만 남았다. 아랍어가 고대 페르시아의 언어와 문자의 자리를 차지한 시리아와 이라크 등 동부 지역에서도 거의 비슷한 상황이었음을 문학적 자료를 통해서 알 수 있다.

물론 이러한 변화가 과거의 행정관료들이 해고되거나 바뀌었다는 것을 의미하지는 않는다. 아랍인이 진출한 훨씬 이후까지 과거의 관료 가문은 그들의 신비한 능력, 특히 회계에 관한 고유 정보를 유지했다. 아랍어 연대기에는 아랍인이 어떻게 언제 정복자로서 자리를 잡았는지 많은 이야기들이 언급되어 있나. 아랍인늘은 정부를 접수하려고 시도했으나 실패했다. 왜냐하면 회계관리들 이외에 누구도 회계를 이해할 수 없었고, 관청의 관리들 이외에는 교신을 취급할 자가 없었기 때문이었다. 그리하여 아랍인들은 부득이 타협을 해야 했고, 그들이 제국에서 불변의 정치적, 군사적 지배자였음에도 과거의 사무직 관료들을 그대로 두어 일을 시키지 않을 수 없었다. 히즈라 2세기가 되어서야 아랍 통치자들은 상당한 노력을 기울인 후에 관리들에게 아랍어를 쓰도록 하여, 제국 내 서로 다른 지역 간에 일종의 통합 조치를 도입하는 데 성공했다. 그러나 이러한 조치들은 과거의 관료 가문을 몰아냈다는 것이 아니라, 단순히 그들이 아랍어를 익혔다는 것을 의미한다. 새로운 언어와 함께 많은 사람들이 이슬람으로 개종했지만, 결코 전부는 아니었다. 13-14세기까지도 기독교도 콥트족이 여전히 행정을 이끌고 세금을 징수하여, 이집트의 신실한 무슬림들은 무슬림이 자신의 국가에서조차 공정한 기회를 가질 수 없다며 격렬한 불만을 토로했다.

관료제의 전통이 이상하리만치 오래 지속된 것은 거대한 관료 및 서기 가문이 존재했기 때문이었다. 역사 서술의 전통은 주로 칼리프나 술탄, 군사령관과 지방 통치자, 위대한 정치가와 군사적 인물에 초점이 맞춰져 있고, 그들의 이름이 역사 서술의 지면을 차지하고 있다. 그러나 연대기에 이름이 거의 언급되어 있지 않고, 문서의 연구를 통해서 겨우 그 이름이 간간이 발견되는 사람들에게도 많은 관심을 가져야 한다. 그들은 각 부서장이나 대법관청장, 재정관리관, 조세 평가인과 징수인 및 그 하급관리들로서, 몇 세대를 걸쳐서, 때로는 수 세기에 걸쳐서 정부 업무를 운영했고, 사실상 관료층과 귀족층으로 왕조적 전통을 형성했다. 8세기 초 한 관리가 동료 관료들에게 보낸 편지에는 다음과 같이 국가와 사회의 유지에 대한 그들의 역할이 자부심 가득하게 표현되어 있다.[2]

신은……당신들을 문화와 덕망, 지식과 분별력을 가진 뛰어난 지위의 서기가 되게 하셨습니다. 당신으로 해서 칼리프 각하는 바른 명령을 내리고, 그 업무가 제대로 유지됩니다. 당신의 조언으로 신은 정부를 국민에 일치시키고, 영토를 풍요롭게 하십니다. 당신이 없으면 왕께서는 아무 일도 할 수 없고, 당신을 빼고는 어떤 유능한 사람도 찾을 수 없습니다. 그러므로 당신은 왕의 귀가 되어 들리게 하고, 왕의 눈이 되어 보이게 하고, 왕의 입이 되어 말하게 하고, 왕의 손이 되어 움직이게 합니다.

다른 지위와 권력을 가진 사람들과 마찬가지로 그들의 특권을 자식들에게 물려주고자 하는 관료들의 자연적인 욕구는 교육 면에서 중요한 결과로 나타났다. 이슬람 제국이 공공시험으로 인재를 등용하는 제도를 발전시킨 것 같지는 않다. 중국에서 발명한 인쇄술과 화약의 경우와 마찬가지로, 이는 서구가 전해주어 겨우 이슬람 세계에 도입되었다. 인재의 충원은 도제 제도를 통해서 이루어졌다. 관료가 적당한 시기에 그의 아들이나 조카, 부하를 그의 부서에 소개하면, 그들은 그곳에서 처음에는 급료도 제대로 받지 못하고 허드렛일부터 시작하여 점차 일을 배우면서 고위직으로 나아간다. 이러한 전통은 오늘날까지 계속되어, 후원 제도, 지명권, 임명, 추천 같은 제도가 중동 지역에서는 강력한 정치적 무기가 되어왔다. 다른 지역에서와 마찬가지로 중동 지역에서도 "보호자-부하" 관계는 전 사회의 가장 중요하고 가장 효과적인 전통의 하나이다.

그러나 다른 활동 형태와는 달리 관료제에서는 후원과 보호만 가지고는 불충분했다. 도제는 특수한 기술과 그 직책을 수행할 수 있는 교육 수준을 필요로 했기 때문이다. 따라서 한 사회에서 관료와 지식인층의 연계는 중세 유럽만큼 밀접하지는 않더라도 매우 중요했으며, 중세 후기에는 그 중요성이 더욱 증대되었다.

### ❖ 울라마와 종교계층

문학과 교육이라는 2개의 서로 다른 계층을 중심으로 중세 이슬람 세계는 문학과 학문이라는 서로 다른 영역을 발전시켰다. 그중 하나는 문학, 즉 "아답adab"으로, 시문과 역사, 순문학, 문화인이 알고 감상하고 싶어하는 광범위한 작업들을 포함한다. 다른 하나는 지식, 즉 "일름'ilm"으로, 울라마(종교학자)들의 영역이다. 주로 종교학으로 구성되는데, 코란과 그 주해, 예언자의 전승, 예언자와 그 교우들의 삶과 행적, 이와 관련된 학문인 신학과 법학이 이에 해당된다.

시간이 흐를수록 비잔틴과 페르시아의 행정은 서서히 동화되어가다가 결국 아랍화되어 이슬람화되었다. 스텝으로부터 침략이 시작되면서 이슬람 세계는 새로운 단계를 맞게 되었다. 처음에 튀르크인이, 후일에는 몽골인이 중동 이슬람 세계에 지배권을 확립하자, 이슬람 세계는 수니파와 시아파, 압바스 왕조와 파티마 왕조 그리고 각 집단의 온건론자와 급진론자 사이의 종교 갈등으로 분열되었다. 이 시기에 행정관료들의 훈련, 민족 감정 그리고 일반적인 외관에서 주목할 만한 변화가 있었다. 관료들의 교육과 훈련에 이슬람, 특히 이슬람 법과 관행이 이전보다 훨씬 강조된 것이다. 관료들은 갈수록 종교학자들이 실시하는 종교 교육의 산물이 되어갔다.

아랍어로 "카팁kātib"이라고 불리는 서기들인 행정관료들은 이슬람 사회에서 수적으로나 권한으로나 자의식이 강한 계층을 형성했다. 그들은 그들만의 고유한 복식을 하고, "다라darrāʻa"라는 외투를 걸쳤다. 재상으로 불린 그들의 수장은 칼리프나 술탄 아래 최고의 행정수반이었다. 정부가 군사화되기 전까지 그들은 모든 다른 관리들보다 우선권을 가졌고, 궁정 의례에서도 그들 관청의 상징인 잉크병을 들고 앞장을 섰다.

흔히 이슬람은 성직계급이 없다고 한다. 신학적인 의미에서 이는 명백하다. 이슬람에서는 성직서품도 없고, 특정 사제만이 거행할 수 있는 성직 기능이나 성찬 의례도 없다. 원칙적으로 필요한 최소한의 지식을 갖춘 자는 누구나 예배를 인도할 수 있고, 모스크에서 설교할 수 있으며, 결혼식과 장례식을 주재할 수 있다. 원칙적으로 신과 신자 사이에 어떤 성직의 중재도 없다. 성직 제도가 없으니 원칙적으로 성직계급도 없고, 사제의 상하서열도 없다. 주교나 추기경, 종교 회의나 공회도 없다. 사람들은 신실한 것을 추구하는 데 자신의 삶을 바치면서 수공예나 교역과 같은 명예로운 직업을 통해서 다른 방식으로 생계를 꾸려갈 수 있다. 이런 면에서 무슬림의 입장은 기독교도와는 아주 다르며, 유대인에 훨씬 가깝다. 유대인들은 예루살렘 성전이 파괴되고 사제들이 흩어진 후 새로운 사제 제도를 받아들이지 않고, 단지 랍비를 그들의 선생이요 율법학자로서 인식하게 되었다. 3세기경에 편찬된 랍비의 작품『신부의 윤리*Pirkei Avot*』에 나오는 유명한 일화는 토라를 배우고 가르치는 사람들에게 다음과 같이 경고하고 있다. "그것을 빛나는 왕관으로 만들지도 말고, 땅을 파는 가래로 만들지도 말라." 무슬림들의 작품에서도 비슷한 구절이 발견된다.

물론 현실은 사뭇 다르다. 랍비나 울라마는 모두 때가 되면 아마추어적인 역할을 끝내게 된다. 법이 점점 광범위하고 복잡해지자, 법을 운영하고 판결하는 상임 전문가가 필요해졌다. 또한 종교문학의 집대성이 경전 중심에서 광범위한 주해와 해석, 체계화로 진전되어가면서 그에 대한 전문가가 필요해졌다. 공식적인 서품은 없었지만, 유대인이나 무슬림은 모두 자격 제도를 발전시켜, 소정의 과정을 이수한 자는 그의 스승으로부터 종교 문제에 관한 한 완전한 학자요 전문가임을 증명하는 자격증을 발급하게 되었다. 나아가 신학자나 신학생들의 생계를 위해서 그들에게 물질적 필요를 충당할 제도도 만들어야 했다. 그리하여 이슬람에서 성직 제도가 존재하지 않았다는 것은 사실이지만, 직업적이고 학문적으로 자격을 갖춘 종교인 계층의 등장은 충분히 성식사로 불릴 만한 것이있다. 시기와 마친가지로 그들도 고유한 의관을 갖추었는데, 가장 중요한 것이 머리의 터번이었다. 이 터번은 그들의 상징이요, 특권이었다.

울라마들은 시골이나 인근 모스크의 비천한 직책에서부터 "카디"나 "무프티" 같은 중요한 법률적 직책에 이르기까지 다양했다. 이슬람에서는 원칙적으로 신의 계시에 의한 유일한 법만 존재한다. 따라서 법은 종교학의 한 분야이고, 법의 전문적 요소는 울라마 계층의 몫이다. 이 계층은 성법을 운영하기 위해서 통치자에게서 임명된 판관인 카디, 법률의 상충되는 문제에 유권해석을 내리고 의견을 펴는 법학자인 무프티, 그리고 정부가 임명한 시장과 미풍양속 감독관인 "무흐타십muḥtasib"으로 구성되는데, 무흐타십의 임무는 모든 무슬림들의 의무로 코란에서 자주 반복되는 구절 "선을 촉구하고 악을 배제하라"(3:104, 3:110, 22:41 등)에 잘 규정되어 있다. 19세기가 되어서야 이슬람 율법에서 전에는 잘 알려지지 않았던 울라마들의 역할과 직업에 대한 주창이 일기 시작했다.

이슬람의 초기 역사에서 국가와 울라마 사이의 관계는 소원했고, 심지어 때때로 상호 불신하기도 했다. 신실한 사람이 보기에 국가는 필요악이었고, 선한 사람들에게는 개입하지 않는 존재였다. 국가에 대한 봉사는 무의미했고, 일종의 죄의식을 심어주었다. 국가의 조세는 강요에 의한 것으로서 국가로부터 급료를 받는다는 사실은 이러한 죄에 가담하는 것이라고 생각했기 때문이었다. 신실하고 학식을 지닌 사람들의 전기에는 국가로부터 관직을 제의받았다가 이를 거절하는 주인공의 행위가 빠짐없이 기록되어 있다. 이러한 관직의 제의는 그의 명망을, 또 거절은 그의 고결함을 말하는 것이었다. 카디는 물론 국가에서 임명했지만, 그는 이슬람 민속과 대중종교에서 비웃음의 대상이 되었다. 독립적인 존재인 무프티는 보다 높은 직책이었다. 그의 지위는 일종의 전대 무프티의 임명으로 주어지며, 급료는 사례나 종교재단으로부터 지급되었다. 일반적으로 울라마나 그들의 조직은 유지를 위해서 아랍어로 "와크프waqf"라고 불리는 종교재단에 크게 의존했다. 와크프는 종교적 목적을 위해서 양도가 불가능한 기부금으로 설립되었다.

국가와 울라마 사이에 전개된 비공식적이고 모호한 권력 분점에서, 국가는 성법과 관련된 모든 면에서 울라마들의 배타적인 권능을 인정해주었다. 이러한 인정은 국가 업무로부터의 초연함과 함께, 특히 공직을 가지지 않은 울라마들에게 엄청난 도덕적 권위를 가져다주었다. 이슬람의 성법은 대부분의 사회적, 개인적 관계를 규정하고 있어서, 성법의 권위자에게 사회의 광범위하고 영향력 있는 역할을 안겨주었다. 대중은 특히 결혼, 이혼, 상속 등을 포함해서 여러 문제에서 지침과 판단을 구하기 위해서 그들에게 의존했다. 종교학자와 국가 사이의 이러한 관계, 더 정확히 말해서 매끄럽지 못한 관계는 실제로 심각한 어려움을 야기했다. 울라마들은 정치적 권리와 의무에 대한 그들 나름대로의 교의를 발전시켰는데, 제국의 통치자들 입장에서는 모든 면에서 정치적으로 시행되기 어려운 것들이었다. 통치자들에게는 때때로 울라마들의 지지가 필요했다. 그리고 지지를 요청했을 때, 울라마들은 지지의 조건으로 신성시되고 신화화된 과거에 근거한 이상적인 제도를 통치자가 시행하도록 요청했다. 수니파 울라마들에게 이상적인 제도란 우마이야 칼리프 우마르 2세에 의해서 보완된 4명의 정통 칼리프의 선례를 의미했다. 그러나 시아파 울라마들에게는 무함마드 자신과 칼리프 알리의 선례만이 유효하고, 나머지의 소위 "정통" 칼리프들은 전혀 합법적이지 못했다.

울라마들의 정치적 불개입은 물론 결코 완전하지 않았다. 그러나 양측 사이에 일종의 타협이 서서히 이루어졌다. 통치자들은 원칙적으로 성법을 인정했고, 특히 의례나 사회 윤리 측면에서 성법의 공공연한 위반을 피했다. 그리고 때때로 울라마들과 상의하면서 그들의 권위를 높여주었다. 한편 울라마들도 그들의 입장에서 공공직무에 너무 깊게 개입하는 것을 피했다. 울라마 중 한 사람이 직책을 받아들일 때면 마지못한 태도를 취했고, 보다 신실한 자들은 의심의 눈길을 보냈다.

이러한 관계의 결과는 울라마들이 두 무리로 나뉘는 경향으로 나타났다. 한 무리는 매우 완고한 자들로 구성되어, 그들 동료나 대중으로부터 올곧고 오류 없는 진실한 이슬람의 수호자로 간주되었다. 순응적이고 현실적인 자들로 불리는 또다른 무리는 공공직책을 응낙한 울라마들로서 도덕적 권위를 상실한 자들이었다. 덜 양심적이고 덜 신중한 울라마가 국가 봉직에 종사하고, 보다 양심적이고 보다 신실한 울라마들은 그것을 기피한다는 상황은 국가나 종교 양쪽 모두에 좋지 못한 영향을 끼쳤다. 대중적인 동정은 분명히 국가 봉직을 기피하는 사람들에게 쏠렸고, 종교문학에서 수많은 권고는 공공봉사에 대한 실질적인 보이콧을 요구하기에 이르렀다.

12-13세기는 중요한 변화의 시기였다. 이 시기에는 한때 이슬람 신앙과 공동체 자체의 존속을 위협할 정도의 주요한 종교 투쟁이 일었다. 이슬람은 서부에서, 동부에서 그리고 내부에서 내외의 적들에게 공격당했다. 이러한 위협 앞에서 계층 간의 결속과, 이슬람 사회에서 전에는 서로 분열되고 적대적이었던 요소들 간의 협력이 이루어졌다. 국가 업무의 종사자들은 군인이건

민간인이건 종교에 더 많은 관심을 가지게 되었고, 종교계층도 국가에 덜 적대적이게 되었다.

　정부와 종교 그리고 그에 종사하는 사람들 간의 협력에서 마드라사가 가장 중요한 역할을 했다. 일종의 신학교인 마드라사는 주요한 무슬림 고등 교육기관이 되었다. 초기에 초중등 교육기관은 모스크를 중심으로 이루어졌다. 9-10세기에는 일부 모스크에 부속된 고등 학문기관이 있었는데, 이곳에서 다루는 것은 원칙적으로 종교 과목에 국한되지 않았다. 이런 기관은 통치자나 개인들이 증여했다. 일부 규모가 큰 기관에는 학생이나 학자들이 이용할 수 있는 도서관이 딸려 있기도 했다. 또한 수학, 의학, 화학, 철학, 음악 등과 같은 비종교적인 분야의 책들도 비치한 준準공공도서관도 설립되었다. 9세기 초 압바스 왕조의 칼리프 알-마문은 바그다드에 최초의 고등 학문기관인 유명한 "지혜의 집"을 건립했다. 이 기관은 아마 네스토리우스교도들이 설립한 그리스 과학과 의학기관이었던 페르시아의 고대 "곤데샤푸르 아카데미Gondeshapur Academy"에서 큰 영향을 받았을 것이다. 네스토리우스교도들은 비잔틴의 종교적 박해를 피해서 사산 왕조에 피난해왔는데, 이 아카데미는 알렉산드리아와 안티오크의 고대 그리스 학교의 전형이었다.

　고전적 형태의 마드라사는 11세기에 최초로 설립되어 여러 곳에 출현한 것으로 보인다. 연이어 이는 이슬람 세계 전역에 퍼졌다. 마드라사는 모스크에 부속된 경우도 있었고, 독자적인 경우에는 조그마한 예배 공간을 마련하여 교수와 학생들의 예배 편의를 도모했다. 후일 마드라사는 교과 과정과 강의 시간표를 갖춘 조직된 학부가 있고, 학생을 지원하기 위해서 급료를 지불하고 기금이나 시설을 증여받는 상설 대학의 성격을 띠게 되었다. 중세 유럽에서 번성했던 교회학교처럼 마드라사도 주로 종교학과 법학 교육에 치중했는데, 이슬람에서 이 두 학문은 동일한 전체 속의 서로 다른 두 분야와 같았다. 그러나 시간이 흐를수록 서구의 단과대학이나 종합대학처럼 마드라사도 일반적으로 엘리트 계층을 주도적으로 양성하는 교육기관이 되어갔다.

국가의 관리가 새롭게 그리고 더욱 심오하게 종교적 열정을 보이자, 전문적인 종교학자들도 국가 공직에 기꺼이 참여하려는 경향이 더욱 두드러졌다. 오스만 제국에서는 분명히 그들이 정복한 땅(유럽)에서 직접 목격했던 기독교 교회 조직의 일부 영향을 받아, 이슬람 종교학자들이 정부 조직의 한 부분이 되었다. 정부에서 임명한 카디와 무프티에게는 재판권을 가지는 일종의 관할 구역이 할당되었다. 이런 상황에서 종교계층은 관료와 군부와 함께 제국정부의 세 번째 줄기를 이루었는데, 여기에는 성격상 오스만 제국의 총대주교라고 해도 무리가 없는 수도首都의 무프티장 "셰이크 알—이슬람sheykh al-Islam"의 지휘 아래 독자적인 성직계급이 있었다.

울라마들은 정부를 가까이 할수록 필연적으로 대중으로부터는 점차 멀어졌고, 그들이 전에 누렸던 영향력의 많은 부분도 상실했다. 그리하여 일반 무슬림 대중에 대한 울라마들의 위치는 약간 다른 형태의 종교성을 표방하는 수피즘(신비주의) 셰이크들에게 빼앗겼다. 중세 후반부터 수피교도들은 형제단을 조직하고, 각자 상이한 신비주의적 방식에 열중했다. 이런 형제단의 지도자와 구성원들은 흔히 "탁발승dervish"이라고 불렸고, 전통적 이슬람에 결여되어 있는 많은 요소를 보충해주었다. 이들의 화합과 의례는 영적 유지와 내성을 가져다주었고, 간간이 인간이 필요로 하는 것과의 투쟁에서 결속과 도움을 주었다.

### ❖ 시인과 학자층

중세 무슬림 작가들은 사회를 움직이는 사람들에 따라서 종종 사회를 무관계층과 문관계층으로 양분했다. 첫째 무리는 명백히 군부를 지칭했고, 두 번째 무리는 관료와 종교계층을 의미했다. 한편 이 두 무리에 속하지 않고, 지적, 문학적 재능으로 살아가는 또다른 전문가 집단이 있었다. 예를 들면 그들은 의사들이었다. 그들은 통치자의 주치의로서, 때로는 이슬람 세계에 번창한 수많은 병원에서의 봉사를 통해서, 때로는 그들이 이룩했던 연구 업적과 집필한 서적을 통해서, 역사서와 전기문학에 뚜렷한 족적을 남겼다. 중세 이슬람 의학의 이론과 시술은 주로 그리스 자료에서 따왔지만, 무슬림들은 더욱 내용을 첨가하여 중세 전성기 이슬람 세계의 의학적 지식과 시술 수준은 유럽에서 알려진 것보다 훨씬 높았다.

그러나 근세 초에 이르자 그들은 크게 뒤처지고 말았다. 유럽 의학 논문 몇 편만이 겨우 번역되었다. 15-16세기에 대부분이 유대인들인 일부 유럽 피난민들이 이슬람 세계에 의학 시술을 하러 왔다. 17-18세기에는 상당수 오스만 제국의 기독교 시민들이 의학 공부를 하러 유럽에 다녀와서 조국에서 의료봉사를 했다. 그러나 보다 개혁적인 성향의 통치자가 유럽 의과대학에 학생들을 유학 보내고, 오스만 제국 내에 외국인 교사를 초빙해서 새로운 의과대학을 설립한 것은 19세기의 일이었다. 그때에서야 이슬람 세계는 중세 이후로 거의 변화 없이 지속되어온 그리스-이슬람식 의료 시술로부터 구제될 수 있었다.

또다른 중요한 문관계층, 보다 정확히는 말을 매체로 하는 계층은 시인들이었다. 아주 조그마한 권력이라도 가진 자는 예외 없이 적어도 1명 이상의 시인을 두어 쉽게 기억되고 빨리 전파될 수 있는, 자신을 찬양하는 시를 읊게 했다. 보다 큰 권력을 가진 통치자는 아예 궁정에 홍보부 역할을 하는 시인단을 두기도 했다. 시 낭송자들은 또한 부유한 사람들의 부탁을 받고 출생, 결혼 그리고 여러 다른 행사를 축하해주는 일에도 열을 올렸다. 대중매체가 발달하기 이전 시기에 시와 시인은 뉴스의 공표와 바람직한 이미지 창출이라는 중요한 기능을 충족시켰다.

시인이 통치자의 현재 모습에 관심을 기울였다면, 역사가들은 후손들이 볼 그의 이미지에 책임이 있었다. 중세에 역사가는 시인과는 달리 프리랜서도 궁정관리도 아니었다. 그들 대부분은 관료계층이나 종교계층에 속해 있었다. 이런 이유로 그들은 칼리프 밑에서도 고도의 독립성과 표현의 자유를 누릴 수 있었던 것 같다. 후일 통치자가 그의 궁정 역사가와 시인을 임명하는 것이 관례화되었다. 그리하여 오스만 제국에서는 왕립 역사 기록소라는 고위기관이 공식화되었다. 술탄이 임명하는 이 기관장의 주된 임무는 그의 선임자들을 이어서 제국의 역사를 연대기화하는 것이었다. 이 기관은 오스만 제국의 마지막 순간까지 수 세기 동안 지속되었고, 마지막 왕립 역사가는 오스만 역사학회의 초대 회장이 되었다.

물론 천문학지, 점성학자, 예술가, 시예가, 긴축가, 기술자 등과 같은 다른 직업인들도 있었다. 그러나 후대에 증가한 그들 대부분은 그들을 고용한 통치기구에 소속되었다. 오스만 시대까지 건축과 기술 분야 직업은 거의 전적으로 군부에 속해 있었다.


### ❖ 군부계층

다른 지역과 마찬가지로 중동에서도 통치자들은 외적을 격퇴함은 물론, 국내의 공공질서를 유지하고 국가의 권위를 보호하기 위해서 군대를 육성해나갔다. 로마 통치하에서는 국방과 정책이 지방 보충병의 지원을 받는 로마 군단의 책임이었다. 그러나 이는 수적으로 현저히 작은 규모였다. 페르시아와 접경하면서 동부 지역의 가장 중요한 경찰 임무 지역인 시리아에서도 로마 제국은 평시에 결코 4개 군단* 이상을 주둔시키지 않았다. 이는 유럽 독일 접경의 8개 군단과 대조된다. 물론 이 수는 전시에는 증가했고, 군단은 특별한 필요에 의해서 다른 곳으로 이동하거나 강화되기도 했다. 58–66년의 아르메니아 전쟁과 66–70년의 유대인 반란은 유명한 제10군단Fretensis을 시리아 북

---

* 로마 군단은 300–700명의 기병을 포함하여 3,000–6,000명의 보병으로 구성되었다.

부에서 예루살렘으로 이동하게 했고, 결국 새롭게 형성된 유대의 로마 지역에서 영구 주둔하는 결과를 낳았다.

로마 군단은 로마 시민들로만 충원되었다. 그러나 시민권이 점령 지방으로 확대되면서, 그곳의 많은 사람들도 군단에 소속되는 일이 가능해졌다. 증거에 의하면, 제국의 다른 지역과 마찬가지로 소아시아나 레반트 지역에서도 군단 병사들이 그 지역에서 충원되었는데, 자기 출신 지역이 아닌 곳에서 복무했다. 군단은 특히 경찰 업무를 위해서 지방 보충병들의 지원을 받았다. 그들 중 일부는 로마 가신 통치자들의 로마화된(혹은 덜 로마화된) 군대였고, 나머지는 낙타기병대ale Dromedariorum, 기병궁수대 같은 특수부대를 포함하여 주로 로마인으로 구성되고 충원되었다. 이러한 부대에 배속된 사막 접경의 아랍 부족민들은 전쟁기술과 방법에 대한 지식과 경험을 직접 로마인들에게 전수해주었다. 이는 이슬람 정복기에 그들에게 크게 도움이 되었다. 경찰 임무는 주로 보충대의 책임하에 있었다. 보충대의 이름은 아랍어에 "슈르타shurta"라는 어휘로 남게 되었고, 칼리프 시대 그리고 후일 이슬람 정권의 경찰을 지칭하는 용어가 되었다.

강력한 군사력을 가지고 있던 페르시아 제국은 로마의 당당한 경쟁자였다. 봉건 영주들이 모병한 농민보병대는 로마의 경쟁 부대에 비해서 크게 평가받지 못했지만, 호전적인 변방민들로 구성된 기마용병대와 지원부대는 달랐다. 군의 핵심은 귀족으로 충원되었고, 창과 활로 무장한 갑옷기마전사들인 페르시아 정예군은 당시 가장 가공할 군사력을 자랑했다. 그 유명한 파르티아의 기마궁수는 그들의 "치고-도망가기" 전술과 함께 로마에 널리 알려졌고 공포를 안겨주었다. 페르시아 군의 또다른 발명은 등자鐙子였다. 이것은 기마병의 전력과 공격력을 현저히 증대시켰을 뿐만 아니라, 창기병을 강화해주어 중세 초기 전투에서 일종의 전차 역할을 하게 했다.

호스로 1세의 통치기인 6세기에 페르시아 제국은 주요한 변화를 맞았는데, 특히 군사 조직에서 봉건성을 탈피하여 훨씬 전문화되었다. 군인들은 급료와 장비 수당을 받으며 장기간의 혹독한 훈련을 받고 엄격한 군율을 익혔다. 국방장관과 군 총사령관은 물론 필요할 때는 평화협상역이라는 복합적인 기능까지 한꺼번에 맡았던 "에란 스파바드eran spāhbad"라는 한 사람의 최고사령관 대신에, 이제 군대는 장군과 군사총독 그리고 장교라는 지휘 체계 하에 놓이게 되었다. 호스로의 군대는 상당한 승리를 거두었다. 그들은 국내에서 내전을 종식시키고, 접경지대를 평정했다. 에티오피아인들을 예멘에서 축출하고, 헤프탈족*의 위협을 제거했다. 비잔틴과의 전투에서는 시리아를 공격하고 안티오크를 약탈했다. 그러나 결국 그들도 아랍 무슬림들의 공격을 막아낼 수는 없었다.

이슬람 이전 아라비아에서 성인 남성의 주류에서 벗어나 있는 상설 직업군인이라는 개념은 군주제의 개념과 마찬가지로 이질적이고 비위에 거슬리는 것이었다. 아라비아 북부 접경지대에는 그 백성들이 비잔틴이나 페르시아의 지원부대에서 봉사하고 있는 군소 통치자들이 있었다. 남쪽의 보다 정교한 정주 사회 국가 또한 일종의 무장된 직업 남성을 거느리고 있었다. 그러나 북부와 중앙 아라비아의 대부분 지역에서 군대는 단순히 그 부족으로 무장되어 기습이나 공격에 동원되었다.

최초의 무슬림 역사 기록은 중요한 변화를 묘사한다. 예언자 무함마드와 그 후계자들은 한 부족 이상을 통치했는데, 그들은 이질적인 근원, 심지어는 과거 적대관계에 있었던 사람들로 구성된 종교-정치 공동체의 수장들이었다. 그들은 거의 끊임없이 전쟁을 벌였는데, 처음에는 우상 숭배자 쿠라이시

---

\* 5-6세기 인도와 페르시아 역사에서 중요한 역할을 했던 민족. 원래 만리장성 북쪽 지역에서 살았으며, 엽달, 언달, 읍달로 알려져 있다. 다른 지역에서는 백(白)훈족이라고도 한다. 5-6세기에 이들은 페르시아를 자주 침략했다. 6세기 중엽 튀르크의 공격을 받아 독립된 민족으로서의 존재가 끝나고 다른 부족들로 흡수된 듯하다.

족에 대항해서 그리고 후일 예언자가 사망한 후에는 정복을 위해서 전쟁을 치렀다. 특히 오랜 기간 광대한 지역에 걸쳐서 진행된 정복 전쟁은 필연적으로 군의 특수화와 전문화를 가속화했다. 아랍어 사료는 중부와 북부 아라비아에서 전투원과 비전투원 간의 그리고 장기 근속 전문가와 단기 아마추어 및 지원부대를 전례 없이 구별하고 있음을 보여준다. 후일 이슬람 율법학자들이 규정한 원칙에 따르면, 지하드는 건강한 무슬림 남성 개개인에게는 방어적인 의무로, 공동체에게는 전반적으로 공격적인 의무로 부과되었다. 공격적인 지하드는 의심의 여지 없이 정복 기간의 상황을 반영했다. 이 시기에 각 부족은 충원해야 할 전사들의 수를 할당받았고, 대부분의 할당은 통상 자원자로 채워졌다.

무슬림 군대의 핵심적인 장기 근무자들도 아직 전담 직업군인은 아니었다. 전쟁에 투입되지 않을 때 그들은 종종 다른 직업에 종사할 수도 있었다. 특별한 경우를 제외하고 그들은 가족들과 멀리 떨어진 군 막사에 머물지 않았다. 그러나 전투는 그들의 주된 직업이었고, 주요한 생계수단이었다. 이러한 생계를 충족시켜주는 수단은 일반적으로 정복 전쟁 중에 획득한 전리품들이었다.

우마이야 칼리프조 시대에 제국의 수도권이었던 시리아 일부의 경우를 제외하면, 아랍 군은 야영지에 주둔했다. 이 야영지들은 결국 병영 도시로 발전했는데, 예를 들면 이라크의 바스라와 쿠파, 이집트의 푸스타트, 튀니지의 카이르완, 이란의 콤 등이다. 시리아에서 아랍 군인들은 군부대가 주둔하고 활동하는 군사지역에 정착했다. 이 지역은 북에서 남으로 힘스, 다마스쿠스, 요르단, 팔레스타인 등이며, 모두가 과거 비잔틴의 국경지대에 위치했다. 시리아의 아랍 군대는 비잔틴 전선에 대한 주기적인 공습과 콘스탄티노플 공격과 같은 대규모 원정에 동원되었다. 그들은 매우 풍부한 경험과 높은 봉급 수준으로 우마이야 칼리프조에 복속된 시리아의 주둔 아랍 상비군과 같아졌다. 이라크와 이집트의 아랍 군대에는 이에 비견될 조직이 없었다. 이 지역의 군인들은 정규적인 군 복무에 대한 부족의 전통적인 혐오감 때문에, 부족 군대의 성격에 머물러 있었다.

압바스 왕조도 같은 제도를 유지했다. 차이가 있다면, 시리아의 상비군이 동부 이란 지역의 호라산 군대로 대체된 것이었다. 호라산 군대는 압바스 왕조의 권력 장악을 가능하게 해줌으로써 오랫동안 압바스 왕조의 군사적 버팀목이 되었다.

이것은 매우 중요한 변화를 가져왔다. 칼리프의 군대는 처음에는 아랍인이 압도적이었고, 시리아나 이집트 출신을 충원하려는 시도도 없었다. 그 지방 사람들은 어쨌든 로마와 비잔틴 통치기를 통해서 이미 오래 전에 군인이라는 직업에 대한 열망이나 매력을 잃어버린 상태였다. 그러나 과거 제국의 이란 지역이었던 동부 지방은 상황이 전혀 달랐다. 이웃 서부 지방 사람들과는 달리 이란인들은 한 제국의 주인을 쉽게 다른 사람으로 바꾸지 않았다. 그들은 그들이 세웠던 제국의 위대함과 자신들의 군사 전통에 대한 최근의 기억을 아직 간직하고 있었다. 그리하여 그들이 새로운 종교인 이슬람으로 개종해서, 정부와 군부에서 중요한 역할을 수행할 자격이 있다고 느끼는 것은 당연한 일이었다. 약간의 차이는 있지만, 과거 로마 지방에 속했다가 아랍의 통치를 받게 된 비정복민 베르베르족의 경우도 마찬가지이다.

일찍부터 아랍의 전쟁 지도자들은 그들 부족의 예속민으로 있던 비아랍 개종자인 마왈리mawālī를 군대에 투입하기 시작했다. 그들은 종속적인 지위에서 낮은 보수를 받았다. 마왈리들은 변경을 중심으로 점차 중요한 역할을 담당했다. 호전적인 변경민들이었던 이들은 무슬림 군대의 지속적인 진격에 크게 공헌했다. 북아프리카의 베르베르족은 아랍 무슬림 군대의 스페인 정복에 주요한 역할을 담당했고, 북부 이란과 중앙아시아 주민들은 새로운 신앙을 제국의 경계 밖에 있는 비무슬림 동족들에게 전파했다.

그러나 이러한 초기의 성공에도 불구하고, 마왈리들은 변경 부족이나 지원 부대에 불과했고, 제국 군대의 본체는 아니었다. 더구나 그들은 제국의 수도 바그다드로부터 멀리 떨어져 있었다. 압바스 왕조의 호라사니 부대의 이라크 도착은 중요한 변화의 기점이었다. 호라사니들은 근본적으로 아랍인이었지만, 수 세대 동안 호라산에 살면서 이란 여인들과 결혼하고 이란의 방식을 많이 받아들였다. 오래지 않아 동부 이란으로부터 순수 이란인들도 그들에 합류했다.

압바스 왕조는 병적부에 등재되어 있던 아랍인들에게 자동적으로 지급되던 군인 연금을 서서히 폐지해나갔다. 그리하여 10세기부터는 실제로 군 복무를 하는 사람만이 급료를 받았다. 군대는 두 조직으로 나뉘었다. 하나는 급료를 받는 상비 직업군이고, 또다른 하나는 매 정복 때마다 전리품으로 보상을 받는 지원군이었다.

압바스 왕조 칼리프의 호라사니 근위병들은 전대 우마이야 왕조의 시리아 상비군에 비해서 오래 존속하지 못했다. 압바스 통치가 시작되고 겨우 1세기가 지난 후, 그들은 전혀 다른 방식으로 동원된 새로운 군대로 대체되었다. 이 방식은 1,000년 이상 동안 이슬람 국가의 군사적, 정치적 미래를 구체화해 주었다.

노예 군대나 이교도들로 구성된 외인부대도 새로운 것은 아니었다. 한때 고대 아테네에서는 이 도시의 소유물이었던 스키타이 무장 노예군으로 경찰 업무를 수행했고, 일부 로마 고관들은 통상적으로 이교도 출신들로 구성된 노예 경비병을 두고 있었다. 제국의 접경이나 심지어 제국 바깥의 용맹한 부족들로부터 군사를 충원할 때, 이슬람 제국들은 과거 로마나 페르시아, 중국이 행했고, 수 세기 후에 서구 제국이 답습할 방식을 따랐다. 그러나 이슬람 국가 군대의 역사는 뭔가 새롭고 특징적이었다. 바로, 노예 군대를 구성하는 노예 병사들이 노예 사령관의 지휘를 받고, 극단적인 역설이기는 하지만 궁극적으로 노예 출신의 왕과 왕조에 봉사한다는 사실이었다.

이 제도의 논리는 17세기 중엽 튀르크를 방문했던 영국인 폴 리코트가 잘 묘사하고 설명했다.[3] "가문과 가계 그리고 조건"에 따라 선발된 남자의 시중을 받던 서구 왕자들과 대조적으로, 리코트는 다음과 같이 기록하고 있다.

튀르크인은 자기 사람에게 봉사받는 것을 좋아한다. 봉사자들은 그들이 직접 양육하고 교육시킨 자들이고, 그들이 부여한 서비스 분야에 고용될 수밖에 없는 자들이다. 튀르크인은 그들이 성인이 되어 쏟아부은 관심과 비용의 대가를 갚을 수 있을 때까지, 지혜와 덕목은 물론 훌륭한 신체를 갖추도록 키우고 먹인다. 그리하여 튀르크인은 어떤 시기의 감정도 없이 성장시키고 아무런 위험 부담도 지지 않고 없앨 수 있는 사람들의 봉사를 받게 된다.

제국의 위대한 조직을 위해서 고안된 이런 젊은이들은 전쟁을 통해서 조달되거나 아주 먼 곳에서 선물로 왔다.……이 정책의 목적은 명백하다. 그들은 부모를 원망하며, 전혀 다른 원칙과 관습으로 교육을 받는다. 또한 먼 곳에서 왔으므로 아는 사람이라고는 없다. 이로써 그들은 공부를 시작해서 정부에 들어갈 때까지 그들 자신의 이해가 걸린 인척이나 의존관계가 없다. 오로지 그들을 가르쳐왔던 위대한 주인에게 충성을 다하게 되는 것이다.

이 제도는 분명히 모든 전제군주들이 직면하고 있는 반복된 문제의 일단을 해결하기 위한 것이었다. 즉 국가 내에서 군주의 권력을 통제하고, 심지어는 박탈할지 모르는 강력하고 응집력 있는 요인을 제거하고, 신뢰할 만하고 충성스러운 군인이나 관료를 확보하기 위한 것이었다. 시대와 장소에 따라서 많은 군주들이 이 문제를 해결하기 위해서 다양한 방식을 동원했다. 처음부터 이슬람 통치자들이 채택한 해결책은 장기 직업군인을 창설하는 것이었다. 그들은 어린 나이에 전쟁포로나 노예가 된 이민족 출신들로서 훈련과 자신들에게 부과된 임무에만 신의와 충성심을 보였다. 먼 변방이나 제국 경계 밖에서 온 이민족들로서 그들은 지역 주민이나 지배 대중과 어떤 친인척 관계가 없었고, 그들과 거의 대화조차 나누지 못했다. 그들의 가족과 출신 배경으로부터 육체적으로 고립되고 문화적으로 이질화된 그들은 의지하고 부를 수 있는 사촌이나 혈연이 없었다. 그리고 각각의 노예 군인 세대들은 그들 자식들이 아니라 멀리서 데려온 새로운 노예들로 대체되었기 때문에, 귀족화되거나 전제군주의 통치권에 도전할 수 있는 신군부계층의 형성이 미리 차단되었다.

물론 이 제도는 완벽하지 않았다. 때때로 노예들은 출신지나 태생에 근거한 종족 집단이나 심지어 연대聯隊까지 결성했다. 특히 오스만 제국에서 노예들은 가족은 물론 출신지와 계속 접촉하면서, 권력이나 이권이 있는 지위에 오르면 그 특권을 나누려고 친족들을 불러오기도 했다. 다른 사람들과 마찬가지로 노예 군인들도 자식들에게 적당한 일거리를 마련해주고자 고심했다. 비록 자식들을 군대에 편입시킬 수는 없었지만, 종종 종교계나 관료계 등 다른 직업을 마련해줄 수 있었다. 사실 중세 후기 일부 명성이 높았던 관료나 종교인 중에는 이러한 방식으로 채용된 경우가 많았다.

그러나 전반적으로 이 제도는 매우 잘 운영되었다. 이 제도로 강력한 군대가 형성되어, 중동 이슬람 세계가 십자군을 패퇴하고 훨씬 위험한 몽골을 견제하고 억제할 수 있었다. 오직 한 측면에서 노예 연대는 그 군대를 만들고 그들을 고용했던 군주에게 끊임없이 실망을 안겨주었다. 원칙적으로 노예 군인들은 그의 통치자에게만 충성을 다하기로 되어 있었다. 그러나 현실적으로 그들은 그들의 부대와 지휘관에게 충성했다. 오래지 않아 군사령관들은 그들 스스로가 노예 출신임에도 지방이나 심지어 수도의 실질적인 권력자가 되었고, 이미 권력이 약화된 칼리프를 지배했다. 종국에는 노예 사령관이 스스로 군주가 되었고, 때로는 대부분 단명한 자신의 왕조를 직접 세우기도 했다. 또한 중세 후기 이집트에서는 노예 충원과 계승의 원칙을 술탄 위에 까지 적용하기도 했다.

초기 이슬람 시대에도 노예 군인에 관한 언급이 있다. 그러나 그들은 개인 자격이었고, 대부분이 그들의 이전 또는 현 주인들에 의해서 충원된 해방된 사람들이었다. 노예부대의 도입은 일반적으로 833년에서 842년까지 통치한 압바스 왕조의 칼리프 알−무타심의 업적으로 여겨진다. 그의 부대는 튀르크 노예들로 구성되었는데, 그들은 이슬람의 동부 변경 밖의 초원에서 잡혀온 젊은이들로서 어린 시절부터 군 복무를 할 때까지 훈련을 받았다. 극히 짧은 시간에 대부분의 이슬람 통치자들의 전투부대와 변경부대는 주로 튀르크인 들인 노예들로 구성되었다. 이슬람의 극서 지방인 북아프리카와 스페인에서 는 실행할 수 있는 한도 내에서 유럽으로부터 슬라브계 노예를 동원했다. 특 히 모로코와 이집트에서는 간간이 흑인 노예들을 군대에 충원했다. 그러나 대부분의 노예 군인들은 튀르크인들이었고, 중앙아시아 초원지대의 튀르크 인들의 이슬람화로 이 제도가 법적으로 불가능해지자, 오스만 튀르크 통치 자들은 노예 군인들을 캅카스나 발칸의 비무슬림들로 충당했다.*

전쟁방식의 변화, 특히 화약의 도입은 과거의 방식에 의존하는 노예 군대 를 무기력하게 만들었다. 최후의 훌륭한 노예 부대인 오스만 제국의 예니체 리는 19세기 초까지 존속했지만, 이미 17세기 초에 노예 충원을 중단했다. 그 렇다고 과거 방식이 완전히 사라진 것은 아니었다. 19세기에도 이집트 통치 자들은 흑인 군인 노예들을 광범위하게 활용했다. 1863년 이집트 통치자가 그의 친구인 프랑스 황제 나폴레옹 3세를 지원하기 위해서 멕시코로 원정군 을 파병했을 때, 부대 구성원의 대부분은 나일 강 상류 지역에서 포로로 잡 은 흑인 노예들이었다.

---

* 이슬람에서는 원칙적으로 노예 제도가 금지되어 있다.

## ❖ 교역 상인층

어떤 경제 정의에 의하더라도 부와 그 부가 가져다주는 권력의 원천은 토지와 무역이었다. 관료, 군부, 종교인, 심지어 왕족 등 다양한 지배 엘리트 구성원들은 통상적으로 최소한 그들 자산의 일부를 토지나 무역 혹은 양쪽 모두에 투자하고 있었다.

애초부터 이슬람의 가르침은 교역에 호의적이었다. 그에 대한 최초의 규범적인 언급은 교역을 인정하되 이자를 금하는 코란에 있다. 또다른 구절은 정직한 무역의 합법성에 관심을 보이면서, 정확한 무게나 측정, 부채의 정당한 지불, 계약의 이행 등을 언급한다(2:194, 2:275, 2:282, 4:33, 6:153, 42:9–11). 생활의 한 방편으로 교역을 인정하는 코란의 가르침은 정직한 상인을 칭찬하는 무함마드나 일부 교우들의 수많은 말씀에서도 확인된다.

무함마드의 일부 말씀은 여기에서 더 나아가, 정직한 상인들이 취급하는 실크나 문직, 보석, 남녀 노예 같은 사치 품목을 변호해주기도 한다. 한 전승에 따르면, "신이 어떤 사람에게 부를 줄 때에는, 그 부가 그에게 나타나 보이기를 원한다"고 무함마드가 말했다. 더욱 충격적인 이야기는 이맘 자파르 알–사디크에 관한 초기 시아파 작품에 등장한다. 알려진 바에 따르면, 이맘은 그의 조상들이 남루하고 단순한 옷을 걸친 반면, 이맘 자신은 훌륭한 옷을 입는다고 그의 한 제자로부터 비난을 받았다. 이때 이맘은 그의 조상들은 기근 시대에 살았고, 자신은 풍요의 시대에 살고 있기 때문에 자신의 시대에 합당한 옷을 입는 것은 매우 적절하다고 대답했다고 한다.[4]

물론 이러한 것들은 이슬람 작품에서 종종 표현된 절제된 금욕주의에 대한 대항으로 호화로운 생활과 사치품의 거래를 정당화하기 위한 시도로 꾸며진 명백히 근거 없는 전승이다. 무함마드 알–샤이바니(749–805)는 생계를 잇는 것은 단순한 허용의 차원을 넘어 무슬림들의 의무라고 주장했다. 그에 의하면 남자의 기본적인 의무는 신을 섬기는 것이며, 이를 제대로 행하기 위해서 적절하게 먹고, 거주하며, 입어야 한다. 이는 오로지 일하고 돈을 벎으로써 가능하다.[5] 그의 지적에 따르면, 사람들이 겨우 연명하는 정도의 생계에 국한될 필요는 없다. 왜냐하면 사치품을 사서 사용하는 것도 허용되기 때문이다. 샤이바니나 일부 후대 작가들이 언급한 핵심은 신의 눈으로 보면 무역이나 수공에 의해서 번 돈이 관료나 군인으로 복무하고 정부로부터 받은 급료보다 훨씬 가치 있다는 것이다. 가장 뛰어난 고전 아랍어 작가들 중의 한 사람인 알−자히즈는 여기서 한걸음 더 나아갔다. 「상인에 대한 찬사와 관리에 대한 비난」이라는 작품에서, 그는 통치자에게 봉사하는 자들의 불확실성과 굴종, 그리고 아첨에 대비하여 상인들의 안전과 권위 그리고 독립을 강조했다. 또한 그는 비난자들에 맞서서 상인들의 충성심과 지식을 변호했다. 나아가 신 스스로도 그의 마지막 예언적 계시를 위해서 상인 공동체에 속한 한 사람을 택함으로써 생활의 방편으로서의 교역을 허용했음을 보여준다고 주장했다. 중세의 대표적인 이슬람 신학자인 알−가잘리도 빼놓을 수 없는데, 그의 작품에는 이상적인 한 상인의 모습과 내세를 위해서 스스로를 준비하는 방편으로서의 교역을 옹호하는 내용이 담겨 있다.

## ❖ 지주계층

농업 중심 경제에서는 토지의 소유와 관리가 주된 사회적, 정치적 중요성을 가진다. 토지 소유자는 전통적인 이슬람 사회에서 실제로 중요한 집단을 형성했다. 그러나 토지 소유라는 개념은 중동의 상황에서 재정립되어야 한다. 서유럽이나 기타 지역에서 알려진 것과 같은 종류의 독자적인 소작 지주가 중동에도 존재했지만, 대부분의 기간 동안 그들의 존재는 미미하고 불규칙적이었다. 독자적인 소작 영농은 농업이 인공 관개에 크게 의존하는 지역에서는 쉽게 번성하지 않는다. 중앙의 지시가 필요해짐에 따라서 중앙의 통제에 쉽게 복속되어버리기 때문이다. 대부분의 지역에서 몇몇 다양한 형태가 있기는 하지만, 일반적인 경우는 대규모 토지 보유 형태이다. 중동의 토지 상태에 관한 오늘날의 저술에서는 과거나 현재를 불문하고 "영지feudal" 또는 "봉토fief"라는 용어를 종종 사용한다. 그러나 이런 것들은 서유럽 지방사에서 유래된 서유럽식 용어들이다. 따라서 서유럽과 전혀 다른 중동의 사회적, 경제적 현상을 설명하는 데에 이런 용어들을 쓰는 것은 막연할뿐더러 잘못된 인식을 심을 수도 있다.

중동에서는 몇몇 합법적인 토지 보유 형태에 따라서 지주들이 자신의 토지를 소유하거나 보유할 수 있었다. 이슬람 법에서 "밀크milk"라는 용어는 영어의 "자유 토지 보유freehold"라는 용어와 비슷한 맥락으로 사용되었다. 오스만 시대에 와서야 우리가 처음으로 자세한 기록을 가지게 되는 이 자유 토지는 주로 도시와 바로 그 인접 지역에 있었다. 건축 부지와 달리 자유 토지는 주로 포도원, 과수원, 채소원 등으로 구성되어 있었다.

이런 토지 보유 형태는 시골이나 소도시에서는 드물었다. 그곳에서는 대부분의 농경지를 이론상 국가로부터 불하받는 형식으로 대지주들이 보유하고 있었다. 이슬람 시대에 초기 칼리프들이 부여한 그런 최초의 불하지는 원칙적으로 공적으로 소유된 토지, 다시 말하면 정복 과정에서 새로 건국된 아랍 국가에 귀속된 토지를 무슬림 개인에게 양도한 것이었다. 그런 토지는 크게 두 종류가 있었다. 하나는 이전 국가, 즉 비잔틴이나 페르시아 정권이 소유했던 국유 재산이고, 다른 하나는 이전의 지주들이 버리고 간 토지였다. 아랍인들이 레반트, 이집트 그리고 북아프리카를 정복했을 때, 수많은 비잔틴 귀족들이 도망치며 포기한 재산들이 국유재산으로 귀속되었다. 그와 함께 경작하지 않고 버려둔 토지, 즉 "사토死土"도 이런 식으로 민간인에게 불하될 수 있었다.

이처럼 국가가 처분하는 각종 토지는 민간에게 분양되었고, 사실상 영구적이고 반환되지 않는 불하지가 되었다. 삶의 방편으로 주어졌지만, 그 토지는 양도할 수 있었고, 상속도 가능했다. 대가성 서비스나 자격에 대한 조건도 없었다. 그러나 이슬람 법에 따라서 토지세를 세무관청에 납부하기 위해서는 그 토지의 수령인이 반드시 필요했다. 반면 토지 소유자는 경작자로부터 세금을 거두었다. 그가 농민들로부터 거둔 것과 국가에 납부한 세금의 차액이 바로 그가 불하받아 얻는 수익이었다.

비잔틴 제국의 "엠피테우시스emphyteusis"에서 유래된 것으로 보이는 이 제도는 한동안 지속되다가, 정복의 파고가 멈추면서 중단되었다. 그런 다음 훨씬 보편적인 성격을 띤 다른 제도로 바뀌었다. 그것은 토지의 불하가 아니라, 오히려 토시에 대한 국가의 새정권을 위임하는 방식이었다. 이런 제도하에서는 국가에 대한 봉직의 대가, 대부분의 경우 군 복무에 대한 대가를 국고로부터 지불하는 대신 국가가 각 개인에게 특정 지역에서 세금을 징수할 권리를 양도하게 된다. 원칙적으로 군 장교와 국가 관료들은 봉급을 현금으로 지급받게 되어 있지만, 국고에 현금이 부족해지면서 이런 방식의 지불이 점차 확산되었다. 세금을 징수할 권리를 부과받은 수령인은 세금을 징수하고, 물론 국가에 세금을 납부하지는 않았다. 그는 국가가 그에게 지불해야 할 봉직의 대가를 세금으로 징수했을 따름이었다.

그러한 위임권은 원칙적으로 조건부였고, 제공된 서비스에 대한 대가로 주어졌다. 따라서 위임권을 부여받은 자가 여하한 이유로 서비스를 충족하지 못했을 때에는 위임권의 효력이 즉시 소멸했다. 초기 칼리프 시대의 제도와 달리 이러한 위임권의 부여는 반환될 수 없는 것이 아니었고, 영구적이지도 않았다. 위임권은 원칙적으로 일시적이고 제한적이었으며, 위임 조건이 충족되지 않으면 반환되었다. 양도와 상속도 할 수 없었다. 그러나 실제로는 매우 남용되어서 종종 영구적으로 양도되고 상속되기도 했다. 더욱이 부과된 서비스가 충족되지 않는 경우에도 위임권이 남용되어 그대로 유지되기도 했다. 이런 지경에 이르자, 이 제도는 여러 점에서 중세 유럽의 봉건 제도를 닮아갔다.

그러나 유사성보다는 차이가 더 컸다. 토지 보유자는 중세 유럽 봉건귀족들의 영지권 같은 권리를 누리지 못했다. 나아가 그는 그의 토지를 경작하는 거주민들에게 세금 징수권 이외의 다른 권리를 행사할 수도 없었다. 물론 세금 징수를 위해서 필요한 강제적인 물리력을 사용할 권리는 있었다. 그러나 장원을 소유한 서구의 봉건영주와는 달리 그는 사법권을 가지지 못했고, 그의 토지에 속해 있는 소규모 봉토들을 다른 사람에게 재불하하지도 않았다. 물론 후대에 가면 지켜지지 않지만 원칙적으로 스스로 사병을 거느릴 수도 없었다. 서구의 봉건영주와는 달리, 통상적으로 그는 영지 내에서 거주하지 않았고, 준독립공국의 위치에서 통치하지도 않았다.

토지의 양도보다는 계약에 의존하는 또다른 제도도 있었는데, 이것은 국가가 어떤 지역이나 재산, 토지 전체 등에 대해서 합의된 총액 기준으로 세금을 부과하는 것이었다. 국가나 산하 조직은 더 이상 직접 세액 평가나 세금 징수에 관여하지 않고, 이러한 임무는 부족장, 종교 공동체 지도자, 혹은 이득을 얻기 위해서 조세용 토지를 구입한 전문 사업주 등과 같은 중개인들에게 위임되었다. 이러한 조세용 토지는 국가나 혹은 국가로부터 조세 부과 의무를 지고 있는 군부나 다른 토지 불하자들로부터 구입할 수 있었다. 조세용 토지 소유자는 계약 상대나 국고에 합의된 금액을 송금해야 했다. 그 대신 무엇을 얼마만큼 어떻게 거두는지는 아무도 간섭하지 않았다. 국가는 기껏해야 과정에 참여한다기보다는 관리자의 입장에 가까운 조세 감독관에게 모든 것을 일임했다. 국가나 개인 소유자 모두가 토지의 장기적 번영이라는 측면에서 보면 당연히 이익을 챙길 수 있었다. 조세용 토지 소유자는 무엇보다 자신이 투자한 것을 되찾는 데 주안점을 두었고, 그다음에는 수익을 얻고자 했다. 조세용 토지는 일반적으로 연간 계약제로 운영되었다.

혼돈과 급격한 변화의 시기에 그러한 토지가 많이 늘어났고, 토지 불하의 규모와 세금도 늘어났다. 대규모의 강력한 토지 소유자가 혼란의 시기에 상대적으로 자신의 지분을 보호하기 어려운 주변의 약체 군소 지주들에게 손을 뻗치는 일이 종종 일어났다. 혹은 내전과 침략, 질서의 와해와 같은 혼란 상태에서 군소 지주 스스로가 자발적으로 보장된 수입과 그의 권리를 양도하는 대가로 강력한 이웃 지주에게 도움을 청하는 일도 빈번했다. 이런 식의 보호는 점차 대규모 지주들이 군소 지주들의 지분을 실질적으로 장악하는 결과로 이어졌다. 때때로 정복이나 반란의 성공으로 한 정권과 그 지지자들이 소탕되고 새 정권이 들어섰을 때, 보다 급진적인 변화가 수반되었다. 이러한 일이 발생하면, 기존의 토지와 조세 징수 난위는 유지되지만, 그 수혜자는 새롭게 바뀌었다. 보통 모든 토지 단위는 다시 국가의 통제를 받게 되고, 다른 방식으로 새로운 수혜자에게 재분배되었다.

일반적으로 개인 토지와 국가가 불하한 토지를 구분하는 기준은 매우 모호하다. 강력한 국가의 통제가 가능한 시기에는 개인 토지 소유자들 덕분에 국가의 힘이 증대되는 경향이 있었다. 반면 정치적 힘이 약화되고 그에 따라 중앙집권이 와해되는 시기에는 개인들이 국가 권력이나 재산을 강탈하는 경향이 나타났다. 예를 들면 17세기 후반과 18세기에는 심지어 조세용 토지가 상속 토지로 둔갑되어 자유 토지와 거의 구분이 안 되었다. "강탈"이라는 용어는 국가 토지가 사유화되고, 개인 토지가 국유화되는 방식 모두에 적용되었다.

"봉건주의"라는 단어와 마찬가지로, "신사gentry"와 "귀족nobility"이라는 서구 용어가 중동 사회에 그대로 적용될 수 있는지는 의문이다. 그러나 때때로 토지 상속 계층이 형성되고 있었다는 분명한 조짐이 보인다. 그것은 이론적으로는 자유 토지, 양도, 불하, 혹은 조세용 토지이지만 어떤 형태로든 재산으로 소유하고, 그것이 아버지에게서 자식으로 상속되는 것을 의미했다. 이슬람 통치자들은 일반적으로 이러한 과정을 방지하고 간섭하거나 환원하려는 경향을 띠었고, 모든 권력과 모든 부, 모든 권위가 상속 재산이나 확보된 사회적 지위에서 도출되기보다는 국가로부터 직접 도출되는 상황을 선호했다. 전제군주들은 여기에서 더 나아가 때때로 선의보다는 상속 재산에 의존하는 지주들과 대중적인 인기와 평판에 의존하는 울라마나 지방 귀족들과 같은 요소들을 말살하고자 했다. 이러한 자생력을 갖춘 계층들은 왕권이 약화되는 시기에 형성되고 지속되다가, 특히 새로운 정복 이후 왕권이 강화되는 시기에는 약화되거나 소탕되고 혹은 최소한 대치되었다.

이러한 지속적인 투쟁은 이슬람 역사 내내 그 흔적을 추적해볼 수 있다. 근대에 들어서 이러한 투쟁은 전제적 힘을 제어할 수 있는 사회 역량에 반해서 결국 전제적 국가에 유리하게 전개된 듯하다. 이러한 현상은 근대 과학의 도입, 특히 근대적 통신과 무기의 도입에 기인한다. 이로써 중앙집권화된 전제주의에 대한 장기적이고 실제적인 방해는 결국 굴복되고 말았다. 전통적인 제도하에서 통치자의 권력은 비록 이론상으로는 절대적이었지만, 실제로는 일련의 중간기관과 권력 집단에 의해서 견제되었다. 그러나 근대화에 따른 이러한 권력과 권위의 폐지로, 통치자의 권력은 무제한적이고 통제 불가능한 상태가 되었다. 그리하여 아무리 하찮은 근대적 통치자도, 가장 강력했던 아랍의 칼리프, 페르시아의 샤 그리고 터키의 술탄보다 더욱 커다란 통제력을 가지게 되었다. 폭정에 대한 전통적인 견제는 사라졌다. 새로운 통제의 형태를 찾으려는 노력은 오늘날에도 계속되고 있다.


## 4. 평민계층


흔히 이슬람은 평등의 종교로 불린다. 물론 이러한 주장은 사실이다. 이슬람이 등장할 당시에 주변을 에워싸고 있던 사회적 상황—계층화된 이란의 봉건주의, 인도의 카스트 제도, 비잔틴과 라틴 유럽의 특권 귀족층—과 이슬람의 원칙과 실천을 크게 비교해보면, 이슬람의 율법은 분명히 평등의 메시지를 전했다. 이슬람은 사회적이고 부족적인 차이를 인정하는 제도를 용인하지 않았을 뿐만 아니라, 아주 분명하고 단호하게 그것을 부정했다. 이 점에 대한 코란의 구절은 아주 구체적이다.

> 사람들이여. 하느님이 너희를 창조하사 남성과 여성을 두고 종족과 부족을 두었으되 서로가 서로를 알도록 하였노라. 하느님 앞에서 가장 크게 영광을 받을 지는 가장 의로운 자로 하느님은 모든 것을 아시며 관찰하시는 분이시라. (49:13)

예언자 무함마드의 행동과 말씀 그리고 전승으로 보존되어 있는 초기 이슬람 통치자들의 훌륭한 선례들은 혈통, 출신, 신분, 재산, 종족 등에 의한 특권을 단호히 부정하면서, 이슬람에서 지위나 명예는 오로지 신앙심과 덕목에 의해서 결정된다고 주장하고 있다.

그 이전에도 이러한 개념이 있었다. 잘 알려진 신약 구절 중에, "너희는 유대인이나 헬라인이나 종이나 자주자나 남자나 여자 없이 다 그리스도 예수 안에서 하나이니라." (「갈라디아」서 3:28. 유사한 내용이 「고린도」전서 12:13, 「골로새」서 3:11에도 있다.) 더 이른 시기의 「욥기」는 주인과 노예의 동일한 인간성을 주장하고 있다(「욥기」 31:15).

그러나 무슬림들도 마찬가지이지만, 유대인과 기독교도에게는 공통의 인간성이라는 개념이 인간들 사이에 기본적인 차이를 두고 유지하는 것을 방해하지 않았다. 「갈라디아」서에서 인용된 구절은 종족적, 사회적, 나아가 성적 차별을 없애거나 격하시키는 것이 아니라 오히려 어떤 종교적 특권을 부여하지 않는 것으로 파악되었다. 신자와 비신자들 간의 종교적 분기점은 말

쓺의 "그리스도 예수 안에서"라는 말에서 명백히 드러난다. 세 종교 모두가 개인의 가치와 자주권 그리고 신의 눈에서 모든 영혼의 중요성을 주장한다. 또한 세 종교 모두 신앙심과 선행이 부와 권력 그리고 고귀한 출신을 뛰어넘는다고 주장한다. 그러나 이 종교들은 모든 인간의 평등이라는 원칙에는 동의하면서도 역사적으로 완전한 평등은 자유인, 성인, 남성, 같은 종교 집단이라는 네 가지 특성을 갖춘 사람에 한정했다. 말하자면 세 종교에서 노예, 어린아이, 여성, 무신론자 등은 상당히 열등하게 취급되었다. 세 종교의 전통에는 이러한 열등한 계층이 어떻게 생겨서, (모두 다는 아니더라도) 어떻게 소멸되는지에 관한 규범이 있다. 노예는 그 주인에 의해서 그리고 불신자는 참된 종교로 개종함으로써 자유를 얻을 수 있고, 어린아이는 일정한 과정을 거쳐서 성인이 될 수 있다. 다만 여성만은 전통적인 종교관에 따라서 어쩔 수 없이 열등한 지위에 속박되었다.

세 종교를 믿는 사람들은 비신자들이 스스로 그렇게 선택했다고 본다. 여기서 불신의 정의와 개념, 개종하지 않은 비신자들의 지위에 관한 세 종교의 입장에는 큰 차이가 있지만, 다른 범주에 대한 견해는 크게 다르지 않다. 여성이나 아이들은 태생의 문제이므로 지위를 바꿀 방법이 없다. 세 종교 모두 노예 부모에게서 태어난 아이는 노예임을 인정한다. 유대교와 기독교는 고대 율법의 일반적인 관행에 따라서 자유민이 노예로 전락하는 몇 가지 방식을 인정한다. 이슬람 법과 관행은 애초부터 자유민의 노예화를 엄격히 금하면서, 노예를 비무슬림 전쟁포로와 피정복민에 한정한다.

사회적 불평등을 구성하는 네 범주 중에 과도기적 지위라는 것도 있는데, 이에 대해서는 세 종교가 견해를 달리한다. 자유민과 노예 사이에 "석방된 자"가 있다. 그는 전에 노예였다가 법적으로는 자유의 몸이 되었지만, 그를 석방한 이전 주인에게 계속해서 일정한 책무를 지고 있는 사람이다. 어린이와 어른 사이에는 청년이 있다. 법적으로는 제한을 받지만 사회적으로 상당히 중요한 범주이다. 남성과 여성 사이에는 남성과 여성 구역을 자유로이 오 갈 수 있는 내시(환관)가 있다. 그리고 신자와 불신자 사이에는 완전하지는 않지만, 하느님의 뜻을 부분적으로 받아들이는 자가 있다.

세 종교 간에 가장 큰 견해차를 보이는 것은 마지막 범주인 비신자이다. 유대인에게 타자와 외부인은 "이교도gentile"로 불린다. 기독교나 이슬람에서 비신자를 칭하는 개념보다는 그리스에서 야만인barbarian을 칭하는 개념에 보다 부합하는 분류이다. 이 장벽은 서로 넘나들 수 있어서, 야만인은 그리스화될 수 있고, 유대인이 아닌 이교도는 유대화될 수 있다. 그리고 이런 상황이 되면 그들은 공동체의 구성원으로 인정된다(『레위기』서 19:33—34). 그러나 그런 변화는 기대할 수 없을 만큼 미미했다. 그리스인과 유대인들은 외부자들이 그리스어와 유대어 용어로 별도로 분류되고 있더라도 그리스화나 유대화가 되지 않고도 나름의 가치를 가질 수 있다는 사실에 동의했다. 랍비의 가르침에 따르면 올곧은 모든 사람에게는 천국에 자리가 있다. 이와 대조적으로 기독교도와 무슬림에게 그들의 신앙을 따르지 않거나 개종을 거부하는 자들은 신의 말씀을 부정하는 자들이고, 최소한 신의 말씀의 주요 부분을 부정하는 자들이다. 그러므로 그들은 현세에서 처벌과 무능은 물론 내세의 영원한 응징을 받게 된다.

불신자 계층에 대한 의혹이 종종 제기되었지만, 노예, 여성, 불신자는 각각 필요한 기능을 수행한다고 간주되었다. 그러나 세 계층 사이에도 현저한 차이가 있었다. 불신자의 열등함은 무슬림들이 고의라고 표현할 정도로 자발적인 것이었다. 불신자들은 자신의 의지만 있다면 이슬람으로 개종함으로써 언제든지 자신의 열등한 상태를 끝낼 수 있고, 그후에는 모든 문이 그에게 열린다. 노예 역시 자유민으로 바뀔 수 있지만, 이런 경우에는 법적 절차를 밟아야 하고, 더욱이 자신의 의사가 아닌 주인의 의지에 의존해야 한다. 여성의 열등함은 이 중에서 최악의 경우인데, 성별이 바뀌지도, 어떤 권위에 의해서 지위가 변화되지도 않기 때문이다.

세 계층 간에는 또다른 중요한 차이가 있었다. 이슬람 지역에서 노예 제도는 경제적이라기보다는 가정적인 제도였다. 따라서 여성과 마찬가지로 노예에게도 가족이나 가정생활에서 그들 나름의 입지가 있었다. 노예 제도에 관한 규정은 샤리아(이슬람 성법)의 요체라고 할 수 있는 개인지위법의 일부에 명시되어 있다. 한편 비무슬림의 지위는 개인적이라기보다는 공적인 문제이기 때문에 결과적으로 달리 인식되었다. 노예나 여성과 관련된 제한의 목적은 무슬림 가정의 신성함을 보호하기 위함이라기보다는 무슬림들이 창출한 국가와 사회에서 이슬람의 우월성을 유지하기 위함이었다. 따라서 이러한 계층의 법적인 종속 상태를 바꾸려는 시도는 자유민과 남성 무슬림들에게 민감한 두 영역, 즉 무슬림 가정에서의 개인적 권위와 무슬림 국가에서의 그들의 공동체적 우위에 대한 도전으로 받아들여졌다. 중세 초기 이후 일련의 전반적이고 급진적인 사회적, 종교적 저항 운동이 일어났는데, 이러한 저항 운동은 상층부와 하층민, 부자와 가난한 자, 아랍인과 비아랍인, 흑백 사이에 놓인 경계의 철폐를 시도했다. 왜냐하면 이러한 모든 경계는 진정한 이슬람 형제애의 정신에 위배되기 때문이었다. 그러나 여기에서 보다 주목할 것은 이러한 운동이 종속적인 지위에 있는 노예, 여성, 불신자라는 신성 불가침의 차별은 전혀 문제 삼지 않았다는 점이다.

이슬람의 가르침에 대한 인도적인 영향은 2개의 또다른 계기로 어느 정도 경감되었다. 그 하나는 정복지에서 아랍인이 체득한 로마와 페르시아식 처우였고, 또다른 하나는 정복과 조공, 매매에 의한 노예 수의 급격한 증대였다. 노예는 심각한 법적 무력 상태에 있었다. 그들의 문제는 자유민의 재판권을 다루는 모든 관청에서 배제되었다. 그들은 증언할 수도 없었고, 처벌에서도 불리하게 취급받았다. 노예에게 상해를 입혔을 때의 처벌은 자유민에게 상해를 입혔을 때의 처벌의 반밖에 안 되었다. 그러나 노예는 미미하기는 하지만 재산의 상속과 처분 측면에서 일종의 시민권을 가지고 있었다. 이슬람 법은 노예의 의료 혜택, 음식, 노후 보조 등을 규정하고 있다. 카디는 이러한 의무를 이행하지 않은 주인에게 그의 노예를 석방하라고 명령할 수 있었다. 노예 소유자는 노예를 인간적으로 대접하고, 지나치게 혹사하지 말도록 명령받았다. 노예는 주인의 동의를 얻어 결혼할 수 있었다. 드물기는 했지만 이론적으로 노예는 자유민 여성과 결혼할 수 있었다. 반면 주인은 그의 소유인 노예 여성을 해방해주지 않는 한 그녀와 결혼할 수 없었다. 노예는 법에 명시된 여러 가지 다양한 방식으로 석방될 수 있었다.

이슬람 역시 기록의 진승에 따르면, 히스라 31년(651-652년경) 이집트의 아랍 군이 남부의 누비아인들과 전쟁 끝에 휴전협정을 맺으면서 무슬림과 누비아인들 간에 상호불가침 원칙이 합의되었다. 이에 대한 조건으로 누비아인들은 매년 일정한 수의 노예를 무슬림들에게 공급할 의무를 지고, 동시에 무슬림들은 누비아인들에게 일정량의 육류와 편두를 공급했다. 이 조약에 따르면 누비아인들은 매년 360명의 노예를 공급하도록 되어 있다. 이 조약의 마지막 구절에는 다음과 같은 조건이 명시되어 있다.[1]

당신들은 매년 360명의 노예들을 무슬림의 이맘에게 공급해야 한다. 노예들은 남녀 모두 결점 없는 훌륭한 신체 조건을 갖추어야 하고, 나이가 너무 많거나 너무 어려서도 안 된다. (또한) 그들을 아스완의 총독에게 공급해야 한다. 만약 당신들이 도망친 무슬림의 노예를 숨겨주거나, 무슬림이나 딤미[보호받는 비무슬림]를 살해하거나, 무슬림들이 당신들의 도시에 건설한 모스크를 파괴하려고 한다거나, 360명의 노예들 중 누구라도 보류한다면, 그 순간 휴전과 안보협정은 파기되고 우리는 신이 우리 사이를 결정해주실 때까지 적대관계가 될 것이다. 신만이 최고의 판결자이시다.

일부 자료에서는 총독 개인 소유의 노예 40명이 추가되어 있기도 한다. 비록 이 조약의 사실 여부에는 의심이 가지만, 대부분의 율법학자들은 이를 사실로 수용했다. 이 조약은 상호 호혜적인 계획을 정당화하기 위해서 이용되었는데, 누비아는 이슬람 제국의 영역 바깥에 머물면서 이슬람권의 조공국이 되었다. 이슬람법은 이슬람 영토 내에서 노예 충원이나 신체 훼손을 금하고 있어서, 노예나 내시의 국내 공급은 제한될 수밖에 없었다. 그러나 이슬람 영토 바깥에서 노예나 내시의 수입은 가능했기 때문에, 누비아는 아주 편리한 공급 통로가 되었다.

노예는 다양한 용도로 사용되었다. 이슬람 세계는 그리스-로마 세계처럼 노예경제에 근거를 두지는 않았다. 농업은 자유민이나 준자유 농민에 주로 의존했고, 산업은 자유 장인에 의존했다. 물론 약간의 예외는 있었다. 대부분이 아프리카 흑인들로 구성된 노예는 특정 경제 프로젝트에 대량으로 투입되었다. 이슬람 초기부터 흑인 노예 집단이 이라크 남부의 염전 배수공사에 고용된 사실을 보여주는 보고서가 있다. 열악한 조건은 일련의 노예반란을 야기하기도 했다. 또다른 흑인 노예 집단은 상이집트와 수단의 금광과 사하라의 소금 광산에 고용되기도 했다.

그러나 대부분의 노예들은 가정이나 군사적 목적을 위해서 봉사했다. 전자는 주로 아프리카 흑인 출신으로 왕궁, 가정, 가게, 시장, 성소와 모스크 등지에서 일했다. 후자는 거의 대부분이 백인 출신으로 상당수가 이슬람 군대에 편입되었다.

여자 노예는 모든 종족들로부터 충원되었는데, 상당수가 첩이나 궁녀로 이슬람 세계의 하렘에 종사했다. 첩과 궁녀의 기능이 항상 명확하게 구분된 것은 아니었다. 하렘에서 일부 소녀 노예들은 교육을 받기도 했다. 그중의 일부는 가수나 무용수, 악사가 되기 위해서 훈련을 받았다. 드물기는 하지만 문학사에서 두각을 드러낸 자도 있었다. 이들은 평민이라기보다는 엘리트

계층에 속해 있었다. 왕실이나 제국의 하렘에서도 마찬가지였는데, 그곳의 여자 노예는 훨씬 큰 권력을 누렸다. 그들은 술탄의 총애를 받는 첩으로서, 심지어는 술탄의 어머니로서 때때로 보이지 않는 역할로 결정적인 영향력을 행사했다.

노예 제도는 근대까지 존속되고 번성했다. 그리고 19세기 식민 제국과 20세기에 독립을 이룩한 국가에서 비로소 폐지되었다.

일반적으로 이슬람의 등장으로 고대 아라비아에서 여성의 지위는 놀랄 만큼 향상되었다. 이슬람은 여성에게 재산권을 비롯한 기타의 권리를 부여하고, 남편이나 주인의 부당한 학대에 대한 보호 장치를 마련해주었다. 무지시대 아라비아의 관습으로 남아 있던 여아살해 관습은 이슬람에 의해서 불법화되었다. 그럼에도 불구하고 다른 측면에서도 그러하거니와 특히 이슬람 원래의 메시지가 그 역동성을 상실하고 기존의 태도와 관습의 영향으로 변질되었을 때, 여성의 지위는 여전히 열악한 상태에 머물게 되었다. 일부다처는 네 사람의 아내로 제한되었지만, 합법화되었다. 사실상 일부다처는 부유하고 권력을 가진 자 이외에게는 거의 드문 일처럼 보인다. 그러나 결혼에는 통상적이고 합법적인 방법으로 축첩이 따랐다. 처녀 노예는 전적으로 주인의 처분에 맡겨졌다. 자유 여성도 남자 노예를 소유할 수 있었지만, 남자 주인이 여자 노예에 대해서 가지는 권리를 가질 수는 없었다. 율법학자들은 사회에서 여성의 지위를 한 개체로서의 권리보다는 주로 가족관계에서 그 여성의 기능—딸, 누이, 아내, 어머니—에 따라서 규정했다. 여성은 일정한 보상을 받았다. 드물기는 했지만 재산권 문제에서 여성은 남성과 동등했다. 종교적인 죄악에 관해서도 여성의 처벌은 좀더 가벼웠다. 예를 들면 배교 행위에 대해서도 여성은 처형 대신 징역이나 태형으로 처벌받았다. 그러한 행위는 율법학자들의 입장에서 보면 여성의 특권이라기보다는 오히려 여성의 열등함에 대한 표시였다. 딤미dhimmī나 노예와 마찬가지로 여성은 법률 적용에서 일정한 불이익에 강제되어 있었다. 예를 들면 상속이나 법정 증언에서 여성은 남성의 절반 정도의 가치밖에 되지 않았다.

자신의 문화정체성을 유지하는 일이 허용된 이교도는 "딤미", 혹은 "계약의 백성ahl al-dhimma"이라고 불렸다. 딤미는 이슬람 국가에서 허용되어 보호받는 비무슬림 시민들을 일컫는 법률 용어였다. 실제로 그들은 기독교도, 유대인 그리고 동부 지역의 조로아스터교도들을 의미했다. 딤미의 지위는 무슬림 통치자와 비무슬림 공동체 간의 협정에 의해서 결정되었지만, 본질적으로 그것은 일종의 계약이었다. 계약의 기본 골격은 딤미가 이슬람의 우위와 이슬람 국가의 지배를 인정하고, 나아가 일정한 사회적 제약이나 지즈야jizya라고 불리는 인두세 납부로 표상되는 딤미의 종속적 지위를 받아들이는 것이었다. 물론 무슬림들은 인두세 납부가 면제되었다. 인두세 납부에 대한 대가로 딤미는 생명과 재산의 안전, 외적의 침입으로부터의 보호, 신앙의 자유 그리고 자신들의 문제에서 광범위한 내적 자치 등을 보장받았다. 따라서 딤미는 노예보다는 훨씬 유리한 상황에 있었지만, 자유 무슬림보다는 훨씬 불리한 처지에 있었다. 딤미 공동체는 여성 문제에 관한 자신들의 규준을 가지고 있었다. 이슬람 국가에서 이미 해석되어 적용된 것처럼 유대 율법은 일부다처를 허용했지만 축첩 제도는 금지하고, 이를 어기면 처벌했다. 기독교 율법은 모든 공동체에서 일부다처와 축첩 제도 모두를 금하고, 이를 위반한 자는 파문하거나 다른 방식으로 처벌했다.

노예와 여성 그리고 이교도의 열등함을 규정하는 법률 체계가 매우 도덕적이고 종교적인 이슬람의 원칙에 항상 부합되는 것은 아니었다. 동시에 세 (열등한) 계층의 사회적 실체는 때때로 법률적 기준보다 훨씬 좋은 조건에 있기도 했다. 딤미는 무슬림보다 열등했지만, 비록 그 수는 미미하다고 해도 거대한 부를 축적하여 경제력을 행사했다. 심지어 정치 권력을 휘두른 딤미들도 찾을 수 있다. 여성은 남성보다 열등하기는 했어도, 가정이나, 시장, 궁정에서 세력을 떨친 여성들을 만날 수 있다. 노예도 자유민보다 열등했지만, 수세기의 이슬람 역사 동안 점증하는 노예 군인과 노예 사령관, 심지어 노예 출신 군주를 발견할 수 있다.

근대 이전 대부분의 이슬람 역사에서 비무슬림 시민들의 지위와 입지는 법률에서 규정하는 것보다는 오히려 나은 편이었다. 이러한 법률 규정을 수시로 강화했다는 사실은 법률이 정하고 있는 제한이 규칙적이고 엄격하게 지켜지지 않았다는 것을 보여준다. 일반적으로 딤미들은 이슬람 분파 계열의 통치자들보다는 수니파 통치하에서 더욱 잘 대접받았던 것 같다. 칼리프와 술탄의 치하에서 유대인과 기독교도 모두는 이슬람 제국의 정부, 특히 행정 분야에서 일정한 역할을 담당했다. 그리고 그러한 등용에 대해서 강한 반발이 없는 것이 일반적이었다. 물론 기독교 관리를 반대하는 운동이 가끔 일어나고, 약간의 폭력 소요가 있기도 했지만, 그러한 경우는 아주 드물었다. 또한 그 이유도 일반적으로 딤미 관리의 과도하거나 부당한 행위가 문제가 된 경우가 많았다.

그러나 딤미는 열등한 존재였고, 사회가 그들의 하위 개념을 망각하도록 내버려두지는 않았다. 그들은 무슬림 법정에서 증언할 수 없었고, 노예와 여성처럼 피해 보상 측면에서 무슬림보다 불리했다. 무슬림 남성이 기독교도나 유대 여성과 자유롭게 결혼할 수 있었던 반면에, 딤미는 어떤 희생을 치르더라도 무슬림 여성과 결혼할 수 없었다. 또한 그들은 복장, 탈것, 예배 장소 등에서 여러 가지 제약을 받았다. 그들을 구분할 수 있는 복장을 입어야 했고, 말을 타지 못하고 대신 당나귀나 노새를 타야했으며, 법률 규정에 따라서 낡은 예배 장소를 수리할 수는 있어도 신축할 수는 없었다. 비록 이러한 제약이 항상 엄격하게 시행되지는 않았다고 하더라도, 언제든지 법적 제재를 받을 수 있었다. 한편 딤미들은 때때로 엄청난 부를 축적했다. 그러나 그러한 부를 통해서 자연적으로 얻게 되는 사회적, 정치적 특권으로부터 소외되자 음모를 통해서 정치적 목적을 달성하려고 했고, 그것은 결국 딤미 자신들뿐만 아니라 무슬림 국가와 사회 모두에게 타격을 주었다.

이슬람 국가에서는 초기부터 나중까지 자유민 무슬림 남성이 상당한 수준의 기회의 자유를 누렸다. 정복자들이 과거 고대 제국에 속해 있던 나라에서 이슬람의 계시를 적용해나가자, 엄청나고 혁명적인 사회 변화가 따랐다. 이슬람 교의는 원칙적으로 전제군주 제도까지를 포함하여 모든 세습적인 특권에 강력하게 맞섰다. 비록 원래의 인류평등주의가 여러 방식으로 변모되고 퇴색되었지만, 그것은 여전히 브라만이나 귀족층의 등장을 막고, 공적과 열정이 그 보상을 가져다주는 사회를 유지하는 데에 강력한 힘을 발휘했다. 오스만 제국의 후기까지 이러한 인류평등주의는 다소 제한되었다. 정부기관에 대한 노예 충원을 폐지함으로써 상향적 사회 이동의 주主통로가 막혀버렸고 모든 이슬람 군주국에서는 귀족과 울라마 같은 특권 안주 세력이 형성되고 유지됨으로써 새로운 인재들에 대한 문호門戶가 제한되었다. 그럼에도 불구하고 19세기가 시작할 때까지 비천한 신분을 가진 가난한 사람이 프랑스 혁명 이후 프랑스를 포함한 어떤 기독교 유럽 국가에서보다 오스만 제국 내에서 부와 권력 그리고 자존심을 소유할 기회가 훨씬 많았다.

역사가들에게 종종 퍼부어지는 비난은 그들의 관심이 부자와 권력자 그리고 지식인들에게만 집중되어 있다는 것과, 그들이 민족이나 국가, 시대를 기록한다고 하면서도 실제로는 몇천 명에 불과한 특권층에 대해서만 기술할 뿐, 절대다수인 대중을 고려하지 않는다는 것이다. 이러한 비난은 크게 보아 사실이다. 그리고 역사가가 잘못을 저지를 수도 있다. 소설이나 상상문학의 작가들과는 달리 역사가는 그의 처분에 맡겨진 사료의 제한을 받게 된다. 거의 최근까지, 일부 국가에서는 오늘날까지도, 역사 기록은 부와 권력을 가진 자 그리고 지식인들, 아니면 그들에게 고용된 자들의 특권에 속했다. 따라서 서적, 문서, 비문, 기타 다른 흔적을 남긴 사람들도 바로 그들 자신이었고, 역사가들은 그것들을 통해서 과거의 기록을 재구성하게 되는 것이다.

그러나 예외도 있다. 최근에 역사가들은 여기저기에 흩어진 단편적인 지식을 꿰어맞추는 힘든 작업을 통해서 침묵하는 대중의 역사와 경험들을 간파해냈다. 그리스-로마 세계, 기독교 유럽 그리고 부분적이기는 하지만 오스만 제국과 관련된 하층민의 역사 연구가 상당한 진척을 보았다. 그럼에도 중세 이슬람사 연구를 위한 작업은 거의 시작조차 하지 못하고 있다. 물론 도시나 도시민들의 다양한 분야는 일부 연구가 되었지만, 그나마도 대부분은 사회사보나는 경제사와 관련된 것들이었다. 여기저기 흩어진 몇 편의 논문이나, 내용의 대부분이 다른 주제에 할애된 책의 일부가 중세 이슬람 사회의 대중의 일상을 다룬 빈약한 학술적 참고문헌을 구성하고 있다. 15세기 후반 이후 오스만 공문서국의 방대한 궁정 및 지방 자료가 도시 대중뿐만 아니라 심지어 시골 사람들의 일상에 관하여 놀랄 만큼 풍부한 근거를 제공했다. 중세와 관련된 이러한 작업은 매우 힘들기는 하지만, 불가능한 것은 아니다. 오스만 제국과 유럽 국가들의 공문서에 필적할 만한 기록은 없지만, 상당한 분량의 자료들이 남아 있다. 그 대부분은 이집트에 있다. 이러한 자료들을 토대로 여러 측면에서 학문적인 방법으로 보충하고 해석하면, 특수 엘리트 집단인 카사에 대비되는 보통 사람들, 즉 암마의 삶을 간파해내는 작업이 가능해질 것이다.

이런 작업 과정에서 극도로 다양하고 활동적인 도시민이 등장한다. 도시민의 주요 구성원은 다양한 경제 수준에 있는 직공과 장인들—스승, 숙련공, 견습공들—이었다. 그들 대부분은 동업자 조합인 길드를 결성했다. 길드는 그 구성원들의 종족이나 종교가 일치하지 않는 경우도 있었고, 도시의 별도 구역을 장악하기도 했다. 정치, 군사 그리고 종교 집단이 엘리트 집단인 카사를 이루었지만, 동시에 이 세 집단에는 하층민이나 형편없는 급료를 받는 구성원도 섞여 있었다. 그들은 생활 수준이나 방식에서 엘리트 집단보다는 분명히 서민계층에 속하는 사람들이었다. 질서는 다양한 경찰력이나 일부 군대조직에 의해서 유지되었다. 이들 조직은 대부분 도시민 중에서 내부적으로 충원되었다. 야간순찰을 맡은 "아사스ʿasas"나 주로 젊은 견습공들 중에서 모집된 일종의 시민군인 "아흐다스aḥdāth"가 그 예에 해당된다.

경찰의 업무는 다양했고, 결코 만만치 않았다. 단편적으로 남아 있는 아랍어 자료를 통해서 중세 이슬람 지하세계 극빈자층의 생활방식과 습속, 심지어 그들의 언어까지 파악할 수 있다. 각양각색의 사람들이 있었다. 그들 중 일부는 도둑, 사기꾼, 협잡꾼, 암살범 등 범죄인들이었고, 일부는 곡예사, 마술사, 무용수, 묘기 시범자들 같은 기예인들이었다. 또한 순회 설교사나 직업적인 이야기꾼들도 있었다. 돌팔이 의사로 불리던 사람들도 있었는데, 그들은 대중의 의학적 관심을 불러일으켜서 의사나 치과 의사, 약종상, 심령치료사 노릇을 했다. 일부는 마술이나 점성술, 부적, 기타 유사한 것들을 취급하기도 했다. 일반 시민들이 필요로 하고 그들이 구입할 수 있는 싸고 단순한 물품을 가져다 파는 행상도 있었다. 행상은 돌팔이 의사와 함께 시민 사회에 중요한 사회경제적 기능을 하게 되었는데, 말하자면 특권계층을 위한 존경받는 의사와 상인들의 역할과 유사했다. 자료에서 가장 큰 관심을 끄는 가시적인 집단은 아마 거지들일 것이다. 그들은 필요한 종교적 기능을 수행했는데, 신앙심이 있는 무슬림들이 "희사(자카트zakāt)"라는 그들의 종교적 의무를 다할 수 있는 기회를 제공했기 때문이다. 자료에 재미있게 상세히 묘사된 바에 의하면, 그들은 기예(일)를 지속해나가기 위해서 놀랄 정도의 속임수와 계략을 사용했다. 의심의 여지없이 중세 유럽의 부랑자들에 관한 자료는 풍부하고 철저한 연구가 이루어져 있다. 중세 이슬람 세계의 부랑자도 관심을 둘 가치가 있다.[2]

아랍 문화에서는 심지어 거지들조차 그들만의 시문을 가지고 있다. 고전

형태로 된 10세기의 한 허풍담에는 다음과 같은 구절이 있다.**3**

우리는 사나이. 육지와 바다를 주름잡는 사나이 중의 사나이.

우리는 중국과 일본 그리고 탕헤르,* 모든 인류로부터 세금을 거둔다.

사실 우리의 말[馬]은 지구 전역을 장악하고 있다.

한 곳이 더워지면, 다른 곳으로 이동한다.

전 세계가 우리의 것, 이슬람의 땅이건, 이교도의 땅이건, 어디가 되었건.

그리하여 우리는 눈 덮인 땅에서 여름을 나고,

겨울이면 내추야사가 자라는 곳으로 이동한다.

우리는 거지 형제단, 누구도 우리의 고상한 자긍심을 부정할 수 없다.

특수계층은 도적과 노상강도였다. 그들은 필연적으로 돈 많은 대상들이 험난하고 외진 산악이나 사막 외길을 여행할 때 번성을 누렸다. 일부는 단순한 범죄자들로서, 실제로도 그렇게 간주되고 취급되었다. 그러나 다른 일부는 그들이 일종의 인지할 만한 사회적 항변의사를 표명했기 때문에 칭송을 받고, 때때로 대중 숭배, 심지어는 지적 숭배의 대상이 되기도 했다. 그러한 예로는 고대 아라비아에 번성했던 소위 "도적 시인 술루크suʿluk(복수형은 사알리크saʿālik)"가 있다. 사알리크는 부족 체계의 바깥에서 사는 추방당한 사람들이었고, 따라서 그 부족 체계가 가져다주는 어떠한 보호도 받을 수 없었다. 그들은 독특한 시문 형식을 만들어, 중세는 물론 근대 문학사가들의 찬사를 받았다. 한편 특히 16-17세기에 오스만 제국의 아나톨리아를 약탈한 "젤랄리jelâli"로 알려진 도적단은 아주 다른 경우이다. 제대 군인, 소작농, 종교학교를 졸업한 실업자 그리고 여타 불만 세력들로 구성된 그들은 명성을

---

\* 아프리카 북서단에 있는 모로코의 항구 도시.

얻고 성공을 거두었다. 그리고 그들 지도자들 일부는 아나톨리아의 전승이나 민속시가에서 칭송되고 있기도 한다.

역사적 기억은 여러 가지 저항의 방식에 별로 관심을 두지 않고, 그것에 대한 비난이나 망각을 선호해왔다. 그러한 예로는 주인에 대항한 노예들의 반란을 들 수 있다. 가장 대표적인 것이 중세 초기 이라크의 농업 프로젝트에 투입된 동아프리카 노예들이 일으킨 몇 차례의 반란이었다. 그중 가장 중요한 반란은 868년에서 883년까지 15년간 지속되었다. 그들은 몇몇 제국 군대를 패퇴시키고, 일시적이기는 했지만 바그다드의 칼리프를 심각하게 위협했다. 노예에게 대항한 노예의 반란이라는 약간 이례적인 사건이 1446년 이집트에서 발생했다는 기록도 보인다. 그해 연대기는 카이로 외곽의 목초지에서 맘루크 주인들의 말을 보살피던 약 500명의 흑인 노예들이 무기를 탈취하여 반란을 일으켰다고 기록하고 있다. 이집트 역사가에 의하면, 그들은 소국가와 그들 자신들을 위한 궁성을 건설했다. 지도자는 술탄이라고 불렸고, 옥좌 위에서 취임했다. 그의 주된 추종자들에게는 맘루크 술탄 궁정의 수석장교라는 칭호가 주어졌다. 그들은 대상을 습격하여 생존을 유지했으나, 술탄제에 대한 반대 세력 간의 다툼 끝에 결국 정복되었다.

이슬람의 사회, 정치 질서에 훨씬 위협적이었던 것은 일련의 대중 봉기였다. 이런 봉기는 통상 종교 용어로 표현되었지만, 종종 사회적, 경제적 불만에 의해서 야기되었다. 이슬람 국가의 점증하는 전제적 성격에 저항하여 일어난 카리지파는 유목민, 아랍인, 기타 여러 계층으로부터 폭넓은 지지를 받았다. 그들은 어떤 종류의 권위든 그것을 그들 개인의 자유와 자존심을 침해하는 요소로 보았다. 한편 무함마드의 후손이 칼리프가 되어야 한다는 주장을 앞세웠던 시아파는 칼리프직을 실제로 차지하고 있는 자들의 정통성에 문제를 제기하고, 스스로 박해받고 소외되었다고 느끼는 사람들의 분노와 불만을 대변하고 그 출구를 제공했다. 8세기의 압바스 왕조, 10세기의 파티마 왕조, 16세기의 사파비 왕조 등과 같이 이러한 일부 운동이 실제로 권력을 장악하기도 했으나, 필연적으로 그들이 가졌던 당초 기대를 충족시키지 못함으로써 보다 분개한 추종자들을 훨씬 극단적인 운동으로 몰고 갔다. 훨씬 온화한 성향의 수피즘 형제단조차 때때로 대중의 지지를 받는 광범위하고 위험한 반란에 개입했다.

대중적인 믿음과는 달리, 중세 이슬람은 시골이나 사막보다는 도시의 문명이었다. 중세 이슬람의 역사 기록, 문학, 법률 등은 도시의 문제를 다루었고, 도시의 상황을 반영했다. 오스만 제국 시대에 와서야 비로소 관련 문서를 가지게 되었고, 그것을 통해서 농민들의 일상에 대한 연구가 가능해졌다. 또한 극히 최근에 와서야 미미하게나마 농민들의 생활을 묘사한 문학 작품을 많이 접할 수 있게 되었다. 이처럼 기술, 관개 수로, 토지 이용, 토지 보유 등과 같은 문제에 관해서는 꽤 잘 알려져 있지만, 중동 역사 내내 인구의 대다수를 차지한 농민들에 대해서는 거의 알려진 바가 없다.

농민은 실제로 토지를 경작하는 사람들이다. 노동의 열매를 즐기는 사람들과는 달리 그들은 묵묵히 일하는 사람들이다. 그들의 생각과 감정은 중동 역사에 관한 대부분의 정보를 제공하는 문학 작품과 사료에 거의 반영되지 않았다. 때때로 농민 출신들은 그 배경을 탈피하여 상인이나 울라마, 지주 혹은 국가나 군대의 관리나 장교가 되면서 더 높은 사회계층으로 진출했다. 그렇게 된 후, 그들 대부분은 농민 출신임을 망각하고 농민의 견해를 반영하지 못했다. 단지 몇몇 도적이나 반란 지도자들만이 민중과 접촉을 계속해나 갔지만, 그러한 것들은 거의 알려지지 않았다. 이전 시대에 비해서 모든 정보 교류의 수단이 가능해진 근대에 와서도, 아직도 이 지역의 시골 농민들이 진정 어떤 생각을 하고 있는지를 파악하기란 매우 어렵다. 민속, 민속 전승, 민속 문학, 속담 등은 아마 지금까지도 농민들이 생각하고 느꼈던 것을 찾아내는 최선의 자료일 것이다. 이러한 점에서 불평 사항, 분쟁, 조사, 심판 등에 관한 방대하고 상세한 기록을 가진 오스만 제국의 문서는 실제로 농민들의 삶이 어떠했는지를 알려주는 유일한 증거인 셈이다.

농촌 저편에는 유목민이 거주하는 사막이 있다. 그러나 대부분의 중동 지역에서 농촌과 사막은 결코 멀리 떨어져 있지 않다. 유목민들은 의식주와 수송을 위해서 가축을 사육하거나, 때때로 약탈로 근근이 생계를 꾸렸다. 북서아프리카의 유목민인 베르베르족, 북아프리카와 서남아시아의 베두인 아랍족, 아나톨리아 고원과 이란, 중앙아시아의 유목민인 튀르크족과 이란족 등은 경제뿐만 아니라 종종 정치에서도 중요한 역할을 했다. 농경과 목축이 분리된 중동의 특성상 유목민들은 경제적으로 매우 긴요했다. 따라서 그들은 도시와 농촌을 지배하여 유목민을 통제하려고 했던 역대 정부의 끈질긴 노력에도 불구하고 나름의 독특한 생활방식을 고수할 수 있었다. 유목민들은 정부가 강할 때는 비교적 침묵을 지켰지만, 정부가 약할 때는 보다 독립적이고 강경한 태도로 오아시스와 마을을 약탈하고, 대상을 습격하고, 한때 농지였던 곳까지 가축 떼를 몰고 가서 풀을 뜯겼다. 때때로 유목민들은 정통 이슬람으로 돌아가자는 새로운 종교 지도자의 설교에 자극받아, 농촌의 정주 사회를 공격해서 정복한 후 새로운 왕국과 왕조를 건설하기도 했다.

# 5. 종교와 법

7세기 중엽 이슬람 제국이 성립된 이후 이슬람은 중동의 지배적인 종교가 되어갔다. 처음 이슬람은 소수의 정복자, 정착민, 통치자들의 종교에 불과했다. 반면 과거 페르시아와 비잔틴 제국 영토에 살던 인구의 절대다수는 여전히 고대의 전통적인 종교를 신봉했다. 그 구체적인 시기와 방식은 분명하지 않지만, 시간이 흐르면서 대부분의 중동 지역에서 무슬림들이 다수가 되었고,

오늘날까지도 그 비중은 서서히 증가하고 있다. 딱 한 구역, 비무슬림들의 거주가 허용되지 않은 곳이 있었다. 전승된 기록에 따르면, 칼리프 우마르는 무함마드의 고향인 성지 아라비아에는 오직 한 종교, 즉 이슬람만이 허용된다는 포고를 내렸다. 따라서 기독교도와 유대인은 그곳을 떠나도록 요구되었다. 물론 이 포고령은 기독교가 수 세기 동안 잔존했고, 유대교가 오늘날까지도 남아 있는 남부 아라비아에는 적용되지 않았다.

무슬림의 통치와 영향하에 있는 비무슬림 공동체의 운명은 지역에 따라서 크게 달랐다. 북쪽의 조지아와 아르메니아, 남쪽의 에티오피아처럼 이슬람 제국 외곽에 자리한 일부 국가들은 기독교적인 특성을 보존했고, 일부는 독립을 유지하기도 했다. 비옥한 초승달 지역과 이집트에서 기독교 교회는 비록 그 수는 서서히 줄어들지언정 계속 번성했고, 비잔틴의 지배가 종식된 뒤에는 올바른 믿음을 규정하고 따르게 함으로써 오히려 득을 보았다. 반면 북아프리카에서는 기독교가 소멸되었다. 동부와 중부, 서부 지방에 굳건히 뿌리내린 유대 공동체는 기독교도와 유사한 지위를 얻었는데, 기독교 치하의 경험에 비추어보면 상당한 진전을 이룬 셈이었다. 기독교도들이 누렸던 바깥의 든든한 친구의 성원이나, 유대인이 가졌던 처절한 생존 전략을 가지지 못했던 조로아스터교도들은 형편없는 대우를 받았다. 일부는 인도로 도망가서 그곳에서 "파르시Parsi"라는 조그마한 공동체를 형성했는데, 오늘날까지도 남아 있다. 이란에서도 정통 조로아스터교도들은 보잘것없는 소수민으로 전락해버렸다. 국가 권력이나 기존 성직 체계에 의존하지 않던 이단적 조로아스터교 이탈 무리는 오히려 나은 형편이었고, 이슬람 통치 초기 이란의 사회적, 문화적, 정치적 역사에서 일부 중요한 역할을 하기도 했다. 이들 중에서 가장 잘 알려진 집단이 마니 추종 세력이었다. 마니교 신앙은 중동과 유럽 양쪽에서 조로아스터교도와 무슬림, 기독교도들의 강도 높은 박해에도 살아남아 세 종교로부터 추종자들을 계속해서 모았다.

정통 칼리프의 중심부는 물론 서남아시아와 북아프리카에서도 문명이 발전하고 있었다. 이 문명은 여러 면에서 이 지역 고대 문화의 영향을 크게 받았으며, 비무슬림 소수민들의 공헌으로 더욱 풍부해졌다. 그러나 이 문명은 엄격한 의미에서 이슬람 문명이었으며, 인지할 수 있을 만큼 뚜렷한 특성을 가진 채, 철학, 과학, 문학, 예술 그리고 일상에까지 영향을 끼치고, 심지어 비무슬림 공동체의 내부 생활에서도 명백히 차이를 드러냈다.

## ❖ 이슬람의 개념

"이슬람Islam"은 아랍어 단어로, 무슬림과 다른 사람들에게서 일반적으로 "복종"이라는 의미로 쓰였다. 복종은 말하자면, 신자들의 신에 대한 복종을 의미한다. 이슬람의 능동분사형인 "무슬림Muslim"은 그 복종 행위를 실천하는 사람을 의미한다. 또한 무슬림이라는 단어는 초기 아랍어나 셈어에서 "완전"이라는 의미도 가졌던 것 같다. 따라서 무슬림은 다른 대상이 아닌 신에게만 완전히 자신을 바치는 자를 일컫는데, 이는 7세기 무지시대 아라비아의 다신교도와 상반되는 일신교도를 지칭했다.

이슬람 전승을 통해서 이해할 수 있는 것처럼, 무함마드의 사명은 혁신이 아니라 일종의 지속이었다. 즉 일신교와 다신교 사이의 오랜 투쟁이 새로운 마지막 단계에 와 있음을 의미했다. 무슬림들에게 무함마드는 오랜 역사 동안 신성한 의무를 지고 계시서를 가져온 수많은 사도들 중에서 마지막 사도, 즉 "예언자들의 봉인"이었다. 그러한 이전 계시서들은 모세의 토라(구약), 다윗의 「시편」, 그리고 예수의 신약 등이었다. 무함마드는 그들 중에서 가장 위대한 마지막 예언자로서 모든 이전 계시를 보완하고 완성을 기한 코란이라는 계시서를 가져왔다. 따라서 무슬림들의 입장에서 보면, 유대교나 기독교는 연속적인 사명과 계시의 연장선상에서 창시 당시에는 모두 진리의 종교였다. 그러나 이러한 계시들은 예언자 무함마드에 의해서 그 실효성이 소멸되었다. 그 계시서에 들어 있던 진실된 내용은 무함마드의 메시지에 통합되었고, 진실이 아닌 내용은 삭제되었다. 그것은 초기 성서의 하찮은 관리자들이 그 내용을 왜곡하고 변질시킨 결과였다.

오늘날 "이슬람"이라는 단어는 다양한 의미로 통용된다. 엄밀히 말하면 무슬림에게 이슬람은 이 세상이 창조된 이후부터 존재해온 참된 종교이다. 그런 점에서 아담, 모세, 다윗, 예수를 비롯하여 다른 예언자들도 모두 무슬림이었다. 보다 보편적으로는 연속적인 계시의 과정에서 초기 신봉자들이 다른 이름으로 존재했기 때문에, 이슬람이라는 용어는 계시의 마지막 단계, 즉 무함마드와 코란의 단계에 한정되어 사용되고 있다. 물론 여기에서도 이슬람은 다양한 뜻을 가진다. 첫째 이슬람은 코란은 물론 무함마드 자신의 훈계와 행실을 통해서 설파되어, 다음 세대들에 의해서 전달되고 기록된 하나의 종교를 의미한다. 또한 이슬람은 그런 과정을 통해서 형성되어, 무함마드의 가르침과 그의 언행록에 근거하여 다음 세대들이 정교하게 정비한 신학, 법, 관습 등의 총체적 개념으로 통용된다. 이런 점에서 이슬람은 무슬림들이 "샤리아"라고 부르는 성법 체계와 "칼람kalām"이라고 부르는 신학적 총체를 포함하고 있다. 보다 넓은 의미에서 이슬람이라는 단어는 특히 비무슬림들에 의해서 기독교보다는 기독교 세계에 대응되는 의미로 종종 통용되면서, 무슬림 신앙과 사회의 보호 아래 성장한 모든 문명을 지칭하기도 한다. 이런 점에서 보면 이슬람의 의미는 무슬림들이 믿거나 믿으려고 하는 것이 아니라, 무슬림들이 실제로 이룩했던 것이다. 다시 말해서 이슬람은 역사를 통해서 우리에게 알려지고, 오늘날까지 존재하고 있는 이슬람 문명인 것이다.

## ❖ 모스크 : 이슬람 사원

"모스크mosque"라는 단어는 다양한 형태와 여러 경로를 통해서 무슬림들의 예배 장소라는 명칭으로 기독교 세계의 언어 속에 자리 잡았다. 모스크는 아랍어 "마스지드masjid"에서 파생되었는데, 언어적 의미로는 예배 장소이다. 다시 말하면 신자들이 예배를 드리는 장소, 더 정확히는 신 앞에 무릎을 꿇는 장소이다. 그러나 기독교의 교회나 교회당과는 개념이 다르다. 모스크는 하나의 건축물이고 예배 장소이며 때때로 만남의 장소와 학문의 전당도 된다. 무슬림들의 용례에서 모스크는 결코 독자적인 구조와 성직 체계 그리고 법과 재판권을 가진 기구를 의미하지 않는다. 물론 이슬람이 막 시작된 시기에는 건물의 형태를 갖추지 못했고, 아무 장소에서나 신자들이 모여 합동 예배를 드렸다. 물론 예배는 가정집이나 공공장소, 심지어는 옥외에서도 드릴수 있었다. 그리고 정복 초기에는 때때로 피정복지의 다른 종교의 예배 장소에서도 예배를 행했는데, 정복자들이 그 장소들을 공유하거나 접수한 것이었다. 아랍 정복자들은 다마스쿠스의 성 요한 교회의 경우처럼 처음에는 함께 사용하다가 나중에는 그 교회를 접수하여 개조해버렸다. 몇 세기가 흐른 15세기에는 콘스탄티노플에 있는 성 소피아 사원도 왕궁 모스크로 변해버렸다. 이러한 개조는 건물 외부에서 일어났다. 돔에 초승달 표시를 세우고, 무아딘mu'adhdhin*이 신의 유일성과 무함마드의 예언자 됨을 외칠 수 있도록 4개의 미나레트minaret**를 사방의 모서리에 추가했다. 그리고 내부에서는 기독교 성화와 성물을 제거하거나, 아니면 코란 구절과 다른 이슬람의 가르침으로 그것을 가려버렸다.

모스크 내부는 단순하고 엄숙하다. 이슬람은 성찬이나 세례의식, 임명된 성직자가 없기 때문에 제단이나 성소 같은 것도 없다. 이맘은 성직자가 아니라 예배를 인도하는 자에 불과하다. 모든 무슬림은 누구나 이맘의 역할을 수

---

\* 이슬람교도들에게 합동 예배와 1일 5번의 기도 시간을 알리는 소리를 아잔(adhan)이라고 하는데, 이 아잔을 행하는 사람이 무아딘이다. 작은 모스크에서는 문이나 주변에 서서 아잔을 외치고, 큰 모스크에서는 첨탑에 올라가서 외친다.
\*\* 아랍어로 "등대"라는 뜻으로, 이슬람 건축에서 기도시간을 알리는 탑이다. 무아딘이 하루 다섯 번씩 이 탑에 올라 신자들에게 기도하러 오라고 외쳤다. 형태가 매우 다양하다.

행할 수 있다. 그러나 실제로 이맘직은 거의 영구적이고 전문적인 직업이 되었다. 모스크 내부에는 민바르minbar와 미흐라브mihrāb라고 하는 두 중심체가 있다. 민바르는 금요 예배 때 큰 모스크에서 사용되는 일종의 설교대이다. 미흐라브는 벽을 파서 키블라qibla를 표시한 일종의 벽감이다. 키블라는 메카 방향을 표시하는데, 모든 무슬림들이 예배를 보는 방향이다. 한편 미흐라브는 일반적으로 벽면의 중앙에 자리 잡아, 건물의 좌우대칭의 축을 이룬다. 무슬림들의 합동 예배는 조직적이고 집단으로 이루어지는데, 창조주이며 우주를 관장하는 영원한 신에게 복종하는 행위이다. 예배에는 어떤 드라마나 신비의식도 끼어들지 못하고, 전례음악이나 시문은 물론 봉헌 예술 등도 사용되지 않는다. 특히 조각은 우상 숭배와 같은 모욕으로 취급되어 금기시되었다. 그 대신 무슬림 예술가들은 추상적이고 기하학적인 문양을 사용했고, 장식 설계는 광범위하고 체계적인 서체 조각에 기초했다. 신의 이름(속성), 예언자 무함마드와 초기 칼리프들의 이름, 이슬람의 신앙 고백 샤하다shahāda, 코란 일부 구절, 심지어는 코란 전체 구절 등이 모스크의 벽면이나 천장을 장식하기 위해서 사용되었다. 무슬림들에게 코란은 신성한 것이어서, 쓰고 읽는 것 자체가 신앙 행위였다. 여러 다양한 서체가 사용되었고, 위대한 예술가의 손에서 서체 예술은 난해하고 심원한 아름다움에 도달했다. 이렇게 장식된 작품들은 무슬림의 신앙심을 표현하는 찬가이자 푸가이고 성물이다. 그리고 무슬림들의 독실함과 미학을 동시에 이해하는 열쇠이다.

가장 친숙하고 특징적인 모스크의 외관은 미나레트이다. 보통 별개의 건축 구조물이며, 그 꼭대기에서 무아딘이 신자들에게 예배를 드리러 오라고 외친다. 미나레트는 이슬람 세계의 통일성과 다양성을 상징한다. 어느 곳에서건 똑같은 종교적, 사회적 목적을 지니는 미나레트는 복잡한 뒷골목이나 시장통에 우뚝 솟아 신자들에게 일종의 신호와 경고를 보낸다. 주요한 이슬람 지역에는 독특한 형태의 미나레트가 있는데, 반드시 종교적이지 않더라도 바빌론의 계단식 탑, 시리아의 교회 뾰족탑, 이집트의 등대처럼 우리가 기억하는 고대 건축물의 외관을 유지하고 있는 경우도 있다.

다른 측면에서 이슬람의 모스크는 로마의 포럼(공회용 광장)이나 그리스의 아고라(시민 광장)의 계승이라고 할 수 있는데, 특히 새롭게 형성된 병영 도시에서 무슬림들의 정치적, 사회적 중심이 되었다. 모스크의 민바르는 예배 시에 설교자나 지도자를 위한 연단일 뿐만 아니라, 관리의 임명과 파면, 새로운 통치자나 총독의 등극, 전쟁과 정복 및 여타 비중 있는 사건에 대한 소식 등과 같은 중요한 공지 사항이나 결정을 공포하는 곳이었다. 병영 도시에서 모스크는 그 자체가 정부기관이고 군사적 숙영지로서 일종의 성채를 형성했는데, 때때로 통치자나 총독 자신이 민바르에 올라가 중요한 공지 사항을 직접 발표하기도 했다. 아주 초기부터 민바르에서 설교하는 사람은 이슬람의 통치권을 상징하기 위해서 손에 칼이나 지휘봉을 드는 것이 관례였다. 이때 공격해서 정복한 곳에서는 칼을, 우호적으로 항복한 곳에서는 지휘봉을 사용했다. 이슬람 정부와 사회가 갈수록 복잡해짐에 따라서 모스크의 정치적인 역할은 감소되었지만, 결코 없어지지는 않았다. 예를 들면 새 칼리프의 등극과 같은 주요한 임명은 여전히 민바르를 통해서 공포되었고, 금요 설교인 "후트바khuṭba"에는 통치자나 총독의 이름이 언급되는 기도가 포함되었다. 이처럼 모스크의 정치적 중요성은 유지되었다. 후트바에서의 언급은 이슬람에서 정치적 권위를 공인하는 징표의 하나였다. 즉 통치자에게는 주권, 영주에게는 충성의 징표였다. 후트바에서 영주의 이름을 생략하면, 그것은 영주의 독립 선언이었다.

### ❖ 샤리아 : 이슬람 성법

무슬림들이 곧잘 인용하는 다음과 같은 코란 구절이 있다. "하느님께 복종하고 선지자와 너희 가운데 책임이 있는 자들에게 복종하라."(4:59) 이 구절은 예언자의 언행서인 하디스에 코란과 같은 권위를 실어주는 것으로 해석되었다. 이슬람 신앙에 따르면, 예언자는 그가 가져왔던 계시뿐만 아니라, 그의 모든 언행에도 신성함을 가지고 있다. 예언자의 언행과 관련된 구전은 수 세대를 내려오다가 후일 책으로 집대성되었고, 극소수만이 무슬림들에게서 신빙성 있고 정통적인 것으로 간주되었다. 중세 때 이미 이슬람 학자들은 일부 전승의 정통성에 의심을 품었고, 근대에 들어서는 그것에 훨씬 가혹한 형태의 비판을 가했다. 그러나 표준 하디스는 아직도 대부분의 무슬림들이 코란 다음가는 것으로 여긴다. 코란과 하디스는 이슬람 성법인 "샤리아"의 기본을 이루고 있다. 세대를 거듭하면서 율법학자와 신학자들에 의해서 잘 정비된 이 장엄한 법률 체계는 이슬람의 주요한 지적 업적의 하나이다. 아마 이슬람 문명의 성격과 진수를 보여주는 가장 좋은 예일 것이다.

미르자 아부 탈레브는 18세기 말경 영국을 방문해서 최초로 소감을 글로 남긴 무슬림이었다. 그는 영국 하원을 방문했을 때, 법을 공포하고 범법자들의 벌을 정하는 등의 하원의 기능과 의무를 보고 놀란 감정을 기록했다. 그는 독자들에게 무슬림과 달리 영국 사람들은 하늘에서 계시된 신성법을 인정하지 않고 편의에 따라서 자신들의 법을 만들며, 그 법은 "시간과 환경의 필요, 국가 문제, 재판관의 경험에 근거하여" 제정된다고 설명한다.[1]

원칙적으로 이슬람의 법 체계는 그 여행가가 영국에서 보고 묘사했던 것과는 완전히 딴판이었다. 무슬림들에게 유일하게 유효한 법은 계시를 통해서 알려진 신법이었다. 그것은 코란과 하디스에 명시되어 있으며, 후대 율법학자들과 신학자들에 의해서 부연되고 해석되었다. 법 자체가 신에 의해서 제정되고 예언자에 의해서 공포되는 곳에서 율법학자와 신학자는 한 뿌리의 서로 다른 가지와 같다. 그러나 성법학자들은 관료가 아닌 개인이기 때문에 그들의 판결은 공식적인 구속력을 가지지 못하고, 그들의 의견이 일치하는 것도 아니었다. 국가에 의해서 임명된 "카디"는 법정에서 재판을 주관했다.

그의 임무는 법을 적용하는 것이지 해석하는 것이 아니었다. 그 해석권은 법률 해석가인 "무프티"의 몫이었는데, "파트와"라고 불린 그의 견해와 판결은 비록 법은 아니었지만 법적 권위를 가진 것으로 인용될 수 있었다.

원칙적으로 샤리아는 공적이고 사적인, 그리고 집단적이고 개인적인 무슬림의 모든 생활을 포괄했다. 특히 결혼, 이혼, 재산, 상속, 기타 민사와 관련된 샤리아의 일부 조항은 신자들이 복종하고, 국가가 강화 조치를 취하는 표준 법전의 성격을 획득했다. 또다른 측면에서 샤리아는 개인과 공동체 모두가 열망하는 규범 체계와 같은 것이었다. 정부의 업무와 관련된 샤리아의 정치적이거나 입헌적인 조항들은 다양한 시대와 장소에 따라서 개인과 공동체 사이에서 적절한 균형을 이루었다.

이슬람 율법학자들은 샤리아를 크게 두 부분으로 나누었다. 하나는 신자들의 정신과 마음과 관련된 것으로, 말하자면 교의와 도덕률 같은 것이었다. 다른 하나는 신과 인간의 관계와 관련된 외적 행위로, 예배는 물론 민법, 형법, 공공법 등이 이에 해당되었다. 법의 목적은 규칙체계를 규정하고, 신자들이 현세에서의 올바른 삶을 통해서 영원한 내세의 축복을 스스로 준비하도록 만드는 것이었다. 이슬람 국가나 사회의 근본적인 기능은 이러한 규범을 유지하고 강화하는 것이었다.

실제로 이슬람과 서구의 법적 시행의 차이는 미르자 아부 탈레브의 언급이 시사하는 것보다는 덜했다. 샤리아가 이슬람 국가에서 인간의 입법권을 인정하지 않고 있지만, 실제로 이슬람 통치자들과 율법학자들은 무함마드의 예언자적 사명이 시작된 이후 14세기 동안 계시에서 뚜렷한 대답을 얻을 수 없는 수많은 문제점에 봉착했고, 그때마다 그에 대한 대답을 찾았다. 그러나 그러한 대답들은 구체적인 법규나 법령으로 제시되지 않았다. 만약 그것이 아래로부터 생긴 것이라면 관습이 되었고, 위로부터 생긴 것이라면 규정이 되었다. 흔히 그랬듯이 그것이 율법학자로부터 나왔다면 주해가 되었다. 이슬람의 율법 전문가들은 성전 해석에서 다른 사회의 법률가들에 결코 뒤지지 않았다. 그러나 한 측면에서는 미르자 아부 탈레브의 견해가 확실히 옳았다. 새로운 법을 만드는 일은 통상적이고 보편화되어 있었지만, 그것은 항상 겉치레였고 거의 은밀히 추진되어, 영국 민주주의의 시발점이라고 할 수 있는 입법위원회나 의회가 제대로 역할을 할 수 없었다.

불변의 코란과 공인된 하디스 전집의 제한된 효과에도 불구하고, 무슬림들은 "규정은 시간이 변함에 따라서 변할 수 있다"고 율법학자들이 규정해놓은 원칙에 따라서 놀라울 정도로 그들의 법률을 개정하고 발전시켜가는 수완을 보였다. 이러한 발전 과정에서는 통치자의 재량권과 과학자들의 합의라는 두 요소가 특히 중요했다.

수니파 율법학자들의 규정대로 이슬람 국가는 신을 행정, 입법, 사법의 유일한 원천으로 보는 신정 체제이다. 통치자는 신의 매개자요, 대리인으로서 칼리프나 술탄이라는 칭호를 가지는데, 이는 "지상에서의 신의 그림자"라는 뜻이다. 실제로 무슬림들은 초기부터 국가 업무가 원활히 수행되기 위해서는 신실한 이슬람 통치자라도 권력을 행사하고, 법을 제정하고, 처벌을 행할 필요가 있음을 인식했고, 가끔 그것이 성법 샤리아의 규정을 넘어서더라도 반대하지 않았다. 그러한 권력은 아랍어 단어 "시야사siyāsa"나 그것에 상응하는 무슬림 언어로 표현되었다. 시야사의 주된 의미는 말[馬]을 훈련시키고 관리한다는 것으로, 오늘날에는 정책이나 정치라는 뜻으로 쓰인다. 그리고 중세나 오스만 제국 시대에는 시야사가 샤리아에 따라서 부여된 것 이외의 통치자의 재량권을 의미했는데, 특히 그 재량권에 의해서 부과된 생사여탈권을 가리켰다. 이러한 두 종류의 권위(샤리아와 시야사)의 필요성은 성법 학자들에게서도 인정받았고, 오스만 시대에 이르면 술탄은 "카눈kānūn"으로 알려진 일련의 정교한 법률 체계를 공포했다. 카눈은 지방정부는 물론, 국가 기관, 통치자나 중앙정부 자체의 업무를 규정했다. 카눈은 어떤 경우라도 샤리아를 능가하거나 폐기할 수 없었으나, 토착 관습이나 전, 현직 통치자들의 칙령을 통해서 성법 조항을 확대 해석하고 새롭게 할 수는 있었다.

그러한 규정과 조항을 공포하고 강화할 때에 무슬림 군주들, 특히 오스만 통치자들과 같이 경건하고 헌신적인 군주들은 울라마들의 지지나 최소한 그들의 묵인을 요청했다. 이슬람 초기에 종교적이고 존경받는 울라마들은 국가 업무로부터 초연하여, 공직 참여로 초래될 수 있는 정신적인 오염을 피하려는 경향을 보였다. 그러나 11세기 이후, 내외에서 생긴 새로운 위협이 군주와 울라마들을 서로 밀착시켜주었다. 셀주크조와 그를 이은 오스만 제국 그리고 당시의 다른 이슬람 지역에서도, 특히 법률을 다루는 울라마들이 대거 국가 업무에 종사하여, 어떤 면에서는 정부의 한 조직이 되었다.

그렇지만 울라마들은 결코 기독교적 교회의 성격을 띠지 않았고, 이슬람도 기독교적 정통 개념을 결코 만들지 않았다. 이슬람 역사에서는 진리를 정의하고 오류를 비난하는 공회나 종교 회의가 없었고, 올바른 신앙을 공표하고, 검증하고, 강화하는 교황이나 고위 성직자, 종교 재판관 등도 존재하지 않았다. 신학자이며 이슬람 율법학자인 울라마들은 개인이나 학파로서 혹은 후일 공직자로서 교의를 체계화하고 경전을 해석했지만, 단 하나의 정통 교의나 주해, 이단적인 변형을 만들 수 있는 제도적인 교회의 권위를 가지지 못했다. 따라서 단 하나의 공인된 신앙 형태를 강제할 교회가 없었다. 국가가 그러한 시도를 하지 않았던 것은 아니지만, 거의 성공을 거두지 못했다.

그러나 올바른 신앙을 검증하는 보편적인 과정은 있었다. 그것은 신자들의 의견 합의인 "이즈마ijmāʿ"*였다. 오늘날의 개념으로 보면, 이는 식자와 권

---

* 어떤 행위나 교리가 코란과 순나(예언자의 언행)에 명확하게 명시되지 않은 경우에, 울라마들의 합의에 따라서 새로운 법적 정당성을 부여하는 것을 의미한다. 소위 수니파 4대 학파 간의 차이는 코란과 순나의 내용보다는 이러한 이즈마에 이르는 방식과 이즈마 자체의 차이에서 비롯된다.

력층의 집약된 여론으로 묘사될 수 있을 것이다. 이러한 합의에 대한 이론적인 근거는 예언자 무함마드의 다음과 같은 말에서 찾을 수 있다. "우리 공동체는 오류에 대해서 의견 일치를 보지는 않을 것이다." 이것은 무함마드의 사후 신성한 지도력은 전반적으로 이슬람 공동체로 넘어갔고, 그 공동체가 받아들이고 적용하는 것은 바로 그 자체가 정확한 이슬람의 교리이고 실천임을 의미하는 것으로 이해된다. 수니파 율법학자들은 일반적으로 신실한 식자들은 범위를 벗어나지 않는 어떤 한계 내에서 올바른 신앙에 대해서 서로 의견이 다를 수 있다는 원칙을 받아들였다. 그렇게 하여 그들은 샤리아의 4대 학파—하나피Ḥanafī, 샤피이Shāfi'ī, 말리키Mālikī, 한발리Ḥanbalī—간에 공존과 상호 관용을 정당화했다. 이는 오늘날까지도 전해내려와 수니파 이슬람 세계 전역이 이 4대 학파로 나누어져 있다. 견해 차이와 변화는 바로 이 이즈마의 원칙에 따라서 공인되고 해결된다.

　시간의 흐름과 지역에 따라서 변화를 거듭해온 이즈마는 구조적이고 권위적인 다른 제도에 비해서 모호하고 가변적인 성격이 짙다. 이슬람 초기에는 특히 더 그러했는데, 이때에는 합의의 광범위한 영역이 인간의 이성이나 개인적 견해에 의존했다. 이를 샤리아의 전문 용어로 "이즈티하드ijtihād"라고 부른다. 그러나 시간이 흐르면서 변형의 범위는 서서히 줄어들어 종국에는 이즈티하드가 지엽적이고 부차적인, 그리고 예외적으로 새로운 것에만 한정적으로 적용되었다. 900년경부터 수니파에서는 표면화된 모든 문제들이 해결되었고, 따라서 "이즈티하드의 문은 닫혔다"는 합의가 일었다. 물론 시아파는 별개였다. 그러나 항상 새로운 문제는 있게 마련이었다. 예를 들면 커피, 담배, 근대화 초기의 화기 그리고 오늘날 부딪히는 많은 문제들이었다. 그래서 일부 수니파 학자들은 이즈티하드의 문을 다시 열자고 주장했다. 한편 시아파는 이즈티하드의 문이 닫혔다는 데에 결코 동의하지 않았다. 사실 시아파 울라마들은 이즈티하드를 관장하는 무즈타히드mujtahid로 불렸는데,

그들은 분명히 수니파에 비해서 혁신적이지 않았다.

합의의 상호 작용과 독자적인 판단의 바람직한 실천을 통해서 정확한 행위와 신앙의 주요 법칙, 즉 이슬람 법과 신학의 요체가 형성되고, 거의 보편적으로 수용되었다. 그리고 그 형성의 기본 원칙은 전승, 즉 순나에 대한 존중이었다. 고대 아라비아에서 전승이란 조상들의 선례나 규범적인 부족 관습을 의미했다. 이슬람이 시작되던 초기에 순나는 아직도 초대 칼리프들이나 무함마드의 교우들과 후계자들의 행동과 정책에 의해서 발전된 공동체의 살아 있는 전통에 다름 아니었다. 이슬람 제2세기에는 보다 전통적인 견해가 우세했다. 순나는 권위 있는 전승자들이 전달해준 그대로가 예언자의 행동 및 가르침과 동일시되었고, 심지어 순나는 거의 코란과 같은 것으로 간주되었다. 이러한 견해와 함께 신뢰성이 낮은 일부 내용이 포함된 예언자에 대한 전승이 기록된 선례 그대로 수용되면서 여론의 역할, 나아가서 합의의 기능이 현저히 저하되었다. 이즈티하드 대신에 울라마들은 "타클리드taqlīd"에 크게 의존했다. 타클리드란 의심의 여지가 없는 기존의 교의를 받아들이는 것이다. 이러한 과정을 통해서 이슬람 정통 교의가 등장했지만, 그렇다고 이것이 체계화된 교회의 권위에 의해서만 공인된 "참된 교의"라는 기독교적 개념은 아니었다. 오히려 이것은 상황에 따라서 오류나 범죄 혹은 죄악으로서 비난받을 수 있는 이탈이나 변형이 아닌, 전통적인 실천과 교의의 핵심에 대한 일반적인 수용이라는 훨씬 제한된 개념이었다.

이러한 정통 교의를 받아들인 사람들을 "수니"라고 부른다. 이 용어는 공식적으로 규정된 교의에 대한 믿음이나 교회 권위에 대한 복종보다는 공동체에 대한 충성과 그 전통을 받아들인다는 의미를 함축한다. 이러한 공공적이고 사회적인 함축은 무슬림들이 순나로부터의 이탈 행위에 대하여 사용하는 전문 용어에서도 똑같이 나타난다.

## ❖ 이단

기독교의 이단의 개념에 가장 가까운 이슬람 용어는 아마 혁신을 의미하는 "비다bid'a"일 것이다. 전승의 준수는 옳은 일이고, 이를 통해서 정통 이슬람이 규정된다. 동시에 전승으로부터의 이탈은 비다이고, 특별히 옳다고 여겨지지 않는 한 나쁜 것이다. 극단적인 전승주의자들의 견해는 다음과 같은 무함마드의 말에 잘 나타나 있다. "가장 나쁜 것은 새로움이다. 모든 새로움은 혁신이고, 모든 혁신은 오류를 낳는다. 모든 오류는 지옥으로 향한다." 어떤 교의에 반대하는 비다 행위에 대한 비난의 핵심은 그것이 거짓이라는 점이 아니라 기존 관습과 전승의 파괴, 즉 이슬람 계시의 최종성과 완벽성에 대한 믿음으로 강화된 것에 대항하는, 새로움을 향한 존중이라는 말이다.

따라서 기독교의 이단 개념과 이슬람의 비다 개념 사이에는 커다란 차이가 있다. 이단은 신학적인 위반이고, 어떤 교의를 잘못 선택하거나 강조하는 것이다. 비다는 신학적인 위반이라기보다는 사회적인 위반에 가깝다. 비난받고 있는 "일하드ilḥād"와 "굴루우ghuluww"라는 또다른 두 경우도 마찬가지이다. "일하드"는 올바른 길로부터의 이탈을 의미하고, "굴루우"는 도를 넘거나 한계를 벗어난다는 아랍어에서 파생되었다. "굴루우"라는 용어는 주로 유대인이나 기독교도들을 향해서 설파한 코란 구절에서도 보인다. "성서의 백성들이여! 너희 종교의 한계(굴루우)를 넘지 말며 하느님에 대한 진실 외에는 말하지 말라."(4:171) 여기서 "굴루우"라는 용어는 명백히 이슬람에서 "과도하다"고 간주하는 기독교 신앙을 지칭한다. 후일 "굴루우"는 무슬림들의 오류라는 뜻으로 보편화되어 사용되었다.

공동체 내에서 일부 다양한 견해가 존재함은 해악이 된다기보다는 오히려 유익한 일이다. 후일 무함마드 자신의 말씀으로 전해진, 하나피 학파의 창설자이자 율법학자인 아부 하니파의 다음과 같은 말이 있다. "우리 공동체 내에서 견해의 차이는 신의 자비입니다." 여러 다른 샤리아 법학과가 있고, 그들은 각각 독자적인 원칙과 교본, 율법 제도를 가지고 있지만, 여전히 서로 관용하며 살아간다. 그 차이의 대부분은 의례적인 것이지만, 교의 문제에 관한 것도 일부 있다. 그러나 명백한 한계가 있다. 과도한 일탈은 "굴루우"라고 하고, 과도한 사람들은 "굴라트ghulāt(단수는 갈리ghālī)"나 비정상인이라는 의미의 "말라히다malāḥida(단수는 물리드mulḥid)"로 불린다. 많은 신학자들의 견해에 따르면, 그들은 심지어 무슬림으로 간주되지도 않는다.

성격상 신학자들은 어디에 정통의 선을 그어야 할지에 대해서 서로 다른 견해를 보인다. 대부분의 신학자들은 이스마일파와 같은 급진적이고 극단적인 시아 분파를 이슬람의 테두리에서 제외해야 한다는 데 동의한다. 그러나 대부분의 이슬람 사회는 사회적 혼란이나 정치적 선동을 꾀하지 않는 한 그들을 기꺼이 받아들이고, 심지어 무슬림의 신분을 인정하기도 한다. 비정통파에 대한 이러한 관용은 오늘날까지 이어져, 레반트 지역의 알라위파'Alawis 나 드루즈파Druzes 그리고 일부 무슬림 국가에 산재해 있는 이스마일파에게까지 확대되고 있다. 그러나 이슬람 역사에서뿐만 아니라 오늘날에도 이슬람 세계에서 가장 중요한 비非수니파인 소위 온건 시아파에 대한 경우는 다소 복잡하다.

이단은 이슬람 신학의 범주 밖에 있기 때문에, 이슬람 법의 문제가 아니다. 신학자들의 최소한의 기준에도 부합되지 않는 독자적인 무슬림들은 엄청난 비난에 직면하게 되고, 불신자나 심지어 배교자로 낙인찍힌다. 이슬람 신학자들은 그들이 인정하지 않는 교의의 혁신이나 과도함 그리고 일탈을 벌할 준비가 충분히 되어 있었지만, 통상적으로 논리적인 결론을 따져 그들의 책임을 끝까지 추궁하는 것을 꺼렸다. 어떤 교의를 공공연히 비난하여 비이슬람적이라는 결론을 내리게 되면, 명목상으로는 무슬림인 사람들도 배교자가 되고 결국에는 극단적인 법의 처벌을 받게 되기 때문이다. 비록 분파주의자들이 그들의 일부 신앙이 한때 합의(이즈마)에 의해서 이슬람의 주류로부터 배척되었다고 해도, 그들은 여전히 무슬림으로 남아 결혼, 상속, 증언, 공직 참여 등과 같은, 법이 보장한 무슬림의 사회적 지위와 특권을 누렸다. 또한 전쟁이나 심지어 반란에 가담하여 체포되었을 때에도 그는 무슬림으로 취급받게 된다. 말하자면 그는 즉결 처형이나 노예화의 대상이 되지 않고, 그의 가족과 재산은 법의 보호를 받게 된다. 비록 죄를 지었다고 해도 그는 불신자가 아니며, 심지어 내세에서 구원을 기대할 수도 있다. 이슬람에서 결정적인 한계선은 수니파와 분파 사이가 아니라, 분파와 배교자 사이에 놓여 있다. 배교는 범죄일 뿐만 아니라 죄악이어서, 현세는 물론 내세에서도 비난받는다. 그 죄는 그가 속해 있고 은혜를 입은 공동체를 버리고 배반한 행위로서 대역죄로 간주된다. 그에 따라 그의 생명과 재산은 몰수된다. 그는 기능이 정지된 죽은 시체에 다름없게 된다.

배교에 대한 비난은 흔한 것으로, 초기에 "불신자"와 "배교자"라는 용어는 종교 논쟁에서 통상적으로 사용되었다. 알-자히즈는 "신학자들의 신앙심은 이교도를 불신자로 비난하도록 재촉하는 것으로 꽉 차 있다"고 말했다.[2] 가잘리도 "그의 백성들에게 크나큰 신의 자비를 축소시키고, 천국을 일부 신학자 집단의 성직봉토로 만드는 자"들을 경멸한다고 말했다.[3] 사실상 이러한 비난은 거의 실효를 거두지 못했다. 비난받은 사람들의 대부분은 전혀 방해받지 않고, 심지어 일부는 이슬람 국가의 고위직에 오르기도 했다. 이슬람 법의 규정과 처벌이 체계를 잡아가고 정기적으로 강화되면서 배교에 대한 처벌도 갈수록 줄어들었다. 극히 몇몇의 신학자들만이 자신들과 다른 신앙을 가진 사람들을 배교로 몰아 처벌을 주장했다. 모든 혁신에 단호하게 반대하는 사람들조차 시리아 율법학자 이븐 타이미야(1263-1328)가 의심이 가는 무리들에 대해서 일종의 격리 조치를 택했던 것처럼, 필요하다면 훈계를 하고 그렇지 못한 부득이한 상황에서는 위압적인 행동을 보일 따름이었다. 다만 비다가 극단적이고 지속적이거나 공격적일 경우에는 그 추종자들을 이슬람 공동체의 울타리 밖으로 몰아내 잔혹하게 소탕했다.

이슬람에서 인위적이고 독단적이며 통일된 정통 교의가 부재함은, 소홀함의 결과라기보다는 수니파 무슬림들이 그들의 참된 신앙과 다르고 그들 공동체의 이익에 위험이 따른다고 느껴지는 것을 거부한 결과였다. 다른 종교신자들과 마찬가지로, 무슬림들도 항상 자신들의 원칙만을 따르고, 자신들의 경전에만 복종한 것은 아니었다. 고전 시기나 오스만 제국 시대 모두에서, 통치자들이 비무슬림 시민들에게 이슬람의 특정 형태를 강요하고, 나아가 강제로 개종시키려고 했던 예를 찾을 수 있다.* "편향된" 신앙을 가진 사람들이 옳음을 증명하도록 강요받고, 그들이 주장을 굽히지 않았을 때 고문이나 죽음을 당한 시기가 있었다. 그러나 일반적으로 관용과 비관용은 어떤 의미에서는 법에 의해서 규정된 구조적인 문제였다. 신의 유일성과 존재를 부정하는 무신론자나 다신교도들에게 관용이 베풀어지지는 않았다. 그들은 정복되었을 때 개종이냐 죽음이냐의 선택을 강요받았다. 그런 다음 후자의 경우는 노예가 되었다. 관용은 최소한의 신앙 요건을 갖춘 자, 다시 말해서 이슬람은 정통 경전을 가진 계시된 종교라는 사실을 고백하는 자의 몫이었다. 이런 관용은 일정한 재정적 의무를 준수하고 받아들이기를 요구했다. 그리고 어떤 경우에도 배교자나 무슬림을 배반한 자는 관용을 누릴 수 없었고, 그 죄는 사형으로 다스려졌다. 일부 학자들은 배교자가 그 행위를 철회하면 죄의 사면을 받아들인 반면, 일부 다른 학자들은 그런 경우라고 하더라도 처형을 주장했다. 신은 내세에서 그를 용서하겠지만, 법은 현세에서 그를 처벌해야 한다.

중세의 가장 뛰어난 이슬람 이론가였던 알-아쉬아리(834-936?)가 남긴 마지막 구절에 대해서는 상이한 두 주장이 공존한다. 첫 번째 주장은 그의 마

---

* 이슬람에서는 비무슬림에 대한 강제 개종이 코란의 가르침에 따라서 금지되고 있다.

지막 구절이 "메카를 향해서 예배를 드리는 모든 사람을 이교도로 간주하지 않음을 증언한다. 그들 모두는 기도를 할 때 똑같은 목표를 향해서 마음을 돌린다. 차이가 있다면 단지 그들의 표현일 뿐이다"라는 것이다.[4] 또다른 주장에 의하면, 그가 무타질라*의 잘못을 비난하면서 죽었다는 것이다. 이러한 주장 중에 어느 것이 과연 진정한 아쉬아리의 말이었는지에 대해서는 첫 번째 주장이 의심의 여지없이 정확한 신앙에 대한 수니파 이슬람의 일반적 입장을 보다 정통으로 표현한 것으로 보인다.

### ❖ 이슬람의 다섯 기둥**

동전에 새겨진 이슬람의 신앙 고백은 미나레트에서 울려퍼져 매일매일의 기도를 통해서 반복된다. 그 내용은 신은 유일하고, 무함마드는 그의 예언자라는 것이다. 좀더 자세히 살펴보자. "신앙 고백(언어적 의미로는 증언)"인 샤하다shahāda는 이슬람의 다섯 기둥 가운데 첫 번째 기둥이다. 두 번째 기둥은 살라트ṣalāt로, 규정된 기도문과 양식에 따라서 새벽, 낮, 오후, 일몰, 밤까지 하루 다섯 차례 행하는 의례적인 예배이다. 무슬림들은 절차나 의례에 구애받지 않고 언제라도 개인적이고 자발적으로 두아duʿāʾ라는 기도를 드릴 수 있다. 이와는 달리 예배는 남녀 구분 없이 모든 성인 무슬림들의 의무이다. 예배를 드리는 사람은 청결한 장소에서 순수한 의례 상태를 유지해야 하며, 반드시 메카 방향으로 향해야 한다. 예배의식은 샤하다와 코란 몇 구절로 구성된다.

---

\* 무타질라는 코란을 그리스의 철학적 사고방식으로 재해석하자는 신학자의 집단이다. 교리에서는 실천적 행동을 강조하는 극단적인 카와리즈파와 행동을 도외시하고 내적인 신앙만을 강조하는 무르지아파의 중도적 노선을 택했다. 나아가 코란은 원초부터 존재하여 창조된 것이 아니고 영원한 것으로 보는 주류파의 입장에 반대하여 코란의 창조설을 주장했다.

\*\* 아랍어로는 알 카눌 이슬라미 캄사(al qanu'l Islami kamsa)라고 한다.

유대인과 기독교도와 마찬가지로 무슬림들도 하루를 쉬면서 함께 예배를 드리는 날을 마련한다(코란 62:9-11). 유대인의 토요일, 기독교도의 일요일처럼 무슬림들에게는 금요일이 공식적으로 모여서 합동 예배를 드리는 날이다. 그러나 유대인이나 기독교도의 안식일 개념과는 달리 금요일은 코란에 명시되어 있고, 후일 역사가 증명하는 대로 휴일이라기보다는 오히려 시장을 비롯한 여러 장소에서의 공공활동이 고조되는 날이다. 그렇다고 1주일 중 하루를 쉬는 개념이 없는 것은 아니다. 그러한 관행은 중세에 간간이 언급되다가 오스만 제국 시대에 일반화되었고, 오늘날에는 거의 모든 이슬람 국가에서 보편화되었다.

이슬람의 세 번째 기둥은 순례인 하즈이다.* 최소한 평생에 한 번 모든 무슬림은 메카와 메디나**로 순례를 떠나야 한다. 이것은 유대인이나 기독교도들이 예루살렘을 순례하는 것처럼, 실천하면 축복을 받는 종류의 순례가 아니다. 이것은 종교적 의무이다. 순례는 매년 둘-히자 달(이슬람력의 12월)의 7일과 10일 사이에 행해진다. 그리고 희생제와 메카 대사원의 중앙에 위치한 정육면체 형태의 카바 신전을 순회하는 의식으로 절정에 이른다. 성스러운 흑석이 있는 카바 신전은 "알라의 집Bayt Allah"으로 알려져 있으며, 무슬림들에게는 메카 성지에 있는 가장 신성한 장소이다.

이슬람의 역사 내내 순례는 사회적, 문화적 그리고 경제적으로 커다란 파급 효과를 가지고 왔다. 이슬람 역사의 아주 이른 시기부터 해마다 이슬람 세계 전역에서 종족과 사회적 배경이 다른 수많은 무슬림들이 고향을 떠나 그 머나먼 길을 여행함으로써 공동의 신앙 의례에 참여해왔다. 이 여행은 고

---

* 그러나 이슬람의 다섯 기둥의 가장 일반적인 순서는 신앙의 고백, 예배, 희사, 단식 그리고 순례이다.
** 메디나는 이슬람 공동체가 시작된 성지이고 무함마드가 묻힌 곳이라서 순례객의 방문지가 되고 있으나, 종교적 의무는 메카를 순례하는 것으로도 충분하다.

대나 중세의 부족이나 민족의 대이동과는 완전히 다르다. 모든 순례는 자발적이고 개인적인 것이었다. 그것은 각자의 결정에 따른 개인적인 행동이며, 광범위하고도 중요한 개인적 경험을 가져다주었다. 전근대 사회에서는 찾아볼 수 없는 이러한 인적 동원의 수준은 초기부터 중요한 사회적, 지적, 경제적 결과를 초래했다. 부유한 사람은 순례에 노예를 대동하여, 여행 중에 경비를 충당하기 위해서 노예를 팔기도 했다. 상인의 경우 순례와 사업상의 여행을 함께 구상하여, 여행 중에 물건을 사고팔면서 많은 지역의 상품이나 시장, 상인과 관세, 관행 등을 배웠다. 순례자가 학자라면 강의에 참여할 기회를 가지거나, 농료 학자를 만나고, 책을 구입하면서 지식과 생각을 전파하고 교환했다.

정부나 교역의 필요성을 강화해주는 신앙의 명령인 순례는 서로 멀리 떨어진 이슬람 지역 사이에 통신망을 유지하게 해주었다. 또한 순례의 경험은 풍부한 여행문학을 태동시켜 먼 곳의 정보는 물론, 아마 무엇보다 중요하게는 자신들이 훨씬 큰 세계에 속해 있다는 인식을 고조시켰다. 이러한 인식은 메카나 메디나에서 공통된 순례의식이나 의례에 참여하거나, 다른 지역에서 온 다른 민족들과 자신들이 같은 형제 무슬림이라는 동류의식을 느끼면서 강화되었다. 일부 여성을 포함한 수많은 남성의 인적 이동과 그에 따른 사회적 역동성은 경직된 위계질서를 가진 성직 사회나 비교적 작은 규모의 유럽 기독교 세계 내에 존재하던 강력한 토착 전통과는 아주 판이한 중세 이슬람 세계를 형성시켰다. 이슬람 세계는 거대하고 그 안의 성격 또한 다양했지만, 인식이나 실제에서 통일성을 이루고 있었다. 이것은 기독교 중세에서는 결코 이룰 수 없었고, 근대 기독교 세계에서도 완전하지 못했던 것이었다. 물론 순례는 이슬람 세계이 문화저 통일성을 이루게 만든 유일한 요소기 이니었다. 그러나 이것은 문화적 통일성에 가장 효과적인 요소였다. 유럽에서 대항해 시대가 시작되기 전, 가장 중요하고 자발적이고 개인적인 이동수단이었던 순례

제도는 순례자의 조국은 물론 경유국 그리고 목적국의 모든 공동체에 심대한 영향을 끼쳤다.

전통적인 순번에 따르면, 이슬람의 네 번째 기둥은 단식이다. 라마단 달(이슬람력의 9월)* 한 달 동안, 남녀 불문 모든 성인은 해가 떠서 질 때까지 단식해야 한다. 노인이나 병약자, 어린이들은 단식을 하지 않아도 된다. 여행을 하고 있거나 지하드에 참가한 상태인 사람은 단식이 연기된다.

이슬람의 다섯 기둥 중에서 마지막 다섯 번째 기둥은 자카트, 즉 희사금이다. 이것은 무슬림들이 공동체나 국가에 납부해야 하는 일종의 종교 세금이다. 원래 종교적인 목적을 위해서 신자들로부터 거두던 자선 헌금이었는데, 언제부터인가 일종의 세금이나 공물의 형태로 바뀌었다. 그리하여 이슬람을 받아들인 사람들은 자카트의 수용을 공식적으로 표현해야 했다. 종교적인 의무로서 자카트는 희사금의 의미를 그대로 담고 있다.

## ❖ 금기 사항

신앙의 다섯 기둥은 무슬림들이 반드시 수행해야 하는 적극적인 의무이다. 또한 죄를 짓는 행위와 함께 해서는 안 되는 광범위한 계율이 있다. 살인이나 강도 행위의 금지 등과 같은 이러한 계율의 대부분은 사회 공존의 기본 규범이다. 다른 것으로는, 엄밀히 말해 종교적인 함축을 가진 것으로서 돼지고기, 술, 간음, 이자 취득 등의 금기가 여기에 해당된다. 성적이고 재정적인 죄악과 관련된 부분은 비록 서로 다르게 규정되어 있지만, 유대교나 기독교와 같은 입장을 취한다. 돼지고기의 금기는 기독교와는 다르나, 유대교와는 동일하다. 음주 금기는 유일하게 무슬림들에게만 해당된다. 네 금기가 가져다주는 사회적, 경제적 파급 효과는 과거나 지금이나 심대하고도 엄청나다.

---

* 이 달에 코란이 계시되었다고 하여 단식을 행하며 무슬림들이 매우 신성하게 여긴다.

## ❖ 지하드 : 성전

율법학자나 신학자들이 규정하는 또다른 적극적인 의무로는 성전, 즉 지하드가 있다. 지하드는 공격 시에는 전반적인 공동체의 의무이지만, 방어 시에는 모든 무슬림의 개인적인 의무가 된다. "성전"으로 번역되는 "지하드"라는 용어의 언어적 의미는 "애쓰다"이고, 보다 구체적으로는 코란 구절에 따르면 "알라의 길에서 투쟁하다fī sabīl Allāh"이다. 근대에 들어서 일부 이슬람 신학자들은 지하드를 영적이고 도덕적인 의미에서 "알라의 길에서 투쟁하는" 의무로 해석했다. 그러나 초기 학자들의 압도적인 다수는 코란과 전승에 있는 석설한 구절을 인용하여, 군사적인 용어로 지하드를 해석했다. 실제로 모든 샤리아에는 지하드와 관련된 부분이 있어서, 지하드의 시작, 수행, 중지, 정전, 나아가 전리품의 분배와 같은 문제를 세세하게 규정하고 있다. 지하드 전사들은 선제 공격을 하지 않는 부녀자나 아이들에 대한 살해 금지, 포로에 대한 고문이나 상해 금지, 전쟁 재개에 대한 적절한 경고, 협약의 준수 등을 명령받는다. 샤리아는 비전투원에 대한 우호적인 태도를 요구하면서, 동시에 정복지의 재산과 주민, 그 가족들에 대한 승자의 광범위한 권리를 부여한다. 이러한 피정복민은 노예로 전락하고, 여자들은 첩이 될 수 있다.

　신과 신앙을 위한 성전의 개념이 중동에만 있었던 것은 아니다. 성전은 구약의 「신명기」서와 「사사기」서의 내용을 채우고 있고, 기독교 비잔틴이 페르시아에 대항한 전쟁이나 아랍과 후일 튀르크인의 침략을 격퇴하기 위한 전쟁에서도 성전이 고무되었다. 그러나 이는 약속된 땅을 정복하고 비기독교도의 공격에 대항해서 기독교 세계를 지킨다는 제한된 목적을 가진 전쟁이었다. 흔히 이슬람의 지하드에 비교하는 기독교 십자군 전쟁조차도 지하드에 대한 뒤늦은 제한된 반응, 나아가 부분적인 모방일 뿐이었다. 게다가 지하드와는 달리 십자군 전쟁은 위협받고 잃어버린 기독교 영토의 방어와 재탈환에 주로 관심을 두었다. 일부 예외는 있지만, 십자군 전쟁은 성공적인 남서

유럽의 회복 전쟁과 실패로 끝난 성지 회복, 발칸에서의 오스만 제국의 진격 저지에 한정되었다. 이와는 대조적으로 이슬람의 지하드는 일종의 종교적 의무로서, 전 세계가 이슬람 신앙을 받아들이거나 또는 이슬람 통치에 복속될 때까지 지속되는 무제한적인 개념으로 이해된다. 후자의 경우, 이슬람을 하느님의 계시 종교임을 인정한 사람들은 일정한 세금을 비롯한 여타의 불이익을 수용하는 전제하에 자신들의 종교 행위를 계속할 수 있었다. 그러나 그렇지 못한 경우, 즉 우상 숭배자나 다신교도들인 경우에는 개종과 죽음 그리고 노예가 되는 선택지만이 주어졌다.

이슬람 법에 의하면, 이교도, 배교자, 역적, 노상강도 등 네 종류 적과의 투쟁은 합법적이다. 그러나 이 중에서 처음 두 적과의 투쟁만이 지하드로 간주된다. 즉 적이 누구냐에 따라서 다른 법칙이 규정되어 있고, 승자에 대한 권리도 서로 다르다. 노예와 관련된 부분은 특히 중요한데, 비무슬림인 경우에는 노예화가 가능하지만, 무슬림인 경우에는 그가 비록 소탕된 역적이나 강도라고 할지라도 노예화를 할 수 없다. 지하드의 목표는 전 세계를 이슬람의 법치하에 두는 것이다. 그러나 그것은 강제 개종이 아니라, 개종의 장애물을 없애는 것이다. 성 토마스 아퀴나스와 성 베르나르두스도 기독교 십자군과 관련하여 비슷한 견해를 피력했다.

지하드를 위해서 싸우는 전사들에게 코란은 현세와 내세의 보상을 동시에 약속하고 있다. 현세의 전리품과 내세에서의 천국의 기쁨이 그것이다. "하느님의 길"에서 목숨을 잃은 자는 순교자로 불린다. 증인이라는 언어적 의미를 가진 아랍어 "샤히드shahīd"는 어원론적으로 "순교자martyr"와 같은 개념인데, 순교자의 함축된 의미는 다르지만 역시 증인을 뜻하는 그리스어 martys에서 파생되었다. 이슬람 율법학자와 신학자들은 이슬람 초기부터 노예 사냥꾼이나 약탈자들이 지하드를 남용할 위험을 인식하고 있었기 때문에, 종교적인 동기의 중요성을 강조하고, 그렇지 못할 경우 진정한 지하드가 될 수 없다고 보았다. 지하드와 관련된 주요 하디스 내용에는 초기에 이 의무가 어떻게 인식되었는지를 보여주는 대목이 있다.[5]

천국은 검의 그림자 속에 있다.

독실하거나 포악한 어떤 통치자 아래서든 지하드는 당신의 의무이다.

개미가 한 번 무는 정도가 칼로 베고 휘두르는 것보다 훨씬 훌륭한 순교가 될 수 있다. 왜냐하면 이런 방식이 달콤한 사탕이나 뜨거운 여름날의 시원한 물 한 잔보다 더욱 환영을 받기 때문이다.

종종 인용되는 하디스에는 정복되어 노예가 된 후 이슬람으로 개종하는 이교도의 수가 크게 증가하고 있다는 사실이 언급되어 있다. "하느님은 사슬에 묶여 천국으로 끌려가는 사람들에 대해서 놀라워하신다."

신앙을 위한 성전은 이슬람 역사에서 반복되는 주된 주제이다. 지하드는 이슬람 세계의 변방에서 더욱 위력을 떨쳤다. 개종한 지 얼마 되지 않은 변방민들은 전쟁과 선전을 통해서 그들의 새로운 신앙을 변방 건너편 영토의 비개종 부족들에게 전파하려고 했다. 변방 공국의 통치자들에 의한 이러한 지역적 지하드는 특히 중앙아시아와 아프리카 등지에서 오늘날까지 지속되고 있다.

주민들이 보다 높은 문화적 수준과 정치적 세련미를 갖춘 이슬람의 중심부에서는 지하드의 개념이 수많은 변화를 겪었다. 권위적인 우마이야 칼리프 시대의 아랍 팽창 전성기에 이슬람 군대는 사실 그들이 신의 사업을 수행하고 있다는 생각으로 유지되었다. 그리고 그 당시에는 충분히 그럴 수 있었듯이, 지하드가 가까운 장래에 완성되어 전 세계가 이슬람의 통치하에 놓이게 될 것이라는 믿음으로 고무되어 있었다. 정면에서 지하드의 주된 공격을 받았던 첫 기독교 국가인 비잔틴 제국은 지하드를 행하는 자들을 종종 경멸하면서, 그들의 호전적인 열정은 근본적으로 전리품에 대한 열망에서 기인한다고 말했다. 그러나 반드시 그런 것만은 아니었다. 비잔틴 황제 레오 6세(재위 886-912)는 그의『전술서*Taktika*』에서 성전의 교의와 군사적 가치 측면을 언급하면서, 나아가 기독교도들이 그와 같은 종류의 성전을 채택하도록 제의한다.

레오 6세뿐만이 아니었다. 846년 아랍 함대가 시칠리아에서 테베레 강 입구까지 출현해서 오스티아와 로마를 약탈했다. 프랑스에서 개최된 종교 회의는 "예수의 적"에 대항하기 위한 연합군을 창설하기 위해서 모든 기독교 군주들에게 호소문을 보내기로 결정했다. 그리고 교황 레오 4세(재위 847-855)는 무슬림들과 싸우다가 죽는 사람들에게는 천국의 보상이 있으리라고 약속했다. 교황 요한 8세(재위 872-882)도 유사한 약속을 했다. 그는 하느님의 교회와 기독교 종교와 국가를 지키다가 죽은 사람들의 죄를 용서해주고, 이교도와 싸우다가 죽은 사람들의 영원한 삶을 보장해주었다. 교황의 도시에 아랍 침략자들이 출현함으로써 자극을 받은 이러한 개념은 명백히 무슬림들의 지하드 개념을 반영한 것으로, 뒤이어 조직된 서구 기독교 십자군의 전조가 되었다.

그러나 지하드가 시작된 원래 지역에서 지하드는 당시 힘을 상실하고 있었다. 아랍 군의 계속되는 아나톨리아 정복과 콘스탄티노플 공략 시도는 실패로 끝났다. 그리하여 9세기까지는 이슬람의 통치자들이 거의 변화가 없는 영구적인 전선과 변경 너머의 비무슬림 국가들의 상황에 서서히 만족하면서, 그곳의 비무슬림 국가들과 교역과 외교 그리고 문화적 관계가 가능해졌다. 전쟁의 중지는 엄격한 샤리아의 교의에 의하면 단지 휴전이나 세계를 이슬람화하기 위한 끊임없는 투쟁에서의 짧은 막간에 불과하지만, 실제로는 평화 협정으로 이어졌다. 이 협정은 유럽 국가들이 서로서로 늘 버릇처럼 하던 항구적인 평화협정보다도 훨씬 안정적이고 영속적이었다. 지하드의 개념도 무슬림들의 의식 속에서 점점 시들어갔다. 그리하여 11세기 말 서구의 십자군이 팔레스타인을 정복하고 예루살렘을 점령했을 때, 주변 이슬람 국가들은 십자군의 등장과 그들의 행위에 크게 관심을 보이지 않았다. 심지어 일부 이슬람 통치자들은 십자군과 우호적인 관계를 원했다. 일부는 더 나아가 이슬람 국가들과 복잡한 경쟁관계에 있는 기독교 공국들과 동맹을 맺으려고 하기도 했다.

십자군에 대항하기 위해서 살라딘의 지휘로 새로운 지하드가 힘을 모으기 시작한 것은 거의 1세기가 지난 후였다. 새로운 지하드는 샤티용의 십자군 지휘관 르노의 고의적인 도발로 촉발되었다. 그는 1182년 예루살렘 왕과 살라딘 사이의 기존 협정을 위반하면서, 메카로 향하던 순례단을 포함한 무슬림 상인 대상을 공격하고 약탈했다. 더욱이 가장 난폭한 행위는 아프리카와 아라비아의 양 해안을 노략질하기 위해서 홍해에 대한 해상 원정을 감행한 것이었다. 이 원정 과정에서 르노의 해적들은 메디나의 관문인 알-하우라와 얀부 두 항구에 있는 무슬림 선박을 불태웠고, 심지어 1183년에는 메카의 관문인 알-라비그까지 침투했다. 3세기 전 로마 성문 앞에 도달했던 사라센 군처럼, 메카의 문 앞에 선 십자군은 자존심을 가진 이슬람 통치자라면 도저히 묵과할 수 없는 위협을 가해왔다. 그리하여 이집트로부터 이슬람 함대가 신속히 파견되었고, 기독교 약탈자들은 대부분 궤멸당했다. 십자군 대항군은 계속 진격해나갔다. 결국 살라딘은 라틴 왕국과 유럽에서 새로 파견된 십자군 모두를 패퇴시킬 수 있었다.

살라딘의 지하드는 목적과 기간 면에서 모두 제한적이었다. 그의 후계자들은 다시 프랑크 왕국은 물론 레반트 지역의 소국들과도 평화적 관계를 재개했고, 더욱이 이집트 통치자였던 알-말리크 알-카밀은 1229년 프리드리히 2세와 일반 거래의 대가로 예루살렘을 기꺼이 양도하려는 의사를 표명하기도 했다.

십자군의 도래와 출현에 이슬람 통치자들과 일반 시민들이 상대적으로 관심이 없었던 주된 이유는 무슬림의 관점에서 보기에 훨씬 중요한 위협은 이슬람의 내부적인 통합과 이슬람 공동체의 통일이라는 그들의 선입견에서 비롯되었다. 레반트 지역에 십자군이 출현한 2세기 동안 당시의 아랍 역사가들은 십자군에 거의 관심을 두지 않았고, 문학, 정치, 신학 분야의 학자들도 거의 그 문제를 언급하지 않았다. 반면에 당시 학자들이 커다란 관심을 보인 문제는 이슬람 울타리 내에서의 종교적인 불화였다. 가장 중요한 위협은 시아파 계통의 이스마일파의 등장이었다. 10세기에 이스마일파 이맘의 추종자들은 강력하고도 혁명적인 활동을 전개하여, 수니파 이슬람과는 전혀 다른 교의적 기초를 다지면서, 이슬람 세계의 수장인 압바스 칼리프조에 반대하는 파티마 칼리프조를 건설하는 데 성공했다. 수니파 이슬람의 입장에서 보면, 살라딘의 주요한 업적은 십자군을 저지한 것이 아니라 그들이 장악하고 있던 지역을 줄였다는 데 있다. 그의 성공은 이집트에서 파티마 칼리프조를 없애고 이슬람의 통일을 회복한 것이었다. 이는 이집트 지배하의 모든 모스크에서 예배 시 압바스 왕조 칼리프의 이름이 다시 되살아난 것으로 상징화되었다.

기독교 세계에 대항하는 고전적인 지하드가 부활한 것은 오스만 제국 시대였다. 오스만 제국은 모든 이슬람 왕조 중에서 이슬람 신앙을 가장 열렬하고 지속적으로 실행하고 성법의 고양과 강화에 힘쓴 왕조였다. 오스만 역사 초기에 지하드는 정치, 군사, 식자층의 주된 주제였다. 그리고 적어도 술레이만 대제 때까지는 오스만 술탄들이 고양된 도덕적, 종교적 목적을 유지하고 있었던 것이 분명하다.

기독교 세계에 대항한 오스만의 지하드는 최종적으로 1683년 빈 포위전에서 실패로 막을 내렸다. 그 이후에는 몇몇 간헐적인 시도에도 불구하고 어떤 이슬람 국가도 기독교 세계에 필적할 수 없었다. 그러나 과거의 팽창적 지하드는 변경 지방에서 수시로 계속되었다. 1896년 아프가니스탄 통치자는 당시 비무슬림들이 정치적으로 독립 상태를 유지하며 거주하고 있다는 이유로 "불신자들의 땅"이라는 의미의 "카피리스탄Kāfiristān"으로 알려져 있던 북서 지방의 산악지역을 정복할 때 지하드를 선언했다. 아프가니스탄인들의 정복과 거주민들의 이슬람화 이후, 그 지역은 "빛의 땅"이라는 의미의 "누리스탄Nūristān"으로 바뀌어 불렸다. 한편 이슬람 세계의 또다른 끝인 서아프리카의 호전적인 이슬람 지도자는 무신론자와 타락한 무슬림들에 대항하여, 그리고 19세기 말경에는 유럽 제국주의 침략자들에 대항하여 지하드를 선언했다. 특히 19세기 말과 20세기 초에 이르러, 이슬람 국가들이 하나씩 기독교 유럽 강국으로부터 위협을 받고 차례로 점령을 당하자 후자의 지하드 형태가 급증했다.

고전적인 지하드의 개념은 외적에 대항해서 전장에서 싸우는 것이었다. 그러나 이교도, 배교자, 비합법적인 정권에 대항해서 투쟁하는 지하드의 내적 개념도 잘 알려져 있었다. 이 개념은 물론 시아파의 여러 학파들에게 익숙한 것으로, 그들에게 수니파 이슬람 통치자들은 모두 찬탈자이고 대부분이 폭군에 불과했기 때문이다. 이 개념은 이교도 몽골인이나 명목상의 무슬림들로서 그들의 이슬람적 행실이 의심되는 몽골 군주나 그 부하들의 통치하에 있는 수니파 무슬림들의 지지를 받았다. 이 개념은 근대에 와서 이슬람을 버린 것으로 보이는 근대화된 통치자들에 대한 반대 운동에서 새로운 타당성을 얻어갔다.

물론 이교도에 대항하는 고전적인 의미의 지하드가 항상 보편적 지지를 받았던 것은 아니었다. 19세기 초 오스만 역사가인 에사드 에펜디는 1690년 오스트리아와의 전쟁에서 보여주었던 벡타시 수피즘 종단의 태도를 다음과 같이 적고 있다.

무슬림 군대에 편성되어 야영을 하게 되었을 때, 군인 사이를 오가며 말을 전하기를, "이 바보들아! 왜 생명을 헛되이 버리려 하느냐? 재수 없게! 너희가 듣고 있는 성전의 미덕이니 전쟁에서의 순교니 하는 것들이 모두 헛소리다. 오스만 황제는 궁전에서 즐기고 있고, 프랑크 왕도 자기 나라에서 흥겹게 놀고 있는데, 왜 너희들이 산 꼭대기에서 싸우다 목숨을 잃어야 하는지 나는 도저히 이해할 수 없다!" 했다.[6]

술탄의 칙령으로 벡타시 수피즘 종단이 해체되는 시점에 쓰인 이 이야기는 신뢰성이 떨어질 수 있다. 그러나 이 내용은 일부 신비주의 종단, 특히 그들의 기본적인 이슬람 교의와 의무 실천에 대한 광범위한 의혹을 보여준다.

## ❖ 수피즘 : 이슬람 신비주의

우리가 알고 있는 신비주의 형제단에 대한 정보의 대부분은 그들이 사회에서 두드러진 위치에 있었던 오스만 시대의 것이지만, 그 원류는 초기 이슬람 시대로 거슬러올라간다. 그리고 그들의 신앙이나 실천 요소의 많은 부분들은 더 먼 고대로 거슬러올라간다. 남유럽과 북유럽의 기독교화된 이방인들이 기독교 성탄절 축제라는 핑계하에 고대 로마의 사투르누스 축제(농신제農神祭)나 바이킹족의 율 축제의 많은 부분을 유지하고 있는 것처럼, 이슬람으로 개종한 고대 문화권의 많은 주민들도 그들의 토착적인 고대 의례와 관습의 많은 내용을 그대로 유지했다. 여러 신비주의 종단의 신앙과 의례에서 우리는 고대 에게 해 지방의 춤 의례, 이집트와 바빌론 그리고 페르시아의 계절 축제, 중앙아시아 튀르크족의 샤먼 엑스터시, 신新플라톤 학파의 신비 철학 등을 발견하게 될 것이다.

이슬람이 성립된 초기까지만 해도 개종자들은 새로운 종교에서 영적 만족을 얻었고, 권위 있는 사람들의 인도를 환영했다. 그러나 학자들이 더욱 지적으로 변하고 더욱 멀어지면서 그들은 무슬림의 수적 증가 및 영적, 사회적 요구를 충족시킬 수 없게 되었다. 이런 상황에서 무슬림들은 다른 곳에서 자양분과 영적 인도를 구했다. 몇 세기 동안 그들 중에서 많은 사람들이 이탈된 이슬람 집단, 특히 시아파의 여러 분파로 돌아섰다. 시아파의 분파들은 한결같이 칼리프와 술탄이 통치하는 이슬람 공동체와 수니파 울라마들의 인도는 잘못되었기 때문에 진리의 길로 돌아가야 한다고 주장했다. 그러나 이슬람을 혁명하려는 시아파의 시도는 모두 실패로 끝났다. 일부는 그 시도가 탄압을 받아 실패했고, 일부는 성공하여 권력을 쟁취했지만, 아무것도 변화시키지 못했기 때문에 결국 실패했다. 시아파가 쇠퇴하면서 수피즘이라는 또다른 운동이 서서히 영향력을 얻어갔다.

수피즘은 순전히 개인적인 신비경험에서 출발하여 일반 대중 사이에서 광범위한 추종을 받는 사회 운동이 되었다. 곧이어 수피들은 아랍어로 "타리카 ṭarīqa", 튀르크어로 "타리카트tarikat"라고 불리는 종단으로 조직되었다. 수피들은 시아파와는 달리 수니파의 입장을 공식적으로 부정하지는 않았다. 그리고 시아파와는 달리 대부분 정치적으로 철저히 침묵했다. 물론 그들 중 일부는 정부 업무에 종사하여, 여러 분야에서 관계를 지속해왔다. 예를 들면 벡타시는 처음부터 그 부대가 해체될 때까지 오스만 제국의 예니체리 군대와 밀접한 관계를 맺어왔다. 수피 종단은 여러 면에서 수니파 신앙의 엄격함과 울라마들의 냉담한 율법주의를 보완해주었다. 이런 의미에서 수피 성자와 지도자들은 수니파 교의가 신과 인간 사이에 벌려놓은 간격을 잇는 다리가 되고자 했다. 수니파 울라마들과는 달리 수피 지도자들은 목사나 안내자 역할을 했다. 그들의 신앙은 신비적이고 직관적이었으며, 그들의 예배는 열정적이고 몰아적이었다. 수니파와는 달리 그들은 음악과 노래와 춤을 기꺼이 사용했는데, 이는 그것들이 신을 찾는 데 그리고 예배자들이 신과의 신비적 결합을 이루는 데 도움을 주기 때문이었다. 울라마가 정부의 조직체에 관여하는 것과는 달리, 수피는 대중의 한 부분으로 남아 울라마가 잃어버렸던 영향력과 존경을 지켜갔다.

대중적이고 신비적인 성격에도 불구하고, 수피즘은 무슬림 지식층과 일부 비무슬림들에까지 상당한 영향력을 발휘했다. 수피의 가르침은 중세 이슬람 세계의 가장 위대한 신학자이자 철학자였던 무함마드 알-가잘리의 천재적 재능에 의해서 이슬람의 주류 속으로 유입되었다. 일부는 페르시아어로 그리고 대부분이 아랍어로 집필된 일련의 주요한 작품을 통해서 제시된 그의 사상은 후일 이슬람 종교학의 발전에 심대한 영향을 끼쳤다. 이란 동부 호라산 지방의 투스 출신인 그는 네이샤부르와 바그다드에 있는 대학에서 학문을 계속했고, 그곳에서 1091년 니자미야 대학의 교수로 임명되었다. 이 대학은 셀주크 술탄의 페르시아인 재상이었던 니잠 알-물크가 설립했는데, 그의 이름을 따서 니자미야라고 알려졌다. 교수로 임명되고 4년 후에 무함마드 알-가잘리는 갑자기 교수직을 사임하고, 모든 공직을 포기한 채 종교의 근본적인 문제를 혼자 명상하기 위하여 속세를 떠났다. 그의 영적 탐구는 10년이 걸렸다. 그 기간 동안 그는 신학, 철학, 법학 등을 깊이 공부하고, 메카, 예루살렘, 다마스쿠스, 알렉산드리아 등지를 두루 여행했다. 다마스쿠스 대사원을 방문하는 사람들은 지금도 알-가잘리가 홀로 앉아 그의 사상을 다듬었던 장소를 보게 된다. 뛰어난 자전적 작품 속에서 가잘리는 형식적인 신학이나 이성 철학, 심지어 시아파 교의에서도 그가 찾고자 하는 답을 얻을 수 없었고, 마지막으로 수피즘에서 진리를 찾았다고 설명하고 있다. 1106년 그는 고향으로 돌아가 수피지파를 창설했다.

알-가잘리는 급진적이지 않았다. 일련의 논문에서 그는 시아파의 비의 사상秘儀思想과 철학자들의 합리주의를 모두 반대하고, 수니파 주류의 입장을 옹호했다. 동시에 그는 지성 우월주의와 보수 학풍, "체제와 분류, 말과 말에 관한 논쟁"에 대한 집착을 비난하면서, 당시의 일부 지적 경향에 날카로운 비판을 가했다. 그러면서 그는 주관적인 종교 체험에 더 큰 중요성을 주려고 했고, 최소한 일부 수피의 가르침과 실천 행위를 이슬람의 주류 속으로 끌어 들였다. 이러한 그의 성공은 후세가 그에게 붙인 "신앙의 복원자Muḥi'l-Dīn" 라는 별칭에서 잘 나타난다.

일부 수피즘 교의와 실천방식은 여전히 의심을 받았다. 특히 몇몇 수피 스 승이 신조와 법의 유지, 더욱이 진정한 신앙과 그렇지 않은 것 사이의 장벽에 보여준 무관심이 그러했다. 오늘날 상대주의라고 불리는 이것은 가장 위대 한 수피 시인 중의 한 사람이었던 잘랄 알−딘 루미(1207−1273)의 시 속에 잘 나티니 있다. 중잉아시아의 발흐에서 출생한 잘랄 알−딘 루미와 그의 가족 은 튀르크 도시 코냐에 정착하여 그곳에서 여생을 보냈다. 그는 시의 일부를 튀르크어로 그리고 몇몇 시를 당시 아나톨리아에서 널리 사용되던 그리스어 로 지었다. 그러나 그의 주된 작품은 페르시아어로 쓰였다. 그의 시 구절 일 부는 보수 학자들이 가장 싫어했던 수피즘의 성격을 잘 표현하고 있다.

우리 주님의 모습이 이교도의 사원에 있는데,
카바 신전을 순회하는 것은 극악무도한 잘못이다.
카바에서 주님의 향기가 퍼져나오지 않는다면,
그곳은 유대 교회당일 뿐이다.
만약 유대 교회당에서 주님과 하나되는 향기를 느낄 수 있다면,
그곳이 바로 우리의 카바 신전이다.[7]

또다른 시는 보다 분명하게 표현하고 있다.

무엇을 행해야 무슬림인지? 나 자신도 잘 모르겠다.
나는 기독교, 유대인도, 조로아스터교도도, 무슬림도 아니다.

나는 동쪽에서도, 서쪽에서도, 땅에서도, 바다에서도 오지 않았다.

나는 자연의 채석장이나 우주계에서도 오지 않았다.

나는 땅도, 물도, 공기도, 불도 아니다.

......

나는 인도 출신도, 중국 출신도, 불가리 출신도, 사크신 출신도 아니다.

나는 두 이라크 왕국이나 호라산 지역에서 오지도 않았다.

......

나의 머무는 곳은 장소가 없고, 나의 흔적은 흔적이 없다.

아무도 영혼을 가지지 못하고, 나는 그 영혼 중의 한 영혼이다……[8]


이러한 수피의 가르침에 비추어보면, 수니파 울라마들, 특히 법률 행정에 직접 종사하는 사람들이 수피를 의심하는 것은 당연하다. 여러 시기에 걸쳐서 그들은 수피를 비난해왔다. 수피들이 범신론적인 교의를 지키며 신의 초월적인 통일성을 부정하고, 우상 숭배를 금하는 이슬람의 가르침을 위반하면서 성자와 성소를 숭배할 뿐만 아니라, 마술적 행위와 의심스러운 방식을 통해서 엑스터시를 유도한다는 것이었다. 가장 통상적인 비난은 수피들이 신과의 합일이라는 불가능한 목적을 추구하면서도, 신의 계율을 준수하는 데 소홀하고 오히려 다른 사람에게 그러한 소홀함을 조장한다는 것이었다.

여기에는 수피 지도자들이 마음대로 통제하고 풀어줄 수 있는 위험한 힘의 분출에 대한 정치적인 두려움도 있었다. 실제로 수피들은 셀주크와 오스만 제국 술탄하에서 반란을 일으켜 때때로 기존 질서를 심각하게 위협했다. 의심할 바 없이 그러한 위험에 대처하기 위해서 정부는 종종 수피 종단을 인정하기도 하고, 그 지도자들에게 특권적 지위를 주기도 했다. 예를 들면 잘랄 알-딘 루미가 창설하여 서구에서 "춤추는 수피들"로 알려진 메블레비 Mevlevi 수피 종단의 경우가 그러했다. 메블레비는 여러 종단 중에서 가장 체제 순응적이었다. 추종자들의 주류는 중상층 도시민이었다. 교의는 알려진 대로 정교했고, 공식적으로 인정된 교의와 별다른 차이가 없었다. 16세기 말까지 그들은 오스만 술탄의 총애를 받았다. 1648년에는 종단 최고 수장이 처음으로 새 술탄의 즉위를 상징하는 "오스만의 검" 의식을 집전했다. 그후에도 일부 메블레비 종단 수장들이 그 의식에 참석했다.

수피 종단들은 종종 심각한 의견 차이를 드러냈고, 그들 사이의 불화는 지속되기도 했다. 그들은 때때로 혁신의 옹호자가 되기도 했다. 17세기에 오스만 제국의 수피들은 커피와 담배의 적법성을 옹호했는데, 당시 수니파 울라마들은 이를 음악 및 춤과 함께 바람직하지 않은 혁신으로 보고 거센 비난을 퍼부었다. 18세기 말과 19세기 초에 러시아, 영국, 프랑스의 통치가 남캅카스와 인도, 알제리 등지로 확산되자, 제국주의에 대항하여 대중의 저항 운동을 주도한 것은 울라마들이라기보다는 수피 종단이었다. 울라마들은 몇 세기에 걸쳐서 권력을 장악하고, 유지하고, 나아가 휘두를 수 있는 권위에 복종하도록 하는 관행과 교의를 발전시켜왔다.

이슬람 사회에 대한 수피들의 불만과 수피들에 대한 무슬림 사회의 의구심을 풍자 만화로 설명한 튀르크의 일화가 있다. 이야기의 줄거리를 보자. 어느 날, 한 수피가 자선을 청하러 한 부잣집에 들렀다. 부자는 그 수피의 신앙심을 의심하며 이슬람의 다섯 기둥이 무엇인지 말해보라고 했다. 그러자 그 수피는 "하느님은 유일하시고, 무함마드는 그분의 예언자임을 증언합니다"라는 신앙의 고백을 낭송해보였다. 부자는 "그리고, 나머지는? 나머지 네 기둥은 무엇인가?"라고 물었다. 이 물음에 수피가 대답하기를, "당신들 부자는 순례와 희사를 포기해버렸고, 우리 가난뱅이 수피들은 예배와 단식을 포기해버렸으니, 남아 있는 것이라고는 하느님의 유일성과 무함마드의 사도성밖에 없지 않습니까?"라고 했다.

무슬림뿐만 아니라 다른 사람들, 특히 이슬람 정부 밑에서 지배적인 이슬람 사회의 한 부분으로 살아가는 유대인과 기독교도에게 종교란 단지 신앙과 예배 그리고 공공조직의 체계만은 아니었다. 종교는 일체성을 위한 궁극적인 토대이고, 충성심의 주된 핵심이며, 권위의 유일한 법적 근거가 되었다. 이슬람 세계에는 아랍인, 페르시아인, 튀르크인들과 같은 종족 중심의 국가가 있었고, 이집트나 오스만 술탄 그리고 페르시아 샤의 영역과 같은 영토 중심의 국가도 있었다. 그러나 전통적인 이슬람 국가에서는 유럽의 정치 및 경제 생활에서처럼 그러한 개념이 중요성을 가진 적이 없었다. 더욱이 영토적 주권자나 국민적 지도자가 종교나 공인된 종교 지도자의 권위를 제한하려고 한 적은 없었다. 지금도 그런 경향은 다소 유지되는 편이다.

# 6. 문화

## ❖ 고대 중동 문명의 불연속성

중동은 세계에서 가장 오래된 고대 문명의 발상지 중의 하나이다. 그러나 이 지역을 인도나 중국과 같은 수천 년 역사의 고대 문명지와 비교한다면, 우리는 곧 중동에 다른 문명들과 첨예하게 대조되는 두 가지의 두드러진 특징이 있음에 놀라게 될 것이다.

이러한 특징들 중의 하나는 다양성이고, 다른 하나는 불연속성이다. 수천 년의 중국 역사에는 초창기부터 최근까지 흘러온 연속적인 요소가 존재한다. 비록 많은 변화가 일어났지만, 현대 중국과 고대 중국은 서로 통할 수 있는 정도의 같은 언어를 쓰고, 약간 변형된 같은 문자를 쓰고, 변화가 거의 없는 같은 종교와 철학을 따른다. 중국 문명의 가장 오래된 기록에서부터 현재의 인민공화국에 이르기까지 자기 인식에 대한 연속성이 있으며, 이것은 많은 지방적 차이에도 불구하고 중국 문명의 전 지역에서 공유되고 있다. 그 정도가 덜하기는 하지만 이것은 인도에서도 마찬가지이다. 비록 인도 문명은 중국처럼 독점적이지도 동질적이지도 않지만, 결속력이 있고 통합하는 힘이 남아 있다. 힌두교, 나가리Nagari 경전 그리고 산스크리트 고전과 경전들은 인도 문명은 물론 고대에서 현대에 이르는 연속적인 본질로서 인도의 자각 속에서 항상 강력하고 지배적인 뛰어난 요소이다.

고대 중동에는 그러한 통일성이 없었고, 고대부터 현대까지 그러한 연속성도 보이지 않는다. 심지어 고대에도 중동의 문명은 매우 다양했으며, 중국어나 나가리 필사본, 유교 철학이나 힌두교처럼 공통적인 결속 요소가 없었다. 중동 문명은 수많은 서로 다른 지역들에서 시작되었으며, 서로 다른 노선을 따라서 발전해왔다. 궁극적으로 함께 발전하기는 했지만, 문화, 믿음 그리고 생활방식에서 상당히 심각한 차이가 난다.

그러나 이러한 초기의 차이보다도 더욱 중요한 것은 중동 지역의 문화사에서 나타나는 극적인 불연속성이다. 인도와 중국은 아직도 그들의 고대사의 기록을 단절되지 않은 전통 속에서 소중히 간직하고 연구하는 반면에, 고대 중동은 사라지고 잊혔다. 그 언어는 소멸되었으며, 그 기록들은 아무도 읽을 수 없는 필사본 속에 갇혀 있다. 먼 고대의 신들과 그들을 향한 숭배는 소수의 전문가와 학자들 사이에서만 알려져 있다. 심지어 중동은 "인도"와 "중국" 같은 집합적인 이름조차 없다. 중동이라는 명칭은 19세기에 비로소 서구 세계와 다른 여타 세계에 알려지기 시작했고, 가장 최근에도 그 지역 사람들 사이에 형태도, 모습도, 색깔도 없이 전적으로 상대적인 지역명인 "중동"이나 "근동"으로 알려졌기 때문이다. 이 지명은 인도나 중국처럼 이름이 가지는 자존심이나 고매함, 더욱이 감정을 불러일으키는 힘도 명백히 결여된 것이다.

앞에서 언급한 이질감과 그 원인은 분명하다. 고대 중동 문화와 전통의 침몰은 일련의 대격변의 결과이다. 그중에서 가장 중요한 것은 연속적인 헬레니즘화와 로마화, 기독교화 그리고 이슬람화 과정인데, 이런 것들이 진행되는 사이 대격변은 고대 중동의 기록문화의 상당 부분을 쓸어가버렸다. 앞의 네 과정은 각각의 자취를 오늘날에도 남기고 있다. 네 번째인 중동의 이슬람화는 7세기 이후로 줄곧 이 지역에서 형성되고 있다. 이집트어, 아시리아어, 바빌로니아어, 히타이트어, 고대 페르시아어 등과 같은 고대 언어들은 동양학자들이 발굴하고, 해독하고, 번역하고, 복원할 때까지, 역사가나 역사 편찬자 그리고 궁극적으로 그 지역 주민들에게 알려지지 않은 채 버려져 있었다. 오랫동안 그 노력은 전적으로 비중동 사람들의 일이었고, 지금도 대부분 그렇게 남아 있다. 중동 사람들의 집단적 자의식 속에 이슬람 이전의 고대와의 연계는 빈약하다. 그것은 이슬람의 부활로 더욱 크게 도전받아왔다.

### ❖ 언어

이 시기를 유럽과 비교하는 것이 도움이 될지도 모른다. 서로마 제국을 침략한 이방인들인 게르만족은 적어도 로마 제국의 형태와 구조를 보존하기 위해서 많은 노력을 기울였다. 그들은 로마의 종교인 기독교를 받아들이고, 그 언어인 라틴어를 사용하려고 했으며, 자신들에게 정당성을 부여하기 위해서 자신들의 이방인 규범을 로마 제국의 정부와 법의 형태에 맞추려고 노력했다. 반면 7-8세기에 중동과 북아프리카에 있던 기독교 로마 제국의 많은 영토를 정복한 무슬림 아랍인들은 그렇게 하지 않았다. 오히려 그들은 자신들의 종교인 이슬람과 그들의 언어인 아랍어 그리고 그들의 경전인 코란을 가져왔고, 자신들의 제국을 건설했다. 비록 이 국가는 필연적으로 비무슬림 선조와 이웃 국가의 영향을 받았지만, 그럼에도 불구하고 이슬람 지배의 도래는 새로운 사회, 특히 새로운 정치 체계의 시작을 분명히 했다. 이런 사회와 체제 속에서 이슬람은 동질성의 바탕이었고, 합법성과 권위의 원천이었다. 이렇게 새롭게 건설된 이슬람 세계에서 아랍어는 헬레니즘 세계에서 그리스어가, 유럽에서 라틴어가, 그리고 남아시아와 동아시아 문명권에서 산스크리트와 중국어가 맡았던 역할을 한 것으로 보인다. 한동안 아랍어는 사실상 상업, 문화, 일상생활뿐만 아니라 행정, 법 그리고 정부의 유일한 언어였다. 심지어 다른 문학적 언어인, 특히 페르시아어와 튀르크어가 이슬람 세계에 나타났을 때에도 그 언어들은 아랍어 문자로 쓰였으며, 서구에서 라틴어나 그리스어가 채택된 것만큼이나 광범위하고 풍요롭게 아랍어 어휘들을 받아들였다.

물론 기독교 세계처럼 이슬람 영토에도 아랍 이전과 이슬람 이전의 많은 구질서가 남아 있었다. 그러나 이슬람 영토에서는 기독교 세계와는 달리, 그러한 잔재들이 인정되거나 정통성을 부여받지 못했다. 이슬람 이전과 아랍 이전 어휘의 자취들이 이슬람 이후의 아랍어 용례에서도 발견된다. 이러한 것들은 주로 구어체의 요소들을 간직하고 있는 다양한 토착 언어에서 나타난다. 그러나 일부는 표준 정통 아랍어나, 몇몇 단어들은 코란에서도 확인되었다. 이 지역의 더 오래된 고대 언어로부터 나왔다고 확인된 것은 거의 없고, 있다고 해도 의심스러운 것들이다. 대부분의 자취들은 비교적 이슬람의 도래 직전으로 거슬러올라간다. 시리아어와 히브리어로부터 신학 용어가 그리스어로부터 과학 및 철학 용어가, 라틴어로부터 법률 및 행정 용어가, 그리고 중세 페르시아어로부터 광범위한 사회적, 문화적 용어들이 이러한 고대 잔존 어휘의 주류를 이룬다.

이러한 어휘의 흔적들은 아랍어 용례를 정형화한 고전 아랍어와 다른 이슬람 언어의 발달에서 상대적으로 덜 중요하지만, 문화적 적응 과정에 대해서 유용한 증거를 제공해준다. 킴야kīmyā(화학), 팔사파falsafa(철학)와 같은 일부 단어는 이미 잘 알려져 있다. 일부 어휘는 약간 변형된 형태인데, 로마 시대 경찰 임무를 맡았던 예비 보병대에서 유래된 슈르타shurṭa(경찰부대)나 라틴어 엑세르키투스exercitus에서 유래된 아스카르askar(군대)와 같은 단어가 여기에 속한다. 두드러진 한 예는 무슬림들이 바로 코란 첫 장에서 따르고 있는 "알−시라트 알−무스타킴al-Ṣirāṭ al-Mustaqīm(올바른 길)"*이라는 구절에서 발견된다. 여기서 시라트Ṣirāṭ는 물론 다름 아닌 로마의 길 혹은 스트라타strata, 즉 영어의 스트리트street에 해당하는 말이다. 그리고 일부 차용은 간접적이다. 토지세에 해당하는 이슬람의 법률 용어인 카라지kharāj는 이슬람 이전의 아람어에서는 케라가keraga라는 형태로 사용되었고, 엄숙한 공식 행사에서 공공 합창단을 위한 비용을 충당하기 위해서 시민들이 지불하는 세금인 그리스어 코레기아khorēgia에서 파생되었다.

이러한 몇몇 단어들은 차용어가 아닌 차용 번역이었다. 현대적인 한 예가 고전 아랍어 단어인 카흐라바kahrabā인데, 어원이 페르시아어이고 전기電氣를 뜻한다. 카흐라바의 본래 의미는 호박琥珀인데, 이것이 전기라는 의미로 사용된 것은 분명히 호박이라는 단어 앰버amber의 그리스어 표현인 엘레크트론ēlektron에 대한 서구의 의미론적 발달을 의미한다. 더 고전적인 예는 코란에 메카를 지칭하는 별칭으로 등장하는 "도시의 어머니Umm al-Qurā"인데, 이것은 그리스어 "메트로폴리스mētropolis"의 의미 차용이 분명하다.

중세 말까지 중동과 북아프리카의 종교와 언어 지도는 몇몇 예를 제외하고는 지금 남아 있는 형태로 확정되었다. 중동의 지배적인 세 언어인 아랍어, 페르시아어, 튀르크어는 각각 다른 형태로 여러 국가에서 사용되고 있다. 공통의 표준 문어체 아랍어와 다양한 구어체 방언은 최초로 사용되었던 아라비아 반도뿐만 아니라, 현재 이라크, 시리아, 레바논, 요르단, 이스라엘를 포함하는 비옥한 초승달 지역 그리고 이집트에서 모로코에 이르는 북아프리카 해안과 남쪽으로 사하라 이남 아프리카에 이르는 지역의 지배적인 언어가 되

---

* 무슬림들이 예배를 볼 때마다 암송하는 코란 알파티하 장(개경장)에 나오는 구절이다. 유혹받는 자의 길이 아닌 하느님께서 바르게 인도하시는 바르고 올바른 길, 즉 천국에 이르는 길을 의미한다.

었다.

페르시아어 자반-이 파르시zaban-i Fārsi는 파르스 지방의 언어라는 뜻으로, 여기에서 그리스나 서구에서 사용되는 국명 페르시아Persia가 유래되었다. 페르시아어는 고대 국명인 이란의 문어체, 구어체일 뿐만 아니라, 동쪽의 중앙아시아 지역인 오늘날의 아프가니스탄과 타지키스탄 공화국에서 널리 통용되고 있다. 아프가니스탄에서 통용되는 두 가지 공식 언어 중의 하나인 타지크어와 다리어 역시 페르시아어의 변형이다(나머지 한 언어인 파슈토어도 이란어계이다).

가장 서쪽에서 사용되는 오스만 튀르크어와 밀접한 관련을 지닌 튀르크어는 흑해의 남북 연안에서부터 아시아를 가로질러 태평양까지 펼쳐진 광대한 지역에서 통용되고 있다.

이 세 주요 언어와는 별도로, 다른 많은 언어들이 지방에서 사용되고 있다. 오랜 고대 문화의 흔적인 아람어와 콥트어와 같은 몇몇 언어는 주로 기독교 소수 집단을 중심으로 비무슬림들이 사용해왔는데, 감소 추세에 있다. 또다른 언어인 베르베르어와 쿠르드어는 여전히 많은 사람들이 널리 사용하고 있지만 표준 문어체가 없어서, 문자 전통이 주는 안정성과 지속성을 가지지 못한다. 소수 유대인들 사이에서 종교와 문화의 언어로서 존재해온 히브리어는 오늘날 구어로서는 물론 결국 민족 언어로 되살아났다.

### ❖ 예술

고전적 개념에서는 오직 문학만이 세련된 예술에 낄 수 있었고 존경과 관심을 받았다. 연주가나 작곡가 할 것 없이 음악가는 모두 노예이거나 사회적으로 열등한 사람들이었다. 음악은 단지 시에 함께 수반되는 도구로서만 중요했다. 문학 작품에 있는 일부 언급을 통해서 몇 안 되는 음악가의 이름만이 우리에게 알려져 있다. 게다가 형상의 묘사를 부정했던 시대와 장소에서 시각 예술은 장인이나 공예가의 일일 뿐이었다. 초기에 이들은 대부분 정복된 국가의 토착민 중에서 차출된 비무슬림들이었다. 후일 이슬람화 과정과 함께 더 많은 무슬림 예술가와 건축가들이 생겼는데, 중세 시기의 이들에 대해서 알려진 바는 거의 없다. 수 세기가 지나서야 오스만 제국과 사파비 왕조의 이란에서 화가들이 왕실 사회에서 존경받는 지위를 획득했다. 그들 중 몇몇은 심지어 학파를 형성하고 제자들을 길러내기도 했다. 오스만 제국 시대까지 대부분 군장교들이었던 건축가는 특별한 범주에 속했다. 예술적 기술을 가진 것 외에, 그들은 막대한 급료로 대규모 사업에 영향력을 행사하고, 정부나 종교 그리고 도시의 기본적 필수 요소인, 첫째로 궁전과 요새, 둘째로 사원, 수도원, 대학, 셋째로 다리와 목욕탕, 시장과 여인숙, 여러 종류의 숙박 시설 등을 제공하는 입안자들이며 행정가들이기도 했다. 위대한 건축가는 단순히 이름만 알려지는 것이 아니라, 역사가들과 심지어 전기작가들의 존경 어린 관심을 받았다. 왕실이건 민간인이건 가구로 집안 내부를 장식하는 법은 거의 없었다. 고대 중동에서 일반적이었던 탁자와 의자는 중세에 거의 쓰이지 않았다. 대신에 사람들은 유목민이 사용하는 모직과 가죽을 사용했고, 장식용 가구는 기본적으로 카펫과 매트리스, 무릎 방석과 쿠션으로 이루어져 있었다. 실내 장식을 마무리하는 장식용 재료로 그들은 폭넓은 금속재와 유리 그리고 쟁반, 램프, 주발, 접시 그밖의 다양한 식기류로 토기 제품을 사용했다. 새겨넣고 조각한 금속 세공품과 채색 자기 그리고 유리 제품 등은 중세 이슬람 공업 예술의 중요한 부분이었다. 건축가는 섬유 예술의 다양한 창조나, 때때로 정교하게 다듬어진 나무 창살과 셔터에 의한 실내 장식 분야에서 그들의 위치를 다졌다. 이때 목각 세공사들은 재료의 희귀성과 가치 때문에 나무 재료를 매우 조심스럽게 다루었다.

아랍 지배 기간 중 알려진 가장 이른 시기의 그림들은 장식적인 목적으로 그려졌다. 우마이야 궁전을 장식하고 있는 일부 잔존하는 프레스코는 그 기술이나 장식 주제, 도해상의 관습과 같은 많은 점에서 아직도 생생한 비잔틴과 이슬람 이전의 페르시아의 예술적 전통을 닮았다는 점에서 문화의 지속성을 생생하게 보여준다. 그러나 다른 것과 마찬가지로 여기에서도 오래된 전통들은 서서히 동화되고 새로운 것으로 재창조되었다. 새로운 것은 그것이 표현하고 있는 문명처럼 과거 전통에 의해서 풍부해지기는 했지만, 과거 전통에 지배되지는 않았다. 다만 아랍인이 창조하고 통치하는 그리고 이슬람 신앙에 헌신하는 정치 중심 사회에서의 전통은 아랍인의 취향과 이슬람적 가치의 필요성을 충족시키기 위해서 발전해갔다.

여성의 나체를 그린 초기의 프레스코는 거의 이슬람적이라고 할 수 없다. 그러나 이 프레스코들은 이미 고대 주제들을 새로운 목적에 적용하기 시작했다. 한 예가 기독교의 코스모크라토르kosmokratōr(세계의 통치자)를 묘사하기 위해서 비잔틴 미술가들이 사용한 자세를 취하고 있는 한 무슬림 칼리프의 초상화이다. 오래지 않아서 이러한 누드화와 인물화들은 모두 무슬림들의 벽화와 실내 장식에서 사라지고, 장식적이고 서체적인 도안으로 대치되었다. 벽화는 수 세기가 지나서야 몇몇 궁전과 사파비 왕조 페르시아의 접견실, 오스만 제국에서 다시 나타났다. 이슬람 회화 발달의 다음 단계는 가장 중요한 것으로, 화첩의 형태이다. 이 예술은 아랍인, 특히 페르시아인과 튀르크인들 사이에서 번성했다. 인간의 얼굴과 모습을 표현하는 것에 어떤 거리낌이 있었든 간에 잘 극복되었던 듯, 무슬림들의 그림은 대체로 그러한 초상화로 구성되어 있다. 중세 후기 이후부터 우리는 낱장 그림, 스케치, 채색화 등을 책 속 그림이 아닌 대부분 캔버스 종이 위에서 발견하게 된다. 이런 그림들은 주로 터키와 이란 그리고 튀르크인이나 페르시아인의 통치와 영향하에 있는 국가에서 발견된다. 조각은 계속해서 금지되었고, 잘 알려져 있다시피 심지어 살아 있는 것에 대한 2차원적인 초상화도 의심을 받았다.

오스만 술탄 몇몇은 튀르크 미술가들에 의해서 그려졌다. 유럽 화가가 그린 것은 아주 드물어서, 그 유명한 정복자 메흐메드 2세의 초상화 정도이다. 벨리니가 그린 정복자 메흐메드의 유명한 초상화는 영국의 국립 미술관에 걸려 있다. 이것은 술탄 메흐메드의 사후에 그의 아들이자 계승자인 술탄 바예지드 2세에 의해서 다른 그림과 함께 팔렸다. 왕족 초상화는 때때로 후기 오스만 제국 및 일부 다른 통치자들에게서 사적인 후원을 받기도 했지만, 공식적으로는 금지되었다. 극히 일부를 제외하고는 이슬람 통치자들은 동전이나 우표에 자신의 얼굴을 넣지 않았다. 1721년에 오스만의 대사로서 파리로 건너간 이르미세키즈 첼레비 메흐메드 에펜디는 "이 나라 사람들의 관습은 왕이 대사들에게 다이아몬드가 박혀 있는 자신의 초상화를 주는 것이다. 그러나 나는 무슬림들에게 그림은 허용되지 않는다고 설명했다. 따라서 나는 그 대신에 다이아몬드가 박힌 벨트를 받았다"라고 보고서에 밝혔다. 메흐메드 에펜디는 계속해서 그 선물을 자세하게 묘사했다. 그러고는 두 줄에 걸쳐서, 왕이 직접 그에게 보여준 미술관에 대해서 전하고 있다. 벽에 걸려 있는 그림들은 그 자신의 문화의 일부가 아니었다. 반면에 그는 훨씬 마음에 드는 예술 형태인 태피스트리에 대해서 능숙하게 말하고 있다. 그는 유럽의 태피스트리가 이룩할 수 있었던 사실적인 표현의 수준에 상당히 감동을 받았다.[1]

한 사람은 그의 기쁨을 나타내기 위해서 웃고 있고, 또다른 사람은 그의 슬픔을 보여주기 위해서 슬퍼하고 있다. 한 사람은 공포로 떨고 있고 또다른 사람은 울고 있고, 또다른 사람은 병에 걸려서 괴로워하고 있다. 즉 한눈에 각각의 사람들의 상황을 알 수 있다. 이 작품의 아름다움은 표현할 수도, 상상할 수도 없을 정도이다.

몇몇 신비주의 종단을 제외하면 이슬람 예배에서는 음악을 사용하지 않기 때문에, 이슬람 세계의 음악가들은 기독교 음악가들과는 달리 교회나 고위 성직자의 후원을 통해서 얻게 되는 엄청난 이득을 누리지 못했다. 왕실의 후원은 물론 유용했지만, 간헐적이고 우연한 것이었으며 위험하게도 권력의 변덕에 달려 있었다. 표기법의 표준적인 체계가 마련되어 있지 않았던 탓에 무슬림 음악가들의 작곡은 부정확하고 가변적인 기억력을 통해서 알려졌다. 고전적인 이슬람 음악과 유럽의 음악적 전통을 비교할 만한 자료는 보존되어 있지 않다. 남아 있는 것이라고는 음악에 대한 광범위한 이론 서적, 음악가들에 대한 묘사와 초상화들, 그리고 작가와 예술가들에 의한 음악적 사건, 많은 오래된 악기의 보관과 오래된 공연에 대한 생생한 기억 등이다.

### ❖ 시

전통적인 설명에 따르면, 고전적인 아랍 시의 역사는 6세기에 시작되었고, 그때 아라비아 반도의 부족이 공통적이고 정형화된 문학 언어를 만들었으며, 오랫동안 아랍 시의 지배적인 매체였던 사막 야영지에서의 송시, 즉 "카시다 qaṣīda"의 유형과 주된 변형의 형성이 마무리되었다.

아랍과 서구의 많은 학자들은 현존하는 상당량의 고대 아랍 시 자료들의 신빙성에 의문을 던지고 있다. 그들에 의하면, 현존하는 문헌들은 기껏해야 신뢰할 만한 자료의 기반만 포함하고 있으며, 오늘날의 형태는 아마 시의 질적 분류기준에 따라서 8세기경 신고전주의나 복고적 낭만주의로 다양하게 묘사된 시인이나 문헌학자들의 작품들로 구성되어 있다. 이슬람 초기 시에 대해서도 똑같은 비판이 제기되었고, 시리아의 우마이야 칼리프 시대가 되어서야 의심의 여지없이 신빙성을 가진 당대의 시를 접하게 되었다.

그 당시 대부분의 시는 시리아 칼리프의 궁정 시인과 일반 시인에 의해서 찬술된 "카시다"로 구성되어 있다. 일부에 의하면 우마이야 카시다는 이슬람 이전 카시다의 연속이며, 다른 사람들은 후대의 신고전주의자들이 알려지지 않은 과거를 조명한 것으로 본다. 분명히 현존하는 우마이야 시대의 카시다는 이미 낡은 전통 속에서 정형화된 형태로 구성되어 있다. 초기의 카시다는 원래 일종의 칭송시였으며, 그 속에서 시인은 부족의 대변인으로서 부족의 미덕과 용기, 업적, 그의 가축들 그리고 그 자신을 예찬했다. 카시다는 전통적으로 유목민들이 계절적 이동을 위해서 야영지의 해산을 진행하는 축제 기간 동안 열리는 시 경연대회에서 대중이 낭송한 시를 말한다. 카시다는 에로틱한 서두로 시작되는데, 시인은 버려지는 야영지를 생각하고 그의 부족들이 인접 지역을 차지했던 행복한 시간들을 떠올린다. 이러한 서두 다음에, 시인은 칭송의 단계로 넘어간다. 우마이야 시대와 그 이후 궁정의 카시다에서 칭송은 일종의 예찬이고, 시인은 그의 부족을 대신해서 군주나 후원자를 칭찬한다.

서두는 끊임없이 반복되는 짧은 주제로 나타난다. 시인은 버려진 야영지에 도착해서, 좋다고만은 할 수 없는 회상의 기쁨을 즐긴다. 그는 모든 동족에게 그 장소를 (의인화해서) 부르며, 이미 지나가버린 행복한 날들을 위해서 눈물을 흘린다. 때때로 그의 동족이 위로하기도 하고, 그의 헛된 슬픔을 꾸짖기도 한다. 종종 시인은 길고 쓸쓸한 이별의 밤을 한탄하기도 하고, 더딘 새벽을 꾸짖기도 한다. 그가 사랑하는 사람의 환영이 꿈에 그를 방문해서 그에게 말을 걸고, 더욱 괴로운 상태로 그를 깨우고는 떠나버릴지도 모른다. 일반적으로 서두는 시인 자신이 부족들이 나란히 야영하고 있을 때, 그의 연인을 만나러 밤나들이하는 이야기를 포함한다. 이것은 한편으로는 자신을 괴롭히는 회상이며, 다른 한편으로는 단순한 자랑이다. 왜냐하면 그의 연인은 어쩌면 적대관계에 있을지도 모를 다른 부족 사람이고, 그는 목숨을 걸고 그녀 부족의 천막 사이를 기어서 그녀가 거주하는 장소로 혹은 모래 언덕 뒤의 만남의 장소로 가야 하기 때문이다. 두 사람은 그들을 위협하는 위험을 잘 알고 있다. 그 위험은 한편으로 그녀의 명예를 지키려고 하는 보호자인 남편, 아버지, 오빠들이고, 다른 한편으로는 연인들 사이에 나쁜 소문을 퍼뜨려 불화의 씨를 뿌리는 중상모략가이다. 나중에 이 두 적수는 제3자인 라킵 raqīb(감찰관) 앞에서 만나게 된다. 감찰관은 겉으로는 공공도덕의 수호자인 체하나, 실제로는 연인들에게 적대적인 듯하다.

이별의 주제는 야영지의 해산과 관련된다. 봄의 방목철이 끝나면 부족들은 이동한다. 한 사람이 큰 소리로 부족들에게 준비를 명하면, 부족들은 낙타에 짐을 싣고 천막을 거둔 다음 다른 방향으로 떠난다. 이제 추억으로만 남게 될 외로운 연인을 남겨둔 채 떠난다. 두려운 날이 다가오고 있음을 알리는 징조와 예감들이 그림자를 드리우고, 특히 이별의 새인 까마귀가 날아올라 날카로운 목소리로 울면서 연인과의 헤어짐이 왔음을 알려준다.

연애시는 고전 이슬람 시의 전형적인 예이다. 이것은 보편적인 인간의 주제이기 때문에 또다른 문화권의 이방인들에게 가장 쉽게 접근하는 방법이다. 연인들이 만나고 헤어지는 사회적 환경이 변하고 있기 때문에, 연애시는 문화사뿐만 아니라 사회상의 변화도 반영한다.

전통적인 카시다 외에도 우마이야 시기에 새로운 종류의 연애시인 히자즈 지방의 에로틱한 선정시가 출현했다. 아랍인의 거대한 정복은 아라비아 땅에 막대한 부를 안겨주었고, 히자즈 마을, 특히 메디나에서는 부유하고 세련되고 쾌락을 즐기며 무절제한 새로운 종류의 사회가 생겼다. 놀랍게도 경건하고 성스러운 도시는 방탕한 믿음의 전사들의 관심을 끌기 위해서 여자 노예들과 가수들, 무희들이 자유 아랍 여성들과 서로 겨루는 화려한 귀족들의 쾌락의 땅이 되었다.

히자즈에서 형성된 많은 선정시들 중에 남아 있는 것은 얼마 되지 않아서 그것을 연구하는 데에는 특별한 어려움이 있다. 이름이 알려진 몇몇 시인만이 완벽한 시집(디완)을 남겼다. 대부분은 문헌집과 문학사에 보존되어 있는 단편과 인용을 통해서 알려졌고, 그나마도 많은 부분은 후대의 것이다. 이 시대의 인물들과 사건 주위에 던져진 낭만적인 분위기는 이러한 작품들의 신빙성에 특별한 문제점을 던져준다. 많은 시가 그것이 그 자체로서 완벽한 시인지 혹은 더 긴 시로부터 발췌된 것인지 말하기가 불가능하고, 그 몇몇은 사라진 카시다의 남아 있는 일부 조각들인 것 같다. 이러한 시들의 주된 주제는 전형적인 카시다에 있는 서두의 주제와 매우 흡사하지만 변형도 있다. 사막의 배경은 대부분 삭제되었고, 사랑의 모험은 같은 마을의 다른 집 여성과 벌어진다. 카시다에서처럼 시인은 자유 아랍 여성을 언급할 때에는 신중한 태도를 취한다. 보통 시인은 그녀의 이름을 감추고, 가끔씩 그녀의 미덕을 칭찬한다. 그러나 노예나 선술집 여자들에 대해서는 더욱 솔직해진다.

이슬람 법은 남성의 성적 요구에 관대한 규정을 두고 있지만, 금지된 사랑에 대한 비난은 혹독하다. 이것은 이슬람 이전 부족의 자유로운 생활방식을 제한했고, 그들의 연애시의 기쁨을 변화시켰다. 칼리프 우마르도 연애시를 짓지 못하게 했다고 전해진다. 그리하여 우리는 시인들 사이에서 순결에 대한 존경이 증대되고, 그 결과 짝사랑의 고통이 확산되고 있음을 발견한다. 거만하고 아둔한 떠돌이들과 함께, 우리는 가까이 가지 못하고 정신적 사랑을 고백하는 보다 순수하고 순종적인 사랑의 숭배자를 발견한다. 그 사랑에 대해서 다음 세기의 학자들은 우다라'Udhra 부족에서 나온 우드리'Udhrī라는 이름을 붙였다. 우드리의 아들들은 받아들일 수 없는 짝사랑 때문에 목숨을 잃었다고 전해진다. 심지어 우드리 시인들은 사랑하는 연인의 천막을 은밀한 밤에 방문하지만, 미소와 악수 그리고 몇 마디 대화 외에는 아무것도 요구하지 않는 전통을 고수하며, 그가 사모하는 사람의 차가운 성격에 칭찬과 원망을 뒤섞어 늘어놓는다. 우드리의 "플라톤적" 사랑이 얼마나 현실에 부합하는가는 또다른 문제이다. 프랑스 학자인 레지 블라세르는 고전적인 카시다 작가와 같은 뛰어난 자유주의자와 우드리 사이에는 거의 차이점이 없다고 본다. 아랍 학자인 키나니가 우드리의 주제를 선정적인 사랑과 새로운 종교적 도덕성 사이의 절충으로 묘사한 것은 아마 적절한 표현일 것이다.

압바스 칼리프에 의해서 우마이야가 대체되고, 시리아에서 이라크로 수도가 이전되면서 이슬람 역사와 마찬가지로 아랍 시도 새로운 시대를 맞게 되었다. 아랍 정복자들의 부족적 귀족계층을 대신해서 범세계적인 새로운 통치 엘리트들인 공직자와 지주들이 제국을 지배했다. 초超부족장을 대신해서, 더 오래된 형태의 동양적인 군주권이 위계질서가 강화된 바그다드의 궁정을 지배했다. 비록 아랍 왕조가 통치하고, 아랍어가 한동안 정부, 사회, 문화의 단일어로 쓰였지만, 아라비아의 취향과 전통은 더 이상 확고한 지배력을 가지지 못했다. 대도시와 대저택에서 아랍 여성들은 그들이 이전에 누렸던 지위나 자유를 잃어버렸고, 규방 깊숙한 곳으로 모습을 감추었다. 은밀한 방문은 아주 불가능한 일은 아닐지언정, 감시원과 환관 때문에 위험이 따랐다. 이는 결과적으로 노예 소녀들과 고급 매춘부들을 필요 이상으로 생성시켰다. 한동안 과거의 문학 경향은 계속되었고, 아라비아를 본 적이 없는 도시 시인들은 상상의 야영지에 대해서 탄식을 늘어놓고, 그들의 문학적 정사 속에 나오는 허구적인 여주인공의 아름다움을 칭찬했다. 어떤 사람들은 오래된 주제를 실제 상황에 적용하려고 했다. 한 연대기 작가는, 한 도시 여성에게 고독한 그리움의 밤에 꿈속에서 자신을 어루만져주던 그녀의 모습을 묘사한 낡아빠진 문구를 보내면서 사랑을 구걸한, 바그다드에 사는 한 시인을 언급하고 있다. 그 여성은 만약 그가 자신에게 금화 3디나르를 준다면 그에게 와서 그를 안락하게 해줄 것이라고 대답한다.

그러나 아랍 시에도 새로운 바람이 불고 있었다. 수많은 이슬람 개종자 중에는 페르시아인들이 많았다. 그들은 비록 정복자들의 신앙과 언어를 받아들였지만, 공공연하게 그들의 관습과 전통을 비난했다. 페르시아 시인들과 다른 시인들은 연애시를 포함한 아랍 시에 새로운 주제와 유행을 소개했다. 그 대상은 보통 노예 소녀들이거나, 종종 도시 사회에서 여자의 소재로 제공되는 세련된 매춘부 중의 하나였다. 은밀함은 거의 필요하지 않았다. 우리는 또다른 맥락에서 은밀한 만남과 이별을 발견한다. 만약 무슬림들이 간음을 삶의 주제로 금지시키고, 음주의 금지를 통해서 난봉꾼들이 고통에 빠져들게 된다면, 시인이 은밀한 밀회를 즐기고 새벽에 몰래 헤어지는 것은 여자가 아니라 술병이 될 것이다.

이슬람의 알코올 금지에도 불구하고 포도주는 아랍 시에 두드러지게 나타났으며, 이슬람의 틀 속에서 발전한 페르시아어와 튀르크어의 시 전통에도 여전히 많이 남아 있다. 포도주의 제조와 판매 그리고 음주는 무슬림들에게는 금지되어 있었지만, 이슬람 국가의 비무슬림 시민들에게는 허락되었다. 따라서 술을 마시고 싶은 무슬림은 그것을 얻기 위해서 이교도에게 가야만 했다. 아랍 시에서 기독교 수도원과, 페르시아 시에서 조로아스터교도들의 집회지는 거의 선술집을 의미한다. 사랑과 포도주에 대한 주제는 종종, 특히 페르시아와 튀르크 시에서, 종교적 중요성과 결합된다. 술 취하고 에로틱한 형상은 신자와 신의 신비스러운 결합을 상징하려는 수피 시인들에 의해서 일반적으로 사용된다. 종교적 목적을 위한 에로틱한 방법의 사용은 전례없는 일이며, 히브리어 성서에 있는 "송가 중의 송가"로부터 유래된 유대-기독교적인 전통과 친숙하다.

문화적인 정보를 풍부히 담고 있는 또다른 장르는 사냥꾼의 시로, 특히 페르시아인과 튀르크인들 사이에서 그림으로 아름답게 묘사되었다. 사냥이 식량 공급의 중요한 원천으로서의 의미를 상실한 한참 후까지도, 사냥은 중요한 사회적, 문화적, 군사적 기능을 유지하고 있었다. 이슬람 통치하에서 헬레니즘 세계의 게임과 운동 경기는 대부분 사라졌다. 말과 낙타 경주, 닭이나 낙타 싸움 그리고 레슬링 경기는 대중오락으로 제공되고, 궁술이나 승마와 같은 군사 기술은 군대의 직업적인 기술을 보존시켰다. 그러나 스포츠와 오락이 현대적인 발전을 이룩할 때까지, 사냥은 단지 운동과 오락 그리고 필요한 훈련이 결합된 가장 인기 있는 방법이었다. 규모와 시간, 수 등에서 대규모였던 대단위 왕실 사냥은 특별한 가치를 가지고 있었다. 이것은 당시 군인들에게 전투 준비를 시키고, 조직과 행정, 장비와 공급, 이동, 지휘 명령과 조절, 말하자면 전투에서 실전 상황을 준비하는 전쟁 연습과 군사 훈련에 가장 가까운 전근대적 접근이었다.

이 모든 것은 광범위한 문학 속에 반영되어 있다. 시인들은 웅변적으로 때로는 아주 복잡하게 그들이 타고 다니는 동물들(말, 낙타, 때로는 코끼리), 그들의 무기들(칼, 활, 창), 그들의 부속물들(매, 사냥개, 표범) 그리고 그들의 희생물들에 대해서 말한다. 그들은 동료애와 경쟁의식, 때때로 사냥꾼들의 로맨스, 추석의 긴상감, 살상의 격렬한 슬거움 그리고 그 뒤로 뒤따르는 죽제 등을 예찬한다.

시는 또한 중요한 사회적, 대중적, 심지어 정치적 기능을 가졌다. 찬사와 풍자는 여러 시인들이 거래하는 상품이었으며, 특히 찬사는 이들이 생계를 꾸리는 최상의 방법이었다. 신문과 광고, 선전과 홍보 활동이 활성화되기 이전 시기에, 시인들이 이 모든 기능을 수행했다. 이것은 시인에게 새로운 역할이 아니었다. 로마 황제 아우구스투스는 궁정 시인을 거느리고 있었는데, 그들의 몇몇 시들은 일반적으로 로마 제국과 특히 로마 황제 그리고 다른 고대 통치자들을 홍보하는 작품들이었다. 찬미자의 작품은 중세 이슬람 시기에 절정에 달했다. 그때 시인들은 쉽게 기억되고 같은 후렴을 반복하면서 널리 암송되는 시를 통해서 통치자를 칭송하면서, 전국에 그들의 이미지를 부각시켰다.

시를 통한 선전은 긍정적인 면과 부정적인 면을 동시에 가지고 있었다. 풍자라는 말의 아랍어인 "히자hijā'"는 히브리어 성서의 낱말인 "헤게hegeh"와 비슷한데, 이것은 "마법" 혹은 "주문을 걸다"를 의미한다. 풍자의 실제적인 목적은 모욕과 독설이었지만, 단순한 모욕이나 독설만은 아니었다. 부족 풍자가의 적대적인 선전에 관한 이야기는 아마도 이슬람 이전 시대까지 거슬러올라갈 것이다. 전통적인 전기에 의하면, 무함마드는 시적인 선전의 가치와 위험성을 잘 알고 있었다. 가장 위대한 고대 아라비아 시인 중의 한 사람인 임루 알-카이스가 "지옥으로 가는 길목의 지도자"로 묘사될 정도로 일반적으로 시가 용인되지 않았음에도 불구하고, 예언자 무함마드는 스스로 찬미자를 고용했고, 자신을 공격하거나 조롱하는 시를 짓고 유포하는 사람들에게는 적절한 조치를 취하도록 했다. 어떤 경우는 풍자시의 작가뿐만 아니라 그 시를 노래하고 암송한 소녀들까지 사형에 처하기도 했다.

이슬람 제1세기에 이미 우마이야 칼리프는 궁정 시인을 고용했고, 그 이후에도 실제로 모든 이슬람 통치자들이 그렇게 했다. 이러한 관행이 통치자들에게만 국한된 것은 아니었다. 홍보와 선전을 위해서 시인을 고용한 중류층 사람들도 많았다. 그리하여 시를 짓는 일은 공인된 직업이 되었고, 연대기와 문학의 역사는 그들의 보수와 수준에 대한 자세한 정보를 제공하고 있다. 보수는 분명히 상당 부분 후원자의 지위와 시인의 기술에 달려 있었다. 다른 유사한 직업과 마찬가지로, 똑같은 내용이 다시 반복해서 사용될 수 있었다. 한 통치자를 칭송하는 하나의 시가 만들어지면, 통치자가 바뀔 때마다 수정해서 다른 고용주에게 다시 팔 수 있었다. 시인들의 후원자로서, 다시 말하면 광범위한 선전 활동으로 유명했던 몇몇 통치자가 있다. 10세기에 북부 시리아에서 번성했던 함단 왕조의 왕자 사이프 알-다울라는 상당한 수의 시인 참모를 두었는데, 그들은 어떤 의미에서 현재에도 그를 위해서 일하며, 많은 부주의한 역사가들을 오도해왔다. 파티마 왕조 칼리프는 예상할 수 있다시피 파티마 왕조의 세계관과 그들의 경쟁자인 압바스 왕조에 대한 파티마 왕조의 입장을 대변하는 이념 시인들을 고용했다. 간혹 연대기 작가들은 우리에게 공식적인 시인 명단을 제공해준다. 중세 후기 한 이집트의 백과사전 편찬자에 따르면 파티마 왕조는 대법원에 소속되어 있는 시인단을 가지고 있었고, 심지어 그들이 두 집단으로 나뉘었다고 전한다. 수니파를 칭송하는 시를 짓는 수니파 시인과 이스마일파 이맘에게 극단적으로 아부하는 시를 짓는 이스마일파 시인이 그것이었다.

시를 통한 선전은 또한 여러 부류의 반란자들과 종파, 정치 파벌 그리고 때때로 개인적인 목적으로도 이용되었다. 시는 심지어 9세기 아랍 송가집인 『키타브 알-아가니Kitab al-Aghānī』에 실린 두 이야기에서 볼 수 있듯이 경제적인 목적으로도 이용되었다. 그중 한 이야기에 따르면, 8세기에 이라크의 한 통치자는 공공 관개 시설을 확장하는 데 필요한 땅을 강제로 빼앗았다고 한다. 빼앗긴 땅의 주인을 대신해서 유명한 시인 파라즈다크는 통치자를 공격하고 그의 억압을 고발하는 시를 지었다. 그 결과와 지급된 보상금이 얼마인지는 기록되어 있지 않다. 두 번째 이야기는 전체적으로 반복되는 내용을 담고 있다.[2]

한 상인이 베일을 쓰고 쿠파에서 메디나로 왔다. 그는 다른 것은 다 팔았는데, 검은 베일은 아직 남아 있었다. 그는 알-다리미라는 친구에게 이 사실을 불평했다. 그 당시 알-다리미는 수도자가 되어 음악과 시를 포기했었다. 그는 상인 친구에게 말했다. "걱정하지 마, 내가 너를 위해서 그것들을 팔아주겠어. 너는 모두 팔게 될 거야." 그리고 나서 그는 이런 시를 지었다.

검은 베일을 쓴 사람에게 가서 물어보라.
경건한 수도승을 위해서 당신은 무엇을 했는가?
그는 이미 예배를 드리기 위해서 그의 의복을 차려입었다.
당신이 사원의 문가에 있는 그 앞에 나타났을 때.

그는 이것을 음악에 맞추었고, 문관인 시난도 이것을 음악에 맞추었다. 이것은 인기를 얻었다. 사람들이 "알-다리미가 다시 그의 수도직을 포기했다"고 말하자, 메디나에서 품위 있는 여자 중 검은 베일을 사지 않은 이는 없었으며, 그 이라크 상인은 그가 가지고 있던 모든 물건을 다 팔았다. 알-다리미가 이 말을 듣고, 그의 수도생활로 돌아와서 여생을 사원에서 보냈다.

이것은 잘 알려진 최초의 상인의 노래이다.

이야기체 시문은 중세 아랍인들 사이에서 폭넓게 성행하지는 않았다. 공식적인 문학으로 간주되지 않은 산문과 시가 섞여 있는 일부 장문의 대중 로망과 몇몇 단문의 전쟁문학을 제외하고는 고전 작품과 중세 유럽의 서사시나 발라드와 비교할 만한 것이 거의 없다. 이슬람 중동에서의 서사시의 부활은 페르시아에서 시작되었는데, 그곳에 이슬람 이전 페르시아 시들의 단편들이 남아 있다는 사실은 고대 페르시아 서사시 전통의 존재를 입증한다. 이러한 전통의 부활은 페르시아 민족문화의 각성과 새로운 무슬림 페르시아 언어의 부분적인 출현을 의미했다. 고대 이란의 신들과 영웅들의 모험을 이야기하는 장문의 담화체 시 『샤나메*Shāhnāme*』는 10세기에 시인 피르다우시가 썼는데, 페르시아-튀르크 문화에서 서양의 『일리아스*Ilias*』, 『오디세이아*Odysseia*』 그리고 『아이네이스*Aeneis*』와 견줄 만한 위치를 차지하고 있다. 그것들에서처럼 『샤나메』에서도 많은 모방자들이 페르시아어와 튀르크어로 쓴 많은 수의 다양한 내용의 서사시를 발견할 수 있다. 그중에서 유명한 것은 중앙아시아의 튀르크인들의 영웅시이다. 페르시아인들과 튀르크인들 사이에서 성행한 또다른 담화체 장르는 한 쌍의 연인들의 모험(대부분 비극)을 다룬 책 한 권 분량 정도의 문체로 된 로망이다. 이러한 서사시와 로망들은 무슬림 화첩 예술의 근거를 제공했다.

### ❖ 마카마 : 단편문학

아랍의 독특한 문학 장르인 마카마maqāma는 아랍어로 대충 회기會期 혹은 계기라는 뜻을 가지고 있다. 문학 형태로서 마카마는 사즈saj'라고 불리는 방식으로 쓰인 아주 짧은 단편을 나타냈다. 사즈는 리듬이나 간간이 시가 삽입되는 운율적인 산문이다. 마카마는 대개 두 상징적인 인물, 즉 해설자와 영웅을 그려내는 마카마트maqāmāt 수집본의 하나이다. 그들은 산문과 시, 여행담과 대화, 설교와 논쟁을 결합시키고, 종종 재치 있게 많은 사회적 논평들을 늘어놓는다. 일부 마카마트 수집본은 아랍 문학의 걸작 속에 포함되어야 한다. 마카마트는 페르시아어와 히브리어에서 모방되었지만, 그 형식은 아랍어에 독특하고 개성 있게 남아 있다.

페르시아와 튀르크의 시들은 전적으로 이슬람적이다. 아랍 시는 주로 무슬림들의 작품이지만, 아주 이른 시기와 최근에는 기독교적인 요인도 중요한 부분을 차지한다. 아랍어를 사용한 몇몇 유대인 시인들도 있기는 했지만, 그 수는 매우 적었다. 유대인 시인들은 주로 서정시와 종교시를 지었고, 더 이상 일상 언어로는 쓰이지 않았지만 여전히 세속적인 시를 포함한 종교와 학문, 문학의 언어였던 히브리어를 사용했다. 이슬람 영토 내의 히브리어 시는 작시법, 구조, 주제 그리고 문학적 전통 측면에서 아랍의 형태에 매우 가까웠다.

마카마가 고전 아랍어에서 오락을 위한 유일한 문학 형태는 아니었다. 수필 작품은 매우 세련된 높은 수준에까지 이르렀다. 다소 가벼운 오락거리가 허구의 형태로 제공되었다. 이는 소설이라기보다는 우화였는데, 일화에서부터 책 한 권 분량의 이야기까지 다양했다. 대부분의 이러한 스케치와 스토리들은 환상적이고 경이로운 이야깃거리들이었지만, 몇몇은 서로 다른 지역과 사회적 수준에서 칼리프하의 삶의 생생한 모습을 제시해준다.

이러한 문학에서 유미는 중요한 요소이다. 중세 아랍 작가들은 날카로운 일화와 재치 있는 응수를 즐겼다. 그들은 또한 남의 작품을 흉내 내기를 특히 좋아했고, 모방 시를 사용해서 심지어 가장 신성한 작품을 포함한 모든 장르의 아랍 작품에 재미를 돋우었다. 2개의 좋은 예가 있다. 칼리프 밑에 있는 공무원들은 다른 나라의 다른 체제하에서처럼 반복되기만 하는 지루하고 과장된 문체를 사용했다고 알려져 있다. 11세기의 우스꽝스러운 실수들을 수집해놓은 것 속에는 알레포의 왕자에 관한 이야기가 포함되어 있다. 안티오크에 있는 알레포의 총독은 어리석은 비서 하나를 데리고 있었다. 2척의 무슬림 대형 갤리 선*이 바다에서 모든 선원과 함께 실종되었다. 그러자 그 비서는 그 사실을 총독을 대신해서 왕자에게 보고했다. 그는 이렇게 썼다. "자애롭고 자비로우신 알라의 이름으로, 왕자님께 알립니다. 신이 그분에게 힘을 주시기를. 2척의 갤리 선이, 다시 말해서 2척의 배가 바다의 풍랑 때문에, 다시 말해서 파도의 힘에 의해서 침몰되었습니다. 다시 말해서 가라앉았습니다. 그리고 그 안에 있던 모든 것이 끝났습니다. 다시 말해서 없어졌습니다." 그러자 알레포의 왕자가 그 총독에게 이렇게 답장했다. "당신의 편지가 왔소. 다시 말해서 도착했소. 그리고 우리는 그것을 이해했소. 다시 말해서 우리는 그것을 읽었소. 당신의 비서에게 벌을 주시오. 다시 말해서 그를 때리시오. 그리고 그를 갈아버리시오. 다시 말해서 그를 제거하시오. 왜냐하면 그에게는 재치가 없소. 다시 말해서 그는 어리석소. 잘 있으시오. 다시 말해서 이 편지를 끝내겠소."[3]

또다른 이야기에 의하면 히즈라(이슬람력) 첫 세기(7세기)에 우스운 이야기의 해설가로 잘 알려진 아샤브라는 사람은 한때 경박한 것에 탐닉하는 것을 비난했다. 그는 "왜 당신은 하디스, 즉 훌륭한 무슬림으로서 해야만 하는 무함마드의 전승을 말하지 않습니까?"라는 질문을 받았다. 아샤브는 "나 또한 하디스를 알고 있소"라고 대답했다. 그러자 질문자가 "그러면 나에게 하나만 말해주시오"라고 말했다. 그러자 아샤브는 전통적인 방식대로 (하디스의) 유래가 누구로부터 누구에게 전승되었는지 그 정통 계보를 외기 시작했다. "신

---

\* 고대 및 중세에 지중해에서 쓰던 배의 하나. 노예나 죄인에게 노를 젓게 했다.

의 사도인 이븐 우마르로부터 듣고 나피가 내게 해준 이야기인데, 이븐 우마르가 '(사람에게는) 두 가지 덕목이 있는데, 이 두 가지를 모두 가진 자는 신이 선택한 친구이다'라고 말했다고 하오." 질문자는 정말로 훌륭한 전승임을 알고는, 그 두 가지 덕목이 뭔지를 물었다. 그에 대해서 아샤브가 답하기를 "나피가 하나를 잊어버렸고 내가 나머지 다른 하나를 잊어버렸소."[4]

오락문학은 다른 고전적 아랍 장르처럼 페르시아인들과 튀르크인들에게 전해졌는데, 이곳에서 오락문학은 다소 다른 형태를 띠게 되었다. 이야기와 우화는 매우 번성했지만 수필과 화젯거리들은 변해서 재미없고, 덜 오락적이고, 보다 교훈적이고 도덕적인 것이 되어갔다. 이것은 더 엄격하고 더 진지한 사회 현상을 표현해주었다.

## ❖ 연극

극장은 이슬람 중세에는 중동에서 사라졌다가 수 세기가 지나서야 다시 나타났는데, 아마도 고대 이교도 관습과 관련이 있었기 때문이었던 듯하다. 연극적 효과를 지닌 이야기꾼의 기술이나 무언극, 어릿광대 그리고 춤추는 기술 등과 같은 연극 공연의 몇몇 요소들은 친숙하고 널리 퍼져 있었다. 배우들이 즉석에서 만들어진 대본으로 짧은 희극적 에피소드를 공연했다는 증거들도 있다. 비록 궁정의 후원자들은 보다 정제된 극을 장려했지만, 이러한 것들은 일반인들을 위한 주된 오락거리가 되었다. 정제된 극들은 간혹 조잡한 목적에 이용당하기도 했다. 12세기 중반 비잔틴의 공주 안나 콤니니는 통풍을 앓던 그의 아버지 알렉시우스 콤네누스가 셀주크조 궁정에서 배우들에 의해서 어떤 조롱을 당했는지 묘사하고 있다.[5]

재능 있는 즉흥 공연자들인 이방인들이 그의 고통을 희화화했다. 통풍이 희극의 주제가 되었다. 그들은 의사와 간호사 역을 연기하고, 황제를 소개하고는 그를 침대에 눕히고 그를 놀렸다. 이 유치한 공연에서 그들은 큰 소리로 웃었다.

또다른 비잔틴 황제 마누엘 2세 팔라에올로고스는 15세기 초에 오스만 술탄 바예지드의 궁정을 방문했던 것을 묘사하면서, 음악가, 가수, 무희들 그리고 배우 등의 무리에 대해서 말하고 있다.

줄거리와 어느 정도 준비된 대본을 가진 일관된 공연으로서 연극이라는 개념은 14세기에 처음으로, 특히 이집트와 튀르크에서 확립되었다. 인물 묘사는 꼭두각시 그림자를 장막에 투사해서 연기했다. 대사는 꼭두각시를 조종하는 사람이 말했다. 내용은 대부분 희극적이고 때때로 소극의 형태였지만, 가끔씩 날카로운 사회적, 정치적 발언을 포함하기도 했다. 그 당시의 많은 연극 대본이 남아 있으며, 몇몇 작품의 작가는 이름까지 알려져 있다.

꼭두각시는 고대부터 알려져 있었다. 이슬람 세계의 중심부에서 훨씬 인기가 높았던 그림자 연극은 동−서 아시아 사이에 새로운 교통망이 개통되었던 튀르크나 몽골 시대에 동아시아로부터 소개된 것으로 보인다.

엄격한 의미에서 배우들이 대본을 가지고 이야기를 전개하는 극장은 오스만 시기로 거슬러올라가는데, 거의 확실히 유럽, 주로 스페인으로부터 15세기 후반과 16세기에 (오스만 제국으로) 망명한 유대인들에 의해서 소개되었다. 우리는 처음에 유대인 그리고 후일 아르메니아인과 그리스인 기독교 연극 단원들이 튀르크어로 궁정에서나 다른 행사에서 공연을 했다는 사실을 전해 듣는다.

그러나 이 모든 것은 범위와 그 효과가 매우 제한적이었고, 예술 형태로서의 실제적인 극장의 등장은 19세기 유럽 영향의 시기로 거슬러올라간다.

훨씬 큰 영향을 끼쳤던 또다른 종류의 공연은 유명한 타지야taʿziya, 즉 카르발라에서 순교한 후사인과 그의 가족을 추모하는 시아파 순교자 연극인

데, 이것은 매년 무하람 달(이슬람력 1월)의 10일째 되는 날에 공연되었다. 근대적 시아파 종교의식이 주는 중심성에도 불구하고 타지야는 비교적 근대적이며, 이러한 행사에 대한 최초의 묘사는 18세기 후반에 등장한다.

## ❖ 역사

고전적인 산문문학의 대부분은 즐거움이 아니라 정보와 교훈을 주기 위해서 쓰였다. 이 문학의 주된 부분은 역사, 전기, 문학사와 같이 과거에 관련된 지식을 보존하고 전달하기 위한 의도를 가지고 있었다. 종교와 문명으로서, 이슬람에는 처음부터 강한 역사의식이 주입되어왔다. "역사"를 옹호하던 15세기 한 이집트 역사가는 다음과 같이 말하고 있다. "하느님 스스로 과거 인류의 이야기를 들려주고, 코란 자체도 역사로부터의 교훈으로 가득 차 있다." "하느님께서 선지자들의 이야기를 그대에게 전함은 그것으로 하여 그대의 마음을 강하게 하고자 함이며 그 안에서 진리와 교훈과 믿는 사람들을 위한 조언이 그대에게 도래했노라."(코란 11:120) 최초의 전승들은 연속되는 역사적인 계시 속에서 차지하는 무함마드의 위치와 창조에서 심판의 날에 이르기까지 거대한 구상 속에 있는 인간의 고통을 의식하는 일단의 사람들을 그리고 있다. 무함마드의 종교적 사명은 역사에서 하나의 사건이었다. 그 목적과 의미는 기억과 기록을 통해서 보존되고 전달되었다. 무함마드의 죽음 이후에 신성한 지침이 무슬림 공동체로 넘어갔다는 이즈마의 원칙, 즉 합의는 공동체의 행위와 경험에 지속적인 중요성을 주었다.

예언자 무함마드의 교우들과 직계 후계자들의 권위와 특권은 나중에 그들의 후손에게 이슬람의 도래와 칼리프제의 생성 과정에서의 인물들과 사건과 관련된 진실을 확신하고, 조절하고, 재발견하기 위해서 투쟁하는 과정에서 강하고 반복적인 자극을 주었다.

이슬람 통치자들은 초기부터 역사 속에서 그들의 위치를 의식해왔고, 후에 남겨질 그들 행위가 어떻게 기록될지 우려했다. 그들은 선조들의 행동에 관심을 보였고, 그들의 후계자에게 비춰질 자신의 기록에 대해서 초조해했다. 사료 편집은 무함마드와 그의 교우들의 전기와 아랍 부족의 영웅담으로 시작된다. 그 이후에, 역사가들에게는 다행스럽게도 무슬림들을 통치했던 거의 모든 왕조는 심지어 초보적인 지역일지라도 일종의 연대기를 남겼다. 많은 국가에서 역사 기록은 사실상 이슬람의 도래로 시작된다. 시아파는 다른 견해를 취하고 있지만, 수니파 무슬림에게 신의 공동체는 신의 섭리에 따라서 그리고 신의 의도에 맞춰 계시된 인류와 그 역사를 위한 하느님 사업의 구체화였다. 따라서 역사에 대한 정확한 지식은 매우 중요했고, 그것은 가장 심오한 종교 문제와 가장 현실적인 법률 문제에서 권위 있는 지침을 제공할 수 있었다.

역사, 특히 이슬람 역사는 중요했다. 신의 마지막 계시를 받아들이지 않거나 신법에 복종하지 않는 비무슬림 국가와 공동체의 역사는 그러한 지침을 제공하지 못했고, 그러한 가치를 가지지 못했다. 따라서 이슬람 역사학자들은 비무슬림들의 역사에는 거의 관심을 두지 않았다. 그들이 이웃에 있는 유럽 기독교도건, 다른 지역의 기독교도건, 나아가 자신들의 영토 내에 있는 기독교도나 조로아스터교도, 또다른 비무슬림 선조들이건 상관하지 않았다. 고대 역사에서 중요한 것은 코란과 전승 속에 보존되어 있었다. 나머지는 잊히고 종종 묻혔다.

중동-이슬람 지역에서 역사 서술은 여러 분야에 걸쳐서 아주 풍부하고 다양하다. 지방적, 지역적, 제국적 그리고 세계적인 역사는 물론, 고대와 현대 역사, 전기와 아주 드물기는 하지만 자서전, 시인과 학자, 군인과 정치가, 장관과 비서, 판사와 신학자, 신비주의자들의 역사를 포함한다. 이외에도 많은 다른 유형의 역사 서술이 있다. 영웅담 전통은 이슬람 이전 아라비아에서 이교도 아랍인의 전쟁과 습격에 관한 이야기에 그 뿌리를 두고 있다. 영웅담은 이교도에 대항하는 무함마드와 초기 무슬림의 광대한 군사 행동을 설명하면서 새로운 형식을 취했다. 후에 이러한 유형의 역사 서술은 찬사 혹은 정치 선전으로 타락하는 경향이 있었지만, 아랍어로 된 살라딘의 전기 그리고 술레이만 대제의 전쟁과 정복에 대한 튀르크어 기록의 예에서 보는 것처럼 아직 서사시의 형태에 머물렀다.

또다른 종류의 역사 서술은 법적이고, 어떤 의미에서는 신학적이다. 이것의 목적은 이슬람 성법의 정교성이나, 특히 공공정책 문제에서 선례로 간직하기 위해서 무함마드의 행위와 언행 그리고 "올바르게 인도된" 초기 칼리프의 결정을 보존하고, 필요하다면 기록하기 위한 것이다. 압바스 시대에 보다 세련되고 보다 문학적인 형태의 역사 서술은 거대하게 성장하고 있는 공직자 공동체에 목표를 둔 것 같다. 그리고 그들에게 다른 정부 형태의 선례들, 즉 덜 경건하고, 보다 실제적이며, 종종 관료적인 그리고 특히 페르시아인을 중심으로 한 비무슬림들의 예를 포함한 선례들을 알려준다.

한동안 모든 이슬람 역사 서술은 지역이나 작가에 상관없이 아랍어로 기록되었다. 그런 다음 새 문학 언어가 공통적인 이슬람 문명권 내에서 발전하자, 새로운 형태의 뚜렷한 문화적 각성이 문학, 특히 시와 역사 서술에 반영되었다. 물론 또다른 변화도 있었다. 10세기에서 13세기 사이에, 수니파 이슬람은 대부분 승리를 거두기는 했지만 세 부류의 적과 힘겨운 투쟁을 벌여야 했다. 하나는 시아파 분파들이었는데 그들은 길들여져서 극복되었고, 두 번째는 기독교 십자군이었는데 그들도 격퇴되었다. 세 번째는 몽골 무신론자들이었는데 그들은 개종하거나 동화되었다. 이러한 투쟁과 그를 뒤이은 수니파의 대부활 과정에서 이슬람 국가와 사회 그리고 문명은 변형되었고, 문화생활은 새로운 경로로 향하기 시작했다. 이러한 변화는 문학, 특히 당시의 역사문학에 생생하게 반영되었다. 의심할 바 없이 역사는 여전히 공무원 교육의 본질적 부분을 이루었고, 그에 따라 역사는 분명히 그런 관점에서 기술되었다. 그러나 셀주크 시대 이후 종교적인 마드라사 교육을 받은 관료들은 우아하고 세속적인 일에 밝았던 압바스 시대 문관들과는 매우 다른 사람들이었다. 중세 후기 많은 위대한 아랍 역사가들의 주된 관심과 그 시대 사람들이 행했던 평판의 대상이 역사가 아닌 종교학이었다는 사실은 의미심장하다. 역사는 결코 마드라사의 교과 과정에 포함되지 않았지만, 역사가 중에는 갈수록 마드라사 졸업생 출신들이 많아졌다.

이것은 매우 중요한 변화였다. 전쟁기가 끝나고 군주권이 보다 안정적이고 지속적인 시기를 맞이했을 때, 특히 오스만 제국과 이란에서 역사의 기록은 국가의 보다 직접적인 관심사가 되었고, 역사가는 국가의 보호나 후원, 심지어 국가에 고용되어 일했다. 이는 정확한 진실과 사건 해석의 진지함을 가진, 주로 전승에 대한 수집가이자 권위자였던 역사가들에 대한 관심을 다소 감소시켰다. 그럼에도 불구하고, 과거의 전통은 다소 변형된 형태이기는 하지만 살아 있었다. 특히 오스만 제국에서는 비록 제국의 역사 서술가라는 계급과 지위를 가지고 있더라도 일련의 뛰어난 역사가들은 통치자들의 덕목과 성공뿐만 아니라 그들의 실패와 악행도 기록했다. 17세기 이후 오스만의 패배에 대한 오스만 역사가들의 태도는 학자적 성실함의 한 전형이다.

### ❖ 학문의 번역

중세 이슬람 시대에는 다른 학문 분야도 많이 발전했다. 기독교와는 달리 이슬람은 원본을 읽지 못하는 사람들의 편의를 위한 경전 번역을 장려하지 않았다. 오히려 일부 이슬람 학자들은 그러한 번역에 대한 시도를 신성하지 못하고 신을 모독하는 행위라고 비난했다. 따라서 시리아어 역본 페시타 Peshitta, 라틴어 역본 불가타Vulgate, 혹은 루터나 킹 제임스의 판본과 같은 성서 번역에 견줄 만한 페르시아어, 튀르크어 또는 다른 이슬람어로 된 권위 있는 코란 번역본이 없다. 일부 비공식적인 번역은 주해의 형식으로 이루어졌지만, 무슬림들은 그들의 모국어에 상관없이 코란을 아랍어로, 오직 아랍어로만 공부하고 낭송하도록 요구받았다. 이러한 방식은 문법학과 사전학을 크게 발전시켰다. 이러한 학문들의 주된 목적은 경전을 모든 신자들에게 친숙하게 만들어주는 것이었다. 또한 그 학문들이 끼친 영향은 전례 없는 언어과학의 발전이었다. 이는 아랍어뿐만이 아니라 당시의 이슬람 언어, 나아가서 최소한 비이슬람 언어 하나에 영향을 끼쳤다. 이슬람 영토에서 무슬림의 예를 따르는 유대인들이 히브리어를 후천적으로 습득한 사람에게 성서를 보다 가까이 접근시키기 위해서 성서의 히브리어의 문헌적, 언어학적 연구를 발전시킨 것이다.

단어의 다양한 의미들을 수록하고, 고전 문헌에서 어떻게 쓰이는가에 대한 예를 제시하고 있는 중세의 훌륭한 아랍어 사전들은 괄목할 만한 성과이며, 이후 중동 지역에서 발전된 모든 언어학의 기초가 되었다. 그 사전들은 또한 문자순으로 나열된 참고문헌의 모델로서 기능했다. 그러한 것들에는 지리학 사전, 마을이나 국가, 지리학적 특성에 대한 긴 내용을 담은 관보, 혹은 국가별, 세기별, 직업별로 정리된 광범위한 전기사전 등이 있다.

학문의 발전, 더 일반적으로는 과학과 지식의 발전에서 중요한 한 요소는 번역가의 역할이었다. 그들은 9세기 이후에 수학, 천문학, 물리학, 화학, 약학, 약리학, 지리학, 농경학 그리고 특히 철학을 포함한 폭넓은 다른 주제 등에 관한 그리스 저술들을 아랍어로 번역하여 일련의 획기적인 업적을 쌓았다. 이러한 저술들의 일부는 토착 비무슬림이 보존될 만한 것이었고, 다른 것들은 특히 비잔틴으로부터 수입된 것이었다. 주목할 만한 것은 이 번역가들이 그리스 역사가들의 저서를 번역하지 않았다는 점이다. 왜냐하면 고대 이교도들의 무의미한 무정견은 아무런 가치가 없었기 때문이다. 그들은 시인의 작품들도 번역하지 않았는데, 무슬림들은 그들 자신의 풍부한 시문학을 가지고 있었고, 시는 어쨌든 번역에 어려움이 있었기 때문이다.

번역가와 그들을 후원하는 왕족과 다른 사람들은 주로 무엇이 유용한가에 관심을 가졌으며, 거기에는 후대에게 다행스럽게도 철학이 포함되어 있었다. 당시에 철학은 인간이 당면한 현세의 문제를 해결하도록 도와주고, 내세의 심판을 준비하도록 하는 유용한 과학으로 여겨졌다. 일시적으로 혹은 영구히 야만적이고 무관심한 서구 사회에서 망실되었던 대다수의 중요한 그리스 작품들이 아랍어 번역을 통해서 알려졌다. 그리고 이를 토대로 후일 라틴어판이 만들어졌다. 대부분의 번역가들은 비무슬림들인 기독교도, 유대인 그리고 무엇보다도 사비교*의 신비주의 종파 구성원들이었는데, 이는 그들이 유일하게 언어에 대한 필요한 지식을 가졌기 때문이었다. 일부 원문들은 그리스어에서 직접 번역되기도 했고, 어떤 것들은 그리스어로 된 원본을 기초로 한 시리아어로부터 번역되었다. 대부분의 작품들이 직접 또는 간접적으로 그리스어로부터 번역된 반면, 그밖에 이슬람 이전의 페르시아나, 심지어 인도 작품으로부터 번역된 것도 꽤 있었다. 알려진 바에 의하면, 오로시우스의 "후기 연대기"라는 단 하나의 작품만이 라틴어로부터 번역되었는데, 이 작품은 스페인 무슬림 역사에 유용한 배경을 제공했다.

　이후에도 서구에 대한 관심은 거의 없었다. 수 세기가 지나서야, 학자들과 과학자들이 실제적인 필요에 의해서 처음으로 서구에 관심을 두기 시작했다. 두 가지 예가 이 새로운 관심에 대한 서로 다른 측면을 설명해줄지도 모른다. 한 가지는 1560년까지의 프랑스 역사를 원문으로부터 튀르크어로 번역한 것인데, 이것은 오스만 제국의 수상실 비서실장의 명령에 의해서 번역되어 1570년에 완성되었다.** 이러한 번역은 한 편의 필사본으로 남아 있다. 이

---

\* 　하란을 본거지로 해서 생성된 기독교 계통의 교파. 코란에서 이슬람교, 유대교, 기독교도
　와 함께 진정한 신의 백성으로 인정되고 있다.
\*\* 오스만 제국 시대에는 아랍어 문자로 표기되는 튀르크어인 오스만어가 사용되었지만,
　1928년 문자혁명 이후 현재 튀르크어는 라틴 문자로 표기된다.

후 수 세기가 흐를 때까지 서양 역사를 탐구하고자 하는 시도는 없었다. 다른 한 가지는 서양에 대해서 보다 열성적인 관심을 기울였던 바하 알–다울라(?–1510?)라는 페르시아 내과 의사였다. 『경험의 정수Khulāṣat al-Tajārib』라는 책에서 그는 매독이 분명한 새로운 병을 언급하면서, 그것을 "아르메니아의 상처" 혹은 "프랑크 천연두"라고 불렀다. 그가 말하기를 이 병은 유럽에서 생겼으며, 그곳에서 이스탄불과 그 이외의 지역으로 옮겨졌다. 이 병은 1498년 아제르바이잔에 나타났으며, 그곳으로부터 이라크와 이란으로 퍼졌다. 17세기까지 튀르크어와 대부분의 다른 이슬람 언어에서 "프랑크 병"이라는 의미의 "피렌지firengi"로 알려진 매독은 유럽에서 발행된 서적에 기초하여 자세하게 논의된다.

## ❖ 과학

중세 이슬람 과학의 업적은 그리스 학문의 보존이나 먼 동방에서 온 오래된 자료를 단순히 집성하는 것에만 국한되지 않았다. 중세 이슬람 과학자들이 현대 세계에 물려준 유산은 그들 자신의 노력과 공로에 의해서 엄청나게 풍부해졌다. 대체로 그리스 과학은 다소 이론적인 경향이 있었다. 반면 중세 중동의 과학은 훨씬 더 실용적이었고 약학, 화학, 천문학, 농경학과 같은 고전적인 유산들은 중세 중동의 실험과 관찰을 통해서 분류되고 보충되었다. 이러한 과정의 좋은 한 예는 수학에서 볼 수 있다. 소위 "0"의 개념을 사용한 숫자 배열인 "아라비아 숫자"는 인도에서 유래되었지만, 이것을 새로운 산술의 시발점으로 만든 것은 적어도 9세기경의 중동인이었다. 이슬람 기하학은 그리스에 기초를 두고 있고 인도의 가르침에서 영향을 받았지만, 이것을 실천한 사람들은 측량, 건축, 무기류 분야의 실용적인 면은 물론 이론적인 면에서 새로움과 독창성을 더해주었다. 삼각법은 대체로 그리고 대수학은 전적으로 중세 중동의 창안이었다. 보다 유명한 창안가들 중에는 대수학자 오마르 하이얌(1048-1131)이 있다. 그는 동양에서는 수학적인 저술로 유명했고, 서양에서는 4행시로 유명했는데, 여가 시간에는 즉흥시를 짓기도 했다. 이러한 과학자들, 특히 내과 의사들 중에서 중요한 인물들은 기독교도나 유대인으로서 대부분 지방 출신이었는데, 간혹 유럽에서 박해를 피하여 건너온 사람들도 있었다. 그러나 그들은 무슬림 동료들과 함께 단일 학문 공동체를 형성했고, 그들의 작업은 중동의 공통적 중세 이슬람 문명의 일부분이었다. 위대한 일부 이슬람 작가들의 저술은 라틴어로 번역되어 유럽에서 연구되면서 현대 과학의 발전에 주도적인 기여를 했다. 예를 들면 현재 테헤란 근처인 라이 출신 무함마드 이븐 자카리야 알-라지(?-920?)는 유럽의 아마 모든 중세 내과 의사들 중에서 가장 위대했을 것이며, 천연두에 관한 기념비적인 저술의 작가 라지로 잘 알려져 있다.* 유럽에서 아비세나로 알려진 부하라의 유명한 이븐 시나(980-1037)는 광대한 의학 백과사전인 『의학정전al-Qānūn fi l-Ṭibb』을 편찬했는데, 이 저술은 13세기에 크레모나의 게라르드가 라틴어로 번역한 이후 수 세기 동안 유럽의 의학 분야를 지배했다.

중동이 서양의 의학에 끼친 공헌은 학문적인 것뿐만 아니라 실제적인 것이기도 했다. 1717년에 오늘날 튀르키예의 에디르네에서 기록을 남긴 레이디 메리 워틀리 몬터규는 튀르크인들이 사용하는 천연두 예방 접종의 방법을 기술하고 있다.[6]

내가 지금 확신을 가지고 말하고자 하는 것은 한 질병에 관한 것이다. 천연두는 우리들에게 너무나 치명적이고 너무나 일반적이지만, 이곳에서는 (약물) 주입의 발명으로 전혀 해롭지 않다. 그러한 시술을 하는 나이 든 여성

---

* 알-라지의 저술에는 놀랍게도 신라의 자연환경과 위생에 관한 내용도 소개되어 있는데, 사람이 살기 좋은 쾌적한 환경 때문에 어떤 난치병 환자도 완치될 수 있다는 유토피아로 신라를 묘사하고 있다.

들이 있다. 매년 가을 9월에 더위가 수그러졌을 때, 사람들은 서로서로에게 그들의 가족 중 누군가 천연두 예방 접종을 할 사람이 있는지를 알아본다. 예방 접종을 위해서 그들은 잔치를 벌이는데, 이들이 만날 때(일반적으로 15-16명이 함께 모인다) 나이 든 여인이 호두 껍데기 하나 가득할 정도의 최상의 천연두 예방액을 가지고 와서 어느 정맥에 주사를 맞기를 원하는지 묻는다. 그러면 누군가 정맥을 내밀고 그녀는 그 정맥에 길다란 바늘로 상처를 내고(보통 긁힌 것보다 더 가벼운 통증만이 있을 뿐이다) 바늘 끝에 예방 약물을 묻혀 가능한 한 많은 양을 그 상처를 통해서 정맥 속으로 집어넣는다. 속이 빈 조개껍데기를 작은 상처 부위에 대고 동여맨다. 같은 방법으로 4-5개의 정맥에 주입한다. 그러면 열이 나기 시작하고, 이틀 정도, 아주 드물게는 사흘간 침대에 누워 있게 된다. 그리고 여드레쯤 되면 병을 앓고 난 후처럼 아무 일도 없게 된다. 매년 수천 명이 이 시술을 받는다. 프랑스 대사가 즐겨 말하기를, "이곳 사람들은 다른 나라의 물을 마시듯이 천연두 액을 우회해서 취한다"고 했다.

레이디 메리는 이 과정에 깊은 인상을 받았고, 바로 그다음 해에 그녀의 어린 아들에게 예방 접종을 시켰다. 이 예방 접종법은 바로 영국에 소개되었고, 뒤이어 서구 전체에 알려졌다.

### ❖ 인쇄, 출판

문학과 학문의 진보 그리고 보다 일반적으로 교육은 동아시아에서 유래된 2개의 창안에 의해서 촉진되었다. 중국에서 발명한 종이가 중동에 소개된 것은 751년경인데, 이때 중앙아시아에서 아랍 군과 중국군이 치열한 전쟁을 벌여 일부 중국인 제지공들이 포로로 잡혔다. 그들의 제지 기술은 이슬람 세계에 도입되었고, 단시일 내에 종이의 사용과 생산이 중동과 북아프리카를 건너 서진했고, 10세기 초에는 스페인에 이르렀다. 파피루스, 양피지와 같은 초기의 불편한 필기 재료를 종이가 대신하자, 중동 사회는 여러 측면에서 영향을 받았다. 한편으로 종이는 학문과 교육에 좋은 영향을 끼치는 값싸고 신속한 책의 편찬을 가능하게 했고, 다른 한편으로는 정부와 교역 분야에서 서류 업무의 확산을 촉진했다. 아랍 연대기에 따르면, 칼리프 하룬 알-라시드는 정부 업무에서 종이를 사용하라고 지시했다고 한다. 일단 종이 위에 기록되면 흔적을 남기지 않고는 지우거나 고칠 수 없기 때문이었다.

중동 이슬람 사회는 또다른 동아시아의 발명 기술인 인쇄술에 대해서는 훨씬 거부적이었다. 이 인쇄술과 15세기 유럽에서의 활자인쇄의 재발명은 오스만 제국에 소개되지 않았다. 오스만 제국에서는 1485년에 공포된 술탄 바예지드 2세의 칙령으로 인쇄가 금지되었다. 몇 년 후, 이 새로운 서적 출판 기술은 스페인에서 망명한 유대인에 의해서 소개되었다. 16세기 초에 이르러 그들은 이스탄불과 테살로니카에 출판사를 설립했고, 이어서 오스만의 많은 다른 도시에서도 출판사가 세워졌다. 그들은 튀르크 문자나 아랍 문자로 인쇄하지 않는다는 조건으로 인쇄소 설립을 허가받았다. 아마도 이슬람 문헌이나, 심지어 무슬림의 언어로 인쇄하는 것은 신성모독으로 간주되었기 때문이었을 것이다. 여기에 서기들과 서예가들과 같은 강력한 기득권 계층이 그러한 금지에 한몫을 했을 것이다. 따라서 유대인의 인쇄는 몇몇 유럽 언어와 히브리어 서적의 출판에 국한되었다. 1567년, 베네치아에서 활판인쇄를 공부한 터키 토카트 지방의 아브가르 티비르라는 사람이 이스탄불에서 아르메니아 출판사를 설립했다. 1627년에는 그리스 케팔리니아 섬 태생으로 옥스퍼드의 발리올 대학을 졸업한 니코데무스 메탁사스가 그리스 출판사를 설립했다. 아르메니아인과 그리스인 인쇄업자 모두는 유대인과 똑같은 제한을 받았다.

아랍어 활자가 고안되고, 아랍어 인쇄소가 16세기 초에 이탈리아에서 세워졌다. 이들의 출판물은 주로 아랍어를 사용하는 동부 지방의 기독교도를 위한 아랍어로 된 성서나 기도서, 기타 다른 종교 서적들이었다. 아랍어로 인쇄된 현존하는 최초의 서적은 기독교 기도서인『호롤로기움 브레베*Horologium Breve*』인데, 이 책은 1514년 교황령에 속해 있던 파노에서 인쇄되었다. 일부 비종교적인 서적과 비기독교적인 서적들이 인쇄되기도 했는데, 이븐 시나의 유명한 의학서, 몇몇 지리학 서적 그리고 약 1538년에 파리에서 인쇄된 아랍어 문법서 등이 그 사례이다. 동양학자들의 학문적 등장과 함께, 고전 아랍어 서적들이 대거 인쇄되었다. 이것들 중 몇몇은 중동 각국의 개인 도서관에서 발견된다.

그러나 중동에서 아랍어 문자로 인쇄하는 것이 공식적으로 인정된 시기는 18세기 초였다. 그 시작은 사이드 에펜디라는 한 젊은이에 의해서 이루어졌다. 그는 1721년에 오스만 대사로 파리로 파견된 그의 아버지와 동행했다. 파리에서 그는 인쇄 기술과 그 유용성에 확신을 가지게 된 것 같다. 그는 오스만으로 돌아와서, 수도에 튀르크어 인쇄 출판사를 세우기 위해서 수상의 지지를 보장받으려고 했다. 여기서 보수적이며 직업적인 계층의 일부 반대에도 불구하고, 그는 성공했다. 그의 주된 협력자는 최초의 튀르크어 인쇄 출판사의 창립자이자 감독자인 이브라힘 뮈테페리카였다. 헝가리 태생이며 아마도 단성론자였던 이브라힘은 이슬람으로 개종하고 오스만 제국에서 복무 경력을 쌓았다. 그는 사이드 에펜디와 협력하여 인쇄의 유용성을 정리한 비망록을 수상에게 제출했다. 그러나 전혀 예상치 못한 분야의 지지를 받게 되었다. 오스만 제국의 종교직제상 이슬람의 최고 수장인 이스탄불의 대무프티(대법원장)가 종교 분야 이외의 주제에 관해서 튀르크어나 아랍어 활자로 된 책을 출판할 수 있다는 파트와(종교적 유권해석)를 발표해준 것이다. 다만 코란과 코란 주해서, 전승과 신학 그리고 성법에 관한 책은 여전히 제외된 채였다. 1727년 7월 5일, 마침내 술탄의 칙령은 "하느님이 보호하는 고귀한 도시 콘스탄티노플에서" 튀르크어 인쇄소의 설립과 튀르크어로 된 책의 인쇄를 공식화했다. 초기에 인쇄기와 활자는 이미 이스탄불에서 영업 중이었던 유대인과 기독교도로부터 구입했고, 제작 역시 유대인 활자주조기와 식자공이 도맡았다. 후일 인쇄기와 활자는 유럽, 특히 네덜란드의 레이덴과 파리로부터 수입되었는데, 그곳에는 아랍어 인쇄소가 설립되어 있었다. 두 권의 사전으로 만들어진 최초의 책이 1729년에 인쇄되었다. 제1권은 편집자의 서문으로 시작되고, 그다음에는 인쇄소의 설립을 공인하는 술탄의 칙령과, 인쇄가 합법적이라는 것을 선언하는 대무프티의 파트와 그리고 제국의 2명의 재판장과 다른 고위 관리의 확인서가 실려 있다. 그리고 인쇄의 유용성에 대한 글도 적혀 있다.

1745년 이브라힘 뮈테페리카가 사망할 때까지 문법, 군사 문제, 지리학, 수학, 특히 역사 등이 포함된 17권의 책이 인쇄되었다. 그 인쇄 부수는 적었고, 인쇄 역량도 부족했다. 처음 2권은 각각 1,000부씩, 세 번째는 1,200부, 나머지는 각각 500부씩 찍었다. 그럼에도 불구하고, 그들은 이슬람 세계의 지적 생활에서 새로운 시대의 시작을 장식했다.

중동의 이슬람 문명은 그 절정기에 자랑스러운 풍경을 선사해주었다. 여러 면에서 그 당시에 인간 문명의 업적들이 절정기를 맞았다. 당시에 인도, 중국, 규모는 작다고 해도 유럽에서도 세련된 문명들이 발전했다. 아마도 일부 개별적인 면에서는 이슬람보다 앞섰을지도 모른다. 그러나 이들 모두는 본질적으로 지방적이었고, 기껏해야 지역적인 문명에 머물렀다. 이슬람이 그들의 예언자를 통해서 그들에게 주어진 진리는 보편적일 뿐만 아니라 포괄적이고, 그들이야말로 신의 마지막 계시의 수호자이며, 따라서 이 세상의 모든 사람에게 그 진리를 알려야 할 의무가 있다고 설파한 최초의 종교는 아니었다. 그러나 무슬림은 그러한 목적을 성취하는 측면에서 한 민족이나 종교 그리고 문화의 한계를 넘어 종교적인 문명을 창조함으로써 중요한 진보를 이룩한 최초의 사람들이었다. 중세 전성기에 이슬람 세계는 국제적, 다인종적, 다민족적이었으며, 혹자는 어쩌면 대륙 횡단적이라고 말할지도 모른다.

후일 민족지학자 S. D. 괴타인이 적절하게 표현했듯이, 이슬람 세계는 시간과 공간 모두에서 중간적인 "중간적 문명"이었다. 이슬람 문명의 외적인 경계는 남유럽, 중앙아프리카, 남아시아, 동남아시아, 동아시아였고, 이 지역들의 모든 요소들을 받아들였다. 이슬람 문명은 또한 시간에 있어서도 중간적이었다. 고대와 현대 사이에서 헬레니즘과 유대-기독교 유산을 유럽과 공유했고, 나아가 멀리 떨어진 지역과 문화의 요소를 통해서 풍성해졌다. 헬레니즘의 고대에서부터 현대에 이르는 중간적인 경로 가운데 오늘날의 보편적인 문명을 향한 더 큰 진보의 약속을 주었던 문명은 그리스나 라틴의 기독교 문명이라기보다는 아랍에 의한 이슬람 문명이었다고 생각된다.

그러나 중동의 이슬람 문명이 창의력과 에너지, 힘을 잃어가는 동안, 점점 더 강해진 것은 미약하고, 편협하며, 단색적인 기독교 유럽의 문화였다. 이후 이슬람 문명의 발전은 이러한 손실에 대한 자각의 증대, 그 원인을 찾으려는 노력 그리고 지나간 영광을 회복하려는 열정으로 특징지어졌다.

❖ 제4부 ❖

# 변화와 근대화

## 1. 도전
### 퀴취크 카이나르자 조약과 서구의 도전

세계의 다른 지역과 마찬가지로, 한동안은 중동 근대사의 시작을 서구의 영향과 함께 규정하는 것이 관행이었다. 보다 구체적으로, 중동 근대사는 유럽 제국주의의 도입과 전파 그리고 그것이 가져다준 변화의 과정과 함께 시작되었다는 시각이다. 이렇게 보았을 때, 근대사가 시작되는 시점은 다양하다. 어떤 사람들은 1798년 이집트에 프랑스 원정대가 도착한 것을 시작으로 보고, 또다른 이들은 패배한 오스만 튀르크에게 승리한 러시아가 부과한 퀴취크 카이나르자 조약을 그 시작으로 본다. 또 1683년 빈 포위전에서 마침내 오스만 튀르크가 패배한 것을 그 시작으로 보는 견해도 있다.

이슬람 문명 그 자체는 종교로 정의될 수 있다. 문명화된 세계는 "이슬람 세계Dār al-Islām"이며 이슬람 법이 지배하고 이슬람 정부가 통치하는 모든 지역이다. 사방이 "전쟁의 세계Dār al-Ḥarb"로 둘러싸여 있는데, 이곳에는 이슬람 신앙을 아직 받아들이지 않았거나 이슬람 통치에 굴복하지 않는 이교도들이 살고 있다. 그러나 무슬림들의 견해로는, 역사나 지리학적인 저술에 나타나 있듯이, 이슬람 국경을 넘어선 다양한 지역 간에는 분명한 차이가 있다. 이슬람 세계의 동쪽과 서쪽에는 매우 다양한 사람들이 살고 있었는데, 유용한 것을 배울 수 있었던 문명인들도 있었고, 일부 야만인들도 있었다. 그러나 신앙으로서 이슬람에 필적할 만한 것은 없었으며, 세속적인 권력으로서 이슬람 칼리프제에 견줄 만한 것은 없었다. 야만인이건 문명인이건 이교도들은 가르쳐서 활용할 수 있는 이슬람 세계를 위한 잠재적인 인적 자원으로 간주되었고, 실제로 그것이 그들 대다수의 운명이었다. 동쪽으로부터는 위협이 없었다. 중국과 인도의 위대한 문명은 이슬람 세계에 심각하게 도전해온 적이 없었고, 위험한 적은 더욱이 없었다. 동쪽의 거대한 이교도인 몽골의 침략은 그것이 가져다준 엄청난 충격에도 불구하고 정복자 자신들이 이슬람으로 개종하고 농화됨으로써 결과적으로 흡수되어 버렸고, 이슬람 세계의 정말로 중요한 일부분이 되었다.

이슬람의 서쪽 경계, 더 정확히는 북서쪽 접경에 있는 그리스와 라틴의 유럽 기독교 세계에서는 매우 다른 상황이 전개되었다. 여기서 무슬림들은 자신들과 경쟁관계에 있는 유사한 사명감을 지닌 세계 종교―그 신봉자들 스스로 자신들이 신의 마지막 계시를 지니고 있으며 나아가 그것을 전 인류에게 알려야 하는 의무가 있다고 믿고 있는―를 잘 인식하고 있었다. 그리고 이슬람 세계에서뿐만 아니라 기독교 세계에서도 이러한 믿음은 강력한 왕국의 창설에 의한 정치적, 군사적 지지를 받았는데, 그들의 목적을 진척시키기 위해서 다른 방법뿐만 아니라 전쟁도 불사했다. 그리하여 기독교도는 이교도가 되었고, 특히 기독교 유럽은 "전쟁의 세계"의 전형이 되었다. 무슬림들은 비잔틴에 대해서는 약간의 존경심을 가지고 있었는데, 그 속에서 고대 그리스와 기독교 로마의 유산을 보았기 때문이었다. 그러나 그들은 비잔틴을 존경할지언정 두려워하지는 않았다. 이슬람과 비잔틴 사이의 오랜 관계는 1453년 오스만 제국의 콘스탄티노플 정복으로 비잔틴 제국이 퇴각하는 것이 주된 스토리였기 때문이었다. 초기에 무슬림들은 북유럽과 서유럽의 야만인 이교도들을 두려워하거나 존경하지 않았으며, 노예로 삼는 것 이외에는 아무 가치도, 위협도, 매력도 없는 투박한 미개인들로 보았다. 그러나 기독교 세력이 남이탈리아와 이베리아 반도를 재정복하고, 궁극적인 성공을 거두지는 못했지만 기독교 성지를 재탈환하려는 목적으로 레반트 지역에 침입해온 십자군 탓에 이러한 인식은 바뀌기 시작했다.

두 세계 체제 간의 처음 1,000년간의 긴 투쟁에서는 대체로 이슬람이 우위에 있었다. 물론 역전되는 경우도 있었다. 레반트 지역에 십자군이 도착했을 때 일시적인 역전도 있었고, 스페인과 포르투갈, 시칠리아를 잃었던 좀더 지속적인 경우도 있었다. 그러나 이러한 역전은 튀르크가 남동부 유럽에 진출해서 기독교 토양에 새로운 이슬람 세력을 구축하고, 잠시 동안 유럽의 심장을 직접 위협함으로써 보상되고도 남았다.

유럽과 이슬람 세계 간의 사회적, 문화적 관계는 십자군 이전에도 그 흔적을 찾을 수 있으나, 십자군 이후로 계속해서 더욱 깊어지고 확산되었다. 이슬람 자체의 창조뿐만 아니라, 동지중해의 고대 문명이나 아시아의 고대 문화로부터의 차용과 그것의 재작업과 채택을 통해서 이슬람이 유럽에 기여한 바는 막대하다. 무슬림은 그리스 과학과 철학을 보존하고 개선한 반면, 유럽에서는 그것을 잊었다. 인도의 숫자와 중국의 종이, 오렌지와 레몬, 면화와 설탕 그리고 모든 다른 종류의 식물들과 그것을 가꾸는 방법, 이 모든 것들은 몇 가지를 제외하고는 훨씬 앞서 있고 보다 세련된 지중해 이슬람 세계의 문명으로부터 중세 유럽이 배우고 받아들인 것들이다.

유럽이 이슬람 세계에 기여한 점도 조금은 있다. 오랫동안 유럽이 이슬람에 기여한 점은 주로 물질적인 것과 기술적인 것이었다. 예술, 문자, 과학, 철학에서 중세 유럽은 무슬림들의 흥미를 거의 자아낼 수 없었으며, 무슬림들은 어떠한 경우라도 낡은 종교와 초보 사회로 간주했던 곳의 지식을 거부하는 경향이 있었다. 그러나 유럽인들은 손재주가 뛰어나서, 무슬림들이 유용하게 여겨 채택한 물건들을 아주 많이 생산했다. 시간을 알려주는 벽시계와 손목시계, 시야를 넓혀주는 안경과 망원경 등은 훨씬 이전에 중동에 도착해서 15세기에 이미 그곳에서 사용되었음이 확인된다. 일부 식용 작물도 유럽에서 건너왔다. 예를 들면 완두콩은 아직도 아랍어와 튀르크어에서 이탈리아식 이름으로 불린다. 서양으로부터 수입되어 이식된 식용 작물과 다른 식물의 수는 아메리카의 발견과 그에 따른 옥수수, 감자, 토마토 그리고 여러 측면에서 가장 놀라운 산물이었던 담배 등의 이슬람 세계 도착 후 급속하게 증가했다. 그 반대의 경우는 거의 없었다. 그러나 이제까지 서양이 이슬람 세계의 생사에 기여한 가장 중요한 것은 무엇보다도 무기였다. 이미 십자군 전쟁 중에 프랑크족 전쟁포로들이 요새를 선설하는 데 두입되었고, 그들의 일부 기술이 무슬림들에게 전해졌다. 칼리프에게 보내는 한 편지에서, 살라딘은 십자군으로부터 재탈환한 항구에서 유럽 상인들의 계속적인 활동을 허용한 자신의 행위를 정당화하면서 "그들에게는 손실이 되고 우리에게는 유리한 전쟁 무기를 가져와서 팔기 때문에 그들은 쓸모가 있다"고 설명하고 있다.[1] 이러한 무역 관행은 십자군 전쟁 중은 물론, 후일 오스만 제국의 발전과 후퇴, 나아가 근대에 이르기까지 중단 없이 계속되었다.

때때로 유럽 교회와 정부에는 이러한 전쟁 무기의 교역을 비난하고 중단시키려는 사람들이 있었다. 정부는 이를 묵인하거나 심지어 장려하는 다른 정부를 비난했다. 교회는 단호했다. 예를 들면 16-17세기 교황 교서에는 사라센, 오스만 튀르크 그리고 다른 기독교의 적들에게서 말, 무기, 철, 철사, 주석, 구리, 청동, 유황, 초석, 대포를 만드는 데 적합한 모든 것들과 도구, 무기, 기독교도들과 싸우는 데 사용되는 공격용 기계, 밧줄과 목재, 선박용 물품과 금지된 물건들을 받아들이는 사람들을 추방하고 파문한다는 내용이 있었다.[2] 이러한 무역과 그 무역을 중지시키려는 시도는 계속되었다.

서양에서 수입된 가장 중요한 무기류는 물론 공성포, 야전포, 여러 종류의 권총 등과 같은 화기였다. 처음에는 이교도적이고 기사답지 못한 이러한 무기의 사용을 거부한 사람도 있었다. 그러나 오스만인들은 폭넓게 무기를 받아들임으로써, 중동의 지배권을 다투던 다른 이슬람 세력에 대해서 막대한 우위를 획득하게 되었다.

역사의 다른 전환점과 마찬가지로, 이슬람과 기독교 세계 사이의 세력 판도의 분기점을 정확하게 규정하기는 어렵다. 항상 그렇듯이 새로운 질서의 시작은 그것을 명확히 해주는 극적인 사건이 일어나기 훨씬 전에 어느 정도 인지할 수 있다. 동시에 많은 구질서의 요소도 그것이 명확하게 폐지된 이후에도 오랫동안 지속된다. 이러한 모든 "전환점들"은 다양한 척도를 가진 채매우 자의적이고 인위적으로 정의되는데, 이는 그것이 역사적 사실에 따르기보다는 역사가들의 생각을 따르기 때문이다. 그럼에도 전환점은 유용하고 사실상 역사 토론에 필요한 부분들이다. 유럽과 이슬람 세계 사이의 변화하는 관계를 중단시킨 많은 주된 사건들 중에서 17세기 후반에 일어난 일들이 아마도 설명을 위한 가장 좋은 자료가 될 것이다.

1683년 9월 12일, 60일간의 공격 후 빈 외곽에 야영하고 있던 오스만 튀르크 군대는 후퇴하기 시작했다. 이것은 빈을 차지하려는 그들의 두 번째 시도이자 두 번째 실패였지만 첫 번째 실패와 두 번째 실패 사이에는 큰 차이가 있었다. 1529년 술레이만 대제의 군대가 빈의 성벽에 도착했을 때, 그들은 지난 세기에 남동부 유럽 전체를 장악하고, 이제 기독교 세계의 심장부를 위협하는 의기양양한 정복의 물결을 장식하고 있었다. 술레이만은 기독교 제국의 도시를 차지하는 데에는 실패했지만, 그 실패가 최종적이고 결정적인 것은 아니었다. 오스만의 퇴각은 질서정연했으며, 그들의 패배는 결론이 난 상태가 아니었다. 합스부르크와 오스만이라는 두 제국 간에 헝가리와 중부 유럽을 지배하기 위한 전쟁이 벌어진 1세기 반 동안의 난국의 와중에서도 빈 포위전은 시도되었다. 두 번째 포위 공격과 퇴각은 첫 번째와 매우 달랐다. 이번에는 오스만의 실패가 분명했다. 오스만 군대가 빈에서 퇴각하면서 전장에서의 참패, 많은 도시와 지방의 손실 그리고 마침내 오스만 군대의 와해가 뒤따른 것이다.

1699년 1월 26일에 조인된 카를로비츠 조약은 오스만과 합스부르크의 관계에서뿐만 아니라, 더 심각하게는 기독교 세계와 이슬람 세계 사이의 관계에서도 새로운 장을 장식했다. 변화는 조약의 내용에서뿐만 아니라 조약의 협상 과정에서도 보인다. 오스만에게 이것은 전적으로 새로운 외교였다. 이들이 유럽으로 전진해가던 초기에 진정한 의미에서의 조약은 없었으며 타협도 거의 없었다. 그것은 단지 승자가 패배자에게 명령하는 용어에 지나지 않았다. 1606년 지트바토로크에서 최초로 그들은 적들과 동등한 조건에서 협상한 바 있었다. 훨씬 더 극적인 변화를 가져다준 카를로비츠에서 오스만은 명백하게 패배한 전쟁에 대해서 적국이 기본적으로 결정한 조건에 따라 평화협정을 강요당했다. 이 패배의 결과를 완화하려는 의도로 오스만은 서유럽 국가들, 특히 영국과 네덜란드의 도움을 얻으려는 새로운 전술을 채택했다. 그것은 오스만을 대신해서 인접 국가들 사이의 힘의 평형을 그들이 조절하도록 하는 것이었다. 새로운 군사적 관계에 근거한 이러한 새로운 외교정책은 다음 수 세기 동안 계속되었다. 빈에서의 패배와 카를로비츠에서의 서명은 오랫동안 기독교 세력 앞에서 무슬림이 거의 일방적으로 후퇴하는 시발점이 되었다.

오스만 제국은 사태의 본질을 올바로 깨닫고 있었다. 당시의 오스만 제국 연대기 저술가의 말을 빌리자면, "이것은 오스만 국가가 창설된 이래 결코 보지 못했던 재앙과도 같은 참패였다."[3] 중요하게도, 그 원인에 관한 즉각적인 토론이 시작되었다. 이슬람 국가와 이슬람 세계에 무엇이 잘못되고 있는가에 대한 토론은 초기의 이슬람 영광 이래 이슬람 종교와 정치 분야 학문에서 일반적으로 논의되어왔다. 이제 처음으로 논쟁은 "우리"와 "그들"이라는 용어로 진행되었다. 왜 이전에는 항상 이슬람 군대에게 패배했던 하찮은 이교도들이 지금은 승리하고 있고, 왜 이슬람 군대는 그들 손아귀에서 패배를 겪어야만 하는가? 이 논쟁은 오스만 공식 문서에서는 18세기 초에 공개적으로 진행되었고, 오랫동안 오스만 공직자들이나 관리들 그리고 자신들의 내부 모임들에 국한되었다. 반면에 대다수의 국민, 특히 제국의 지방정부는 변화된 세계의 상황을 알지 못하고 은총을 누리며 살았다. 그러나 점차 이 논쟁은 상류층에서 일반 국민에게로, 오랫동안 이슬람의 창과 방패로 기독교와 대치해온 튀르인들로부터 나머지 무슬림들에게로 퍼져나갔다. 변화의 인식은 한편으로는 러시아에 이어서 서유럽에서의 유럽 무기의 점진적인 발전에 따라 그리고 많은 이슬람 영토를 유럽이 지배함에 따라 강화되었고, 다른 한편으로는 이슬람 영토에 막대한 불이익을 주는 교역 조건의 극적인 변화에 의해서도 강화되었다. 서구의 생산 효율성과 서구 식민속국에서의 저가 생산이 가져다준 값싼 직물과 다른 상품들이 중동 시장에 범람하게 되었다. 당시에는 심지어 커피, 설탕, 면화 등과 같이 한때 중동에서 서양으로 수출되던 뛰어난 상품들이 식민지에서 생산되어 서양 상인을 통해서 중동으로 수출되었다.

이란에서는 사파비 왕조가 16세기 초에 오스만 제국에 패배했음에도 불구하고 2세기 이상 통치해왔다. 이 기간에 많은 중대한 변화가 일어났다. 시아파가 이란인들 사이에서 우세하고 궁극적인 주된 종교로 강제적으로 수용되었고, 유럽 무역이 팽창하면서 이란에 대한 유럽의 상업적, 정치적 대립이 일었으며, 오스만에 대한 정치적, 군사적, 종교적 투쟁의 지속되었다. 또한 동쪽 너머의 중앙아시아와 인도에 있는 이슬람 국가들과의 새로운 관계가 발전했다. 사파비 왕조 시기는 예술과 특히 건축, 미술 그리고 산업 미술에서 현저한 업적을 이룩했다. 그러나 이러한 인상적인 외형 뒤에서 사파비 국가와 사회는 급속히 부패했다. 이것은 18세기 초 동쪽으로부터 아프가니스탄인들이, 서쪽으로부터 오스만이 그리고 북쪽으로부터 러시아가 침략해왔을 때 명백히 드러났다.

점차적으로, 중동의 이슬람 세력은 북쪽의 두 기독교 강대 세력인 오스트리아와 러시아의 새로운 위협을 받게 되었다. 연속된 전쟁을 통해서 이들 국가들은 오스만과 이란에게 손실을 입히고, 상당한 정도의 영토와 다른 이익을 획득했다. 오스트리아인들은 처음으로 튀르크인들에게 잃었던 오스트리아와 헝가리 땅을 회복했다. 그들은 별다른 저항 없이 발칸 반도를 통과했으며, 도나우 강 입구까지 항해할 수 있는 중요한 권리를 확보하여, 처음으로 모라바 계곡, 즉 이스탄불로 가는 통로에 진입했다.

훨씬 더 중요한 것은 러시아 세력의 남진이었다. 러시아 세국의 남진정책은 18세기에 새로운 국면을 맞았다. 처음에 이 정책은 잘 진행되지 않았다. 1710년에 러시아 군대는 프루트 강을 건너 오스만 제국에 접근했다가 퇴각하여 정복을 포기해야만 했다. 1723년, 러시아인들은 이란의 혼란을 틈타 캅카스 지역으로 진입하면서 정복을 재시도했다. 그곳에서 그들은 데르벤트와 바쿠를 점령했다. 이번에 러시아는 다소 오스만과 보조를 맞추면서 행동했다. 왜냐하면 오스만은 북쪽 경계뿐만 아니라 동쪽에서도 러시아의 개입을 저지하고, 만약 이란이 정말로 붕괴한다면 오스만의 지분을 확실히 하는 데에 관심을 두고 있었기 때문이었다. 그러나 그들의 성공과 취득물들은 오래가지 않았다. 나디르 칸이라는 뛰어난 사령관의 지휘로 이란이 회복되기 시작한 것이다. 동부 및 서부 전선에서 거둔 일련의 주요한 승리 속에서, 1736년 이란 통치자의 사망 후 이란의 샤가 된 나디르는 이란 영토로부터 아프가니스탄과 오스만 그리고 러시아인들을 축출했고, 심지어 새로운 지역을 정복했다.

오스만과 이란 군대가 거둔 이러한 성공에도 불구하고, 이슬람 국가와 그들의 유럽 경쟁자들 사이 힘의 균형은 냉혹하게 변화하고 있었다. 18세기 말이 되자 이 균형의 변화는 양쪽에 더욱 분명해졌다. 1768년 러시아인들은 오스만 제국에 대한 새로운 공격을 시작했는데, 이번에는 압도적으로 우세했다. 러시아 군대는 모든 것을 갖추었다. 러시아 해군 함대는 유럽을 돌아 지중해까지 항해해서, 심지어 아나톨리아와 시리아 해안을 위협했다.

오스만의 철저한 굴욕을 기록한 퀴취크 카이나르자 조약(1774)은 넓은 의미에서 유럽과 중동 사이 관계의 전환점이 되었다. 러시아 여제 예카테리나 2세는 이것을 "러시아가 이전에 결코 맛보지 못한" 성공으로 묘사했다.

이 조약에서 러시아가 획득한 이점은 세 가지로 묶어볼 수 있다. 영토와 교역, 그리고 영향력이다. 러시아에 양도된 영토는 비록 작았지만 전략적으로 중요했다. 18세기 초 타간로크 만 상류에 있는 아조프의 합병으로, 러시아는 그때까지 줄곧 오스만-무슬림이 완전하게 장악하고 있던 흑해 북부 연안에 교두보를 확보할 수 있게 되었다. 퀴취크 카이나르자 조약은 러시아에게 두 가지의 중요한 부수적인 이득도 안겨주었다. 타간로크 만과 흑해가 연결되는 지점의 크림 반도 동쪽 끝에 있는 케르치 항구와 예니칼레 항구, 드네스트르 강어귀에 있는 킨부른 성채가 그것이었다. 동시에 수 세기 동안 오스만 술탄에 복속되어온 타타르 한국의 영토였던 크림 반도는 이제 스스로 독립을 선언하고, 타타르 칸과 크림 반도 동서쪽의 흑해 북부 연안에 있던 그의 주변 복속국들이 오스만의 영향력으로부터 벗어나게 되었다. 이것은 러시아 팽창의 가속화, 특히 1783년의 크림 반도 합병을 위한 길을 열어주었다.

이것은 매우 심대한 변화를 가져왔다. 오스트리아와의 과거 전쟁에서 오스만은 일부 그들 치하의 유럽 지방으로부터 퇴각해야만 했다. 그러나 이들 대부분 지역에는 최근의 정복으로 주로 기독교도 국민이 거주했다. 크림은 달랐다. 이곳 국민은 튀르크어를 말하는 무슬림들로서 일반적으로 타타르로 알려져 있었고, 13세기 몽골 정복 이래, 혹은 그전부터 크림 반도에서 살아온 사람들이었다. 이처럼 과거 이슬람 영토와 인구의 손실은 기독교 정복자들에게는 최초의 사건이었고, 무슬림들의 자존심에 큰 타격을 주었다. 이 굴욕은 크림 타타르가 러시아의 지배 속으로 들어가지 않고 독립된 상태로 있음으로써, 또한 술탄이 더 이상 타타르의 군주는 아닐지언정 칼리프나 이슬람의 수장으로서 타타르에 대한 종교적인 권위를 유지함으로써 어느 정도 완화될 수 있었다. 그러나 타타르의 독립과 오스만의 종교적 관할권은 오래 가지 못했다.

러시아가 퀴취크 카이나르자 조약으로부터 획득한 두 번째 이점은 교역이었다. 러시아는 오스만 제국의 유럽과 아시아 쪽 영토의 항구 이용과 그곳에서의 육로 무역뿐만 아니라, 흑해에서 보스포루스 해협을 통해서 지중해까지 항해와 부역을 할 수 있는 자유를 얻었다. 이것은 19세기 내내 모든 유럽 세력들이 오스만 제국으로 향한 상업적 침투의 첫걸음이었다.

러시아가 획득한 세 번째 이점은 오스만 영토 내에서 힘과 영향력을 발휘할 수 있는 위치를 획득한 것이었다. 그중에서 가장 중요한 것은 현재의 루마니아 영토인, 몰다비아와 왈라키아의 도나우 공국에서 러시아가 특별한 위치를 승인받은 것이었다. 이들 지역 대부분은 오스만의 복속하에 있었지만, 이제 러시아의 영향하에서 상당한 정도의 자치권을 부여받게 되었다. 러시아는 또한 오스만의 주요 도시에 마음대로 영사관을 개설할 권리를 획득했다. 이는 서구 열강이 오랫동안 얻기를 시도했지만 실패했던 특권이었다. 나아가 작은 양보이기는 하지만, 이스탄불에 러시아 교회를 세우고, "모든 경우에 러시아가 새 교회를 대표하는"(제7조) 특권도 얻었다.

타타르에 대한 오스만 군주의 칼리프로서의 종교적 권위가 큰 영향력을 지니지 못한 반면, 러시아 여제에게 주어진 종교적 권위는 대단했다. 비록 조약 내용에서는 그러한 교회의 대표권이 수도에 있는 러시아 교회 하나에 국한되어 있었지만, 교묘한 해석을 통해서 그 대표권은 오스만 술탄 치하의 기독교 정교도 국민을 대표할 수 있는 간섭권으로 확대되었다.

1783년 크림 반도의 합병으로 러시아의 영토 확장은 새로운 국면을 맞았다. 크림 반도로부터 러시아는 과거 오스만 튀르크와 타타르 그리고 다른 무슬림들이 거주하고 통치했던 영토인 흑해의 북쪽 연안을 따라서 양방향으로 빠르게 전진해나갔다. 1785년 러시아는 동쪽의 캅카스에 복속국을 만들어 토착민과 그 지역 부족장들에 대한 통치를 강화했다. 이것은 오스만 튀르크와의 전쟁으로 이어졌고, 결국 1792년 오스만 튀르크는 타타르 한국의 러시아 합병을 인정하고, 시르카시아에 있는 쿠반 강을 두 제국 사이의 경계로 받아들여야만 했다. 1795년 러시아는 과거 타타르 지역에 오데사라는 항구 도시를 건설했고, 1812년 오스만과의 또다른 전쟁이 끝난 후에는 현재는 몰도바라고 불리는 베사라비아라는 오스만 지역을 합병했다. 이로써 러시아는 수 세기 동안 지속된 무슬림의 흑해 지배를 종식시켰고, 동서 양쪽에서 오스만의 국경을 위협하게 되었다.

또한 러시아는 1794년 새로운 왕조인 카자르가 권력을 장악한 이란을 위협하고 있었다. 국내에서 통치력과 통합을 어느 정도 회복한 카자르 왕조는 러시아에게 빼앗겼던 캅카스 지역을 되찾으려고 노력했으나 성공하지 못했다. 페르시아(카자르 왕조)의 침공은 조지아의 고대 기독교 왕국에 거주하는 일부 주민들이 이슬람 세력(카자르 왕조)의 정복에 대항해서 러시아의 보호를 요청하게 만들었고, 이에 차르는 1801년 1월 조지아를 러시아 제국에 합병한다고 선언함으로써 그에 응답했다. 그후 1802년 다게스탄(조지아와 카스피 해 사이의 지역)을 토착 부족장들로 구성된 러시아-보호 연방으로 승인하고, 나아가 1804년 또다른 조지아 소왕국인 이메레티를 합병했다.

이제 러시아의 이란 본토 공격은 확실했다. 1804-1813년과 1826-1828년의 두 번의 러시아-이란 전쟁으로, 러시아는 일부는 지방 통치자로부터 그리고 일부는 이란으로부터 영토를 획득하게 되었고, 후일 이 영토는 아르메니아와 아제르바이잔이라는 소비에트 공화국을 형성하게 되었다.

1828년 이란과의 평화협정이 체결된 지 한 달 후에, 러시아는 1821년에 시작된 그리스의 독립 전쟁을 지원하기 위해서 오스만과의 전쟁을 선포했다. 1829년 9월까지, 러시아는 오스만 제국의 수도로부터 2-3일 행군 거리에 있는 에디르네에 도착했고, 러시아에게 상당히 유리한 평화조약을 강제할 수 있었다. 두 제국 사이의 발칸과 캅카스 접경에 있는 영토의 확득 이외에, 러시아는 도나우 공국의 내정에 대한 영향력을 증대시켰고, 러시아 상인과 상선에 대한 권리를 재확인했다.

이렇듯 러시아가 중동을 향해서 남쪽으로 계속 전진하는 동안, 서양으로부터 또다른 위협이 다가오고 있었다. 15세기 후반 이후로 유럽은 양극단, 즉 육로로는 러시아로부터, 바다를 건너서는 서유럽으로부터 계속 팽창해왔다. 동서 양 진영에서 이슬람에 대항하는 회복과 재정복의 과정이 시작된 것이다. 러시아가 타타르를 회복하고, 스페인과 포르투갈이 무어인*으로부터 재탈환되었다. 재정복은 적국 영토에 전쟁을 일으키는 반격으로 이어졌다. 러시아가 아시아를 향해서 남과 동으로 진격해오는 동안, 아랍 무슬림과 무어인의 통치로부터 자신들의 반도를 회복한 스페인인과 포르투갈인들은 그들을 지배하던 아프리카와 그 너머로 진격해갔다.

많은 면에서 지리상의 대발견은 종교적 투쟁이었고, 십자군 원정의 연속이었으며, 이슬람이라는 적에 대항하는 재정복이었다. 포르투갈인들이 아시아 해역에 도착했을 때, 그들을 막으려고 했던 사람들은 그들의 주된 경쟁자였던 오스만과 이집트, 이란 그리고 인도의 이슬람 통치자들이었다. 포르투갈인 이후에 스페인인, 프랑스인, 네덜란드인 그리고 영국인 등 서유럽의 다른 해상 민족들도 속속 도착했다. 그들의 활동은 아프리카와 남부 아시아에 서유럽의 지배권을 확립해주었고, 이러한 상황은 20세기까지 지속되었다.

포르투갈에 의한 최초의 자극 이후에, 남부 아시아에서 서유럽의 활동은

---

* 스페인의 무슬림.

13세기 예멘의 노예시장. 알−하리 라가 편찬한 고전 아랍 작품『마카 마트 *māqāmat*』에 수록된 그림.

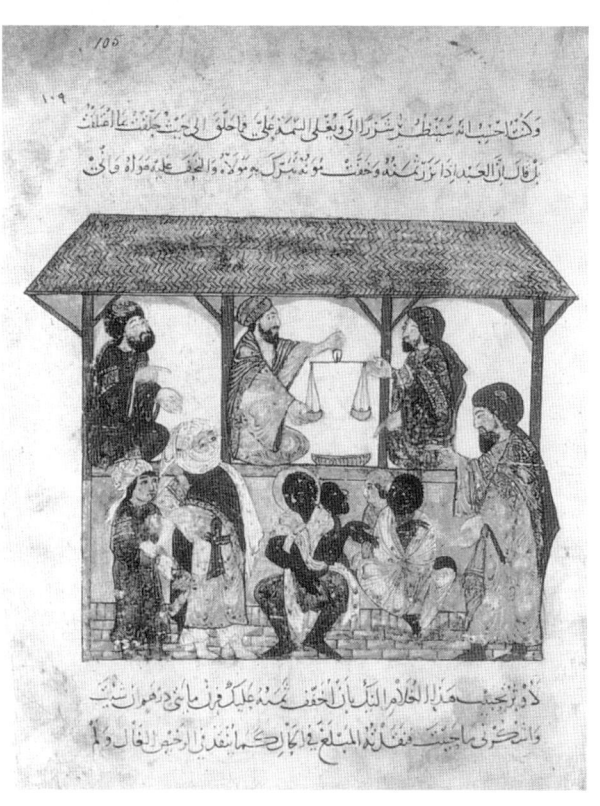

19세기 사막의 아랍 노예 대상.

1573년 말을 탄 두 내시의 모습. 흑인 내시는 오스만 가정에서 수적으로나 권한으로나 백인 내시보다 우월했다. 그들의 우두머리인 "소녀 관리장"은 오스만 궁정의 주요 인물이었다.

내시들의 우두머리인 "소녀 관리장" 18세기 그림.

"왈리데 술탄"으로 불리는 술판의 어머니. 수행원들이 호위한 가운데 시종으로부터 커피를 건네받고 있다.

하녀를 거느리고 목욕하러 가는 튀르크 여
인. 17세기 그림.

결혼 행렬에 나선 여인들.

Wie sie im Feren Zimer sizen

응접실에 있는 튀르크 여인들.

▲ 18세기 초 유럽 대사를 접견하는 오스만 제국의 수상.

▼ 이스탄불에 있는 누루오스마니예 모스크. 이탈리아식 외부 장식으로 1755년에 완공되었다.

1825년경의 오스만 궁정의 복식. 히렘 관리인, 난쟁이와 백인 내시의 모습이 보인다.

19세기 초의 오스만 군복.

왼쪽부터 오스만 궁정의 통역관, 유럽 대사, 비서실장, 부하라 대사, 시종관(조반니 브린데시의 그림).

▲ 1798년 피라미드 전투에서 군사들을 독려하는 보나파르트 나폴레옹. 앙투안-장 그로의 그림.

▼ 이폴리트 베르토가 그린 셀림 3세(재위 1789−1807)의 초상화.

1826년 예니체리 해체 전후에 각각 그려진 술탄 마흐무드 2세의 초상화. 술틴의 모자와 수염, 복장 그리고 수행원들의 모습과 마구 장식들이 서구 모델로 바뀌었음을 보여주고 있다. 말과 말을 탄 사람의 자세와 위치는 동일하다.

1805년부터 1848년까지 오스만의 이집트 총독이었던 무함마드 알리 파샤가 영국과 프랑스 전문가 들과 협의하고 있다.

◀ 19세기 초 러시아 군대의 진격을 저지하는 페르시아 군대.

▼ 1853년 아나톨리아의 북부 해안에 있는 시노프에서 오스만 함대를 격파하는 러시아 군대.

▲1869년 수에즈 운하의 개통.

▶ 이집트의 영국인. 소위 이집트의 "보호자"로 자처한 영국인의 모습을 풍자한 그림.

▲ 새로운 양식으로 1853년 건축한 돌마바흐체 궁. 초호화 판으로 프랑스의 베르사유 궁전을 본따 지었다.

▶ 스코틀랜드 화가 데이비드 로버츠가 그린 1840년대 카이로의 비단시장. 서구 화가가 묘사한 중동의 정경과 사람들의 모습이 전형적으로 드러난 그림이다.

▼ 술탄 아흐메드 광장의 유럽 및 터키 여인들. 1907년 이스탄불.

▲ 터키 공화국의 창설자이자 초대 대통령인 케말 아타튀르크.

▲ 1928년 이스탄불 공원에서의 아타튀르크. 선생으로서 새로운 라틴 문자를 가르치는 모습.

▼ 오스만 통치에 대항한 아랍의 반란. 1917년 7월, 아랍 군대가 아카바 항으로 진격하고 있다.

▲ 1917년 예루살렘에서 행진하고 있는 오스트리아 군.

▼ 영국의 위임 통치 막바지인 1947년의 예루살렘.

▲ 사우디아라비아 베두인족의 유목생활.

▶ 사막의 석유 파이프라인. 석유의 발견
과 개발은 20세기 중동에 엄청난 변화를
가져다주었다.

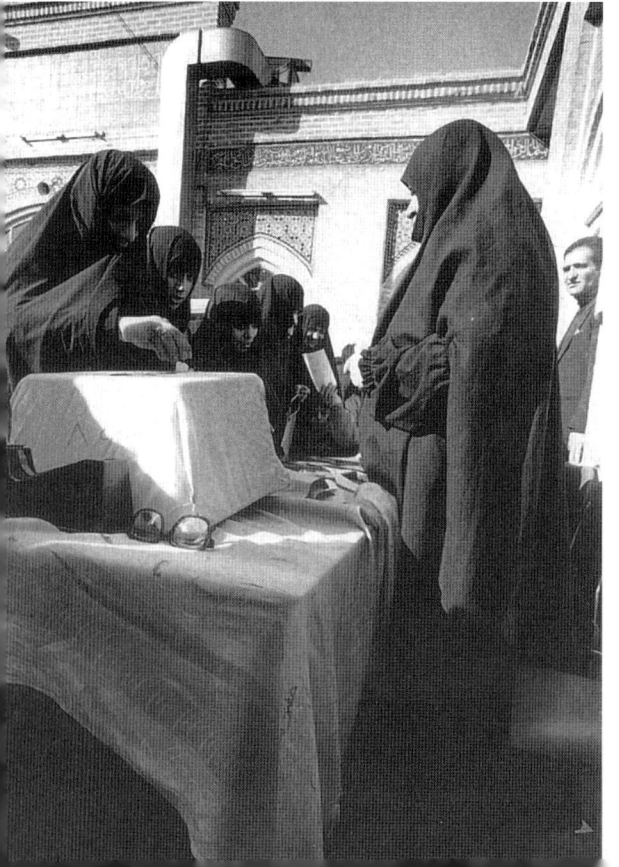

▲ 아야톨라 호메이니의 지지 데모.
1979년 1월 이란의 테헤란.

◀ 신新이슬람 헌법에 투표하는 이란 여
성. 1979년 12월.

▶ 메카 성지의 중심부를 이루는 대모스크와 카바 신전.

▼ 카이로의 이슬람 연구소에서 합동 예배를 드리는 무슬림들.

중동에서 가장 서구화된 유럽 쪽 이슬람 도시인 이스탄불(1988년).

주로 상업과 항해였으나, 점차 정치적 지배를 확립해나갔다. 그 당시 활동은 주로 중동에 간접적으로 영향을 미치는 인도와 동남아시아 그리고 동아프리카에 국한되었다. 이곳에서 서구 열강의 이익은 압도적으로 상업적인 성격을 띠었다. 19세기 초까지 이스탄불에 있는 영국 대사관은 레반트 회사를 통해서 자금을 조달하고 유지해왔는데, 허가를 받은 이 회사는 이 지역 영국 무역의 핵심적인 기구였다.

아시아에서 네덜란드와 영국 세력의 통합은 중동으로 하여금 양쪽에서 서유럽과 대치하도록 만들었다. 홍해와 걸프 해를 통한 향료 무역의 급격한 감소는 포르투갈의 초기 아프리카 횡단 항해 때문이라기보다는 이러한 두 세력의 통합에서 기인했다. 아시아와 아프리카에서 유럽 제국의 통치가 아직 직접적으로 중동을 잠식하지 못했던 반면에, 이 지역을 통하는 전략적 통로에 대한 서구의 관심은 커져가고 있었다. 전 세계의 혁명적 경향과 나폴레옹의 전쟁은 이러한 생각을 새로이 자극했다. 영국과 프랑스 간의 이해 그리고 러시아에 대한 영국과 프랑스의 관심은 중동의 중심부에 대한 서구의 간섭을 초래했다. 이제 오스만은 더 이상 오스트리아와 러시아 둘만이 아닌, 프랑스와 영국을 포함한 네 열강을 상대해야 했다.

십자군 원정 이후 최초로 중동의 심장부로 군사 원정을 감행한 것은 프랑스였다. 1798년, 나폴레옹이 지휘하는 프랑스 군대가 이집트와 오스만 영토에 상륙했고, 큰 어려움 없이 그곳을 점령했다. 그러나 이집트에서 팔레스타인으로 점령지를 팽창하려던 프랑스의 시도는 실패했고, 1801년 프랑스 군대는 이집트에서 철수했다. 이러한 결과를 초래한 것은 이집트인들도, 그들의 오스만 지배자들도 아니었다. 이러한 투쟁은 비교적 중요하지 않은 역할을 담당하던 현지의 프랑스 군과 영국군 간의 일이었다. 프랑스의 점령은 잠시였고, 곧이어 이집트에는 이슬람의 통치가 회복되었다. 프랑스의 도착은 서구의 작은 군사 원정도 중동의 심장부 일부를 쉽게 정복할 수 있음을 보여주었다. 그리고 그들의 철수도 오직 또다른 서구 세력에 의해서만 실현될 수 있음을 보여주었다. 이는 2개의 불길한 교훈이었다.

　19세기 전반 내내, 서유럽 국가들은 중동에서 계속해서 상업과 외교, 더 구체적으로는 그들 간의 알력에 관심을 쏟았다. 한편 그들은 중동에서 때때로 상당한 수준의 내정 간섭을 일삼았고, 중심부를 직접 공격하기보다는 주변부를 갉아먹는 방식을 선호했다. 오스만−러시아 전쟁으로 인한 아드리아노플 조약이 체결된 지 1년 후인 1830년, 프랑스는 당시 오스만 치하의 자치 왕조가 통치하고 있던 알제리를 침략해서 합병했다. 같은 시기에 영국은 아라비아 근처에서 세력을 키우고 있었다. 인도로 향하는 연료 기지로서 쓸모가 있었던 아덴은 1839년에 영국에 점령되었다. 이와 같은 상업적, 전략적 동기에서 걸프 해에서 영국 해군은 점차 주도권을 잡아갔고, 이 계획은 1853년 지방 통치자와의 조약으로 완결되었다.

　19세기 중반에 러시아는 다시 오스만 제국을 강력하게 압박했다. 복잡한 외교적 위기 상황에서, 러시아는 1853년 7월에 오스만 치하의 도나우 공국을 침략했다. 영국과 프랑스는 오스만 튀르크를 지지했고, 1854년 3월에는 러시아와 대항하는 오스만의 동맹국이 되었다. 일반적으로 크림 전쟁으로 불리는 이 전쟁은 2년 후 파리 조약으로 끝이 났다. 이 조약으로 러시아는 영토 및 일부 권리를 오스만에 양도했고, 강대국들은 오스만을 유럽의 협의하에 두도록 하고, 오스만의 독립과 영토적 통합을 존중하기로 했다. 이 전쟁은 오스만 제국이 자신의 영토에 주둔했던 상당수의 서유럽 동맹군과 관계를 맺은 첫 번째 사건이었다. 이러한 서구와의 직접적인 접촉은 거대한 변화를 몰고 왔다.

　중동에서 제동이 걸린 러시아는 그들이 중요한 진전을 이룩했던 중앙아시아로 관심을 돌렸다. 중국 국경으로 연결되는 카스피 해 동쪽 지역은 수 세기 동안 부하라 아미르국, 코칸트 한국 그리고 히바 한국이라는 3개의 이슬람 튀르크 국가로 분할되어 있었다. 이제 이 국가들은 일련의 신속한 군사 행동으로 러시아의 지배하에 들게 되었다. 영토 중에서 일부는 합병되었고, 나머지는 러시아의 지배와 보호 아래서 "토착 군주"가 통치했다.

1856년의 평화조약(크림 전쟁)은 흑해에서 러시아의 활동을 제한했다. 유럽이 프랑스와 프로이센의 전쟁에 휩싸여 있던 1870년, 러시아는 이러한 제한을 무시할 기회를 잡았다. 이것은 오스만에 대한 러시아의 새로운 압력의 시작이었고, 1877년 4월 25일 전쟁 선포로 극에 달했다. 지방의 반란과 중앙 헌법의 위기로 분열된 오스만 제국이 수도로부터 몇 킬로미터밖에 떨어지지 않은 산 스테파노(현재의 예실쾨이)에 도착한 러시아 군의 진격에 버티지 못하자, 러시아는 술탄에게 가혹한 조약을 제시했다. 오직 서구, 특히 영국의 개입만이 오스만 제국을 총체적 난국으로부터 구할 수 있었고, 1878년 베를린 조약은 또다시 오스만을 희생시키는 대가로 러시아의 팽창을 제한했다.

러시아는 다시 한번 동쪽으로 방향을 돌렸다. 그리하여 1881년 새로운 진격을 개시했는데, 그 결과는 카스피 해 건너편 지역의 공식적 합병이었다. 그 후 10년 동안 러시아 군대는 카스피 해와 아무 강 사이의 지역을 평정했다. 1884년 메르프를 점령함으로써 러시아 제국은 이란과 아프가니스탄의 중앙아시아 접경까지 그 세력을 확장했다.

동유럽으로부터의 진군은 다시 한번 서구의 팽창 물결과 병행하게 되었다. 1881년에 프랑스가 튀니지를 점령했고, 뒤이어 1882년 영국이 이집트를 점령했다. 러시아의 중앙아시아처럼 이들 두 국가에서도 토착 군주와 정치 제도는 다소간 원형 그대로 보존되었지만, 군사 점령 상태와 전반적인 정치적, 경제적 지배에 종속되었다.

영국의 중동 외교정책은 오스만 제국을 인도로 가는 길목을 위협하는 외세를 저지하는 방패로 생각해서, 오스만 제국의 통합과 독립을 보존하는 원칙에 기초를 두었다. 그러나 공격은 계속되었다. 프랑스와 정도가 덜하기는 하지만 러시아는 오스만 제국을 상당히 잠식할 수 있었으며, 1880년 이후부터는 영국의 주된 경쟁자였던 독일도 중동 지역에 높은 관심을 나타내기 시작했다. 차기 오스만 정권은 영국이 보기에는 불안하기 짝이 없는 독일의 의도를 받아들이고 있었다. 독일 금융업자와 생산업자들은 양도권을 얻고, 독일 장교들은 오스만 군대를 훈련시키고 재정비했다. 독일 과학자들과 고고학자들은 제국의 아시아 지역을 탐사했다. 1889년 유명한 바그다드 철도공사가 시작되었는데, 이는 궁극적으로 베를린과 이스탄불, 알레포, 바그다드, 바스라를 경유해서 걸프 해를 연결하려는 의도였다.

이처럼 북쪽의 독일의 위협에 대한 인식 때문에, 영국은 처음에는 일시적이었던 이집트 점령을 지속하기로 결정했다. 비슷한 맥락에서 1907년 영국은 러시아와 협정을 체결하고, 이란을 러시아와 영국의 영향권으로 분리했다. 이것은 독일의 팽창정책—동진과 오스만 치하의 이라크로부터의 남진—을 막기 위한 조치였다.

1911년 이란 북부에 대한 러시아의 침공으로 새로운 진군의 단계가 시작되었다. 이때부터 제1차 세계대전이 발발할 때까지, 약간의 저항이 있기는 했지만, 이란은 러시아의 효율적인 지배하에 있었다. 그러는 동안에 프랑스는 모로코에 그들의 세력을 확장시켰고, 1912년에는 보호령을 실시했다. 프랑스의 튀니지 점령과 모로코 진격에 놀란 이탈리아는 1911년 9월 오스만 제국에 전쟁을 선포하고, 트리폴리타니아와 키레나이카 등 오스만 지방을 합병한다고 선언했는데, 그후 이 지역은 이탈리아의 식민지가 되었다.

이제 이슬람 중동은 16세기 이래로 유럽 양극단의 팽창에 의해서 조성된 협공 작전에 말려들었다. 이 협공 작전에서 러시아 군대는 북쪽으로부터 내려오면서 오스만 제국과 페르시아를 압박했고, 서유럽은 처음에는 아프리카를 돌았지만, 그후에는 지중해를 가로질러 아랍 세계에 도달했다.

# 2. 변화
## 중동 경제의 쇠퇴와 서구 자본의 침투

같은 기간의 중동에서 유럽의 경제, 정치 영향력도 엄청나게 증대되었다. 정치, 군사 면에서와 마찬가지로 경제, 정치 영향력의 급성장은 처음에는 점증하는 세력 불균형에서 기인했다. 유럽과 비교했을 때, 19세기 중동의 동쪽과 서쪽 지방은 16세기의 전성기 때보다 훨씬 더 쇠약해져 있었다. 다소 불분명하지만, 중동 경제력의 쇠퇴가 절대적일 뿐만 아니라 상대적이었다는 몇몇 증거도 있다.

몇 가지 요인들이 결합되어 이러한 변화를 초래했다. 유럽과의 거래에서 중동은 증대되는 복잡성과 군비 및 전쟁 비용의 증가에서 큰 영향을 받았다. 중동의 내부 경제는 불행하게도 16-17세기의 심한 인플레이션과 그후에도 계속된 가격 상승의 영향을 받았다. 대외 무역은 대서양을 가로질러 남아프리카를 횡단하여 남아시아 해역에 이르는 대양 횡단 무역로의 발달에서 영향을 받는데, 이는 중계 무역의 쇠퇴와 중동 지역의 상대적 중요성의 감소라는 결과를 가져왔다. 이 상황에서 또다른 요인은 오스만 제국과 그 동쪽에 있는 국가들과의 지속적인 무역 불균형과 이란과 인도로의 지속적인 금과 은의 유출이었다. 이러한 과정은 중동 내에서 농업과 산업, 수송수단 등의 기술적 진보의 부족 탓에 더욱 가속화되었다.

또다른 변화도 있었다. 그중 하나는 토지소유 제도의 변화였다. 행정과 전쟁 등에 소요되는 많은 비용을 충당하기 위해서 현금의 필요성이 커지자, 정부는 전통적인 군대 토지 분봉제를 포기하고, 이를 지방과 중앙, 양측 모두의 반발을 사는 세금 징수제로 대체했다. 또다른 변화는 인구의 급속한 감소였다. 이는 18세기 내내 시골에서 특히 심했다. 이용 가능한 증거에 의하면, 오스만, 시리아 그리고 이집트의 인구가 1600년대보다 1800년대에 더 적었음을 알 수 있다.

주요한 물가 변동도 16세기 후반에 시작된 것 같다. 이것은 미국의 금과 은의 유입이 가져온 혼란의 여파에서 부분적으로 비롯된 광범위한 과정이 중동에 반영된 탓이었다. 이러한 귀금속들의 구매력은 서구보다 오스만 제국이 더 컸지만, 이란과 인도보다는 덜했다. 페르시아 상품들, 특히 페르시아 실크는 오스만과 유럽에서 수요가 많았던 반면, 그곳에서 오스만 제품에 대한 수요는 없었다. 곡물과 직물은 유럽으로 공급되는 2대 중요 수출품이었다. 직물은 한때 주요 생산 품목이었지만, 점차 감소해서 면직물만이 한동안 중동에서 유럽으로 수출되었다. 유럽이 인도 옷감을 포함해서 제조 직물을 중동으로 수출하고, 원료와 면화, 모헤어(앙고라), 특히 실크와 여타 많은 물품을 이란으로부터 수입하면서 균형은 압도적으로 다른 쪽으로 치우쳤다. 당연히, 서구에서 금과 은이 유입되었음에도 불구하고, 오스만의 기록들은 동전 주조에 필요한 귀금속의 고질적인 부족을 드러내고 있다.

농업은 서구에서 새로운 작물이 소개되면서 약간의 이익을 얻었지만, 일반적인 상황은 기술적, 경제적 침체였다. 유럽의 농업혁명은 중동에서 이에 필적할 국가가 없었고, 유럽의 산업혁명은 더욱 그러했다. 중동의 산업은 18세기 후반까지 번창했던 수공업의 형태를 계속 유지했지만, 기술적 발전은 거의 보여주지 못했다.

기술의 후진성에서 가장 중요한 두 분야는 조선술과 무기였다. 18세기에 이미 오스만 제국은 유럽의 조선 기술자를 고용하고, 스웨덴과 미국으로부터 민간과 군용으로 배를 구입했다. 제국 내에서 도로망과 해운망을 개선하려는 시도는 거의 없었다. 19세기 초 중동 대부분의 지역에서 차량 수송은 거의 알려져 있지 않았다. 도시에서 소수 고관들이 타는 마차와 시골의 몇몇 농부들의 짐마차를 제외하고는, 오스만 튀르크 영토에서 주된 수송수단은 여전히 가축 수레나, 강과 해협의 보트였다.

무역 조건도 오스만 제국과 다른 중동 국가들에 불리하게 변하고 있었다. 해양로의 개설과 발전은 유럽이 중동을 앞질렀다. 심지어 오스만 제국에 원료와 세금 수입의 원천으로 중요했던 페르시아 실크 무역도 바뀌어 대부분 서유럽 상인이 조정했다. 흑해에서의 이와 유사한 변화도 오스만 튀르크의 입지를 좁혔다. 북부 해안에서 러시아 세력의 팽창은 이 지역에서 동유럽 상업을 크게 증가시켰다. 퀴취크 카이나르자 조약으로 러시아가 획득한 상권은 러시아 상인과 선장으로 하여금 오스만 국민을 직접 다룰 수 있게 했고, 해협을 통해서 지중해까지, 즉 오스만의 수도를 지나서 배를 보낼 수 있게 했다. 러시아가 얻은 권리는 곧 다른 유럽 세력들도 차지하게 되었고, 흑해 무역은 대부분 오스만으로부터 유럽, 특히 그리스로 넘어갔다.

일반적으로 유럽 무역에서 오스만의 비중은 상당히 저어졌다. 프랑스와 비교했을 때에는 16세기 후반에는 2분의 1이었던 것이 18세기에는 20분의 1로 떨어졌고, 영국과는 17세기 중반에 10분의 1이었던 것이 18세기 말에는 100분의 1로 떨어졌다. 동시에 수입은 크게 증가했는데, 특히 프랑스와 오스트리아로부터의 수입이 많았다. 더 싸고 때때로 더 질 좋은 유럽 상품들은 많은 국산품들을 시장에서 몰아냈다.

동시에 오스만의 농산물, 특히 기독교가 우세한 발칸 지방의 상품을 위한 새로운 시장들이 유럽에서 열렸다. 이것은 오스만 주민에게 중요한 사회적 결과를 가져다주었다. 전통 기술의 쇠퇴는 무슬림이 대부분인 공예가나 장인들의 가치를 절하하고, 그들을 비숙련 노동자의 수준으로 전락시켰다. 그러나 소수 기독교도들은 농부나 상인, 선원으로서 새로운 기회를 발견했다. 이들의 새로운 지위는, 유럽 열강이 그들에게 보여준 호의와 용기는 물론, 유럽인과 무역을 통해서 그들에게 부를 가져다주었다. 그들은 부를 통해서 교육을 받게 되었고, 부와 교육을 통해서 권력과 영향력을 얻었다. 그리하여 대부분의 오스만과 유럽의 무역은 유럽인이나 주로 기독교도의 손으로, 그리고 간간이 유대인인 소수 민족의 손으로 넘어갔다.

경제적 쇠퇴는 오스만 제국 본토에서보다 아랍 지방에서 더욱 심했다. 이라크, 시리아, 심지어 이집트에서도 경작지와 인구 모두가 상당히 감소했다. 가령 이집트에서는 로마 시대에 800만으로 추산되었던 인구가 14세기에는 400만으로, 1800년경에는 350만으로 감소했다. 인구의 주요한 감소는 시골에서 나타난 것으로 보이지만 도시에서도 일부 감소되었으며, 산업은 진보는커녕 오히려 퇴보했다는 증거도 있다. 장인의 수와 그들에 의한 생산성은 대부분의 도시에서 감소했고, 몇몇 주요 항구도 중요성을 상실했다.

중동에서의 이러한 변화들은 어느 정도 통치 권위의 상실, 준독립적인 지방 통치자의 출현, 토착 유목민과 수입 용병들이 지방 경제에 입힌 손실의 증대 등과 같은 정치 요인에서 비롯되었다. 일반적으로 지배 군부와 귀족 집단들은 지방의 경제 발전에 별로 관심이 없었고, 그들이 그나마 기울인 약간의 노력조차 유럽의 경제적 이해에 쉽게 잠식당했다. 부분적으로 이러한 쇠퇴는 지속적인 경제적 요소들, 특히 목재, 광물, 용수의 오랜 부족 때문이었다. 연료와 에너지의 부족은 수송과 산업 그리고 모든 유용한 기술 발전을 저해했다. 심지어 물레방아나 풍차 그리고 보다 편리한 동물에 의한 수송수단의 진보와 같은 초기의 기술혁명도 중동에 아무런 영향을 주지 못했고, 그런 면에서 유럽에 훨씬 뒤처져 있었다. 이 모든 것들이 목재, 광물, 수력, 수송 등에서 유럽에 엄청난 부를 보태주었고, 유럽과의 관계에서 중동을 약화시켰으며, 결국 중동에서 유럽의 경제적 지배와 그 유지를 촉진했다.

오스만의 쇠퇴는 내적 변화 탓이라기보다는 과학과 기술, 전쟁과 평화의 기술 그리고 정부구조와 상업 분야에서 빠르게 진보하고 있는 서구를 따라잡지 못한 그들의 무능함 탓이었다. 오스만 지도자들은 그러한 문제를 잘 인식하고 있었고, 그것을 해결하기 위한 좋은 생각도 일부 가지고 있었다. 그러나 그들은 새로운 방법과 새로운 사고를 수용하는 데에서 맞닥뜨린 엄청난 제도적, 이념적 장애물을 극복할 수 없었다. 유명한 오스만 역사가는 이렇게 기록했다. "과학의 물결이 문학과 법학의 방패막을 향해서 몰아닥쳤다."[1] 새로운 상황을 받아들일 수 없었기 때문에, 오스만 제국은 오늘날 소련 제국처럼 파멸되었다.

오스만의 운명을 소련과 비교해볼 때, 관심의 초점은 주로 국수주의와 자유주의의 폭발적인 힘, 구이데올로기의 파산, 구정치구조의 붕괴 등과 같은 정치적이고 이데올로기적인 요인에 맞춰진다. 이 모든 요인에서 러시아인들은 정말로 한때 튀르크인들의 전철을 밟았다. 만약 그들에게 운이 따른다면, 그들의 역사에서 새로운 장을 열어줄 케말 아타튀르크*와 같은 인물을 찾게 될 것이다.

그러나 오스만의 쇠퇴의 또다른 측면에는 오늘날과 다른 점이 있다. 중동의 경제적 쇠퇴는 소련 연방과는 달리 중앙의 지나친 통제에 의한 것이 아니었다. 오히려 그러한 통제가 전적으로 부족했다. 일부 경제 규정이 있었지만, 이는 주로 장인 길드와 시골 시장 수준이었고 경제력의 유동성과 활성화에서 오스만 세계는 서유럽에 훨씬 뒤져 있었다. 더욱이 오스만은 압도적으로 소비자 중심 사회였다.

이와 반대로 생산자 중심적인 서구에서 중상주의의 등장은 유럽 무역회사에 도움을 주었고, 국가는 무역회사가 조직적 교역 수준과 경제력의 집중을 이룰 수 있도록 보호하고 육성했다. 이런 것들은 동방에서는 알려지지도 전례도 없었던 것들로서, 그곳에서는 이론보다는 실제로 "시장의 힘"이 특별한

---

* 오스만 제국의 장교 출신으로 제1차 세계대전 이후 유럽 열강의 침략에서 터키를 구한 터키 독립 전쟁의 영웅. 전쟁이 끝난 후 1923년 그는 오스만 왕정을 폐지하고, 공화국을 설립하여 스스로 초대 대통령이 되었다. 그는 서구화, 근대화, 세속화, 국민 국가의 이상을 토대로 이슬람 중심주의를 배격하고, 아랍어에서 라틴어로 문자를 개혁함은 물론, 여성의 인권을 신장하는 등 획기적인 개혁 조치를 통해서 터키의 근대화에 크게 기여했다. 이 때문에 그는 튀르크어로 "국부"라는 의미의 "아타튀르크"라는 칭호를 얻었다.

제한 없이 기능하고 있었다. 서구의 무역회사들은 사업적 이해를 가진 정부의 도움으로 전적으로 새로운 세력을 대표하게 되었다. 두 지역 사이에 점점 벌어지는 경제력과 경제의지의 불균형 덕택으로, 서구의 상인들, 나아가 제조업자, 결국은 정부가 중동 시장과 심지어 중동의 제조업을 거의 완전히 통제할 수 있었다.

이 기간에는 심지어 직물 무역마저 서구의 팽창에 영향을 받았다. 영국 상인들은 인도 면화와 다른 옷감들을 대량으로 오스만과 페르시아 제국의 항구로 가져왔다. 한때 서구에서 높이 평가되었던 중동산 직물은 처음에 국외 시장에서 밀리더니, 급기야 국내 시장에서도 훨씬 값싸고 맹렬하게 시장을 파고드는 서구 제품에 밀리고 말았다. 이러한 상업적 관계의 변화는 중동의 기호식품으로 친숙해진 커피에서도 잘 나타났다. 커피와 커피의 단맛을 위한 설탕은 처음에 중동에서 유럽으로 소개된 것이었다. 17세기 후반에 커피는 유럽이 중동에서 수입해오는 중요한 품목 중의 하나였다. 1720년대에는 네덜란드인들이 유럽 시장을 겨냥해서 자바에서 커피를 재배하기 시작했고, 프랑스인들은 그들의 서인도 식민지에서 재배한 커피를 심지어 오스만으로 수출했다. 1739년에는 서인도의 커피가 멀리 오스만 동부의 에르주룸에서도 언급되고 있다. 서구로부터 온 식민지 커피는 홍해 지역의 커피보다 값이 더 쌌기 때문에, 이 지역의 커피 공급은 형편없이 줄어들었다.

설탕 역시 동양에서 유래되었다. 처음에 유럽은 인도와 이란에서 정제된 설탕을 이집트와 시리아, 북아프리카 등지에서 수입했고, 아랍인들로부터 시칠리아 섬과 스페인에 사탕수수를 이식받았다. 여기서 다시 서인도 식민지는 절호의 기회를 제공했다. 1671년 콜베르의 명에 따라서 프랑스인들은 마르세유에 설탕 정제소를 세웠고, 그곳에서 오스만 제국으로 식민지의 설탕을 수출했다. 서인도 원두의 강한 쓴맛 탓인지 튀르크인들이 커피를 달게 만들 설탕을 찾자, 그 소비는 크게 증가했다. 이제까지 그들은 대부분 이집트 설탕에 의존했지만, 훨씬 값이 쌌던 서인도의 설탕이 곧 중동 시장을 석권했다. 그리하여 18세기 말경 튀르크인과 아랍인이 한 잔의 커피를 마실 때, 그 커피와 설탕 모두는 유럽의 식민지에서 재배되어 유럽인이 수입한 것들이었다. 국산이라고는 뜨거운 물뿐이었다. 19세기 동안에는 그나마 시들해졌다가, 유럽의 기업들은 중동의 도시에서 새로운 유용성을 개발했다.

중동에서 서구의 경제 지배는 여러 가지 방식으로 보강되고 유지되었다. 서구의 중동 산물 수입은 제한되고 어떤 분야에서는 보호 관세에 의해서 아예 제외되었던 반면에, 중동에서 서구의 무역은 소위 치외법권적 제도에 의해서 보호받았는데, 이 제도는 제한 없는 자유로운 입국 권리를 부여하는 것이었다. 제도를 뜻하는 영어 capitulation은 라틴어로 capitula로, 원래는 세부 규정집을 의미했다. 이 제도는 오스만 시대에 오스만 당국과 이슬람 통치자들에 의해서 기독교 국가에 특권을 부여하기 위해서 사용되었는데, 이슬람 통치자들이 비무슬림들에게 일반적으로 부과하는 재정적 그리고 여타 다른 불이익 없이 이슬람 통치지역에 있는 기독교 국가 국민들에게 거주와 무역의 자유를 허용하는 것이었다. 이와 같은 특권은 14-15세기 이탈리아 해상 국가들에 부여되었다. 16세기에 이 조치는 프랑스(1569), 영국(1580) 그리고 다른 국가로 확대되었다. 1580년의 영국의 특혜에 대한 당시의 번역문에는 다음과 같은 조항이 포함되어 있다.[2]

우리의 가장 신성한 무슬림 황제……가장 강력한 왕자 무라드 칸은 왕실 간의 우호의 표시로, 영국의 엘리자베스 여왕과……그 국민과 신하들은 그들의 물건과 상품을 가지고 혹은 선적하여 크고 작은 배로 해상을 통해서 또는 차량이나 동물 수송으로 육로를 통해서 우리의 지배 영역에 안전하게 들어올 수 있으며, 아무도 그들을 해칠 수 없고 또 그들은 아무런 방해를 받지 않고 물건을 사고팔 수 있으며, 그들 자신의 관습과 질서를 지킬 수 있도록 여기에

서명하고 선언하노라.……

　조항―이곳에 거주하러 오거나 무역하러 오는 어떤 영국인이라도, 그가 결혼을 했든 안했든 간에 그는 인두세를 내지 않을 것이다.

　조항―영국인들 사이에 어떤 분쟁이 발생한다면 그들은 다른 사람의 간섭 없이 자국 영사나 총독에게 자유롭게 탄원할 수 있고, 시작된 분쟁은 그들 자신의 관습에 따라서 처리할 수 있다.……

　조항―우리 황실의 전함이 언제든지 바다로 나갈 수 있고, 화물을 실은 영국 배를 발견했을 때, 아무도 그들을 방해하지 않고 오히려 우호적으로 대해 줄 것이며, 그들에게 해를 끼치지 않는다. 우리가 프랑스와 베네치아 그리고 다른 왕들과 우리와 연합한 왕자들에게 부여한 특권을 영국에도 똑같이 부여한다. 이에 반하여 우리의 성법과 특권이 어떤 조치를 취할 수 없다.

　……그리고 영국 여왕이 이 특권에 제시된 약속과 평화를 준수하는 한, 우리 황실도 똑같이 의무를 준수할 것이다.


　양국의 관계는 상업 이외의 분야에도 관련되었다. 1590년 6월 술탄 무라드 3세가 엘리자베스 여왕에게 보낸 것으로 영국의 공문서국에 보관되어 있는 한 편지에는 다음과 같은 결론이 있다.³


　당신이 분쟁 중인 스페인 이교도들에 맞서 공격한다면, 당신은 신의 도움으로 승리할 것입니다. 체포되는 자들을 칼과 화살의 제물로 만드는 데 주저하지 마십시오. 서로 교신할 필요가 있는 사항을 우리에게 빼놓지 말고 알려 주십시오. 지고지존하신 신을 찬미하기 위하여, 우리는 태만하지 않을 것이며, 적절한 시기에 스페인 이교도들에게 필요한 조치를 취할 것입니다. 그리고 우리는 어떤 경우라도 당신을 지원할 것입니다. 명심하십시오.

이슬람 국가들의 세퇴와 인접 기독교 국가들과의 실제 관계의 변화 탓에 이러한 치외법권적 협정은 그들에게 원래 의도된 이상으로 과도한 특권을 부여하게 되었다. 18세기 말과 19세기 초에 유럽 열강의 보호 무역 제도는 중요한 상업적, 재정적 이익을 얻었고, 이의 실천은 점점 발전되어 유럽 외교관들이 그들의 치외법권적 특권을 지나치게 남용하여 "베라트berat"라는 일종의 "보호 문서", "보호 증명서"를 남발하는 결과를 낳았다. 원래 이러한 증명서들은 지방에서 충원된 장교들과 유럽 영사관에 고용된 사람들만을 보호하기 위한 것이었다. 그런데 그 증명서들이 부정하게 팔리거나 점점 더 많은 수의 지방 상인들에게까지 확대되어 그들도 특권을 가진 보호받는 계층이 되었다. 오스만 정부는 이러한 부정을 막으려고 했으나 소용이 없었다. 18세기 말과 19세기 초에 술탄 셀림 3세는 유럽 열강의 영사들을 저지할 수 없어서 그들과 합세하기로 결심하고, 직접 무슬림이 아닌 오스만 국민인 기독교도들과 유대인 상인에게만 "베라트"를 발급했다. 이것은 특정한 법적, 재정적, 상업적 면세 혜택과 특혜 그리고 유럽인들과 무역할 수 있는 권리를 주어, 오스만 국민이 외국인과 다소 동등한 조건에서 경쟁할 수 있도록 하기 위함이었다. 그 효과는 새로운 특권계층의 형성으로 나타났는데, 특히 오스만 그리스인들은 그들의 해상기술과 좋은 기회 덕분에 곧 탁월한 지위를 획득했다. 19세기 초 이 제도는 무슬림 상인들에게도 확대되었지만, 이것을 이용할 수 있는 사람은 매우 적었다.

더욱 활동적이고 더욱 복잡한 사회의 상업적 영향에서 자극을 받은 비교적 단순한 경제적 사례는 역사 속에 더 있다. 중동에서는 예외적으로 대리인과 변화의 직접적인 수혜자들은 국내외를 막론하고 모두 이방인들이었다. 외국인들은 물론 유럽인들이었다. 그러나 이슬람 국가 내부에서도 그 주역들은 실제로는 외국인은 아니었다고 하더라도 지배적인 다수 사회에서 주변 세력으로 취급받는 종교적인 소수인들이었다. 튀르크어의 일상어는 유럽에서 온 외국인을 지칭하는 "프랑크인Franks"이라는 용어와 겉으로만 유럽화된 토착 레반트 사람을 지칭하는 "단물 프랑크인sweet-water Franks"을 구분했다.

20세기 초에 들자 재정 분야에서 외국인과 소수 집단의 지배가 압도적이었다. 1912년에 작성된 이스탄불에 있는 40명의 개인 은행가의 목록에서 밝혀진 명단에는 12명의 그리스인, 12명의 아르메니아인, 8명의 유대인 그리고 5명의 레반트인과 유럽인이 포함되어 있다. 또한 이스탄불에 있는 34명의 주식 중개인 목록에는 18명의 그리스인, 6명의 유대인, 5명의 아르메니아인이 포함되어 있지만, 오스만인은 한 명도 없다.

그리스인, 아르메니아인 그리고 튀르크계 유대인들은 종교만이 아니라 언어에 의해서도 그들의 이웃과 격리되어 있었다. 아랍어 사용 국가에서는 적어도 이러한 분리는 없었는데, 왜냐하면 기독교도들과 유대인들 모두 그들의 무슬림 이웃들과 공통 아랍어를 함께 사용하고 있었기 때문이다. 이것은 1830년대 이후부터 베이루트 항구 주변에서 성장한 새로운 기독교 상업 부르주아들이 19세기 중반까지 그전에는 좀처럼 누릴 수 없었던 것, 즉 번영을 누리고 교육받은 사람으로서 아랍어를 구사하는 중산층으로의 발전을 가능하게 해주었다. 비록 여전히 기독교적 정체성 때문에 커다란 정치적, 사회적 역할을 할 수는 없었지만, 그들의 능력과 아랍어 구사는 아랍 문화 부흥에 중요한 기여를 했다.

오스만 제국의 종교적 소수 집단들은 중동 국가 내에서 힘 있고 영향력 있는 지위를 획득하게 되는 두 번째 형태의 서구 침투에도 개입했다. 퀴취크 카이나르자 조약 후, 러시아인들은 오스만 제국의 기독교 정교 공동체를 실질적인 보호령으로 만들었다. 기독교 정교도들은 그리스와 발칸 지역 거주민의 대다수와 아나톨리아와 시리아 땅에서 중요한 소수 집단을 형성하고 있었다. 정교도의 보호자 지위를 얻은 차르(러시아 황제)는 그들이 오스만의 중요 인사들에게 상당한 영향력을 행사하게 해주었다. 프랑스 역시 술탄의 로마 가톨릭 시민들에 대해서 비슷한 보호 제도를 발전시켰다. 이 보호령은 비록 기독교 정교도들보다 수는 적었지만 특히 레바논의 마론파 교회 교도들을 이에 포함시켰다는 점에서 중요했다. 이러한 종교적 소수 집단을 보호하려는 요구 측면에서 영국은 경쟁자인 러시아나 프랑스와 비교했을 때 불리했다. 프로테스탄트 공동체는 영국, 독일, 미국 선교사들의 노력에도 불구하고 그 수가 미미했다. 영국의 외무장관들은 때때로 유대인 혹은 드루즈파와 같은 다른 소수 집단으로 영국의 보호 제도를 확대하려고 시도했다. 이러한 소수 집단들이 그러한 보호를 요청하고 또 필요로 했는지는 의심스럽지만, 보호 제도에 대한 그들의 봉사는 아마 쓸모가 있었을 것이다. 압도적인 프로테스탄트 세력인 독일도 영국과 비슷하게 불리했지만, 결국 그들의 보호령을 오스만 제국 전역에 확대함으로써 그러한 문제를 해결했다.

그러한 종교적 보호 제도는 여러 가지 형태를 취했다. 분명한 관심은 보호받는 종교에 속하는 오스만 시민들의 이익과 복지에 맞추어졌다. 19세기의 상황에서 오스만의 약화와 유럽의 강성은 치외법권적 제도에서 분명해졌고, 이 제도는 거의 모든 분야의 오스만 내정에 무한정한 간섭을 초래했다. 더욱이 오스만 제국의 기독교도와 유대인의 종교적, 교육적 필요성은 점차 선교, 학교 그리고 다른 교육적, 문화적, 사회적 기구의 네트워크를 확장시켰다. 이들은 대부분 기독교도들이거나 몇몇 유대인들 그리고 세속적 관리들이었고, 소수 학생들뿐만 아니라, 점차 많은 수의 무슬림들도 끌어들였다. 중동에 있는 서구식 학교 출신들은 더 고등한 교육을 받기 위해서 서양에 있는 대학에 진학했고, 19세기 후반부터는 서양의 대학들이 많은 중동 도시에 세워졌다. 교육은 후원 세력의 문화적, 나아가 궁극적으로 경제적, 정치적 영향력을 확장하는 중요한 수단이 되었다. 이 분야에서는 처음에 프랑스가 가장 성공적이었고, 이탈리아, 영국, 독일, 미국이 뒤를 이었다. 러시아의 노력은 비록 기독교 정교도들 사이에서는 중요했지만, 비교적 미미했다. 서양 선교사들은 겨우 일부 무슬림들을 개종시킬 수 있었다. 무슬림들은 단지 그들의 표면적인 선교 대상일 뿐이었다. 그러나 배교가 이슬람 법에서 사형으로 다스려지는 중죄인 상황에서 배교한 무슬림들은 기독교 주민들에게 어느 정도 영향을 끼쳤다. 그리고 일부 정교도 아르메니아 교회, 기타 동방 교회교도들도 일부 여러 분과의 프로테스탄트 로마가톨릭으로 개종했다.

열강의 또다른 종교적 관심사는 예루살렘과 팔레스타인 내 성지의 보호였다. 수 세기 동안 이 문제는 그것을 얕잡아보면서도 전반적으로 실제적인 중재자 역할을 하는 오스만 당국과 토착 교회 간의 뜨거운 논쟁거리였다. 각자 자신들의 교회의 보호자로서 열강이 개입하자 지역 불화가 국제 갈등으로 비화했고, 이는 크림 전쟁의 개전에 한몫을 하게 되었다.

보호 제도는 치외법권 제도에 힘입어 오스만 제국 내에서 광범위한 사법권과 권력을 획득한 유럽 대사관과 영사관을 통해서 실시되었다. 그들은 자국의 법을 시행하고, 자신들의 행정과 감옥 그리고 심지어 우체국까지 가지고 있었다.

유럽의 교육을 수용하려는 중동의 노력 중에서 특히 중요한 것은 군사 교육이었다. 전투의 결과는 현재 유럽의 군사 기술이 이슬람 세계보다 우위에 있다는 사실을 보여주었다. 이슬람 국가는 이제 유럽으로부터 배우는 신세였다. 꽤 오랫동안 유럽인들은 개인적으로 오스만에 와서 군사 전문가나 고문관으로 기회를 엿보았으며, 그들 중 몇몇은 뛰어난 업적을 쌓았다. 그러나 18세기 후반이 되자 그러한 사설 교육으로는 더 이상 충분하지 않았다. 그리하여 1793년 가을, 술탄은 프랑스에서 데려오기를 원하는 장교와 기술자 명단과 함께 메시지를 파리로 보냈다. 몇 년 후에는 더욱 길어진 두 번째의 긴 목록이 이스탄불에서 프랑스의 공공안전위원회로 보내졌다. 1796년 오스만 제국에 새로 부임하는 프랑스 대사가 프랑스 군사 전문가 집단을 데리고 왔다. 프랑스-오스만 간 군사 협력은 1798-1802년의 전쟁(제2차 대프랑스 동맹)으로 중단되었는데, 이 전쟁에서 양국은 서로 적대적인 입장에 섰다. 그러나 이 협력은 다시 재개되어 양국은 다시 동역을 맺었고, 1806-1807년(제4차 프랑스 동맹) 오스만에 대한 영국과 러시아의 공격이 있게 되자 이 관계는 최고 수준에 도달했다.

1830년대에 새로운 것이 시작되었다. 개혁 성향의 술탄 마흐무드 2세는 군을 현대화하기 위해서 서구 정부의 도움을 갈구하고 있었다. 1835년에는 프로이센 군사 사절단이, 1838년에는 영국 육군 사절단이 도착하면서 새로운 관계가 시작되어 20세기까지 지속되었다.

이집트에서는 이와 비슷한 발전이 더 빨리 시작되었다. 오스만 총독인 무함마드 알리 파샤가 독립공국을 설립하려고 시도하고 있었다. 그 역시 개별적으로 특히 프랑스를 중심으로 한 외국의 군사 전문가나 군사 기술자를 불러들이기 시작했다. 1824년에는 프랑스에서 모든 필요한 군사 사절단을 초빙했는데, 당시 프랑스에는 나폴레옹의 마지막 패배 이후 많은 군인들이 일자리를 찾는 상황이었다. 이 사절단은 오랫동안 이어질 교류의 시작에 불과했다.

유럽의 세력 중심에서 더 멀리 벗어나 있던 이란에서는 변화의 속도가 느렸다. 이란은 나폴레옹 시대에 처음으로 유럽 정치에 개입되었다. 그리고 영국과 프랑스 양국이 1807-1808년에 처음으로, 1810년에 두 번째로 이란 군대를 훈련시키기 위해서 군사 사절단을 파견했다. 그후 러시아, 프랑스, 이탈리아에서 온 많은 장교들이 교관으로 봉직했지만, 그 효과는 제한적이었다. 이란 군대의 근대화는 20세기가 되어서야 진정으로 시작되었다.

군사 교관단은 서유럽과 주로 영국, 프랑스, 프로이센(후일에는 독일)에서 왔다. 일부 이탈리아인들도 교관으로 왔고, 미국 남북 전쟁 후 국내에서 더 이상 직업을 구할 수 없었던 미국인 장교들도 이집트에서 일자리를 구할 수 있었다. 러시아는 20세기가 될 때까지 이란에만 교관이나 고문관을 보냈다.

군사 교육의 여파는 상당했다. 중동 학생들을 서구의 육해군 사관학교에 보내고, 중동의 장교양성 학교에서 강의할 서양인 장교를 초청하고, 서양인을 군대의 고문이나 행정관으로 고용하고, 서양으로부터 무기와 장비, 기술 등을 도입하는 일들이 일어났다. 이러한 과정은 그 규모와 중요성에서 1950년대와 그후에 일어난 것에는 결코 미치지 못했지만, 그럼에도 이것은 19세기와 20세기 초 열강 정치에서 상당히 중요한 요인이었다.

19세기 내내 유럽 열강은 중동의 내부 경제 문제에 더욱 직접적으로 개입했다. 그리하여 중동은 점차 무역과 금융에서 국제적 연계에 연루되었다. 그 결과로 빚어진 변화는 중동 생활의 거의 모든 측면에 영향을 주었다.

그 직접적인 결과 중 하나는 수 세기 동안 버려졌던 땅을 이용함으로써 경작지가 엄청나게 확장되었다는 것이다. 이 경작지는 보호 조건이 개선되고, 땅이 개간되며 광범위한 관개 시설이 도입되면서 이용될 수 있었다. 환금 작물들이 수출을 목적으로 도입되어 수확량이 매우 증가했는데, 면화, 실크, 담배, 대추야자, 아편, 커피, 밀, 보리 등이 대표적이었다. 호구지책에서 환금작물로의 변화는 법률 체계의 서구화와 동시에 일어나면서 토지 소유에 중요한 변화를 가져왔다. 일반적인 변화는 마을이나 공동체 혹은 부족 단위 소유권의 쇠퇴와 유럽식의 자유 소유권의 확대였다. 이러한 농업의 팽창은 부분적으로는 정부에 의해서, 부분적으로는 자유 지주 계층의 등장으로 시작되었지만, 근원적으로는 대부분 토착적인 기반에서 이루어졌다. 그러나 필요한 자본의 많은 부분이 차관이나 투자의 형태로 외국에서 들어왔고, 치외법권적 특권에 의해서 정부의 보호를 받는 유럽 회사들은 중동 국가의 자원 개발을 지배했다.

외국 기업과 외국 기술은 또한 공공 서비스 분야의 발전에 결정적인 역할을 했다. 전보, 동지중해의 주요 항구, 이집트, 오스만, 시리아, 이라크의 철도는 물론 물, 가스, 대중교통 그리고 후에는 주요 도시에 전기와 전화에 이르는 공공시설이 발전된 것이다.

국내 증기 여객선이 이스탄불과 흑해, 에게 해 노선을 연결했지만, 유럽과의 연결은 외국 선박의 몫이었다. 1825년에 오스트리아 회사가 운행을 시작했고, 곧 프랑스, 영국, 러시아, 이탈리아의 정기선이 오스만과 유럽의 항구들 그리고 제국 내 다른 지역 사이를 오갔다. 1837년에는 눈에 띄는 발전이 이루어졌다. 영국의 정기 증기선이 육로 연계를 통해서 유럽과 알렉산드리아 그리고 인도와 수에즈 노선을 운항하기 시작하면서 두 항구 사이에 우편물, 상품, 여객들을 실어나른 것이다. 이것들은 처음에는 내륙에 있는 수로를 통해서 증기 보트로 옮겨진 뒤 새로 건설된 도로를 통해서 마차로 운반되었다. 1851년 이집트의 철도 부설과 1869년 수에즈 운하의 개통은 이집트를 다시 한번 유럽과 남아시아 사이의 주된 교통로, 즉 세계 교통의 중심지로 만들었다. 이 시기에 카스피 해와 걸프 해에서의 증기선 항해의 발전은 이란과 러시아 및 서유럽을 더 가깝게 연결해주었다.

유럽의 금융 침투라는 새로운 국면은 크림 전쟁 기간에 시작되었다. 오스만 정부는 18세기 후반과 19세기 초반까지 국채를 발행하여 자금을 조달해왔다. 그러나 크림 전쟁은 그들로 하여금 유럽 자금 시장의 유동자금이라는 새로운 종류의 차관을 구하도록 했다. 그러한 최초의 차관은 1854년 영국으로부터 6퍼센트 이자로 300만 파운드를 조달한 것이었다. 두 번째로 그 다음 해에 4퍼센트의 이자로 500만 파운드가 조성되었다. 1854년-1874년 사이에 외국 차관은 거의 매년 증가해서 공식 합계가 약 2억 파운드에 달했다. 같은 기간 동안 이 지역에서 은행 사업이 급격히 팽창했다. 20-30년 전에 이미 영국과 다른 개인 은행가들은 지중해 항구 여러 곳에 은행을 설립했다. 1850년대 중반부터 일련의 주요한 변화가 일어났는데, 영국, 프랑스, 독일, 이탈리아 은행의 주요 지점은 물론, 이집트 은행(1855), 오스만 은행(1856), 앵글로-이집트 은행(1864) 그리고 기타 다른 은행 등과 같은 합자은행이 중동에 세워졌다. 이러한 은행들은 전적으로 유럽인 소유였고, 그들끼리 중동의 금융을 지배하게 되었다. 진정한 의미의 오스만, 이란, 이집트 혹은 아랍 은행들이 세워진 것은 제1차 세계대전 이후였으며, 이들이 전체적인 재정 운영에서 중요한 부분을 지배하게 된 것은 제2차 세계대전 이후였다.

　오스만 튀르크는 위험 부담이 컸기 때문에 아주 불리한 조건에서 차관을 제공받았다. 이 자금의 대부분은 정기적인 예산 지출을 충당하는 데 사용되거나 비경제적 사업에 쓰였다. 그 결과 오스만 정부가 이자와 상환금을 갚을 수 없게 되자, 1875년 10월 6일 파산 사태가 발생했다. 협상 끝에 유럽 채권단 대표들과 법인회사는 "1881년 12월 20일 조치"로 합의를 도출하고, 외국 채권자들의 직접적인 통제를 받는 "부채관리위원회"를 발족시켰다. 이 위원회의 임무는 오스만의 공공부채 업무를 책임지는 것이었는데, 이를 위해서 오스만 정부는 "부채가 완전히 청산될 때"까지 일정한 수입을 위원회에 양도했다. 1911년까지 부채관리위원회의 총 직원 수는 8,931명이었고, 오스만 재무부 자체의 인원은 더 많았다. 이집트에서도 이와 비슷한 부채, 파산, 재산 관리 과정을 거쳤다. 1880년의 "청산법"으로 마무리된 이 과정은 이집트 전체 수입의 절반을 이집트 정부의 운영비로 할당하고, 나머지는 감채 기금을 제한 뒤, 부채 업무에 책정했다. 양국에서 19세기 초에 추가 차관도입 계약이 이루어졌지만, 이번에는 채권자들이 그들의 투자를 보호할 수 있는 다양한 조치들을 마련하고, 최소한 그들의 자본 대부분이 생산적으로 쓰일 수 있도록 내용을 분명히 했다.

이러한 모든 변화와 유럽 기업과 외국인 및 소수민 특혜자들의 급속한 활동의 팽창에도 불구하고, 대중의 지위는 거의 변하지 않았다. 중요한 한 변화는 인구였다. 수 세기 동안의 침체와 쇠퇴를 거듭한 후에, 19세기에 들어서 인구가 크게 증가하기 시작했다. 이용 가능한 몇몇 자료가 그 예로서 충분할 것이다. 이스탄불과 아나톨리아 그리고 섬 인구는 1831년에 약 650만 명에서 1884년에 1,130만 명으로 그리고 1913년에는 1,470만 명으로 늘어났다. 이집트의 추정 인구는 1800년에 약 350만 명에서 1846년에 458만 명, 1882년에 680만 명, 1897년에 971만 명, 1907년에는 1,129만 명으로 늘어났다. 그러나 도시나 시골 노동 인구의 생활 수준은 거의 개선되지 않았으며, 오히려 나빠진 면도 있었다. 동시에 하류층의 변화 없이 진행된 상류층의 사회적 서구화는 복잡한 충성심의 구조나 의무 그리고 구질서 속에서 그들을 함께 묶어두었던 공유된 가치관 등을 약화시켰고, 새로운 갈등과 새로운 지도력에 길을 열어주었다.

오스만 세계의 군사적, 정치적, 경제적 쇠약은 기독교 유럽과 비교하여 다양하게 설명되어왔다. 한편으로 지리상의 발견 이후 서구 세계는 일련의 기술적, 경제적, 사회적, 정치적 변화와 관련해서 거대한 도약을 이룩했는데, 이슬람 세계에는 이에 상응하는 것이 없었다. 그러나 유럽의 진보만 가지고는 충분한 설명이 되지 못한다. 오스만 세계 내부에서도 많은 쇠퇴의 징조가 감지되었다. 유럽의 정부가 그들의 새로운 역할을 유지하기 위해서 부와 권력을 얻어가고 있을 때, 술탄은 수도에서는 장관과 궁정관리들에게, 지방에서는 자치적인 세습 통치자들에게 모든 권력을 잃고, 명목상의 주권만을 유지하고 있었다.

이러한 권력의 쇠퇴는 토지소유 제도와 조세 제도에서 광범위한 변화를 수반했다. 전통적인 오스만 질서에서 군사와 재정적 토지 제도의 중심축은 "티마르"라는 봉토와 "시파히"라는 기마병이었다.

시파히 제도는 16세기 초와 중반에 그 전성기를 이루었다. 그후 19세기 초까지 사라지지는 않았지만 서서히 쇠퇴하기 시작했다. 시파히가 중요성을 잃자, 이들은 전쟁터에서는 정규 부대로 대치되고, 시골에서는 세금 징수인으로 대치되었다. 시파히의 사망이나 해직으로 티마르가 비어 있을 때 이 티마르는 새로운 시파히에게 다시 부과되는 것이 아니라, 국고의 세수 증대를 확보하기 위해서 국가 지배로 재흡수되었다. 그러나 이러한 수입은 대부분 국가 공무원들에 의해서 직접 징수되지 않았다. 대신에 이 티마르는 확정된 연간 세율의 세금 징수 토지로 매각되는데, 그 세금 징수인은 1년 동안 세금 징수 토지로부터 거둔 권리를 담보로 미리 세금을 납부하게 된다. 그러나 이러한 세금 징수 토지의 허용 기간이 남용되며 점점 더 길어지자, 마침내 영구 토지 형태인 "말리카네malikâne"라는 제도로 이어졌다. 비록 이 형태는 이론적으로는 사용기간이 제한되어 있는 세금 징수 토지이지만, 실제적으로는 영구적인 자유 토지가 되었고, 심지어 상속하거나 양도할 수도 있었나. 17세기 말까지 이 제도는 제국의 많은 지역에 소개되었고, 18세기 내내 이 제도를 폐지하려는 노력에도 불구하고 일반적인 형태가 되었다.

말리카네 제도는 농촌의 실제적인 통치자가 된 아얀들에게 경제적 기반을 제공했다. 중앙정부의 쇠약과 지방에 대한 효과적인 영향력의 상실은 아얀이 정치 권력을 잡고, 심지어 자치적 지방 통치자가 되도록 했다. 세금 징수 토지는 정부로부터의 구입이나 양도, 명령, 권위를 이용한 단순한 강탈 등 여러 가지 방법으로 자유 토지 제도로 변환되었다.

이러한 이들은 출신이 다양했다. 이들 중에는 부유한 지주, 무역업자, 이 제도가 군사적 봉토보다 수익이 더 높으면서 위험 부담이 적은 영구적인 형태라는 사실을 알아챈 일부 시파히들 그리고 대리인을 통하거나 직접 사업에 종사하던 상당수 조정과 하렘의 관리들이 포함되어 있었다. 이제 이들은 자유 토지 소유 귀족층을 닮아가기 시작했고, 오히려 임명직 정부관리보다 더 인정받는 그들의 지도자와 대표자들을 스스로 선택했다.

아얀들의 경제력이 커지면서 그들은 법과 질서를 유지하는 역할까지 맡게 되었다. 이 때문에 그들은 자신들의 군대를 양성했고, 그중 일부는 특정 지역의 세습적인 통치자가 되기도 했다. 아얀들의 세력이 더 커지자 이스탄불 정부는 이들에게 대부분의 지방 행정과 몇몇 지방 도시의 운영을 맡기는 것이 유익하다는 사실을 깨달았다. 1786년 아얀들의 성장을 두려워한 술탄과 그의 정부는 이들을 지방 정부에서 축출하고 관료 시장을 임명하려고 했지만, 곧 관료 시장제를 폐지하고 아얀들의 통치를 회복해야 했다.

이때 아얀은 지방의 지배층이나 지사 이상이었다. 18세기 초부터 아나톨리아에 있는 지방 통치자들은 매우 넓은 지역을 통제하기 시작했다. "데레베이 derebey", 즉 "산골 족장"으로 알려진 이들은 출신이 다양했다. 처음 그들 중 일부는 중앙정부의 지방 관료 출신들이었고, 또다른 일부는 지방의 지배 가문 출신이었다. 이들은 중앙정부의 묵인하에 술탄에게 종속되기보다는 봉신의 관계로 자치적이고 세습적인 공국을 건설했다. 전쟁 시에 이들은 술탄 군대의 분견대 기능을 했는데, 그들 대부분은 준봉건적 징집병으로 구성되었다. 이들은 술탄으로부터 총독이나 지방 행정관 같은 형식적 직위를 받았지만, 자신들의 영토 안에서는 사실상 독립적이었다. 19세기가 시작될 때까지 아나톨리아의 거의 대부분 지역이 다양한 데레베이 가문의 수중에 있었다. 카라만과 아나돌루 두 지방만이 이스탄불의 직접적인 행정 치하에 남아 있었다.

발칸 반도에서도 비슷한 발전이 일어났다. 사실상의 지배가 야나나 지역의 총독인 테페델렌리 알리 파샤, 비딘 지역의 총독인 오스만 파즈반톨루 파샤와 같은 지방 통치자들에 의해서 이루어졌는데, 그들은 스스로 군대를 양성하고, 세금을 거두고, 화폐를 주조하고, 심지어 외국과 외교관계도 유지했다. 공무원은 물론 알리 파샤의 많은 군사들도 그리스 사람들로 충원되었고, 그리하여 그리스인들은 독립에 필요한 기법과 독립을 위한 경험을 얻게 되었다. 오스만 제국의 아랍어 사용권에서 이집트는 사실상 자치국이 되었다. 한편 이라크나 중부와 남부 시리아에서도 총독이 형식상 중앙정부에 의해서 임명되었음에도 사실상 독립 왕조처럼 행동했으며, 심지어 지방 부족장이나 봉건영주들과 세력 다툼을 벌였다. 아라비아 반도에서도 오스만 정권은 견고하게 구축된 적이 한 번도 없었다. 종교적 부흥 운동인 와하비Wahhābī에 의해서 고무된 사우드 가家라는 새로운 왕조가 등장하자 오스만 정권은 공공연하게 조롱을 당했다.

18세기까지 왕실 관료학교 채용 인원의 대부분을 캅카스 출신 노예들이 차지했고, 이곳에서 제국의 많은 통치자와 행정가들이 계속 배출되었다. 그렇다고 해서 이 학교 출신들이 한때 지배 엘리트 계층을 이루었던 발칸 출신들의 자리를 모두 차지했다는 의미는 아니다. 한때 노예 출신이 장악했던 분야는 물론, 궁정에도 발칸 출신의 상당수가 남아 있었고, 관료 충원은 처음에는 남용되었지만 후에는 관습으로 인정되어 자유민 무슬림에게도 개방되었다. 데브쉬르메를 통한 신선한 인재의 유입 감소와 중단은 부분적으로 캅카스 출신 노예의 유입으로 일시 호전되었다. 국가 업무에 종사할 적절한 인원의 부족은 결과적으로 이전에는 서로 다른 분야로 분리되었던 장벽이 약화되고, 전에는 군부나 노예 출신 행정 엘리트들이 장악했던 지방 총독과 심지어 수상직과 같은 관직에 민간 출신 관료들이 등장하게 되는 결과로 이어졌다.

18세기 오스만의 체제에는 2개의 주요 공무원 구조가 있었다. 하나는 데브쉬르메로 충원된 후손들에 의해서 운영되는 관료제이고, 다른 하나는 울라마로 알려진 종교적 상부계층이었다. 공무의 모든 부서에서는 전문성과 경력이 세습화되어가는 경향이 있었다. 이런 현상은 울라마들 사이에서 특히 더 두드러졌는데, 그들은 일반적으로 불안정한 시기에 그들 가족의 재산을 보존하고 이전하기 위해서 종교재단에 관한 이슬람 법을 이용했다. 1717년 영국인 목격자인, 레이디 메리 워틀리 몬터규가 울라마에 대해서 예리하게 언급한 내용이 있다.[4]

이 부류의 사람들은 법과 교회, 양쪽 모두에서 승진할 수 있는데, 이 두 분야는 결국 하나여서 법률가와 성직자는 동일한 단어가 되었다. 그들이야말로 제국 내에서 정말로 잘나가는 사람들이다. 모든 이익이 되는 고용과 교회 수입이 그들 손에 있다. 백성들의 상속자인 대군주도 그들의 토지와 돈을 결코 건드리지 못하고, 그 재산은 그들의 자식들에게 아무 장애 없이 상속된다. 그들의 이런 특권은 왕실의 어떤 관직이나 직책을 수락하면 상실되지만, 그들 중 그런 어리석은 행동을 한 예는 거의 없다. 당신은 아마도 제국의 모든 지식과 거의 모든 부를 독점해온 이 사람들의 세력을 쉽게 판단할 수 있을지도 모른다. 혁명을 행동으로 옮긴 주역들은 물론 군인들이겠지만, 그 시나리오를 쓴 진정한 작가는 이들이다.

따라서 술탄은 새롭게 형성된 지배계층과 지사들에게 지방 통치권을 상실해감과 동시에, 새로 형성되었거나 기존의 세습적 권력 집단과 중앙 권력 자체도 나누어 가져야만 했다. 세습적 토지소유 계층과 지배자의 형성을 막기 위한 술탄의 기나긴 투쟁은 처음에는 성공적이었으나, 결국은 실패하고 말았다. 쇠퇴기에는 토지를 소유하고, 세금을 징수하고, 법을 실행하며 지방과 궁극적으로는 수도, 나아가 통치권 자체를 차지하기 위해서 서로 싸우는 새로운 집단들이 등장했다.

현 상태의 오스만 역사 연구에서 이러한 집단들을 정확하게 규명하고 정의할 수는 없다. 다만 우리는 모호함 속에서도 17세기 후반과 18세기에 이스탄불에서 서로 적대적이었던 집단들의 형태와 이해관계가 충돌하고 합치하는 사건들을 통해서 막연하나마 그 윤곽을 간파할 수 있다.

그중의 하나가 후에 쉬블림 포르트Sublime Porte*로 알려진 대재상이었다.

---

\* 오스만 제국 정부를 가리키는 말. 튀르크어의 바비알리(Bâbiâli : 높은 문, 고관들의 문)를 프랑스어로 번역한 것인데, 한때 유럽인들이 오스만 제국 정부를 지칭하는 말로 쓰였다.

이 직책은 술탄과 쇠퇴하는 제국위원회의 진정한 권력으로서, 권위와 정부의 실질적인 중심이 되었다. 대재상 아래에 단합되고 강력한 직업적 충성의식을 가진 고위관료들과 거대한 관료 조직이 있었다. 이들은 수도의 명문 행정 가문들의 밑바탕이었는데, 그들의 출신 배경은 멀리 발칸인으로까지 거슬러올라간다. 이들은 또한 수도와 지방 도시의 교육받은 자유민 무슬림 주민들에게 일자리를 제공하기도 했다.

대재상의 막강한 경쟁자는 제국의 궁정이었다. 궁정은 부분적으로는 세습적인 사회계층화 되어갔지만, 여전히 캅카스나 아프리카 노예들의 새로운 유입으로 크게 영향을 받고 있었다. 아프리카 노예들은 비천했지만, 내시로서 막강한 권력 상층부에 이를 수 있었다. "소녀 관리장Kızlar Ağası"으로 불린 흑인 내시장은 오스만 왕실에서 가장 영향력 있는 사람들 중의 하나였다. 왕실 측근들은 최고 통치권자에게로의 접근을 통제하는 엄청난 이점을 누렸고, 종종 제국 내에서 막강한 힘을 발휘하거나, 심지어 자신이 지명한 자를 대재상으로 임명하게 할 수도 있었다. 역사가들은 이러한 왕궁 지배 기간을 "첩들과 내시들에 의한 통치"라고 낙인찍고, 이기적이고 탐욕스럽고, 무책임한 대신들과 그 관료들을 비난하는 고관들에게 동정을 표한다.

권력 투쟁을 단순히 정부와 왕궁, 즉 관료들과 대신들 간의 충돌로 묘사하는 것은 지나친 단순화이다. 각각은 또 많은 파벌과 붕당으로 쪼개져서, 때로는 분리의 선을 넘어 서로 일시적으로 연대하기도 했다. 이러한 투쟁에 영향을 끼치는 다른 이해 당사자들도 있었다. 예니체리와 종교계층, 독자적인 정치와 이해를 가진 독립 집단, 중앙과 지방관료, 대부분 상당한 돈을 주고 이스탄불에 대리인을 거느리고 있는 지방의 귀족과 소군주들, 비록 형식적으로는 정치생활에서 제외되어 있었지만 왕실과 정부 양쪽에 동반자 관계와 이해를 가지고 있는, 주로 그리스인 중심의 상인과 금융업자들, 그리고 그 수와 중요성은 감소했지만 여전히 위기의 상황에서 일정한 역할을 하는 잔존

봉건기병대들이 그들이다.

　대신들과 관료, 노예와 자유인, 캅카스인과 루멜리인*들이 서로 정부 부서를 지배하고 강탈하기 위해서 다투는 동안, 제국 그 자체는 당시 많은 사람들이 보던 대로 죽어가고 있었다. 그러나 제국은 아직 죽지 않았다. 18세기의 가장 암울했던 시기에도 제국은 외세나 토착 경쟁 세력들로부터 거의 모든 무슬림 지역을 지킬 만큼 충분한 힘을 모을 수 있었다. 더욱 놀라운 사실은 아직도 수도와 지방에서 제국을 위해서 봉사하고, 분열과 무질서에서 비롯된 최악의 상태에서도 제국을 지킬 충성심 있고 성실한 사람을 충분히 찾을 수 있다는 점이었다.

　그러나 18세기 말, 술탄과 그의 조언자들은 그들이 위기에 직면했음을 잘 알고 있었다. 제국이 여전히 지방의 반란적 통치자로부터 단기적인 종주권을 회복할 수 있었다고 하더라도, 영토의 분열과 권위의 위축을 막을 수는 없었다. 또한 러시아와 오스트리아와의 전쟁에서 그들이 승리한 것은 그들 자신들 덕분이 아니라, 적들 상호 간의 분열과 의심, 즉 프로이센의 팽창에 대한 공포와 프랑스에서의 새로운 대격변에 대한 알 수 없는 위협 때문이었다.


# 3. 응전
## 서구화와 개혁 그리고 종교적 반응


수 세기 동안 무슬림들은 자신들이 "신의 진리"를 소유한 자로서 그 진리를 인류에게 전달하는 신성한 의무를 가졌다는 역사관에 익숙했다. 그들이 속한 이슬람 공동체는 지구상에서 신의 목적을 구현하는 존재였다. 그들을 통

---

*　유럽 쪽 튀르크인, 즉 발칸인.

치해온 이슬람 지배층은 신으로부터 받은 메시지의 수호자로서, 성법을 적용하고 유지하며 이 법이 지배하는 지역을 확장해야 하는 신이 부여한 의무를 지닌 사람들이었다. 이러한 과정에 원칙적으로 제한은 없었다. 16세기, 미국에 관한 최초의 이슬람 측 책으로서 오랫동안 유일했던 작품의 튀르크인 저자는 유럽인들이 "신세계"라고 부르는 지리상의 발견과 그 정복을 기술하면서, 머지않아 이곳은 이슬람에 의해서 깨우쳐지고 오스만 영역이 될 것이라고 경건하게 희망하고 있다.

이슬람 국가와 그 이교도 이웃 사이에는 피할 수 없는 전쟁이 끊임없이 계속되었는데, 이 전쟁은 진정한 믿음이 불신에 대해서 필연적인 승리를 거두고, 전 세계가 이슬람의 세계로 들어옴으로써 끝이 날 것이었다. 한동안 이슬람 국가와 공동체는 야만과 불신이라는 외부의 어둠에 둘러싸인 유일한 개명開明과 진실의 보관소였다. 이슬람 공동체에 대한 신의 호의는 무함마드 시대 이래로 나타난 이 세상에서의 승리와 힘으로 증명되었다.

중세로부터 물려받은 이러한 믿음은 이슬람 군대가 기독교 왕국의 심장부에 도달해 있었던 15-16세기에 위대한 오스만의 승리로 더욱 강화되었고, 18세기에 일시적이기는 했지만 때때로 인상적이었던 이슬람 군대의 승리로 되살아났다. 무슬림에게 새로운 상황을 받아들이는 일은 느리고도 고통스러운 재조정 작업이었다. 그 새로운 상황에서 일련의 사건들은 무슬림이 아니라 적대적인 기독교도들에 의해서 결정되었고, 무슬림 국가의 생존은 한때 몇몇 기독교 세력의 도움이나 심지어 그들의 선의에 의존해야 했다.

전쟁에서의 패배는 가장 적절하고 명료한 논쟁거리였다. 오스만 지배계층이 처음으로 전쟁에서의 결정적 패배를 가슴 깊이 새기며, 서양을 탐색하고, 모방할 가치가 있는 것을 찾으려는 시도를 하기 시작한 것은 카를로비츠 조약에 서명한 이후였다.

처음에 튀르크인들은 주로 군사적인 관점에서 그 문제를 보고 군사적인 처방을 제의했다. 기독교 군대는 전쟁에서 그들보다 우월하다는 것이 입증되었다. 그러므로 승리자들의 훈련방식과 기술, 무기를 받아들이는 것이 이득이 될지도 몰랐다. 18세기 중에 오스만 정부는 몇 차례 유럽의 전쟁방식을 가르치기 위한 훈련학교를 설립했고, 튀르크 장교들과 사관생도들을 가르치기 위해서 유럽 교관들을 고용했다. 이 작은 시작에서 곧 커다란 변화가 뒤따랐다. 과거에는 야만적이고 무신론자인 서구인들을 경멸하는 데 익숙했던 젊은 무슬림들이 이제는 그들을 교사로 받아들이고, 그들의 언어를 배우고 그들의 책을 읽어야만 했다. 18세기 말에 조작 방법 안내서를 읽고자 프랑스어를 배웠던 포병 기술학교의 오스만 튀르크 사관생도들은 다른 책에도 쉽게 접근할 수 있게 되었다. 그들이 터득한 몇몇 아이디어들은 포병 교관들이 그들에게 가르쳐준 다른 어떤 것보다 더 폭발적이었다.

군사개혁 이후, 두 세계를 갈라놓았던 장벽은 무너졌다. 인쇄출판에 대한 거부도 마침내 종식되어, 1729년 최초의 오스만 튀르크 제국의 출판사가 결국 승인을 받았다. 1742년에 폐쇄될 때까지 이 출판사는 17권의 책을 발간했다. 이 책들은 유럽 군대의 군사 기술에 대한 논문과 1721년 주 프랑스 오스만 대사가 프랑스에 관해서 쓴 긴 보고 내용을 담고 있었다.

서구의 문화적 영향은 아주 조금 남아 있었다. 번역된 책의 종류는 소수였고, 대부분 주로 정치적이고 군사적이며 실제적인 문제를 다루었다. 그러나 유럽의 문화 수출은 튀르크인의 취향을 지배하기 시작했고, 유럽의 영향들은 종교 건축과 심지어 오스만의 왕국 사원과 같은 곳에서 잘 보인다. 한 사회의 건축물은 그 사회 자체의 본질, 상태, 인식 등 많은 것을 나타낸다. 현대 뉴욕의 고층 건물들이나 고대 이집트의 피라미드와 사원, 그리고 이스탄불의 대왕궁 사원 등은 번성하고 팽창하는 사회의 힘과 자신감을 표현한다. 오스만 제국은 중세의 선조들이 그랬듯 모든 이슬람 국가들 위에 군림했는데, 가장 특징적이고 장엄한 건물들은 예외 없이 예배의 장소인 모스크들이다. 수 세기 동안 술탄들이 살았던 톱카피 궁은 비교적 중요하지 않아 보인다. 사실 이 궁전은 광대한 지역을 차지하고 매우 사치스럽게 지어졌지만, 주로 작은 건물들로 구성되어 있고 어느 것도 특별하게 인상적이지 않다. 이것은 새로운 술탄의 즉위식에서 축하하러 온 군중이 "술탄! 자만하지 마시오, 신은 당신보다 더 위대하오"를 외치며 인사하는 정신과 분명히 같은 맥락일 것이다.

건축 기법 측면에서 심대한 변화의 시작은 1755년 그랜드 바자르 입구에 세워진 누루오스마니예 사원에서 발견할 수 있다. 일반적인 구조는 장엄한 스타일의 오스만 제국의 사원이지만, 그 장식은 이탈리아 바로크를 떠올리게 만든다. 어떻게 보면 오스만 국가와 사회의 중심인 이 왕실 모스크의 이질적인 장식은 고딕 양식의 대성당에 아라베스크 장식이 있는 것만큼이나 놀라운 것이다.

19세기에 우리는 그러한 흔적들을 훨씬 많이 볼 수 있는데, 1853년에 지어진 것으로 추정되는 돌마바흐체 궁이 가장 독특하다. 여기에서는 두 가지 변화가 눈에 띈다. 첫째는 사원이 아니라 왕궁인 이곳에 술탄과 건축가들이 지나치게 재원을 낭비하면서 외부세계에 강렬한 인상을 심어주려고 애썼다는 점이다. 또다른 변화는 과거에 사람들의 취향에 따라 오스만 건물을 특징지었던 전통적 가치와 양식이 거의 완전하게 붕괴된 점이다. 웨딩 케이크 건축술과 거대하고 사치스러운 장식 그리고 유럽에서 수입된 양식과 주제의 특이한 혼합으로 이루어진 돌마바흐체 궁은 19세기 개혁의 야심에 찬 목적과 혼란스러운 방향감각을 생생하게 보여준다.

서구의 영향을 받았던 것들은 아주 적게 남아 있고, 유럽의 사상에 대한 노출은 아주 적은 소수의 집단에 한정되어 있었다. 그리고 이러한 제한된 침투마저 억제되거나 때로는 1742년 최초의 오스만 튀르크 출판사를 폐쇄하는 것과 같은 반사 운동에 의해서 뒤집어지기도 했다. 만약 군사적 패배가 주된 자극이었다고 한다면, 그 충격은 18세기 중에 다소 약화되었고, 그러는 동안 오스만은 자신을 지키고 심지어 일부 성공도 거둘 수 있었다. 그러나 이 충격은 명백한 힘을 얻으며 퀴취크 카이나르자 조약, 프랑스의 이집트 정복, 크림 반도 상실 등에 의해서 되살아났다.

19세기 초부터 오스만 제국은 영토 보전이라는 또다른 위협에 직면했다. 오스만의 국경 쪽으로 전진하는 외세 이외에도, 자치와 심지어 독립을 추구하는 지방 지도자들과 그러한 움직임이 여러 곳에서 일어났다. 오랫동안 지속된 이러한 경향의 일부는 이미 18세기에 분명히 나타났다. 아얀이나 데레베이들이 지방자치를 이루었고, 심지어는 지방을 통치하기 위해서 파견되었던 일부 불복종적인 파샤들은 스스로 지방공국을 만들어 통치하고 있었다. 수도의 권위를 회복하려는 오스만 중앙정부의 노력은 저항을 불러일으켰다. 처음에 저항 세력들은 상당한 성공을 거두었다. 1808년, 아얀과 데레베이들이 연합하여 이스탄불에 모여, 중앙정부의 몇몇 고위 관리들과 함께 그들의 요구를 관철시키는 상호지원협정에 서명했다. 이것은 새로 등극한 술탄 마흐무드 2세의 의지에 상당히 반한 것이었음에도 비준되었다. 그리하여 19세기 초에 오스만 술탄은 오스만 제국 내에서의 봉건적 특권과 지역자치를 인정하는 문서에 서명해야만 했다.

제국의 중부 지방에서 술탄은 점차 그의 권위를 회복하고 강화해나갈 수 있었다. 그러나 멀리 떨어진 지방에서는 그러기가 어려웠다. 아랍어를 쓰는 지역, 특히 아라비아, 이라크, 레바논 그리고 무엇보다도 이집트 등지에서 여러 형태의 독립적 통치자들이 실질적인 지배를 위해서 투쟁했고, 오스만의 통치권에 명목상의 복속만 표했다. 1805년부터 1848년까지 이집트의 지도자였던 유명한 무함마드 알리 파샤는 오스만 술탄에 대해서 외교적 투쟁, 나아가 군사적 투쟁을 시도했으나, 그를 완전히 패배시키려는 유럽 세력의 간섭으로 겨우 억제되었다. 그러나 그는 이집트를 자치적이고 세습적인 공국으로 만들 수 있었고, 근대화의 길로 이끌 수 있었다. 그의 계승자들은 20세기 중반까지 이집트를 통치했다. 이들은 칭호도 여러 번 바꾸었는데, 첫 번째는 장군이나 군사령관 격인 파샤에서 오스만 제국 내에서 이들의 준군주적 상태를 상징하는 케디브khedive*로 바뀌었고, 이어서 술탄으로, 그다음에는 독립을 선포하고 오스만과 동등한 권리를 주장하는 왕으로, 그후에는 영국식 군주가 되었다.

18세기 말에서 20세기 중반에 이르는 1세기 반 동안, 서구의 중동 지배는 모든 분야에서 엄청난 변화를 가져왔다. 어느 정도 이러한 변화는 서구의 통치자와 고문관들의 행동이나 간섭에서 기인했다. 그러나 대체로 이들은 그들의 정책에 조심스럽고 보수적이었다. 가장 결정적인 변화는 서구 사람들보다는 중동의 서구화주의자들에 의한 것이었다.

경제 분야에서 중동의 통치자들이 이룩한 업적은 비교적 미미하다. 특히 이집트와 오스만 튀르크 같은 일부 국가에서 정부는 때때로 강제적이고 급속한 산업화를 통한 국가통제 경제 발전 계획을 기획하고 이행하려고 했는데, 바로 여기서 그들이 서구의 부와 권력의 핵심을 발견했기 때문이었다. 이와 같은 계획은 19세기 전반 동안 매우 광범위한 규모로 도입되었지만, 지속적인 효과는 거의 없었다. 19세기 후반 동안 정부는 관개사업, 수송, 통신과 같은 "사회 간접 자본"이라고 불리는 보다 직접적인 생산 활동을 내버려두고 개인 기업 쪽으로 관심을 돌렸다. 이는 사회 간접 투자를 농업을 제외하고는 통상적으로 외국인과 소수 집단들에게 맡기는 것을 의미했다.

중동 정부의 주된 노력은 두 가지 목표를 향하고 있었다. 바로 군대의 현대화와 행정의 중앙집권화였다. 두 가지가 서로 연결된 이 계획의 목적은 국내적으로는 분리주의자와 다른 분파 세력들 그리고 국외적으로는 증가하고 있

* 1867-1914년에 오스만 제국이 이집트 총독에게 부여한 칭호.

는 강력한 적들에 대해서 정부 당국의 권위를 회복하고 유지하기 위한 것이었다. 이 결과를 도출하기 위해서 정부는 정교한 개혁 프로그램을 개발하기 시작했다.

유럽의 군사력이 지배하고 있는 세계에서 생존하기 위해, 개혁은 순전히 군사적인 면에서 시작되었다. 그러나 근대적인 군대를 창설하는 것은 단순히 무기를 구입하고 교관을 고용함으로써 해결되는 장비와 훈련의 문제가 아니었다. 근대적인 군대는 그들을 지휘할 교육받은 장교를 필요로 하는 교육개혁과, 군대를 유지시키는 부서를 위한 행정개혁, 보급품을 제공하기 위한 공장들의 설립, 나아가 군사들에게 지급할 돈을 위한 광범위한 일련의 재정개혁과 모험이 필요했다.

군대 개혁론자들은 그저 오랫동안 기독교 세계로부터 이슬람을 분리해왔던 장벽에 수문을 열려고만 했다. 그러나 그 수문을 여는 것만으로는 역부족이었다. 그들은 결국 통제하지 못할 홍수를 맞았다. 유럽의 무기와 기술 그리고 그것을 가져온 사람들과 함께 유럽 사상이 밀려왔고, 구질서는 이제 와해될 지경에 이르렀다. 교육, 외교, 무역 그리고 각종 여행을 통한 개인 접촉의 증대는 이 새로운 사상의 보급에 크게 기여했다. 유럽의 새로운 사상은 중동인들 사이에 일었던 외국어 열풍, 번역물의 증가와 출판사 번역물의 보급 그리고 1820년대부터 등장한 주간지와 좀 뒤에 나타난 일간신문에 의해서 더욱 확산되었다.

서방 군대의 영향으로 오랜 우월감에 대한 신념이 산산조각 나자, 이슬람 사회는 깊은 불쾌감을 드러냈다. 처음에 이러한 불쾌감은 이슬람 군과 국가의 근대화를 도모하고, 기술 분야에 제한된 일부 서구 문명의 산물들을 채택하고자 했던 개혁 운동을 향했다. 그러나 얼마 가지 않아서 외래 사상의 침투와 외세의 세찬 침입이 강력한 반발을 불러일으켰다.

처음에 이러한 반응은 종교적인 형태를 띠었다. 이미 18세기에 두 가지의 중요한 새로운 운동이 서로 다른 방식으로 점점 커져가는 서구 세력에 대항하고자 했다. 초기에 이 두 운동은 이슬람 내부의 부패, 즉 신앙이 원래의 순수함에서 멀리 벗어나는 경향에 대한 항의로 출발했다. 그리고 불가피하게도 이 운동들은 외세의 침입에 관심을 가지게 되었다.

이 운동 중의 하나인 나크쉬반디Naqshbandi 수도승들의 개혁 종단은 수피즘적인 기원을 가지고 있다. 인도에서 중동으로 수입된 나크쉬반디 종단은 처음에 아랍 국가로, 그리고 나서 오스만 튀르크 일대와 마침내 캅카스 지역까지 퍼져나갔다. 이집트에서 인도 출신 나크쉬반디 학자들은 아랍 학문의 부활과 프랑스의 침입으로 무산된 이집트 르네상스의 시작에 중대한 자극을 주었다. 아라비아에서 또다른 인도의 나크쉬반디들은 고대 아랍의 위대함과, 후일의 첨가에 의해서 왜곡된 이슬람의 본래의 순수함에 관한 글을 썼다. 이러한 사상은 중앙 아라비아에서 당시 두 번째로 중요한 종교 운동이었던 와하비 운동의 발생에 기여했을지도 모른다. 그러나 와하비 운동가들은 수피즘의 신비주의를 극렬하게 반대하며 나크쉬반디 운동을 당시의 쇠약하고 변질된 신앙의 일부로 간주했다. 계율 측면에서 청교도적이고, 실천 측면에서 매우 호전적이었던 와하비 운동은 아라비아 반도의 많은 부분을 정복했고, 18세기 말경에는 비옥한 초승달 지역의 접경에서 오스만 제국에 도전할 수 있었다. 이 세력은 1818년에 와해되었지만, 와하비 신앙은 계속 살아남았다. 이 운동은 종종 아라비아에서 다시 부활되었고, 간접적인 영향으로나마 이슬람 지역에서도 상당히 성행했다. 비록 완벽한 와하비 사상의 추종자는 중동에서 거의 찾아볼 수 없게 되었지만, 이것이 표방하는 종교적 부흥주의는 많은 국가의 무슬림들에게 영향을 끼쳤고, 이후 전개되는 유럽 침략자에 대한 투쟁에 새로운 호전성을 고취했다.

침략자들이 왔을 때, 그들에게 저항한 것은 술탄이나 고위관료, 군인이나 학자들이 아니라 이런저런 부흥주의 운동을 대표하는 대중적인 종교 지도자들이었다. 그들은 강력한 열정과 직접적이고 커다란 에너지를 불러일으킬 수 있었다.

서구 영향에 대한 이슬람권의 반응에서 다음 단계인 적응과 협력이 가장 즉각적으로 드러난 곳은 열강의 식민지인 러시아의 중앙아시아, 영국의 인도, 프랑스의 북아프리카 등이었다. 세 지역 모두에서 지배자들의 언어를 배워서 진보에 필요한 근대 지식에 접근하자고 주장하는 지도자들이 등장했다. 중동의 핵심 지역은 아직 외세의 지배를 받지 않고 있었지만, 이곳에서도 개혁적인 통치자들이나 근대적인 지식인들은 같은 움직임을 추진했다.

19세기의 개혁 운동과 활동에서는 두 가지 특징적인 경향이 나타났는데, 그 둘 사이에는 지속적인 갈등이 있었다. 하나는 중부 유럽의 계몽 운동에서 나온 것으로서, 권위주의적인 개혁론자들에게 환영받고 친밀한 사상이었다. 그들은 중부 유럽 모델처럼, 국민들을 위한 최선이 무엇인가를 알고 있었고, 적용 과정에서 소위 국민정부가 그 적용 과정을 흐트러뜨리는 것을 원치 않았다. 이 견해에 따르면, 따르고 복종하는 고대적 전통에 익숙한 어리석은 대중은 아직까지는 자신들의 운명을 스스로 개척할 수 없기 때문에, 가르치고 지도하는 역사적 기능을 가진 사람들, 즉 지식인이나 군인이 가르치고 지도해야만 했다.

또다른 견해는 중부 유럽보다는 서유럽으로부터 영감을 받았고, 정치적 자유주의 그리고 정도는 덜하지만 경제적 자유주의의 원리에 고무되었다. 이런 사조의 추종자들은 오스만은 물론 다른 나라에서도 국민은 대표 제도나 입헌정부에 의해서 국가의 일반적인 발전과 함께 안전하게 살아갈 권리가 있다고 보았다. 이들에게 자유는 서구의 힘과 부 그리고 위대함의 진정한 토대로 간주되었다.

"자유"라는 단어에는 많은 의미가 있다. 유럽의 정치 사상이 도입되었지만 아직 유럽의 직접적인 지배가 확립되기 전인 19세기 초, 중동 사람들은 자유라는 단어를 아직 후일처럼 주로 외세의 지배가 없는 집단적인 속성, 다시 말해 독립이라는 의미로 정확하게 사용하지 않았다. 그들은 오히려 서구의 개념처럼 자유를 집단 내에서 개인의 지위, 즉 불법적이고 전횡적인 정부의 행위로부터의 시민의 보호, 나아가 정부의 구성과 업무에 참여하는 권리라는 보다 발전적인 의미로 사용했다. 이러한 사상의 유입과 채택 그리고 부분적인 적용은 19세기와 20세기 초의 주요한 정치적 발전의 하나였다.

모든 구성원이 임명직이기는 했지만, 협의위원회와 입법의회를 갖춘 최초의 비공식적인 시도가 이루어진 것은 19세기 초로 거슬러올라간다. 이때 이러한 종류의 협의회는 오스만과 이집트에서 농업, 교육, 세금과 같은 문제들을 토의하기 위해서 소집되었다. 1845년, 오스만 술탄은 각 지역의 대표 2명씩으로 구성된 입법의회를 소집했다. 이들은 "국가 번영의 선결과제와 국민의 특성을 알고, 지혜롭고 지식을 갖춘 존경받고 신뢰성이 있는 인사들"이었다.[1] 그러나 이러한 훌륭한 자격 조건에도 불구하고 이 시도는 더 이상 확대되지 못하고 폐지되었다. 얼마 후 똑같은 일이 이란에서 일어났다.

술탄이나 이란의 샤, 그리고 대신들이 그러한 임명직 협의체를 시험하고 있을 때, 신하들 일부는 보다 급진적인 사상을 펴보이기 시작했다. 유럽을 방문한 사람들은 그들이 유럽에서 보았던 의회정부의 장점을 격찬했다. 그러나 머지않아 그때까지 중동에서 유럽으로 여행했던 주된 계층이었던 학생들과 외교 사절들은 정치적 추방을 면치 못했다. 1860년대와 1870년대쯤 입헌주의는 토대를 구축하는 것처럼 보였다. 1861년에 느슨한 오스만 지배하의 자치 왕국이었던 튀니지의 군주는 어떤 이슬람 국가보다도 먼저 헌법을 선포했다. 그것은 1864년에 중지되었지만, 그 분위기는 계속되었다. 1866년에 이집트 통치자는 3년 임기로 간접통합 선거라는 제한된 선거권으로 선출된 75명의 대표들로 구성된 자문의회를 소집했다. 한편 오스만 튀르크에서도 헌법 운동이 힘을 얻어가고 있었다. 1867년에 영국과 프랑스로 망명했던 보다 적극적인 지지자들은 1876년 마침내 새 술탄 압뒬하미드 2세가 힘찬 팡파레와 함께 오스만 헌법을 공포하자 승리를 얻은 것처럼 보였다.

최초의 오스만 헌법의 간주곡은 오래 지속되지 않았다. 두 번의 선거가 치러지고 의회가 힘을 보여주기 시작하자, 술탄이 즉각 해산시킨 것이다. 최초의 오스만 의회는 모두 합해서 약 5개월 동안의 2회기 동안만 개회되었고, 그 후 30년 동안 다시 열리지 못했다.

압뒬하미드가 오스만 의회를 해산시킨 후, 일종의 의회 선거가 존속한 곳은 이집트뿐이었다. 이집트에서는 몇 번의 의회가 선출되고 기능도 했으며, 그 활동은 1882년 영국이 점령한 후에도 계속되었다. 1883년에 공포된 "기본법"은 2개의 준의회 단체에게 제한된 선거인단, 제한된 권한, 간단하고 드문 회의 소집을 제공했다. 이 2개의 준의회 단체는 1913년에 통합되었고 보다 많은 권한을 얻었지만, 선거와 의회의 모든 업무는 1914년 제1차 세계대전의 발발과 함께 막을 내렸다.

한편 다른 지역에서는 보다 급진적인 발전이 이루어지고 있었다. 1905년 전제주의 국가 러시아에 대한 입헌군주국 일본의 승리, 나아가 수 세기만에 처음 유럽 세력에 대해서 아시아인이 쟁취한 승리는 부인할 수 없는 명백한 메시지를 전해주었다. 그 메시지는 심지어 패배한 러시아에도 들려왔고, 급기야 대중의 압력으로 일종의 의회 제도가 자리를 잡게 되었다. 입헌주의는 생명의 만병통치약으로서, 즉각 복용해야 했다. 1906년 여름, 입헌정치 혁명은 이란의 샤에게 의회를 소집하고 자유헌법을 받아들이라고 강요했다. 2년 후 "청년 튀르크Young Turks"로 알려진 오스만 장교 집단이 술탄에게 1876년 헌법의 복원을 요구함으로써, 오스만 제국에서 두 번째로, 다소 오랫동안 그리고 훨씬 더 중요한 입헌의회 정부의 간주가 시작되었다.

이러한 초기의 헌법개혁들은 분명히 유럽의 영향과 본보기의 결과였고, 동등한 조건으로 유럽과 맞서고자 하는 욕구의 결과였다. 나아가 이러한 개혁들은 서구에게 차관과 특혜를 위한 자격을 구비해주고, 동시에 그들의 간섭과 점령을 회피하기 위한 화해의 몸짓이었다. 그러나 개혁 조치들은 그러한 목적들을 보장받는 데 거의 성공하지 못했다. 튀니지 의회나 약간 더 오래 지속되었던 이집트 의회도 파산과 무질서 지배와 정복으로 빠져드는 것을 막지 못했다. 혹자는 개혁이 이러한 과정을 가속화했다고 주장하기도 한다.

양극으로부터 유럽의 진격이 계속되는 동안, 이러한 새로운 침략에 대항하는 중동 무슬림들의 반응이 다시 한번 종교적인 의미에서 표출되었다. 기독교 제국의 공통 위협에 대한 무슬림들의 공동 전선인 범이슬람주의 개념은 1860년대와 1870년대에 생긴 것 같다. 이 사상은 적어도 독일과 이탈리아가 각각 국민과 국가를 통일하는 데 성공한 것에서 부분적으로 고무되었을 것이다. 오스만 내에는 오스만 제국을 현존하는 가장 중요한 독자적 이슬람 세력으로 생각하고, 프로이센이 독일인을 위해서 그리고 피에몬테가 이탈리아인을 위해서 했던 일을 오스만 제국이 할 수 있다고 생각하는 일부 인사들이 있었다. 이러한 생각은 중요하게도 모든 무슬림들의 결속과 통합을 이룩하자는 것으로 여겨졌다. 말하자면 당시 대부분의 무슬림들에게 거의 먹혀들어가지 않던 튀르크인, 종족적, 언어적, 영토적 국민이 아니라, 종교나 공동체에 의해서 규정된 집단의 결속을 의미했다.

　제한되고 통제된 범이슬람주의는 오스만의 공식 정책이 되었다. 이것은 국내외적으로 모두 유용한 정책이었는데, 국내적으로는 술탄이 여러 형태의 분열분자들에 대항해서 무슬림 복속민들에게 충성심을 호소하게 해주었고, 국외적으로는 비오스만 무슬림, 특히 유럽 제국의 치하에 있는 무슬림들의 지지를 얻게 해주었다. 후자는 오스만 정부의 공식적인 후원을 받는 유형보다 훨씬 급진적이고 호전적인 범이슬람주의를 표방했다. 이 사상은 지도자들이 계승하면서 지속되었고, 이들 중 몇몇은 상당한 영향력을 발휘했다. 그러나 한동안 범이슬람주의는 당시 급진적인 엘리트들의 정치적인 움직임에서 주된 요소가 되지 못했고, 엘리트들이 유럽에서 배워온 자유 사상이나, 국가나 국민에 대한 새로운 개념 때문에 빛을 잃어갔다.


# 4. 새로운 사상
## 프랑스 혁명과 민족주의


1862년 9월, 당시 오스만 제국의 외무장관이었던 알리 파샤는 파리에 있는 자국 대사에게 편지를 썼는데, 그 내용 중에 외교관들이 "수평선 여행tour d'horizon"이라고 불렀던 것이 언급되어 있다. 그는 여러 나라를 순방하며 유럽의 일반적인 외교 상황을 조사하고, 국가 통일의 몸부림이 한창이었던 이탈리아에서 여행을 끝맺었다. 알리 파샤는 편지에서 다음과 같이 말했다.[1]

> 같은 언어를 사용하고 같은 종교를 믿는 단일 민족이 거주하는 이탈리아는 통일에 많은 어려움을 겪었소. 한동안 그들이 이룩한 것이라고는 무정부 상태와 무질서뿐이었다오. 만약 (오스만 제국 내의) 모든 이질적 (소수 민족들의) 국가적 열망에 자유로운 기회가 주어진다면, 오스만에서 어떤 일이 일어날지 판단해보시오. 안정된 상태를 만드는 데에는 1세기의 시간과 엄청난 유혈사태가 수반될 것이오.

비록 알리 파샤의 "1세기"라는 추정에는 현실성이 부족했지만, 그의 예언은 정확했다. 사실 그는 당시 일어나고 있던 현상에 대한 관찰자라기보다는 오히려 예언자였다고 하는 편이 더 낫다. 왜냐하면 그가 그렇게도 두려워했던 민족주의라는 바이러스가 이미 국가에 침입해서 염증을 일으키고, 국가를 쇠약하게 만들고, 마침내는 오스만 제국을 파멸로 몰아갈 과정을 야기했기 때문이다.

감염의 근원지, 방법 그리고 그 시기는 역사적 고찰에서는 드물게도 정확하게 단정할 수 있다. 이것은 프랑스인들이 열정적으로 촉진시키고, 오스만의 일부 소수 사람들이 열광적으로 받아들인 프랑스 혁명 사상으로 시작되었다. 그 소수는 처음에는 미미했지만, 항상 그렇듯이 점점 늘어나 마침내 지배적인 세력이 되었다. 중동 이슬람 세계와 기독교 유럽 세계 사이에 이루어진 교류에서 새로운 것은 없었다. 물품과 기술의 교환은 수 세기 동안 지속되었고, 때때로 그 규모가 상당했다. 초기에는 중동이 새로운 성향과 기술을 유럽에게 공급하고 가르쳐주는 역할을 해왔다. 유럽의 군사력과 경제력이 융성해진 최근에 주요한 흐름은 더 이상 서쪽이 아니라 동쪽을 향하게 되었다. 그러나 이것은 지적인 측면보다는 거의 전적으로 물질적인 상태의 흐름이었다. 중세에 사상의 흐름은 압도적으로 동양에서 서양으로 흘러갔다. 빈약하고 후진적인 서유럽 사회는 의학, 수학, 화학, 천문학, 철학, 심지어 신학에서 이슬람 세계의 가르침을 받는 제자들이었다. 그러나 서구 역사가들이 중세라고 부르는 시기의 말에는 동쪽의 이슬람이 더 이상 유럽에게 가르칠 것이 없었고, 유럽 또한 그러한 가르침을 필요로 하지 않았다. 그림과 문학, 예술에 그 영향의 일부가 남아 있기는 했지만, 그렇게 중요한 것은 아니었다. 영국의 소설가 대니얼 디포가 쓴 『로빈슨 크루소Robinson Crusoe』의 주제는 아마 중세 아랍의 철학 소설에서 따온 것 같은데, 그 영어 번역이 몇 년 일찍 출간되었다. 『천일야화Alf Layla wa-Layla』로 알려진 위대한 아라비아 설화 모음집의 프랑스어판 번역본도 1704-1717년 사이에 출간되었고, 이것은 사실상 모든 유럽 언어권에서 번안문학과 모방문학을 촉진시켰다. 스페인의 무어 음악과 발칸의 튀르크 음악은 유럽 국경 지역의 민속음악과 예술음악에 많은 영향을 끼쳤다. 때때로 오스만 대사와 그 수행원들의 유럽 주요 도시 방문은 건축이나 실내 장식, 의상 등에서 튀르크풍이라는 새로운 유행을 만들었다.

이와는 반대로 지적 교류는 사실상 전무했다. 중세 유럽은 당시 훨씬 앞서 있고 세련되었던 이슬람 사회에 전해줄 것이 거의 없었다. 물질적인 힘의 균형뿐만 아니라 정신적인 힘의 균형도 변하면서, 이슬람 세계는 이전의 수용력을 상실했다. 이슬람 세계는 특히 기독교 세계의 어떤 것에도 면역이 있었다. 무슬림들의 인식에 따르면, 최종적인 완벽성을 갖춘 이슬람에 비해서 기독교는 과거의 낡은 종교 문명을 대표했다. 일부 문화적 수입은 일찍부터 그 우수성을 인정받아온 주로 군사적인 것들이었다. 이러한 문화적 수입에는 몇몇 지리학적이고 지도 제작과 관련된 정보 그리고 신세계에 대한 서술과 지도가 포함되어 있었다. 그러나 이러한 정보는 무슬림들의 지적 생활에는 거의 아무런 영향도 끼치지 못했다. 오스만 정부가 유럽 세력을 다루는 일을 뒷받침해줄 역사적 정보의 양이 매우 제한적이었다는 것도 사실이다. 유럽 역사에 관한 작품은 얼마 되지 않았고, 그 영향은 아주 미약했다. 르네상스, 종교개혁, 계몽 운동, 과학혁명과 같은 주요한 운동들은 제대로 알려지지도 영향을 주지도 못하고 지나가버렸다. 이슬람은 몇 세기 전에 자체적인 르네상스의 시기가 있었고, 유럽에도 상당한 영향을 끼쳤다. 그러나 무슬림들은 유럽 르네상스나 종교개혁에 반응하지 않았다. 이러한 모든 흐름을 따르는 것은 기독교적인 것으로 간주되어 무시되었다. 이것들은 무슬림들에게는 흥미도 관심도 없는 단순히 무관한 것들이었다.

프랑스 혁명은 중동에 상당한 영향을 끼친 최초의 유럽 사상 운동이었고, 이것은 중동 사람들의 사고와 행동을 바꿔놓았다. 그 이유 중의 하나는 분명하다. 그것은 기독교적인 방식으로 자신을 표현하지 않았던 유럽 최초의 주요한 대변혁이었고, 심지어 반기독교적인 일부 대표자들에 의해서 주도되었기 때문이었다. 세속주의는 무슬림들에게 호소력이 없었고, 있었다고 해도 역반응이 일어났을 것이다. 그러나 경쟁자에게 치욕을 주거나 종교를 대체하는 것도 아니면서, 전통적인 오스만의 적들인 모든 유럽에서 반대를 당한 이 혁명에는 또다른 측면이 있었다. 적어도 그 혁명은 그 장점을 가지고 있었고, 무슬림들이 점차 관심을 가져가던 서구의 힘과 부에 대한 알 수 없는 비밀을 만들어주었다.

프랑스 혁명이 유럽에서 일어났던 초기 운동들과 대조되는 또다른 이유 하나는 프랑스인들이 중동 사람들에게 그들의 사상을 진척시키기 위해서 적극적인 방법을 취했다는 데에 있다. 처음에 프랑스 혁명 선전 활동에 대한 반응은 아주 미미했고 주로 오스만 제국 내 기독교도들에게 국한되었다. 그러나 이들 사이에 급속히 퍼진 프랑스 혁명 사상은 오래지 않아 제국의 복속민들뿐만 아니라, 지배자(무슬림)들에게도 영향을 끼쳤다. 당시의 몇몇 오스만 작가들이 사용한 표현을 빌리자면, 이 새로운 프랑크의 사상은 새로운 프랑크의 질병처럼 퍼져갔다.

자유, 평등, 동포애는 무슬림들에게 전혀 새롭거나 낯선 사상이 아니었다. 동포애, 즉 신자들 사이의 형제애는 평등과 마찬가지로 종족이나 귀족적 특권에 제한받지 않는 이슬람의 기본 원리였다. 인간사가 다 그러하듯이 다른 곳과 마찬가지로 이슬람 지역에서도 일종의 특권이 필연적으로 발생했다. 그러나 이 특권은 이슬람의 한 부분으로서가 아닌, 이슬람에 반해서 일어난 것이기 때문에 유럽에서와 같이 정착되지도 인정되지도 못했다.

신자와 불신자 사이의 평등은 또다른 문제였다. 그러나 자신이 짊어진 무자격은 단순히 개종만으로도 언제라도 극복될 수 있었다. 노예와 여성의 불평등한 지위는 쉽게 없어질 성질이 아니었는데, 그 당시는 물론 그후에도 오랫동안 강력한 분위기를 조성하지 못한 것 같다. 해방된 노예들은 높은 지위에 올라갈 수 있었고 술탄의 노예들은 여러 분야에서 제국의 진정한 통치자였다. 여성의 열등한 지위에 관해서는 신성한 계시에 의해서 마련되고 성법에 소중히 간직되어 있었기 때문에 한동안 의문이 제기되지 않았다. 성법의 영향이 전적으로 부정적인 것만은 아니었다. 왜냐하면 성법은 무슬림 여성들에게 약간의 권리, 예를 들면 재산 문제에 관한 상속권을 허락했는데, 이것은 서구의 동료 여성들도 아직 가지지 못한 것이었기 때문이다. 이 점은 오스만을 방문한 몇몇 서양 여성들이 언급한 바 있다.

서구의 지배와 간섭, 영향으로 법적 노예 제도가 폐지되었지만, 많은 관심이나 논쟁을 불러일으키지는 않았다. 이와는 반대로 여성 해방은 분명히 서구 사상에서 고무되었음에도 서구로부터의 압력이나 간섭은 없었다. 모든 진보의 과정은 열정적인 국내의 논쟁을 통해서 국내에서 시작되었다. 그러나 일부 제한된 진보도 전통주의자건 급진주의자건, 이슬람 호전주의자들의 주된 불만을 야기했다. 가장 눈에 띄는 이슬람 부활의 하나는 남성이 아닌 여성에 의해서 이루어졌다. 여성이 완전한 전통 복장으로 회귀하는 것이었다. 이란에서는 이슬람 혁명 이후 남성들은 양복을 넥타이 없이 착용함으로써 서양을 거부해왔다. 여성들에게는 더 많은 것들이 요구되었다.

평등과 동포애 개념과는 대조적으로, 자유라는 개념은 적어도 정치적 의미에서는 새로운 사상이었다. 이슬람의 용례에서 "자유"라는 단어는 첫째는 법적이고, 둘째는 사회적인 의미를 함축하고 있었다. 자유로운 남자나 여자라는 것은 종속된 노예가 아닌 사람을 뜻했다. 이 단어는 어떤 맥락에서는, 예를 들면 강제 노역이나 세금 징수, 의무 부과에서 어떤 특권이나 면제를 나타냈다. 그러나 자유라는 단어는 무슬림들이 정부의 본질이나 좋은 정부와 나쁜 정부의 대조에 관해서 광범위하게 논의할 때 사용되지 않았다. 이슬람 전승에서 폭군의 교체는 자유가 아니라 정의이며, 국민의 권리라기보다는 통치자의 의무로 간주되었다. 참여와 대표 개념을 동반하는 서구의 시민권 개념은 프랑스 혁명을 통해서 맨 처음 알려졌고, 아직도 영향을 주고 있다.

혁명의 초기 단계에서부터 이스탄불에 있는 프랑스 대사관은 선전의 중심지가 되었다. 혁명문학은 오스만 제국의 다양한 언어, 즉 튀르크어, 아랍어, 그리스어, 아르메니아어로 번역되었고, 프랑스로부터 직접 수입되거나, 대사관 휘하에 세워진 출판사에서 인쇄되었다. 1793년, 프랑스 공화국의 새로운 삼색기를 게양한 2척의 프랑스 배가 엄숙한 의식을 치르며 세라글리오 포인트 맞은편에 정박했다. 프랑스 대사는 이렇게 말하고 있다. "오스만과 아메리카 그리고 독재자들의 사악한 동맹에 가담하지 않았던 일부 열강의 국기가 이 2척의 프랑스 선박에 게양되었다."[2] 계속된 축제는 프랑스인과 친구들이 프랑스 대사관 정원에, 즉 튀르크 땅에 심어놓은 자유의 나무 주변에서 "공화국 카르마뇰republican carmagnole"* 춤을 추면서 끝이 났다.

이러한 활동은 튀르크인들보다는 주로 유럽 열강의 대사관 사이에 약간의 경계심을 불러일으켰다. 한 오스만 역사가는 오스트리아, 프로이센, 러시아가 합세하여 오스만 땅에서 프랑스의 삼색기나 다른 혁명적 표상이 휘날리는 것을 금지해달라고 요구했다고 전한다. 이러한 요구에 대해서, 오스만 정부의 비서실장은 다음과 같이 답변했다.[3]

친구들이여, 우리는 오스만 국가가 무슬림 국가라고 몇 번이나 말하지 않았는가. 우리 중 그 어느 누구도 그들의 휘장에 관심을 가지지 않는다. 우리는 우호국 상인을 손님으로 생각한다. 그들은 원하는 머리 장식을 할 수 있고, 우리 정부가 왜 그렇게 하느냐고 물어볼 일이 아니다. 당신들은 아무것도 아닌 일에 괴로워하고 있다.

또다른 자료에 의하면, 오스만의 관리는 정부는 외국 손님들의 머리 장식이나 신발 따위에는 아무런 관심이 없다고 대답했다. 이런저런 자료를 통해

---

* 프랑스 혁명에 참가한 사람들이 혁명 복장을 입고 추던, 당시 유행하던 춤이나 혁명가요.

서 볼 때, 튀르크인들은 과거처럼 아직도 그들이 서구의 감염으로부터 이슬람 종교에 의해서 면역되어 있다고 믿었던 것 같다.

그들은 빠르게 환상에서 깨어났다. 1797년 10월에 합스부르크 황제는 혁명 이후의 프랑스와 캄포 포르미오 조약에서 화해해야만 했다. 이 조약으로 베네치아 공화국의 오랜 역사가 끝났고, 그 영토는 합스부르크 제국과 프랑스 공화국으로 분할되었다. 이오니아 섬과 프레베자 항, 그리스와 알바니아 연안은 프랑스 땅이 되었다. 이 지역에 대한 프랑스의 지배는 1797-1799년, 1807-1814년으로 잠깐이었지만, 상당히 큰 영향을 남겼다. 수 세기 이전에 이 영토는 오스만 제국이 아닌 베네치아 치하에 있었으며, 거주민은 그리스인들이었다. 프랑스 지배기에 유입된 급진적이고 혁명적인 변화는 오스만 제국의 모레아 지방에 있는 그리스 이웃들에게도 영향을 끼쳤다.

프랑스는 오랫동안 오스만 제국의 전통적인 우방임을 자처해왔다. 오랜 친구가 이제는 새로운 이웃이 되었고, 우정은 그 충격을 견뎌내지 못했다. 곧 이어 프랑스 지배하에 있던 지역에 관한 놀라운 사실들이 오스만 치하 그리스로부터 수도로 알려지기 시작했다. 그것은 귀족의 특권 말살, 농민들의 강제 노역 폐지, 선거 실시 그리고 일반적인 자유와 평등에 관한 법령이었다. 가장 불길한 것은 한 오스만 역사가의 표현을 빌리자면, "고대 그리스 국가를 회상시키고 자극함으로써, 그들이 그 지역에서 (그리스) 정교도들을 공화주의로 유도하고, 오스만 국가의 주변 복속민들의 정신을 타락시키는 작업을 시작한 것이었다."[4]

이 교훈은 무슬림이 압도적인 오스만 제국의 지방인 이집트를 프랑스가 정복한 뒤 놀랄 정도로 쉽고 빠르게 고대의 영광과 근대의 자유에 관한 위험하고도 파괴적인 대화를 부추기기 시작했을 때 더욱 정확하게 납득되었다.

이질적인 취향이 다양한 비율로 섞인 이러한 두 가지 사상의 결합은 지탱될 수 없는 것이었다. 시민정신이라는 의미에서 볼 때 자유란 친숙하지 않고 습득된 취향이며 처음에는 제한된 호소력만 가지고 있었다. 자유의 잠재력은 유럽에서 들어온 다른 두 새로운 사상과 결합되면서 엄청나게 증대되었는데, 그것은 애국심과 민족주의, 정체성과 충성심, 그리하여 합법성과 성실성의 결정변수로서 종교 대신에 국가와 국민을 수용하는 것이었다.

특히 세속주의자적 의미에서 그 위험은 알려지지 않거나 반대에 부딪히지 않고 슬쩍 지나갈 수 없었다. 술탄 정부가 튀르크어와 아랍어로 배포한 당시의 반박문은 독자들에게 이렇게 충고한다.[5]

프랑스인들은……하늘과 땅의 주님의 통일성을 믿지 않는다. 그들은 모든 종교를 버렸다.……그들은……부활도 징벌도 시험도 그리고 인과응보도, 질문도, 대답도 없는 체한다. 그들은 모든 사람이 인간성에서 평등하고 인간이라는 점에서 똑같다고 주장한다. 아무도 다른 사람보다 우월하거나 잘나지 않았고, 모든 사람은 스스로 자신의 영혼과 삶을 지배한다고 주장한다. 이러한 헛된 믿음과 터무니없는 생각에서 그들은 새로운 원칙과 법을 만들고, 사탄이 그들에게 속삭여준 것들을 설립하고, 종교의 기초를 파괴하고, 금지된 일들을 합법화하고, 그들의 불타는 욕망은 무엇이든지 허락하고, 일반 사람들을 죄악으로 유혹했다. 그들은 날뛰는 미친 사람으로서 종교 간에 폭동의 씨를 뿌리고, 왕과 국가에 해악을 끼쳤다. 거짓된 책과 저속한 거짓말로 그들은 모든 파티에서 이렇게 말한다. "우리는 여러분과 여러분의 종교와 공동체의 일원입니다."……그들은……모두 사악함과 방탕에 굴복했고, 불신과 교만의 준마를 타고 잘못과 불경의 바다로 뛰어 들었다. 그리고 사탄의 깃발 아래 뭉쳤다.

그러한 도전을 가리키는 사탄에 대한 되풀이되는 구절은 코란에서 계시되고 있다. 코란의 마지막 장(114:5)에 의하면 사탄은 "인간의 가슴속에서 유혹하는 자이다." 이러한 주제는 20세기 후반에 유럽의 매력은 물론 후일 미국의 사상과 생활방식에 대항하기 위해서 다시 한번 등장한다.

오스만 제국에서는 물론, 약간의 변형을 거친 이란 샤의 영역에서 융성했던 전통적인 정치, 사회 질서는 그 뿌리를 고전적인 이슬람 법과 관습, 더 거슬러올라가 고대 중동 문명에 두고 있다. 다른 종교문화와 마찬가지로 이슬람도 솔직히 불평등에 기초하고 있었다. 왜냐하면 신의 마지막 계시를 받아들이는 사람과 이를 고의적으로 거부하는 사람을 동등하게 다룬다는 것은 부적절하고, 사실상 불합리하기 때문이었다. 일부 현대의 옹호론자들은 전통적인 이슬람 정권의 종교적 관용을 높이 평가하면서, 이슬람을 평등한 권리를 가진 제도로 묘사했다. 그러나 그것은 그렇지 않았다. 당시에 그러한 평등은 사실상 장점이라기보다는 의무 태만으로 간주되었다. 비신자들에게 평등을 거부한다는 점에서, 이슬람 국가는 성행하고 있는 종교의 일반적 관습을 따르고 있었다. 대부분의 사람들과 다른 종교적 관습을 가진 비신자들에게도 사회 내에서 공인된 지위가 주어졌는데, 이는 성법에 의해서 규정되고 유지되었으며 무슬림 국민 대중에 의해서 용인되었다. 그렇다고 그 지위가 동등한 것은 아니었고, 어느 정도의 관용만이 제공되었다. 그리고 다른 율법 원리를 따르는 국가에서 그러한 관용은 그 종교가 해체되든지 아니면 최소한 공공업무에서 그 영향력을 거의 상실할 때까지 주어지지 않았다. 물론, 이슬람의 종교적 관용은 이슬람이 그 이전의 계시 종교로 간주하고 받아들인 일신론자에 한정되었다. 실제로 중동에서 이것은 다양한 종파의 기독교도와 유대인을 의미한다. 이란에도 자그마한 조로아스터교 공동체가 존재했다. 오스만 제국에서 이러한 소수 집단들은 "밀레트millet"라고 불리는 공동체를 형성했다.

밀레트는 같은 종교 구성원들로 형성된 종교-정치적 공동체이다. 이곳의 구성원들은 자신들의 종교적 규칙과 법에 예속되어 있었고, 그 수장의 통제를 받았다. 이는 통상적으로 지배 국가의 법이나 이익과 충돌하지 않았다. 이러한 종교적 자유와 자치 공동체에 대한 보답으로 비무슬림 밀레트는 국가에 충성했고, 딤미의 지위가 가지는 능력의 제한을 감수했다.

오스만 제국에는 4개의 주요 밀레트가 있었다. 서열순으로 보면 무슬림, 그리스인, 아르메니아인, 유대인이었다. 이 넷은 모두 종교적인 의미로 정의되었다. "밀레티 하키메millet-i hakime"로 알려진 무슬림 밀레트는 지배적인 밀레트로, 튀르크어, 아랍어, 그리스어 그리고 몇몇 발칸어와 캅카스어 사용자를 포함했다.

두 번째 밀레트인 그리스인 밀레트는 그 구성원이 다양했다. 종족적 그리스인뿐만 아니라, 다양한 기원을 가진 그리스 정교 추종자들, 즉 유럽의 세르비아인, 불가리아인, 루마니아인, 알바니아인, 나아가 서구적인 분류에 따르면 기독교 아랍인과 기독교 튀르크인이라고 불리는 아시아의 아랍어와 튀르크어 사용자가 여기에 포함되었다.

세 번째인 아르메니아 밀레트는 성격이 훨씬 동질적으로, 주로 아르메니아 교회를 신봉하는 아르메니아 민족 구성원들로 구성되었다. 그러나 아르메니아 문자로 튀르크어를 표기하는 상당수의 튀르크어 사용 인구가 포함되었다. 더욱이 한동안 이집트의 콥트인 교회와 시리아의 야곱 교회의 추종자들이 포함되었는데, 그들은 기독교 단성론Monophysite Christology*을 통해서 아르메니아 교회와 연계를 맺고 있었다. 그리스와 아르메니아 밀레트 모두 동방 가톨릭교도나 여타 가톨릭 그리스인과 아르메니아인 그리고 후일 프로테스탄트로 개종한 자들을 포함하지 않았다는 것은 특이하다.

---

* 그리스도 단성론주의는 특히 네스토리우스파에 대항해서 예수의 인성과 신성의 완전한 합치를 주장한 초기 기독교 사상의 한 갈래이다. 이 사상은 이집트의 알렉산드리아를 중심으로 생성되었으며, 주교 키릴을 그 창시자로 추앙하고 있다.

유대인 밀레트에는 1492년 추방 명령 전후에 스페인에서 도망친 스페인어를 쓰는 이민자들, 아랍어를 쓰는 시리아와 이라크의 토착 유대인 공동체, 모레아의 그리스어 사용 유대인, 또한 다양한 언어를 쓰는 군소 유대인 공동체가 포함되었다.

이와 같이 종교적으로 구분된 밀레트는 다양한 민족과 때로는 부족 집단을 포함했다. 이러한 내적 구분은 매우 중요했다. 그들은 정치적, 관료적, 상업적, 사회적 경쟁에서 집단적 결속의 토대를 형성했고 다양한 민족적 고정관념과 비슷한 형태의 편견을 야기했다. 이런 것들은 수 세기 동안 문학적 자료에서 증명되었고, 오늘날에도 여전히 익숙하다. 그러나 고전적인 밀레트 제도가 여전히 자신들의 내적 논리에 따라서 기능하고 있었음에도 불구하고, 그러한 민족적 단결은 본질적인 정체성을 규정해주지도, 궁극적인 충성심을 결정해주지도 못했다. 그 민족 스스로는 물론, 오늘날 우리가 부르고 있는 튀르크인과 아랍인은 꽤 근대가 되어서야 그 명칭으로 묘사되기 시작했다. 그 언어는 튀르크어로 알려졌지만, 이스탄불과 다른 도시의 문명화된 시민들은 자신들을 튀르크인으로 부르지 않았다. 튀르크인은 시골 농부와 아나톨리아의 유목민을 통칭했다. 이와 비슷하게, 이집트와 비옥한 초승달 지역에 사는, 아랍어를 사용하는 주민들은 자신들의 언어를 "아랍어"라고 불렀지만, "아랍"이라는 명사는 사막 주변에 사는 베두인을 지칭하는 것으로 제한되었다. 글을 아는 도시 거주자들이 그들 자신을 이러한 민족적인 용어를 사용해서 묘사하기 시작한 것은 유럽의 민족주의 사상이 영향을 끼친 근대에 와서였다.

이러한 유럽 사상의 영향은 자연히 오스만 제국의 기독교도들에게 더욱 강력하고 즉각적으로 나타났다. 처음에는 그리스인과 세르비아인이, 나중에는 다른 발칸 민족들 그리고 마지막에는 아르메니아인들이 민족주의라는 새롭고 잠재력 있는 이데올로기와 접촉하면서 반응하기 시작했다. 심지어 비무슬림 소수 집단 중에 가장 규모가 작고 미약하여 가장 영향을 적게 받은 유대인들조차 얼마 후 그들 자신의 민족주의를 발전시켰다. 1843년, 예후다 알칼라이라는 한 랍비가 소책자 한 권을 썼는데, 그 책에서 그는 유대인들이 신의 구원을 기다릴 것이 아니라 신성한 땅으로 돌아가서 스스로의 노력으로 그곳을 재건해야 한다는 소설 같은 사상을 진척시켰다. 랍비 알칼라이는 오스만 제국의 도시 사라예보 출신으로 그곳에서 살았다.

19세기 내내 오스만 제국에 있는 기독교 소수 집단들은 세 가지의 양립할 수 없는 서로 다른 목표를 추구했다. 첫 번째 목표는 오스만 국가에서 평등한 시민권을 얻는 것, 말하자면 다수의 무슬림들과 동등한 권리를 가지는 것이었다. 종교를 불문한 평등한 시민권 사상은 유럽 열강이 오스만에 촉구하던 것으로, 때때로 유럽 국내 상황과 적나라하게 대조되면서 오스만 내의 자유주의자와 개혁론자들에게 수용되었다. 당시 개화 사상의 기준에서 보면, 의미가 없거나 받아들일 수 없는 것은 거의 없었다.

오랜 불평등을 받아들일 수 없게 만든 것은 새로운 사상뿐만이 아니라 소수 집단들의 새로운 번영이었다. 프랑스 혁명과 나폴레옹 전쟁기 그리고 19세기 초에 비무슬림 공동체들은 대체로 형편이 좋았다. 그들은 일반 무슬림들보다 수준 높은 교육을 받았고, 외부세계와 쉽게 통할 수 있다는 이점이 있었다. 결과적으로 그들은 점점 더 성장하고 번영을 누렸다. 이러한 상황은 구질서가 그들에게 강제했던 사회적, 정치적 열등을 점차 누그러뜨렸다. 권리의 평등화는 19세기 동안 오스만 정부가 시행한 일련의 주요한 개혁 칙령으로 공식적으로 법제화되었다. 그 결과 일부 법령의 미비점은 있었지만, 꽤 중요한 진전이 이루어졌다.

두 번째 목표는 갈수록 증대되는 오스만 기독교도들이 열정적으로 추진한 것으로, 독립이나 최소한 일정한 민족적 영토 내에서 자치를 이루는 것이었다. 19세기와 20세기 초에, 처음에는 세르비아인과 그리스인이, 그후에는 발칸 반도의 다른 민족들이 스스로 민족적 영토의 일부로 간주한 곳에 주권 독립 국가를 세웠다. 그들 모두는 민족통합주의자들과 함께 주변 지역이나 오스만의 잔여 영토를 요구했다. 아르메니아인들의 입장은 훨씬 어려웠다. 그들은 오스만 통치하의 거의 모든 아시아 지역에 흩어져 있었고, 어느 곳에서도 다수를 이루지 못하고 있었기 때문이다. 발칸 민족들이나 아랍인, 유대인들과는 달리, 아르메니아의 투쟁이 가지는 특별한 고통은 그들이 소련이 붕괴하고 과거 소비에트 아르메니아 공화국에 의해서 진정 독립할 때까지, 근대에 들어 결코 주권 독립 국가를 건설해보지 못했다는 데 있다.

세 번째 목표는 거의 공인되지 않았지만 그럼에도 불구하고 끈질기게 추구되었던 구질서하에서 밀레트가 누린 특권과 자치권의 보존이었다. 이는 그들 자신의 종교법을 유지하고 강화하는 것, 그들 자신의 언어로 그들의 교육 제도를 통제하는 것 그리고 일반적으로 그들 자신의 독특한 문화를 유지할 권리를 말했다. 19세기 유럽의 개혁 가운데 징병 제도의 도입은 중요한 항목 하나를 더 추가하게 했다. 이전까지 무기 소유 금지가 무자격과 무능을 의미했던 반면, 이제는 병역 의무의 면제가 값진 특혜가 되었기 때문이다. 병역 면제 세금이라고 개칭된 구舊인두세의 보전은 이러한 특권에 대한 작은 대가였다.

장기적 안목에서 보면, 이 세 가지 목표는 상충되었다. 단기적인 면에서도 일부 즉각적인 불이익이 있었다. 평등한 시민권이란 신분의 상승뿐만이 아니라 신분의 하락도 의미했다. 당시의 오스만 학자인 제브데트 파샤는 1856년 2월 대개혁령의 시행을 설명하면서 다음과 같이 적고 있다.[6]

대주교들은……기뻐하지 않았다. 과거 오스만 국가에서 각 공동체들은 서열이 매겨졌었다. 첫째는 무슬림, 그다음은 그리스인, 그다음은 아르메니아인, 그다음은 유대인 등등. 그러나 지금은 이들 모두가 같은 위치에 있게 되었다.

일부 그리스인들은 이에 반대했다. "정부는 우리를 유대인과 같은 수준에 놓았다. 우리는 이슬람의 우월함에 만족했었다."

"일부 그리스인들"의 반응은 이해할 만했다. 17-18세기에 수도의 그리스 귀족들은 오스만 국가와 거의 공생관계였다. 특히 이스탄불의 파나르Phanar 지역에 살아서 "파나리오테Phanariote"로 알려진 그리스 성직자 가문들*은 사실상 오스만 행정부에서 많은 중요한 직책들을 독점했다. 그중에는 정부의 통역청장 직책도 있었는데, 통역청은 명목상으로는 단순한 통역기관이었지만 실제로는 오스만 제국의 외교관계에 관련된 모든 일상 업무를 처리하고 있었다. 유럽으로 파견되는 모든 오스만 대사들은 통역청 소속의 그리스 통역관을 대동했는데, 이 사람은 대사관의 많은 업무를 관장했다. 파나리오테가 차지한 또다른 직책은 후일 루마니아 왕국을 형성하는 두 도나우 공국의 총독이었다.

독립에 대한 요구와 심지어 독립의 성공은 불가피하게 비무슬림 국민들, 특히 국가기관의 비무슬림 신하들의 충성심과 신뢰감에 의문을 불러일으켰다. 변화는 서서히 왔다. 그리스 독립 전쟁의 발단이 되었던 그리스인의 반란이 시작되자, 정부의 통역청장이 (아마 확실한 근거도 없이) 반란자들과의 내통 혐의로 즉결 교수형에 처해졌다. 오스만이 처음으로 아테네에 외교공관을 개설한 1840년, 파나리오테 그리스인인 코스타키 무수루스가 첫 대표로 부임했다. 그는 후일 런던 주재 오스만 대사가 되었다. 그러나 오스만 그리스인들은 대체로 과거 오스만 국가에서 누렸던, 신뢰받고 권력 있는 지위를 다시 얻지 못했다.

소수 집단들의 상대적인 지위에는 또다른 변화가 있었다. 16세기, 유대인

---

* 아르기로풀로스, 칸타쿠지노, 마브로코르다토스, 입실란티스 가문 등이 유명하다.

들이 유럽의 지식과 기술을 가지고 있는 유일한 공동체이고, 유럽의 적들에게 동조할 것이라는 의심이 걷히자, 오스만 통치자들은 그들을 경제적으로나 정치적으로 유용하게 활용했다. 그러나 유대인들은 다른 어떤 소수 집단들보다도 오스만 세력의 쇠퇴를 잘 간파하고 있었다. 다른 오스만 기독교도들과는 달리 그들은 유럽 상인들의 호의와 유럽 정부의 보호에 의존하지 않았다. 또한 그들은 19세기 후반까지 기독교 공동체를 부흥시켰던 교육적, 지적 부흥을 전혀 경험하지 못했다. 수도는 물론 지방정부에서도 사업과 정부에서 그들은 서서히 기독교도들에게 밀려났다. 그 기독교도들은 그리스인, 아르메니아인 그리고 아랍어를 쓰는 레반트 지역 기독교 소수민과 같은 중요한 새 구성원들이었다.

이들 중에서 그리스인들은 점차로 의심을 받게 된 한편, 아랍어를 쓰는 기독교도들은 여전히 제국에서 다소 멀리 떨어진 지역에 거주가 제한되어 있어서 탁월함이나 영향력을 얻지 못했다. 이러한 변화에서 주로 이익을 챙긴 사람들은 아르메니아인들이었다. 오랫동안 "충실한 밀레트millet-i Sadika"로 알려진 그들은 오스만인뿐만 아니라 서구 인사들로부터도 가장 충성스러운 소수 집단으로 간주되어왔다. 이전의 그리스인들처럼 그들도 서양 교육과 상업적 기회를 통해서 이익을 보았고 점차 번성해갔다. 20세기 초반 아르메니아 지도층들은 술탄 압뒬하미드 2세의 독재를 전복하려는 청년 튀르크 당과 연합하여 1908년 청년 튀르크 혁명을 성취했다. 혁명 후의 정부에는 잠시 동안이기는 했지만 아르메니아인 외무장관이 있었다.

그러나 그리스인들처럼 아르메니아인들에게도 과거의 공생관계는 더 이상 불가능했다. 그리스인들처럼 새로운 번영이 더 좋은 교육과 문화적 부활을 가져다주었고, 이것은 그들을 외부세계의 새로운 사상을 더 잘 받아들일 수 있도록 해주었다. 이러한 새로운 사상들은 동서양 양쪽에서 왔고, 때로는 충돌하고 모순되는 메시지를 담고 있었다. 서양으로부터는 민족적 독립과 자유민주주의 그리고 급속히 팽창하는 기독교계 학교를 통해서 기독교의 재확신이라는 분위기가 들어왔다. 동쪽으로부터는 러시아 국가의 보호 제의 그리고 러시아 혁명가들의 방법 등이 들어왔다. 이 모든 사상에는 추종자들이 생겼고, 좋은 지위에 임명된다고 하더라도 딤미라는 지위는 더 이상 견디기 힘든 것이 되어갔다.

새로운 희망은 오스만 세력의 가시적인 쇠퇴로 증폭되었다. 오스만 제국의 패배와 열강의 내정 간섭에 이어 일어난 1876년 불가리아 위기는 성공으로 가는 길을 보여주는 것 같았다. 산 스테파노 조약의 제16조를 유지한 1878년의 베를린 조약의 제61조는 모호한 듯하면서도 구체적이다. 그 내용에는, 오스만 정부가 "더 이상의 지체 없이 아르메니아인들이 거주하는 지방에서 요구하는 개선과 개혁을 수행하고, 캅카스인과 쿠르드인으로부터 아르메니아인들의 안전을 보장하는 조치를 취한다. 이러한 목적을 위해서 취해진 조치들은 주기적으로 [유럽] 열강에 통보될 것이고, 그들은 그 과정을 감독할 것이다"라고 되어 있다.

결론 문장의 분명한 메시지는 일련의 사건들로 강화되었다. 불가리아인들은 이전의 그리스인들과 같이 고통스럽지만 효과적인 폭동, 진압, 중재를 통해서 독립을 쟁취했다. 같은 방식으로 당시 아르메니아의 독립도 성취될 수 있을 것 같았다. 폭동은 군사 행동을 유발했고, 오랫동안 잠들어 있던 종교적, 민족적 적대감을 되살아나게 했다. 1890년부터, 특히 1895−1896년에 반란과 진압, 테러와 대학살이라는 잔혹한 악순환이 오스만 동부에서 맹위를 떨쳤다. 그것은 한동안 수도에까지 영향을 끼쳤다. 많은 아르메니아인들이 죽었는데, 그중에서 많은 수가 지방에서 봉기한 비정규군인 하미디예 Hamidiye에게 목숨을 잃었다. 이 군대는 술탄 압뒬하미드 2세가 아르메니아 폭도들과 그들을 돕거나 숨겨주거나 동조하는 자들을 처리할 권한을 부여한 비정규군이었다. 그 결과는 혁명 운동을 종식시킨 것이 아니라 더 부추긴 것이었다. 아르메니아인들을 중심으로 한 기독교도들과 튀르크인, 캅카스인, 시골 쿠르드인들과 유목민들과 같은 무슬림 간의 습격과 전쟁은 풍토병처럼 되었다.

아르메니아인들은 중요한 측면에서, 독립 투쟁에서 앞서가던 발칸의 기독교도들보다 더 불리한 상황이었다. 아르메니아인들이 다수를 이루었던 오스만 마을과 지역은 분산되어, 더 이상 그리스나 불가리아처럼 하나의 민족적 향토로 결집시킬 수 없었다. 그들이 살았던 모든 지방에서 아르메니아인들은 그들의 야망과 활동에 불안해하는 무슬림 다수 집단 내의 소수가 되었다. 아르메니아의 중심 지역은 고대 수도와 함께 러시아 차르 제국에 통합되었다. 차르는 다양한 후원이나 격려를 제공했을지는 몰라도, 자유로운 아르메니아 독립에는 관심이 없었다.

시간이 흐르자, 심지어 튀르크인이나 아랍인 그리고 제국의 다른 무슬림들조차 이전의 면역성을 잃고 자유주의, 애국주의, 민족주의라는 유럽 사상에 감염되었다.

합법성과 충성심이라는 전통적인 구조를 너무나 많이 침식한, 낡은 정치적 질서를 파괴했던 새로운 사상은 두 단계로 다가왔다. 처음에는 서유럽에서 온 애국주의라는 형태였고, 나중에는 중부와 동유럽에서 온 민족주의라는 형태였다.

기독교 세계와 마찬가지로, 전통적인 이슬람 세계에서 민족과 국가는 종종 강한 민족적, 지역적 정체성을 가지고 있었다. 중동 이슬람의 주요한 세 민족인 아랍인, 페르시아인, 튀르크인은 그들의 민족적 유산인 언어, 문학, 역사, 문화 그리고 공통의 기원, 독특한 방식과 관습 등을 자랑스럽게 인식하고 있었다. 또한 자신의 출생지에 대한 본능적인 애착인 국가에 대한 애정, 지역에 대한 자부심, 향수병 등은 서구 문학과 마찬가지로 이슬람 문학에서도 친근한 주제들이었다. 그러나 이러한 것들은 정치적인 메시지를 담고 있지 않았으며, 서구의 사상적 침투 이후에야 비로소 국가나 민족적 향토가 정치적 동질성과 주권의 단위라는 생각이 받아들여지고 알려졌다. 무슬림들에게 그들의 동질성은 신앙이었으며, 충성심은 그 신앙의 이름으로 그들을 지배하는 통치자나 왕조에게 바치는 것이었다.

애국주의와 민족주의는 모두 이슬람 세계에서 낯선 이념이었다. 군주의 명칭이나 역사가의 저술에서도 민족과 국가는 통치권을 제한하거나 정체성을 규정하지 않았다. 이러한 사상의 도입은 알리 파샤가 관찰했듯이 파괴적인 영향을 끼쳤다. 단지 자신의 출생지에 대한 본능적인 사랑이 아닌, 자신의 국가에 대한 정치적이고, 필요하다면 군사적인 의무, 나아가 그 정부의 요구에 기꺼이 응하는 의무로서 애국주의는 그리스와 로마에서 기원한 서구 문명에 깊은 뿌리를 두고 있었다. 영국과 프랑스, 후일 미국에서, 이 애국주의는 다른 두 사상, 즉 그 국가의 다양한 국민 구성원이 하나의 국가적 충성심으로 결합한다는 사상과 교회나 국가보다는 인간이 진정하고 유일한 주권의 원천이라는 확신과 합쳐진다.

애국주의는 다른 언어를 쓰거나 다른 종교를 신봉하면서도 영국과 프랑스에 사는 수많은 사람들을 결속시켜 강력한 국가를 태동시켰다. 유럽의 상황을 목격한 몇몇 오스만 인사들은 그러한 사상이 오스만 제국의 서로 다른 민족과 종교적 공동체들을 공통된 충성심으로 그들의 향토를 사실상 지배하는 오스만 제국 내에 묶어두는 데 기여하리라고 생각했다.

애국주의 사상은 얼마 후 이집트에서 수용되었는데, 이집트는 애국주의의 목적을 위해서 많은 이점을 가지고 있는 나라였다. 이집트는 중동 지역의 다른 어떤 나라보다도 지리와 역사로 명확하게 구분될 수 있다. 이집트는 단일 하천인 나일 강의 계곡과 삼각주로 구성되어 있었기 때문에, 아랍화와 이슬람화에도 불구하고 수천 년 동안 지속적인 동질성과 단일성 그리고 그 지역에서는 독특하게도 중앙집권화를 이루고 있었다. 국가로 정의되는 이 새로운 애국주의 사상의 진전은 케디브 왕조의 야심에 불을 지폈는데, 이 왕조는 오스만 술탄의 명목상의 종주권을 인정하면서도 사실상 자치 국가를 이집트에 형성했다. 케디브는 독자적인 이집트의 통합 개념을 촉진시키고, 개별 국민성과 국가성이 표현되는 이데올로기에 명백한 관심을 가지고 있었다. 서구적 단어 개념에서 이집트는 다국어적이고 다원론적 19세기 오스만 제국이라기보다 하나의 국가로 보는 것이 훨씬 더 쉽다. 그러나 이집트에서도 이러한 새로운 정체성의 수용은 서서히 그리고 점진적인 논쟁을 거쳤으며, 현재에도 모든 이집트인들이 전적으로 받아들인 것은 아니다.

19세기 중반부터 애국주의는 대체로 전혀 다른 이념인 민족주의로 대체되었다. 애국주의는 서유럽에서 잘 적용되었다. 그곳에서는 한편으로는 나라country와 국가state가, 다른 한편으로는 민족nation이 사실상 동질적이었기 때문이다. 독일의 분열, 오스트리아–헝가리의 민족적 다양성, 차르 제국의 "민족 수용소" 등과 같이 조건이 매우 달랐던 중부 유럽과 동유럽에서 애국주의는 적합하지 않았다. 이러한 상황에서 애국주의는 현상 유지를 의미할 수 있었다. 이는 점점 더 많은 사람들에게 받아들일 수 없는 일이었다. 민족이라는 개념은 국가와 신분이 아니라, 언어와 문화, 공통의 출계, 일상의 현실성에 굉장히 근접하는 합치 등으로 규정된다. 민족 개념은 또한 중동의 현실에 더욱 잘 부합되었는데, 중동에서는 서구의 개방적 애국주의보다는 중부 유럽형 민족주의가 더욱 알기 쉽고 잘 먹혀들었다.

중동에 애국주의와 민족주의 사상이 소개되었을 때, 그 사상들은 자유론자 및 반대 운동 등과 관계를 맺었다. 일반적으로 애국주의는 기존의 정치 질서를 강화하려는 경향을, 민족주의는 그것을 전복시키려는 경향을 띠었다. 애국주의자에게 그의 나라의 독립은 자명했고, 자유는 그 나라의 개인적인 지위와 관련이 있었다. 민족주의자에게 국가는 낯설고 압제적인 것이었으며, 나라와 민족은 외국에 종속되고 때때로 통치를 서로 분할하기도 했다. 자유란 이러한 비정상적인 상태의 종식이며, 민족적 독립과 통합의 성취를 의미했다.

이러한 새로운 사상의 영향을 처음으로 감지한 것은 제국 내의 비무슬림 신하들이었다. 기독교 유럽에서 흘러나온 사상에 노출될수록 그들은 자신들을 통치하는 정부는 이질적인 폭군이라는 생각에 더 쉽게 설득당했다. 정부뿐만이 아니었다. 같은 과정이 구舊지배 체제 아래서 제국 내의 모든 정교도 기독교도들을 연합했던 그리스인 밀레트 내에서도 보인다. 19세기 그리스 정교회에 속한 비그리스인 신봉자들은 거의 전적으로 그리스 민족이 차지하고 있던 교회의 고위 성직의 권위에 눌리면서 소멸되기 시작했다. 처음에는 발칸 사람들이, 거의 성공하지는 못했지만, 나중에는 시리아에 있는 아랍어를 쓰는 정교도 기독교도들이 그들 자신의 공동체 문제와 교회 조직에 더 많은 발언권을 요구했다. 이러한 새로운 민족주의적 동요는 그리스 밀레트를 분열시켰고, 나중에는 오스만 제국을 파멸로 몰아갔다.

이란에서는 서구 사상의 영향이 더 느리고 약하게 퍼져나갔다. 왜냐하면 이란은 유럽과 멀리 떨어져 있었고, 서구의 직접적인 영향에 대해서 러시아와 오스만 제국이라는 보호막이 있었기 때문이었다. 지형도 어떤 면에서는 그 영향에 호의적이지 않았다. 샤는 술탄처럼 몇 개의 종교를 신봉하고 많은 언어를 구사하는 다양한 국민을 통치했다. 그러나 이러한 언어적, 종교적 소수민들의 역할은 이란에서는 오스만 제국에서보다 훨씬 덜 중요했고, 한 번도 기존의 정치적, 사회적 질서에 상당한 위협 요소가 되지 못했다. 오스만의 상황과 비교해볼 때, 비무슬림 소수파들은 그리 많지 않았고, 크게 번성하지 못했고, 더 억제되어 있었다. 유대인과 조로아스터교도들은 문화적으로 통합되어 있었고, 페르시아어만 썼으며, 이슬람 이전 시대로 거슬러올라가는 역사적 뿌리를 가지고 있었다. 그러나 법적, 사회적으로 그들은 고립되어 있었고, 정치적으로도 힘이 없었다. 규모가 어찌되었든, 유일한 기독교 공동체는 아르메니아 공동체였다. 대부분의 측면에서 그들은 유대인과 조로아스터 교도들보다 더 나은 위치에 있었다. 그러나 그들과 달리 아르메니아인들은 종교뿐만이 아니라 별개의 종족, 언어, 문화적 동질성을 가지고 있다는 자부심으로도 페르시아인들과 분리되었다. 이란에서 비무슬림 공동체들은 어느 정도의 자치력을 가지고 별개의 공동체를 조직했다. 그러나 이러한 공동체들은 오스만 제국의 밀레트와 비교했을 때, 훨씬 덜 중요했다.

얼핏 보면 무슬림 속에 섞여 사는 종족적, 종교적 소수민들이 크게 중요해 보일지도 모른다. 조그마한 수니파 소수 집단과 보다 활동적인 소수 집단인 새로운 바하이Bahai 신봉자들이 있었다. 그러나 수니파 소수민들은 두각을 나타내지 못했고, 바하이 신봉자들은 극심한 제한에 묶여 있었다. 페르시아어를 쓰는 사람들은 기껏해야 이란 인구의 절반밖에 되지 않았고, 나머지는 다양한 소수 민족들인 북서쪽의 아제리인과 쿠르드인, 남서쪽의 카슈가이인과 아랍인, 북동쪽의 투르크멘인, 남동쪽의 발루치인 등으로 구성되어 있었다. 이 소수 민족들의 대부분은 튀르크어를 사용했으며, 러시아 차르 치하의 남캅카스나 중앙아시아에 있는 튀르크어 사용 민족들과도 관련이 있었다. 그러나 사실상 종족적 차이는 오스만에서보다 덜 중요했다. 우선 모든 사람들이 무슬림이었고, 그중 대부분이 시아파였다. 그들은 유럽에서 유행하고 있던 민족성이라는 새로운 용어보다는 종교적 충성심과 문화적 유사성에 더 강력하게 묶여 있었다.

그러나 여러 가지 면에서, 이란은 민족주의가 아니면 분명히 애국주의와 같은 새로운 사상을 수용하기에 적합한 나라였다. 이란인은 비옥한 초승달 지역이나 이집트 그리고 북아프리카 등과 같은 아랍 세계 사람들과 달리 이슬람 이전의 과거에 대한 인식을 가지고 있었고, 그 업적에 자부심을 가지고 있었다. 과거에 대한 그들의 회상은 진지한 역사적 증거보다는 설화나 서사시에 의존했기 때문에 역사적이라기보다는 신화적이었다. 그러나 그렇다고 그러한 기억이 덜 생생한 것은 아니었으며, 전역에 흩어져 있는 페르시아 인들의 문학과 예술, 자기 인식에서 중요한 위치를 차지했다. 더욱이 아랍 세계의 국가들과 달리 이들은 자신들의 언어를 보유했다. 아랍 문자로 기록하고, 많은 아랍어 차용어를 가지고 있었지만, 기본적으로는 분명히 아랍어가 아닌 페르시아어였다. 16세기 초에 사파비 왕조가 성립된 이후로, 이들은 분리된 세력권을 형성하고, 단일 왕실하에 단합했다. 또 이들은 페르시아어와 문화, 무엇보다도 시아파 신앙으로 주변 이웃과 자신들을 구분했는데, 시아파 신앙은 사파비 왕조의 성립 이래로 이 나라의 공식적이고 지배적인 종교였다. 사파비 왕조의 주변 이웃인 오스만, 중앙아시아, 아프가니스탄, 인도의 이슬람 국가들은 모두 수니파였기 때문에, 시아파 신앙은 이웃 수니파 국가들과의 첨예한 대립과 끝없는 분쟁을 가져다주었다. 애국주의는 이란에 뒤늦게 들어왔다. 그리고 반서양, 반근대화, 비세속화를 표방하던 시아파 급진 운동 지도자들에게 감당할 수 없는 호소력을 발휘했다.

1853년 1월 9일, 러시아 차르는 세인트 피터즈버그에 있는 환영식장에서 영국 대사인 조지 해밀턴 시모어 경과 대화했다. 시모어의 보고서에 따르면, 차르는 오스만 제국에 대해서 이렇게 말했다. "우리에게는 중병에 걸린 병든 사람이 한 사람 있습니다. 만약 최근 며칠 사이에 우리가 적절한 조치를 취하기도 전에 그가 우리 손에서 빠져나간다면 대단히 큰 불행일 것입니다."[7] 시모어도 병자가 회복될 수 있도록 따뜻하게 돌봐주어야 한다고 제안했다. 필요한 것은 내과 의사지 외과 의사가 아니라고 그는 말했다.

국내외적으로 많은 내과 의사들이 있었고, 가끔씩의 격렬한 불협화음에도 불구하고, 그들은 병자의 건강을 회복시켜주는 일에 일부 진전을 보였다. 시간과 침착성이 있었다면 그들은 성공했을지도 모른다. 그러나 시간도 침착성도 그들에게 허용되지 않았다.

# 5. 전쟁에서 전쟁으로
## 오스만 제국의 붕괴에서 제2차 세계대전까지의 중동

오스만 제국은 해체될 때까지 1세기 이상 내외의 적들과 끊임없는 전쟁에 휘말렸다. 이러한 전쟁 가운데 하나가 1821-1823년에 일어난 이란과의 전쟁이었다. 이 전쟁은 첫째 중동 이슬람의 패권을 가리고, 둘째 정확한 국경을 설정하기 위해서 16세기 초부터 두 나라 사이에 오랫동안 계속된 마지막 전쟁이었다. 국경은 결국 안정을 되찾았고, 양국 위원회는 최종적인 책정을 마무리했다. 그 경계는 후일 이라크와 일부 국경 분쟁을 야기했지만, 터키 공화국과 이라크의 동부 경계를 이루었다. 오스만 제국과 이란의 지역 패권 경쟁은 두 경쟁자 모두의 쇠퇴와 외세의 등장으로 막을 내렸지만, 그들의 경쟁과 투쟁은 때로는 내부에서, 때로는 외부에서 거의 2세기 동안 양국의 정치사를 지배했다. 오스만 제국이 오랫동안 치열하게 싸웠지만 결국 성공을 거두지 못했던 후방 공격은 경쟁적인 외세와 그들의 토착 이익 집단에 대항한 것이었다.

제국 내의 적들에 대항하여 수많은 전쟁이 치러졌다. 일부는 독립을 요구하는 민족주의 운동에 대항한 것이었다. 이러한 운동을 일으킨 사람들은 모두 기독교도들이었고, 거의 모두가 외부의 지원으로 궁극적인 성공을 거두었다. 또다른 종류의 반란은 야심 많은 오스만 파샤들이 주도했는데, 그들은 제국의 무질서에 편승해서 이권을 챙기고, 자신들이 통치하는 지방에서 자치 공국을 세우려고 했다. 가장 성공적인 예가 무함마드 알리 파샤였다. 그는 명목상으로는 오스만 제국에 복속되어 있었지만, 이집트에 준독립적인 새 왕조를 건설했다. 비록 규모가 작고 기간이 짧기는 했지만, 다른 파샤들도 이라크와 시리아 등지에서 비슷한 자치를 이룩했다.

이들 파샤 대부분은 아랍 영토에서 활동하고 있었지만, 아랍인이 아니라 발칸이나 캅카스 지방 출신으로 튀르크어를 구사하는 오스만 장군들이었다. 아랍어를 사용하는 통치자가 지역 자치를 얻으려고 했던 경우는 단 두 곳뿐이었다. 한 곳은 레바논으로, 일부는 기독교도이고 일부는 드루즈파인 그곳의 지방 통치자들이 후일 대레바논 공화국의 중심부가 되는 산악지대에 자치 공국을 건설하려고 했다. 이 공국과 아직 오스만 제국의 복속하에 있는 인접 지역은 중세부터 아랍의 문화적, 경제적 번성이 시작된 곳이었다.

또다른 아랍 활동의 중심지는 아라비아 반도, 특히 오스만과 이란 그리고 점증하는 영국 세력 사이에 불화가 있었던 걸프 지역이었다. 18세기 후반 이후부터, 부족장과 지방 토후들은 이러한 경쟁을 자신에게 유리하게 이용하여 상당한 자치를 확보했다. 그 대표적인 나라가 쿠웨이트 공국이었다. 성채라는 의미를 가진 인도어의 아랍어 축소형인 쿠웨이트에서는 1756년 사바흐라는 지배 가문이 권력을 잡았다.

오스만 제국의 정통성에 도전한 유일한 아랍 운동은 와하비 운동이었다. 이 운동의 창시자는 나지드 지방의 신학자 무함마드 이븐 압둘-와하브(1703-1792)였다. 그는 순수하고 정통적인 예언자 무함마드 시대의 이슬람으로 돌아갈 것을 요구하고, 미신, 거짓 신앙, 사악한 의례 등과 같이 이슬람의 순수성과 정통성을 오염시키고 왜곡하는 부차적인 첨가와 또 그러한 것들을 조장하고 장려하는 정권에 대한 거부를 분명히 했다. 압둘 와하브의 추종자 중에는 나지드 지방의 다리야 지역 아미르(토후)인 무함마드 빈 사우드도 있었다. 일부 전해져오는 이야기에 따르면, 무함마드 이븐 압둘-와하브는 추종자들에게 교의와 무기 사용을 함께 가르쳤다고 한다. 18세기 중엽부터 탁월한 군사 능력을 가진 빈 사우드가 지휘하고 이븐 압둘-와하브의 종교적 가르침에 고무된 새 신앙의 전사들은 아라비아의 대부분을 정복하고, 한때는 시리아와 이라크의 경계를 위협했다. 신앙을 정화하기 위한 그들의 투쟁은 예언자와 그를 이은 정통 칼리프 시대의 이슬람의 원래 모습과 그 팽창을 재현하는 데 있었다. 오스만 제국은 약화되기는 했지만, 많은 문제점에도 불구하고 별다른 어려움 없이 일찍이 비잔틴과 페르시아 대제국도 성공하지 못했던 아라비아에서 와하비 사우디의 공격을 격퇴할 수 있었다. 7세기에는 공격자나 방어자 모두가 거의 같은 무기를 사용했지만, 18−19세기에 오스만 군대는 대포를 가지고 있었다.

오스만 군대는 반란을 일으키는 베두인은 충분히 제압할 수 있었지만, 유럽 열강을 격퇴하기에는 역부족이었다. 일부 외국과의 전쟁은 국내의 반란에 외세가 개입하면서 증폭되었다. 일부는 열강 간의 경쟁으로 촉발되었다. 1806년에서 1878년 사이에 러시아는 오스만 제국과 네 차례의 전쟁을 벌였는데, 네 전쟁 모두 오스만의 중요한 영토 손실로 끝이 났다. 만약 서구가 개입하여 러시아가 획득한 영토 일부를 단념하도록 하지 않았다면, 오스만 제국의 패배는 훨씬 더 참혹했을 것이다.

이러한 개입은 중요한 변화를 가져다주었는데, 그것은 오스만 제국의 쇠퇴가 외교관들이 제기했던 "동방 문제"로 변환된 것이었다. 이 단계에서 제국의 존속은 완강하지만 방어에 무력했던 오스만 군대의 덕택이라기보다는 새로운 상황 덕을 보았다. 그것은 러시아의 확장에 대한 유럽 열강의 관심과 개입 그리고 그러한 경쟁관계를 인식하고 그 기회를 활용하고자 했던 오스만 정부의 정책의 발전이었다.

1699년으로 거슬러올라가서, 두 번째이자 마지막인 빈 포위전이 무위로 끝나고 그 패배의 결과 오스만 제국이 첫 번째 조약을 절충하고 있을 때, 오스만은 오스트리아의 세력 진출에 관심을 가지고 있던 영국과 네덜란드 정부를 대표하는 이스탄불 주재 두 대사의 도움과 충고를 받았다. 그리하여 19세기 내내 서구의 외교적, 군사적 개입은 통상적인 일이 되었다. 프랑스 혁명과 나폴레옹 전쟁 중에는 프랑스에 대항하는 영국의 도움을 받다가, 후일에는 러시아에 대항하는 프랑스의 지원을 받았다. 1829년에는 승리한 러시아가 협정의 조건을 완화하도록 프로이센이 중재했다.* 크림 전쟁 때는 영국과 프랑스가 오스만의 편을 들어 러시아와 싸웠다. 1878년 영국의 외교 간섭은 오스만의 패배에 따른 정치적 결과를 완화해주었는데,** 이로써 제국의 해체가 다음 세기까지 연기되었다. 한편 서구 열강은 "병든 거인"의 재산을 미리 분할하고 있었다. 오스만 제국의 직접 통치를 받는 지방보다는 지방 행정 치하의 변방과 오스만의 복속이 모호한 지역을 대상으로 했다.

19세기와 20세기 초, 이란도 많은 부분에서 오스만과 비슷한 도전에 직면했다. 이란의 과제는 물론 위험은 따랐지만 오스만에 비해서 전반적으로 훨씬 단순했다. 1806-1807년 이란은 간단하게 유럽의 투쟁에 개입하게 되었다. 이때 나폴레옹이 테헤란에 사절을 보내어 이란의 샤에 대한 지원과 함께, 러시아에 빼앗긴 북쪽의 영토를 회복하고, 남쪽의 인도에서 영국을 공격하기 위한 공동 보조를 제의했기 때문이다. 그러나 1807년 틸지트에서 프랑스-러시아 평화조약이 체결된 후, 이란에 대한 프랑스의 이해관계가 없어졌다. 결국 러시아와 영국만 남게 되었고, 이란의 역사는 1세기 이상 아시아에서 경쟁을 벌이는 두 열강에 좌우되었다. 지방 통치자와 샤의 희생을 대가로 한 러시아의 정복으로 카스피 해의 동서쪽에서 러시아는 이란의 북쪽 이웃이 되었다. 나아가 인도에 대한 영국의 지배 강화로 영국이 이란과 동남쪽 경계를 마주하게 되면서 그 영향력이 경계를 넘어 확산되었다. 러시아 군대의 남진과 테헤란에서의 영향력 확대를 자신들의 이해에 대한 위협으로 간주한 영국은 세력 확대를 통해서 러시아의 침입을 저지하고자 노력을 기울였다.

---

\* 　세르비아와 발칸 반도의 장악을 위한 오스만과 러시아 사이의 전쟁에서 오스만이 패배하자 1829년 아드리아노플 조약을 체결했다. 프로이센이 중재한 이 조약으로 오스만은 러시아에 도나우 강 입구와 아나톨리아 반도 동부 지역 일부를 할양했다. 나아가 발칸 공국과 세르비아에 대한 러시아의 특권을 인정해 1830년 세르비아인의 자치권이 인정되었다(이희수, 『터키사』, 1993, 388쪽).
\*\* 1877-1878 오스만-러시아 전쟁에서 오스만 튀르크가 패배하자, 1878년 3월 아야스테파노스 조약을 체결했다. 이때 영국이 적극적으로 개입했다.

프랑스는 사실상 철수한 상태였고, 독일은 제1차 세계대전 때까지 힘을 발휘하지 못하다가, 제1차 세계대전 시기에 비로소 그들의 동맹국인 오스만 제국의 영토에 개입하기 시작했다. 그때까지 이란은 오스만과는 달리, 오로지 두 열강과 마주하고 있었다. 바로 북쪽의 러시아와 남쪽의 영국이었다.

어떤 점에서는 이란이 오스만보다는 유리한 입장이었다. 특히 아르메니아 지방을 러시아에 빼앗긴 이후 이란의 소수 집단은 규모가 작아서 거의 문제가 되지 않았다. 결코 이란 정부에 완전히 복속되지는 않았지만, 이란의 소수 종족 집단들은 다른 국가에 편입되거나 국가를 건설하려고 하지 않았다. 이것은 이란에 상당한 이점이 되었다.

샤가 채택한 정책은 오스만 술탄의 정책과 비슷했고 어떤 점에서는 술탄의 정책을 모델로 삼았다. 군의 현대화와 중앙화, 그에 따른 필요한 조치로서 행정과 교육의 현대화, 특히 통신과 같은 현대적 기반 시설의 구축, 최소로 필요한 만큼의 서구 기술과 방식의 도입과 채택, 이와 함께 경쟁적인 제국 열강을 상호 견제하게 함으로써 독립을 보존하고자 하는 것 등이었다.

그러나 이러한 모든 대내외 정책에서 이란은 시야가 좁았고, 오스만에 비하면 미미한 성공밖에 거두지 못했다. 이란의 군대와 민간 부문에 대한 개혁은 철저하지 못했고, 중앙집권화 조치는 지역적이고 부족적인 특수성 때문에 방해받고 파기되기도 했다. 이는 도리어 경쟁적인 제국들의 진출을 막아내고자 했던 시도를 좌절시켰다.

러시아의 압력은 주로 군사적인 성격을 띠었고, 연속되는 조약은 러시아의 정복과 합병을 비준했다. 반면 영국의 침투는 주로 경제적이고 외교적인 것으로, 일련의 협정과 조차租借로 나타났다. 그렇다고 열강이 상대의 전략을 무시한 것은 아니었다. 때가 되자 영국은 이란에서 자국의 목표를 관철하기 위해 인도에서 군을 파견했고, 러시아 사업가와 외교관들은 광범위하고 심층적인 러시아의 활동과 영향력 증대를 위해서 작업을 벌였다. 1864년 영국은 이란-인도 통신회선의 일부로 이란에 최초의 전신망을 개설했다. 이는 1872년 소위 "로이터 조차"로 이어져, 영국 회사에 이란의 광산 개발, 은행 설립, 전신망 구축, 철도 부설 등에 관한 독점권을 부여했다. 관세는 이란이 납부해야 할 지불로 대신하기로 약정되었다. 실행상의 어려움과 러시아의 격렬한 반대로, 이 조차권은 이란 정부에 의해서 취소되었다. 1879년은 "카자크 여단"의 창설로 러시아가 중요한 진전을 이룬 해였다. 카자크 여단은 사실상 샤의 왕실 근위대였는데, 군대의 훈련과 장비, 심지어 군사 일부까지 러시아로부터 충당되었다. 러시아의 중앙아시아 진출은 이란 북부의 러시아 세력을 견고히 했고, 남진을 위한 근거지를 제공했나. 러시아의 싱공과 진출에 대한 유일한 예외는 1901년 영국의 석유조차권 확보 정도였다.

1905년에는 비단 이란뿐만 아니라 역내 전체에 주요한 변화가 일어났다. 러일 전쟁에서 러시아가 치욕적인 패배를 당했다. 유럽 열강이 아시아 국가에 패배한 최초의 전쟁이었다. 이 패배는 러시아에 심각한 혼란을 야기하며 1905년 10월 최초로 국민대표제와 의회정부 헌법을 공표하기에 이르렀다. 이란에서도 그 교훈은 명백했다. 차르의 전제군주제가 패배했고, 승리자는 1889년 스스로 근대적 헌법*을 공표한 일본이었다. 러시아 스스로도 자유민주주의의 효력과 효율성을 시연하는 조치를 따르고 있었다.

이란의 헌법혁명은 1905년 12월에 시작되었다. 얼마간의 고통을 겪은 후, 최초의 국민의회인 마즐리스Majlis가 1906년 10월 테헤란에서 소집되었다. 그리고 샤가 서명한 헌법을 입안했다.

한편 급변하는 국제 정세는 이란에게 불리하게 돌아갔다. 독일 세력의 확대에 따른 공동의 두려움이 러시아와 영국을 무장시켰고, 결국 1907년 8월

---

\* 대일본제국 헌법을 말한다. 이 헌법에 의하면 주권은 천황에게 있으며, 천황은 관제 제정, 문무관의 임명, 조약 체결 등의 권한을 가지고 있다. 의회의 권한은 약했으며, 내각은 천황을 보좌하고 천황에게만 책임을 졌다(이희수 외, 『문화사』, 1995, 196쪽).

양국은 협정을 체결하여 이란을 사실상 분할했다. 이로써 이란의 북쪽은 러시아 영향권에, 걸프 해 주변의 남쪽은 영국의 영향권에 들어갔고, 중앙 벨트는 양국의 중간지대로 남았다. 곧바로 투쟁의 시기가 닥쳐왔다. 샤와 마즐리스 간에, 이란 내부의 보수주의와 자유주의 간에, 그리고 이윽고 러시아와 영국 간에 투쟁이 이어졌다. 1914년 제1차 세계대전이 발발했을 때, 이란 북부에 대한 러시아의 침투와 정복은 이미 착착 진행되고 있었다.

1908년 오스만의 헌법혁명은 보다 유리한 상황에서 시작되었다. 새 시대의 여명을 전하는 시점으로 보였다. 술탄 압뒬하미드의 전제 독재는 전복되었고, 30년간 중지되었던 헌법이 재선포되었다. 자유 선거가 공표되고, 튀르크인과 아르메니아인, 무슬림과 기독교도, 유대인이 거리에서 서로 얼싸안고 자유와 형제애로 가득 찬 새로운 시대를 약속했다. 이 혁명에 대해서 한 터키 역사가는 1940년에 출판된 책에서 다음과 같이 적었다. "그렇게 커다란 희망을 준 사건은 지구상에서 그리 흔치 않다.……마찬가지로 그러한 희망이 결과적으로 그렇게 빨리 절망으로 바뀐 사건도 거의 없을 것이다."[1]

한편 오스만 제국의 기독교도들과 유럽 강대국들은 청년 튀르크 혁명을 진일보한 단계로 환영하면서도, 자신들의 다른 계획에 간섭하는 것은 허용하지 않았다. 오히려 그들은 그 혁명을 놓쳐서는 안 되는 절호의 기회로 삼는 듯했다. 주저 없이 오스트리아-헝가리는 보스니아 헤르체고비나를 병합해버렸고, 불가리아는 독립을 선언했다. 1896년 오스만 튀르크-그리스 전쟁 이후 오스만 제국 내에서 자치적인 지위를 보장받고 있던 크레타는 그리스와의 통합을 선언했다. 1909년에는 반혁명 폭동이 일어났으나, 무참히 유혈 진압되었다.

1911년 9월, 이탈리아의 트리폴리 침공으로 새 전쟁의 물결이 시작되었다. 이때까지 이집트에서부터 모로코에 이르는 북아프리카 해안지대의 거의 전부가 영국과 프랑스의 지배하에 있었다. 오스만 제국의 공국인 키레나이카와 트리폴리타니아만 제외되었다. 식민 게임에 뒤늦게 참여하여 유럽 열강의 사전 동의를 받아 "병든 거인"의 부스러기 땅을 차지할 수밖에 없었던 이탈리아는 북아프리카에 대한 육해상 공격을 시작했다. 이탈리아의 북아프리카 진격은 예상 밖으로 완강한 오스만 및 토착 세력의 저항에 부딪혔다. 그러나 그해 10월 저항은 종식되었고, 오스만은 새롭고 훨씬 위험한 위협에 직면하게 되었다.

제1차 발칸 전쟁은 1912년 10월 18일에 발발하여 1913년 5월 30일에 끝났다. 발칸 동맹국들과 불가리아, 세르비아 그리고 그리스는 오스만 제국으로부터 핵심적인 영토를 획득했다. 알바니아는 독립 국가 명부에 추가되었다. 승전국 사이에서 벌어진 1913년 6-7월의 제2차 발칸 전쟁은 오스만에 에디르네(옛 지명은 아드리아노플) 지역에서 마리차 강에 이르는 상실된 영토 일부를 회복할 기회를 제공했다. 이것은 터키의 유럽 쪽 경계가 되었다.

이런 혼란의 와중에 큰 희망으로 출발했던 청년 튀르크의 허약한 민주주의는 침몰했고, 1913년 1월의 쿠데타로 사실상 군사 독재 정권이 수립되었다. 이듬해에 청년 튀르크는 세계대전에서 동맹국의 편에 서는 대실수를 저질렀다. 그리고 과거의 전통적인 우방과 적들이 연합해서 자신들에 대항하는 죽음의 전투에 스스로 개입된 사실을 깨달았다.

제1차 세계대전은 오스만 제국이 다른 강대국들과 함께 열강의 한 국가로 싸운 마지막 전쟁이었다. 1914년 10월 말 오스만 전함은 독일 순양함 2척의 호위를 받으며 러시아의 흑해 항구인 오데사, 세바스토폴, 테오도시아 등을 폭격했다. 술탄-칼리프는 자신과 자신의 우방국에 총을 겨누는 모든 세력에 지하드를 선포했다. 중앙아시아와 북아프리카, 인도 등지에서 거대한 무슬림 인구를 지배하고 있던 영국, 프랑스, 러시아 등 세 연합국 측은 물론, 오스만 튀르크와 그의 동맹국인 독일도 지하드 선언에 호응해서 무슬림 피지배층이 지배 강대국에 대항한 반란을 일으킬 것이라고 예측했다. 그러나 실제로 반란은 일어나지 않았고, 오스만은 동부와 남부 전선에서 러시아와 영국의 양대 세력과 대치하게 되었다.

처음 사태는 오스만에 꽤 유리하게 진행되었다. 1914년 12월, 오스만 제국은 동부 아나톨리아에서 공격을 감행하여 1878년 러시아에 양도했던 카르스를 되찾고, 러시아로부터 이란의 타브리즈를 간단하게 수중에 넣었다. 당시 러시아는 이란 정부의 중립 선언에도 불구하고 이란이 그것을 지킬 힘이 없자, 이란에서 자유롭게 활동하고 있었다. 남부 전선에서는 오스만 군이 팔레스타인으로부터 시나이 사막을 건너 영국이 지배하고 있던 이집트의 수에즈 운하를 공격했다.

그러나 성공은 잠시뿐이었다. 동부 전선에서는 러시아가 지역 주민의 협력으로 강력한 역공을 가해, 반에 진입해서 잠시 장악했다. 남부 전선에서는 영국이 수에즈 운하에 대한 오스만의 공격을 격퇴했다. 이런 과정에서 영국은 인도로부터 걸프 해에 원정군을 파견했다. 1914년 11월 22일, 영국군은 당시 오스만 항구였던 바스라를 점령했다. 영국의 당면 목표는 이란의 석유 파이프라인을 보호하는 것이었지만, 초기의 성공은 더욱 야심만만한 계획을 추진하는 자극제가 되었다. 1915년 한 해 동안 영국군은 티그리스와 유프라테스 강 양쪽의 여러 지역을 점령했고, 바그다드를 향해서 북진하기 시작했다. 한편 오스만은 수도로부터 얼마 떨어지지 않은 곳에서 매우 위험한 공격에 직면하게 되었다. 1915년 2월, 영국은 다르다넬스 지역에서 해상 작전을 전개해서 렘노스 섬을 점령하고, 그곳에 기지를 건설했다. 봄과 여름 동안, 영국과 오스트레일리아 합동군은 보스포루스 해협에서의 오스만 방어선을 돌파하고, 흑해의 러시아와 연결하기 위한 중요한 시도로서 겔리볼루 반도의 여러 지역에 상륙했다.

1915년 말과 1916년 초에 오스만의 상황은 다시 호전되었다. 러시아가 반에서 쫓겨나고, 영국이 패배하여 이라크에서 물러나게 되었다. 반면에 술탄의 군대는 수에즈 운하에 대한 2차 공격을 감행했다. 1916년 초까지 치열한 전투로 극심한 피해를 입은 후에, 영국과 오스트레일리아는 겔리볼루로부터 퇴각했고, 해협에 대한 공세를 포기했다.

그러나 장기적인 면에서 연합군이 우세했다. 1917년 러시아 볼셰비키 혁명 이후 동쪽의 압력은 느슨해졌지만, 남쪽으로부터 영국의 진격은 결코 멈추지 않았다.

이러한 투쟁과 격변이 일어나는 동안, 오스만 제국의 절대다수 복속민들은 종족적, 종교적 정체성과 관계없이 충성심을 버리지 않았다. 그러나 아나톨리아의 아르메니아인과 아라비아 히자즈 지방의 아랍인은 예외였다. 아르메니아인과 아랍인 중에서도 대부분은 평화적이고 준법적이었으며, 남자들은 술탄의 군대에서 복무했다. 그러나 양 집단의 민족주의 성향의 일부 지도자들 중에는 제1차 세계대전을 오스만의 통치를 몰아내고 민족적 독립을 달성하는 기회로 보는 사람들도 있었다. 분명한 것은 이러한 목표는 술탄의 적인 유럽 강대국들의 도움 없이는 실현이 불가능하다는 점이었다. 1914년 러시아는 4개의 대규모 아르메니아 자원봉사단을 결성했다. 1915년에는 자원봉사단이 3개 더 늘어났다. 비록 주축을 이루는 구성원은 러시아 아르메니아인들이었지만, 오스만 아르메니아인들과 일부 도망자, 저명한 인물들도 포함되었다. 이 봉사단의 하나는 오스만 의회의 아르메니아 출신 전前의원이 주도했다. 아르메니아 게릴라 조직은 국가의 여러 분야에서 활동했고, 아르메니아인들은 여러 곳에서 군사반란을 일으켰는데, 아나톨리아 동부의 반 시와 제이툰의 실리시아 마을의 반란이 유명하다.

1915년 봄 아르메니아 반군이 반을 장악했을 때, 영국은 다르다넬스에 있었고, 러시아는 동부 전선에서 공격을 계속하고 있었다. 그리고 또다른 영국군은 바그다드로 진격 중이었고, 이 틈을 타 오스만 정부는 아나톨리아에 있는 아르메니아인들의 추방과 재배치를 결정했다. 이 방식은 안타깝게도 성서시대 이후 이 지역에서 매우 익숙한 것이었다. 가톨릭과 프로테스탄트 신자, 철도 종사자, 군인들 같은 일부 아르메니아인 집단들은 그들 가족과 함께 추방 명령에서 제외되었다. 그러나 대다수 아르메니아인들은 위험지역이자 의심받는 집단으로부터 멀리 떨어진 곳으로 추방당했고, 결국 죽음을 맞이하게 되었다.

추방당한 사람들은 말할 수 없는 고통에 시달렸다. 극도로 병력이 부족한 제국에서 군인과 헌병의 동원은 용이하지 않게 마련이다. 따라서 추방당한 자의 호송 업무는 급히 조직된 지방 경찰에게 맡겨졌다. 추정치마다 상당한 차이가 있지만, 최소 수십만의 아르메니아인들이 사망했다는 데에는 의심의 여지가 없다. 어쩌면 100만 명 이상일지도 모른다. 많은 사람들이 배고픔과 질병, 추위로 목숨을 잃었고, 상당수는 급료나 식량 보조도 없이 훈련도받지 못한 호송병의 묵인이나 공모하에 지방 부족이나 마을 사람들에게 혹은 호송병들에게 잔인하게 살해되었다. 오스만 중앙정부는 이러한 과잉 행위를 억제하고자 노력했던 것으로 보인다. 오스만 공문서에는 아르메니아인에 대한 폭력의 중단과 처벌에 관한 오스만 고위관리의 전보 내용이 있다. 또한 오스만의 민간인 및 군인들이 재판을 받고 형을 사는, 그리고 그중 일부가 추방당한 사람들을 공격한 죄로 사형을 선고받는 거의 1,400건에 달하는법정 기록이 있다. 그러나 이러한 노력도 별다른 효과를 보지 못했다. 아르메니아인들과 한때 그들의 평화로운 이웃이었던 오스만의 수십 년에 걸친 종족적, 종교적 갈등이 초래한 비극은 상황을 확실히 악화시켰다. 이스탄불과이즈미르는 추방 명령으로부터 제외되었고, 잔존한 피추방자들은 오스만 치하의 시리아나 메소포타미아로 옮겨졌다.

오스만 통치에 대항한 아랍의 반란은 장소나 계획, 시기나 외부 지원 면에서 아르메니아 반란보다는 훨씬 유리했다. 아르메니아인들이 압도적인 무슬림 인구를 가진 오스만의 심장부에 자리하고 있었던 반면에, 아랍 반란은 아라비아의 히자즈 지방에서 시작되었다. 이곳은 세습 통치자인 샤리프sharīf 후세인이 지배하는 준자치 지방으로 순수한 아랍-무슬림의 영토였다. 나아가 이슬람의 2대 최고 성지인 메카와 메디나도 있었다. 게다가 오스만 중앙 정부의 세력권에서 멀리 떨어져 있고, 이집트에 주둔하는 영국에 쉽게 접근할 수 있다는 장점이 있었다. 또한 아랍 반군에는 영국에 제시할 유용한 협상 내용이 있었다. 그리하여 영국과 오랫동안 조심스러운 비밀 협상을 거친 후인 1917년 샤리프는 처음 히자즈의 독립을 선언했고, 이어 스스로를 "아랍의 왕"으로 선포했다. 후세인에게 보낸 편지*에서 세세하지는 않지만 아랍의 독립을 분명히 약속한 바 있는 영국 정부는 앞의 두 선언을 인정했다.

대규모 정규군이 투입된 전쟁에서 수천 명의 베두인 비정규군의 군사적 중요성은 그리 크지 않았지만, 튀르크인과 싸우는 아랍 군의 도덕적 의미, 더욱이 오스만 제국의 술탄과 그가 선포한 지하드를 비난하는 성지 지도자의 도덕적 중요성은 매우 컸다. 그리고 그것은 영국은 물론 부차적으로 프랑스 제국에도 그들의 지배하에 있는 무슬림 복속민들에 대한 권위를 유지하는 데에 특별한 가치를 주었다. 아랍 반란은 운 좋게도 모든 아랍 지방에서 오스만 군대가 본격적으로 퇴각하는 시기에 맞춰 진행되었다. 아마 가장 중요한 것은 아랍이 그들의 보호자를 잘 만났다는 행운일 것이다. 러시아와는 달리 영국은 국내의 혁명으로 무력해지지 않았으므로 군사적 지원을 지속할 수 있었다. 차후의 정치적 약속의 이행은 별개의 문제였다. 최소한 영국은 오스만의 보복으로부터 아랍 반군을 구해주었다.

1916년 말, 영국군은 이집트에서 오스만 치하의 팔레스타인으로 진격하기

---

\* 1915년 이집트의 영국 총독 헨리 맥마흔 경이 메카의 태수 후세인에게 보낸 비밀 서한으로, 제1차 세계대전 중 아랍 군이 영국을 도와 오스만 제국에 대항하면 전후 아랍의 독립을 보장하겠다는 일종의 비밀 협상이다. 이를 일반적으로 "후세인-맥마흔 서한"이라고 부른다.

시작했다. 한편 또다른 영국군은 이라크에 상륙해서 중단되었던 북진을 재개했다. 그리하여 1917년 봄까지 영국군은 이라크의 바그다드와 팔레스타인의 가자를 점령했다. 1917년 12월에는 예루살렘을, 1918년 10월에는 다마스쿠스를 각각 점령했다. 1918년 10월 29일, 3일간의 예비 협상을 마친 후에 오스만의 대표가 렘노스 섬의 무드로스에 정박해 있던 영국 전함 아가멤논 호에 승선했다. 그들은 다음 날 평화협정에 조인했다.

제1차 세계대전은 서구의 진출 앞에서 이슬람의 쇠퇴가 극에 달하는 계기였다. 이란은 공식적으로는 중립이었지만, 외국 군대와 그들의 지역 지원부대에게 유린당했다. 오스만 영토 내에서는 크림 전쟁과 마찬가지로 제1차 세계대전은 유럽과의 훨씬 폭넓은 접촉을 유발했고, 모든 변화를 가속화했다. 그러나 크림 전쟁과 달리 제1차 세계대전은 패배로 끝이 났고, 오스만 튀르크는 그들이 지배했던 아랍 영토를 영국과 프랑스에 양보하지 않을 수 없게 되었다. 튀르크인의 본고장인 아나톨리아에서만 그들은 투쟁을 통해서 겨우 승리를 거두고, 독립된 터키 공화국을 세울 수 있었다.

비록 일부 학자는 1918년에서 1939년에 이르는 기간을 양차 세계대전 사이의 기나긴 휴전기로 보기도 하지만, 유럽 역사의 맥락에서는 통상적으로 내전의 시기로 알려져 있다. 그러나 중동사의 맥락에서는 두 견해 모두 전혀 유용하지 않다. 이 시기는 중동 지역 역사의 막간이나, 나아가 조정 기간으로 더 잘 이해된다. 중동의 맥락에서 이 시기는 양차 세계대전 사이의 유동적인 평화의 기간과, 양차 세계대전 자체를 포함하는 것으로 간주된다.

이 시기는 붕괴, 더 정확하게는 좋든 싫든 4세기 이상 중동 대부분의 지역에서 번성했던 구질서의 몰락으로 시작되었다. 오스만은 선조들이 이룩해놓은 터전 위에 영속적인 정치구조와 실제적인 제도를 확립했다. 또한 그들은 잘 이해할 수 있는 정치문화를 창조했다. 그 틀 속에서 각 집단과 개인은 자신의 위치와 힘 그리고 한계를 알고 있었으며, 가장 중요한 것은 그가 무엇을 해야 하고, 그에게 무엇이 주어지며, 그것이 누구에게와 누구로부터 전해지는지 알고 있었다는 점이다. 오스만 제도는 어려운 시기를 만났지만, 수많은 난관에도 불구하고 여전히 기능하고 있었다. 오스만은 기독교도 국민들 대부분의 충성과 인정을 잃었지만, 대부분의 무슬림 국민들로부터는 여전히 정통성을 인정받고 있었다. 마지막 10년 동안 오스만의 질서는 회복 조짐은 물론 심지어 발전의 기미마저 보였다. 그러나, 이러한 발전의 움직임은 오스만 제국이 제1차 세계대전에 휘말리면서 엉망진창이 되어버렸다. 국가의 붕괴와 영토의 분할로 제국은 종말을 맞았다.

18세기 말 나폴레옹 원정대의 이집트 도착 이래, 중동에서 사건의 과정은 유럽 열강의 이해, 야망, 행동에 절대적인 영향을 받았고, 위기의 순간에는 그들의 지배를 받았다. 오스만 제국이 최종적으로 해체되고 서구 강국들이 이 지역의 통치자로 분명한 모습을 드러내자, 제국 간의 경쟁은 새롭고 직접적인 형태를 띠었다.

이러한 경쟁 체제는 세 번의 주요한 단계를 거쳤다. 첫 번째 단계는 영국과 프랑스가 중동 지역의 대부분을 장악하여, 두 제국 간의 경쟁이 국제관계의 주요 화제가 된 시기이다. 두 번째 단계는 1930–1940년대로, 영국과 프랑스의 지배 체제가 처음에는 파시스트 이탈리아, 그다음에는 나치 독일로부터 새로운 도전을 받게 되는 시기이다. 세 번째 단계는 제2차 세계대전 중으로 이탈리아와 독일이 제거되는 시기이다. 그후 프랑스, 이어서 영국은 더 이상 주도적인 역할을 할 수 없을 정도로 약화되었다. 그러자 거리 면에서 상당히 멀리 떨어진 두 강국인 소비에트 연방과 미합중국 사이에서 새로운 경쟁이 시작되고 있었다. 이것은 다가올 사태의 엄청난 전조였다.

제1차 세계대전 이후 중동 지역에서 전쟁의 포연과 외교의 안개가 걷히자, 매우 뚜렷하고 주요한 변화가 일어났다. 이런 변화의 일부는 동서 유럽 제국의 지배를 받고 있던 사람들에게 새로운 희망을 안겨주었다. 러시아에서는 혁명과 그에 따른 중앙정부 권위의 이완으로 중앙아시아와 남캅카스 지역에 자유로운 민족주의 이슬람 정권의 설립이 허용되었다. 그 훨씬 남쪽에서는 영국과 프랑스가 새롭게 그들의 지배를 받게 된 아랍 민족들에게 그들의 자결권과 궁극적인 독립을 약속했다. 북아프리카에서도 민족주의 지도자들이 1918년 11월 트리폴리타니아 공화국을 선언하자, 이탈리아가 일시적으로 그것을 승인할 뜻을 비쳤다.

그러나 이러한 희망은 곧 실망으로 바뀌었다. 중앙아시아와 남캅카스에서는 적군파의 행동 개시와 모스크바의 통제력 회복으로 이곳 국가들의 독립 실험이 종식되었고, 다시 러시아의 궤도 안으로 확고히 재통합되었다. 마찬가지로 트리폴리타니아와 키레나이카에서는 이탈리아가 현지 통치자들을 정복하고 그들의 권위를 되살렸다. 두 나라는 이탈리아의 식민지가 되었고, 1934년 1월 리비아라는 새로운 이름의 나라에 통합되었다.

서아시아에서는 평화의 정착이 아랍인들이 기대했던 희망을 만족시켜주지는 못했지만, 그들에게 상당한 것을 가져다주었다. 영국과 프랑스는 비옥한 초승달 지역을 과거처럼 식민령이나 보호령으로 분할하지 않고 경계와 국명을 가지는 신생 국가로 나누어, 그들이 독립을 준비할 수 있도록 국제연맹의 위임 통치하에서 행정을 관할했다. 이러한 신생 국가들은 그들의 고유한 정권 모델을 창출했다. 과거 메소포타미아로 불리다가 이라크로 알려진 동부 지역은 영국의 위임 통치 아래서 샤리프 후세인의 아들인 파이살 왕이 지배하는 왕정 국가가 되었다. 과거 시리아나 레반트로 막연히 알려졌던 서부 지역은 분할되어, 중앙과 북쪽 지역은 프랑스에, 남쪽은 팔레스타인이라는 이름으로 영국에 할양되었다. 위임 통치를 하는 두 강대국은 그들의 영토를 다시 세분했다. 프랑스는 약간의 실험을 거친 후에 2개의 공화국을 설립했는데, 하나는 레바논으로 불렸고, 다른 하나는 시리아라는 이름을 계속 유지했다. 이와 비슷하게 영국도 그들 지역을 둘로 쪼개어, 동쪽에는 샤리프의 또다른 아들인 압둘라가 통치하는 아랍 토후국이 성립되어 트란스요르단으로 재명명되었고, 오늘날 팔레스타인이라는 이름으로 제한된 서쪽에서는 직접 통치를 실시했다.

아라비아 반도에서는 사건이 매우 다르게 전개되었다. 영국의 식민 지배를 받는 남서쪽의 아덴 보호령과 걸프 해의 토후국들과는 별도로, 대부분의 아라비아 지역은 당분간 변화무쌍한 영국의 통제하에 있었는데, 반도의 많은 지역에서는 실질적인 독립을 누렸다. 가장 주목할 만한 발전은 와하비 교의와 함께 그 교의의 전달자인 사우드 가문의 보다 성공적인 제2차 팽창이었다. 1914년 세계대전이 발발할 때까지, 가문의 수장인 압둘-아지즈 이븐 사우드는 그의 통치를 아라비아 동부 대부분의 지역으로 확대하고, 오스만 튀르크에 대항하기 위한 도움을 얻고자 영국과 접촉했다. 전쟁이 끝나자 그는 정복사업을 재개하여, 아라비아 북부와 남부에 있는 영토를 추가로 점령해서 합병했다. 그리고 종전의 통치자들을 폐위시키거나 축출했다.

아라비아 동부와 남동부에 대한 영국의 이해관계를 잘 간파하고 있던 압둘-아지즈는 동부의 토후국이나 공국들에 대한 행동을 자제했다. 대신에 심각한 두 경쟁 국가가 상존하고 있는 아라비아 서부와 남서부에 관심을 집중했다. 두 경쟁 국가의 하나는 오스만에 대항한 아랍 반란의 영웅인 후세인이 지배하는 히자즈 왕국이었고, 다른 하나는 반도의 남서쪽 구석에 있는 예멘 이맘국이었다.

1924년 압둘-아지즈는 히자즈에 대한 작전을 개시하여, 1925년 말까지 메카, 메디나, 제다가 그의 수중에 들어왔다. 그리하여 후세인 왕은 그의 장남 알리에게 왕권을 물려주었고, 이어서 알리도 히자즈 왕국을 떠나야 했다. 1926년 1월 8일, 압둘-아지즈는 히자즈의 왕 겸 나지드의 술탄으로 선포되어 1932년 9월 사우디아라비아로 국호가 재명명될 때까지 이 칭호를 간직했다. 평화가 정착되는 시기가 따랐다. 이 기간 동안 압둘-아지즈는 터키, 이란, 이라크 그리고 장기간의 고된 논쟁 끝에 마지막으로 트란스요르단과 각각 우호협정을 체결했다.

1934년 봄에 예멘에 대항하는 또다른 전쟁이 발발했다. 사우디아라비아인들은 군사적인 승리를 거둘 수 있었지만, 이븐 사우드는 영국의 중재로 평화협정을 체결해야만 했다. 겨우 영토 일부에 대한 수정안이 받아들여졌지만, 예멘의 독립성은 유지되었다.

수 세기 동안 서로 경쟁하면서 중동 지역의 패권을 다투어왔던 오스만 튀르크와 이란은 1918년 말까지 자칫하면 그들의 독립을 잃을지도 모르는 격심한 위험에 직면해 있었다. 오스만 제국은 패배하여 뒤로 나자빠졌고, 수도는 점령당했으며, 승리한 적들은 그 영토를 주변 위성국들과 분할 점령하고 있었다. 이란은 명목상의 중립에도 불구하고 교전 중인 강대국들에게 전장을 제공하게 되었고, 오스만 튀르크, 러시아, 독일, 영국 등 외국군은 마치 이란의 주권이 존재하지 않는 것처럼 이란 영토에서 활동했다. 강력한 힘을 발휘하는 서구에 압도당한 다른 아시아, 아프리카 국가들과 같은 운명에 처한 상황에서 아무도 그들을 구해줄 수 없는 듯이 보였다.

사실 오스만 튀르크와 이란은 다른 방식으로 이 운명을 피해갔다. 그 변화는 1919년에 시작되었는데, 이때 후일 아타튀르크(국부國父)로 명명된 무스타파 케말이라는 한 튀르크 장교가 아나톨리아의 심장부에서 외국의 침략자와 점령군에 대항하는 저항 운동을 조직하고 지휘해나갔다. 혁혁한 승리를 거두면서 그는 외국 군대를 나라 밖으로 몰아냈고, 승전국이 오스만 술탄 정부에 강요했던 가혹한 연례 평화협정을 폐기했다. 그리고 신세력과의 제휴를 거부하는 술탄 정부의 술탄제를 버리고 공화국을 선포했다. 아타튀르크의 지도력으로 공화국은 광범위하고 포괄적인 근대화와 이슬람 세계에서는 독특하게 세속화 계획을 추진했다.

같은 해인 1919년, 이란의 독립과 통합을 인정하되, 동시에 효율적인 영국의 지배권을 보장하는 "영국 페르시아 조약"을 마무리했다. 이 협정을 비준하기 위해서 소집된 이란 의회는 이를 거부했는데, 이번에는 이란 북부에 볼셰비키의 옷을 입은 러시아 세력의 재출현으로 상황이 더욱 복잡해졌다. 혼란의 시기를 거친 후에, 이란 카자크 여단의 장교였던 레자 칸이 1921년 2월에 권력을 장악하고 실제적인 독재 정권을 수립했다. 이를 바탕으로 그는 1925년 샤를 축출하고 스스로 새로운 샤가 되었음을 선포했다. 레자 샤가 세운 왕조는 후일 "팔레비Pahlavi"라고 불렸으며, 1979년 이란 이슬람 혁명으로 전복될 때까지 존속했다. 아타튀르크와는 달리, 레자 샤는 중앙집권괴 근대화를 추진하면서도 이슬람을 배척하기 위한 시도는 하지 않았다.

중동의 세 지역에만 독립된 이슬람 국가가 존재했다. 한동안 영국과 프랑스의 지배는 때때로 두 강대국 사이의 분쟁으로 위협을 받기도 했지만, 안정적으로 보였다. 그러나 양차 세계대전 사이에 그들의 지배 의도는 실패하기 시작했다. 경제적인 쇠퇴와 도덕적인 사기 저하에 시달리면서 그들은 더 이상 제국 건설을 추진하고자 하는 확신이나 의지력을 가지지 못했다.

갈수록 심해지는 그들의 머뭇거림은 피지배 복속민의 새로운 반란 기운에 봉착했다. 20세기가 시작되자 러시아를 패퇴시킨 일본은 고무적인 수준의 입헌민주주의와 산업의 근대화를 이룩했다. 승전국에 의한 강제 조건으로부터 자유로워진 터키는 1923년 공화국을 선포하고 민족주의의 효력을 시험했다. 무스타파 케말이 지휘하는 터키 군은 아시아와 아프리카에서 최초의 성공적인 민족주의 혁명을 이룩했다. 터키의 승리와 승전 연합군에 대한 성공적인 방어는 처음으로 자체 무기로 서구에 승리하는 것을 목격한 무슬림과 다른 민족들에게 새로운 희망을 안겨주었다. 한동안 근대화되어가던 터키 공화국은 과거 이슬람식 오스만 제국처럼 전이슬람 세계에 그 방법을 제시하는 듯했다. 그러나 케말 아타튀르크는 그러한 것을 의도하지 않았다. 그의 이슬람 포기, 국가와 법의 세속화, 터키를 유럽의 일원으로 만들겠다는 공공 연한 선언 등은 처음 그의 승리에 갈채를 보냈던 많은 무슬림들로부터 반감 을 샀다.

새 주인인 강대국에 반대하는 폭력이 거의 모든 아랍 국가에서 일어났고, 직접 지배의 단순 정책은 통하지 않는다는 것을 보여주었다. 대신에 위임 세 력들은 아랍 정부를 통한 간접적인 통치방식으로 그들의 목적을 달성하려고 했다. 강대국들은 아랍 정부에 어느 정도의 독립성을 용인해줌과 동시에, 국 경 내에 군사력을 유지할 권리 등을 포함해서 그들 자신의 특권적인 지위를 보장받기 위한 조약 체결을 제의했다.

이 정책은 실패했다. 민족주의자들의 요구에 위임 통치 세력이 취한 양보 조치는 너무나 미미하고 지연되어 만족스럽지 못했다. 조약이 받아들여진 곳 에서도 그들은 적극적인 지지를 받지 못하는 대표성 없는 정부 혹은 외부 세 력의 위협을 받는 허수아비와 서명해야 했다. 그 대표적인 예가 이탈리아의 에티오피아 침공이 영국과 이집트 양국에게 위협으로 나타나기 시작한 1936 년에 체결된 영국-이집트 조약이었다.

아랍 민족들의 실망은 연이은 격렬한 민족주의 운동으로 표출되었다. 그 들의 투쟁은 처절하고 지속적이었으며, 최소한 독립이라는 정치적인 목적 을 쟁취하고자 했다. 이집트와 이라크에는 보호령과 위임 통치가 공식적으 로 종식되면서 곧 형식상의 독립이 부여되었다. 그러나 영국은 이라크에 있 는 영국 공군 기지와 이집트의 수에즈 운하를 포함해서 여러 지역에 있는 군 사 기지에 계속 주둔했다. 이에 민족주의자들도 외국 군대를 철수시키고 불 평등 조약을 철폐하여 형식적인 독립을 실질적인 독립으로 전환하기 위한 노 력을 계속했다.

레반트 국가들에 대한 위임 통치는 훨씬 오랫동안 이어졌다. 프랑스는 시 리아-레바논에 남아 있었고, 영국은 트란스요르단의 통치자인 아미르에게 상당한 정도의 자치를 허용하기는 했지만 여전히 팔레스타인을 직접 통치하고 있었다.

양 지역 모두에 복잡한 요인들이 있었다. 레바논은 아시아의 오스만 제국으로부터 떨어져 나온 신新중동 국가들 가운데 특별한 경우였다. 다른 나라들과는 달리 레바논은 신생 국가가 아니라 뿌리 깊은 역사성을 가지고 존재하던 국가였다. 그리고 수 세기에 걸친 오스만의 지배 기간 동안 종종 커다란 난관을 맞기도 했지만, 잘 정비된 별도의 자치 전통이 유지되었다. 프랑스는 산악지대와 바로 인접한 지역 등 원래 레바논의 심장부였던 주변 지역을 합쳐서 "대레바논"을 건설했다. 기독교도와 비수니파 무슬림들이 주로 서주하는 이 심장부는 오랫동안 오스만 제국의 영역 내에서 사회적, 지적 피난처가 되었으며, 심지어 어느 정도의 정치적 독립이 유지되던 곳이었다. 베이루트 북부 지역에서는 기독교 농민들이 당시 중동 전체를 통틀어 실제로 유일한 독자적인 소작농 공동체를 세웠다. 한편 19세기에는 번성하는 기독교 부르주아가 베이루트 항구와 그 주변을 개발했다. 그들의 열정과 기술은 정치적으로, 지적으로 그리고 경제적으로 아랍의 부흥에 크게 공헌했다. 무슬림 민족주의의 성장이 기독교도의 역할을 크게 위축시켰을 때도, 레바논은 당분간 아랍 세계 내에서 문화적–종교적 다원주의와 정치적, 경제적 자유의 유일한 중심지로서의 독특한 기능을 계속 충족해나갔다.

레바논에서 기독교가 굳건한 토대를 구축한 것이 아랍 이슬람 세계의 한 예외라고 한다면, 바로 남쪽 지역인 팔레스타인에서는 훨씬 극적인 예외가 생겼다. 팔레스타인에는 먼 옛날부터 유대인이 살고 있었다. 그러나 로마 말기에 그들은 더 이상 인구의 주류를 차지하지 못했다. 시간이 흐를수록 그곳에 유대 인구가 이주해 왔고, 그들 대부분은 종교적으로 고무되어 있었다. 19세기 후반에 동유럽으로부터 상당수의 유대인 청년들이 팔레스타인에 도착하면서 완전히 새로운 상황이 전개되었다. 그들의 열망은 시오니즘이었다. 시오니즘은 부분적으로는 유대의 종교 전통에서 그리고 일부는 당시의 민족주의 이데올로기에 대한 유대적 해석에서 따온 운동이었는데, 유럽과 후일 중동에서의 유대인 부정과 박해에 대한 해답을 찾고자 하는 필요성에서 급진전되었다. 그들과 그들의 후손이 시작한 정착은 결국 1948년 이스라엘 국가가 창설되는 모태가 되었다.

제1차 세계대전이 끝날 때까지 신-구 유대인 공동체는 상당한 규모에 달했고, 영국 정부는 1917년 11월 밸푸어 선언에서 시온주의자의 국가 창설 계획을 공식 승인했다. 밸푸어 선언은 영국 정부가 구체적이지는 않지만 "유대 민족 국가"의 창설 계획을 지지한다는 내용을 담고 있었다. 이 약속의 조건들은 영국이 팔레스타인을 관할한다는 국제연맹의 위임 통치안에 통합되었다. 유대 민족 국가 창설의 약속과 이행은 영국의 위임 통치와 유대인의 등장에 대항하는 아랍인의 극심한 투쟁을 야기했다.

1930년대부터 서구의 중동 지배는 또다른 위협에 직면했다. 그것은 피지배 민족의 반란이 아니라, 파시스트 이탈리아와 나치 독일이라는 식민주의 세력의 새로운 두 경쟁자였다.

1930년대에 한때 중동 지역에 도입되었던 진보적이고 입헌적인 제도가 매력을 상실하기 시작했다. 별로 놀랄 일도 아니지만, 그 제도들은 제 기능을 발휘하지 못했다. 소수의 서구화된 엘리트에게만 한정되어, 전반적으로 그 사회에서 진정한 지지 기반을 가지지 못한 것이다. 개념과 형식 모두가 외래적인 그 제도들은 모든 분야에서 효율적이지 못했고, 사람들의 과거에 대한 회상이나 현재의 필요성에 대한 반응 혹은 미래에 그들의 희망을 밝혀주는 일 모두에 무기력했다. 최악의 상황은 그 제도들이 대부분 아랍인들이 마음속으로 그토록 증오하는 서구 유럽의 식민주의 세력과 관련되어 있다는 것이었다.

독일과 이탈리아는 유혹적인 대안을 제시했다. 양국은 최근에야 수많은 군소 국가들의 강제적인 해체와 연합을 통해서 통일을 이룩한 나라였다. 그 모델은 비슷한 처지에서 곤경을 경험하고 그 해결을 바랐던 국민의 지도자들에게는 하나의 자극이었다. 무엇보다도 그들은 한때 정치적, 전략적 그리고 이념적으로 영국과 프랑스, 나아가 팔레스타인에서 세력을 키워가던 유대인들의 적이었다.

1933년 히틀러가 권력을 잡은 바로 직후로 거슬러올라가보면, 영국이 임명한 예루살렘의 무프티(최고 재판관) 하지 아민 알-후세이니는 독일 영사와 접촉하고 그에 대한 지지를 선언하고 그의 도움을 요청했다. 영국과 유대인에 대항한 몇 년간의 치열한 투쟁 끝에, 무프티는 팔레스타인을 떠나 도중에 베이루트, 바그다드, 테헤란에 들렀다가 1941년 베를린에 도착했다. 중간 기착지 중에서 가장 중요한 곳은 바그다드였다. 그곳에는 1941년 4월 라쉬드 알리 알-가일라니라는 한 정치가가 군부의 지지로 권력을 잡고 친추축국 정권을 수립했다. 시리아의 일부 도움이 있었음에도, 당시 시리아는 프랑스 비시 정권의 통제를 받고 있었고, 추축국 세력은 그를 구출하기에 너무 멀리 떨어져 있었기 때문에, 라쉬드 알리 알-가일라니 정권은 영국과 영국 주도의 군대에게 전복되고 말았다. 시리아에서는 라쉬드 알리 정권을 지원하기 위한 위원회가 결성되었다. 이것이 후일 바스 당Ba'th party의 모태가 되었고, 그 경쟁적인 지파가 시리아와 이라크를 통치하게 되었다.

라쉬드 알리는 피신하여 후일 베를린에서 무프티와 합류했다. 전쟁 중에 추축국을 지원하고 동정적이었던 많은 인물들 중 일부는 후일 유명해지기도 했다. 나세르는 독일의 패배에 대한 동정과 실망을 기록했고, 사다트는 그의 회고록에 따르면 독일을 위한 첩보 활동에 기꺼이 협력했다. 라쉬드 알리는 심지어 사담 후세인 통치의 이라크에서도 영웅으로 부활했다.

얼핏 보면 나치주의에 대한 열정은 매우 기이한 현상이었다. 나치의 인종주의는 그들의 사이비 과학에 따르면, 종족적으로 열등한 사람들의 호소에 거의 관심을 가질 수 없었다. 나치의 선동은 폭넓은 반反셈족주의가 아니라, 구체적으로 반反유대주의를 표방하며 상당한 지지를 받았다. 그러나 그것은 결국 독일의 나치나 다른 지역의 나치 모방자들의 유대인 박해로 이어졌고, 팔레스타인으로 향하는 유대 이민의 추진력과 그곳의 유대인 공동체를 강화하는 결과를 낳았다. 나치는 유대 이민의 원인을 제공했을 뿐만 아니라, 제2차 세계대전이 발발할 때까지 이민을 장려하고 촉진했다. 반면 영국은 아랍의 우호적인 태도를 바라는 헛된 희망으로 이민에 대한 제한을 강화했다. 그럼에도 아랍인의 상당수가 유대인을 들여보내지 않으려고 했던 영국보다는 유대인을 팔레스타인으로 보낸 독일을 선호했다.

추축국 측은 여러 가지 방법을 동원하여 이러한 분위기에 편승하려고 했다. 처음에 파시스트 이탈리아와 후일 나치 독일은 아랍 세계에 대한 대규모 선전과 침투 계획을 추진하여, 신세대 정치 사상가나 행동주의자들에게 상당한 영향을 끼쳤다. 특히 나치는 유대에 대한 증오심을 전파함으로써, 상당 부분 그들 자신이 야기한 문제를 이용할 수 있었다.

부분적으로 아랍 세계의 추축국으로의 방향 선회는 일종의 예방책이었다. 전쟁 초기, 특히 1940-1941년, 프랑스가 함락되고 러시아가 침공하던 시기에 영국이 홀로 남게 되자, 많은 사람들이 추축국의 승리가 필연적이고, 승리자와의 접촉 채널을 열어두는 것이 기본적인 분별력이라고 생각했다. 더욱이 중동에서 식민주의 지배자에게 복종하고 충절을 지키고 있다고 믿는 사람은 거의 없었다. 심지어 서방의 친구로 갈채를 받거나 매도당했던 이집트의 나하스 파샤, 이라크의 누리 알-사이드, 사우디아라비아의 압둘-아지즈 같은 정치가들조차도 베를린과의 관계 수립을 시도했다. 그러나 그들의 시도는 실패로 끝났다. 왜냐하면 나치는 받아들이는 것이 유리하다고 판단되는 이상의 도움을 이미 제의받았기 때문이다. 추축국에 대한 지지는 부분적으로는 이념에 기초하고 있었지만, 그보다는 "적의 적은 나의 친구이다"라는

고금을 꿰뚫는 원칙에 의한 것이었다. 추축국의 주된 매력은 그들이 서구와
는 화해할 수 없는 적이라는 점이었다. 후일 똑같은 매력이 소련이라는 전혀
다른 세력에도 적용되었다. 소련 역시 상당한 지지를 얻을 수 있었는데, 때때
로 중동에서도 똑같은 지지자를 얻었다.

결과적으로 제2차 세계대전의 양 당사자 모두 중동에 있는 그들의 지지자
들을 실망시켰고, 그들 자신도 지지자들에게 실망했다. 양측은 군사 원조를
동원하려고 했다. 트란스요르단 아랍 군단은 알−가일라니의 전복과, 중동에
서 연합국의 질서를 유지하는 데에 중요한 역할을 했다. 독일은 소위 "오리
엔트 군단"이라는 일종의 자원부대를 동원했다. 이런 부대들은 부분적으로
는 연합군의 전쟁포로, 프랑스령 북아프리카인, 영국 치하 인도인, 중앙아시
아나 남캅카스 공화국 출신의 적군파 징집병 등으로 충원되었고, 독일 치하
유럽의 망명자 지원병들로 보충되었다. 그러나 이런 부대들 중에서 무엇도
특별하지 않았다. 런던 정부의 상당히 공식적인 우려에도 불구하고, 팔레스
타인에서 창설된 유대 여단은 북아프리카와 이탈리아 원정에 참여했다. 그러
나 군사적인 중요성은 비교적 크지 않았다.

중동 국가들이 연합국 측에 제공한 주된 공헌은 그들의 영토와 자원, 시
설 등의 사용이었다. 대부분의 중동 국가에서 위임 통치와 보호령 아래 설립
된 주둔군은 이를 사용할 수 있었다. 중립을 지켰던 이란에서도 1941년 러시
아와 영국에 의한 이란 영토의 동시 침공으로 영토 이용이 달성되었다. 전쟁
이 막바지에 다다른 마지막 몇 주일까지 중립을 유지할 수 있었던 것은 터키
뿐이었다. 그리고 그때 터키 정부는 승전국 테이블에서 한자리를 차지할 목
적으로 전쟁을 선언했다. 후일 한 터키 정치인은 이를 다음과 같이 표현했다.
"우리는 손님 명단에 끼기를 원했지, 주요한 역할을 맡기를 원한 것은 아니
었다."

그 결과는 중동의 국민과 정부에 꽤 실망스러운 것이었다. 독일은 그들의

아랍 추종자와 지지자들을 실망시켰다. 독일은 일련의 선언들이 종종 모호한 언어로 표현되고, 아랍의 대의를 공개적으로 보장하는 데에 상당히 부족했음에도 불구하고 그 선언들을 남발했다. 초점을 유럽에 맞추고 있던 나치는 사실상 중동에 별 관심이 없었고, 때가 되자 그들의 유럽 친구들인 파시스트 이탈리아, 비시 프랑스 그리고 1939년 8월부터 1941년 6월 사이의 소련 등을 만족시키기 위해서 중동의 지지자들을 기꺼이 희생시킬 준비가 되어 있음을 보여주었다.

독립과 철수 약속에도 불구하고, 종전 후에도 대부분의 연합군은 대거 중동 국가에 계속 진주했다. 북아프리카에서처럼 중동 국가들 중 일부는 아직도 식민 통치하에 있었고, 또다른 일부는 연합국에 의한 불신은 물론 자국민의 배척을 받는 꼭두각시 정권의 통치를 받고 있었다. 특히 팔레스타인의 유대인들은 명백히 독일 제3제국(1933-1945)의 동조자가 아니었음에도 불구하고 그들의 통치자인 영국으로부터 따돌림을 받았다. 영국 정부는 전쟁이 끝나기 전후에 유럽의 잔존 유대인들이 팔레스타인 해안에 도착하는 것을 막기 위해서 결정적인 노력을 기울였다.

전쟁 중에 두 가지 요구 사항이 전쟁 당사자들에게서 반복되었다. 런던과 워싱턴에 있는 유대인 단체들은 그들 정부에 아우슈비츠 수용소를 폭격하라고 촉구했고, 베를린에 있는 무프티청은 독일 정부에 텔아비브를 공습하라고 촉구했다. 이 요구들은 하나도 받아들여지지 않았다. 이유는 한쪽의 선의와 다른 쪽의 악의 때문이 아니고, 그러한 폭격이 군사적인 목적에 부합하지 않을 뿐더러 전쟁의 승리와 직접적인 연관이 없다는 원론 때문이었다. 그러므로 그것은 순전히 군사적인 의미에서 위험 부담은 물론이고 개입에 필요한 경비를 정당화할 수 없었다.

1939-1945년 사이의 전쟁 시기는 중동의 누구에게도 거의 만족을 가져다주지 못했다. 추축국 측의 남다른 노력과 그들의 입장에 대한 광범위한 동조

에도 불구하고, 사실상 반응은 미미했다. 독일이 쟁취한 유일한 소득은 프랑스 점령지인 시리아의 일부 시설과 1941년 이라크에서의 친추축국 쿠데타 정도였다. 그러나 두 소득 모두 얼마 가지 못했다. 아랍 민족주의에 편승하려던 영국의 시도는 악화일로를 걸었고, 연합국은 위협적인 군사력을 과시하면서 그들을 마지못해 중립적인 위치에 머물도록 하는 수밖에 없었다. 처음 이탈리아와 후일 독일에 대항한 이집트 방어는 영국과 제국 군대에 맡겨졌고, 북아프리카의 해방은 미국에 맡겨졌다.

이전과 마찬가지로 중동은 전쟁에 개입함으로써 또다시 급격하고 엄청난 변화를 맞이했다. 추축국과 연합국은 경쟁적으로 민족주의 운동의 열망을 부추겼다. 추축국과 연합국 군대는 현대전에서 필연적인 스트레스와 심적 혼란을 겪으며 아랍 영토에서 진을 치고 싸웠다. 그때까지 몇몇 아랍 국가들은 어느 정도의 독립을 누리며, 그들 자신의 외교정책을 추구하고 있었다. 1945년에 설립된 아랍 연맹Arab League은 공통의 정치적인 목표를 함께 추구할 목적으로 중동의 모든 아랍 주권 국가들을 집단화했다. 아랍 연맹은 원래 영국의 후원을 받을 계획이었으나, 영국의 주도권을 떨쳐버리고 때때로 회원국 간의 상충되는 목표에도 불구하고 스스로 발전해오고 있다.

중동에서 20세기의 가장 중요한 변화 중 하나는 석유의 발견과 채굴 그리고 그 이용이었다. 석유의 발견 과정은 러시아 치하의 중동 지역인 압셰론 반도에서 처음으로 석유 시추가 이루어진 1842년으로 거슬러올라간다. 러시아 아제르바이잔에서의 석유 산업의 발전은 미국 펜실베이니아에서의 석유 산업 발전과 거의 동시대에 이루어졌다. 1863년 최초의 정유소가 바쿠에 건립되었고, 압셰론 유전에서 바쿠에 이르는 송유관이 1877−1878년에 건설되었다. 러시아 혁명이 발발하기 직전까지, 바쿠 유전은 러시아 전체 석유의 95퍼센트를 공급했다. 훨씬 남쪽인 이란과 오스만의 영토에서는 유럽과 미국 사업가들이 채굴권을 얻기 위한 노력을 기울이고 있었다. 그리하여 20세기 초,

이란 샤는 뉴질랜드 출신의 영국 사업가 윌리엄 녹스 다시에게 처음으로 주요한 채굴권을 주었다. 다시의 채굴권은 곧바로 설립된 영국-페르시아 석유회사*에 넘어갔다. 이것은 채굴권을 가진 외국 회사에 석유 개발을 맡기는 일련의 조치 가운데 첫 사례였다. 채굴회사의 대부분은 영국, 프랑스, 네덜란드 그리고 미국계였으며, 중동 정부와 로열티 협정을 맺고 사업을 벌였다. 처음 이란과 이라크, 후일 사우디아라비아와 여타 국가들이 잇달아 거대한 새로운 유전을 발견함으로써, 중동은 세계의 주요한 석유 생산지 중 한 곳이 되었다.

새로운 발전은 여러 면에서 중동 국가들에 영향을 미쳤다. 내연기관의 사용은 육상 교통을 변모시켰다. 주요 중심지를 연결하고 사람과 상품, 인쇄 매체와 사상 등이 전달되면서, 규모나 속도 면에서 이전 시대에는 상상조차 할 수 없었던 일들이 가능해졌다. 말, 당나귀, 낙타가 자동차, 버스, 트럭으로 대거 대체되면서 급격한 경제 발전이 이루어졌고, 인쇄, 신문, 영화, 라디오, 텔레비전 등과 같은 서구 통신수단의 전파로 엄청난 사회 변화가 시작되었으며, 그 결과는 가시적으로 나타났다.

그렇다면 영국과 프랑스가 중동에서 얻고자 했던 것은 무엇인가? 그리고 그들은 과연 무엇을 얻었는가? 이런 질문들이 떠오를지도 모르겠다. 지금까지 일반적으로 의견이 일치하는 부분은 양대 강국이 중동 지역에 진출해서 25년 이상 머문 주된 동기가 군사적 잠재력과 그 지역의 위험성과 관련된 전략적인 문제였다는 것이다. 중동의 이러한 전략적인 목적의 본질은 완충지대, 접합지, 교통의 교차지, 기지, 군사지대 등 다양한 양상으로 표현되었다. 서구 강국들의 분명한 전략적 목적은 그 지역에 대한 이해관계를 가진 다른 사람들의 이익을 배제하는 것이었다. 영국과 프랑스에는 더 풍부한 제국주

---

* 이 회사는 후일 영국-이란 석유회사로 이름이 바뀌었다.

의의 특권을 보호하는 것이 더 중요했다. 영국은 인도의 지배에, 프랑스는 북아프리카의 지배에 많은 관심을 기울였다. 양국 모두 피지배국의 군대를 해산시킴으로써 자신들의 이익을 보호할 필요성을 느꼈다. 중동 국가와 국민이 안전하게 강대국들의 통제나 최소한 영향력 아래에 놓이지 않는다면, 언제든지 이슬람권 중동으로부터 도발할 가능성이 있다고 믿었기 때문이다.

물론 다른 요인들도 있었다. 당시 프랑스의 진출을 옹호한 사람들은 기독교도, 특히 가톨릭 소수 집단의 보호와 프랑스 문화의 전파라는 프랑스의 문화적, 종교적 역할을 종종 언급하기도 했다. 이러한 고려는 영국에는 그다지 해당되지 않았다.

제국주의를 논할 때 한때 지배적이었던 담론과는 달리 경제적인 동기는 사실 사소했고, 경제적인 이득에 대한 기대는 거의 없었다. 역으로 영국과 프랑스의 주된 관심사는 재정적인 비용, 다시 말하면 그들이 원하는 전략적, 정치적 목표를 달성하기 위해서 치러야 하는 고비용이었다. 양국은 항상 이 비용을 가능한 한 최소화하기 위해서 골몰했다. 석유가 중요한 요소로 부각된 것은 상당히 늦은 시기였고, 그때까지만 해도 석유는 문제를 해결할 만큼 중요한 역할을 하지 못했다. 양차 세계대전 기간 동안 석유에 대한 관심은 경제적이라기보다는 최소한의 전략적인 것이었다.

돌이켜보면, 중동에서 영국과 프랑스의 입지는 몇몇 기본적인 약점으로부터 타격을 입었던 것이 분명하다. 그들은 세력 유지에 필요한 비용을 부담하지 않으려고 했고, 상대를 제압하기 위한 군사력 행사를 주저했다. 영국과 프랑스 모두 주저함과 불확실성, 약점이 있었다. 거의 출발 단계부터 전체 계획이 실행될 수 있는지 그리고 그만한 가치가 있는지 의심이 표출되었다. 윈스턴 처칠조차 모든 지역을 튀르크인들에게 선물로 되돌려주는 편이 더 낫다고 제의할 정도였다. 터키 공화국은 이 선물을 분명히 거부했다.

중동에서 영국과 프랑스의 입지가 약화되면서, 중동은 다른 적대 세력, 즉 제국주의 지배의 본질인 탐욕, 무자비함, 자만심이 뒤섞인 성향을 지닌 국가와 정권의 위협에 직면하게 되었다. 영국과 프랑스에서는 제국주의 성향이 권태와 싫증 그리고 확신의 결여로 바뀌었다. 당분간 양국은 서로의 위협을 가장 예민하게 인식하고 있었다. 영국과 프랑스는 그들의 지배를 전복하려는 중동 지역 내의 도전이건 혹은 그들을 대신하고자 하는 외부의 도전이건, 궁극적으로 매우 중요한 다른 도전들을 처리하는 과정에서, 그들의 약점과 소신 없음을 그대로 드러냈다.

영국과 프랑스의 입지는 끊임없는 불화나 언쟁으로 더욱 약화되었다. 이것은 여러 차원에서 여러 방식으로 나타났다. 영국 및 프랑스와 나머지 세력 간의 대항, 영국과 프랑스 간의 대항, 영국과 프랑스 내부에서의 갈등—즉 본국 정부와 지방 행정부 간의 그리고 사회적 출신이나 상충되는 목적과 이해관계 때문에 갈라진 다양한 관료 파벌이나 행정부처, 공공기관 사이에서 수없이 반복되는 지리한 논쟁 등이 그것이다. 결국 이러한 모든 것들이 오늘날과 같은 정책 결정 과정을 지연시키거나 왜곡하는 데에 일조했다.

오스만 제국은 외부로부터의 수많은 위협을 피하는 구조와 보호막을 중동에 제공했다. 그러나 이제 모든 것이 끝났다. 오스만 제국의 구조와 제도는 새것으로 대체되었지만, 그것마저 실패하고 무너져버렸다. 이제 보호막은 필요성 없어졌다. 보호는 서로 대립하는 유럽 강국들로부터 주어졌고, 이 보호는 중동 국가의 대부분의 국민들에게 작은 위안이 되었다.

영국과 프랑스를 위한, 다른 한편으로는 중동 사람들을 위한 최종적인 균형은 무엇이었는가? 근대사에서 가장 위대한 군사적 승리를 이룬 후에, 영국과 프랑스 세력이 지저분하고 비참한 종말을 맞이하는 중동에서 무엇을 이루었는가? 그것은 서구 세력 자신들은 물론이고 중동과 그 민족들에게 무슨 가치가 있었는가?

이 단계에서는 이러한 질문들에 일부 잠정적이고 예비적인 대답만 할 수 있을 뿐이다. 전반적으로 가장 긍정적인 대답은 아마 거의 중요성이 없는 경제적이고 실질적인 목적과 관련되어 있다. 대부분의 중동 사람들에게 그들의 생활이 1918년이나 혹은 그 이전인 1914년보다도 1939년에 더 나아졌다는 데에는 의심의 여지가 없다. 비록 전부는 아니더라도 대부분의 인구층에서 삶의 기준이 향상되었다. 삶의 쾌적함도 훨씬 증대되었고, 성숙된 노후를 위한 삶의 전망도 과거에 비하면 훨씬 나아졌다. 새로운 사회 간접 시설이 건설되었고, 각종 서비스가 제공되었다.

이러한 혜택은 영국 치하의 인도나 프랑스 치하의 북아프리카처럼 강대국들의 직접 통치를 받던 지역에 비하면, 중동 지역에서는 덜 부각된 편이었다. 그러한 점에서 중동 사람들은 불행했다. 그들 대부분은 제국주의의 폐해만 겪었지, 제국주의가 주는 중요한 혜택을 놓치거나 아니면 아주 조금밖에 받아들이지 못했다. 그러나 이렇게 미약한 혜택 역시 사소하지만은 않았고, 1939년까지 중동 사람들은 물질 면에서 괜찮은 상황이었다.

중동 사람들은 또 하나의 중요한 혜택을 얻었다. 바로 이집트와 레바논을 제외한 중동 전역에서 거의 알려지지 않았던 영어와 프랑스어의 사용이었다. 중동은 이러한 언어를 통해서 근대 사회와 그 문화 그리고 과학에 접근하게 되었다. 서구 과학, 더 정확히 말하자면 근대 과학은 일반적으로 중동 사람의 혜택으로 받아들여지고 있다. 서구 문화, 특히 그 문화의 사회적 여파는 보다 다양한 반응을 불러일으켰다. 일부는 그것을 열정적으로 받아들였는가 하면, 일부는 기껏 그저 그런 축복으로 보기도 했고, 또 일부는 저주라고 비난하기도 했다.

영국과 프랑스의 지배는 또한 중동 지역에 시장경제와 정치적 자유를 위한 막간을 제공했다. 그러한 자유는 항상 제한되거나 종종 중지되었지만, 제한과 중지에도 불구하고 전반적으로 그들이 그때까지 경험했던 어떤 자유보다 더 포괄적이었다. 이러한 서구식 제도의 대부분은 지금은 사라졌다. 그것들은 포기되거나 비난받았다. 극히 최근에 와서야 새로운 움직임이 태동하여 자유사상과 실천에 대한 인식이 다시 싹트고 있다. 그리고 중동 일부 국가에서의 변화하는 상황은 결국 보다 우호적인 환경을 제공할 것이다.

서구 세력은 물론 궁극적으로 중동 사람 자신들에게도, 영국과 프랑스 지배기의 가장 긍정적인 결과는 아마도, 제2차 세계대전 중에 중동의 역할에서도 보이듯이, 기본적인 전략 목표를 달성한 것이었다. 중동이 서구에 제공한 최대 혜택은 추축국에 대항하는 전쟁에서의 기지 제공과 설비 지원이었다. 이에 상응해서 서구는 중동에 추축국의 통치라는 직접 경험으로부터 중동을 구제했다.


# 6. 자유에서 자유로
## 제2차 세계대전의 종결과 오늘날의 중동

1945년 추축국의 패배와 연합국의 승리는 즉각적인 세계 평화를 가져오지 못했다. 유럽 동부와 중부로의 소련의 진출 그리고 아시아와 아프리카에서의 서구 식민 세력의 퇴조는 이 지역에서 심각한 문제를 노출시켰다. 주권 독립의 상실과 획득 그리고 수백만 명에 이르는 난민의 이동은 과거의 원한을 복원시키고, 새로운 원한을 창출했다. 중동 또한 전후 탈식민 시대의 혼란으로부터 자유로울 수 없었다. 이 지역의 평화는 변덕스럽고, 불안했으며, 수시로 내부나 외부의 적에 대항하는 투쟁으로 무산되었다. 전반적으로 중동의 혼란은 유럽 중부와 동부에 대한 소련의 탄압 강화와 남아시아와 동남아시아에서의 영국 지배의 이완에 비하면 그렇게 심각하거나 상처가 깊지는 않았다. 그러나 중동의 문제는 규모는 더 작을지언정 외교적 절충이나 정치적 해결 측면에서 훨씬 격렬했고 난항에 부딪혔다.

과거 식민지였던 다른 곳과 마찬가지로 중동에서도 한동안 당면한 유일의 공동 화제는 독립이었다.

제1차 세계대전 이후, 터키, 이란, 아프가니스탄, 이렇게 중동의 세 나라가 완전한 주권 독립을 쟁취했고, 오랜 시행 경험을 가졌다. 양차 세계대전 사이에 사우디아라비아, 예멘, 이라크, 이집트 등 네 아랍 국가가 추가로 독립했다. 사우디아라비아와 예멘은 상당한 정도의 실질적이고 이론적인 독립을 누렸지만, 이라크와 이집트는 과거 지배 세력에 의존했다. 두 나라 모두 외교적으로는 불평등 조약을 체결했고, 군사적으로는 영국 기지와 군대가 주둔했다. 프랑스가 레반트 지역으로부터 강제로 철수하면서 시리아와 레바논이 아랍 주권 국가 명부에 등재되었다. 1945년 3월 이집트, 이라크, 시리아, 레바논, 사우디아라비아, 예멘 그리고 트란스요르단이 아랍 연맹을 출범했다. 그러나 트란스요르단은 원칙적으로 여전히 영국 위임 통치하의 팔레스타인 지역에 속해 있었다. 1년 후인 1946년 3월, 트란스요르단은 결국 요르단으로 개명하면서 독립을 얻었다.

이 모든 국가들의 일차적 목표는 조약을 폐기하고 외국인의 주둔을 몰아냄으로써 실질적인 독립을 이룩하는 것이었다. 1950년대 초에 서구 제국이 그들의 모든 소유권을 포기하고 철수하자, 독립이 이루어졌다.

동시에 이러한 독립의 과정은 나머지 아랍 세계에까지 확산되었다. 리비아는 1951년에, 수단, 튀니지, 모로코는 1956년에, 모리타니아는 1960년에, 쿠웨이트는 1961년에, 알제리는 1962년에, (아덴 식민지 겸 보호령이었던) 남예멘은 1967년에 그리고 걸프 소국들은 1971년에 각각 독립했다. 이 국가들은 모두 아랍 연맹에 가입했다. 예멘과 알제리로 대표되는 일부 아랍 국가들은 장기간에 걸친 혹독한 투쟁을 통해서 독립을 쟁취했다. 그러나 대부분의 나머지 국가들의 독립은 치열한 절충 끝에 협정을 체결하면서 비교적 평화롭게 이루어졌다.

팔레스타인 위임 통치가 끝난 후인 1948년에 독립한 이스라엘을 제외하고는 제2차 세계대전 후에 독립한 신생 국가는 모두 아랍 국가들이었다. 이러한 상황은 1990년대 초에 획기적인 변화를 맞이했다. 1991년 소련의 와해로 19세기 러시아의 차르에게 점령당한 후 20세기까지 소련의 지배를 받아온 남캅카스와 중앙아시아 지역이 미처 준비도 되지 않은 상태에서 갑자기 독립했다. 역사적으로 이 지역은 중동의 일부분이거나 중동에 의존해왔다. 아르메니아와 조지아 두 나라는 기독교국이었음에도 수 세기 동안 오스만이나 페르시아 등 이슬람 제국에 복속되어 있었다. 나머지 아제르바이잔과 5개 중앙아시아 공화국은 압도적인 무슬림 국가였고, 튀르크어 혹은 페르시아어를 중심으로 서로 밀접하게 관련된 공통의 언어를 사용하고 있었다. 그리고 역사적, 종교적, 문화적으로 남쪽의 이웃인 중동과 1,000년의 연대로 결합되어 있었다. 그중 타지키스탄은 언어나 문화 면에서 페르시아적이었다. 그외의 카자흐스탄, 우즈베키스탄, 키르기스스탄, 투르크메니스탄 등 다른 네 국가는 튀르크어를 사용했다. 카자크를 제외하면 그들 사이에 언어적 차이는 이라크에서부터 모로코에 이르기까지 아랍 영토에서 사용되는 방언의 차이보다도 작았다. 아랍인들과 달리 튀르크인들은 표준 문어체를 가지지 못했다. 그러나 오랫동안 지배하면서 중동 정치를 크게 변모시킨, 아랍 세계와 유사한 튀르크 세계의 출현은 새롭고 놀라운 발전이었다. 이들 신생 국가의 과거 경험은 국민적, 개인적 자유의 획득과 실천을 거의 준비해주지 못했다. 그리하여 소련의 붕괴에도 불구하고 신생 러시아가 여전히 튀르크계 공화국 내에서 관심과 이해를 가지고, 일정한 형태의 개입을 유지하려고 한다는 사실이 곧 명백해졌다. 여러 면에서 튀르크 세계는 수십 년 전 식민 지배자들로부터 해방되는 과정에서 일찍이 아랍 세계가 겪었던 유사한 경험을 되풀이하고 있는 듯이 보였다.

중동 지역의 정치적 혼란은 주권 독립의 획득으로 종식되지 않았다. 과거의 갈등이 남아 있었고, 내부는 물론 지역 내의 국가, 외부세계의 국가 등 여러 단계의 새로운 갈등이 분출되었다. 아랍 세계의 신생 독립국들 가운데, 고유한 정체성에 대한 오랜 경험과 지속적인 과거 역사의 본질을 제대로 대변하는 국가는 거의 없었고, 고작 이집트와 모로코 정도였다. 다른 국가들은 나라로서 그리고 정권으로서 새롭게 탄생했다. 사우디아라비아는 정복으로 여러 부족과 지역 집단들을 통합하기는 했지만, 동질성이라는 최소한의 이점을 가지고 있었다. 그리고 그들은 동부 지역을 제외하고는 모두 아랍인이었고, 모두 무슬림이었으며, 압도적으로 수니파에 속했다. 대부분의 다른 신생 국가들은 이러한 이점을 가지지 못했고, 내부 경쟁과 반복으로 고통을 받았다. 때때로 이러한 갈등은 반란이나 혁명, 내전으로 묘사되는 여러 군사적인 충돌로 나타났다. 그 용어의 차이는 관점이나 규모의 문제였다.

가장 끈질기고 파괴적인 투쟁은 레바논 사태였다. 이는 종교적, 분파적, 종족적, 부족적, 지역적, 토착적 이유로 경쟁적인 집단 간에, 심지어는 집단 내부의 파벌 간에 일어난 투쟁이었다. 이러한 투쟁은 외세의 개입으로 복잡해지고 오래 이어졌다. 1958년과 1975-1976년의 레바논 내전과 1983-1991년 사이의 정전과 불안한 휴전 등이 대표적이다.

또다른 오래된 분쟁 지역은 아라비아 남부 지역이었다. 1962년 이집트의 지원을 받는 혁명 세력이 전통적인 이맘 통치 체제를 무너뜨리고 공화국을 수립했다. 사우디아라비아와 외세인 이집트 간의, 그리고 왕정파와 공화파를 각각 지지하는 국내 파벌 간의 투쟁은 결과적으로 오랫동안 지속되었다. 과거 이맘제 통치지역이었던 북예멘과 아덴을 중심으로 한 과거 영국령 남예멘의 영토적 통합으로 1990년 대예멘 통일 국가가 형성되었으나, 이는 남북 간의 처절한 내전으로 1994년에 다시 분할되었다. 또한 예멘인들은 1965년에서 1975년에 이르는 오랜 기간 동안에 도파르 회복 투쟁에 개입했다. 이 투쟁은 오만의 영토인 도파르를 분리시키자는 것이었다. 도파르의 반란은 결국 샤가 파병한 이란 원정군의 지원으로 진압되었다. 이 분리주의 반란에는 지역적 중요성 이상의 의미가 있는데, 당시 소련과 밀접하게 연결되어 마르크스주의를 표방하던 남예멘의 개입 때문이었다.

정부가 이단적 소수 집단과 특정 지역을 탄압하기 위해서 군사력을 사용한 예는 중동의 많은 국가에서도 찾아볼 수 있다. 터키와 이라크 양국은 쿠르드 소수 민족의 불평과 때때로 반란에 직면해야 했다. 이라크는 또한 사실상 국민의 다수를 차지하는 중부와 남부 지역의 시아파에 대해서 군사 행동을 취했다. 수단에서는 아랍어를 사용하는 북부의 무슬림들이 비아랍인이고 비무슬림인 남부의 아프리카인들과 종종 전쟁을 벌였다. 요르단에서는 팔레스타인 지도부와 요르단 왕정 조직이 1970년 9월에 서로 대치했는데, 팔레스타인 해방기구Palestine Liberation Organization(PLO)가 요르단 정부에 공개적으로 도전하여 유혈 패배를 맛보았다. 아마 가장 최악의 경우는 1990년대 초의 알제리 내전일 것이다. 이때 강력한 이슬람 원리주의 운동 지도부는 알제리 정부의 합법성에 의문을 표시하고 정면으로 도전했다.

아랍 연맹의 기본 원칙 중 하나는 분쟁을 해결하는 수단으로 한 아랍 국가가 다른 아랍 국가에 무력을 사용하지 말아야 한다는 것이었다. 그럼에도 아랍 국가 간에는 수많은 분쟁이 일었다. 어떤 국가는 제국주의의 개입으로 분리 독립된 이웃 국가의 영토 전체를 요구하기도 했다. 대표적으로 모로코는 모리타니아를, 이집트는 수단을, 시리아는 레바논을, 이라크는 쿠웨이트를 각각 요구했다. 이집트는 1953년 수단에 대한 요구를 철회하고, 수단의 독자적인 주권을 인정했다. 모로코도 1970년 모리타니아를 인정했다. 그리고 1994년 11월 이라크 정부는 쿠웨이트의 주권과 통일성을 인정하도록 설득당했다. 오랜 기간 뼈아픈 투쟁을 거쳐서 결정된 포기였다.

이라크의 요구는 두 가지 형태였다. 어떤 때는 국경 재조정이었고, 어떤 때는 쿠웨이트 전체에 관한 요구였다. 1961년 이라크의 위협적인 행동은 쿠웨이트에 대한 영국의 즉각적인 파병으로 제지되었다. 이 사건은 당분간 이라크의 진출을 억제했지만, 이라크의 요구가 끝난 것은 아니었다. 레바논에 대한 시리아의 요구와, 보다 멀리 떨어진 과거 팔레스타인 위임 통치령 전부에 대한 요구는 미결인 채로 남아 있었다. 일부 국경 불화와 우발적인 충돌도 있었다. 1963년 모로코와 알제리, 1980년과 1986~1987년 리비아와 차드 그리고 일부 다른 국가들 사이에 그러한 분쟁이 있었다. 그러나 이것은 순전히 지엽적인 중요성만 있지, 전체적인 발전 형태에는 거의 영향을 끼치지 못했다. 아랍 연맹의 주요한 기본 원칙을 위반한 첫 번째 사건은 1990년 이라크의 쿠웨이트 주권 국가에 대한 침공과 점령, 병합이었다. 이 사건은 아랍 국가 간의 충돌을 야기하면서 국제 위기로 급속히 비화했다.

때때로 범아랍주의의 이상을 추구하는 과정에서 일종의 아랍 주권 국가들의 직접적이고 자발적인 통합 시도도 있었다. 가장 대표적인 경우는 1958년 이집트와 시리아의 통합으로 탄생한 통일 아랍 공화국이었다. 몇 년간의 불편한 동거 끝에, 시리아는 통일 아랍 공화국으로부터 이탈하여 1961년 별개 국가로 거듭났다. 주로 리비아 정부가 주도한 몇몇 비슷한 통합 시도도 모두 실패로 끝났다.

제국주의 시대가 끝난 이후 탄생한 아랍 국가들은 몇몇 예외를 제외하고는 외부에서 유래한 인위적인 특성을 보였지만, 국가의 독립적 지위와 영토 보존에서 놀랍도록 끈질기고 성공적인 모습을 보여주었다. 여러 번의 시도에도 불구하고, 분리된 아랍 국가는 없었다. 불확실한 예멘의 경우를 제외하고는 성공적으로 통합을 이룩한 아랍 국가도 없었다.

최근 들어 중동 지역에서 일어난 모든 전쟁 중에서 두 경우가 특히 치열하고 고통스러웠으며, 오랫동안 지속되었다. 단기전의 예는 1948년에 시작되어 1994년에 끝이 난 간헐적인 아랍-이스라엘 전쟁이고, 장기전의 예는 1980년에서 1988년까지 계속된 이란-이라크 전쟁이다.

아랍-이스라엘 전쟁은 그 기원이 이스라엘이 건국되기 훨씬 이전으로 거슬러올라간다. 팔레스타인의 아랍 지도부가 자국 영토에 유대 민족 국가가 창설되는 것을 막고 방해하려는 투쟁에서 비롯되었다. 당시 토착민들 사이에서 아직 그 명칭으로 불리지 않았던 팔레스타인 땅이 오스만 제국의 일부로 편입되어 있을 때부터 투쟁은 시작되었다.* 그후 팔레스타인에 유대 민족 국가를 창설하는 원칙에 대한 공식적인 승인을 구체화한다는 조건으로 영국의 위임 통치가 시작되자 이 투쟁은 더욱 격화되었다. 이 투쟁은 독일에서 나치 정권이 등장하고, 나치의 이념과 행동이 강제적인 방법으로 다른 나라에 전파되면서 1930-1940년대에 위기를 맞았다. 유럽 중심부에 등장한 호전적인 반反셈족주의는 유대인의 고난에 대한 시온주의자들의 분석을 확인해주었다. 과거 이주국의 문호는 폐쇄되었고, 불경기에 시달리던 경제는 유럽과 중동에서 갈 곳 없는 엄청난 유대인 난민 문제를 야기했다.

제2차 세계대전이 끝나는 1945년까지 독일 치하의 유럽에 살던 다수의 유대인은 학살되었고, "강제 추방자" 수용소에 있었던 수십만 명만이 살아남았다. 서유럽에서 온 유대인들은 귀환하여 별다른 어려움 없이 재통합되었다. 유럽 중부 및 동부 출신 그리고 내부 혼란이나 외세의 침략이나 점령으로 고통받고 있는 나라에서 온 유대인들은 훨씬 심각한 문제에 봉착했다. 그들이 귀환을 시도했을 때, 과거의 이웃들은 거의 대부분 적개심과 폭력으로 그들을 맞았다. 따라서 많은 유대인들은 그들을 꺼려하는 같은 나라 국민의 탄압과 박해의 새로운 쳇바퀴 속에서 고통을 당하기보다는 차라리 팔레스타인 땅으로 향하는 험난한 여행을 선호했다.

무너지는 제국의 기둥을 지탱하려고 안간힘을 쓰고 있던 영국 정부는 팔레스타인과 여타 지역의 아랍인들의 폭발적인 분노와 유대인의 급작스러운 이

---

* 오스만 제국 통치 시기 오늘날 팔레스타인 지역은 "대시리아(Bilad al-Sham)"로 불렸으며, 예루살렘, 나블루스, 아크레 등 여러 군 단위로 분류되어 있었다.

주 홍수가 가져다줄 해결 불가능한 딜레마를 잘 알고 있었다. 거의 2년 동안 영국 정부는 이주를 시작한 나라와 경유국을 상대로 한 외교적 협상, 해상 작전, 팔레스타인 위임령에서의 순찰 활동 등 지속적인 노력을 통해서 증가 하는 이주의 물결을 딴 곳으로 유도하거나 축출하려고 했다. 그러나 해상 봉 쇄와 경찰의 노력은 제한된 효과밖에 거둘 수 없었다. 당시 나치의 유대인 학 살 폭로에 충격을 받은 서유럽은 유대인에게 동정적이었고, 소련은 자신의 이해관계에 연연하여 영국에 대항하는 유대인을 지원했기 때문이다. 외교적 인 노력도 무위로 끝났고, 비생산적이었다.

한편 인도 통치의 종식으로 중동에 머물러야 하는 수된 동기가 사라져버 린 데다가, 중동은 영국과 인도를 잇는 생명선 보호를 위해서 매우 중요한 역할을 했기 때문에, 영국은 중동의 지배에 국가적인 관심을 보여왔다. 전후 쇠약해진 영국이 어렵고, 성공 가능성도 없으며, 국내외의 지지도 받지 못하 는 정책을 추구할 명분은 거의 없어 보였다. 1947년 4월 2일, 영국 정부는 이 미 없어진 국제연맹을 대신하여 국제연합United Nation(UN)이 위임 통치 문제 를 이관받아 팔레스타인 위임 통치를 종식시킬 것이라고 발표했다. 몇 달 후 에 위임 통치의 종식과 철수일이 1948년 5월 15일 토요일로 결정되었다.

영국은 1년이 넘도록 팔레스타인에 계속 남아 있었지만, 그 역할은 관리정부 의 기능에 머물렀다. 한편 위임 통치 지역에서 다음 단계를 결정하는 권한은 UN으로 넘어갔다. 길고도 복잡한 협상을 거친 후에, UN 총회는 1947년 11 월 29일 팔레스타인을 유대 국가, 아랍 국가, 국제 사법권하의 예루살렘 시 등 세 지역으로 분할하는 결의안을 채택했다. UN 총회는 3분의 2의 다수결 로 이 결의안을 통과시켰지만, 세부 사항이나 강화를 위한 규정은 만들지 못 했다.

한편 이 결의안을 적극적으로 저지하고자 하는 세력이 있었다. 1947년 12

월 17일, 아랍 연맹 집행위원회는 분할안에 반대하고 필요하다면 무력으로 저지할 것을 선언했다. 팔레스타인 지도부는 위임 통치 정부와 유대 민족 국가에 대항하는 무장 투쟁을 재개했다. 팔레스타인에 있는 유대 지도부는 UN의 결의안을 수락했다. 위임 통치는 안식일에 끝나기 때문에, 유대인들은 그 종식을 기다려 몇 시간 후인, 1948년 5월 14일 UN의 분할안에서 책정된 영토에 이스라엘이라고 불릴 국가의 설립을 선언했다. 팔레스타인 지도부는 이스라엘의 건국을 막기 위해서 이미 전쟁에 돌입한 상태였고, 이는 이제 이웃 아랍 국가의 군사 원조, 나아가 멀리 떨어진 일부 아랍 국가들의 지원으로 더욱 강화되었다.

전쟁 중에 팔레스타인 아랍인과 유대인 간의 충돌은 줄어들었다. 그 전쟁은 1947년에 재개되어 1948년 5월 14일 영국의 위임 통치가 종식된 이후까지 계속되었다. 팔레스타인 아랍인들은 아랍 해방군으로 알려진 시리아 지원병의 도움을 받았다. 이스라엘 국가의 설립과 미국과 소련에 의한 즉각적인 승인 그리고 인근 아랍 국가들의 무력 개입으로 충돌은 형식상 국제 차원으로 발전했다. 팔레스타인을 차지하기 위한 투쟁은 이제 아랍-이스라엘 전쟁이 되었다.

이러한 투쟁에서 새 국가 이스라엘이 생존할 가능성은 별로 없어 보였다. 그러나 몇 주일에 걸친 치열한 전투 끝에 상황은 극적으로 변하기 시작했다. 적과 바다에 둘러싸인 이스라엘은 기대 밖의 능력을 과시한 반면 아랍 연합군은 과신으로 일을 그르쳤고, 왕조나 국가 간의 경쟁으로 약화되었다.

제1차 중동 전쟁은 여러 달 동안 지속되었고, UN의 중재로 불안한 휴전을 맞았다. 이러한 와중에 군사 측면에서 결정적인 변화가 일어났다. 이스라엘이 최초의 아랍 공격을 잘 견디며 자신을 지켰을 뿐만 아니라, 오히려 입지를 넓힐 수 있었던 것이다. 나머지 팔레스타인 영토는 주변 국가의 병력에 점령되어 있었다. "가자 지구"로 알려진 가자는 이집트가, 요르단 강 서안과 동예루살렘은 요르단이, 갈릴리 해의 동쪽 해안에 있는 조그마한 고립 영토는 시리아가 각각 차지했다. 1949년 1월부터 4월까지 이스라엘과 주변 아랍 국가들 사이에 협상이 진행되어 로도스 섬에서 휴전협정이 체결되었다.

수십 년 동안 이 협정은 서명 당사자의 관계를 규정하고, 쌍방에게서 인정받은 유일하고 공식적인 합법적 장치였다. 아랍 국가들은 휴전협정의 승인이 어떤 의미에서도 이스라엘 국가나 그 영토를 승인하는 것이 아님을 분명히 했다. 레바논과의 협정은 양측의 과거 국제적인 경계를 확정했고, 이집트, 요르단, 시리아와의 협정은 정치적이고 영토적인 경계의 확정을 "팔레스타인 문제의 항구적인 정착"에 맡겨둔 채 휴전선만을 승인했다.[1]

전투 중에 이스라엘 점령지의 수많은 팔레스타인 아랍인들이 도피하거나 고향에서 쫓겨나서 이웃 아랍 국가들의 난민이 되었다. 증거 자료들은 서로 모순되고 주장은 상충되지만, 진실에 가까워 보이는 양측의 진술도 있다. 당시 UN은 아랍 난민의 수를 72만 6,000명으로 추산했다.

전쟁과 외교라는 혼란과 불확실성에 둘러싸인 채, 도피와 축출의 고통 속에서 팔레스타인 난민들은 인도와 동유럽 그리고 제2차 세계대전 이후 피로 얼룩진 세계의 재편 과정에서 도망쳤거나 고향에서 쫓겨난 수백만 명의 다른 전쟁 희생자들과 운명을 함께했다. 그러나 팔레스타인 아랍인들의 입장은 다른 모든 난민들과 달랐다. 그들은 본국으로 돌아갈 수도, 다시 정착할 수도 없이 내팽개쳐져 캠프촌에 수용되었으며, 그곳에서 그들과 그들의 자손들이 수 세대 동안 나라 없는 난민으로 남았다. 하나의 예외는 요르단이었다. 요르단에서는 하심 가家 정부가 요르단이 점령하고 있던 요르단 강 서안을 공식적으로 병합하고, 그곳의 모든 아랍 팔레스타인인들에게 시민권을 부여했다. 거의 동시에 이스라엘은 아랍 국가에서 도망쳤거나 축출당한 수십만 명의 유대인들을 받아들였다. 아랍-이스라엘 충돌이 극심할 때 그들의 입지는 불확실했다.

1948-1949년 전쟁은 이스라엘과 인근 아랍 국가들 사이에 벌어진, 때로는 연합해서, 때로는 독자적으로 전개된 연이은 전쟁의 시작이었다. 이러한 전쟁 발발의 책임은 양측 모두에게 똑같이 있다. 1948년과 1973년의 전쟁은 분명히 아랍 정부들의 결정으로 시작되었고, 1956년과 1982년의 전쟁은 이스라엘이 시작했다. 1967년 전쟁의 책임은 그 소재를 밝히기가 훨씬 어렵다. 전쟁으로 이어진 일련의 사건에 대한 정보가 밝혀짐에 따라, 전쟁 참가자들은 마치 그리스 비극의 등장인물들처럼 선택의 여지없이 정해진 다음 단계의 전쟁의 길로 나아갈 수밖에 없었을 것이다.

가장 극적인 전투는 분명히 1967년의 6일 전쟁이었다. 이스라엘 군은 이 전쟁에서 이집트 군, 요르단 군, 시리아 군 그리고 이라크 원정군에게 단시일에 차례로 참혹한 패배를 안겨주었다. 전쟁이 끝나자 이스라엘 군은 요르단 서쪽의 팔레스타인 위임 통치 전역은 물론, 시리아로부터 빼앗은 북쪽의 골란 고원, 이집트로부터 빼앗은 남쪽의 시나이 반도까지 차지했다. 이로써 이스라엘의 군사 경계선은 수에즈 운하와 요르단 강 그리고 시리아의 수도인 다마스쿠스에서 48킬로미터 떨어진 골란 고원이 되었다. 시나이 반도는 이스라엘과 이집트 사이에 1979년 캠프 데이비드 평화협정이 체결될 때까지 이스라엘의 수중에 있었다. 최초로 아랍 국가와 맺은 이 협정의 조인에 따라서, 두 나라 사이에 평화와 정상적인 외교관계가 수립되었고, 이스라엘 군이 이미 합의된 팔레스타인 위임 통치 지역과 이집트 왕국 사이의 국제 경계선으로 철수했다. 1994년 10월, 아랍 국가와의 두 번째 평화협정이 이스라엘과 요르단 사이에 체결되었다. 그리고 이와 비슷한 형태를 띤 협상이 이스라엘과 시리아 사이에 이미 시작되었다.

이스라엘의 지배가 요르단 강 서안과 가자 지구로 확대되자, 분쟁은 팔레스타인 지도부의 개입이라는 새로운 차원으로 발전했다. 1949-1967년 사이에 아랍 연맹, 특히 팔레스타인 일부 지역을 장악하고 있던 아랍 국가들은 팔레스타인인을 대변한다고 자처하면서, 정치협상 과정에서 팔레스타인인들의 적극적인 참여를 억제하고, 심지어 막아왔다. 그러나 1967년 전쟁에서 이들 아랍 국가들의 참패는 그러한 주장에 종지부를 찍고, 3년 전에 설립된 PLO의 중요성이 새롭게 부각되었다. PLO는 그때까지 원칙적으로 아랍 내부의 정치기구에 불과했다. 이제 PLO는 이스라엘에 대항하는 아랍 저항의 상징으로서 퇴각하는 아랍 군인들을 대신해서 게릴라전을 펴면서 완전히 새로운 역할을 맡았고, 주요한 국제적 당사자로 급속히 자리 잡았다. 25년 동안 PLO 지도부는 저항, 게릴라전, 테러 등 여러 측면에서 다양한 전술을 구사하며 투쟁해왔다. 최초의 PLO 본부는 1970년 요르단 정부군과 격돌하여 레바논으로 떠날 때까지 요르단에 있었다. 레바논에서의 내전 상황과 중앙정부의 권위 약화는 PLO의 통제 아래 팔레스타인인들이 한 국가 내에 또다른 국가를 설립할 수 있게 했다. 이런 상황은 1982년에 끝이 났다. 이스라엘 군이 레바논에 진입하여 PLO를 축출했기 때문이다. PLO 지도부와 본부는 튀니지로 옮겨졌고, 1994년까지 그곳에 남아 있었다.

이 마지막 단계에서 이스라엘에 대항하는 투쟁의 성격이 바뀌었다. 그때까지 그들의 행동은 목적을 공개적으로 밝히면서 이스라엘과 해외 주요 목표를 주로 공격했다. 1980년대 후반에서 1990년대 초반에 들어서는 투쟁의 목표가 점령지로 바뀌었고, "인티파다Intifāda"로 알려진 새로운 형태의 저항과 반란이 대두되었다. 인티파다 운동은 해외의 중립적 목표를 겨냥하는 대신 그들의 조국을 점령하고 있는 사람과 기관에 대항하기 위한 운동이었다. 따라서 주요 목적은 단순히 관심을 유발하기보다는 점령 자체를 약화하고 무력화하는 것이었다. 드디어 1993년 PLO와 이스라엘 정부가 상호 인정하기로 결정하고, 협상에 돌입했다. 이는 결과적으로 가자 지구와 요르단 강 서안의 통치를 이스라엘 경찰과 군으로부터 팔레스타인인에게 이관한다는 잠정적인 협정을 도출했다.

이러한 발전은 필연적으로 아랍-이스라엘 분쟁에 관한 국제적 상황에 의해서 영향을 받고, 심지어 결정되었다. 1948-1949년, 미국과 소련 양국은 새로 건국된 이스라엘에 외교적 지지를 보냈다. 스탈린은 당시 자신의 주된 경쟁자를 미국이 아닌 영국으로 간주하면서, 새로 건국된 이스라엘을 통해서 중동에서 영국의 입지를 약화시킬 절호의 기회를 노렸다. 이 목표를 달성하기 위해서 그는 당시 소련의 위성 국가였던 체코슬로바키아가 제1차 중동 전쟁에서 이스라엘을 구하기 위해서 이스라엘에 무기를 공급하는 것을 허용했다. 한편 모든 전쟁 당사자들에 대한 공식적인 무기 금수 조치가 전반적으로 유지되었음에도, 미국에서는 민간 차원의 일부 군사 원조를 이스라엘에 제공했다. 1956년 영국과 프랑스 군대가 표면적으로는 이스라엘과 이집트 사이를 중재하기 위해서, 그러나 실제로는 분명히 이스라엘과의 사전 합의에 의해서 이집트에 상륙하고, 소련마저 개입하자, 미국 정부는 세 침략 세력에 대해 강력한 입장을 취하면서, 여러 가지 수단을 동원하여 이집트 영토에서 그들을 철수시켰다.

그러나 이때 전략적인 상황이 급변했다. 종전 직후, 소련의 압력은 주로 터키와 이란 등 소위 북방 연대 국가를 겨냥했다. 소련 정부의 압력과 유혹에 저항하기 위해서 이들 국가들은 미국 쪽으로 선회하여 도움을 요청했다. 이로써 미국은 점점 중동 문제에 깊이 개입하게 되었는데, 처음에는 무너지고 있는 영국의 입지를 강화하기 위하여, 후에는 이 목적이 달성되기 어렵다는 인식과 함께 소련의 공격 가능성에 대비한 중동 방위 체제를 구축하기 위해서였다. 그리하여 1952년 그리스와 터키 양국은 북대서양조약기구North Atlantic Treaty Organization(NATO)의 회원국으로 가입했다. 1955년에는 이라크 정부가 터키, 이란, 영국이 가입한 "바그다드 협약"이라는 새로운 동맹에 가입했다. 당시 미국은 바그다드 협약의 정회원국보다는 비공식적인 준회원국 자격을 선호했다.

결과적으로 서구 주도의 동맹체에 아랍 국가를 참여시키려는 시도는 비생산적이라는 결론이 내려졌다. 터키와 이란은 오랜 주권 국가였고, 소련의 남부 접경에 위치하여 과거의 경험이나 현실을 통해서 북쪽으로부터의 위협을 잘 인식하고 있었다. 반면 아랍 국가들은 그러한 경험이 없었고, 그들의 근대사는 주로 서구의 지배나 연계로부터 해방을 얻으려는 시도로 점철되어 있었다. 이라크는 바그다드 협약의 가입을 서구의 지배를 복원하고자 하는 퇴보적인 조치로 보았고, 다른 아랍 국가들, 특히 새로운 공화국 정권이 들어선 이집트는 그 협약을 자국에 대항해서 지역 세력의 균형을 변화시키고자 하는 서구의 시도로 보았다. 1950년대 중반 소련이 북방 연대 국가라는 장애물을 뛰어넘고자 이집트 및 다른 아랍 국가들과 밀접한 관계를 수립했다. 소련은 아랍 국가들에서 점차 환영을 받았고, 재빨리 막강한 입지와 영향력을 구축할 수 있었다. 나아가 소련은 아랍 정부들을 설득하여 군사 시설에 관한 협정과 합의서를 체결했다.

1950년대에 출발하여 1960-1970년대에 더욱 강화된 소련의 중동정책에서 중요한 요소는 외교적으로 UN과 다른 국제 무대에서 이스라엘에 대처하는 아랍의 입장에 대한 지지였다. 군사적으로 소련은 아랍 군대에 첨단 무기와 기술 및 병참을 제공했다. 이는 당연히 미국이 이스라엘과 새롭고 긴밀한 군사관계를 맺도록 해주었고, 이스라엘에는 미국이 주요한 외교적, 전략적, 재정적 지원자가 되었다.

결국 이렇게 아랍-이스라엘 분쟁은 냉전의 주요 이슈가 되고 말았다. 일부 다른 문제와 마찬가지로, 중동에서 강대국들이 각각 자신들의 예속 국가에 개입한 것은 중동 국가들이 위기를 안고 영향력의 한계를 가지게 만들었을 뿐만 아니라 문제 해결을 위한 진정한 노력을 기울이는 일을 더욱 어렵게 만들었다. 이로써 세계 다른 지역의 평화 과정처럼, 중동의 평화 과정을 위해서도 냉전의 종식이 선결 과제가 되었다.

중동 국가와 민족들의 전쟁 중에서 아랍—이스라엘 분쟁이 외부세계의 가장 큰 관심을 끌게 된 것은 부분적으로는 경쟁적인 강대국들의 직접적인 개입 그리고 의심의 여지없이 분쟁의 이슈와 이점과는 별로 관련이 없는 강대국들의 이해관계와 관심 때문이었다. 이러한 외부세계의 관심은 어느 한쪽의 일방적인 승리로 분쟁이 해결되는 것을 막고 있었다. 따라서 전투는 실제로 짧고 격렬했으며, 고작 전략적인 승리가 아닌 전술상의 승리에 머물며 강대국들의 개입으로 끝이 나고는 했다. 이 문제를 다루는 데에서 바람직하지 못한 결과는 국제적인 분쟁 조정자들의 역할이 해결보다는 분쟁의 지속에 있었다는 점이다.

1980년부터 1988년까지 지속된 이란—이라크 전쟁의 반응은 매우 판이했다. 아랍이나 이스라엘과는 달리 어떤 당사자도 강력한 국제적 지원을 요청할 수 없었고, 역으로 두 정권 모두 외부세계의 강력한 반감을 불러일으켰다. 어떤 강대국이나 국제기구도 전쟁을 종식시키기 위해서 노력을 기울이거나, 엄청난 위험 부담을 안으려고 하지 않았다. 따라서 그 전쟁은 제2차 세계대전보다 더 오래 끌었고, 사망과 파괴의 대가는 모든 아랍—이스라엘 분쟁을 합한 것을 훨씬 능가했다.

이란—이라크 전쟁 문제는 더욱 복잡했다. 아랍—이스라엘 분쟁의 성격은 기본적으로 명료하고 단순했다. 이 분쟁에는 일관된 세 가지 문제가 있었다. 이스라엘은 존재해야 하는가? 존재해야 한다면, 그 국경은? 그리고 그 국경의 다른 영역은 누가 통치할 것인가? 반면에 이란—이라크 전쟁에는 많은 다른 측면들이 있었다. 개인적 측면에서는 루홀라 호메이니와 사담 후세인이라는 두 사람의 카리스마 넘치는 지도자 간의 대결, 종족적인 측면에서는 페르시아인과 아랍인, 이념적인 측면에서는 이슬람 복고주의와 세속적인 모더니즘(사담 후세인은 후일 이에 대한 입장을 바꾸었다), 종파적인 측면에서는 수니파와 시아파, 경제적인 측면에서는 역내 석유 지배권에 대한 경쟁, 전통적인 정치적 측면에서는 지역 패권 장악을 위한 투쟁과 영토 분쟁 등의 대결로 묘사될 수 있다. 전쟁의 대표적인 특징은 이란과 이라크 양 국민의 국가와 정부에 대한 애국적 충성심이었다. 그러나 이란 남서부의 아랍 소수 집단은 이라크의 편을 들지 않았고, 이라크의 시아파들은 일부 예외가 있었지만, 이란(이슬람) 혁명이나 그 정권에 거의 애착을 보이지 않았다.

국내와 외부 압력에 방해받지 않고, 양국 모두 석유 수출국으로서 심각한 재정적 한계 없이 상호 파괴적인 전쟁을 8년간이나 지속할 수 있었다. 초기에는 이란이 약간 우세한 듯했다. 이란은 이라크의 공격 개시를 저지한 다음 강력한 역습을 감행하여 이라크 영토 내로 진입했다. 그러나 미국의 중요한 정보와 병참 지원 그리고 아랍 부국들의 재정 지원을 받은 이라크는 이란의 공격을 저지할 수 있었고, 결국 이란은 이라크에 약간 유리한 평화협정에 서명해야 했다.

사담 후세인이 이란에 거둔 약간의 승리 그리고 그의 공격에 대한 외부세계의 묵시적 동의는 그로 하여금 1990년 8월 쿠웨이트를 침공하여 그 영토를 점령하고 병합하는 새로운 전쟁을 일으키도록 했다.

이 두 전쟁을 일으키면서 사담 후세인은 정치적, 군사적 계산에서 정확한 판단과 함께 실수를 함께 저질렀다. 이란에 대한 공격에서 그는 역내 국가나 외부 강대국 모두가 이란의 혁명정부에 분노하고 위기를 느끼고 있기 때문에, 이란을 지원하는 일에는 손가락 하나도 까딱하지 않을 것이라는—올바른—계산을 했다. 한편 그는 당시 혁명의 소용돌이에 있던 이란에 대한 침공이 신속하고 쉽게 이루어질 것이라고 잘못 계산했다. 10년 후 쿠웨이트 침공은 옳고 그른 계산이 이룬 균형의 또다른 모습이었다. 쿠웨이트 침공과 병합은 신속하고 쉽게 이루어질 것이라는 그의 군사적인 계산은 옳았다. 그러나 역내 세력들이 지지를 보내거나 최소한 침묵을 지키고, 외부 강대국들이 형식적이고 실효성이 없는 항의 수준 이상의 행동을 보이지 않을 것이라는 그의 정치적 추산은 여지없이 빗나갔다.*

사담 후세인의 착오는 변화하는 국제 사회의 윤곽을 고려하지 못한 실수에서 기인했다. 1990년 여름까지 상황은 수개월 내에 소련의 해체와 냉전의 종식으로 나아가기 시작했다. 후세인은 과거처럼 강대국의 후원자들로부터 위험한 모험에 대한 지지를 더 이상 얻을 수 없었음에도, 새로운 자유의 이점을 최대로 이용했다. 그러나 대가가 따랐다. 그 결과는 곧 드러났고, 그는 더 이상 중동에서 쿠웨이트의 요청을 받은 다른 강대국들로부터 자신을 보호해줄 강대국 후원자를 불러올 수 없었다.

중동에서는 새로운 질서가 형성되고 있었다. 이 새로운 구도에서 외세는 더 이상 중동에서 사태의 과정을 결정하거나 지시할 수 없었다. 그러나 중동 정부의 정책과 행동은 갈수록 주저하는 외세의 개입을 유발하거나 요청하게 만들었다. 1990-1991년, 쿠웨이트에 대한 전쟁은 과거 중동 지역에서의 수많은 분쟁처럼 외부 경쟁자에 의해서 자극을 받거나 지연되지 않았다. 이 전쟁은 지역적이었고, 사실 미국이 주도하는 외세가 개입한 아랍 내부의 분쟁이었다. 이 전쟁과 이후 상황은 두 강대국 모두가 중동 전쟁에서 사실상 철수하고 있음을 보여주었는데, 한 강대국은 능력 부재 때문이었고, 다른 한 강대국은 식민주의적 역할 수행, 좀더 점잖은 표현을 빌리자면, 보다 위험한 지역 집단에 대항하여 중동 지역에서의 보호 경찰의 임무를 제공하고자 하는 열망이 없었기 때문이다.

중동과 외세의 다국적군에 의한 사담 후세인 군대의 패배는 신속하고도 손쉽게 결정이 났다. 이는 8년간의 이란-이라크 전쟁과는 뚜렷하게 대비되었다. 그러나 이라크 군을 쿠웨이트에서 몰아내면서, 미국과 그 동맹국은 문

---

* 이라크의 쿠웨이트 침공 계획을 사전에 인지하고 있었던 미국이 적극적인 대응책을 마련하지 않음으로써, 그 침공에 미국의 방조나 사전 시나리오가 있었다는 주장이 강력히 제기되기도 했다.

제를 그대로 두었다. 말하자면, 사담 후세인과 그 정권이 계속 집권하도록 내버려둔 것이다. 이 결정에 대해서는 해석이 분분했지만, 한 가지 근본적인 이유만은 꽤 분명해 보였다. 1991년의 상황에서 사담 후세인 정권을 붕괴시키는 것은 그 대신에 다른 정권을 세우는 것을 의미했고, 이는 과거의 공공연하고 위장되었던 위임 통치나 보호령을 회상시키는 후원이나 보호 수준을 위험을 무릅쓰고 다시 요구하게 될 것이라는 뜻이었다. 알려진 바에 의하면, 당시 미국은 바그다드에 총독부를 설치할 의사가 없었고, 미국 편에 섰던 아랍 동맹국들도 그러한 행동을 받아들이려고 하지 않았다. 대신 이라크 국민들에게 결정을 맡겼다.* 이라크 정부를 유지하거나 변화시키거나 혹은 교체하는 것은 그들의 권리이기 때문이었다. 이 정책의 구체적인 파급 효과는 이라크와 다국적군의 종전 직후에 드러났다. 사담 후세인은 곧바로 북쪽의 쿠르드족, 남쪽의 시아파 그리고 중앙의 반대 세력의 반정 운동을 무자비하게 탄압했다.

그 교훈은 분명했다. 미국은 자국의 기본적 이익은 물론이고 국제사회의 이익 그리고 시행착오에 의해서 결정되는 그러한 이익의 한계를 지키기 위해서 적극적으로 활동할 것이다. 반면에 중동의 정부와 국민은 그들 자신에게 달려 있다. 중동은 보다 자유롭고, 보다 위험한 지역이 되었다.

냉전의 종식과 두 강대국이 때로는 경쟁하고 때로는 합심하여 행동하던 양극 체제의 붕괴는 중동 사람들에게 강대국의 지배와 간섭에서 해방된 다른 지역 사람들과 마찬가지로, 두려운 선택과 직면하게 만들었다. 그들은 이제 세계의 일부 다른 지역에서처럼, 천천히 그리고 주저하면서 분쟁을 해결하고 나란히 평화롭게 사는 방향으로 나아갈 수 있었다. 아니면 그들은 분쟁

---

* 이라크 국민들의 전반적인 반미 분위기 때문에 사담 후세인을 제거한 이후에도 친미 정권이 들어설 가능성은 거의 없는 상황에서, 미국은 그의 축출보다는 무력 도발을 억제하기 위해서 그를 약화시키는 정책을 택한 것 같다.

과 증오의 고삐가 풀려 다른 지역과 마찬가지로 쳇바퀴 도는 해묵은 투쟁과 유혈참사 그리고 고통에 빠져들 것이었다. 분명히 피의 악순환이 가져오는 혼란이 예상되지만, 동시에 외부가 아닌 중동 내부에서 외세, 특히 미국의 도움으로 상호 인정과 상호 관용 조치 그리고 보다 실제적인 조치로 점령지를 이스라엘에서 팔레스타인의 통치로 이관하는 문제를 다룰 협상을 시작하고 있는 이스라엘 정부와 PLO 지도부 그리고 몇몇 아랍 국가들을 강력하게 지지하는 세력이 있다는 의식도 일고 있다.

점령지에서 이스라엘의 지배를 종식시키고자 하는 협정으로 마지막 아랍 민족인 팔레스타인인들이 자유를 향한 그들의 꿈을 실현할 듯 보였다. 그러나 일찍이 다른 아랍 민족들이 그랬던 것처럼 팔레스타인인 사이에서도 서로 다른 긴급한 당면 문제가 논의되었다. 그것은 외국의 지배로부터 자유를 성취한 후, 실제로 어느 정도의 자유를 그들이 누릴 수 있느냐에 대한 것이었다. 외세의 지배를 받는 민족들의 첫 번째 목표는—많은 민족들에게 유일한 목표이기도 한데—그 지배를 종식시키는 것이다. 심지어 외세 치하에서도 그것이 끝났을 때 채택할 정권의 성격에 대해서 논의를 시작하게 된다. 그리고 독립을 쟁취하게 되면, 이 논의는 긴박하고 즉각적이 된다.

영국과 프랑스는 자신들의 이미지에 맞추어 새 국가들을 창설했다. 프랑스는 의회 공화국을, 영국은 입헌왕정을 세웠다. 그러나 그들의 지배자가 떠나간 후에는 거의 모두가 붕괴되거나 폐기되었고, 중동의 민족들은 다른 모델을 찾았다.

한편 중동에 대한 추축국들의 정치적, 전략적 위협은 그들의 전쟁 패배로 종식되었음에도, 증가하는 민족주의 계통의 운동에 대한 그들의 사상적 영향력은 계속 남아서 성장했다. 이 새로운 사상 유형과 사회적, 정치적 조직 유형은 이중의 호소력을 가지고 있었다. 첫 번째는 그것이 지배적인 서구에 반대한다는 이유로 매력을 가지게 되었기 때문이고, 두 번째는 여러 면에서 제시된 그 사상과 사회적 전략이 중동 지역의 현실과 전통에 훨씬 근접해 있었기 때문이다. 여전히 국경 설정이 불확실하고, 민족적 정체성이 변하고 있는 나라에서는 애국심보다는 종족적 민족주의가 훨씬 이해하기 쉬웠다. 이런 맥락에서 급진적이고 권위적인 사상이 개방적이고 자유주의자의 생각보다는 훨씬 큰 호소력을 가졌다. 공동체적이고 집단적인 정체성과 권리는 서구의 보다 개인적인 형식화보다는 훨씬 맥락에 맞았다. 어떤 경우에 서구의 개인적인 형식화는 적절하지도 적당하지도 못한 것으로 보였다. 이러한 영향은 보다 강력한 민족적 정체성과 오랜 개방적 전통 그리고 훨씬 광범위하고 효율적인 의회주의의 경험을 가지고 있는 이집트보다는 시리아와 이라크에 보다 강하게 남아 있다.

이스라엘의 탄생을 저지하고자 하는 아랍 연합군의 실패는 아랍 국가에 깊은 마음의 상처를 주었고, 수년 내에 책임을 져야 할 통치자나 심지어 정권에 대한 격렬한 퇴진 운동을 야기했다. 최초로 정권이 붕괴된 곳은 시리아였다. 1949년 3월 후스니 알-자임 대령이 무혈혁명으로 대통령제와 의회 질서를 종식시키고 일련의 군사 쿠데타를 시도했다. 군사정부는 의회 정권의 회복과 선거를 통해서 1954년에 끝이 났다. 그러나 정권의 회복은 오래가지 못했다. 1958-1961년 사이에 시리아는 통일 아랍 공화국의 일부가 되었다. 그러다 그로부터 탈퇴한 이후 급격히 바스 당의 독재를 향해갔다. 요르단에서는 팔레스타인에서 아랍이 패배하고 나아가 이스라엘과의 평화를 시도했다는 책임 때문에 압둘라 1세가 1951년에 암살되었다. 그러나 당시 많은 사람들이 가장 허약한 아랍 정권으로 보았던 하심 가는 단단한 기반을 다졌고, 이 왕조의 창시자인 압둘라 왕의 아들과 손자에 의해서 계승되었다.

가장 극적인 변화는 이집트에서 일어났다. 1952-1954년 일련의 운동을 통해서 파루크 1세가 폐위되어 유배를 당했고, 왕정은 폐지되고 공화국이 선포되었다. 최초의 통치자는 혁명의 형식적 지도자였던 모하메드 나기브 장군이었으나, 그는 곧 물러나고 소위 "자유장교단"의 실질적인 지도자였던 나세르 대령이 집권했다. 그는 정권의 변화를 기획하고 조직하고 실행했다. 공화정부는 서서히 군사적인 성격을 탈피했지만, 권위적인 정권이 되었다.

이때, 다른 아랍 국가들도 혁명의 물결에 영향을 받았다. 1958년 이라크에서는 특히 서방 협력국의 불신을 받은 왕정이 붕괴되었고, 이후 연속적으로 군사 독재자들이 정권을 잡았다. 시리아에서도 군사 지배는 결국 바스 당에 의한 정당 독재의 길을 열어주었다. 비록 시리아의 집권당과 뿌리는 같았지만, 바스 당의 두 지류는 서로에게 매우 적대적이었다.

이스라엘과 국경을 맞댄 아랍 국가들 중에서, 1948년 중동 전쟁에서 중요한 역할을 하지 않았고, 유일하게 로도스 휴전협정에서 이스라엘과의 국제적 경계를 인정했던 레바논만이 의회민주주의 체제를 유지했다. 그러나 이 체제도 외부 세력이 폭넓게 개입한 내전 탓에 붕괴되고 말았다.

보다 외곽에 위치한 아랍 정권들 중에서 아라비아 남부의 남−북 예멘과 북아프리카의 리비아와 알제리 역시 혁명의 소용돌이에 압도되었다. 그 외에 팔레스타인 분쟁지역으로부터 보다 멀리 떨어진 모로코와 아라비아 반도에서는 전통적인 정권이 존속될 수 있었다.

비교적 적극적으로 개입한 나라에서는 혁명이 반복해서 일어났고 혁명 정권이 교체를 거듭했다. 그러나 새로운 정권에 집권을 가져다준 근본적인 문제점은 여전히 해결되지 못한 채 남아 있었다. 그 당면 문제란 중동의 중심부에 있는 이스라엘의 존재, 나아가 전체 아랍 세계의 적대감에도 불구하고 이스라엘의 존속과 번영이 야기한 고민스러운 딜레마였다.

수개월에 걸쳐서 처절한 전투를 치르고 난 초기 이스라엘의 생존은 그런 대로 아랍의 과신에 대한 필사적인 노력의 승리로 설명될 수 있었다. 그러나 이는 그후에 연속적으로 일어난 전쟁에서 대규모의 잘 무장된 군대에 대항하여 이스라엘이 이룩한 신속하고 압도적인 승리를 설명하기에는 충분하지 않았다.

일부 사람들에게 이스라엘의 건설과 발전은 아랍 이슬람 영토에 대한 서구 제국주의의 침략 행위의 연장선에 불과했다. 이런 관점에서 보면, 이스라엘은 서구의 영향과 침투 그리고 지배의 교두보로서 창설되었고, 시오니즘은 단순히 제국주의의 도구였으며, 이스라엘은 서구 세력의 한 방편이었다. 후일 그 역할을 반대로 보면서, 유럽의 반셈족주의에 대한 주제와 이미지로 똑같은 사실을 극적으로 묘사하기 위해서 필사적인 노력을 기울인 사람들도 있었다.

외국인의 실정을 찾아 비난하기보다 자신들이 속해 있는 사회 내부의 문제점을 찾아내서 고치려고 했던 또다른 사람들은 양 진영의 차이를 지적했는데, 그 차이는 그들 자신의 상황과 대비되는 이스라엘의 과학과 기술의 성취, 경제적, 사회적 구조 그리고 정치적 자유 등이었다. 이러한 모든 측면에서 이스라엘은 중동 출신의 인구가 압도적이었음에도 불구하고 서구의 한 부분으로 비쳐졌다. 그것은 단순히 서구 세력의 도구라는 초보적 의미에서가 아니라, 서구 문명의 일부분이라는 심오한 의미에서였다. 따라서 이스라엘의 성공에 대한 의문은 수 세기 동안 무슬림을 번민하게 했던 커다란 문제의 일부였다. 서구의 부와 세력의 문제는 이슬람 국가와 국민의 상대적인 빈곤 및 무력감과 대비되었다.

이 딜레마에 대한 수많은 해답이 제시되었다. 일부는 그들이 겪는 어려움의 근원을 분열로 보았다. 한때 거대한 아랍 세계는 20여 개의 서로 다투는 약소국으로 쪼개졌고, 의견 불일치는 물론, 헛된 경쟁과 갈등으로 에너지를 낭비했다. 이에 대한 그들의 해결책은 더 큰 국가에 대한 더 강도 높은 충성, 여러 아랍 국가들의 수준 낮은 지역 정치보다 더 순수하고 더 고귀한 이상을 가진 범아랍주의였다. 그 이상은 제국주의의 통치에 대항하는 투쟁기에 절정에 달했다. 그러다가 각 국가가 실제적인 독립에 이르고, 국가 지도자들이 점점 더 큰 통합체보다는 개별 국가의 독립을 선호하면서 범아랍주의의 이상은 그 호소력과 추진력이 약화되었다. 이와 대조적으로 유럽의 역사, 사실상 서구의 역사는 일반적으로 불화가 반드시 물질적이고 지적인 진보에 장애물이 되지 않을 뿐만 아니라, 심지어 어떤 환경에서는 그 진보를 이루는 데에 기여할 수 있다는 충분한 증거를 제시하고 있었다.

중동 지역을 나누어 가진 각 국가가 안정과 영속성을 찾자, 정치계층의 자각과 지역 현실 모두에서 정부와 국민은 간명화될 수 있는 문제점과 한 주권 국가의 틀 속에서 적용될 수 있는 해결책을 보다 많이 보기 시작했다. 정치 독립을 위한 투쟁이 먼 과거로 흘러갈수록, 경제 문제, 보다 구체적으로는 급속한 경제 발전의 필요성에 더 많은 관심이 모아졌다. 오직 경제 발전을 통해서만 이 국가들이 현대 세계에서 자신들의 위치를 제대로 찾고, 그들의 현대적 적과 대치하는 힘을 얻을 수 있다는 자각이 싹텄다. 이들 대부분의 국가에서 경제는 악화되고 있었다. 이는 서구 경제는 물론이고 개발 중이던 극동 경제와 비교한 상대적 악화가 아니라, 급격히 증가하는 인구 탓에 삶의 기준이 하락하는 절대적 악화였다.

오랫동안 이 문제의 해결책은 거의 배타적으로 사회주의 방식에서 찾아졌다. 개발도상국들은 점진적이고 가변적인 시장경제의 발전을 기다릴 여유가 없었을 뿐만 아니라, 정치적 민주주의의 혼란과 불확실성을 견디지 못했다는 것이 논의되었고, 또 폭넓게 받아들여졌다. 확고한 의지와 중앙집권적 기획만이, 다시 말하면 권위주의적인 사회주의 정부만이 필요한 고도성장을 이룰 수 있었다. 물론 이런 접근은 당시 중동과 북아프리카의 많은 국가들이 가장 추종하는 세력이었던 소련의 예와 그 영향력에 크게 고무되었다.

20세기 중반까지 사회주의는 지식인들 사이에서 이미 유행하고 있었지만, 사회주의가 권력을 잡은 후에 사회주의를 실행한 것은 지식인들이 아니었다. 이전 시대의 자유주의처럼 사회주의도 위로부터 강요되었고, 더 나은 것도 없었다. 이집트에서 사회주의는 권좌에 오른 지 9년 만에 나세르 정권의 결정에 따라서 그리고 다른 국가들에서는 사회주의가 급속한 경제 발전의 유일한 길이라고 믿은 군사 정권과 다양한 민족주의 정권에 의해서 적용되었다. 사회주의에도 여러 변형이 있었다. 일부는 다소 마르크스주의적이거나 소련식이었고, 또다른 것은 소위 "아랍 사회주의"였는데, 보다 인간 중심적이고 덜 완고해서 아랍의 상황에 보다 잘 적용될 듯했다.

1990년대 초에 이르러 아랍 사회주의와 마르크스주의 사회주의는 명백히 실패하고 말았다. 그리고 개혁주의 정부가 도입한 오도되고 서투른 개혁은 정부가 그럴듯하게 약속하고 국민들이 갈구해온 경제 발전을 진전시키기는 커녕 오히려 퇴보시키고 말았다.

다만 무자비하고 확산되어가는 일련의 독재 정권을 강화해준다는 측면에서 보자면, 경제정책은 성공적이었다. 독재 정권하에서 전통적인 이슬람식 체제의 품위와 새로운 서구식 체제의 자유는 훼손되고 무너졌다. 그 대신 소위 사회주의 국가에서는 간혹 외국 전문가의 지침에 따라서 최악의 중부 및 동유럽식 모델을 모방한 전체주의적 독재 체제가 새로운 정치 질서를 구성했다.

이 시기는 경제정책의 실패에도 불구하고, 급격한 경제적 변화와 더 나아가 사회적, 문화적 변형의 기간이었다. 정치적으로 서구의 영향력은 최소한으로 감소되었지만, 다른 측면에서 서구의 영향력은 점점 커졌다.

가장 눈에 잘 띄고 가장 널리 퍼져 있으면서도 거의 인식하지 못하는 서구의 영향은 물질 분야에서 나타났다. 즉 과거의 유럽 지배자들과 조차권 소유자들이 대부분 시작해놓은 근대 국가와 근대 도시가 갖추어야 할 기간 산업, 쾌적한 설비 그리고 서비스 등이었다. 여기서 그들은 근대화 과정을 뒤집거나 빗나가게 할 의도가 분명히 없었다. 그리고 사실상 비행기와 자동차, 전화와 텔레비전, 탱크와 대포 같은 것들을 서구적이거나 혹은 그러한 발명을 가능하게 했던 서구 철학과 관련된 것으로 보지도 않았다.

더욱 특기할 사항은 공공연한 반反서구 국가들도 헌법이나 입법의회 같은 서구식 정치 제도를 유지하고 있다는 점이다. 이란 이슬람 공화국은 진정한 이슬람 정부의 회복을 선언했지만, 어떤 이슬람 교의와 그 역사에서도 전례를 찾아볼 수 없는 성문헌법과 선출의회 제도를 채택했다. 중동 지역에서 가장 강력하고 지속적이었던 서구식 정치이념은 아마 혁명이념이었을 것이다. 다른 사회의 역사와 마찬가지로, 중동 이슬람 역사에서도 반란이나 음모로 정부를 전복했던 예가 아주 많다. 폭정을 타파하고 그 자리에 정의를 바로 세우는 것이 신성한 의무라고 믿었던 이슬람 지도자들이 기존의 사회적, 정치적 질서에 도전했던 오랜 이슬람 전승도 전해온다. 이슬람 법과 전승은 통치자를 향한 복종의 한계를 설정하고, 더욱이 비록 상당한 주의를 필요로 하지만, 한 통치자에게서 충성을 요구할 권리를 박탈하고 합법적으로 그를 폐위시키거나 교체할 수 있는 상황을 논하고 있다.

그러나 중동에서의 혁명 개념은 16세기 네덜란드에서, 17세기 영국에서 그리고 18세기 미국과 프랑스에서 발전된 혁명과는 개념이 다르고 새로운 것이었다. 중동에서 일어난 최초의 자기 스타일의 혁명은 1905년 이란의 헌법주의자 혁명과 1908년 오스만 제국의 "청년 튀르크"에 의한 혁명이었다. 그후 많은 다른 혁명이 일어났고, 20세기 마지막 10년까지 중동의 과반수 이상의 국가들이 이전 정권을 무력으로 제거하고 세워진 정권들의 통치하에 있었다. 초기에 이러한 정권들은 간혹 외국 지배자들에 대항한 민족주의 투쟁으로 세워지기도 했다. 그러나 그 뒤에는 통상적으로 바로 그들이 받들었던 통치자를 몰아낸 군장교들이 정권을 수립했다. 이들 정권 모두는 똑같은 열정으로 "혁명"이라는 용어를 내세웠는데, 언제부터인가 "혁명"은 중동에서 정권의 정통성을 주장하는 용어로 가장 광범위하게 받아들여졌다.

아주 드문 예이기는 하지만, 정권의 변화가 최고 지도자의 단순한 교체가 아니라, 심층적인 원인과 결과가 있는 사회의 근원적인 운동에서 연유된 것도 있다. 1979년 이란의 이슬람 혁명이 바로 그 좋은 예이다. 이 혁명은 그 기원과 양상, 궁극적인 운명이라는 측면에서 프랑스 혁명, 특히 러시아 혁명과 비교된다.

좋든 싫든, 처음부터 이란 혁명에 관한 관점은 서로 달랐다. 이란에서 발생한 사건은 고전적인 의미에서 일종의 혁명으로 간주될 수 있다. 이란 혁명은 정치 권력뿐만 아니라 경제 면에서도 주요한 변화를 가져온 대다수 국민의 참여에 의한 대중 운동이었다. 그리고 그 혁명은 거대한 사회 변혁의 과정을 시작하거나, 더욱 정확히는 지속하는 것이었다.

부르봉 왕가 지배하에 있던 프랑스나 로마노프 왕조 지배하에 있던 러시아와 같이 팔레비가 지배하던 이란에서도 주된 변화의 과정들이 이미 진행되고 있었다. 그리고 이러한 변화를 지속하기 위해서 정치 권력의 전환을 요구하는 상황에까지 도달해 있었다. 다른 혁명들과 마찬가지로, 이란 혁명에서도 이러한 변화의 과정이 빗나가거나 잘못되고 심지어 폐지됨으로써 무슨 일이든지 일어날 가능성이 있었다. 서로 다르고 대조적인 전제 조건들을 두고 논쟁을 벌이던 일부 이란인들은 초기 단계에서부터 이미 이런 현상이 발생했다고 주장했다. 혁명 정권이 무사히 권력에 안착해가면서 이들의 의견은 더욱더 힘을 얻게 되었다.

이란 혁명은 "혁명"으로 불린 이전의 운동들과는 달리 "이슬람 혁명"으로 불렸다. 혁명 지도자와 사상가들은 파리나 페트로그라드 모델에는 전혀 관심을 두지 않았고, 유럽의 우익 사상이나 좌경 이데올로기를 그들이 투쟁해온 이교도 적들의 이념으로 보았다. 자신들의 것은 다른 사회이고, 다른 경전과 고전을 바탕으로 교육을 받았고, 다른 역사적 기억에 의해서 형상화되었다. 혁명의 상징과 표어는 이슬람적이었다. 왜냐하면 이런 상징과 표어만이 투쟁을 위해서 대중을 움직일 수 있는 힘을 가지고 있었기 때문이다.

이슬람이 가져다준 것은 상징과 표어 이상이었다. 혁명 지도자들과 대변인들의 해석에 따르면, 그것은 추구해야 할 목표를 형성했고, 중요하게도 그들이 맞서야 할 적들을 정의했다. 이 적들이란 역사와 법과 전통을 통해서 매우 익숙하게 잘 아는, 국외의 이교도들, 국내의 배교자들이었다. 물론 혁명에서 배교자란 진정한 이슬람에 대한 그들의 해석을 공유하려고 하지 않고, 그들이 생각하기에 낯설고 이교도적인 방식을 들여와서 이슬람 공동체는 물론이고 그들이 근거해서 살고 있는 신앙과 법을 전복시키는 무슬림들, 특히 이슬람 지도자들을 의미했다. 원칙적으로 이란은 물론이고 궁극적으로 그러한 혁명 운동이 자리 잡은 국가에서의 이슬람 혁명의 목적은 외세의 지배와 영향을 받던 시기에 이슬람 영토와 국민들에게 강요되었던 모든 이질적이고 이교도적인 불순물들을 쓸어버리고, 신이 만들어주신 진정한 이슬람 질서를 회복하는 것이었다.

그러나 이란과 다른 지역에서 그러한 혁명가들에 관한 기록을 조사해보면, 서구와 그 제품에 대한 거부는 선전기관의 지적만큼 전혀 포괄적이지도 무차별적이지도 않았으며, 비신자들의 땅에서 수입된 것들 중에서 적어도 몇몇은 여전히 환영을 받았다고 나온다.

몇몇은 수입된 것임이 분명하다. 이란의 이슬람 혁명은 최초의 전자시대의 진정한 근대혁명이었다. 호메이니는 그의 연설을 카세트에 담아서 외국에서 조국에 있는 수백만의 동포들에게 보낸 첫 번째 카리스마 넘치는 연설가였다. 그는 망명 중인 최초의 혁명 지도자였으며, 조국에 있는 그의 추종자들에게 전화로 지시했다. 이것은 샤가 이란에 들여온 직통 전화 덕분이었는데, 프랑스에서는 사용할 수 있었지만 이전 추방지였던 이라크에서는 사용할 수 없었다. 말할 필요도 없이 이란 혁명의 지도자들은 투쟁해온 공식, 비공식 전쟁에서 서구와 그 추종자들이 기꺼이 팔았던 그러한 무기들을 최대한 활용했다. 자연히 팩스, 인터넷, 위성전파 수신기 같은 무기는 그것을 없애려고 하는 사람들에게도 유용하게 사용되었다.

이란의 혁명 정권이 유럽에서 빌려온 것에는 비극적이지만 또다른 측면이 있었다. 그들의 상징과 암시는 유럽적이라기보다는 이슬람적이었던 반면에, 스타일과 방법상의 모델은 이슬람적이라기보다는 유럽적이었다. 사상적인 면에서 적으로 규정된 수많은 사람들의 즉결 재판과 처형, 수십만에 달하는 남녀의 추방, 대규모의 개인 재산의 몰수, 권력의 통합 과정에서 수반되는 억압과 전복, 폭력과 사상의 강요 등이 뒤섞여 있는 이 모든 것은 예언자 무함마드와 알리 간의 투쟁의 예라기보다는 로베스피에르와 스탈린 간의 예에 훨씬 더 가깝다. 이러한 방식들은 이슬람적이라고 부르기는 어렵지만, 완전히 혁명적이었다고 할 수 있다.

이 시기의 프랑스와 러시아처럼, 이란의 혁명가들도 국내뿐만 아니라 외국의 관객들에게도 공연을 선보였다. 그들의 혁명은 이란 바깥의 같은 문화권과 같은 우주관을 가진 나라의 국민들에게도 강력한 매력을 발휘했다. 가장 큰 영향을 받은 것은 레바논 남부 지역과 일부 걸프 국가에 사는 시아파 주민들이었고, 가장 미미한 영향을 받은 것은 인접한 이웃 수니파 주민들이었다. 한동안 이슬람 혁명의 영향은 시아파가 실제로 별로 잘 알려져 있지 않던 이슬람 세계의 많은 지역에서 매우 강했다. 이들에게는 종파적인 차이가 크게 중요하지 않았다. 호메이니는 시아파나 이란인이 아닌, 이슬람 혁명의 지도자로 보였다. 당시 파리나 페트로그라드에서 일어난 사건에 거의 구세주와도 같은 열정으로 응답했던 서구의 젊은 급진주의자들처럼, 이슬람 세계 전역의 수백만 젊은이와 남녀노소도 이슬람 혁명의 부름에 똑같이 고조된 감정, 의기충천한 마음, 무한한 희망, 모든 잔혹 행위에 대한 용서, 미래에 대한 걱정스러운 의문으로 응답했다.

이후 몇 년은 이란에게 매우 힘든 시기였다. 국민들은 외국과의 전쟁, 국내에서의 분쟁과 억압, 지속적으로 고조되는 경제 위기 때문에 고통받아야만

했다. 다른 혁명과 마찬가지로 경쟁적인 파벌 간에, 즉 급진주의자와 온건주의자, 더 정확하게는 관념론자와 실용론자 간에 충돌이 거듭되었다. 이런저런 변화들 때문에 이슬람 혁명의 이상과 이란식 스타일은 일부 그 호소력을 잃었지만, 전부는 아니었다. 이란에서 일어난 혁명에서 유래되고, 영감을 얻고, 그와 맥락을 같이하는 이슬람 혁명 운동들은 다른 나라에서도 발전되어, 그곳에서 혁명론자들은 권력을 쟁취하기 위해서 싸우는 심상치 않은, 그리고 성공적인 경쟁자가 되기도 했다.

현존하는 군주 정권과 전통적인 정권은 물론, 이러한 여러 혁명 정권들도 모두 근대화가 그들에게 가져다준 정치 제도와 경제적 특혜를 보존하고 이용하고자 했다. 분노의 대상은 경제적인 기계를 지배하고 착취하는 외세였지, 외국에서 만들어진 기계 자체가 아니었다.

과거 영국과 프랑스처럼, 당시 중동에서 경쟁관계에 있던 소련과 미국도 그들 나름대로의 정치 체제와 사회를 창출하려는 노력을 기울였다. 그 과제는 결코 쉬운 일이 아니었으며, 그중의 한 가지는 특히 어려웠다. 독재 정권을 후원하는 데에는 아무 문제가 없었지만, 이슬람 국가에서 마르크스−사회주의 정권을 수립한다는 것은 아주 다른 문제였다. 자유민주주의를 창출해야 하는 과제는 훨씬 어려웠다. 그러나 만약 민주주의를 창출하는 것이 어려운 일이라고 한다면, 민주주의를 말살하는 것은 더 어려운 일이다. 이러한 점은 오랫동안 중동 지역의 안팎에서 민주주의에 유리하게 작용했고, 전제주의 적들에는 손상을 끼쳤다.

힘들게 쟁취한 독립이 어떻게 이용되어야 하고, 많은 국민들을 어떻게 더 잘살게 해주어야 하는가에 대한 오랜 논쟁에는 두 가지 주된 사상적 흐름이 있었다. 그것은 이슬람과 민주주의였다. 이들은 다양한 방법으로 경쟁하기 시작했다. 한때는 무슬림들이 사용하고, 복사하고, 모방했던 갖가지 수입된 방법들이 외관상 실패했을 때, 이 모든 것은 외국인과 비신자들의 방법이어서 해악만을 가져다주었다는 강한 주장이 논쟁에서 제기되었다. 무슬림들을 위한 처방은 이슬람의 신앙과 법으로 돌아가는 것, 즉 스스로 정통이 되는 것이며 외국인과 이교도들의 부산물인 국가와 사회를 정화시켜서 진정한 이슬람 질서를 창조하는 것이었다.

그 대안은 민주주의였다. 민주주의란 양차 세계대전 사이에 실행된 서구식 민주주의의 값싼 모방이나, 최고 권력자의 소수 파벌에 의해서 운영되는 것이 아닌, 작은 마을에서부터 대통령에 이르기까지 공공생활의 모든 부분에 골고루 기능하는 정통적이고 자유로운 제도이다. 원리주의자와 민주주의자가 대립하는 곳에서는 원리주의자가 막대한 이점을 가신다. 이슬람 사원과 설교자들은 어떤 정부, 설령 전제군주라도 전적으로 지배할 수 없고, 어떤 다른 집단도 감히 견줄 수 없는 회합과 연락망을 구축하고 있었다. 때로는 전제 정권이 경쟁적인 반대파를 제거해줌으로써 원리주의자들의 길을 더 쉽게 열어주기도 했다. 결속력과 구조, 독자적인 조치를 취할 수단을 가지고 있는 사회 내의 또다른 유일한 집단은 군대이다. 군대는 그 지역에서 정치적 변화의 또다른 주된 원동력이다. 군대는 상이한 시간과 장소에서, 터키에서는 민주주의를 위해서, 수단에서는 원리주의를 위해서 행동했다.

이슬람적이고 민주주의적인 해결책의 지지자들은 그들 자신들 간에도 상당히 달라서, 두 개념에서 많은 변종들이 생겼다. 어떤 경우에는 두 개념이 서로 배타적이었다. 비록 소수이지만, 무슬림들 사이에서 매우 활동적이고 중요하게 간주되는 소위 이슬람 원리주의자들은 민주주의에 권력으로 향하는 편도 승차권 이상의 의미를 두지 않았다. 민주주의자들 중에서 호전적인 세속주의자들은 한 국가의 공공생활에서 전통적으로 이슬람이 해온 역할을 종식시키거나, 최소한 감소시키겠다는 자신들의 의도를 거의 감추려고 하지 않았다. 신앙에 기초한 한 국가의 이슬람적 전통과 종교와 정부의 분리라는 서구적 개념 사이의 상호 작용은 계속될 것처럼 보였다.

남성과 여성 모두에게 자유로 향하는 시간은 너무나 길었고, 그 영향은 너무나 심각했기 때문에 잊힐 수가 없었다. 많은 반대에도 불구하고, 유럽식 민주주의는 이슬람의 영토에서 사라지지 않았으며, 부활의 기미가 일부 보이기 시작했다. 몇몇 국가에서는 의회 제도와 헌법 제도가 점차 효력을 얻어갔다. 다른 몇몇 국가에서도 다소 과도기적이기는 하지만, 정치적, 경제적 자유화를 향한 조치들이 있었다.

　문화생활과 사회생활에서 유럽 스타일은 크게 확산되었고, 심지어 가장 호전적이거나 급진적인 방식들조차 미처 인식하지 못하거나 혹은 기꺼이 수용하는 형태로 존속했다. 첫 번째 변화는 전통 예술에서 일어났다. 이미 18세기 말에 책 속의 세밀화나 건물의 실내 장식이라는 오랜 전통은 사라졌다. 19세기 중에 이런 전통들은 좀더 서구화된 나라에서 유럽 형태의 영향과 지배를 받은 새로운 예술과 건축으로 대체되었다. 세밀화와 서체법이라는 전통 예술은 한동안 지속되었지만, 그런 예술가들은 몇몇을 제외하고는 창의력과 위엄이 부족했다. 예술적인 자기 표현을 하는 그들의 사회적 위치는 캔버스 위에 유화로 작업을 하는 유럽식 화가들이 차지했다. 건축도 심지어 모스크 건축이라고 할지라도, 필연적으로 서구 기술뿐만 아니라, 서구의 예술적 개념에 부합되었다. 한때 전통적인 이슬람 형식으로 돌아가려는 시도가 있었지만, 이것은 종종 의식적으로 신고전주의 형식을 취했다. 이슬람의 예술적 범주가 보존된 것은 오직 조각 분야뿐이었다. 조각은 우상을 금하는 이슬람의 가르침을 위반하는 듯이 보였기 때문에, 그 수용이 매우 느렸다. 터키의 케말 아타튀르크나 이란의 샤 같은 세속적인 근대론자들에 대한 주요한 불만 중의 하나는 자신들의 동상을 공공장소에 설치하도록 한 행위였다. 이것은 우상 숭배와 다를 바가 없었다.

　비록 속도가 더 느리고 시기적으로 더 나중에 일어났지만, 예술의 서구화는 문학에서도 병행되었다. 19세기 중반 이후 전통적인 문학 형태는 미미한 영향력을 지닌 몇몇 완고한 보수문학을 제외하고는 무시되었다. 그 자리로 서구의 새로운 형태와 사상이 차지했다. 전통적인 설화나 우화 등을 대신한 소설과 단편, 수필과 기사, 중동 지역의 모든 사람들에게 근대 시를 변모시킨 새로운 형식과 주제들이었다. 근대문학은 기록된 언어에서도 그 지역 모든 나라에서 서구와의 접촉의 영향으로 광범위하고 돌이킬 수 없는 변화를 일으켰다.

음악에서 이러한 변화는 거의 눈에 띄지 않는데, 유럽 예술음악의 영향력이 상대적으로 미미했기 때문이다. 유럽의 영향이 가장 오래 지속되고 가장 깊었던 터키에서는 국제적인 명성을 지닌 몇몇 연주가와 서양식으로 작곡하는 작곡가도 있다. 이제 이스탄불과 앙카라에서는 이스라엘의 주요 도시와 마찬가지로 국제적인 공연이 개최되었고, 사실상 서구의 한 문화 구성체가 되었다. 이런 곳에는 많은 청중이 있고, 충분한 음악 애호가들이 있다. 그러나 다른 중동 지역에서는 아직 서양식 음악을 작곡하고, 연주하거나, 듣는 사람이 상대적으로 매우 적다. 다양한 전통양식의 음악들이 계속해서 작곡되고 연주되며 대다수의 국민들이 이를 수용하고 감상하고 있다. 그뒤 좀더 대중적인 유형의 서양음악들이 약간 관심을 끌었지만, 주로 큰 도시의 일부 계층으로 제한되었다. 음악이란 아마도 한 문화를 가장 심오하고 가장 친밀하게 표현하는 것일 테니, 외국의 영향에 마지막까지 버티게 되는 것은 당연하다.

유럽의 영향이 가시적으로 높게 나타나는 또다른 것은 의복이다. 이슬람 군대가 근대적인 장비와 무기를 사용하는 것은 아마도 필요성 때문일 것이다. 고대 전통 역시 적을 무찌르기 위해서 이교도 적들을 모방하는 것은 합법이라고 선언하고 있다. 그러나 이교도들의 의복을 채택하는 것은 또다른 문제이며, 문화적, 상징적, 종교적 중요성을 띤다.

19세기 다른 이슬람 국가들의 추종을 받았던 오스만은 장교와 남성에게 유럽식 제복을 입히고, 말에는 유럽식 마구를 사용했다. 모자만이 서구화되지 않고 남아 있었는데, 여기에는 그만큼 타당한 이유가 있었다. 그러나 터키에서 케말 파샤에 의한 혁명이 있은 후에는 모자로 상징되는 이슬람 보수주의의 마지막 보루마저 무너졌다. 터키 군대는 일반 국민과 마찬가지로 유럽식 모자를 채택했고, 이는 곧 거의 모든 다른 이슬람 국가에 있는 군대와 민간인들에게도 받아들여졌다.

여성의 입장은 달랐다. 19세기에서 20세기 초까지 여성 복장의 유럽화는 더 느리고, 더 늦고, 더 제한적이었다. 그것을 강력하게 주장하는 사람들은 그 수가 적었다. 여러 사회계층에서 남자들이 양복을 입는 것은 일상적인 일이 된 반면, 여자들은 여전히 전통의상을 고수했다. 그러나 20세기 중반까지 처음에는 근대화된 부유층에서, 그리고 근로 여성과 학생들 사이에서 점점 더 많은 여자들이 서구식 옷을 입기 시작했다. 이슬람 부흥의 가장 눈에 띄는 결과는 이러한 경향이 역전되어 전통의상으로 되돌아간 것인데, 남성보다는 여성에게서 훨씬 더 많이 이루어졌다.

서양의 예와 영향에서 비롯된 모든 변화들 가운데 가장 중대하고 가장 광범위한 것은 분명히 여성의 지위 변화이다. 노예 제도의 폐지는 축첩 제도를 불법화했는데, 변방의 외곽지대에서는 비록 얼마 동안 지속되었지만 곧 금지되었다. 다른 많은 이슬람 국가에서는 여러 가지 법적 제한 규정을 두고는 있지만 여전히 합법인 반면, 일부 국가들, 특히 터키, 튀니지 그리고 샤가 붕괴하기 전까지의 이란(그 이후는 아니다)에서 일부다처제가 금지되었다. 도시의 중상류층에게 일부다처제는 사회적으로 수용될 수 없었고, 도시 하층민들에게는 경제적으로 실현이 불가능했다.

여성 해방의 주요한 요인은 경제적인 필요성이었다. 시골 여성은 오래 전부터 노동력의 일부였기 때문에, 결과적으로 도시 여성에게는 부정되었던 사회적 자유를 누렸다. 경제적 근대화는 여성 노동력의 필요성을 가져왔고, 그 필요성은 근대 전쟁의 동원 과정에서 더욱 증대되었다. 여성 노동력은 제1차 세계대전 당시 오스만 제국에서 중요한 요소가 되었는데, 남자 인구의 많은 수가 군대에 갔기 때문이다. 여성의 경제 참여와 여기에서 파생되는 사회적 변화는 양차 세계대전 기간에도 계속되었고, 그후에는 여성을 위한 몇몇 법적 변화들도 생겼다. 이러한 변화들은 사회생활과 가정생활에도 영향을 끼쳤다. 여성을 위한 교육에도 실질적인 진전이 있었다. 1970-1980년대까지 상당수의 여성들이 대학에 진학했다. 이들은 간호사와 교사와 같은 소위 "여성 전문직"에 진출하기 시작했다. 유럽의 전통적인 여성 선문 직종이 짐차 이슬람 세계에서도 확산되어갔다. 나중에 여성들은 다른 분야와 전문직에도 등장하기 시작했다. 심지어 이란에서도 여성 환자들을 위한 여성 내과 의사가 생겼다. 더욱 놀라운 것은 국회에도 여성 의원이 있다는 점이다.

여성의 전통적인 전문직 참여는 몇몇 호전적인 사람들이 보기에는 너무나 과도한 것 같았다. 호메이니는 여성이 소년들을 가르치는 일의 결과는 부도덕성이라면서 크게 분노하며 그의 신념을 설파했다.

여성의 정치적 해방은 의회 정권이 기능하고 있는 국가에서 중요한 진전을 이룩했다. 이것은 군부나 정파가 지배하는 독재 정권에서는 별로 중요하지 않았다. 군부나 정파 구성원 모두가 압도적으로 남성이다. 서구인들은 여성 해방이 자유화의 일부라고 생각한다. 따라서 여성은 결과적으로 독재 정권보다는 자유 정권하에서 훨씬 더 나은 입장에 서게 된다. 그러한 가정은 모호하고 때로는 진실이 아닐 수도 있다. 아랍 국가들 중 여성의 법적 해방 측면에서 이라크와 남예멘이 가장 앞서 있지만, 두 국가 모두 악명 높은 억압 정권이 다스리고 있다. 모든 면에서 가장 관대하고 개방된 아랍 사회인 이집트에서 여성 해방은 오히려 뒤떨어져 있다. 이런 사회에서는 아직도 남성과 보수주의자들이 여론을 주도하며, 변화를 거부하고 있다. 여성의 권리가 가장 심각하게 뒤바뀌어 고통을 받고 있는 곳은 원리주의자들이 영향력을 행사하거나, 이란과 같이 그들이 직접 통치하는 나라들이다. 여성 해방은 원리주의자들의 주된 불만 가운데 하나이고, 이를 뒤엎는 것이 그들 목표의 우선순위이다.

그럼에도 반전 불가능한 변화가 일어났다. 이슬람 성법의 완전한 회복을 주장하는 사람들도 합법적인 축첩 제도를 재도입하려고 하지 않았고, 중동의 도시에 있는 교육받은 계층이 일부다처제로 돌아갈 가능성은 거의 없어보인다. 원리주의자들의 영향과 그 통치자들은 여러 가지 방법으로 여성 교육의 내용과 방식을 바꾸었다. 그러나 그들은 여성을 이전의 무지 상태로 되돌리지는 않았고, 그러고 싶어하지도 않았다. 한동안 유럽과 미국에서처럼 이슬람 국가에서도 자신들의 해방에 반대하는 여성들이 있었다. 그러나 장기적인 경향은 분명히 더 많은 여성의 자유였다. 이슬람 국가에도 이제는 교육받은, 특히 서구식 교육을 받은 여성들이 많다. 이들은 이미 중요한 영향을 미쳐왔고, 이전에는 제외되었던 인구의 절반을 차지하는 여성의 공헌으로 이슬람의 일반 대중의 생활이 풍성해질 것이다.

앞서거나 병행하고 혹은 뒤따르는 이러한 변화와 법적, 사회적, 문화적 변형들은 국민들 사이에 서로 다른 첨예한 반응들을 불러일으켰다. 많은 여성들에게 이러한 변화는 여유와 기회를 주었다. 또한 많은 남성들에게는 이전에는 숨어 있었던 세계로 향하는 길을 열어주었다. 어떤 곳에서는 서구의 영향이 상상을 초월하는 부를 가져다주었다. 서구의 기술과 서구식 사업은 돈을 버는 새로운 방법을 소개했다. 서구의 소비문화는 돈을 쓰는 새로운 방법을 폭넓게 제공했다. 그러나 이러한 새로운 방법은 직접적으로 불이익을 당한 사람뿐만 아니라, 많은 사람들에게 모욕적이고 위협적이었다. 즉 이들의 체면과 예절에 대한 모욕이었고, 이들이 모든 가치 중에서 가장 소중하게 간직했던 사회의 종교적 근본에 대한 치명적 위협이었다.

근대화 혹은 많은 사람들이 보아온 것처럼 서구화는 빈부격차를 벌려놓았을 뿐만 아니라, 그 차이를 더욱 가시적이고 더욱 명백하게 만들었다. 아라비아 반도 밖의 대부분의 도시에서 부자들은 아직 근대화되지 못한 다수의 민중과는 다른 옷을 입고, 다른 음식을 먹으며, 다른 사회 규범 속에서 살고 있다. 그리고 박탈당한 대중은 서구의 통신수단, 특히 영화와 텔레비전 덕분에 그들 자신과 부자들 간의 격차를 그 어느 때보다 더 잘 인식하고 있으며, 특히 그들이 잃어버린 것이 무엇인지 잘 알고 있다.

일부 국가에서는 현명하고 온건한 정부가 급격한 변화기에 불가피했던 고통과 불안을 완화했다. 그러나 대부분의 국가에서 이것은 독재 정권의 잘못된 경제 운영으로 더욱 악화되었다. 실제적인 문제점은 국내 식량 자원의 증대가 따라잡을 수 없는 인구의 급증이었다. 일부 국가에서는 상당한 자산이 종종 허비되기도 한다. 문제의 일부는 국내의 질서 유지와 국외에 있는 잠재적인 적들에 대응하기 위한 방위비와 군비의 지출이 너무나 크다는 것이다. 그러나 이러한 비용이 모든 것을 설명해주지는 않는다. 한 프랑스 뉴스 잡지와 인터뷰를 했던 어느 알제리인의 슬픈 말이 바로 전형적인 예이다. "알제리는 한때 로마의 곡창지대였다. 그러나 지금 알제리는 빵을 만들기 위해서 곡식을 수입해야 한다. 이곳은 가축을 기르고 과일을 키우는 곳이지만, 고기와 과일을 수입한다. 이곳은 석유가 풍부한 곳이지만, 250억 달러의 외채와 200만 명의 실업자가 있다." 그는 이것이 30년간의 잘못된 국정 운영의 결과라고 말했다.

알제리는 석유 수익은 적고 인구는 많다. 또다른 어떤 나라는 수익은 많고 인구는 적지만, 그럼에도 불구하고 경제를 황폐화시키고 국민을 가난으로 내몬다. 좀더 길게 내다보면, 석유는 그것을 가진 국가에 대단히 복잡한 축복일지도 모른다. 정치적으로 볼 때, 석유 수익은 재정 압박이나 제한으로부터의 해방을 가져와 독재 정권을 더욱 강화했다. 다른 나라의 경우 재정적 압박이나 제한이 정부로 하여금 민주화라는 조치를 받아들이게 했다. 경제적으로는 석유의 부는 종종 불균형적인 발전을 가져와서, 국가 경제를 국제 유가의 변동과 같은 외부적 요인, 장기적으로는 석유 자체의 문제에 위험하게 노출시켰다. 중동 이외에도 다른 산유지가 있고, 석유 이외에도 다른 에너지 자원이 있다. 이 두 요소는 중동의 압력과 불확실함을 걱정해온 세계에 의해서 적극적으로 추구되고 있다.

1990년대에 중동은 두 가지 중요한 위기에 직면하고 있다. 그중 하나는 경제적이고 사회적인 것으로, 경제적 박탈감과 혼란으로 야기된 어려움과 그 사회적인 결과이다. 나머지 하나는 정치적이고 사회적인 것으로, 일반적으로 받아들여지는 규범과 원칙에 대한 국민적 합의의 와해이다. 이 규범과 원칙이 정치조직을 기능하게 만든다. 독재 정권하에서도 이 규범과 원칙이 없으면 사회가 기능하지 않았다. 소련의 붕괴는 이러한 합의의 상실과 새로운 합의를 도출하는 어려움과 위험이 초래한 결과를 잘 보여주고 있다.

1990년대에 들어 중동이 직면한 문제는 중동의 정부와 그 국민들 자신의 것이라는 점이 점점 더 명백해지고 있다. 외부 세력은 더 이상 이 지역의 문제에 관심을 가지고 그것을 조정하거나, 더욱이 지배하려고 들지 않는다. 그와는 반대로 개입을 극도로 꺼리고 있다. 아랍 세계 밖의 국가들, 말하자면 미국, 유럽, 극동은 세 가지 측면에서 중동에 관심을 보인다. 그들의 상품과 서비스를 위한 풍부한 시장, 그들이 필요로 하는 주요 에너지 자원, 이 두 가지를 보호하는 데에 필요한 방법으로서 적어도 외견상으로는 국제법과 국제 질서의 유지이다.

외부의 군사 간섭을 야기한 사건으로는 사담 후세인의 쿠웨이트 침공과 그 합병 그리고 사우디아라비아와 걸프 국가들을 즉각적으로 위협한 것으로 집약된다. 이 사건은 외부세계에 두 가지 위협을 가져다주었다. 첫 번째는 그 지역의 석유 자원, 즉 세계 석유 자원의 중요한 부분이 공격적인 독재자의 독점적인 지배를 받게 될 것이라는 위협이었다. 두 번째는 제2차 세계대전 이후 형성된 국제 질서에 대한 위협이었다. 많은 대륙에서의 수많은 분쟁에도 불구하고, UN 회원국인 한 나라가 또다른 회원국의 침략을 당하고 합병된 것은 처음 있는 일이었다.

만약 사담 후세인이 그의 도박에서 승리했다면 UN은, 이미 그 가치를 잃어버렸지만, 쓸모없는 과거의 국제연맹으로 전락했을 것이고, 세계는 폭력과 무자비 상태로 들어갔을 것이다.

중동 지역 안팎으로부터 거대한 규모의 군대가 후세인을 쿠웨이트로부터 몰아내기 위해서 편성되었고, 후세인은 성공하지 못했다. 이것은 새로운 시대에 대한 가장 분명한 암시이다. 그러나 그는 이라크가 아닌 쿠웨이트로부터 추방되었다. 그리고 이라크에서 그의 독특한 정부 운영방식과 많은 정책들이 재개되었다. 그 메시지는 분명했다. 만약 이라크 국민이 새롭고 다른 형태의 정부를 원한다면 그들 스스로가 해야만 한다. 아무도 그들을 위해서 나서지 않을 것이다.

이것이 1990년대의 외부세계의 메시지였다. 이 세력은 기껏해야 자신들의 이익, 즉 시장이나 석유를 방어하고 국제적인 공동체의 이익, 말하자면 UN의 기본적인 규칙에 대한 적절한 준수 등을 위해서 행동할 것이다. 이제 중동의 국민과 정부는 2세기 만에 처음으로 그들 자신의 운명을 결정할 것이다. 그들은 이제 제휴하거나 혹은 지역 패권을 위해서 싸우면서, 새로운 지역 세력을 형성할지도 모른다. 그들은 유고슬라비아와 소말리아가 갔던 길, 즉 분열과 피비린내 나는 내전의 혼란의 길을 걷게 될지도 모른다. 그리고 그 지역에는 그들이 종교적인 의무이고 국가의 이익이라고 믿는 타협보다는 분명히 분열과 혼란을 선택할 수 있는 사상 운동과 그 무리들이 있다. 레바논 내전 동안의 사건들은 이 지역 전체에 대한 하나의 패러다임이 될 수 있다. 그들은 아마 과거처럼 새로운 십자군의 대응을 불러일으킬지도 모를 새로운 지하드를 주장하며 결합할지도 모른다. 아니면 그들은 자신과 이웃, 나아가 외부세계와 함께 더 충족되고, 더 부유하고, 더 자유로운 삶을 추구하기 위해서 물질적인 자원뿐만 아니라 정신적인 자원까지도 공유하면서 평화를 위해서 결합할 수도 있다. 당분간 외부세계는 그들을 평화롭게 놓아둘 것이고, 나아가 그들이 평화를 이룰 수 있도록 도와줄 것으로 보인다. 고통으로 얼룩진 근대사를 겪은 후에 열려 있는 이 기회의 창을 어떻게 이용할 것인가를 결정할 수 있는 것은 중동의 국민과 정부, 즉 그들 자신이다.

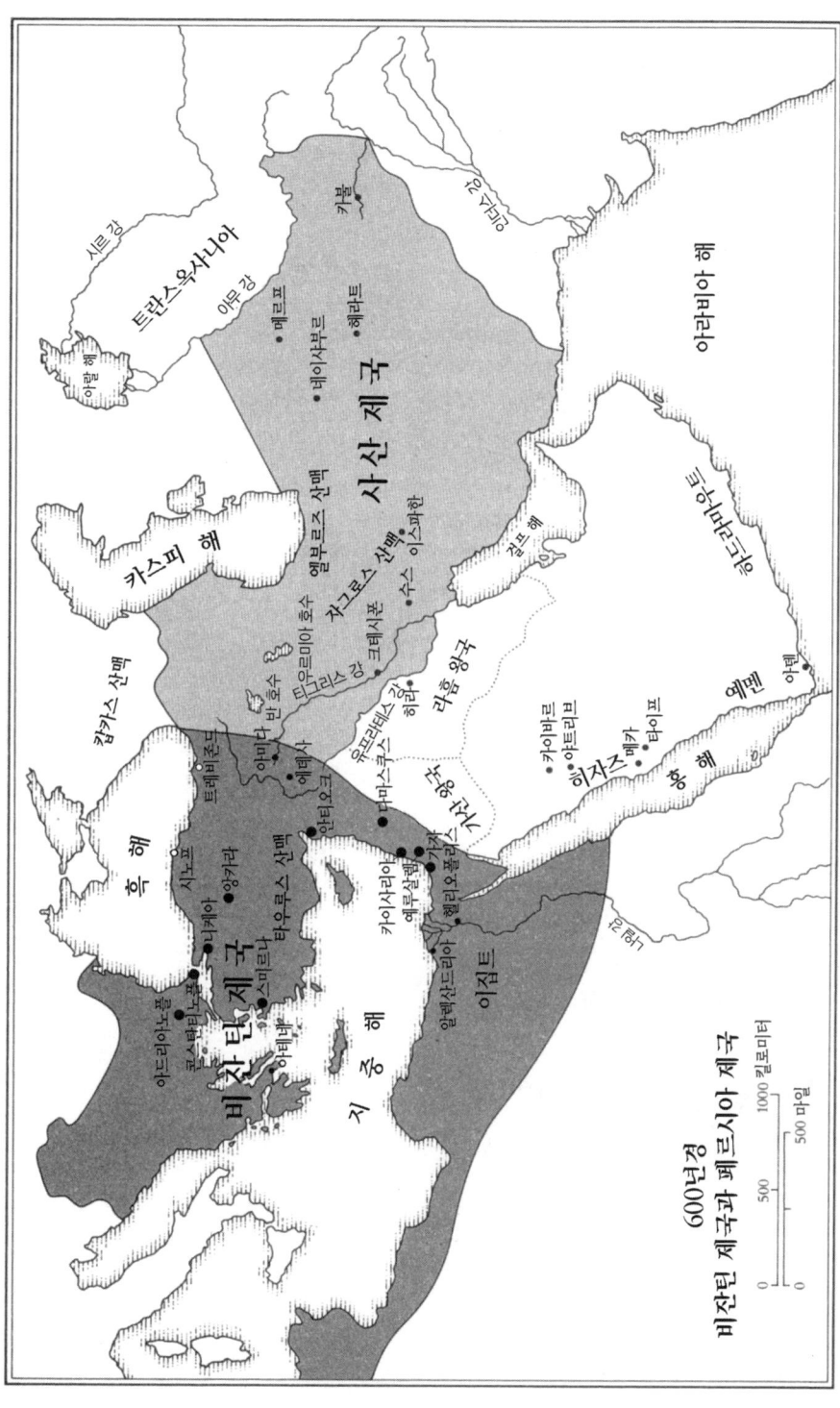

600년경
비잔틴 제국과 페르시아 제국

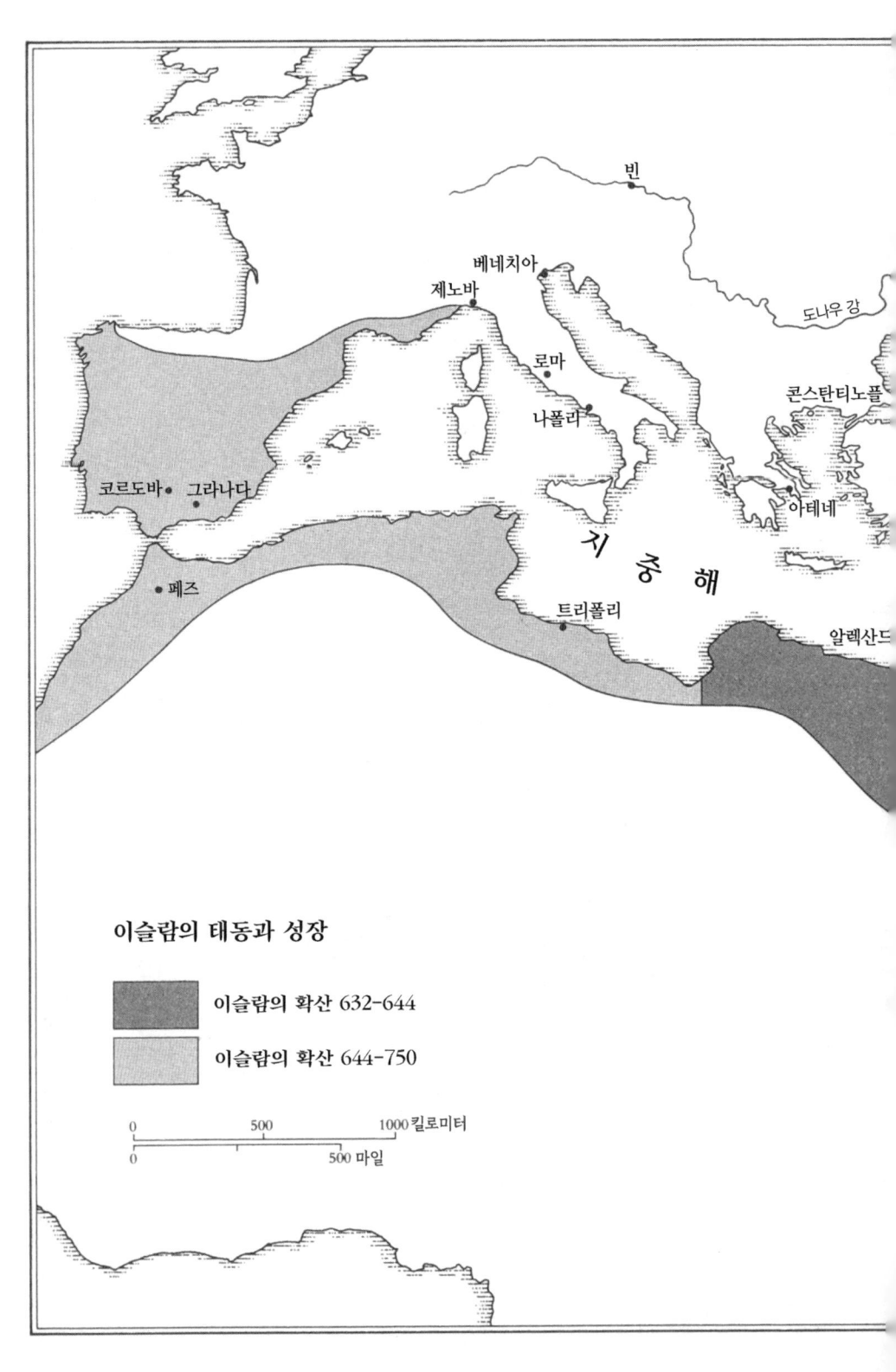

빈

베네치아

제노바

도나우 강

로마

콘스탄티노플

나폴리

코르도바 · 그라나다

아테네

지 중 해

페즈

트리폴리

알렉산드

이슬람의 태동과 성장

이슬람의 확산 632-644

이슬람의 확산 644-750

0          500          1000 킬로미터
0                     500 마일

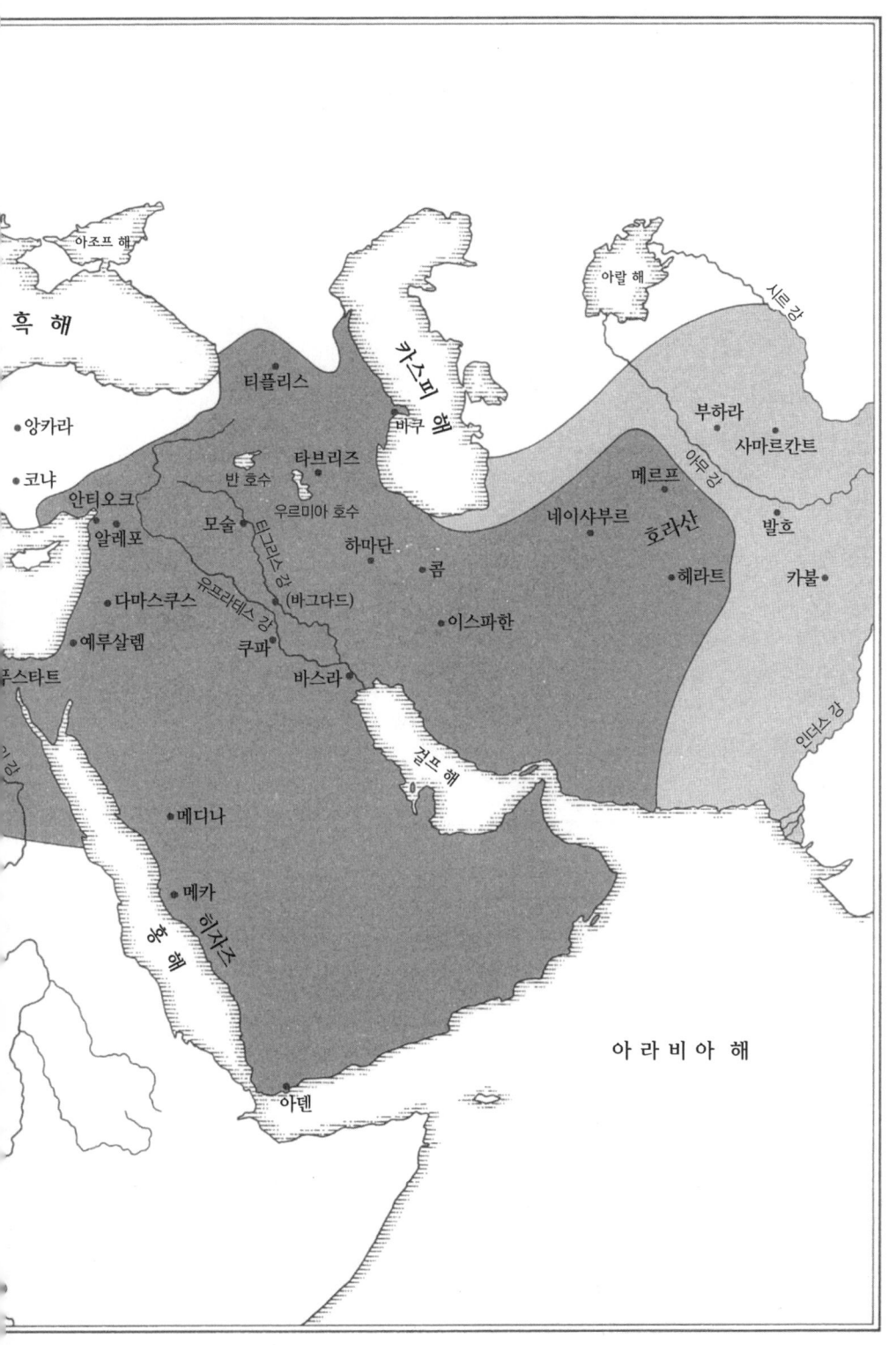

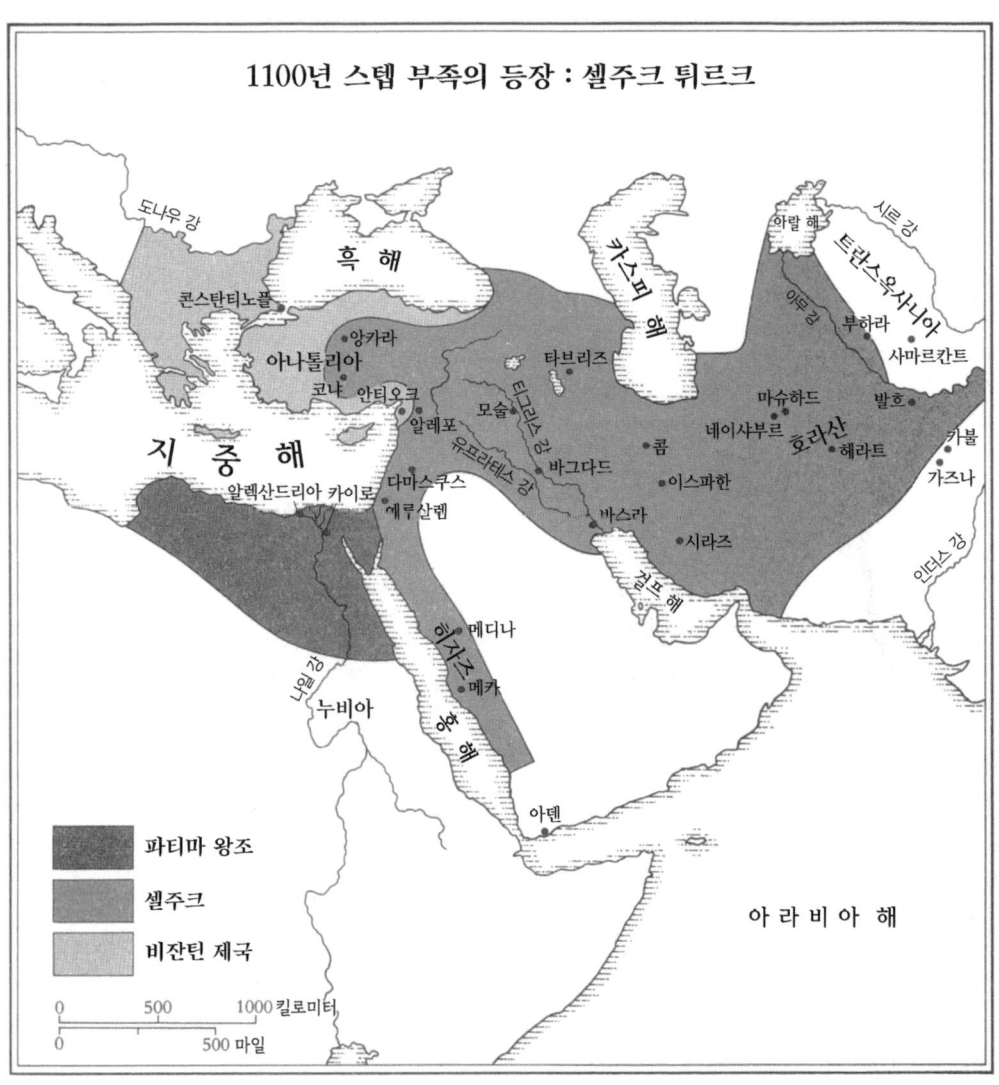

# 1100년 스텝 부족의 등장 : 셀주크 튀르크

도나우 강

흑 해

카스피 해

시르 강

아랄 해

트란스옥사니아

콘스탄티노플

앙카라

아나톨리아

타브리즈

아무 강

부하라

사마르칸트

코냐

안티오크

모술

티그리스 강

마슈하드

네이샤부르

호라산

발흐

알레포

유프라테스 강

바그다드

콤

헤라트

카불

지 중 해

알렉산드리아 카이로

다마스쿠스

예루살렘

이스파한

가즈나

바스라

인더스 강

시라즈

걸프 해

나일 강

누비아

헤자즈

메디나

홍 해

메카

아덴

아 라 비 아 해

파티마 왕조

셀주크

비잔틴 제국

0    500    1000 킬로미터

0         500 마일

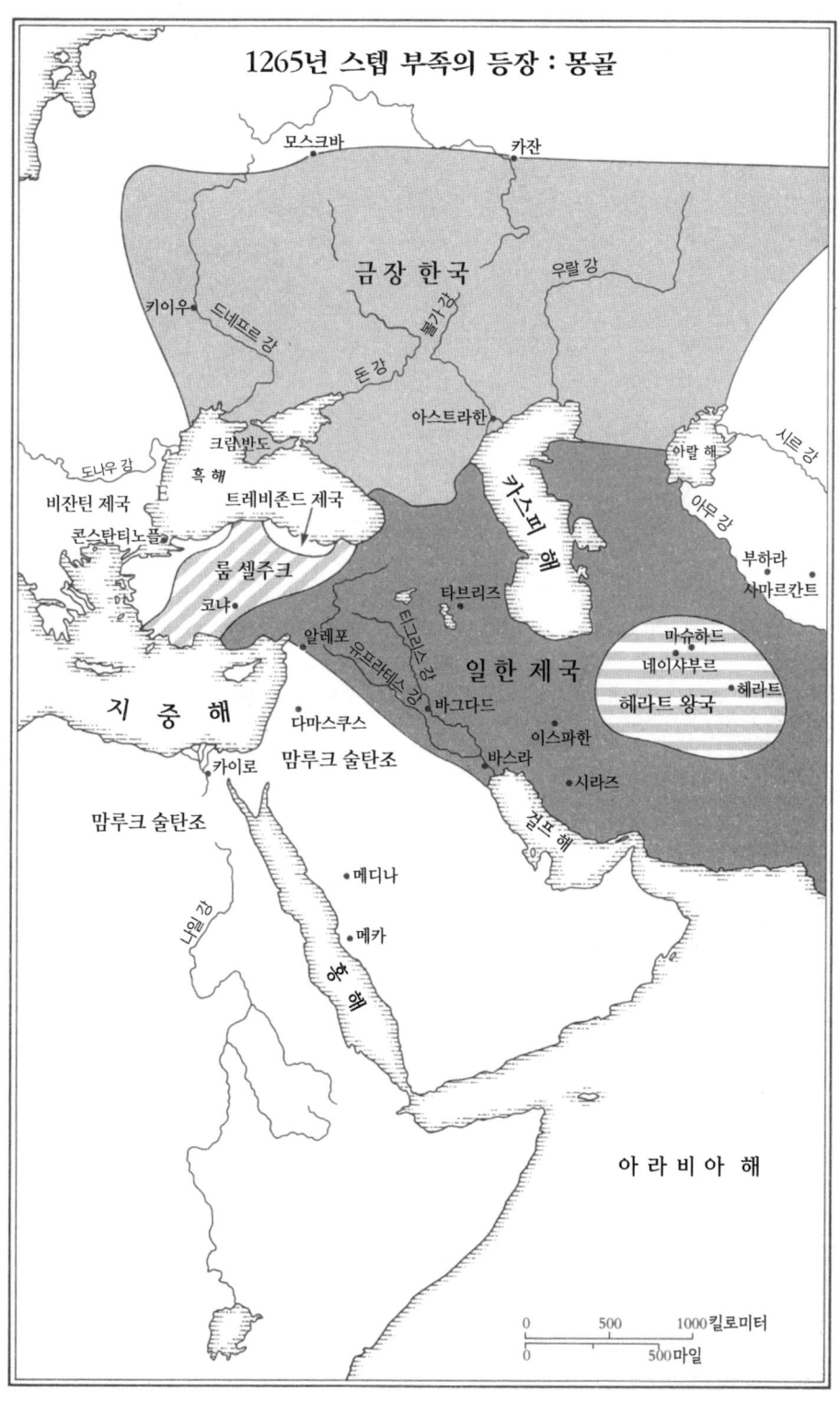

1265년 스텝 부족의 등장 : 몽골

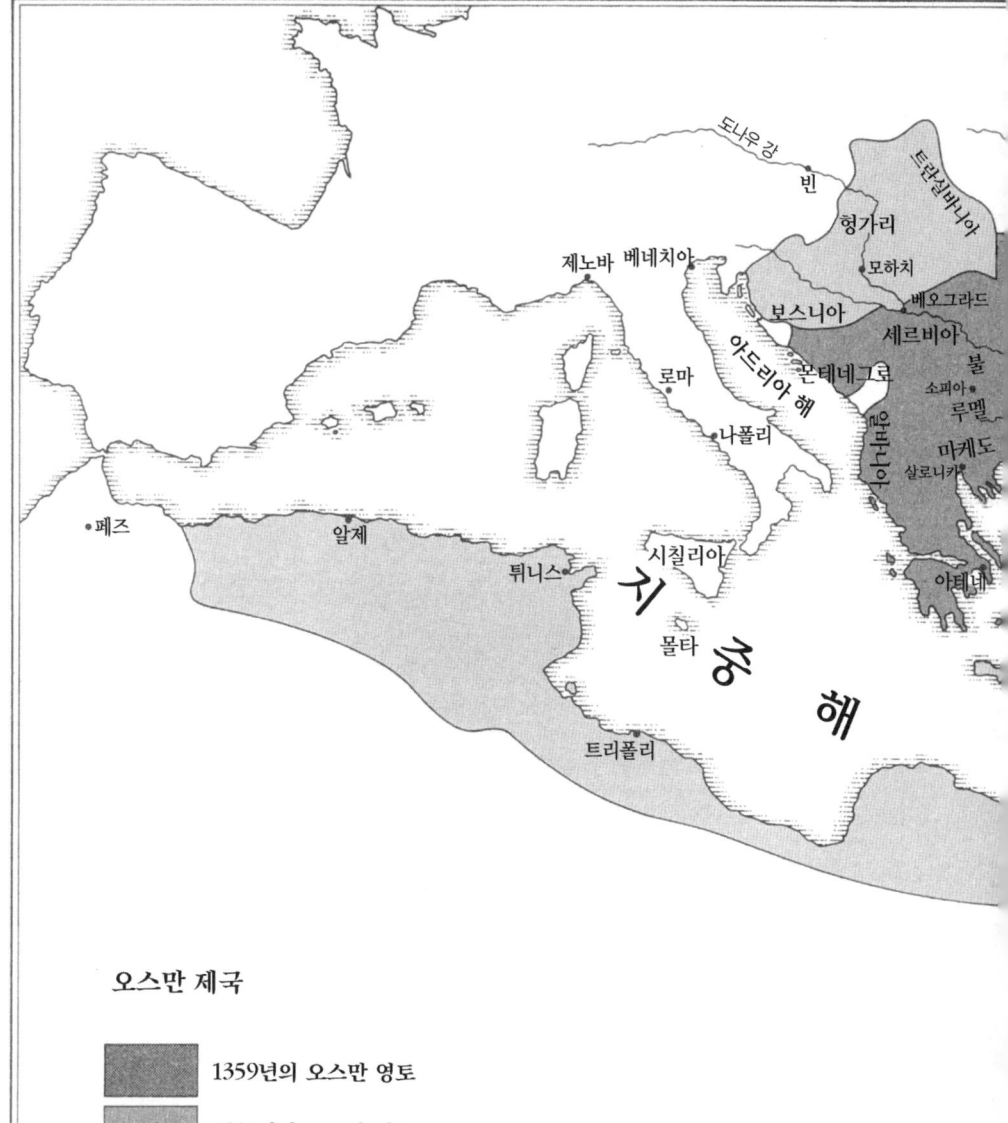

도나우 강
빈
트란실바니아
헝가리
모하치
제노바 베네치아
베오그라드
보스니아
세르비아
불
몬테네그로
소피아
로마
아드리아 해
도나우 강
루멜
마케도
나폴리
살로니카
시칠리아
페즈
알제
지
중
해
튀니스
몰타
아테네
트리폴리

오스만 제국

1359년의 오스만 영토

1520년의 오스만 영토

1683년의 오스만 영토

0              500              1000 킬로미터

0                             500 마일

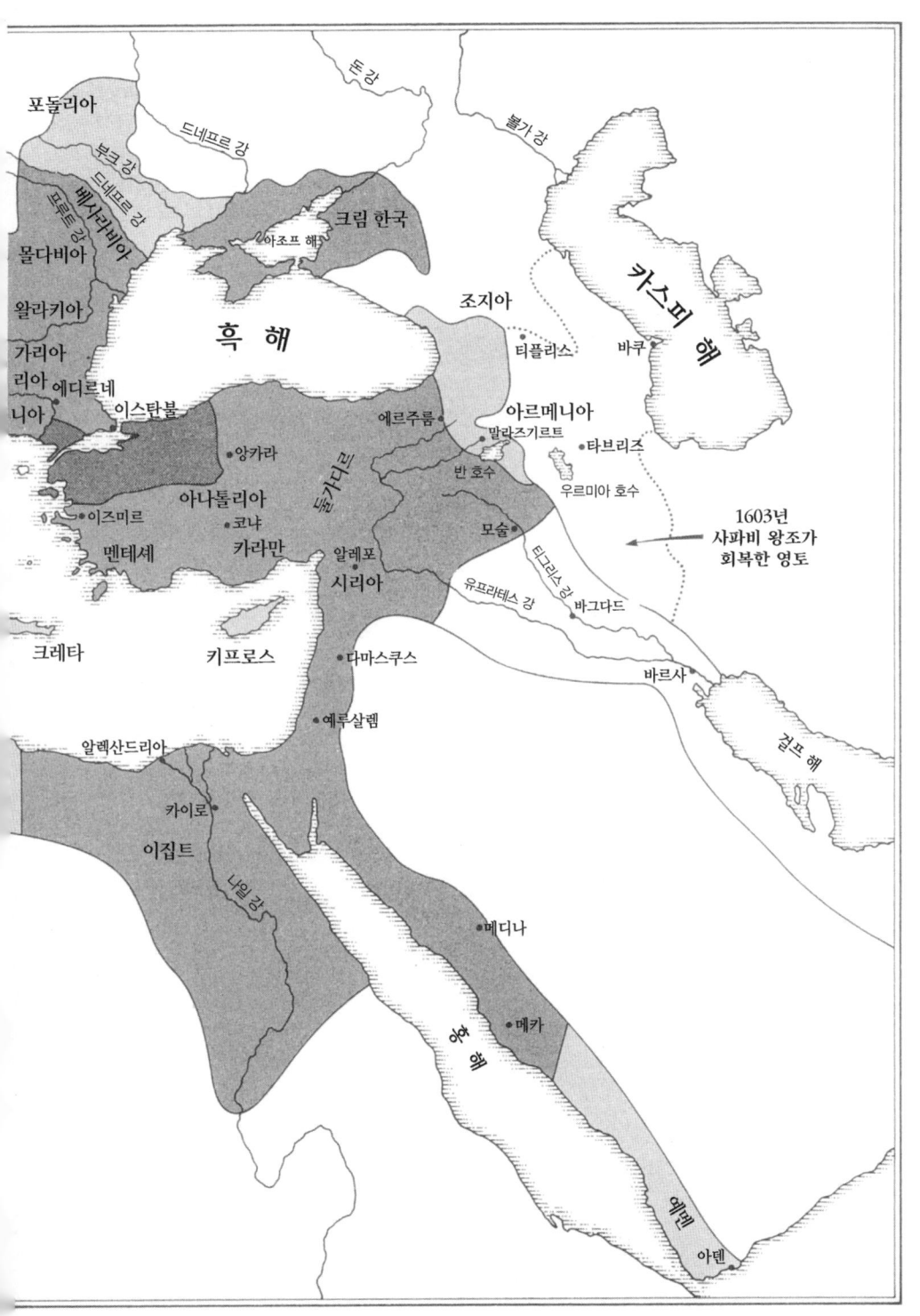

포돌리아

돈 강

드네프르 강

볼가 강

부크 강

드네스트르 강

베(사라비아)

프루트 강

몰다비아

왈라키아

가리아

리아 에디르네

니아

이스탄불

크림 한국

아조프 해

흑 해

조지아

티플리스

카스피 해

바쿠

아르메니아

말라즈기르트

에르주룸

반 호수

타브리즈

우르미아 호수

1603년
사파비 왕조가
회복한 영토

앙카라

불가리

아나톨리아

이즈미르

멘테셰

코냐

카라만

모술

티그리스 강

알레포

시리아

유프라테스 강

바그다드

크레타

키프로스

다마스쿠스

바르사

걸프 해

예루살렘

알렉산드리아

카이로

이집트

나일 강

메디나

메카

홍 해

예멘

아덴

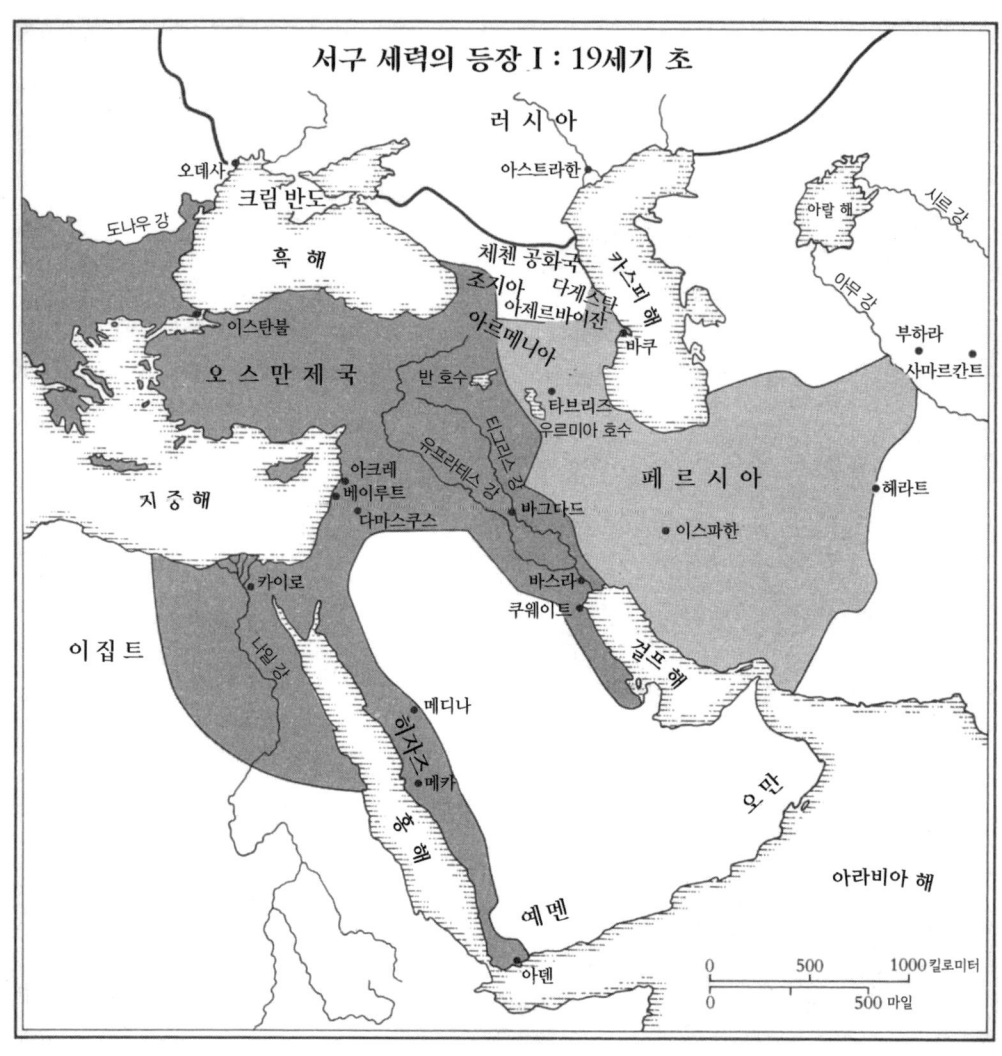

## 서구 세력의 등장 I : 19세기 초

러 시 아

오데사

아스트라한

크림 반도

도나우 강

흑 해

아랄 해

시르 강

체첸 공화국

아무 강

조지아  다게스탄

부하라

아제르바이잔

사마르칸트

아르메니아

이스탄불

카스피 해

바쿠

오 스 만 제 국

반 호수

타브리즈

우르미아 호수

페 르 시 아

헤라트

지 중 해

아크레

유프라테스 강

티그리스 강

바그다드

이스파한

베이루트

다마스쿠스

카이로

바스라

쿠웨이트

나일 강

걸 프 해

이 집 트

메디나

하

메카

자

즈

홍

해

오 만

예 멘

아라비아 해

아덴

| 0 | 500 | 1000 킬로미터 |

| 0 | 500 마일 |

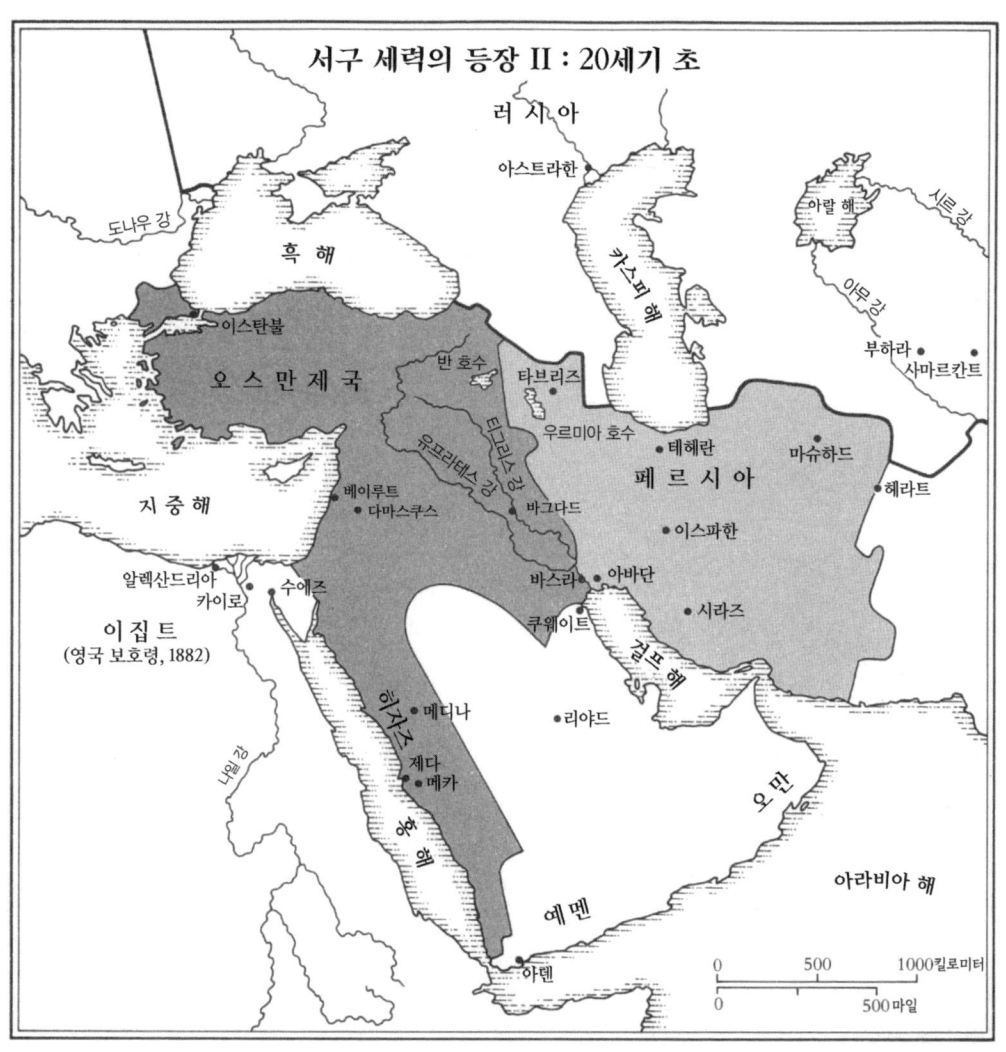

# 서구 세력의 등장 II : 20세기 초

러 시 아

아스트라한

흑 해

카 스 피 해

아랄 해

시 르 강

아 무 강

부하라

사마르칸트

이스탄불

오스만제국

반 호수

타브리즈

우르미아 호수

테헤란

마슈하드

헤라트

유프라테스 강

티그리스 강

페르시아

도나우 강

지 중 해

베이루트

다마스쿠스

바그다드

이스파한

알렉산드리아

카이로

수에즈

바스라

아바단

시라즈

쿠웨이트

걸 프 해

이 집 트
(영국 보호령, 1882)

나 일 강

히 자 즈

메디나

제다

메카

리야드

홍 해

오 만

예 멘

아라비아 해

아덴

0        500       1000킬로미터

0              500마일

# 주

## 서론

1 Kâtib Çelebi, *Mīzān al-Haqq* (Istanbul, AH 1290), pp. 42–43. G. L. Lewis 영역, *The Balance of Truth* (London, 1957), p. 56

2 Abū ʿAbdallah Muḥammad b. ʿAbd al-Wahhāb, *Riḥlat al-wazīr fī iftikāk alasīr*, A. Bustani 편집 (Tangier, 1940), p. 67.

3 *Takvim-i Veka'i*, i Jumada I 1247/14 May 1832.

4 Mehmed Efendi, *Paris Sefaretnamesi*, Ebüzziya 편집 (Istanbul, AH 1306), pp. 139–146.

## 제1부 고대 문화
### 1. 기독교 발생 이전의 중동

1 Sabbath 33b ; *The Babylonian Talmud : Seder Moʿed*, 1. Epstein 번역 (London, 1930), vol. 1, p. 156도 참조.

### 2. 이슬람 이전의 중동

1 Ammianus Marcellinus, John C. Rolfe 번역 (Cambridge, Mass. : Loeb Classical Library, 1963).

2 Menander, *Excerpta de legationibus*, C. de Boor 편집 (Berlin, 1903), vol. 1, pp. 205–206 ; *Cambridge Medieval History*, vol. IVa, p. 479의 번역본.

## 제2부 이슬람의 태동과 성장
### 1. 기원

1 Al-Masʿūdī, *Murūj al-Dhahab*, Barbier de Meynard and Pavet de Courteille 편집, Charles Pellat 개정 (Beirut, 1970), vol. 3, pp. 76–77.

2 Ibn Qutayba, *ʿUyūn al-Akhbār*, Aḥmad Zakī al-ʿAdawī 편집 (Cairo, 1343–1348/1925–1930), vol. 2, p. 210 ; Bernard Lewis 영역, *Islam from the Prophet Muhammad to the Capture of Constantinople*, 2 (편집 및 번역) (1974), p. 273.

3 Al-Muqaddasī, *Descriptio Imperii Moslemici*, M. J. Goeje 편집, 제2판, (Leiden, 1906), p. 159.

### 4. 몽골 침입 이후의 변화

1 Al-Suyūṭī, *Ḥusn al-Muḥāḍara* (Cairo, AH 1321), p. 39.

2 Colin Imber, *The Ottoman Empire 1300-1481* (Istanbul, 1990), p. 24에서 인용.

3    *The Reign of the Sultan Orchan, Second King of the Turks, translated out of Hojah Effendi, an Eminent Turkish Historian, by William Seaman* (London, 1652), pp. 30−31.

## 5. 오스만 제국의 위용

1    Ibn Kemal, *Tevârih-i Âl-i Osman* VII *Defter*, Şerafettin Turan 편집 (Ankara, 1957), p. 365.
2    Kemalpashazade, *Mohaczname*, M. Pavet de Courteille 편집 (Paris, 1859), pp. 97−109.
3    Rudolf Tschudi, *Das Asafname des Lutfi Pasha* (Berlin, 1910), pp. 32−33.
4    Peçevi, *Tarih* (Istanbul, AH 1283), vol. i, pp. 498−499.
5    *The Turkish Letters of Ogier Ghiselin de Busbecq*, Edward Seymour Forster 번역(Oxford, 1922), p. 112.
6    Guglielmo Berchet 편집, *La Repubblica di Venezia e la Persia* (Turin, 1865), p. 181 ; *A Narrative of Italian Travels in Persia in the 15th and 16th Centuries* (London, 1873), p. 227.
7    Ismail Hakkı Uzunçarşılı, *Osmanlı Devleti Teşkilâtından Kapıkulu Ocakları*, vol. 1 (Ankara, 1943), p. 306, note 1.
8    Selaniki Mustafa, *Tarih-i Selâniki*, Mehmet Ipşirli 편집 (Istanbul, 1989), p. 471.
9    Koçu Bey, *Risale*, Ali Kemali Aksüt (Istanbul, 1939), p. 32 ; 이어지는 인용문은 같은 책, p. 45.

## 제3부 중동 사회와 문화
## 1. 국가

1    Ernest Barker 번역 및 편집, *Social and Political Thought in Byzantium from Justinian I to the Last Palaeologos : Passages from Byzantine Writers and Documents* (Oxford, 1957), pp. 54−55.
2    Barker, 같은 책, pp. 75−76.
3    M. Back, *Die Sassanidischen Staatsinschriften, Acta Iranica* 18 (1978), pp. 284−285의 텍스트와 번역본.
4    *The Diwans of 'Abīd b. al-Abraṣ, etc.*, Charles Lyall 편집 및 번역 (Leiden, 1913), pp. 81 (아랍어 텍스트), 64 (번역).
5    *Répertoire chronologique d'épigraphie arabe*, vol I (Cairo, 1931), no. I.
6    Al-Jāḥiẓ, *Rasā'il*, A. M. Hārūn 편집 (Cairo, 1964−1965), vol 2, pp. 10−11.
7    Ibn Qutayba, 앞의 책, vol. 2, p. 115.
8    Mustafa Nuri Pasha, *Netaic ül-vukuat* (Istanbul, ah 1327), vol. I, p. 59.
9    Lûtfi Pasha, *Tevarih-i Âl-i, 'Osman* (Istanbul, AH 1341), p. 21 ; Yazıcıoglu Ali, *Selcukname*, Agah Sırrı Levend, *Türk Dilinde Gelişme ve Sadeleşme Safhaları* (Ankara, 1949), p. 34에서 인용.
10   'Abbās Iqbāl, *Vazārat dar 'ahd-i Salāṭīn-i Buzurg-i Saljūqī* (Tehran, 1959), pp. 302ff.
11   Ibn al-Rāwand , *Rāḥat-uṣ-Ṣudūr, Muḥammad Iqbāl* 편집 (Leiden, 1921), p. 334.
12   Al-Jahshiyārī, *Kitāb al-Wuzarā' wa'l-Kuttāb*, Muṣṭafā al-Saqqā, Ibrāhīm al-Abyārī, 'Abd al-Ḥāfiẓ Shalabī 편집 (Cairo, 1938), p. 53.
13   Lûtfi Pasha, *Asafname*, pp. 14−15.
14   Hilāl al-Ṣābi', *Kitāb al-Wuzarā'*, H. F. Amedroz 편집 (Leiden-Beirut, 1904), p. 64.
15   Al-Balādhurī, *Futūḥ al-Buldān*, M. J. de Goeje 편집 (Leiden, 1866), vol. I, p. 263.
16   Ibn Qutayba, 앞의 책, vol. I, pp. 2, 6, 9, 10.

## 2. 경제생활

1    Ibn al-Faqīh, *Mukhtaṣar Kitāb al-Buldān*, M. J. de Goeje 편집 (Leiden, 1885), pp. 187−188.
2    Peçevi, 앞의 책, vol. 1, p. 363.

3  *Akhbār al-Ṣīn waʾl-Hind*, J. Sauvaget 편집 (Paris, 1948), p. 18.

4  Ralph S. Hattox, *Coffee and Coffeehouses : the Origins of a Social Beverage in the Medieval Near East* (Seattle, Wash, 1985), pp. 14–15에서 인용.

5  Ibn Khaldun, *Al-Muqaddima*, E. Quatremère (Paris, 1858), vol. i, p. 272.

6  Jean de Thevenot, *Relation dʾun voyage fait au Levant* (Paris, 1665), A. Lovell 번역, *The Travels of Monsieur de Thevenot into the Levant* (London, 1687), pt. 1, p. 144.

7  Volney, *Voyage en Égypte* (Paris, 1825), vol. II, p. 254.

8  Karl Jahn, *Die Frankengeschichte des Rāsīd al-Dīn* (마이크로 필름 독일어판) (Vienna, 1977) fol. 415 v. (페르시아어 텍스트), p. 54 (독일어판).

9  Pierre Dan, *Histoire de Barbarie et de ses Corsaires* (Paris, 1637), p. 277. 죄수들의 목록은 *Calendar of the State Papers relating to Ireland of the reign of Charles I, 1625-1632, preserved in the Public Record Office*, R. P. Mahaffy 편집 (London, 1900), pp. 621–622에 있다.

## 3. 엘리트 지배계층

1  Mālik ibn Anas, *Al-Mudawwand al-Kubrā* (Cairo, AH 1323), vol. 4, pp. 13–14 ; 같은 저자, *Al-Muwatta ʾ* (Cairo, AH 1310), 3, pp. 57, 262.

2  Abd al-Ḥamīd, *Risāla ilaʾl-kuttāb*, in Aḥmad Zakī Ṣafwat, *Jamharat Rasāʾil al-ʿArab* (Cairo, 1356/1937), ii, p. 534 ; B. Lewis 편집 및 번역, *Islam from the Prophet Muhammad to the Capture of Constantinople* (New York, 1974), vol. 1, p. 186.

3  Paul Rycaut, *The History of the Present State of the Ottoman Empire*, 제4판 (London, 1675), p. 45.

4  Abū ʿAmr Muḥammad al-Kashshī, *Maʿrifat Akhbār al-Rijāl* (Bombay, AH 1317), p. 249.

5  Ibn Samāʿa, *Al-Iktisāb fiʾl-rizq al-mustaṭāb* (Cairo, 1938), pp. 16ff.

## 4. 평민계층

1  al-Maqrīzī, *Al-Khiṭaṭo*에서의 텍스트 (B l q, 1270/1854), pp. 199–200 ; Yūsuf Faḍl Ḥasan, *The Arabs and the Sudan, from the Seventh to the Early Sixteenth Century* (Edinburgh, 1967), p. 23 의 영어판.

2  Aḥmad Shihāb al-Dīn ibn Salāma al-Qalyūbī, *Nawādir al-Shaykh*, (Cairo, 1955), p. 154.

3  Abū Dulaf, *Qaṣīda Sāsāniyya*, 17–23행 ; C. E. Bosworth 번역, *The Mediaeval Islamic Underworld : The Banū Sāsān in Arabic Society and Literature* (Leiden, 1976), pt. 2, pp. 191–192.

## 5. 종교와 법

1  Mīrzā Abū Ṭālib Khān, *Masīr -i Ṭālibī*, H. Khad v-Jam 편집 (Tehran, 1974), p. 251.

2  Al-Jāḥiz, *Kitāb al-Ḥayawān* (Cairo, 1938), vol. i, p. 174.

3  Al-Ghazālī, *Fayṣal al-Tafriqa bayn al-Islam waʾl-zandaqa* (Cairo, n.d.), p. 68.

4  Ignaz Goldziher, *Vorlesungen über den Islam* (Heidelberg, 1925), pp. 185–186 에서 인용.

5  Alī al-Muttaqī al-Hindī, *Kanz al-ʿUmmāl*, part I (Hyderabad AH 1312), nn. 5350, 5445, 5451, 5987.

6  Mehmed Esad, *Uss-i Zafer* (Istanbul, ah 1293). B. Lewis, *Istanbul and the Civilization of the Ottoman Empire* (Norman, Okla., 1963), p. 156에서 번역 및 인용.

7  Jalāl al-Dīn Rūmī, *Rubāʾiyyāt*.

8  Jalāl al-Din Rūmī, *Dīvān-i Shams-i Tabrīz*, no. 31.

## 6. 문화

1  Mehmed Efendi, *Paris Sefaretnamesi*, Ebüzziya 편집 (Istanbul, AH 1306), p. 109 ; 프랑

스어판, *Le Paradis des infidèles*, Gilles Veinstein 편집 (Paris, 1981), p. 163.

2 Abu'l-Faraj al-Isfahānī, *Kitab al-Aghānī* (Cairo, 1372/1953), vii, pp. 13–14.

3 Ghars al-Ni'ma al-Ṣābi', *Al-Hafawāt al-Nādira*, Ṣāliḥ al-Ashtar 편집 (Damascus, 1967), pp. 305–306.

4 Ibn Qutayba, 앞의 책, vol. 2, p. 55.

5 Anna Comnena, *Alexiad*, 15. 1 ; E. R. A. Sewter 번역 (London, 1969), p. 472.

6 *The Complete Letters of Lady Mary Wortley Montagu*, Robert Halsband 편집 (Oxford, 1965), vol. 1, pp. 338–339.

## 제4부 변화와 근대화

### 1. 도전

1 Abū Shāma, *Al-Rawḍatayn fī Akhbār al-Dawlatayn*, M. Ḥilmi A mad and M. Muṣṭafā 편집 (Cairo, 1926), I/ii, pp. 621–622

2 B. Lewis, *The Muslim Discovery of Europe*, p. 193에서 인용.

3 *Sılıhdar Tarihi* (Istanbul, 1928), vol. II, p. 87.

### 2. 변화

1 Abdülhak Adnan (Adıvar), *La Science chez les Turcs Ottomans* (Paris, 1939), p. 57.

2 Richard Hakluyt, *The Principall Navigations of the English Nation*, vol. 5, pp. 178–183.

3 국가 문서 I02/61/23.

4 *Letters*, 앞의 책, vol. 1, pp. 316–317.

### 3. 응전

1 Ahmed Lûtfi, *Tarih* (Istanbul, AH 1290–1328), vol. 8, pp. 15–17.

### 4. 새로운 사상

1 Cavid Baysun 발간, *Tarih Dergisi 5* (1953), pp. 137–145.

2 E. de Marcère, *Une ambassade à Constantinople : la politique orientale de la Révolution françasie* (Paris, 1927) vol. II, pp. 12–14.

3 Cevdet, *Vekâyi-i Devlet-i Aliye* (Istanbul, 1294/1877), vol. 5, p. 130.

4 Cevdet, 같은 책, vol. 6, pp. 280–281.

5 E. Z. Karal이 발간한 튀르크어 텍스트. *Fransa-Mısır ve Osmanlı Imparatorlugu (1797-1802)* (Istanbul, 1940), pp. 108ff. Sidney Smith 경이 Acre에게 보낸 아랍어 텍스트는 Jazzār 파샤의 아랍어판 전기 속에 들어 있다 : Ta'rīkh Aḥmad Bāshā al-Jazzār (Beirut, 1955), pp. 125ff. 두 텍스트 사이에는 상이한 부분들이 있다.

6 Cevdet, *Tezakir 1-12*, Cavid Baysun 편집 (Ankara, 1953), pp. 67–68.

7 Harold Temperley, *England and the Near East : the Crimea* (London, 1936), p. 272에서 인용.

### 5. 전쟁에서 전쟁으로

1 Hikmet Bayur, *Türk Inkılâbı Tarihi* (Istanbul, 1940), vol. 1, p. 225.

### 6. 자유에서 자유로

1 1949년 1월의 이스라엘-이집트 협정의 서브섹션 2의 V항. 시리아와 요르단 협정에 동일한 구절이 있다.

# 참고 문헌

## 참고 문헌 및 핸드북

J. D. Pearson 외 공저, *Index Islamicus, 1906-1955. A Catalogue of Articles on Islamic Subjects in Periodicals and Other Collective Publications.* Cambridge, 1958. Supplements : i, 1956–1960 (Cambridge, 1962); ii, 1961–1965 (Cambridge, 1967) ; iii, 1966–1970 (London, 1972)1 iv, 1971–1975 (London, 1977) ; v, 1976–1980 (London, 1982). *Quarterly Index Islamicus* (London, 1977–).

Denis Sinor, *Introduction à l'étude de l'Eurasie centrale.* Wiesbaden, 1963.

Jean Sauvaget, *Introduction to the History of the Muslim East: A Bibliographical Guide.* Berkeley and Los Angeles, 1965 (Claude Cahen의 개작에 따른 Sauvaget의 프랑스어 제2판을 기초로 함).

J. D. Pearson, *A Bibliography of pre-Islamic Persia.* London, 1975.

Diana Grimwood-Jones, Derek Hopwood, and J. D. Pearson 편집, *Arab Islamic Bibliography : The Middle East Library Committee's Guide.* Hassocks, Sussex, 1977.

Margaret Anderson, *Arabic Materials in English Translation : A Bibliography of Works from the Pre-Islamic Period to 1977.* Boston, 1980.

Claude Cahen, *Introduction à l'histoire du monde musulman médiéval VII-XV siècle : méthodologie et éléments de bibliographie.* Paris, 1982.

Wolfgang Behn, *Islamic Book Review Index.* Berlin/Millersport, PA, 1982–.

L. P. Elwell-Sutton 편집, *A Bibliographical Guide de Iran.* Totowa, NY, 1983.

Jere L. Bacharach, *A Middle East Studies Handbook*, 개정판. Seattle and London, 1984.

R. Stephen Humphreys, *Islamic History : A Framework for Enquiry*, 개정판. Princeton, NJ, 1991.

## 계보 및 연표

Eduard von Zambaur, *Manuel de généaologie et de chronologie pour l'histoire de l'Islam.* Hanover, 1927; 제2판, 1955.

C. E. Bosworth, *The Islamic Dynasties : A Chronological and Genealogical Hand-book.* Edinburgh, 1967.

H. U. Rahman, *A Chronology of Islamic History 570-1000 C. E.* London, 1989. Robert Mantran 편집, *Les grandes dates de l'Islam.* Paris, 1990.

## 지도

Donald Edgar Pitcher, *An Historical Geography of the Ottoman Empire from the Earliest Times to the End of the Sixteenth Century.* Leiden, 1972.

*Tübinger Atlas des Vorderen Orients.* Wiesbaden, 1977—.

William C. Brice, *An Historical Atlas of Islam.* Leiden, 1981.

Jean Sellier and Andre Sellier, *Atlas des peuples d'Orient, Moyen Orient, Caucase, Asie Centrale.* Paris, 1993.

## 문서 및 기록

Sylvia G. Haim, *Arab Nationalism : An Anthology.* Berkeley and Los Angeles, 1962.

Charles Issawi 편집 및 번역, *The Economic History of the Middle East, 1800-1914* (Chicago, 1966) ; *The Economic History of Iran, 1800-1914* (Chicago, 1970) ; *The Fertile Crescent, 1800-1914* (New York, 1988).

Kemal H. Karpat 편집, *Political and Social Thought in the Contemporary Middle East.* London, 1968.

Lewis, Bernard 편집 및 번역, *Islam, from the Prophet Muhammad to the Capture of Constantinople,* 2 vols. New York, 1974.

J. C. Hurewitz, *The Middle East and North Africa in World Politics : A Documentary Record,* 개정 제2판. New Haven and London, 1975.

Andrew Rippin and Jan Knappert 편집 및 번역, *Textual Sources for the Study of Islam.* Chicago, 1986.

Norman Stillman, *The Jews of Arab Lands* (Philadelphia, 1979) ; *The Jews of Arab Lands in Modern Times* (Philadelphia, 1991).

## 백과사전

*The Encyclopedia of Islam,* 신판. Leiden, 1954—.

*Encyclopedia Iranica,* Ehsan Yarshater 편집. London and Boston, 1982—.

*The Cambridge Encyclopedia of the Middle East and North Africa.* Cambridge and New York, 1988.

*The Oxford Dictionary of Byzantium.* New York, 1991.

# 연표

| 572–591 | 페르시아-비잔틴 전쟁 |
| 606–628 | 페르시아-비잔틴 전쟁 중, 614년 페르시아의 예루살렘 점령 |
| 610경 | 이슬람교의 등장, 예언자 무함마드의 첫 계시 |
| 622 | 하즈라(헤지라). 무함마드가 메카에서 메디나로 이주하면서 이슬람력이 시작 |
| 628 | 후다이비야 휴전. 헤라클리우스 치하의 비잔틴이 승리한 평화협정 체결. 페르시아 정복지가 비잔틴 통치로 회귀 |
| 630 | 무함마드의 메카 점령 |
| 632 | 무함마드 사망. 아부 바크르의 초대 칼리프로의 등극 |
| 633–637 | 아랍의 시리아와 메소포타미아 정복 |
| 634 | 우마르가 2대 칼리프로 등극 |
| 635–636 | 다마스쿠스 정복 |
| 637 | 카디시야 전투. 크테시폰의 몰락 |
| 639–642 | 이집트 정복 |
| 642–646 | 알렉산드리아 정복 |
| 644 | 우마르의 피살과 우스만의 3대 칼리프 등극 |
| 656 | 우스만의 피살과 제1차 이슬람 내전의 발발 |
| 661 | 알리의 피살과 우마이야 왕조의 시작 |
| 674–678 | 아랍의 제1차 콘스탄티노플 포위 공격 |
| 680 | 카르발라 전투 |
| 691 | 예루살렘에 바위의 돔 건설 |
| 696 | 제국 행정의 재정비를 위한 압둘-말리크의 아랍 동전 도입 |
| 705–715 | 다마스쿠스에 우마이야 모스크 건립 |
| 710 | 스페인에 무슬림 정착 |
| 717–718 | 콘스탄티노플 포위 공격 |
| 750 | 우마이야 왕조의 멸망과 압바스 왕조의 등장 |
| 751 | 탈라스 전투에서 아랍이 중국에 승리. 중국의 전쟁포로가 제지 기술을 소개 |
| 762–763 | 알-만수르의 바그다드 건설 |
| 767 | 이슬람 4대 법학파 중 하나피파의 창시자인 아부 하니파 사망 |

| | |
|---|---|
| 1252 | 금장한국(킵차크한국)의 칸이 이슬람으로 개종 |
| 1258 | 몽골의 바그다드 점령 |
| 1273 | 메블레비파 이슬람 신비주의의 창시자 잘랄 알-딘 루미의 사망 |
| 1290경-1320 | 서부 아나톨리아에 오스만 공국들이 등장 |
| 1295 | 페르시아의 일한들이 이슬람으로 개종 |
| 1326 | 오스만의 부르사 정복 |
| 1331 | 오스만의 니케아 진출 |
| 1354 | 오스만의 갈리폴리 진출 |
| 1366 | 오스만의 아드리아노플(에디르네) 진출 |
| 1371-1375 | 오스만의 세르비아 공격 |
| 1389 | 코소보 전투, 오스만의 세르비아 지배 |
| 1400-1401 | 티무르의 시리아 약탈 |
| 1402 | 티무르가 앙카라 전투에서 오스만을 패퇴시킴 |
| 1406 | 아랍 학자 이븐 할둔의 사망 |
| 1444 | 바르나 전투, 오스만의 불가리아 지배 |
| 1453 | 메흐메드 2세의 콘스탄티노플 정복 |
| 1462 | 보스니아의 병합 |
| 1475 | 오스만의 크림 반도 진출 |
| 1492 | 기독교의 그라나다 점령과 유대인의 축출. 콜럼버스의 항해. |
| 1498 | 바스쿠 다 가마가 희망봉을 돌아 인도로 항해. 아랍 항해사 이븐 마지드가 바스쿠 다 가마를 안내하여 아프리카에서 인도로 항해 |
| 1501 | 샤 이스마일이 이란에서 사파비 왕조 건립. 샤 이스마일이 시아파를 페르시아의 국교로 정함 |
| 1514 | 오스만-페르시아 전쟁 |
| 1516-1517 | 오스만이 시리아와 이집트를 정복하여 맘루크 술탄조를 멸함. 메카의 샤리프(태수)가 오스만에 복속됨 |
| 1520-1566 | 술레이만 대제의 통치 |
| 1521 | 오스만의 베오그라드 진출 |

| 1522 | 오스만의 로도스 점령 |
|---|---|
| 1526 | 모하치 전투 |
| 1529 | 오스만의 제1차 빈 포위전 |
| 1534 | 오스만의 바그다드 점령. 최초로 오스만이 이라크를 정복 |
| 1539 | 오스만의 아덴 정복 |
| 1552 | 러시아의 카잔 정복 |
| 1555 | 오스만-페르시아 전쟁. 오스만과 이란 간에 아마스야 협정 체결 |
| 1556 | 러시아의 아스트라한 정복 |
| 1557 | 이스탄불에 술레이만 모스크 건립 |
| 1565 | 오스만의 말타 포위 |
| 1571 | 레판토 전투 |
| 1573 | 오스만의 키프로스 점령 |
| 1587-1629 | 이란에서 샤 압바스의 통치 |
| 1589 | 오스만의 승리에 따른 오스만-페르시아 협정 |
| 1598 | 이스파한이 이란의 새 수도가 됨 |
| 1602-1627 | 오스만-페르시아 전투 |
| 1606 | 지트바토로크 협정 |
| 1607 | 오스만의 페르시아 영토로부터의 철수 |
| 1612 | 이스파한에 마스지디 샤 모스크 건립 |
| 1630-1638 | 오스만-페르시아 전쟁 |
| 1631 | 이집트, 예멘, 레바논에서 반란 발생 |
| 1639 | 오스만의 마지막 이라크 정복 |
| 1683 | 오스만의 제2차 빈 포위전 |
| 1699 | 카를로비츠 협정 |
| 1726 | 이스탄불에 최초의 인쇄 출판사 설립 |
| 1733 | 오스만-페르시아 전쟁 |
| 1736-1747 | 나디르 샤의 페르시아 통치 |
| 1743-1747 | 오스만-페르시아 전쟁 |
| 1768-1774 | 오스만-러시아 전쟁 |

| | |
|---|---|
| 1774 | 퀴췩크 카이나르자 조약 |
| 1783 | 러시아의 크림 합병 |
| 1789 | 개혁 성향의 술탄 셀림 3세 등극 |
| 1794 | 카자르 왕조의 성립 |
| 1795 | 카자르 샤가 테헤란을 수도로 정함 |
| 1798–1801 | 프랑스의 이집트 점령 |
| 1800 | 러시아의 조지아 합병 |
| 1803 | 와하비의 메카와 메디나 점령. 굴리스탄 조약으로 페르시아가 캅카스 지방을 러시아에 양도함 |
| 1803–1812 | 세르비아의 반란 |
| 1805 | 무함마드 알리, 이집트의 실질적인 통치자로 등극 |
| 1809 | 인도와 수에즈를 연결하는 정기 항로 개설 |
| 1821–1829 | 그리스 독립 전쟁 |
| 1826–1828 | 페르시아–러시아 전쟁 재개. 페르시아가 아르메니아를 러시아에 양도 |
| 1827 | 나바리노에서 오스만 함대의 패배 |
| 1828 | 이집트에서 최초의 신문(관보) 발행 |
| 1830 | 프랑스의 알제리 침공 |
| 1831–1832 | 오스만에서 최초의 신문(관보) 발행 |
| 1839 | 영국의 아덴 침공. 오스만의 귈하네 개혁령 공포 |
| 1844 | 오스만의 유럽식 통화개혁 |
| 1853–1855 | 크림 전쟁 |
| 1855 | 전신의 도입 |
| 1856 | 파리 회의 |
| 1861 | 레바논 자치국 탄생 |
| 1863 | 오스만 은행 창설 |
| 1869 | 수에즈 운하의 개통. 이스탄불 대학 개교 |
| 1876–1878 | 오스만의 세르비아와 러시아와의 전쟁 |
| 1876 | 오스만의 근대 헌법 공포. 최초의 아랍어 신문 「알-아흐람*Al Ahrām*」 이집트에서 발행 |

| 1878 | 오스만 근대 헌법의 시행 보류 |
|---|---|
| 1878 | 산 스테파노 조약 |
| 1878 | 베를린 회의에서 세르비아, 루마니아, 불가리아 독립, 오스트리아-헝가리가 보스니아와 헤르체고비나를 점령, 러시아가 오스만 동부 지방 점령 |
| 1881 | 프랑스의 튀니지 점령 |
| 1882 | 영국의 이집트 점령 |
| 1894-1896 | 아르메니아의 반란과 탄압 |
| 1897 | 오스만-그리스 전쟁 |
| 1906 | 페르시아의 헌법혁명 |
| 1908 | 청년 튀르크 혁명, 히자스 철도 개통 |
| 1911 | 이탈리아의 트리폴리 침공 |
| 1912 | 제1차 발칸 전쟁 |
| 1913 | 제2차 발칸 전쟁 |
| 1914 | 오스만-독일의 동맹관계 수립 |
| 1916 | 히자즈에서 아랍 반란 발생, 메카 태수 샤리프 후세인이 스스로를 왕으로 칭함 |
| 1917 | 영국의 바그다드와 예루살렘 점령. 오스만 제국의 그레고리력 채택 |
| 1918 | 아랍 영토에서 오스만 통치의 종식 |
| 1919 | 그리스의 이즈미르 상륙 |
| 1920 | 앙카라에서 대국민 회의 소집. 터키 독립 전쟁의 시작. 프랑스가 시리아에, 영국이 팔레스타인과 이라크에 위임 통치 실시 |
| 1922 | 무단야 정전협정. 영국-이집트 조약 |
| 1923 | 로잔 조약 |
| 1924-1926 | 압둘-아지즈 군대의 히자즈 점령 |
| 1925 | 팔레비 왕조의 초대 왕인 레자 샤 등극 |
| 1926 | 압둘-아지즈가 왕으로 자칭함 |
| 1932 | 이라크의 독립. 압둘-아지즈의 사우디아라비아 왕국 선언 |
| 1936 | 영국-이집트 조약으로 이집트의 독립 인정 |

| 1945 | 아랍 연맹 창설 |
|------|------|
| 1945 | 요르단의 독립 |
| 1948 | 팔레스타인 위임 통치의 종식과 이스라엘의 건국. 아랍-이스라엘 전쟁 발발(제1차 중동 전쟁) |
| 1951 | 리비아의 독립 |
| 1952 | 이집트에서의 군사혁명과 파루크 왕의 폐위 |
| 1953 | 이집트의 공화국 선포 |
| 1956 | 수단, 튀니지, 모로코의 독립, 이집트의 수에즈 운하 국유화, 아랍-이스라엘 전쟁(제2차 중동 전쟁), 영국과 프랑스의 수에즈 원정 |
| 1957 | 튀니지의 공화국 선포 |
| 1958 | 통일 아랍 공화국의 탄생. 레바논 내전. 이라크의 혁명과 공화국 선포 |
| 1961 | 쿠웨이트의 독립. 시리아의 통일 아랍 공화국 탈퇴 |
| 1962 | 예멘과 사우디아라비아에서 노예 제도 폐지 |
| 1967 | 아랍-이스라엘 전쟁(제3차 중동 전쟁). 남예멘의 독립 |
| 1969 | 카다피의 혁명과 리비아 공화국의 탄생 |
| 1970 | 나세르의 사망과 사다트의 승계 |
| 1971 | 걸프 국가들의 독립. 아랍 에미레이트 탄생 |
| 1973 | 아랍-이스라엘 전쟁(제4차 중동 전쟁) |
| 1975–1977 | 레바논 내전 |
| 1979 | 이스라엘과 이집트의 캠프 데이비드 협정 |
| 1980–1988 | 이란-이라크 전쟁 |
| 1982 | 이스라엘의 레바논 침공 |
| 1990–1991 | 이라크의 쿠웨이트 침공으로 걸프 전쟁 발발 |
| 1994 | 요르단-이스라엘 평화협정 |
| 1994 | 이스라엘과 팔레스타인 해방기구 간에 평화협정 체결 |

# 인명 색인